国家出版基金项目
NATIONAL PUBLICATION FOUNDATION

中国租界通史

GENERAL HISTORY OF FOREIGN CONCESSIONS IN CHINA

费成康 著

上海社会科学院出版社

费成康

1949年出生，华东师范大学历史学硕士，复旦大学历史学博士，上海社会科学院法学研究所二级研究员，上海市政协第八、第九、第十届委员。

曾在美国加利福尼亚大学伯克利分校、哥伦比亚大学和狄金森学院等访问或讲学。主要研究方向为租界史、澳门史、法制史等。著作有《中国的家法族规》《薛福成》《澳门：葡萄牙人逐步占领的历史回顾》《澳门四百年》（中、英文本）等，译作有《中国绅士的收入》等。

本书定名"通史"，"通"之要义贯穿全书。作者把对租界的论析置于整个近代历史长河中，采用"纵观"和"综观"两种视野进行考察：纵观租界百年的发展过程、历史阶段，包括租界的开辟、扩展、收回的源流、脉络、走向、趋势，揭示各个阶段之间的特点、联系及其内在动因；综观租界百年社会、历史、政治、经济、文化、思想、科学、技术，重点探讨各租界的土地制度、法律制度、司法制度、行政制度，进而剖析其特征，比较其异同。作者挖掘与利用大量以往未被发现的中、英、法、德、意文原始资料及各租界的土地章程、工部局年报等档案资料，系统、清晰地梳理出了中国租界百年发展演变的历史，同时补充、修正了国内外学界对租界问题的一些认知。本研究所呈现的原创性、开拓性和学术思想性，将租界史研究提升到一个新台阶。

目　录

租界图及其他示意图目录

绪　论

租界始见于鸦片战争后的中国。这些特殊的外国人居留、贸易区域被称为"国中之国"，是当时的中国成为半殖民地的标志之一。不过，由中国政府设置或得到中国政府认可的外国商民聚居区域，直至与租界稍有相似之处的外国人居留区域，在古代中国已经出现。

在漫长的古代中国，抵达中国通都大埠的外国人往往集中居住在当地的某一区域。这既因为他们在来到语言、习俗、宗教等都不相同的异乡他邦后，出于便于生活、贸易、祈祷及进行自卫等需要，通常都愿意聚居一处；又因为历代中国政府也常常要求他们集中居住，以便于对他们的防范和管理。可见，外国人在当时中国的城镇中聚居，应该符合中、外双方的利益。因此，在古代中国的多个地方陆续出现过外国人的居留区域。

在这些外国人居留区域中，最早见于记载的当数西汉时长安的藁街蛮夷邸。蛮夷邸，顾名思义，应是专供进入汉帝国都城的"蛮夷"们居住的邸宅。被西汉朝廷称为"蛮夷"者，包括居住在今日中国境内的少数民族，也包括生活在今日中国境外的其他民族。这一位于长安城内藁街的外国人居留区域于汉元帝建昭三年即公元前 36 年之前已经存在。[①] 在开国之初，西汉政府已与强盛的北方邻居匈奴通使、和亲。特别到公元前 2 世纪末，张骞打通中原与西域的交通路线后，西域各国的使臣、商民等人经由"丝绸之路"络绎不绝地进入长安。在同一时期，西汉政府也与西南地区的少数民族建立了联系。可能是为了安置这些使节、商人及其随行人员，并为了接待前来和亲的匈奴使团，西汉政府建造了蛮夷邸。从史籍中有"蛮夷邸门""蛮夷邸间"等文字来看，蛮夷邸是个建有大门、内中有一批

---

① 班固：《汉书》卷九，中华书局 1962 年版，第 295 页。

屋宇的街区。这一街区对于来自各处的使节等人而言,即是西汉政府的国宾馆。公元前36年以降,当西域等地的国王等被汉朝军队斩杀后,其首级常会被传诣京师,在蛮夷邸悬挂示众,"以示万里,明犯强汉者,虽远必诛"①。东汉政府沿袭西汉旧制,也在京师洛阳建造蛮夷邸。② 遗憾的是,有关蛮夷邸的记载都语焉不详,后人已很难获得详细的信息。

数百年后,由鲜卑贵族建立的北魏政权在京城洛阳的南郊分别建造供四方"夷人"临时侨居的四个国宾馆,以及供他们长期定居的四个居留区。这"四馆""四里"坐落于永桥以南、圜丘以北,伊水与洛水之间。其中"四馆"又名"四夷馆",位于御道以东;"四里"位于御道以西。"吴人"来投奔,处金陵馆,三年后赐宅归正里;"北夷"来归附,处燕然馆,三年后赐宅归德里;"东夷"来归附,处扶桑馆,赐宅慕化里;"西夷"来归附,处崦嵫馆,赐宅慕义里。③ 当时的"吴人",是指在中国南方建立南朝的汉族人士。因此,"吴人"聚居的归正里并非外国人居留区域。来到北魏的"北夷""东夷"人数有限,大量地入居洛阳南郊的是来自中亚、西亚的"西夷",所以慕义里成为兴盛的外国人居留区域。据《洛阳伽蓝记》记载,此时"自葱岭以西,至于大秦④,百国千城,莫不欢附,商胡贩客,日奔塞下,所谓尽天地之区已"。于是,在慕义里等处"乐中国土风,因而宅者,不可胜数","附化之民,万有余家",界内"门巷修整,阊阖填列,青槐荫陌,绿树垂庭,天下难得之货,咸悉在焉"。为了便于中外商民进行贸易,北魏政权在当地别设市场,号称"四通市"。洛水、伊水中出产的鲤鱼、鲂鱼等也在市上出售。鱼味鲜美,洛阳士庶都来买鱼,使得鱼价腾跃,致有"洛鲤伊鲂,贵于牛羊"之说。⑤ 这一记载或有夸张失实之处,但可以断言的是,北魏时的洛阳城南已形成一大片外国人居留、贸易区域。

南北朝以后,中国的大地上又出现过多个外国人居留、贸易区域。在"万国衣冠拜冕旒"的唐代,长安、扬州、广州等地都形成过外国人聚居区。

---

① 班固:《汉书》卷七十,第3015页。
② 范晔:《后汉书》卷八十八,中华书局1965年版,第2928页。
③ 范祥雍校注:《〈洛阳伽蓝记〉校注》,上海古籍出版社1978年版,第160页。
④ 大秦,指罗马帝国。
⑤ 范祥雍校注:《〈洛阳伽蓝记〉校注》,第161页。

其中京城长安的西市、醴泉坊、义宁坊、崇化坊等处,都有众多西域各国人士长期定居。在对外贸易十分繁荣的宋代,来到中国的外国商民同样不可胜数。其中大批阿拉伯人和波斯人入居当时与广州并驾齐驱的通商口岸泉州,在泉州南郊的晋江之滨形成一片他们聚居的区域。到蒙古贵族入主中原的元代,更多的中国城市中出现外国人居留区域。元朝政府还在大都北京设立会同馆,作为招待外国贡使的国宾馆,以及外国使团与中国商民进行贸易的市场。在明、清两代,也都建有会同馆,并扩大了规模。明代,在位于西北丝绸之路上的肃州,还辟有安排西域各国使臣、商民居留的"夷厂"。在明、清两代更替之际,抗清的台湾郑氏政权曾允准东来贸易的英国商人在台湾、厦门、定海设立居留区域,时人称为"红毛馆"。由于郑氏政权于不久后覆亡,这些英国商馆并未存在较长时间。

在历朝历代形成的外国人居留区域内,虽然其中居住着肤色各异的外国人,但这些区域大多没有实行特殊的制度,与中国居民居住的街区并无实质的差异。不过,这些区域中也出现过外国人享有高度自治权的特殊区域——广州的蕃坊和香山的澳门,以及外国人受到苛刻约束的特殊区域——广州商馆。

在唐代,在对外贸易最兴盛的通商口岸广州,入居的大食、波斯商民数以万计。最初,他们与当地的华人杂居。到公元9世纪,在广州城内现今光塔街一带的蕃坊,成为他们集中居留的区域。由于提及这一蕃坊的著作均成书于9世纪30年代以后,而在此期间出任广州刺史、岭南节度使的卢钧在广州实行过"俾华蛮异处"的新政策,[①]因此该蕃坊当是这一新政的产物。唐朝末年,黄巢率领的农民军攻克广州,大批侨商或是被杀,或是回国,广州蕃坊一度衰落。到了宋代,随着中外贸易的恢复,广州蕃坊复兴,并一直维持到元代。[②]到了明代初期,因明政府厉行海禁,蕃坊才告终结。根据中外史籍的记载,中国政府在对蕃坊行使国家主权的同时,允许坊内的外国侨民享有充分的自治权。蕃坊设有蕃长,由中国皇帝从侨民中简任。蕃长按照《古兰经》及本民族的习俗来管理坊内的日常

---

① 刘昫等:《旧唐书》卷七十七,中华书局1975年版,第4592页。
② 〔日〕桑原骘藏:《蒲寿庚考》,陈裕菁译,中华书局1954年版,第56页。

事务,调查、处理侨民之间的纷争,还负有招邀外国商民来广州贸易等责任。蕃坊中还有阿訇和清真寺,蕃长和侨民们要遵循伊斯兰教教规开展各项宗教活动,并为本国苏丹祈福。[1] 对于犯罪的侨民,则要根据不同情况区别对待。当时的法律规定,"诸化外人,同类相犯者,各依本俗法,异类相犯者,以法律论",即同一国籍的侨民自相侵害,可由他们依据本国的法律、习俗自行处置;如果侵害别国之人,包括侵害中国人,就要按照中国法律来论处。对于后一类的犯法侨民,首先由广州地方官员审讯鞫实,要是犯了笞杖以下的轻罪,就将他们"送蕃坊行遣。缚之木梯上,以藤杖挞之,自踵至顶,每藤杖三下折大杖一下"。要是犯了徒刑以上的重罪,则由广州官府来执行对他们的刑罚。[2] 很多外国商人在蕃坊内长期居住,有些人还成了当地的富豪。例如,北宋时的一位蕃长、大食人辛押陀罗居广州数十年,巾袍履笏如华人,有数百万缗的家资,朝廷封他为"归德将军"。还有些蕃商及其后裔与华人通婚,甚至娶了天潢贵胄,世世代代在蕃坊中定居,使广州蕃坊成了他们新的家乡。同时,应该提及的是,迄今尚未见中外史料中有蕃坊的居民与当地华人发生严重冲突的记载,因此,历经500年风雨的广州蕃坊应是古代中国中外居民和睦相处的一个见证。

在广州蕃坊成为历史陈迹的近200年后,广东香山县的一角海隅出现一个葡萄牙人的居留区域。16世纪初期,航海东来的葡萄牙人先后在广东的屯门,浙江的双屿,福建的月港、浯屿等地非法地建立殖民据点。这些据点都只是昙花一现,很快就被明军摧毁。与此同时,明政府在广东的珠江口开放浪白、十字门等近10个洋澳,作为合法的中外贸易地点。约在1535年,经东南亚商民贿赂和请求,当时被称作"蠔镜"的澳门也成为对外开放的洋澳。1553年,经谈判,中、葡之间的正常贸易得到恢复,葡萄牙人开始在澳门就船贸易。数年后,因中国官员姑息,他们在澳门大兴土木,建成永久性的居留区域。此后,浪白等洋澳都被废弃,澳门发展成中国以及东亚重要的国际贸易口岸。在这一充满欧洲风情的城区中,葡萄牙人根据其本国的城市自治制度,选举产生由长老、初级法官和理事

———————

①② 张星烺编注:《中西交通史料汇编》第2册,中华书局1977年版,第201页。

官组成的议事局,作为自治机构,还设立葡萄牙海关,向本国和西班牙商船征收关税。葡萄牙国王擅自将这一区域隶属于葡萄牙印度总督,后来还派驻了澳门总督、王家法官等官员,并驻扎了一支葡萄牙军队。若当地的葡萄牙人自相侵害,则由他们自己的法官按照本国的法律进行审判,不服判决者,可向设在印度果阿的葡萄牙高等法院上诉。同时,这些葡萄牙人因远离本土,实力又非常有限,不得不服从中国官府的管辖。他们向中国政府支付地租、商税,以中国皇帝"顺民"的身份在当地居留、贸易。在明代,明政府在澳门设有提调、备倭、巡缉等官员,并任命议事局中的理事官为中国的"督理蠔镜澳事务西洋理事官"。在清代,清政府在澳门设立粤海关正税总口及关部行台,派驻海关官员;在澳门半岛以北的前山寨设置管理澳门事务的广州海防同知;在澳门半岛北部的望厦派驻又被称作"澳门县丞"的香山县丞和驻防汛兵,1800 年,该县丞移驻澳门半岛南部的葡萄牙人居留区域。在此期间,为了约束葡萄牙人,明代和清代的官员分别制定了《海道禁约》《澳门约束章程》等地方法规,其中甚至有不准他们新建房屋等规定。[①] 他们与华人涉讼,无论他们是原告还是被告,都由香山县丞等中国官员审判,杀害华人的葡萄牙人及其他外国人都会被判处死刑。在这数百年间,尽管有些葡萄牙殖民者曾一再抗拒中国政府对澳门的管辖,并取得了一些进展,但因为中国政府可以采取封闭陆上通往澳门的咽喉——关闸,并停止粮食供应等措施来迫使他们就范,所以从总体而言,在澳门的葡萄牙人大多服从中国官员管理,直到鸦片战争结束后的 1849 年,中国政府仍在当地行使国家主权。

　　鸦片战争前,在中国最重要的通商口岸广州,还存在另一个著名的外国商民居留、贸易区域——广州商馆。清政府统一台湾后,于 1685 年开放广东的澳门、福建的漳州、浙江的宁波、江南的云台山为对外通商口岸。葡萄牙人为了维护他们在澳门的特权和利益,阻挠英、荷、法等其他西方国家的商民入澳定居、贸易,清政府遂允准这些国家的商民直接到广州贸易。这些商民起初向广州居民赁屋居住,后来为了防止中外杂居,私下勾

---

① 　印光任、张汝霖:《澳门记略》上卷,嘉庆庚申重刊本,页四十。

结,清政府命令负责与外商交易的中国行商建造商馆,并命令外国商民必须在商馆内租屋居住。其实这些商馆多用外商的资金兴建,只是在名义上作为中国行商所建,以符合清政府的规定。经过多年建造,在广州西南郊的珠江北岸形成一个密布着西式楼房的外国人居留、贸易区域。这一区域长约 1 100 英尺①,宽约 700 英尺,其中共有商馆 13 所。② 每所商馆都很宽敞,其内部则装饰华丽。英、法等国领事抵达广州时也都入居馆内,馆前的旗杆上还升起这些国家的国旗。由于清代是个少数民族贵族统治全国的朝代,清朝统治者十分恐惧汉族民众的反抗,又唯恐"外夷"与当地民众的密切交往会导致无法预料的变故,因此对馆内外国人的行动作了空前苛刻、烦琐的限制。根据广东官府迭次制定的"防夷"章程的规定,入居商馆的外国人不得携带妻女,不得携带任何武器,随行人员不得超过五人。中国行商必须对馆内的外国人严加管束,前后馆门须由行丁把守,入夜须将行门锁锢。除行商、买办、通事、工役等以外,其他华人都不得出入商馆与外国人接触。外国人不得随意离开商馆,不得上街游览、散步,遇上交易等必须出馆的事务,中国行商、通事须全程陪同、监视。在外国商船于秋季回国后,尚有未了商务的外国商民也不得滞留广州,而是须到澳门去"住冬"。后来,经他们一再请求,广东官府同意他们可在通事的陪同下每月到珠江对岸的花地一带去"游散"3 次。在平时,他们较大的活动场所只有商馆区内约长 500 英尺、宽 300 英尺的一个运动场。当然,这些禁令在执行过程中是打折扣的。例如,有些外国妇女就偷偷地入馆居住。但是,如果事情闹大,广东官府就不惜动用武力来维护这些制度,以迫使外国人就范。于是,广州商馆处于广东官府极为严密的监控之下,入居商馆的外国人如同遭受软禁。正如当时的外国人所说,这一富丽堂皇的建筑群,其实是个"镀金的鸟笼"③。

从汉代蛮夷邸到清代广州商馆的种种史实,表明在古代中国从未出现过如同"独立王国"的外国人居留区域。即便在唐、宋、元代的广州蕃坊,1849 年前的澳门,外国人只是取得高度的自治权,即管理他们本国臣

———————
① 1 英尺约合 30.48 厘米。
②③ 〔美〕马士:《中华帝国对外关系史》第 1 卷,张汇文等译,商务印书馆 1963 年版,第 81 页。

民及其居留区域日常行政的一些权力。但是,第一,他们都没有取得属地的行政管理权,即无权管辖入界的华人。第二,这些外国人的自治团体仍要受中国官府的管理,其首领也接受中国政府任命的官职。因此,无论广州蕃坊还是此时的澳门,都不是"国中之国"。特别在中国的门户行将被西方列强的坚船利炮打破之前,清政府还将此时接待外国商民的广州商馆设置得如同囚笼。这种状况显示了鸦片战争之前外国人在"天朝上国"的屈辱地位。然而,就在清朝统治者于既鄙视又疑惧外国"夷人"的地基上经营广州商馆时,历史的转折点正在迫近。此后,在中国土地上将出现史无前例的界内华人反而要受外国人管治的特殊区域——租界。

第一章　开辟

在 1840 年爆发的鸦片战争中,英国侵略者用坚船利炮摧毁了清王朝自我封闭的壁垒和顽固的盲目自大。此后,一批西方国家和日本在中国的十个通商口岸开辟了二十多个被称作"国中之国"的专管租界和公共租界。租界的开辟过程肇始于鸦片战争结束未久的 1843 年,基本结束于八国联军侵华战争后的 1902 年,前后长达六十年,大体上可分为四个阶段。

第一节　鸦片战争后的演变

鸦片战争后的十多年,是外国在华租界的形成时期。战争结束未久在广州、上海、厦门等通商口岸划定的英商、法商及美国人的居留、贸易区域,尚未被外国人专管。经过十余年的演变,上海等地的外商居留、贸易区域演化成在中国史无前例的租界。

鸦片战争前,英国政府屡次向清政府提出的要求之一,是让英国在广东省城附近或在舟山群岛开辟澳门式的居留区域。到鸦片战争爆发时,英国政府认为胜券在握,就不满足于仅仅在僻远的地点建立一个居留区域,进而将迫使清政府允准英国商民可在新开放的通商口岸"自由居住、不受限制"等,作为战争首要目标之一。[①] 清政府于战败后无法维持旧日苛刻的广州商馆制度,只能允准英商携带眷属在即将开放的广州、厦门、福州、宁波、上海等五个通商口岸登岸居住,开展贸易。不过,清政府仍不甘心就此让外国人在各通商口岸漫无限制地自由行动,力图对他们的活动有所制约。英国商民应如何在各通商口岸租赁土地、建造房屋,成为此

---

① 　严中平辑译:《英国鸦片贩子策划鸦片战争的幕后活动》,《近代史资料》1958 年第 4 期。

时中英交涉的要点之一。

首先，英国方面力争在各通商口岸自行选择居留地点的特权，清政府则予以拒绝。在议订《江宁条约》时，英国全权代表璞鼎查就提出在各通商口岸任由英国人自择基地、建造房屋的要求。中国的钦差大臣耆英等以英国人"所欲住之地，皆系市廛，断难任其自择，坚持未许"[①]，因此，订立于 1842 年 8 月的中英《江宁条约》只是规定，中国皇帝恩准"英国人民带同所属家眷，寄居大清沿海之广州、福州、厦门、宁波、上海等五处港口，贸易通商无碍"。这样，通过《江宁条约》，英国商民只是获得带同眷属在中国通商口岸登岸旅居的权利，而这样的权利是清代以前来华的外国商民历来享有的待遇。该条约订立后，璞鼎查等仍企图在各通商口岸自择地段，并曾去上海、宁波两地实地查勘。12 月 7 日，广州发生民众烧毁商馆中数栋"夷楼"的事件。次年，璞鼎查便重提上述要求。耆英等以"若不问何人之地，擅自拣择造屋，直是与民为难"，民众势必"群起而攻"为理由，继续与璞鼎查磋磨，[②]使英方最终同意应由双方官员会同商定英国商民租赁土地、建造房屋的地段。订立于当年 10 月的中英《五口通商附粘善后条款》便规定，中国地方官必须与英国领事分别就这五个口岸的地方民情，"议定于何地方，用何房屋或基地，系准英人租赁"；其租价必以当地"现在所值高低为准，务求平允。华民不许勒索，英商不许强租"。[③] 这样，清政府有关不准英国人"自行择地"的交涉取得成功。后来的事实证明，这一外国人选择租地地点须与中国官员会商的规定，对于维护中国国家主权和当地居民利益，有着十分重大的意义。

在此基础之上，清政府进而产生限定外国人居留区域范围的意图。军机大臣穆彰阿等在核议中英《五口通商附粘善后条款》时认为，除了对英国商民在各通商口岸的活动范围须加限制、不许他们深入中国内地外，对他们在通商口岸租赁土地、建造房屋的区域也应切实地议定界址，即便将来他们人数增添，也不得于界址外"别有租赁，别有盖造"。穆彰阿等人的本意，无非是沿袭以往建立广州商馆的故智，画地为牢，将英国人的居

①② 文庆等纂：《筹办夷务始末》（道光朝）第 5 册，中华书局 1964 年版，第 2740 页。
③　王铁崖编：《中外旧约章汇编》第 1 册，生活·读书·新知三联书店 1982 年重印本，第 35 页。

留之处限定于所划地段,以免他们散居各处,从而无法控制。道光帝赞同这一主张,就在 1843 年 12 月中旬旨令五口所在地官员,在与英国人议定租地界址时,再与切实要约,"不准稍留罅隙"。① 对于来华英国商民而言,经营一个英国人集中居留区域,比分散居住有更多便益。在通商口岸明确划出英商租地,便成为中、英双方共同抉择。②

最早出现英商租地的通商口岸是广州。早在 1843 年 11 月 25 日,经钦差大臣耆英协助,英国驻广州领事李太郭与当地 6 个行商订立租赁土地合约,租期 25 年。所租土地系原来广州商馆区的部分地段,南临珠江,北到十三行街,东起西濠口,西至名为新豆栏的小巷。次年,因广州民众多次袭击该区域,英国领事和广东官府订立协议,限制华人入内,并在毗邻华人居住区的地方筑起围墙。1847 年,英国人又租赁毗连的 6 间铺户,使该区域与新豆栏以西的美国商馆连成一片。英国人在当地增建住宅、货栈等,供各国商民等租用。英、美等国驻广州领事馆及多家外商洋行都在界内落户。在珠江边,辟有英国、美国两个花园,并设有码头,一艘英国军舰经常驻泊,中国船只则不得停泊。在一度驻扎的 50 名英兵撤离后,外商洋行便陆续建立武装卫队。③ 于是,原来十三行商馆区的部分地区发展成与以往颇不相同的外国人居留、贸易区域。

上海于 1843 年 11 月 17 日开埠。首任英国驻沪领事巴富尔将划定一年前璞鼎查与他一起选定的上海英商租地界址,作为他首先应尽的职责之一。自上海开埠始,他即与苏松太兵备道④宫慕久会商有关英商租地界址及英商租赁土地的办法等。12 月中旬,道光帝下达与英国人切实议定租地界址的谕旨,使江苏巡抚和上海道等人加速其决策的过程。未

---

① 文庆等纂:《筹办夷务始末》(道光朝)第 5 册,第 2755、2783 页。
② 有些著作将尚未发展成租界的区域称为"居留地",另有一些著作则称之为"租地"。"居留地"一词出自日文,日本人开辟在华租界时即把租界称作"居留地"。因此,本书以"租地"一词来指称尚未发展成租界的区域。详见本书第十二章《有关租界研究的一些问题》第四节《其他问题》。
③ 英国国家档案馆:FO 228/909,广东官员致英国驻广州领事函,咸丰十一年四月初三;文庆等纂:《筹办夷务始末》(道光朝)第 6 册,第 3098 页;中国人民政治协商会议广州市委员会文史资料研究委员会编:《广州的洋行与租界》(《广州文史资料》第 44 辑),广东人民出版社1992 年版,第 8、20 页。
④ 苏松太兵备道的驻地是上海,后来人们也称之为"上海道"。

久,中、英双方将上海英商租地的界址大体确定为黄浦江以西、洋泾浜以北、李家厂以南地区,其西界未定。该区域旋被上海官府称作"在上海港口所定英人租地造屋居住界"。①

继上海之后,厦门英商租地的界址也被大体划定。在1843年11月厦门开埠后未久,首任英国驻厦门领事记里布入居鸦片战争爆发后一直被英军占领的鼓浪屿。清政府深恐此种情形成为1845年英军按照中英条约从该岛撤离后英国人赖在该岛不走的口实,令兴泉永兵备道②恒昌等尽快与记里布划定英国人在厦门建造行栈和寓所的地界。1844年9月9日,双方以厦门城西南滨海的较场及水操台废址"并无坟墓,亦无民房等项,实为无碍之地",遂在较场周围量出周长291丈的官地,水操台周围量出周长28丈的官地,以供英国人在厦门居留、贸易之用。此外,对附近民地,英国人也可与中国业主"彼此公平租赁"。然而,租地范围虽已划定,英国人却未在那里租赁土地、建造房屋。继任英国领事阿礼国等以当地地势空阔,恐遭窃劫为由,改在兴泉永道旧署一带租屋暂住。③

英国人陆续与中国官员划定广州、上海、厦门的英商租地之际,美、法两国仍坚持其本国商民在中国通商口岸应有自由居住之权,因而在1844年商订中美、中法条约时,清政府不得不有所让步。于是,中美《望厦条约》规定,美国人可在通商口岸建立医院、教堂和殡葬之处;中法《黄埔条约》不仅允准法国人在通商口岸建造教堂、医院、学校、墓地、济贫院等,还明确规定,对法国人在这些口岸的"房屋间数、地段宽广,不必议立限制"。④

清政府在事实上采取限定外国人居留区域的政策,在新订中外条约中却同意不限制他们的居留范围,导致无论是实际政策还是约章规定,都产生严重恶果。当中国国势强盛之际,划定外国人的居留区域,便于中国官府对他们的管理。到鸦片战争后清政府已经畏惧西方强国时,划出大片土地供外国人专用,致使当地聚集了大批享有领事裁判权的外国人,这

① 蔡育天主编:《上海道契》第1卷,上海古籍出版社2005年版,第1页。
② 兴泉永兵备道的驻地是厦门,时人也称之为"厦门道"。
③ 齐思和等编:《第二次鸦片战争》(四),上海人民出版社1978年版,第368页;文庆等纂:《筹办夷务始末》(道光朝)第6册,第2839、2924、2933页。
④ 王铁崖编:《中外旧约章汇编》第1册,第54页。

就为他们侵夺当地的行政管理权创造了客观环境。不久后发生的事实表明，这一根植于"中外大防"的政策是外国租界的成因之一。与此同时，中法条约规定，对于法国人在通商口岸的"房屋间数、地段宽广"不加限制，而英、美等国在华享有片面最惠国待遇，这些国家又能以这一约款作为后来不断要求拓展租界的借口之一。

初步划出上海英商租地的界址后，来沪的英商便陆续在界内租赁土地。这时，英国商民在租赁时系择用当时中国农村流行的方式，即在承租时向业主交付一笔当时称为"押租"的保证金，承租后于每年秋后向业主交纳年租。在此期间，上海道宫慕久本来可以自主地行使对这一外商租赁地区的地方立法权，却贸然地让英国领事巴富尔来会订当地有关租赁土地、管理外商等办法的一系列规章，使得中国在当地的主权开始被英国人侵夺。对于陆续拟成的规章，宫慕久分别出示，悬挂于当地新设的海关。1845 年 11 月 29 日，他又将同巴富尔商定的 23 条规章汇总为一个文件。该章程后来被称作《土地章程》《上海租地章程》等。根据其中规定，在这一英商租地内实行一系列特殊政策。第一，租地内实行"华洋分居"。界内土地专供外商租赁，"本地居民不得自相议租"，"亦不得再行建房，招租华商"。第二，界内实行实质是土地买卖的特殊的"永租制"。通过增加押租、划一年租的办法，使押租相当于地价，年租相当于地税，并且不准中国业主索回土地、添加租金，使外商在界内永租土地如同购买土地。[1] 第三，界内的市政建设权均归外国商民。界内所有市政建设事宜，诸如修建道路、码头、桥梁、闸门，添置路灯、水龙，以及清道、植树、排水等，皆由租赁土地和房屋的外商会商定议，中国官府均不过问。第四，界内的外国人拥有一些征税之权。当地进行市政建设的费用，除可由他们"公议均摊"外，他们还可向他们自己的进出口货物"抽分"即抽税，以弥补短缺的款项。第五，英国领事取得一些属地的行政管理权。来自其他国家的商民要在界内租赁土地、建造房屋，或租屋居住、存贮货物，都须先经该领事许可。各国商民包括华人在界内开设餐厅、酒馆、旅店，也须由该领事"先给

---

[1]　有关内容详见本书第三章《土地制度》的第一节《土地获取》和第三节《地税》。

执照,始准开设"。不过,该章程也表明,界内的华人仍归中国官员管理,界内很多日常事务,中国官员仍有会商之权。特别是外商从华人中雇募"更夫"即夜间保安人员,须将其姓名报明中国地方官,由他们来进行审查。"揸更条规",即治安条例,他们也要"会同酌议",并要参与设立"更头"即夜间保安人员负责人的事宜。这样,维护当地治安之权,中国官府仍有所掌控。① 此时的上海英商租地,尚不是由英国领事等人专管的"国中之国"。但是,通过这些章程,英国人已获得了当地的市政建设权等国家主权。特别是英国领事不仅可对当地的英国商民进行属人管理,还可在一定程度上对这片中国领土进行属地管理,致使中国在当地的主权受到更多侵犯。这些状况为该租地于不久后成为不受中国政府行政管理的"独立王国"奠定了基础。

1846年9月24日,上海道宫慕久与英国领事巴富尔议定,以新开辟的界路为上海英商租地的西界。至此,该租地的四至都被确定,其面积约1 080亩。②

同年12月,新任英国领事阿礼国首次召集上海英商租地的外国租地人会议。此次会议推举由三名委员组成的道路码头委员会,并规定租地人会的职权为听取该委员会有关上年度经费收支和市政建设的报告,选举新一届委员及商议相关事务。道路码头委员会负责向外国商民征收码头捐等捐税,以及在界内修筑道路、码头等市政工程,从而成了该租地市政管理机构的雏形。道路码头委员会的成立,使该租地向演化成"国中之国"的方向又迈出了重要的一步。

图 1 以新辟的界路为西界的上海英商租地

---

① 英国国家档案馆:FO 233/96,《上海土地章程》,道光二十五年十一月初一。

② 有些著作认为此时该租地的面积为830亩。

1848 年初，法国首任驻沪领事敏体尼抵达上海。起初，他租赁了县城以北、英商租地以南的一处房屋为领事馆。7 月，法商雷米抵达上海，未久便呈请在上海租赁土地。敏体尼趁机照会代理上海道吴健彰，索要洋泾浜南岸、上海县城以北地段，并让法国人在这一上海法商租地内享有英国人在英商租地内所拥有的各种特权。上海官府原以为所有来沪外商只能在一个区域内租赁土地，敏体尼要求另划租赁地段，使他们感到颇为棘手。此时，英国领事阿礼国刚在有关"青浦教案"的交涉中凶相毕露，上海道咸龄因而被撤职，继任的代理上海道吴健彰等官员也畏之如虎，不敢向他提出从英商租地内划出法商租地的要求；同时，根据英商租地《土地章程》的规定，别国商民在界内租赁土地、建造房屋，须先经英国领事允准，因而即将离任的吴健彰便在答复时表示，同意从英商租地中划出一块供法商租赁的土地，但法国人需自己去与英国领事交涉。敏体尼立即复函，指责吴健彰缺乏履行中法《黄埔条约》的诚意，并指出，这是一个强国按照国际条约向中国皇帝而不是向英国租赁土地，并恐吓吴健彰，若不迅即办理，法国公使将在北京指控他。[①] 到 11 月，已经被迫同意英国人扩展英商租地的新任上海道麟桂只得同意法国人的要求。经过几个月交涉和实地会勘，双方确定了上海法商租地界址。1849 年 4 月 6 日，麟桂发布告示，宣告法商租地位于县城北门外，南至城河，北至洋泾浜，西至关帝庙、褚家桥，东至广东潮州会馆沿河至洋泾浜东角，面积约 986 亩。该告示还以英商租地的《土地章程》为蓝本，规定其他国家的商民拟在法商租地内租赁土地，应与法国领事"商明办理"。同时，依据《黄埔条约》，该告示又明确宣布，法商租地在日后可以随时展拓："倘若地方不够，日后再议别地，随至随议。"[②] 这样，上海法商租地的开辟，不仅打破了清政府限定外商居留范围的计划，而且开了西方国家在一个通商口岸分别开辟租地的先例。一个通商口岸出现多个外国租界的状况便由此发端。

抵达上海的美国人最初多在英商租地内租赁土地、建造房屋。1848

---

① 〔法〕梅朋、傅立德：《上海法租界史》，倪静兰译，上海社会科学院出版社 2007 年版，第 25、27 页。

② 吴馨等修、姚文枏等纂：民国《上海县志》卷十四，1936 年版，页三。

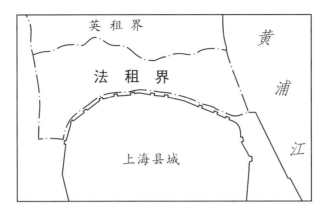

图 2　最初的上海法租界图

年,因苏州河北岸的虹口地区地价低廉,美国圣公会主教文惠廉等传教士以建造教堂为名,在那里购置土地、建造房屋,并与上海官府交涉,要求上海官府同意他们在虹口居留。上海道遂同意将虹口一带作为美国人租地。因文惠廉并不代表美国官方,双方没有订立正式协议,也未划定租地界址。[①]

让英、法两国在同一通商口岸分别开辟该国领事拥有一定行政管理权的租地,在这两个租地外又建立美国人的租地,完全不符合清政府对外国人居留范围严加限制的初衷。英、法等国政府最初也没有此种预谋,对驻沪领事的行动也并不都予以支持。1846 年,美商吴利国被任命为美国驻沪代理领事,他将在英商租地内新建的房屋作为领事馆,并升起美国国旗。英国领事以《土地章程》授予他管理该地区之权,声称除英国国旗外,界内不得悬挂其他国旗。吴利国拒不让步,英国领事转而向上海官府施加压力。上海道只得于次年同意给《土地章程》增补一款:除英国国旗,英商租地内不得悬挂其他外国国旗。然而,即便是港英总督这样的英国高级官员,也不支持英国领事在上海管辖别国人士,并认为在英商租地内悬挂他国国旗实在是无关宏旨之事。未久,继任美国领事祁理蕴、代理领事金能亨又坚持美国人在英商、法商租地内租赁土地,不必得到英、法领

---

① 吴馨等修、姚文枬等纂:民国《上海县志》卷十四,页三。

事的允许,终于迫使英方让步。① 显然,要是处置得当,上海不至于在开埠五年多后就出现三个外国人享有不少特权的特殊居留区域。这与当时上海居民对外国商民的态度较为温和等民情有关,更主要的是因为宫慕久、吴健彰、麟桂等上海地方官员在交涉时屡有失误并一再退让,从而造成此种局面。

在厦门,英国领事苏理文、翻译巴夏礼于 1852 年初准备在原先确定的英商租地内兴建房屋。此时的闽浙总督季芝昌以较场等处系官兵操演之所,且有民田庐墓,均多窆碑为由,委令当地官员与苏理文交涉,并密谕工匠,不准擅为兴工。苏理文同意另择地基。经会勘,兴泉永道赵霖与苏理文于 2 月 9 日互换照会,确定将岛美路头至新路头等处官有狭窄海滩,计长 55 丈、宽 20 丈的地段,除在宽度方面留出前后公路共 4 丈外,作为厦门英商租地一部分。② 因这块滩地的面积少于较场等处的地块,中、英双方不久后又议定,与该滩地毗连的民地日后由地方官估买,租与英国人,以补足官地不敷抵换较场地基之数。③ 这片滩地系由英国领事向当地中国官府租赁,面积约为 15 亩。次年初,苏理文订立章程 6 条,对分租土地,填筑滩地,建造码头、公路,以及设置管理机构、雇募巡捕等都作了

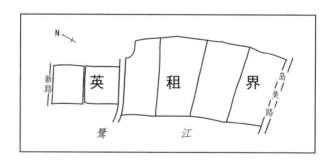

图 3 最初的厦门英租界图

① 蒯世勋编著:《上海公共租界史稿》,载上海史资料丛刊《上海公共租界史稿》,上海人民出版社 1980 年版,第 321—323 页。
② 厦门市档案局、厦门市档案馆编:《近代厦门涉外档案史料》,厦门大学出版社 1997 年版,第 195 页。
③ 齐思和等编:《第二次鸦片战争》(四),第 370 页。

规定。① 此后,英国领事便开始在当地分租土地。

在上海,三块特殊的外国人租地面积宽广,成了轻侮中国并谋求殖民利益的外国人可以进一步有所动作的舞台。一旦中国发生重大事变,中国官府失却对这些区域的控制,他们就能按照其意愿来管辖这些区域。在战乱频仍的清代后期,这样的机会很快出现。1853 年春,从广西金田村出发的太平军于攻克江宁后继续东进,大有席卷江浙的态势。阿礼国等人召集包括各国领事、海军指挥官及外国侨民的会议,决定在外商租地内组织民兵性质的义勇队,修筑永久性的防御工事,并宣布上海外商租地在战争中"中立",禁止清军及太平军进入,使这片居留、贸易区域成了严密设防的军事据点。同年 9 月 7 日,小刀会在上海起义,夺取了上海县城。署上海知县袁祖德被杀,署上海道吴健彰一度躲入外商租地。1854年 4 月初,因清兵重伤一名在英商租地外散步的英国商民,英、美军队和义勇队又用武力驱逐驻扎在租地附近的清军。中国官府完全失却对上海外商租地的控制,不能过问界内任何行政事务,界内华人也开始受外国人管理。7 月 5 日,英、美、法三国驻沪领事公布经其擅自修订,已经三国公使批准,此后才要求上海道认可的《土地章程》。② 新章程规定,上海英商、法商租地统一行政,界内外国侨民可选派由三名以上成员组成的委员会,负责征收捐税,并可设立警卫人员或警察武装。7 月 11 日,阿礼国在英国领事馆召集租地人会议。他宣称,当地的外侨社会只有成立自治的市政机构,才能永远确保租地的安全,并使他们的一切行动合法化。经阿礼国大力鼓动,外国租地人不仅通过修订后的《土地章程》,还进而按照西方城市的自治模式,违反刚刚通过的新章程,赋予按新章程规定仅负责征税事宜的委员会以管理当地各种行政事务的权力。该委员会起初被称为行政委员会(Executive Committee),后来多被称为市政委员会(Municipal Council),华人因其职能近似当时清政府六部中的工部,不久后称之为

---

① 英国国家档案馆:FO 678/14,Regulations Relating to Beach Ground,Amoy,20 February,1852。

② 王铁崖编:《中外旧约章汇编》第 1 册,第 80 页。该章程常被称为《上海英法美租界租地章程》,实际上其第一款即指明,该章程实施的范围为英商、法商租地,界址未定的美国人租地并未包括在内。

"工部局"。成立市政委员会的同时，外国租地人等决定设置警察，华人旋称之为"巡捕"。由于法国人很快就"独自为政"，另行召开租地人会议，并设置巡捕，因此，上海英商、法商等租地先后发展成拥有市政机构和巡捕武装、完全摆脱中国政府行政管理的"国中之国"。这些"国中之国"于数年后被时人称为"租界"。在上海美国人租地，巡捕的设置、外国租地人会议的召开都在上海英、法租界形成之后，因而上海美租界实际形成的时间迟于英、法租界。

上海租界形成后未久，长期充任阿礼国秘书的巴夏礼被任命为英国驻厦门领事。巴夏礼与阿礼国是类似的人物，他于 1855 年 1 月 19 日在厦门召集租地人会议，订立章程，以确立领事专管该英商租地的制度，使这一区域也在此后演变成英租界。①

最早开辟的广州英商租地则未能发展成租界。1856 年 10 月，第二次鸦片战争爆发，英军入驻该区域，并为防守而拆毁周边大片民房。12月，广州居民在附近纵火，烈焰延烧到广州商馆，使这一片行将演化成英租界的区域变作焦土。不久，英国人便决定另选其他地点来开辟广州英租界。

综上所述，可知鸦片战争后的十余年，是租界逐渐形成的阶段。至1856 年 10 月第二次鸦片战争爆发之际，名义上统一行政的上海英、法租界已经形成，上海美租界和厦门英租界也行将成型。这一渐进的租界形成过程说明，租界与普通的外国人居留区域的主要区别，在于当地的行政管理权是否被外国侨民或外国领事掌控，即在当地是否设立由他们管理的市政机构，并建立他们借以进行管理的巡捕武装。这一历史进程还说明，有四方面的因素促成租界的形成。第一，清政府实行限定外国人租地界址的政策，造成外国人聚居区域。第二，中国地方官贸然将部分属地的行政管理权等国家主权让与外国领事等人，使得外国领事、外国侨民迅速地在当地扩张其势力。第三，当地发生中国官府无法照旧进行统治的重大事变，使外国人获得进一步侵夺中国主权的时机。第四，当地外国人中

---

① 英国国家档案馆：FO 678/14, Minutes of a Meeting Held within the British Consulate Office at Amoy, 19 January，1855。

有热衷于扩展侵略特权的铁腕人物,他们会利用一切机会来将外国人居留区域变为"独立王国"。最早形成的上海租界正是这四种因素结合起来的产物。

第二节　第二次鸦片战争后的扩散

第二次鸦片战争后的约二十年间,租界的开辟出现两种状况。在战争结束未久时划定界址、订立中外约章的租界大多顺利开辟。随后情况有了变化,特别是根据 1876 年中英《烟台条约》的规定而拟开辟的租界,最终均未建成。在这一阶段中,在中国设立租界的国家仍只有英、法、美三国,但这种特殊的居留、贸易区域则从原先的两个通商口岸扩散到了七个通商口岸。

如同"独立王国"的上海租界,是西方殖民者理想的乐园,可作为他们在中国各通商口岸建立居留、贸易区域的模板。于是,第二次鸦片战争期间,在英法联军的胁迫下,清政府于 1858 年 6 月与英国订立的中英《天津条约》除了规定清政府须增开牛庄、登州等府城以及镇江和汉口以下长江沿岸不逾三处为通商口岸外,还规定英国人可在新开各通商口岸居住、赁房、买屋、租地,起造礼拜堂、医院、坟茔等,"并另有取益防损诸节,悉照已通商五口无异"。[1] 已开五个通商口岸中,英国人在上海等地"另有"的一项"取益防损"措施,即是侵夺其租赁地区的行政管理权,使当地成为不受中国政府管辖、如同"国中之国"的租界。该条约的这一规定使英国在新开各通商口岸开辟租界有了条约依据。

1860 年 10 月,在英法联军进入北京城后,清政府又被迫与英、法两国分别订立《北京条约》,同意增开天津为通商口岸。11 月,英国公使卜鲁斯派参赞巴夏礼等去天津确定英租界界址。领班总理衙门大臣奕䜣起初希望能抵制天津英租界的开辟,但在此时天津仍由英法联军占领,武备院卿恒祺、候补京堂崇厚等在津官员无法阻止英国人行动,只得声称外国

---

① 王铁崖编:《中外旧约章汇编》第 1 册,第 98 页。

人在天津全城占据民房、官署,造成种种窒碍;允准他们在天津租地建房,可令其归还所占房屋,"庶得两无妨碍"。① 经实地查勘,巴夏礼等选中天津城东南两三里许、海河西岸紫竹林至下园一带土地。12 月 6 日,奕𫍯收到卜鲁斯的照会,其中称拟"代国永租"津地一区,作为起造领事官署及商民建造住房、栈房之用。该地区东界海河,长 255 丈 5 尺,西界长度相仿,北界长约 200 丈,南界长约 70 丈,面积约 440 亩。奕𫍯等认为,英国依据条约,要求"立契永租"土地,"未便拂其所请",于 12 月 8 日同意其要求。经咸丰帝允准,直隶官员旋与英方确认了天津英租界界址。未久,经再次实地丈量,该租界面积被认定为 489 亩左右。②

1861 年初,卜鲁斯派参赞巴夏礼与英国舰队司令贺伯等率战舰至长江沿岸新辟各通商口岸察看形势,勘定租界界址。2 月 19 日,巴夏礼一行抵达镇江。此时,主办镇江开埠事宜的道员尚未赶到,经巴夏礼等催迫,京口副都统巴栋阿便饬令镇江知府师荣光、丹徒知县田祚代为办理镇江英租界勘界等事宜。据镇江当地一份资料的记载,巴夏礼于会商时宣称,他已择定镇江城北甘露寺前、新城内外的一片平地为英国人"建署建栈"的地段。师荣光因这一区域位置冲要,就以太平军在攻占镇江时所建的新城业已"奉谕旨存留","碍难擅动",拒绝出租这一区域。③ 巴夏礼只能转而要求在镇江城西门外五里的银山上下开辟英租界,并于 2 月 23 日与中国官员订立永租地基批约,其中规定将山上山下已毁于战火的原有庙宇、民居所在的空地两段永租于英国。山下一段西起长江边小码头,留出 4 丈宽沿江公路后,沿公路往东 140 丈,宽 24 丈,面积约 112 亩;山上一段长、宽均照庙舍原来规模,面积约 30 亩。该约规定,出租之地由英国驻镇江领事分为官商建筑署栈之用,均照领事所定章程办理。这是在中外约章中首次确认由外国领事专管租界内行政事务。未久,因除去江边公路后山下一段土地宽度不敷 24 丈,双方又议定,该租界东至镇屏山巷

---

① 中国第一历史档案馆:《天津租界档案史料选》,《历史档案》1984 年第 1 期。
② 天津档案馆、南开大学分校档案系编:《天津租界档案选编》,天津人民出版社 1992 年版,第 5—7 页;尚克强、刘海岩主编:《天津租界社会研究》,天津人民出版社 1996 年版,第 9 页。
③ 张立瀛编纂:《镇江古今谭·租界》(稿本),镇江市地方志办公室藏。

一带为界,南至银山门街一带为界。后经实地丈量,山下一段土地的面积约为130亩5分,山上一段土地实际面积为26亩,整个镇江英租界的面积约为156亩。[①]

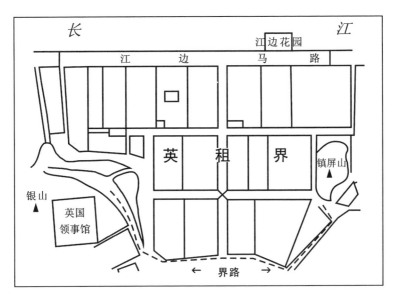

图4　镇江英租界图

初步勘定镇江英租界界址后,巴夏礼等于3月11日抵达汉口。经查勘,他们拟将靠近长江与汉水交汇处的地段作为英租界界址。因湖北布政使唐训方等坚决反对,他们同意设租界于汉口镇市以下街尾一带。其界址为自长江边花楼巷往东8丈起,至甘露寺江边卡东角止,长250丈,深110丈,面积为458亩80弓。3月21日,唐训方与巴夏礼订立永租地基租约。该租约指明将这一地段"永租"给英国政府,并指明当地划分地段、建造公路等一切事宜,全归英国驻湖北领事专管,"随时定章办理",再次确认英租界由当地英国领事专管的制度。该租约还规定,英国人不得再在花楼巷以西租赁土地,以免妨碍汉口镇市铺屋;其他国家来汉口租赁

---

① 贾桢等纂:《筹办夷务始末》(咸丰朝)第8册,中华书局1979年版,第2763页;江苏省长公署统计处编纂:《江苏省政治年鉴·外交》,无锡锡成公司1924年版,第50页。

第一章　开辟　　　　　　　　　　　　　　　　　　　　　　　　　　　21

土地,也须一律办理。①

3月22日,巴夏礼等自汉口返抵九江,与署江西布政使张集馨等会商在九江"租地、互市"等事项。次日,巴夏礼乘船去湖口察看形势,认为鄱阳湖为江西咽喉,湖口又扼鄱阳湖咽喉,便提出改在湖口开商埠、辟租界的要求。湖口系战略要地,江西官员以当地地理环境不适宜泊船互市等为由,劝说巴夏礼仍在九江开埠通商。巴夏礼被说服后,于3月25日与张集馨等在九江府城西门外划定了英租界四至:西自龙开河口起,沿长江往东,长150丈,向南进深60丈,面积150亩。② 同日,双方又依据开辟汉口英租界的约章,订立九江英租界租地约章,同样规定该租界"一切事宜"由英国驻九江领事专管,"随时定章办理"。然而巴夏礼仍觊觎湖口等地,因而该约又规定,"如一年之内,两国大宪查有别处地方较于九江府城开设码头更属妥协者,则在该处地方会同地方官再行勘量地基"。③ 后因英国人未在附近找到更适宜通商之地,九江英租界于次年正式开辟。

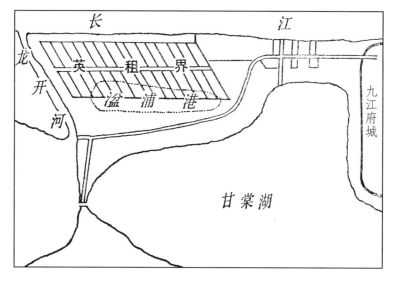

图5 九江英租界图

① 英国国家档案馆:FO 93/23/19b,中英汉口永租地基租约,咸丰十一年二月十一日。
② 齐思和等编:《第二次鸦片战争》(五),第432、466页。
③ 英国国家档案馆:FO 93/23/19b,中英九江永租地基租约,咸丰十一年二月十五日。

开辟九江英租界的约章订立未久,开辟广州英租界的约章也正式订立。1856 年 12 月,英国商民在十三行商馆区租赁的区域被大火焚毁。1857 年底,英法联军攻占广州。以原英国署广州领事巴夏礼为首的广州外国人委员会逼迫广东大吏重新划定供英国商民营建房屋之地。他们以原先租赁的区域过于狭隘为由,要求租赁广州城外西濠口以东地段或珠江旁滩地沙面。署理广东巡抚毕承昭等再三劝阻,不能中止,便以"西濠居民甚多,若令迁徙,过于扰累"为由,拒绝出租此处地基,但同意英、法两国租赁江边的官地沙面。[①] 此时英国商民大多看好珠江南岸的芳村、河南,因为那里邻近外商的仓库,又与广州城中隔珠江的白鹅潭,使外国居民容易得到保护。巴夏礼认为,芳村或河南与广州城有珠江相隔,交通不便,日后必定对租界经济产生不利影响。要预防广州民众攻击租界,只要在沙面挖条小河分隔租界和中国民居即可,英国军舰也可在白鹅潭停泊,以保护租界,并可在状况紧急时接走界内居民。1859 年 5 月,英国政府决定租赁沙面。因沙面是片江滩,必须先从水底填筑地基后才能建造房屋。这一工程耗资巨大,在当时成败难料。毕承昭等指出,无论工程成败,费用应由英方负担。巴夏礼则扬言,若工程失败,英方不负责任,并于不久后迫使署任两广总督的劳崇光屈从其要求。[②] 至 1861 年夏,历时两年、耗资 32.5 万银圆的沙面填筑工程完工。9 月 3 日,两广总督劳崇光与英国驻广州领事罗伯逊订立永租沙面约据,规定将沙面岛西部划为英租界,面积为该岛五分之四,共 264 亩。这一约据又规定,英国可任意使用该地区,中国官府除收取年租外,不能在当地"执掌地方"、征收饷税、经理一切事宜,[③]进一步确认了该租界作为"国中之国"的特性,即中国已丧失当地的行政管理权。

目睹英国于数个月间在中国开辟了一批专管租界,共同组织侵华联军的法国也垂涎欲滴。在天津,一名法国军官参与了 1860 年 11 月英国

---

① 贾桢等纂:《筹办夷务始末》(咸丰朝)第 5 册,第 1572 页。
② 贾桢等纂:《筹办夷务始末》(咸丰朝)第 5 册,第 1598、1599 页;钟俊鸣主编:《沙面》,广东人民出版社 1999 年版,第 22 页;J. B. Eames, *The English in China*, London, 1909, p. 545。
③ 英国国家档案馆:FO 678/2960,中英永租沙面地基约据,咸丰十一年七月二十九日。

人对英租界界址的实地查勘。此时为法国人保留的是块河岸弯曲、住户较多之地。1861年5月,法国参赞哥士耆在抵达天津后勘定了法租界界址。该租界位于英租界西北,东、北两面濒临海河,西至紫竹林大街牌坊,即距海大道不远处,面积439亩。[①] 6月2日,三口通商大臣崇厚与哥士耆订立《议定紫竹林地基条款》。条款中虽无多个中英约章中有关领事专管租界一切政务的规定,但依据法国已取得的片面最惠国待遇,法国可一体均沾英国人获得的特权。

在广州,法国商民于鸦片战争后继续以十三行商馆为居留区域。第二次鸦片战争期间,商馆被毁。英法联军攻占广州后,广东官府于1859年被迫同意将珠江边的滩地沙面租借给英、法两国。[②] 1861年夏,沙面填筑工程完工。根据法、英之间的协议,法国支付工程费用的五分之一,获得沙面五分之一的土地来开辟法租界。9月3日,两广总督劳崇光与英国领事罗伯逊订立永租沙面地基约据,其中规定广州英租界位于沙面西部。广州法租界界址也被同时确定。该租界位于沙面东部,三面环水,西接英租界,面积66亩。

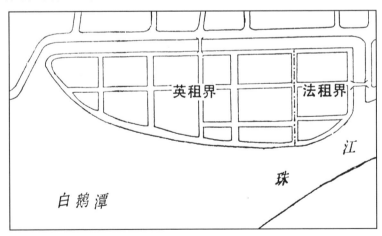

图6 广州英、法租界图

① 天津档案馆、南开大学分校档案系编:《天津租界档案选编》,第98页;沈家本等修、徐宗亮等纂:《重修天津府志》卷二十四,光绪二十五年版,页二十九。
② 贾祯等纂:《筹办夷务始末》(咸丰朝)第5册,第1572页。

在此期间,上海租界的格局发生变化,形成一个公共租界和一个专管租界并存的局面。1854 年 7 月,上海英、法租界形成时,英、法、美三国领事擅自修订,又经三国公使批准的《土地章程》规定,英、法租界将统一行政。但在实际上,法国代理领事爱棠等人并不愿意放弃法租界的独立地位,法国公使布尔布隆也在宣布接受该《土地章程》时声称,该章程尚须经法国政府批准。在此期间,英、美、法等国海军指挥官曾要求占领上海县城的小刀会发布通告,传令会众不得进入租界,但经英、美军官核阅过的通告仅禁止他们携械通过洋泾浜以北地区,并未包括法租界。爱棠要求修改该通告,但未被理会。爱棠十分恼怒,因而在统一行政的通告才发出两星期时就不接受新组建的租界工部局对法租界的管辖。接着,法国公使也对该《土地章程》表示不满,认为其有损法国利益,要求法国外交部部长不予批准。此后,该工部局和英、美领事一再催促爱棠在法租界实施该章程,但都没有结果。1861 年 6 月,布尔布隆授权爱棠,宣布法国皇帝没有批准合并上海法租界的《土地章程》。1862 年 4 月 29 日,爱棠又宣布,在上海法租界特设市政机关,处理并掌管界内一切事务。[①] 上海法租界与英租界正式分道扬镳,成为各自为政的专管租界。

在上海法租界分离之际,英、美租界则紧锣密鼓地进行着合并事宜。美租界形成后,界内侨民稀少,并未选举产生市政委员会即未组建工部局,设置巡捕房等事务由设于英租界的工部局兼顾。1862 年和 1863 年,英租界两次租地人会议都通过了合并上海英、美租界的决议。为了落实这一决议,上海美租界须有确定的界址,于是美国领事熙华德便为划定其界址而积极交涉。1863 年 6 月 25 日,署上海道黄芳与熙华德议定了该租界界址:西自护界河(即泥城浜)对岸之点起,向东沿苏州河及黄浦江到杨树浦,沿杨树浦向北三里为止,从此向西画一直线,回到护界河对岸起点。不过,双方没有细勘界址,更未竖立界石。随后,熙华德于 9 月 21 日召开该租界租地人会议,决定依据英租界租地人会议的决议,将美租界

---

① 〔法〕梅朋、傅立德:《上海法租界史》,第 126、127、136、218、221 页。

所有权利和义务移交给英租界工部局。① 有些英租界租地人认为美租界刚开始市政建设，入不敷出，必将给英租界带来巨大的经济负担，如果不将这两个区域的财政分开，他们就反对合并。② 不过，多数租地人仍支持合并。11 月 30 日，英租界租地人会议通过分担美租界市政经费的议案。12 月底，上海英、美租界的合并得到英国官方批准，上海公共租界正式形成。③ 起初外国人通常称这个合二为一的租界为"上海外人租界""上海洋泾浜北首外人租界"，也称之为"上海英美租界"。整个租界分为英租界、美租界两个区域，其中，美租界也被称为"虹口租界"。华人通常仍分别称之为"英租界""美租界"，后来也合称之为"英美租界"。④

在此期间，美国也在天津增辟了租界。英、法两国先后在天津开辟租界后，首任美国驻天津领事于 1862 年抵达天津。为了表明对美国一视同仁，天津官府有意让美国在天津开辟一个专管租界，发给美国领事一份租契。天津美租界四至为"北自英租界始，以南至闽粤茔地为止；又东自海河起，西至海大道为止"⑤，面积约 131 亩。

在此期间，也有数个英、法两国拟辟的租界出于不同原因而未开辟成功，其中包括营口、江宁英租界，汉口、烟台、江宁法租界。

牛庄是根据中英《天津条约》将在第二次鸦片战争后增开的通商口岸。1861 年初夏，英国首任驻牛庄领事密迪乐在辽河口实地考察，他认为牛庄距辽河入海口甚远，商船停泊不便，要求将海口附近的盖平县没沟营作为通商口岸。没沟营又名营口。经与盛京将军玉明派出的牛庄防守

① "Shanghai, Saturday 26, September 1863", *North China Herald*, September 26, 1863, p. 155；蒯世勋编著：《上海公共租界史稿》，载上海史资料丛刊《上海公共租界史稿》，第 366、367 页。
② [法] 梅朋、傅立德：《上海法租界史》，第 219 页，附注 1。
③ Report of the Municipal Council (Shanghai)，1863, pp. 23, 24；参见费成康、许洪新：《上海英、美租界正式合并日期考》，载上海市档案馆编《上海档案史料研究》第十九辑，上海三联书店 2015 年版。
④ 上海英、美租界于 1863 年合并后即确立了公共租界的性质。对这一合并后的租界，为了避免时而称之为"上海英美租界"，时而称之为"上海公共租界"的状况，本书统一称之为"上海公共租界"。
⑤ [美] 泰勒·丹涅特：《美国人在东亚》，姚曾廙译，商务印书馆 1959 年版，第 498 页；宋昆、孙艳晨、冯琳：《近代天津九国租界边界考》，《中国历史地理论丛》2019 年第 34 卷第 2 辑。

尉毓昌等多次商议,中、英双方确定在没沟营迤东辽河沿河地段开辟英租界,其东西沿大道丈量 282 丈,其南自大道北壕起,北至辽河边,面积为 197.67 亩。8 月,双方订立的租约规定,界内一切事宜,统归英国领事专管,随时定章办理。[①] 这一地段芦苇丛生,地势低洼,不久后逐渐塌入辽河。尚存地段面积有限,虽有若干建筑,始终未建立工部局、巡捕房之类的市政机构,最终没有发展成租界。连同这一英国租地,在营口实际上形成了一片华洋杂居区域。[②]

在第二次鸦片战争期间,法军占领了烟台。自 1861 年起,法国人便力图在烟台的烟台山一带开辟租界。1862 年底或次年初,中国官府划烟台山南麓 211.75 亩土地为法国租界。因与英国发生利益冲突,法国于 1866 年放弃开辟该租界的计划。此后烟台山及其山麓未发展成由外国人专管的租界。[③]

1858 年订立的中法《天津条约》规定,江宁为增开的通商口岸之一。此时,江宁被太平军占领,是太平天国的天京。1864 年,清军夺回江宁。次年 5 月,通商大臣李鸿章的随员应宝时等与法国驻沪副领事在江宁会谈,大致确定了江宁法租界界址。该租界位于龙江关外沿长江地段,其东北为随后初步划出的江宁英租界所在地,面积约 239.6 亩。[④] 战后市面萧条等原因使江宁迟至 30 多年后才开埠,因而该租界并未开辟。

随后,应宝时等也与英国官员初步划出江宁英租界所在地。这一地区位于草鞋峡沿江、七里洲对岸,在刚划出的法租界界址东北,面积约 253.5 亩。由于江宁在战乱后各业衰落,未在此时开埠,该租界因此也未开辟。[⑤]

法国还于 1863 年初要求开辟汉口法租界。同年夏,在总理衙门允准这一要求后,湖北官员同意出租一块汉水沿岸的地基。法方以汉水系中

---

① 英国国家档案馆:FO 228/317,中英永租牛庄地基租约,咸丰十一年七月。
② 有关营口"英租界"的情况,详见本书第十一章《租界地等特殊区域》第四节《其他特殊区域》。
③ 有关烟台的烟台山情况,详见本书第十一章《租界地等特殊区域》第四节《其他特殊区域》。
④ 英国国家档案馆:FO 228/920,中法江宁法国租地合同租约,同治四年四月。
⑤ 英国国家档案馆:FO 228/920,《英国在江宁开口通商中外合议章程》,同治四年四月;中国第二历史档案馆、中国海关总署办公厅编:《中国旧海关史料(1859—1948)》第 153 册,京华出版社 2001 年版,第 432 页。

国商船经由之路,法国商船碍难通行,且所指地基僻在一隅,地又洼湿,距贸易区甚远为由,拒绝租赁该处土地。他们要求租赁位于英租界西南、汉水与长江交汇处的龙王庙一带。这一图谋违背开辟汉口英租界时中、英双方的约定,即所有外国人都不得在花楼巷以西租赁土地,因而无法实现。[①] 两年后,清政府允准法国人租赁英租界东北至汉口城墙之地来开辟法租界。[②] 此后,因在普法战争中惨败,随后又忙于侵占中南半岛,并与中国发生大规模的战争,直至中日甲午战争爆发之时,法国人尚未开辟这一租界。

1875年初,英国驻华使馆翻译马嘉理在滇缅边境被杀,经英方威胁,清政府不得不为善后事宜与英方在烟台进行谈判。此时,英国公使威妥玛向清政府提出的要求之一,是在各通商口岸离口百里之处划定免除洋货厘金的界限。中方代表李鸿章以免厘范围太广,厘金损失太大为由,未予允准。最后,双方在1876年9月订立的《烟台条约》中规定:中国增开湖北宜昌、安徽芜湖、浙江温州、广东北海等处为通商口岸;各口租界为免收洋货厘金之处,避免漫无限制;尚未开设租界的新旧各口岸,都应由英国领事会同各国领事与当地中国官员一起划定租界界址。此后,英国拟在宜昌、芜湖、温州开辟租界,美国也拟在温州开辟租界,但这些租界全部未能开辟成功。

1877年3月21日,英国驻沪代理领事达文波与徽宁池太广道刘传祺初步商定,划芜湖县城西门外长江边停泊、堆置木排的滩地为租界。英方曾认为这一区域是英租界,中方则认为这并非一国的专管租界,而是各国通商租界。其界址南起陶家沟,北抵弋矶山脚,东起普潼山脚新安普潼塔,西抵长江,南北约长2里,东西宽里许,面积约719亩。因当地居民、木商抵制,相持多年,英国商民未能在界内租地。至1904年,经芜湖关道童德璋与英国领事柯韪良会商,这一区域被改成由中国官府自设巡捕、自

---

① 中国第一历史档案馆:军机处照会,法字第 92、102、108 号。
② Dorothée Rihal, *La Concession française de Hankou（1896 – 1943）: de la condamnation à l'appropriation d'un héritage*, Thèse de doctorat, Université Paris VII, 2007, pp. 63、65.

办市政工程的公共通商场,当时被称作"各国公共通商租界"。①

1877年4月21日,英国领事京华陀与荆宜施道孙家谷订立开辟宜昌英租界的租约,其中确定,该租界位于宜昌府城南门外长江沿岸,自汉景帝庙南侧起,至龙王庙南墙,沿江处长173丈9尺,进深参差不齐,面积共90亩。该租约还规定,界内一切事宜,全归英国领事专管。因中国业主等索要的地价高于英国人准备支付的价格,双方交涉半年多仍未成交。最后,因英国政府没有租赁这片土地,该租界未被开辟。②

1877年初,在英国驻沪代理领事达文波前往芜湖之前,他先抵达温州,与温处道一起选定了暂作租界的地段。5月1日,英国驻宁波领事阿查立与温处道订立中英约章,确定暂作各国通商租界之地设在瓯江南岸,自温州东门西城角起,至永清门西城角止。未久,英国人便称之为英租界。中方也拟修改约章,规定界内市政建设和管理的一切事务,不必远送北京由各国驻华公使与总理衙门等处核办,而是可由温处道与英国领事就近商办。③ 后因当地中外贸易并不繁盛等,并无英国人来界内租赁土地、建造房屋,英国领事馆等建筑则建在位于瓯江的江心屿上,该租界也未形成。

在中英订立于温州开辟租界的约章之前,美国驻上海领事已抵达温州,于1877年3月27日与温处道订立开辟温州美租界的约章,其中规定:该租界北临瓯江,西接英国拟划为租界的区域,南北宽90丈,东西长250丈;界内修筑道路等事务,都由美国领事专管。④ 后由于当地中外贸易并不繁盛,美国人没有在当地租赁土地、建造房屋,该租界因此也未开设。

《烟台条约》订立后,在各地租界实行洋货免厘,连同不能加征其他捐税,清政府在租界内的税收损失是显而易见的。同时,清政府也开始认识

---

① 王彦威辑、王亮编:《清季外交史料》,外交史料编纂处1932—1935年版,卷一五九,页三十四;余谊密等修、鲍寔等纂:民国《芜湖县志》卷五,1919年版,页一、二。

② 英国国家档案馆:FO 228/957,中英宜昌永租地界租约,光绪三年正月二十四日;英国调办宜昌事务领事致荆宜施道照会,1877年10月10日。

③ 英国国家档案馆:FO 228/956,中英更正温州各国通商租界条约,光绪三年;FO 228/598, Agreement entered into between the Taotai and H. M. Consul with respect to the Foreign Concession at Wenchow, May 2(应是May 1),1877。

④ En-sai Tai, *Treaty Ports in China*, New York, 1918, p. 86.

到租界对中国自主之权的损害,力图有所补救,因而在与英国订立开辟温州租界的约章中订入界内安置路灯、扫除灰粪等一切事务,应由各国驻华公使与总理衙门等处核议办理等条款,后来又拟改为均由温处道与英国领事商办。1885年,中英订立《烟台条约续增专条》,其中规定,"须再行商酌"在未开辟租界的通商口岸一概划定租界界址等事宜。这种状况表明,清政府已改而采取防止列强在中国增辟租界的立场。在这一年,中法战争结束。两年后订立的《中法续议商务专条》规定,增开广西的龙州和云南的蒙自、蛮耗等地为通商处所;同时指明,这些陆路通商处所,不可仿照上海等通商口岸设立租界。此后,蒙自等地只是形成较大的外国人居留区域,它们都未发展成租界。

这样,在第二次鸦片战争后,英国增辟了天津、镇江、汉口、九江、广州五个租界,使英租界一度达七个之多。法国增辟了天津、广州两个租界,使法租界增至三个。美国增辟了天津美租界。由于在1863年上海英、美租界合并为上海公共租界,1880年天津美租界被归还给中国,英租界减至六个,作为专管租界的美租界不复存在,因此至1880年底在上海、厦门等七个通商口岸共有英、法两国的九个专管租界,并有一个公共租界。

第三节　甲午战争后的无奈

1894年,中日甲午战争爆发,中国军队惨败。战后,处境狼狈的清政府被迫改变阻止列强增辟租界的政策。德、俄、日三国在中国开辟了租界,法国也增辟了租界。经过三十来年的停顿,在华外国租界再一次进入迅速发展阶段。

甲午战争结束之际,日本通过订立于1895年4月的中日《马关条约》,除了迫使清政府割让中国的台湾、澎湖外,还迫使清政府割让俄国觊觎已久的辽东半岛。俄国君臣十分恼怒,急忙联络德、法两国,向日本施加军事压力。日本同意清政府以重金赎回辽东后,俄、德等国就以"干涉还辽"之功,向清政府索要种种权益,其中一项,便是设立专管租界。

早就企图在中国开辟租界的德国最先行动。在三国"干涉还辽"后,德国驻华公使绅珂随即照会总理衙门,要求在汉口、天津开辟专管租界。德国外交大臣同时向清政府驻德使臣许景澄提交《租界节略》,内称中国通商口岸有英、法租界已有多年,因为没有德租界,德商只得散居他国租界,事多不便。中德商务日益发展,不便之处将越来越多,故德国应在合适的口岸开设租界。[①] 为了"怀柔"德国,清政府只得同意德国在汉口、天津两地开设租界。

随后,在汉口,德国驻沪总领事施妥博与汉黄德道恽祖翼谈判开辟租界事宜。1895 年 10 月 3 日,中、德《汉口租界合同》订立,其中规定,汉口德租界设在英租界以北、通济门外长江旁,自沿江官地至李家墩,长 300 丈,宽 120 丈,面积为 600 亩。该约章又指明,通济门外官地供保卫城垣之用,不属于德租界范围。[②]

在天津,德国驻天津领事司艮德与津海关道盛宣怀、天津河间兵备道(也被称作"天津道")李岷琛等谈判开辟租界事宜。德方拟将 1880 年美国政府交还中国的美租界所在地划入德租界。美国公使获悉后照会总理衙门,要求清政府不得将原美租界让给德国。[③] 德国只能放弃这一要求。1895 年 10 月 30 日,中、德《德国租界设立合同》订立,其中规定天津德租界北界闽粤会馆义地北边之道路,南界自小刘庄之北顺小路到海大道东边,东界海河,西界海大道东边,面积约 1 034 亩。双方续议的条款又规定,如美国应允放弃原美租界,德租界北界即向北推进至仁记洋行南边道路之外,即将原美租界划入德租界。[④]

三国干涉还辽后,俄国同样以干涉还辽之功,向清政府提出在汉口开辟俄租界的要求。此时,法、俄两国关系紧密,俄商又早已设砖茶厂等于 1865 年拟划作法租界的界址之内,法、俄两国遂于 1896 年初就划分当年筹议的法租界所在区域为俄、法两国租界事达成协议。[⑤] 接着,

① 许景澄:《许文肃公遗稿》卷八,1918 年版,页四十七、五十。
② 徐焕斗编:《汉口小志》,盘铭印务馆 1915 年版,附外国人居留地第 3 页。
③ 中国第一历史档案馆:《天津租界档案史料选》,《历史档案》1984 年第 1 期。
④ 天津档案馆、南开大学分校档案系编:《天津租界档案选编》,第 161、164 页;尚克强、刘海岩主编:《天津租界社会研究》,第 12 页。
⑤ Dorothée Rihal, *La Concession française de Hankou（1896－1943）: de la condamnation à l'appropriation d'un héritage*, p. 76.

图7 汉口俄租界图

法、俄两国分别派领事官员前往汉口，与汉黄德道瞿廷韶会商租界开辟事宜。由于原议法租界界址内已建有英商宝顺洋行等，湖北官府只得同意英租界拓展，让宝顺洋行等迁往英租界扩展区域。6月2日，瞿廷韶与俄国驻天津领事、署汉口领事订立《汉口俄租界地条约》，确定英租界东北至通济门以南长288丈沿江地段，俄租界占三分之二。俄租界东傍长江，南起英租界，北抵法租界，形状不规则，面积为414.65亩。①

德国获准在汉口、天津开辟租界后，法国宣布，并未放弃在汉口开辟租界的权利。未久，法、俄两国就划分1865年筹议的法租界所在区域为法、俄两国租界事达成协议。1896年6月2日，即中俄订立开辟汉口俄租界约章的同日，汉黄德道瞿廷韶与法国驻汉口、九江领事德托美订立《汉口租界租约》。该约章确定，英租界东北至通济门以南长288丈的沿江地段，法租界占三分之一。法租界南起俄租界，西、北抵通济门内官地，东傍长江，形状不规则，面积为187亩。②

在此期间，在中国开辟多个专管租界的国家，则是刚刚崛起的亚洲国家日本。与德、俄租界不同的是，日租界并非清政府对日本的一种酬报，而是战败国于割地赔款以外被迫出让的又一种权益。为了减轻战败带来的恶果，清政府并未轻易地同意日本开辟专管租界。

甲午战争结束时，清政府被迫于1895年4月订立的中日《马关条约》规定，中国须增开湖北沙市、四川重庆、江苏苏州、浙江杭州为通商口岸，所有添设口岸，均照已开通商海口或已开内地镇市章程一体办理，应得优

---

① 徐焕斗编：《汉口小志》，附外国人居留地第6页。
② 徐焕斗编：《汉口小志》，附外国人居留地第9页。

中国租界通史

例及利益等,日本亦当一律享受。不过,该条约并未明文规定日本可在增开口岸开辟专管租界。三个月后,中、日双方行将谈判该条款的实施,为了尽可能地对既失权利有所挽回,清政府急切地寻觅可行的对策。此时,署理两江总督张之洞以通商场来抵制日租界的建议颇受清政府重视。他指出,宁波江北岸外商居留区域无租界名目,新开苏、杭等口均在内地,不同于海口,自应依照宁波章程,不设租界,择地建立通商场。其管辖地方、居民之权,仍归中国,巡捕、缉匪、修路一切,由该地方官员自行办理,不准日本人设置巡捕,以免侵我辖地之权。[①] 日本人则认为该条约所述一律享受的已开口岸应得优例及利益等,当然包括专管租界的开设,并将划定新开各口的日租界作为中日谈判的要务。此后,新开各口地方官员与日本官员重点交涉的事项,不仅包括确定当地日本人居留、贸易区域的界址,还涉及设立的是上海式租界还是宁波式通商场,即这些区域是否由日本人专管。

在建言抵制日租界之前,张之洞已指令江苏官员预先择定苏州日本商民居留区域界址,以便争取谈判的主动权,以利于杜绝日方妄求,并预防该区域日后拓展。江苏官员选择盘门外的空地,张之洞则以这一区域距苏州城太近,主张改为距城六里的宝带桥东南。1895 年 10 月,日本驻沪总领事珍田舍己抵达苏州。他以宝带桥离城太远,不便交易,索要阊门外的繁华之地。江苏官员以当地地段逼窄,人烟稠密,坚持不允。珍田转而要求靠近阊门的胥门、盘门外之地,江苏官员以此处坟墓颇多,又有神祇坛,仍未允准。珍田舍己宣称,舍此处别无可议,如不许可,即由日本公使在北京直接与总理衙门交涉。江苏官员只得同意在盘门外觅渡桥至灯草桥之间划出地块,但又指出,所划区域系作为各国通商场,应完全按照宁波章程办理。次年,在中、日双方继续交涉时,江苏官员又坚持先议章程,然后划界,并抢先在当地修建道路等,以便形成当地系由中国自主建设和管理的既成事实。[②]

---

① 王彦威辑、王亮编:《清季外交史料》卷一一七,页七。
② 苑书义等主编:《张之洞全集》第 8 册,河北人民出版社 1998 年版,第 6540、6596、6684、6690、6703、6710、6714 页;第 9 册,第 6919 页。

1895 年 11 月，珍田舍己抵达杭州。起初，日本人宣称要索取面向西湖的涌金门一带繁华之地。[①] 浙江官府则已预定武林门北、拱宸桥外、紧靠京杭大运河之地，作为日本人居留、贸易之区。珍田舍己以拱宸桥距杭州城太远，要求在距城区稍近的大关设立日租界。浙江官府坚持不允，珍田舍己被迫让步。浙江巡抚廖寿丰又坚持要在商埠章程等确定之后才让日本商民来杭通商，并在划出的区域内开辟马路，建造海关，设立巡捕房，力图建成由中国自主建设、管理的通商场。[②] 总理衙门也以杭州、宁波同在浙江，杭州应照宁波章程，一省之中不能两歧为由，拒绝日本公使林董有关日本专管杭州等地租界的要求。次年夏，新任日本驻杭州领事小田切万寿之助到任。他责备浙江官府在拟定的区域内私自建造，进而要求另择他处作为日租界。廖寿丰表示，已有确定的通商总处，无须另给地基。因中方否认这一区域为租界，日方否认是通商场，双方便用此时兼有居留区域与租界双重词义的英文"settlement"（"塞德尔门"）一词来称呼该地区。[③] 相持到 9 月 27 日，在日方决定首先解决租界界址等事宜，而由驻华公使在北京谈判行政管理权的归属问题之后，双方订立关于杭州外国"塞德尔门"的章程，其中规定，杭州武林门外运河东岸北起长公桥、南至拱宸桥，面积为 1 809.2 亩的地段为外国"塞德尔门"，其中北部为日本商民居住的"塞德尔门"。这一"塞德尔门"基本上由中国官府管理，由中国官府按约保护界内日本侨民，设立、管理巡捕房等机构，自办道路、桥梁、沟渠等市政工程。[④]

　　1896 年初，珍田舍己抵达沙市，拟将长江边天灯炮台以下 800 丈滩地划作日租界，荆州官府并未允准。3 月，日本领事永泷久吉入驻沙市后，双方不仅有开辟通商场还是租界之争，对其界址亦有争议。日方称原来商议的滩地过于低洼，意图将租界移往靠近海关的地势较高之处，并索要长 800 丈、宽 80 丈的地界。中方均予以反对，表示只能给予长 360 丈、

---

① 恽祖祁：《厦门日租界交涉案公牍》，《近代史资料》1962 年第 3 期。
② 苑书义等主编：《张之洞全集》第 8 册，第 6727、6746 页。
③ 陈善颐：《杭州拱宸桥日本租界划界交涉经过》，载中国人民政治协商会议浙江省委员会文史资料研究委员会编《浙江文史资料选辑》第 8 辑，1964 年版，第 144 页。
④ 王铁崖编：《中外旧约章汇编》第 1 册，第 675—678 页。

宽 60 丈的地段,致使交涉仍无进展。[1]

经中、英两国迭次交涉,重庆于 1891 年开埠。开埠时,因重庆府城朝天门外长江南岸的王家沱地旷民稀,易与华商隔别,署川东道张华奎指定该区域为各国通商区域。1896 年珍田舍己自沙市抵达重庆后,川东道张华奎等根据清政府指令,仅同意日本在重庆开辟通商场,并力主将日本通商场归并王家沱一处,为各国通商总场。珍田舍己力图将日本商民的居留、贸易之地设在较繁盛之区,另索江北厅之地。张华奎"以非原约拒之"。珍田舍己又力争通商场的行政管理权等,即企图变通商场为租界,也被张华奎拒绝。[2] 经过几番周折之后,双方确定在王家沱设立日本通商场,并初步商定了界址。

1896 年 7 月,中日订立《通商行船条约》。在议订该条约之际,因《马关条约》中有日本臣民可在中国通商口岸进口各种机器、制造一切土货的规定,而这些机器制品势必严重冲击中国的民族工业,中方出于对既失权利有所挽回等考虑,一再要求对此类产品征收 10% 的制造正税。双方有重大分歧,最后只能将此事项从该商约中剔除另议。10 月,为打破僵局,日本公使林董宣称,苏州、杭州、沙市、重庆四口的日租界,应照旧章办理;日方同意缴纳机器制造税,但须在天津、上海、厦门、汉口四口增开日租界,以作抵换。总署大臣们拟继续磋磨,林董竟以停换中日商约来要挟,发出对日本的要求"惟有允否两字而已"的最后通牒。[3]《马关条约》规定,签订、互换商约前,日本可像对待无约国商民那样对待中国商民,并可以不从威海卫撤军。清朝君臣认为,按照《马关条约》,苏、杭等四口均难别开生面,津、沪等四口通商已久,别国本有租界,原难独拒日本,并认为我虽全许,谅彼力亦尚不能全开。[4] 10 月 19 日,总署大臣敬信等与林董订立《中日通商条约公立文凭》。其中规定,在新开的四个通商口岸,专为

---

① 苑书义等主编:《张之洞全集》第 9 册,第 7072、7088、7106 页;李少军:《甲午战争后六年间长江流域通商口岸日租界设立问题述论》,《近代史研究》2016 年第 1 期。
② 朱之洪等修、向楚等纂:民国《巴县志》卷十六,1939 年版,页二十一。
③ 李少军:《甲午战争后六年间长江流域通商口岸日租界设立问题述论》,《近代史研究》2016 年第 1 期。
④ 王彦威辑、王亮编:《清季外交史料》卷一二三,页十四、十五。

日本商民设立租界，其管理道路及稽查地面之权，专属该国领事；日本允准中国酌量向机器制造的货物抽税，中国允准日本在上海等四口设立专管租界。双方还议定，在各地开辟租界时，日方应与中国地方官和衷商议，不强租万不能租之地，使日本人在选择租界界址时稍受限制。此后，中国官员不再以通商场来抵制日租界，各地日租界陆续开辟。

　　日本取得开辟 8 个专管租界的侵略权益后，最早确定界址的是苏州日租界。此时，为了能控制该租界沿护城河地段，中国官员拒绝将沿河 10 丈土地纳入租界。日方则认为，这一地段是该租界最为枢要之处，码头建立，船舶停泊，货物上下，都须仰赖这一区域，因而与中方力争。最后，经中方坚持，这段土地未被纳入租界，但中方付出了承担界内筑路等费用的代价。同时，中方在同意华人杂居租界以及界内土地租赁方式等方面作出让步。① 1897 年 3 月 5 日，苏州布政使聂缉椝等与日本驻沪总领事珍田舍己在苏州订立《苏州日本租界章程》，规定将盘门外相王庙对

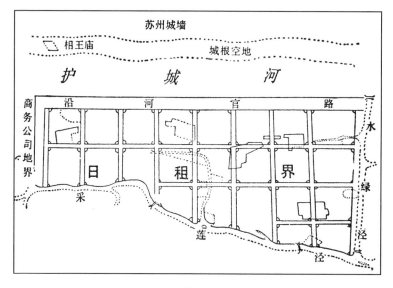

图 8　苏州日租界图

---

① 李少军:《甲午战争后六年间长江流域通商口岸日租界设立问题述论》,《近代史研究》2016 年第 1 期。

岸青旸地，西自商务公司界起，东至水绿泾岸边止，北自沿护城河 10 丈官路外起，南至采莲泾岸边止，即上年划作各国通商场的区域中靠近盘门的地段，作为日本专管租界，其面积为 483.876 亩。[1]

在杭州，在对沿河 10 丈土地是否划入租界等问题进行争执后，杭嘉湖道王祖光与日本驻杭州领事小田切万寿之助于 1897 年 5 月 13 日订立《杭州日本租界续议章程》，规定将原来划定的日本"塞德尔门"改为日本专管租界。该租界南界为公共通商场，西以运河东岸为界，北以长公桥河岸为界，东以陆家务河西岸为界。后经实地丈量，其北界、南界长 800 米，东界长 700 米，西界长 600 米，其面积起初被认定为 718 亩，据后来的测算应是 800 亩左右。[2] 浙江官府为建造沿运河马路及拆迁界内坟墓、房屋已耗用之款，由日本领事日后向入居该租界的日本商民加征偿还。[3]

1897 年 10 月，日本政府照会清政府，要求划天津城南闸口至马家口，西至土围墙，面积约 2 000 亩的地段为日租界。这一区域是天津城区通往紫竹林租界地区的交通要冲，界内多为低洼之地，但沿海河地段居民辐辏，街市比连，不亚于城内，如果划作租界，势必要迁移大批人口。当地居民数百人遂分赴直隶总督等衙署，禀请更换日租界界址。天津官府便提议日本在德租界东南开辟租界，日本驻天津领事郑永昌拒绝变更，声称于德租界外设租界，有不如无，但同意将日租界北端界线从闸口退至朝鲜公馆。中方要求将这段界线退至溜米厂，后来则同意将朝鲜公馆至溜米厂一段作为日本可在将来扩展的预备租界，并作了其他让步。[4] 1898 年 8 月 29 日，署理天津道任之骅、津海关道李岷琛等与郑永昌订立《天津日本租界条款》，规定天津日租界东以海河为界，从福音堂北界至溜米厂、邢家木厂之北横街河沿，长 85 丈；西以土围墙为界；南界从福音堂北界起，向西画一直线至土围墙；北界由溜米厂、邢家木厂之北横街河沿起，迤逦

---

[1]　王铁崖编：《中外旧约章汇编》第 1 册，第 691 页；江苏省长公署统计处编纂：《江苏省政治年鉴·外交》，第 52 页。苏州日租界所在地的正确地名是"青旸地"，而不是"青阳地"。

[2]　中国第二历史档案馆、中国海关总署办公厅编：《中国旧海关史料（1859—1948）》第 154 册，第 21 页；王大伟：《试论清末杭州日租界的开辟和日本在杭势力的扩展（1896—1911 年）》，《杭州研究》2008 年第 1 期。

[3]　王铁崖编：《中外旧约章汇编》第 1 册，第 704 页。

[4]　张利民：《划定天津日租界的中日交涉》，《历史档案》2004 年第 1 期。

图 9 杭州日租界及公共通商场图

向西至海光寺东南角河沟外,顺路至土围墙,再迤下至南界。据后来测量,面积为1 667亩。此外,在德租界以南小刘庄河岸划出一地段,作为日本轮船停泊码头。①

　　1897年10月,日本政府照会清政府,要求划位于汉口德租界东北的沿长江300丈地段为日租界。湖北官府早已确定德租界东北长1 000丈、宽150丈地段为卢汉铁路终点站站址,并耗资数十万两白银兴造了20余里沿江石堤等设施,专候水涸后填筑土地。因此,湖广总督张之洞认为,如果将车站、码头下移300丈,将全失地利,断难迁就;汉口法租界的沿江地段长

① 天津档案馆、南开大学分校档案系编:《天津租界档案选编》,第191、192页;尚克强、刘海岩主编:《天津租界社会研究》,第13页。

仅 90 丈,在汉口日商少于法商,因而只能抽给 100 丈,或者是在距德租界千丈以外、紧靠铁路处让给 300 丈。消息传出后,德国办理汉口租界事务委员柯达士照会湖北官府,称汉口德租界与英、法等国租界相比有许多不足之处,唯一利益是靠近火车站,再将此利让与他国,对德租界大有损害,德国将向中国索赔。① 至总理衙门同意给汉口日租界沿江 100 丈地段后,德方继续反对,使中日谈判屡次中断。张之洞只得提议在卢汉铁路距德租界最近处设一小站,便利德租界人、货上下;同时,日本人表示,将保障德国人在当地已经取得的权益,德方才改变态度。1898 年 7 月 16 日,日本特派办理汉口租界事宜的小田切万寿之助等在汉口与湖北按察使瞿廷韶订立《汉口日本专管租界条款》。该约章规定,汉口日租界南接德租界,东界长江,计长 100 丈,西至铁路地界,北界为始于东界北端江边、平行于南界的直线。随后,经日方要求,中方同意卢汉铁路改道,使得该租界的西界与德租界的西界成为直线。该租界的面积增至 247.5 亩。②

除上述 4 个日租界以及稍后开辟的重庆日租界外,上海等三地日租界的开设最终都未成功。

在上海,根据两江总督刘坤一的指令,署上海道吕海寰于 1896 年底预为查勘筹议,禀称上海公共租界以东的杨树浦一带可作日租界。这一区域早就是该公共租界当局拟予扩展之地,而此时的日本尚不敢与控制该公共租界的英、美等国抗衡,因而在派员实地踏勘后,日本公使矢野文雄认为在上海没有适合开辟日租界之地。1898 年,清政府宣布自开约距上海租界 20 公里的吴淞为商埠。矢野便照会总理衙门,要求将日租界所在地由上海改为吴淞,界址为自吴淞口灯塔起,沿黄浦江向南 100 丈,向北 200 丈,共 300 丈,东西为 500 丈,面积为 2 500 亩。署上海道蔡钧指出,吴淞是自开商埠,与约开通商口岸不同,各国都没有设立租界的先例。

---

① 苑书义等主编:《张之洞全集》第 9 册,第 7437、7446 页;李少军:《甲午战争后六年间长江流域通商口岸日租界设立问题述论》,《近代史研究》2016 年第 1 期。
② 苑书义等主编:《张之洞全集》第 9 册,第 7635、7636 页;王铁崖编:《中外旧约章汇编》第 1 册,第 788、790 页;《汉口租界志》编纂委员会编:《汉口租界志》,武汉出版社 2003 年版,第 31 页;李少军:《甲午战争后六年间长江流域通商口岸日租界设立问题述论》,《近代史研究》2016 年第 1 期。

经总理衙门与矢野交涉，日方只得放弃对吴淞的觊觎。① 1899 年，上海公共租界大扩展时杨树浦一带被划入该租界。此后，日本人舍弃在上海开辟专管租界的计划，而是在上海公共租界东区、北区即其苏州河以北地区扩展势力，到民国年间这些区域及附属的越界筑路区逐渐发展成日本势力范围，甚至被称为"日租界"。

在沙市，因此前拟定的日租界界址位于万城大堤以外新淤的江滩，地势低下，在夏季常被上涨的长江江水淹没，在建造房屋前必须加筑大堤、横堤，而筑堤及修路的耗费，至少需要白银 30 余万两。在其他租界，建筑江堤之类的市政工程都由租界当局负责，日本领事永泷久吉却要求中国承担建筑费用，后来进而要求由中方修筑江堤。中方认为，一旦迁就，不仅增添每年须维修的牵累，如遇堤岸决口，日本人势必要对损失的生命、财产一概勒索赔偿，从此葛藤永无了断，故坚决拒绝日方要求。② 相持到 1898 年 5 月，沙市发生湖南籍客民因小事与招商局更夫肇衅，进而纵火焚烧招商局和税关的事件。大火延烧到日本驻沙市领事馆等处，日本政府乘机提出多项要求，沙市日租界筑堤费用由两国均摊即是其中一项。清政府被迫同意，并约定兴建时由中、日双方共同估价、监工。③ 8 月 18 日，荆宜施道俞锺颖与永泷久吉在沙市订立《沙市口日本租界章程》，其中规定，沙市日租界西起洋码头以东的荆州官地西界，东南临长江，直长 380 丈，其中西段 80 丈横宽 80 丈，东段 300 丈横宽 120 丈，面积约 700 亩。④ 界址划定后，一些日商租赁了界内土地。因这片滩地常被夏季洪水淹没，时人称该租界只有在没有洪水的年度才存在。直到 20 世纪 30 年代，日本人仍未经营依旧受洪水威胁的租界所在地，因而称该区域处于"永年荒野"的状态。⑤ 该区域在事实上未能成为由日本人专管的"国中之国"。⑥

---

① 熊月之：《日本谋求在上海设立日租界的档案》，《档案与史学》2001 年第 3 期。
② 苑书义等主编：《张之洞全集》第 9 册，第 7159、7397 页。
③ 王彦威辑、王亮编：《清季外交史料》卷一三四，页五、六。
④ 王铁崖：《中外旧约章汇编》第 1 册，第 791 页。
⑤ ［日］植田捷雄：《支那租界研究》，东京岩松堂书店 1941 年版，第 385 页；［日］英修道：《中华民国时期各国条约权益》，东京丸善株式会社 1939 年版，第 701 页。
⑥ 有关沙市日租界没有建成的分析，详见本书第十二章《有关租界研究的一些问题》第二节《数量问题》。

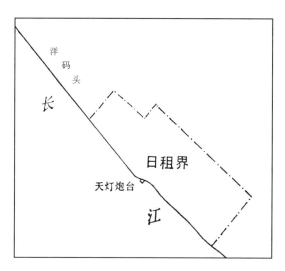

图 10　未建成的沙市日租界图

　　1897 年 3 月，日本政府要求清政府在厦门划火仔垵、沙坡头及生屿、大屿等两处共 22 万坪为日租界。总理衙门认为，日本系肆意妄求，指令福建官府详勘地势，以备辩驳。在派员查勘后，闽浙总督边宝泉等指出，日本人指索的两处土地，或为商民聚集之所，或不属于厦门，均不能租给日本。他们建议划厦门南岸沙坡尾或西岸浮屿外滩地为日租界。[①] 日方以不便于行船、经商为由加以拒绝，并转而求租沙坡头一带海滩及鼓浪屿西岸沙帽山等地。总理衙门也未允准。后经与署任日本公使林权助会商，日方同意只租赁其中一处。次年底，日本驻厦门领事上野专一与兴泉永道恽祖祁开始划界谈判。日方又要求租赁两处地基，分别位于厦门岛和鼓浪屿，共 17 万坪。恽祖祁指出，根据北京成议，日租界不能在两处设立。日本公使矢野文雄就又一次要求在两处共凑给 12 万坪地基，总理衙门仍未让步。英、美等国不愿让日本在厦门特别在鼓浪屿过分扩展势力，也纷纷干涉。日方只能表示，仅要求在厦门岛设立租界，界址为虎头山脚迤北沿海 4 万坪。虎头山脚土地稀少，日方便索要虎头山等处。虎头山位于厦门港入口，是当地形胜。恽祖祁以山上多民居、坟墓，要求日方或

----

① 恽祖祁：《厦门日租界交涉案公牍》，《近代史资料》1962 年第 3 期。

填筑山下海滩,或从边宝泉建议的两处地基中选择一处,后又提议划日方最初索要的沙坡头一带 4 万坪。上野专一以填筑困难、位置偏僻等为由,均予以拒绝。事成僵局后,日本公使以恽祖祁阻挠日本开辟租界,要求清政府予以撤换。总理衙门改派福建按察使周莲与上野专一谈判。周莲同意在剔除虎头山后,将山下之地分段凑给。随后,中、日官员至虎头山脚插旗划界,遭到当地民众的强烈反抗,并引发厦门商民全体罢市的风潮。直至 1899 年 10 月 25 日,周莲才与上野专一签订《厦门日本专管租界条款》。该约章规定,厦门日租界由虎头山脚起,西至瑞记行前海滩,东至洗布河西边大路,南至瑞记行栈前海滩,东南至虎头山沿山脚,东北至金灯山沿山脚,西北至龙泉宫背后山沿山脚,面积约 4 万坪,即 198 亩左右。[①]界址不理想等原因使日本人始终未去实地勘丈定界。30 多年后,福建省和厦门市的官府都认定厦门没有日租界,并确认拟划作日租界的区域面积约为 140 亩。[②]

在这一时期,日本又取得在福州和营口开辟租界的权益,英国也取得在营口再次划定租界界址的权益。1898 年 5 月,湖南籍客民因琐事纵火焚烧招商局并延烧日本驻沙市领事馆等处之后,日本政府乘机提出多项要求,在岳州、福州、三都澳开辟日租界便是其中之一。岳州、三都澳已是中国自开通商口岸,清政府借以拒绝,但只得同意日本在福州开辟租界。1899 年 4 月 28 日,宁福道杨正仪与日本署理福州领事丰岛舍松在福州订立《福州口日本专用租界条款》。该约章规定,福州日租界从天主堂码头东界起,至尾墩村东方止,前部临闽江,后部包括田地一带地方,除冰厂及尾墩村外,面积为 17 万坪;另有新洲一带 4 万坪,总面积为 21 万坪,即 1 041 亩。[③] 此后,由于日本人已聚居、经营于仓前山等处,当地没有演变成由其专管的"国中之国"。20 世纪 30 年代初,所在地就在福州的福建省政府认定福州与厦门一样,没有日租界。一份福建省政府于 1930 年 8

① 厦门市档案局、厦门市档案馆编:《近代厦门涉外档案史料》,第 235、236、252、261 页。
② 厦门市档案馆:民政局档案,第 1 时期,(原)第 69 号卷,第 39、41 页;厦门市档案局、厦门市档案馆编:《近代厦门涉外档案史料》,第 266、267 页。
③ 王铁崖编:《中外旧约章汇编》第 1 册,第 895 页。

月发给思明县政府的训令写道:"查福州港头及厦门虎头山,曾于前清光绪二十五年间划作日本租界,虽未实行开辟,但表内所列各项,应由该县逐项查明填载。"至30年代后期,日本人也承认他们对该租界仍只有"纸上的权利",对这一区域的经营仍一指未染。①

在1898年俄国强租旅大后,清政府允准英国、日本分别在营口划出一块土地作为租界。由于原来划定的"英租界"所在地大多塌入辽河,1900年4月,当地中国官员与英国官员再次划出"英租界"界址,该区域位于原有"英租界"对岸,东西长300丈,南北长140丈。双方还约定,将请总理衙门立案,该区域以北余地永远不得让与他人,如拟出让,也须尽先并入该租界。后俄国人、日本人曾相继占领营口等原因使英国人一直没有去经营这块新划出的土地,营口英租界仍未建成。营口日租界界址也于此时被划定。这一区域位于重新划出的"英租界"以西,东西约长300丈,南北约宽140丈。② 后来,多种原因使日本也未在这一区域内开辟租界,而是在1904年通过日俄战争占领营口等地后于当地另行开辟日本人居留区域。

这样,从甲午战争结束至1899年八国联军侵华战争爆发前夕的4年时间里,德国开辟了2个租界,俄国开辟了1个租界,法国增辟了1个租界,日本开辟了4个租界。至此,已有英、法、美、德、俄、日六国在中国开辟了租界。除了已经退还中国的天津美租界外,此时在上海、厦门、天津、镇江、汉口、九江、广州、苏州、杭州等9个通商口岸,计有6个英租界、4个法租界、2个德租界、1个俄租界、4个日租界,共计17个专管租界,并有上海英、美租界合并而成的1个公共租界。

---

① 厦门市档案馆:民政局档案,第1时期,(原)第69号卷,第39页;[日]植田捷雄:《支那租界研究》,第385页;[日]英修道:《中华民国时期各国条约权益》,第704页。有关福州日租界没有形成的分析,详见本书第十二章《有关租界研究的一些问题》第二节《数量问题》。

② 中国第一历史档案馆:电报档,2-04-12-026-0063,光绪二十六年二月十二日增祺电;中国第二历史档案馆、中国海关总署办公厅编:《中国旧海关史料(1859—1948)》第153册,插图153-3。有关营口英租界没有形成的情况,详见本书第十一章《租界地等特殊区域》第四节《其他特殊区域》和第十二章《有关租界研究的一些问题》第二节《数量问题》。

第四节　八国联军侵华战争后的劫夺

　　1900 年,八国联军侵华战争爆发。英、俄、德、法、美、日、意、奥八国的军队组成联军,入侵天津、北京等地。此后,出现了最后一轮外国在中国开辟租界的狂潮,不仅俄、日等国在中国增辟租界,就连并非西方强国的比利时、意大利、奥匈帝国也强行在中国开辟了租界。

　　在八国联军中,俄军人数众多。1900 年 6 月,大批俄军进入天津地区,在天津租界内外与清军和义和团激战。特别从 6 月 17 日起,俄军还与义和团和清军为争夺位于海河以北的天津火车站即老龙头车站反复血战。在持续数十天的战斗中俄军死伤惨重。7 月下旬八国联军占领天津时,俄军就抢占了包括老龙头车站在内,与紫竹林租界隔海河相望的大片土地。接着,俄国政府根据所谓“征服的权利”,擅自决定将这片土地辟为俄租界。11 月 5 日,俄国公使格尔思向列强宣布,俄国军队曾在天津火车站附近抵抗义和团及中国军队的攻击,保卫了外国租界,并为此作出了牺牲。因此,俄国政府对海河东岸自天津火车站至世昌洋行煤油堆栈沿河西下约两英里①的地段保留绝对主权。② 此时,赶到北京来与列强议和的李鸿章正在继续推行联络俄国的方针。为结好俄国,以利和议,他宣称俄国与中国友谊素睦,并于 12 月 31 日与格尔思订立草约两款,同意俄国人在其占领区开辟租界,只是应将关系紧要的盐坨即盐商存盐之处划至界外。随后,他上奏朝廷:各国在天津均有租界,俄商独无,“论理本觉偏枯,今既来就范围,以礼乞请,自应允许,使彼心向我益坚”。对此奏请,逃往西安的清政府随即允准。③ 此时,美国正在推行“门户开放”政策,主张在天津设立公共租界,因而坚决反对在当地增辟俄国的专管租界。同时,英国不满俄国占据交通枢纽火车站,向中方指出,京榆铁路一切产业早已

---

①　1 英里约合 1.61 千米。

②　中国第二历史档案馆、中国海关总署办公厅编:《中国旧海关史料(1859—1948)》第 154 册,第 592 页。

③　天津档案馆、南开大学分校档案系编:《天津租界档案选编》,第 324、325 页;《清实录·德宗景皇帝实录(七)》卷四七五,中华书局 1987 年版,第 262 页。

抵押给英国公司,中国不能将该地让与他国。在老龙头车站一带,英、俄士兵还屡次发生冲突。后经德国调停,俄国稍作让步,同意将老龙头车站和自海河河岸通往车站的大道等处划出俄租界。俄租界因而分东、西两部分,中间有华界分隔。1901年5月,天津道张莲芬、直隶候补道钱镠等与俄国驻天津领事珀佩开始划界谈判。中方拟争回界内一些区域,并指出,在津俄商不多,无须五六千亩土地。因珀佩态度强硬,中方只得妥协。未久,双方官员共同签发的告示公布了俄租界界址:西自药王庙西贺家胡同起,东至围子门外世昌洋行煤油栈,南至海河,北至铁路内,此范围内除开平矿务局、铁路车站及沿河码头外,尽属俄租界,面积约5 474亩。[①]这样,天津俄租界的面积约相当于1900年前海河对岸英、法、美、德、日五国租界面积的总和,是所有租界中在开辟时面积最大的租界。

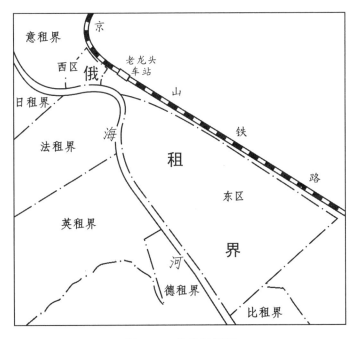

图11 天津俄租界图

---

① 天津档案馆、南开大学分校档案系编:《天津租界档案选编》,第325、326、329页。

俄国倚仗武力在天津强占土地后,在八国联军侵华战争前还没有可能在中国开辟租界的比、意、奥三国立即效尤。比利时虽未派兵参加八国联军,但也决意要趁火打劫。1900 年 11 月 7 日,即俄国宣告占领海河东岸大片土地的第三天,比利时驻天津领事梅禄德向列强驻天津领事团发布公告,宣称奉驻华公使训令,已于当天占领海河东岸俄国人占领区下方一公里长地区。[1] 随后,比利时公使姚士登照会李鸿章,要求在天津俄租界以南开辟天津比租界。天津道张莲芬等奉命与比利时驻天津领事嘎德斯会谈,并勘定比租界界址。比利时人占据的区域包括小孙庄和大直沽庄。中方以有碍百姓生计为由,坚持要将这两个村庄划于界外,而以一片滨河之地作为交换。起初比方予以拒绝,后经李鸿章与姚士登交涉,界址才被划定。1902 年 2 月 6 日,张莲芬等与嘎德斯订立《天津比国租界合同》,确定比租界从世昌洋行煤油栈地边起,沿河向东 1 168 米为止,西南自海河边起,向东北丈量 450 米为止,面积为 747.5 亩。该合同还规定,在大直沽庄西划出宽 300 米地段,北与京榆铁路相连,作为只允许比利时人购地的特殊地区,即该租界的预备租界。[2]

意大利军队参加了八国联军占领天津之战。俄国擅自宣布在天津开辟俄租界后,意大利公使萨尔瓦葛于 1900 年 12 月 1 日在北京通告驻华公使团,意大利政府为保护意大利人在商务及航运方面的利益,将在天津设立领事馆,开辟意租界。[3] 随后,入侵天津的意军占领海河东北岸俄军占领区以西地段,竖立界石,作为意租界所在地,并在当地张贴告示,饬令居民呈验房地契证,还派人挨户查点房屋、人口。未久,意大利人又擅自在那里修建领事馆。次年 6 月,天津道张莲芬等奉李鸿章之命与意大利官员威达雷谈判有关开辟天津意租界的事宜。经实地查勘,张莲芬等发现意大利拟辟租界地区内有盐坨 103 条,有纵横街道数十条,住户数万家,还有墓地七八块,坟冢近万座,要在此地开辟租界实属不易,因而建议意大利在俄、比租界以下沿海河地段开辟租界。李鸿章也以各国设立租

① En-sai Tai, *Treaty Ports in China*, p. 125.
② 天津档案馆、南开大学分校档案系编:《天津租界档案选编》,第 472、473 页。
③ En-sai Tai, *Treaty Ports in China*, p. 127.

界向来在空旷之区,意国拟租地区却是盐坨、坟墓、住户密集之处,指令张莲芬等与意国官员另觅妥善地区。威达雷等蛮不讲理,宣称决不更改界址。同时,经意大利人要求,由八国联军设置的天津都统衙门不再派他国巡捕进入该地区,而是由意大利官员自行派设巡捕,管理该地区,并对当地居民征收捐税。此后,清政府被迫让步,允准意大利将其军事占领区作为租界,但如何处理界内盐坨、民房两事,尚未与意方商定。11 月 7 日,李鸿章去世,中意谈判停顿。① 1902 年 1 月,意大利署理公使罗玛纳声称,开辟意租界的谈判,已拖延 7 个多月,意国政府不能忍受此等相待,业已下令在拟辟租界内立即开工,如中方不即行商办,将来概不赔偿盐商损失。署理直隶总督袁世凯等恐盐坨被意军占据、破坏,日后势难再与理论,即令津海关道唐绍仪等与意方谈判。② 唐绍仪等在再次磋商后,不再争论租界界址,而是就仍准华民在界内执业以及盐坨迁移等事宜进行交涉。6 月 7 日,唐绍仪与意大利公使嘎厘纳订立开辟天津意租界的章程,宣告了意租界四至:东界俄租界;南临海河;北接京榆铁路地段;西连奥国军队驻防地区,即不久后设立的奥租界,面积为780 余亩。③ 由于意租界与奥租界的分界线犬牙交错,不利于当地的道路规划和租界建设,1913 年,意、奥租界当局就界址问题达成协议,将这两个租界之间的分界线改成了直线。④

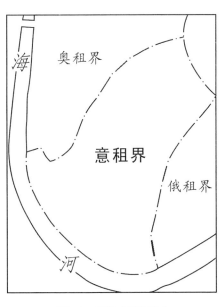

图 12 天津意租界图

---

① 天津档案馆、南开大学分校档案系编:《天津租界档案选编》,第 388—394 页。
② 中国第一历史档案馆:《天津租界档案史料选》,《历史档案》1984 年第 1 期。
③ 天津档案馆、南开大学分校档案系编:《天津租界档案选编》,第 396、397 页。
④ 宋昆、孙艳晨、冯琳:《近代天津九国租界边界考》,《中国历史地理论丛》2019 年第 34 卷第 2 辑。

奥匈帝国的军队也是八国联军的组成部分。八国联军占领天津后，与天津城隔海河相望的河东地区被德军占据。此后这部分德军调离天津，奥匈帝国军队遂入驻该地区。1900年11月28日，即在意大利人占领其拟辟租界地区的前3天，奥匈帝国驻华公使齐干根据本国政府指令，通知列强驻华公使团，因多个国家已在天津占领土地，以开辟或拓展租界，奥匈帝国政府为维护其在商务和航运方面的利益，获得与列强相同权利，将在天津开设领事馆，并设立专管租界。① 此后，奥匈帝国官员在其占据的区域张贴告示，饬令当地居民呈验房地契据，还派人挨户登录房间数目，并在当地竖立界牌。1901年6月，天津道张莲芬等向李鸿章禀报，在奥国拟辟为租界之地，有盐坨8条，有囤积粮食的杂粮店街，还有3万至5万家住户，因是富商所居，瓦房栉比鳞次，较之意大利拟辟租界地区，其势更为难办。7月，齐干照会李鸿章，要求开辟天津奥租界，并指明了租界四至。李鸿章便札饬张莲芬等，向来开办租界，欲租之地"如有干碍，则另觅他地；如有碍有不碍，则剔出有碍者不入界内"，即是对奥租界或应另觅地段，或将奥国暂管界内空旷无碍地方划为租界。② 1902年3月，奥匈帝国派贝瑠尔为驻天津副领事，与津海关道唐绍仪及张莲芬等谈判开辟奥租界事宜。此时，清政府已在中意谈判中让步，随后在中奥谈判中也放弃了要奥租界另觅地段等主张。1902年12月27日，唐绍仪等与贝瑠尔订立《奥租

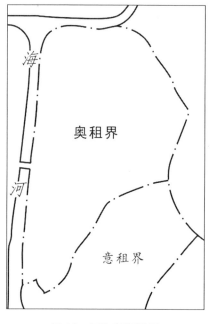

图13　天津奥租界图

---

① En-sai Tai，*Treaty Ports in China*，p. 126.
② En-sai Tai，*Treaty Ports in China*，p. 126；天津档案馆、南开大学分校档案系编：《天津租界档案选编》，第432页。

界设立合同》。该约章以天津意租界章程为蓝本,其中规定,奥租界南接意租界,西临海河,北抵海河支流金钟河,东至铁路地界,面积约1 030 亩。[①]

这样,从1900 年至1902 年,由俄国为始作俑者,俄、比、意、奥四国借八国联军侵占天津的机会,先是通过军事占领,然后再以胁迫清政府承认的方式,陆续在海河东北岸开辟了本国专管租界。连同海河西南岸原有的英、法、德、日租界,此时的天津形成八国租界并存的格局,再加上一度存在的美租界,使天津先后存在过九国租界,成为租界数量最多的通商口岸。

八国联军侵华战争后开辟的租界,还有重庆日租界。1896 年确定将日本通商场设在王家沱后,因随后数年间重庆的对外贸易并无起色,日本人并不急于开辟重庆日租界。1900 年底,宜昌、重庆间轮船已通航,前往重庆的各国商民增多,英、法等国对重庆也更加关注。经日本驻重庆副领事山崎桂提议,日本政府即指令他与中国官府谈判开辟日租界事宜。此时,四川官府已失落数年前相关公文,谈判时颇为被动。1901 年9 月24日,川东道宝棻与山崎桂订立《重庆日本商民专界约书》,并通过互换照会来确认未载入该约章的3 条条款。该约章规定,重庆日租界设在王家沱,东西长400 丈,南北宽105.2 丈,濒临长江,多半是山坡,也有少量江滩,面积为701.3 亩。[②]

直接受八国联军侵华战争影响而开辟的租界,还有厦门鼓浪屿公共地界。鼓浪屿是附属于厦门的一个小岛,鸦片战争期间被英军占领。英军撤离后,因景色秀丽、气候宜人,又因厦门英租界地仅弹丸,各国领事馆和不少外国洋行等都设在岛内。从1876 年起,英国领事等人就力图变鼓浪屿为公共租界,但被中国官员拒绝。与此同时,日本人也垂涎厦门岛和鼓浪屿。至甲午战争后,日本割占台湾、澎湖列岛,又试图将厦门作为进入中国大陆的跳板。1900 年8 月23 日,日本人纵火焚毁位于厦门山仔顶的日本东本愿寺,并立即以该寺被毁为借口,于次日早晨派遣海军陆战

---

① 天津档案馆、南开大学分校档案系编:《天津租界档案选编》,第 436 页。
② 王铁崖编:《中外旧约章汇编》第 2 册,生活·读书·新知三联书店 1959 年版,第 1 页。

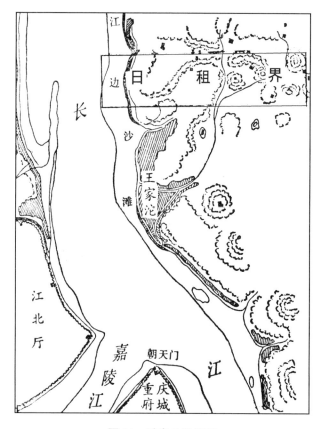

图 14　重庆日租界图

队登陆厦门岛和鼓浪屿。日本人的侵略行动,激起中国军民的共愤,也侵害了英、美等国在当地的利益。数日后,英、美等国战舰先后赶到厦门,迫使日军从陆上撤退。① 同时,美国驻厦门领事巴詹声还向厦门炮台的中国驻军捐赠一万元军饷,平息了欠饷引发的哗变,使福建官府对他心存好感。在此之前,美国政府为抗议日本在厦门开辟租界从而损害美国的利益,曾摆出过拟在厦门开辟专管租界的姿态。此时,因美国驻华公使等认为美国人在厦门不需要一个美租界,也不能提供维持和控制该租界的经

① 厦门市档案局、厦门市档案馆编:《近代厦门涉外档案史料》,第 279 页;R. P. W. Pitcher, *In and about Amoy*, Shanghai and Foochow, 1909, p. 123。

费,巴詹声遂于1901年初向闽浙总督许应骙提议,将鼓浪屿辟为公共租界,这样既可杜绝日本独占野心,又可兼护厦门。许应骙认为这是抵制日本强占厦、鼓的良策,令兴泉永道延年援照上海成案,最初与巴詹声,旋因他离任回国又先后与日、英等国驻厦门领事谈判。[①]

由于清政府已不再轻易地允准外国在中国增辟租界,许应骙遂更改主张,指出中国拟在鼓浪屿开辟公共地界,中国是公地的地主,应能过问公地的事务。于是,延年等否定了日本领事依据上海租界制度所拟的章程,并仿照此时中国在自开通商口岸所设自主管理的通商场章程,另拟了章程。接办这一交涉的英国领事,因中方并未"援照上海成案"来开辟租界而否定中方意见。双方僵持不下时,许应骙决定作出重大让步。他宣称,"鼓浪屿或作公地,或作租界,均无不可",唯必须在约款中加入要求列强"兼护厦门"的内容,以杜日本觊觎。[②] 各国领事则认为,"兼护厦门"一节,须请示驻华公使才能决定。分歧尚未解决,延年等却于1902年1月10日匆匆忙忙地与日、英、美、德、法、西班牙、丹麦、荷兰及瑞挪联盟[③]等九国领事订立《厦门鼓浪屿公共地界章程》。其中第十五款中文本为:"鼓浪屿改作公地,各国官商均在界内居住;厦门为华洋行栈所在,商务尤重,应由中外各国一体互相保护。"而英文本第十五款并未填写这些字句,仅注上如下文字:"第十五款言各国会同保护,此款暂留空白,俟到京后再行照誊。"[④]

该约章送抵北京后,外务部为"兼护厦门"事与驻华公使团交涉。各国公使认为,鼓浪屿公地章程"不能言及兼护中国地土。各国领事实无此权。即各使臣非奉本国之嘱,亦复无此权力"。许应骙为摆脱责任,遂有"尽可将前约作废"之语。外务部官员以厦门本系中国地方,非外国人所能干预,若明定约章,强令各国保护,转失自主之权,于义无取;若因各国不允保护,遽将前约作废,亦将重贻列邦讪笑,故主张删除约中兼护厦门

① En-sai Tai, *Treaty Ports in China*,p. 118;厦门市档案局、厦门市档案馆编:《近代厦门涉外档案史料》,第280页。
② 厦门市档案局、厦门市档案馆编:《近代厦门涉外档案史料》,第280、281页。
③ 1814年,瑞典、挪威成立瑞挪联盟。1905年,联盟解体。
④ 中国第一历史档案馆:外务部档案,综合类,第4462号卷,《厦门鼓浪屿公共地界章程》。

之款。[1] 清政府和有关各国使节都接受了这一提议。该公共地界包括鼓浪屿全岛,其面积约为 2 400 亩。[2]

自从 19 世纪 80 年代中期采取防止外国在中国增辟租界的政策以来,厦门鼓浪屿公共地界是唯一由清政府主动开辟的租界。清政府采取这一行动,是因为侵夺了台湾、澎湖的日本力图侵占厦、鼓,故而拟借用英、美等国的力量来牵制日本。从这一策略来看,开辟鼓浪屿公共地界即使不是良策,也不失为一条应急之策。既然这一公共地界是中国主动开辟的,清政府本来可以保有当地的行政管理权,使其成为在同一时期中国在诸多约开或自开通商口岸开辟的通商场,如岳州、南宁等地的通商场。然而,福建官员在谈判桌上贸然让步,致使鼓浪屿名为公共地界,其实就是由外国人行政管理的公共租界。

图 15　厦门鼓浪屿公共地界图

八国联军侵华战争后,清政府还被迫允准日本在更多通商口岸开辟

---

①　王彦威辑、王亮编:《清季外交史料》卷一六七,页八。
②　厦门市档案局、厦门市档案馆编:《近代厦门涉外档案史料》,第 268 页。

日租界。1904年日俄战争期间,日军占领营口、安东等交通要冲,并在当地开辟日本人居留区域,当时称作"新市街",其中营口"新市街"位于青堆子一带,并非不久前所划的日租界所在地。次年,日俄战争结束,日本通过中日《会议东三省事宜附约》确认在营口、安东、奉天有开辟专管租界的权利。不过,日本政府旋即改变在东北开辟专管租界的计划,以免列强均沾利益,染指其势力范围,并决定将营口、安东等地的新市街并入由其控制的南满铁路附属地。1906年,这些新市街又从铁路附属地中划出,改为《居留民团法》实施地,成立居留民团,受当地日本领事监督,从而与租界几乎没有差别。为此,中国官府多次提出抗议,日方先是称之为铁路附属地,后来便不予答复,并在民国年间最终将它们并入铁路附属地。[①]

在此期间,比利时也曾图谋开辟汉口比租界。1898年,清政府向比利时借款修建卢汉铁路。比方于购买铁路用地时以数千筑路员工生活、居住需要为口实,在汉口日租界东北分金炉一带私购民地约600亩,并援引1865年中比《通商条约》中比国人可在通商口岸租赁土地、建造房屋的规定,多次要求将该区域辟为比租界。湖广总督张之洞坚决反对,他指出,事关租界,后患甚多。在汉口德租界外添设日租界,德国不愿,至今波澜未已,岂可再添比租界。他同意在沿长江处划地供筑路工人居住,铁路竣工后收回,但不能正式设立租界。八国联军侵华战争后,比国公使就此事一再催促清政府。张之洞认为,比方所购之地紧靠卢汉铁路南端刘家庙火车站,地跨铁路两侧,实扼铁路咽喉,绝不能辟为租界,但可在距铁路数十丈处划滨江地200余亩作为比租界。比国公使要求拓宽地段,被中方拒绝。在此期间,比国领事还一再施加外交压力,力图迫使江汉关道为比方私买土地的地契办理税契、钤印手续。张之洞遂认为,该地横当要冲,虽一再驳令减让,终究有损铁路地权、地利,不如议价收回,留作扩充华商贸易之用。经反复折冲,湖北官员与比国领事于1906年达成协议,由中国官府购回全部土地。因铁路建成后当地地价暴涨数十倍,

---

[①] [日]满史会编著:《满洲开发四十年史》下卷,东北沦陷十四年史辽宁编写组译,辽宁省营口县商标印刷厂1988年印,第424、425页。

中国官府回购土地之款高达 81.8 万余两白银。次年，这片土地被中国官府收回。①

在清王朝被推翻后的 1914 年，第一次世界大战爆发。日本加入以英、法为首的协约国阵营，攻占了位于山东的德国胶州湾租借地。随后，在 1915 年经过有关"二十一条"的交涉，中日在《关于交还胶澳之换文》中规定，日本交还胶州湾租借地的前提是中国政府须同意日本可在胶州湾租借地的指定区域即青岛设置专管租界、列国也可在当地另设公共租界等条件。② 至 1919 年巴黎和会期间，日本又坚持要首先接受德国在山东的全部侵略权益，从而引发了席卷中国的五四运动，致使日本不得不在三年后同意将胶州湾租借地交还中国。青岛日租界和公共租界因而未被开辟。这样，于 1902 年 12 月 27 日订立开辟约章的天津奥租界成为最后开辟的外国在华租界。

至此，自鸦片战争后的近六十年间，英、法、美、德、俄、日、比、意、奥九国先后在上海、厦门、天津、镇江、汉口、九江、广州、苏州、杭州、重庆十个通商口岸开辟了二十五个专管租界。以开辟国而论，英国有七个，日本有五个，法国有四个，美国、德国、俄国各有两个，比利时、意大利、奥匈帝国各有一个。以租界所在通商口岸而论，天津有九个，汉口有五个，上海有三个，广州有两个，厦门、镇江、九江、苏州、杭州、重庆各有一个。在厦门，还有中国与日本、英国、美国、德国、法国、西班牙、丹麦、荷兰及瑞挪联盟等九国共同订立开辟约章的鼓浪屿公共地界。其中，西班牙、丹麦、荷兰及瑞挪联盟四国在中国并无专管租界。至 1905 年瑞挪联盟解体为瑞典、挪威两国。这些国家几乎都是欧美国家，仅有日本是亚洲国家。上海英、美租界于形成后不久合并为上海公共租界，天津美租界先是被归还给清政府，其所在地后又并入天津英租界，因而在 20 世纪初租界的全盛时期，在中国共有二十二个专管租界和两个公共租界。

纵观租界在中国开辟的全过程，值得注意的有以下三点。第一，租界

---

① 苑书义等主编：《张之洞全集》第 3 册，第 1803 页。
② 王芸生编著：《六十年来中国与日本》第 6 卷，生活・读书・新知三联书店 1980 年版，第 273 页。

开辟的过程虽然长达半个多世纪,但实际开辟租界的年代集中在中国四次被外敌打败后的时期。因此,可以说租界也是四次失败的对外战争给当时中国造成的又一重创伤。第二,最早形成的租界是外国人非法侵夺外商租地内中国行政管理权的产物,第二次鸦片战争后出现的租界则几乎都有中外约章为其开辟的依据。可见,租界的开辟有两种途径,由外商租地发展而成的租界只占少数。第三,在逐渐认识到租界有损中国自主之权后,清政府于订立中英《烟台条约》后未久就不再贸然允准列强增辟租界,后来还以开设通商场来抵制租界。因此,在第二次鸦片战争结束时,英、法等国可以在诸多通商口岸开辟租界,而在甲午战争之后外国政府要取得开辟一个租界的特许都须经过一番交涉。到民国政府成立后,随着国际形势的变化、中华民族的觉醒,中国政府和中国人民已利用各种机会来收回已辟的租界,列强难以在中国增辟新的租界,租界的开辟时代终告结束。

第二章　扩展

鸦片战争结束后的数十年间,西方列强和日本陆续地在中国开辟租界,并不断地扩展租界。他们开辟租界的行动到1902年已大体结束,扩展租界的行动则从租界尚未成型的1848年一直持续到一批租界已被中国收回的20世纪30年代。绝大多数租界在开辟时面积都较为有限,最后上海、天津、汉口租界之所以能发展为地域宽广、影响深远的城市地区,就是因为这些租界多次得到大规模的扩展。除迭次正式扩展外,不少租界当局还在界外开辟或占据一些特殊区域。它们尚不属于租界范围,但也成为这些租界的附属区域。

第一节　历次扩展

实行五口通商后,清政府最初在各通商口岸划定英国商民租地界址,其本意是限定这些租地的面积,使外商不得扩大其范围。未久,清政府便被迫变更此种政策。订立于1844年的中法《黄埔条约》规定,在各通商口岸对法国人"房屋间数、地段宽广,不必议立限制"。1849年,上海道麟桂在开辟上海法商租地的告示中也引用该条约,宣称法商租地如果面积不够,"日后再议别地,随至随议"①。这些情况表明,在租界制度尚未成型时,清政府已经放弃了决定要划定外商租地时的初衷。

得到扩展的租界集中在上海、天津、汉口和厦门四地。上海两个租界都得到大扩展,上海租界遂成为面积最大的租界。天津九个租界中有四个都进行过较大规模的扩展,因而天津租界的面积远远超过了汉口等地

---

① 吴馨等修、姚文枬等纂:民国《上海县志》卷十四,页三。

的租界。汉口五个租界中有四个进行过或大或小的扩展，厦门两个租界中有一个进行过极其有限的扩展。

这些租界的扩展，可大致分为四个时期。其中第一个时期是甲午战争之前的时期。在这约半个世纪的时期中，租界的数量尚少，它们的面积也还较小；租界扩展的次数也不多，扩展的面积与后来相比还较有限。

在发展成租界前的 1848 年，上海英商租地便进行了一次扩展。在这一年的 3 月，一批漕运水手在青浦打伤了擅自闯入的英国传教士。英国领事阿礼国不仅命令英国船只停缴关税，还调来英国军舰封锁上海港，阻止中国粮船离开上海，最后使得为首的水手受到永远充军等严惩，上海道咸龄也因而被撤职。于是，对于不久后阿礼国提出的扩展英商租地的要求，心有余悸的新任上海道麟桂很快屈从，于 11 月 27 日与他订立协定，同意英商租地东南以洋泾浜桥为界，东北尽苏州河第一渡场，西南到周泾浜，西北到苏州河滨的苏宅，也即向北扩展至苏州河，向西扩展至不久后开挖成的泥城浜，面积从原先的 1 080 亩增至 2 820 亩。①

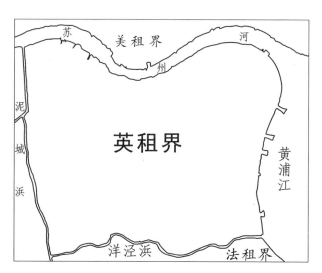

图 16　与美租界合并前的上海英租界图

---

① 蒯世勋编著：《上海公共租界史稿》，载上海史资料丛刊《上海公共租界史稿》，第 317 页。

未久,上海法租界进行了第一次扩展。在 1849 年划定上海法商租地界址时,中、法双方约定,上海法商租地东至广东潮州会馆沿河至洋泾浜东角。1855 年,法国代理领事爱棠与上海官员商定,上海法租界东至福建会馆,致使这段界址未达到原来所定界线。1861 年 1 月,爱棠以当时误将福建会馆当作潮州会馆为由,要求恢复原定界线。上海道吴煦起初以界线已定而加以拒绝,但在不久后屈从法方要求。在此期间,法国外交部指令爱棠协助法国皇家邮船公司在上海设立分公司。因法租界内沿黄浦江地段均已出租,爱棠原拟在靠近长江口的吴淞为该公司找一块地基,遭到法国外交部部长反对。他指出,皇家邮船公司拟租上海县城小东门之外约 30 亩沿江地段。[①] 小东门一带本是商业繁荣、人口稠密之区,上海官府自然不会贸然允准,法国公使布尔布隆就直接与总理衙门交涉。他援引中法《黄埔条约》中不必限制法国人在通商口岸中房屋间数、地段宽广的条款,声称在原定地界内无地可租时,即应对已定之界量为推扩。至于当地业主不肯出租土地,中国地方官员应劝谕办理。他又劝诱说,这一区域本是福建、广东"匪人"巢穴,数年前小刀会即于此处起事,上年太平军进攻上海,亦系当地人勾结、串引之故,因此,将此"匪人"盘踞之处租与法国商民安居、贸易,对上海大有益处。此时,第二次鸦片战争刚结束,清政府力图与英、法等国结好,便同意法国人在小东门外租赁土地 30 余亩。10 月底,上海道吴煦发布告示,宣布允准法国人在县城小东门外租地。连同年初对界址的修正和第一次扩展,上海法租界南界靠近黄浦江的一段向南延伸 650 多米,抵达小东门外小河沿。该租界总面积遂增至 1 023 亩。[②]

与此同时,厦门英租界也进行了十分有限的扩展。1852 年初改划岛美路头至新路头等处官有滩地为英商租地时,这一地段仅约 15 亩,其面积小于原来较场、水操台等处的地块,中、英官员因而约定,日后由中国官

---

① 〔法〕梅朋、傅立德:《上海法租界史》,第 201、207 页。
② 董枢:《上海法租界的长成时期》《上海法租界的发展时期》,《上海市通志馆期刊》第一年合订本(1933 年 6 月至 1934 年 1 月),第 326、327、748 页。有些著作认为,此时该租界面积为 1 124 亩。

员估买与该官地毗连的民地租与
英国,以补该官地不敷抵换较场
地基之数。① 至 1866 年,英国人
在厦门英租界界外陆续租得数块
土地。其中有些土地未与该租界
连接,未被并入租界。位于该租
界以北、自新路头至史巷路头以
北的三块滩地则被并入,成为该
租界扩展区域。② 此后,连同填
筑的一些滩地,厦门英租界面积
增至 24.6 亩左右,但仍是列强在
华租界中最小的一个。③

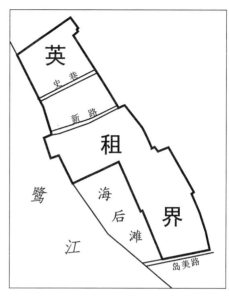

图 17 扩展后的厦门英租界界址及海后滩

至甲午战争前夕,上海公共
租界进行了一次规模超过以往的
扩展。在 1863 年上海英、美租界合并成公共租界后,仍分为英租界、美租
界两个区域。美租界也被称作虹口租界。在此之前,为了实现上述合并,
美国领事熙华德与署上海道黄芳确定了上海美租界界址,但在定界时没
有竖立界石。合并后,美国人便力图扩展这一区域。1873 年,美方要求
"重定"美租界北界,将这条界线从原定的护界河即泥城浜对岸之点向北
推进三里,再从这一点起向东画一直线,直到杨树浦以北三里处。上海道
沈秉成拒绝后,美国总领事熙华德转而提议,将护界河对岸之点画一直线
至靶场稍北,然后向东折至杨树浦之线作为美租界北界。这条界线当时
被称作"熙华德线"。虽然较之起初的要求,美方要求扩展的面积已有所
减少,但上海官府仍未认可,而上海公共租界工部局却已开始对该线以南

① 齐思和等编:《第二次鸦片战争》(四),第 370 页。
② Chen Yu, "The Making of a Bund in China: The British Concession in Xiamen (1852-1930)",
   Journal of Asian Architecture and Building Engineering, Vol. 7, No. 1, May 2008, p. 34.
③ 厦门市档案馆:民政局档案,第 1 时期,(原)第 331 号卷,第 76,77 页。1930 年收回厦门英
   租界之后,根据当时中国内政部公布的土地测量应用尺度章程核算,该租界的面积约为
   24.9 亩。

地段进行行政管理。自 1883 年起,因居住于该地段内北河南路与北浙江路桥等处的华人拒绝向工部局缴纳市政捐税,工部局和美国领事等屡次与中国官府交涉,中国官府仍一再否认该界线。工部局还多次将拒缴捐税的华人拘送公共租界会审公堂审处,该公堂以当地不属于工部局管辖范围为由,一概未予追究。1892 年,工部局又因征收捐税和编订门牌等事与当地华人冲突,并再次请求驻沪领事团解决这一悬案。1893 年初,由美国驻沪副领事易孟士为领事团代表,与中方代表、署理上海知县黄承暄等交涉。中国官府最终让步,同意大体上以"熙华德线"为美租界也即虹口租界的北界,并与易孟士等订立《新定虹口租界章程》。7 月 22 日,上海道聂缉椝正式批准这一界线及相关章程,使上海美租界即上海公共租界第一次扩展终于实现。美租界面积增至 7 856 亩,公共租界总面积增至 10 676 亩。[①] 至此,该租界的面积远远超过了其他各租界,上海租界的面积也远远超过了其他各地的租界。

中日甲午战争之后的五年,可谓租界扩展的第二个时期。由于在战争中惨败,并以割地赔款来结束战争,清政府已更加虚弱。列强不仅趁机在中国增辟诸多租界,也趁机对诸多租界进行扩展。从整体而言,此时租界扩展的规模超过以前的时期。其中上海公共租界的又一次扩展,为中国租界史上最大的一次。

在此时期,最早进行扩展的是天津英租界。天津英租界开辟后,因西界海大道以西的土地远比界内便宜,租界工部局和当地侨民很快就越界在那里永租及购买土地。甲午战争后,德国于 1895 年 10 月在天津开辟德租界,其面积为英租界两倍以上。英国人遂以英租界内洋行和侨民都越来越多,界内土地已不敷应用为理由,强烈要求扩展租界。该租界东北紧靠海河,西北毗邻法租界,东南连接原来的美租界所在地,只有在西南即海大道以西地区才有扩展余地,而此时该租界工部局和外国侨民已在当地取得土地八百来亩,还建造了一批房屋,并已就开辟道路和"清除污秽"等事经常与天津官员会商。1897 年初,中国官府允准天津英租界扩

---

① 蒯世勋编著:《上海公共租界史稿》,载上海史资料丛刊《上海公共租界史稿》,第 396—401 页。

展。津海关道李岷琛与英方订立《新议英拓租界章程》,确定了该租界扩充界界址。3 月 31 日,李岷琛发布文告,其中指明,扩充界东至海大道,西至土围墙,北自原租界道口以西直至土围墙,南至小营门以斜至英国讲堂。该扩充界的面积约为 1 630 亩,英租界面积约增至 2 119 亩。[1]

继天津英租界第一次扩展,汉口英租界也进行了扩展。1896 年初,俄、法两国拟在同治年间原议汉口法租界界址内开辟俄、法租界。因英商宝顺洋行等已设立于这一区域,英国人不愿让英商洋行位于别国租界,遂与中国官府交涉。清政府只得同意另拨土地供英商使用。汉口英租界东南濒临长江,东北连接刚划定的俄租界,西南紧靠汉口华界的繁盛区域,也即在该租界开辟时双方约定不得推广的地段,因而只能向其西北扩展。同年,经总理衙门允准,汉黄德道瞿廷韶与英国领事贾礼士议定章程八条,其中确定了汉口英租界扩展范围,并约定从 6 月 16 日起的一年间,办理英商永租界内华人土地及各国商人已租之地等事宜。一年后,英国商人尚未全部取得当地华人土地,界内仍有华人居住,英方要求延期一年,再来接收、管理这一区域。[2] 1898 年春,英国公使要求即行扩展该租界。经瞿廷韶与英国领事霍必澜会商,对原订章程略作修改,于 8 月 31 日订立《汉口英国新增租界条款》,规定英租界扩展界西北至距汉口城垣 5 丈处,东北至俄租界,西南以英租界内一马路向汉口城垣所画直线为界,面积为 337.05 亩。[3] 经过此次扩展,汉口英租界的面积超过 795 亩。次年初,英国领事以卢汉铁路建成后中国将拆除城垣为由,又要求将该租界向西扩展至铁路旁,但未获中国官府允准。

在汉口英租界拓展之际,刚在汉口开辟租界的德国人也有所动作。汉口德租界南起汉口通济门外的官地,随后划定的汉口法租界北起通济门内的官地,两国租界之间相隔着 3 丈宽的堡垣墙基,墙内、墙外各 5 丈宽的官地,以及墙外 6 丈宽的城壕,共约 20 丈宽的官地既不属于法租界,

---

① *Land Regulations of the British Municipal Extension*, *Tientsin*, *1898*, Taotai's Proclamation;天津档案馆、南开大学分校档案系编:《天津租界档案选编》,第 10 页;尚克强、刘海岩主编:《天津租界社会研究》,第 14 页。

② 苑书义等主编:《张之洞全集》第 5 册,第 3664 页;第 9 册,第 6962、7000 页。

③ 英国国家档案馆:FO 93/23/19b,汉口英新增租界条款,光绪二十四年七月。

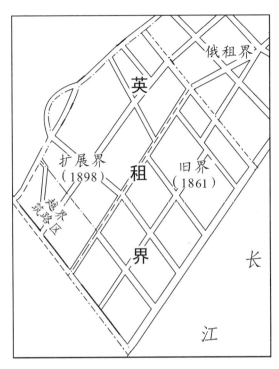

图 18　扩展后的汉口英租界及其越界筑路区

也不属于德租界。1897年,因武昌船关分卡所在地划入俄租界,湖北官府将该分卡移至通济门城墙内的官地之上。德国特派办理汉口租界事宜委员柯达士以该卡妨碍德租界道路为由,多次与湖北官府交涉,要求迁移该卡,并将通济门外所留余地及后段空地并入德租界。此时,发生了德国传教士在山东巨野被杀事件,湖北官府恐别生枝节,同意德租界的南界推进到通济门外城根。1898年8月27日,湖北按察使瞿廷韶与柯达士订立《汉口德国租界条款》,其中确认德租界扩展,将这一沿江前界长12.5丈、后界长25丈,宽120丈的地段增入德租界,并指明中国官府对其中的官地不收地价银;同时确认德方让出德租界长10丈、宽4丈的沿江岸地一块,供中方移建武昌船关分卡,对此地段中方也不付地价银。① 中国官府曾视德租界的此

---

① 苑书义等主编:《张之洞全集》第5册,第3667页。

次扩展是"交互利益,特别专案",但德方扩展的面积约为 36.83 亩,让出的面积不足 1 亩。经此特别的利益交换,汉口德租界面积约增至 636 亩。

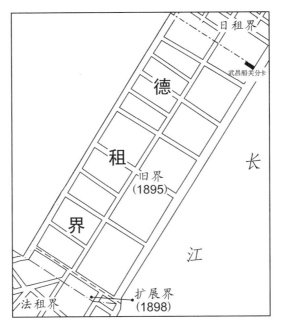

图 19　扩展后的汉口德租界图

　　在此期间,上海公共租界工部局又一次企图扩展租界。1896 年,该工部局函请驻沪领事团帮助实现这一计划,同时联络上海的官员和缙绅,力图获得他们的好感和对扩界的支持。次年,工部局提出了扩展的界线,即是将该租界向西扩展至梵王渡,向东扩展至周家嘴角,南界扩展至浦东,北界达到宝山。1898 年 2 月,驻沪领事团领袖领事致函上海道,以该租界现有面积不足以供界内华洋居民之用为由,要求再次拓界。署上海道蔡钧断然拒绝。他在复函中指出,上海面积狭小,人口众多,断难在租界之外再通融一尺一寸之地;中国官府也在华界设置警察,进行多种市政建设,很多洋人已入居华界,洋人多寡已不能成为扩展租界的理由。[①] 此

---

① 　徐公肃、丘瑾璋:《上海公共租界制度》,载上海史资料丛刊《上海公共租界史稿》,上海人民出版社 1980 年版,第 71 页。

时,法国人也拟扩展上海法租界,扩展范围包括英、美商人已有很多地产的浦东等地。因英、美两国坚决反对将英商、美商地产所在地划入法租界,法国人便联合俄国人抵制上海公共租界扩展。结果,这两个租界一时都未能扩展。为了打破两败俱伤的僵局,英、法双方作了妥协,同意不将浦东列入扩展范围,随后共同向清政府施加压力。[①] 1899 年 4 月,清政府被迫让步,谕令两江总督刘坤一负责办理上海公共租界扩展事宜,并撤换反对该租界扩展的蔡钧。至此,原先也反对该租界扩展的刘坤一及其代表仅坚持不能将宝山县境划入租界。谈判结束后,上海道李光久于 5 月 8 日发布上海公共租界扩展的布告,指明了该租界扩展范围:在苏州河以北,租界北界推至上海、宝山两县交界处,然后向东画一直线至黄浦江边的周家嘴。在苏州河以南,租界西界北沿苏州河,南沿越界修筑的大西路,一直推进到静安寺镇后一线。[②] 扩展区域总面积为 22 827 亩,创下租界扩展最高纪录。连同原有区域,上海公共租界总面积达 33 503 亩,[③]成为全国最大的租界。在此次扩展之前,中国官员深恐他国再提出在上海开辟专管租界的要求,主张将扩展区域作为各国商民均可设肆经商的"公共租界"。该租界大扩展以后,其中文名称被正式确定为"上海公共租界",但正式的英文名称仍是"The Foreign Settlement of Shanghai"("上海外国人租界")。[④] 此后,该租界沿苏州河、虹口浜和泥城浜划界,分为北区、东区、中区和西区。[⑤]

在上海公共租界当局再次要求扩展之际,上海法租界当局也图谋第二次展拓界址。1896 年,该租界当局就提出了这一要求。1898 年 3 月,法国总领事白藻泰又照会署上海道蔡钧,要求将法租界以西八仙桥一带及浦东、吴淞部分地区划归法租界。这一要求被蔡钧等拒绝。法租界当局遂不顾中、法双方 20 年前的协议,强征四明公所土地,引发第二次四明

---

① 许洪新:《19 世纪末浦东避免沦为租界之始末》,载上海市档案馆编《上海档案史料研究》第六辑,上海三联书店 2009 年版,第 33 页。
② 《推广租界示》,《申报》光绪二十五年四月二十三日。
③ 蒯世勋编著:《上海公共租界史稿》,载上海史资料丛刊《上海公共租界史稿》,第 478 页。
④ 杨秉德、于莉:《上海公共租界英文名称考证》,《华中建筑》2009 年第 12 期。
⑤ 上海市档案馆编:《工部局董事会会议录》第 14 册,上海古籍出版社 2001 年版,第 490、491 页。

公所事件,导致数十名华人被打死、打伤。① 在血案发生后的中法交涉过程中,法方指责中国官府蓄意让民众闹事,要求将更多地段划归法租界。有些中国官员准备妥协,但因法国人索要浦东、吴淞的土地,与英、美两国有利益冲突,双方互相阻挠对方租界的扩展。此后,为达到各自目的,英、法等国作了妥协,英国便同意上海法租界推广至徐家汇。1900 年 1 月 27 日,上海道余联沅发布告示,公布上海法租界第二次扩展区域为东至城河浜,西至顾家宅关帝庙,南至丁公桥、晏公庙、打铁浜,北至北长浜。该租界面积增至 2 135 亩。② 因中国官员的坚持,法国人未能索得黄浦江畔的十六铺等地,并同意在四明公所让出部分地段用于修筑公用道路后,不再强征公所土地。

八国联军侵华战争后的数年,是租界扩展的第三个时期。八国联军侵华战争爆发后,京津地区被八国联军占领,列强除了在天津增辟租界,也趁机在天津扩展租界。至《辛丑条约》订立后,列强又继续在天津、汉口扩展租界。经过这些扩展,天津租界的面积在各地租界中稳居第二;汉口租界的面积超过厦门租界,位居第三。

在这一时期,首先得到扩展的是天津法租界。天津法租界东部、北部都濒临海河,东南以英租界为界,因而与英租界一样,也向西南方向扩展。八国联军侵华战争前,法国人通过越界筑路及擅自在这些道路两旁购地建屋等方式,首先蚕食海大道东北尚未划入法租界之地,即是紫竹林大街牌坊至海大道之地,随后又越过海大道继续向西南扩展。至八国联军占领天津期间,继俄、比两国分别在天津强占土地以开辟专管租界后,法国驻天津总领事杜士兰未与中国官府协商,便于 1900 年 11 月 20 日发布公告,宣称天津法租界扩展,即该租界西南界先是推进到海大道,再越过海大道,推进到墙子河北岸的土围墙,并强行要求这一区域内的中国土地业主带着土地契证至法国领事馆登记核实。③ 该扩充界面积约两千亩。日租界

---

① 有关两次四明公所事件,详见本书第十章《中国人民的抗争》第二节《反抗苛捐和暴行》。
② 董枢:《上海法租界的发展时期》,《上海市通志馆期刊》第一年合订本,第 731、743、748 页。
③ 英国国家档案馆:FO 228/1349, Avis, République Française, Consulat de France, Tientsin, le 20 Novembre, 1900.

与法租界毗邻,目睹法租界的擅自大扩展,日本人也急于分沾利益。经过交涉,法国人只得将其擅定的法租界西界,即是从福音堂北界至墙子河的连线,后退到海大道与海河河岸交点至墙子河的连线,从而将约90亩土地划给了日租界。① 经过此次扩展,天津法租界面积增至2 360亩左右。

接着,进行扩展的是天津德租界。八国联军侵占天津期间,德军除在德租界内屯驻,还将该租界以西的三义庄一带作为其军事基地。这一区域遂成为德国人力图扩展之地。1901年初,清政府同意该租界扩展。4月18日德国驻天津领事秦莫漫在公告中宣布,根据驻华公使指令,天津德租界已向海大道以西推广。7月20日,天津道张莲芬与秦莫漫订立《德国推广租界合同》,确定了该租界扩展界界址:自梁园门起,顺海大道过三义庄东楼,向南至海河坐湾处,折向正西过崇德堂砖窑以西,又折向

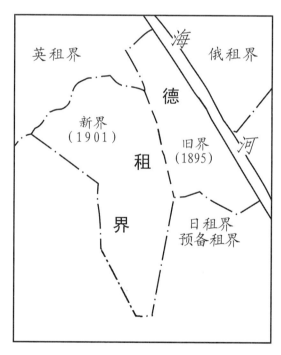

图20 扩展后的天津德租界图

---

① [日]植田捷雄:《支那租界研究》,第320页;宋昆、孙艳晨、冯琳:《近代天津九国租界边界考》,《中国历史地理论丛》2019年第34卷第2辑。

西北过西楼庄、三义庙、李家花园西墙外,再向西北至马场道,顺马场道到厚德门后再顺土围墙到梁园门。[1] 这一被称为德租界新界的扩展界,面积约 3 200 亩。该租界总面积增至 4 200 亩左右。

随后,天津美租界的所在地被并入英租界,天津英租界进行了第二次扩展。在天津美租界开辟后,因美国政府历来认为在中国通商口岸设立公共租界最符合其利益,无意开辟专管租界,始终没有核准在天津设立美国专管租界一案。[2] 1880 年 10 月 12 日,美国领事照会津海关道郑藻如,表示愿将已管理多年的天津美租界退回中国,至将来美国领事能推行合适的市政制度之时,美国则有权恢复该租界。两天后,郑藻如在复照中表示,美国领事将来拟恢复美租界现状,只要没有障碍,天津官府将不会反对。此后,这一区域一直处于无人管理状态,被称为藏污纳垢之区。1895年,德国人于开辟天津德租界时,拟将该区域划入其界内。美国公使田贝获悉后向清政府提出抗议,要求"立即"停止将美租界所在地让与别国管理的行动。为此,在开辟天津德租界的中德约章中有续议一款,即是在美国"应允不要"天津美租界之地时,就将该区域并入德租界。[3] 次年,美国则曾再次声明放弃对该区域的管理权。[4] 八国联军占领天津后,俄、日、德、意、奥、比等国都在海河两岸占领大片土地,以开辟或扩展专管租界。美国公使康格也有意恢复天津美租界,特别是依据美国"门户开放"政策,力主在天津设立各国公共租界,并将美租界作为公共租界一部分。美国的主张未得到其他国家支持。1901 年,康格照会清政府外务部,声称现时天津形势似无法设立公共租界,要求清政府退还美租界。因英、德两国都在争夺这块土地,清政府没有同意就地恢复美租界,但同意在海河下游划出一大块土地来设立美租界。美国政府认为该片土地在商业上或是军事上都用途不大;恢复旧时美租界又有困难,而其价值也仅在于一旦发生紧急事变,可作为美国增援部队登陆之地,便决定搁置此事,直到美国在

---

① En-sai Tai,*Treaty Ports in China*,p. 127;天津档案馆、南开大学分校档案系编:《天津租界档案选编》,第 166、173 页。

② [美]泰勒·丹涅特:《美国人在东亚》,第 498 页。

③ 天津档案馆、南开大学分校档案系编:《天津租界档案选编》,第 164 页。

④ En-sai Tai,*Treaty Ports in China*,p. 128.

当地商务得到发展后再作打算。次年,美国最终接受英国于上年 7 月 24
日提出的将原美租界作为英租界扩充界的六项条件:美国于必要时可在
当地实行军事管制;美国于必要时可在当地河坝停泊军舰;当地工部局至
少有一名美籍董事;当地土地转让都须在美国领事馆登记;只有经美国领
事同意,才能订立只适用于当地而不适用该租界其他扩展区域的特殊规
章;美国政府保留在通知英方一年之后恢复美租界的权利,但须承担经美
国领事同意、为发展该租界而形成的债务。① 8 月,北洋大臣袁世凯宣称,
英、美既已"商妥办法","本大臣自应亦无异言",承认了美、英两国之间的
私相授受。10 月 23 日,津海关道唐绍仪在布告中宣布天津英租界向南
扩充,这一区域被称作南扩充界,将由该英租界扩充界工部局管理。② 原
美租界的面积为 131 亩,天津英租界面积约增至 2 250 亩。

在汉口,法租界也被扩展。自 1901 年起,法国人屡次要求扩展该租
界。他们宣称,以往旅居汉口的法商人数无几,"商贾尽由水道",所以当
时只要沿江一面之地设立租界。现今法商人数增多,在法租界以北又在
新建卢汉铁路,并在建造大智门车站,而英租界已有通往车站的新路,因
而他们也要扩展法租界,使租界靠近铁路,以便修筑自车站通往江滨的道
路。湖广总督张之洞认为,法国人于此时要求展拓租界,也是为了揽我路
权。因法国宣称将在其他中外交涉案中极力相助中国,张之洞同意从德
租界西界画一直线至汉口城垣为法租界西界。法国领事玛玺理仍嫌扩展
的面积太小。张之洞同意格外宽让,让法租界南、北界线继续向西直伸,
展至距铁路 60 丈为止。玛玺理便指责张之洞办事不公,并宣称在汉口的
外商人数,德商第一,法商第二,但法租界面积最小,连同已经允诺的扩展
区域,仅为英租界三分之一、德租界二分之一,他因而要求将法租界西界
推进至铁路。张之洞认为,铁路若与一国租界毗连,平日官民商旅搭车、
运货,固多不便;一旦有事,转运兵械、粮饷,尤受外国人挟持。他指出,汉
口法租界开辟之际,其北界外余地甚多,但法国人未嫌其租界太小;如今

---

① En-sai Tai, *Treaty Ports in China*, pp. 129 - 130.
② *Amendment to the Land Regulations of the British Municipal Extension*, *Tientsin*, *1898*, 1911,
Taotai's Proclamation.

法租界被长江、俄租界、德租界和铁路四面环绕,法国领事忽欲展拓界址,不怪其先前自失机会,反而硬说中国偏袒,完全罔顾事实。中国铁路的管路之权,断断不容旁落,距铁路 60 丈之界,断断不能逾越。1902 年 11 月 12 日,汉黄德道与法国领事订立《汉口展拓法租界条款》,确认该租界西界扩展至距铁路 60 丈处,北面并入位于法、德租界之间的区域,其中包括划入界内的汉口堡垣墙基,墙内、墙外的官地及城壕。这一扩展界面积约为 194 亩,该租界面积增至 380 亩以上。[①]

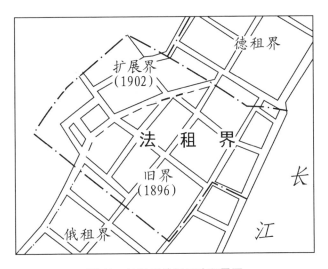

图 21　扩展后的汉口法租界图

随后,天津英租界进行了第三次扩展。八国联军占领天津期间,俄、德等国为开辟或扩展租界,都在当地抢占了大片土地。1901 年 4 月,英国公使萨道义照会李鸿章,要求中国官府不得将英租界以南土围墙外低洼荒地租与别国,只可以存留为日后该租界扩充之用。中国官府认同英方不将该区域租与他国的要求,只是表示该区域是否划归英租界,"届时再行商议"。[②] 次年 10 月,在将原美租界所在地作为南扩充界并入英租

①　苑书义等主编:《张之洞全集》第 6 册,第 4176—4178 页;王铁崖编:《中外旧约章汇编》第 2 册,第 146 页。此时汉口法租界的面积,还有 357 亩等记载。
②　天津档案馆、南开大学分校档案系编:《天津租界档案选编》,第 8 页。

界后,英国即要求租用该区域。1903 年 1 月 13 日,津海关道与英国总领事会衔发布告示,其中宣布英租界第三次扩展。这一推广界北自马场道小营门起,顺土围墙至宝士徒道;西自宝士徒道之中至童家楼桥石碑;南自童家楼桥石碑至马场道二道桥;东自马场道二道桥顺大道至小营门。[①]面积为 3 928 亩。经过三次扩展,天津英租界,后也称作"驻津英国工部局所辖区域"(British Municipal Area, Tientsin),包括"老租界"、扩充界、南扩充界、推广界四部分,总面积增至 6 178 亩左右,[②]一度成为所有专管租界中面积最大者,至 1914 年上海法租界大扩展后仍是除上海两个租界外面积最大的租界。

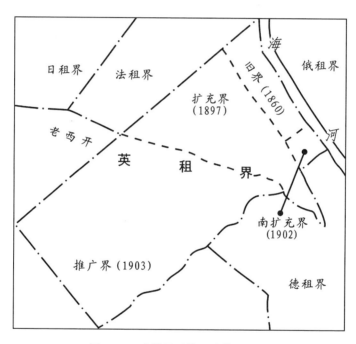

图 22　三次扩展后的天津英租界图

　　1900 年八国联军占领天津时,天津日租界仍处于未开发状态。至俄、德、奥、意等国军队纷纷在天津抢占土地以开辟或扩展租界时,日军除

---

① 天津档案馆、南开大学分校档案系编:《天津租界档案选编》,第 19 页。
② 尚克强、刘海岩主编:《天津租界社会研究》,第 21 页。

占领日租界外,还占领该租界的预备租界所在地以及议界时未能划入租界的闸口等繁华区域。11月20日毗邻的法租界擅自大扩展后,日本人也急于分沾利益。经过日本驻天津领事郑永昌与法国总领事杜士兰有关日、法租界分界的交涉,法国人同意将其擅定的法租界西界,即是从福音堂北界至墙子河的连线,后退到海大道与海河河岸交点至墙子河的连线,从而将约90亩土地划给了日租界。12月28日,郑永昌公布日本人擅自认定的天津日租界界址,其中囊括日军占领的租界内外全部土地:该租界北界系从天津城南门以西600英尺处起,沿天津城壕至闸口,再从闸口沿海河至法租界;东界法租界;南界墙子河北岸土围墙;西界从天津城南门以西600英尺处作直线至墙子河北岸土围墙的海光门以西450英尺处。[1] 同时,日本人又占据位于德租界东南,原来作为日本轮船停泊码头的小刘庄地区。被日本人强占的土地,远远超出该租界连同预备租界范围。此后,经多方交涉,日方同意对扩展区域有所缩减。1903年4月24日,津海关道唐绍仪与日本总领事伊集院彦吉订立《天津日本租界推广条约》。该条约承认日本推广天津日租界,推广区域为原预备租界一带约400亩土地。其东界自朝鲜公馆起,沿海河北展至闸口新道止,计长约114丈;南界自朝鲜公馆起,顺新道向西,计长105丈止;北界自闸口起,顺新大道水沟迤逦至已拆除城墙的天津城东南角水沟即原城壕以西18丈止;西界自北界西尽头起,顺新道外18丈相沿至南界西尽头,再向西南至海光寺后,顺东西路道外18丈,西至南门新修大道东路边为止。日本人撤出其他侵占区域,但将这些土地包括中间隔有法、英、德租界的小刘庄一带都作为该租界预备租界。[2] 经过这些扩展,天津日租界面积约达2 150亩。

其后不到四年,汉口日租界也被扩展。在1898年开辟汉口日租界时,划定的界址仅为日本人要求面积的三分之一,因而日本人扬言该租界"界址过于窄狭",并在当时订立的中、日《汉口日本专管租界条款》中规定,将来汉口日租界内商户盈满,该租界可在丹水池以下即沿长江向下游

① 英国国家档案馆:FO 228/1390, H. I. J. M.'s Consulate, Tientsin, Notification, December 28, 1900。
② 天津档案馆、南开大学分校档案系编:《天津租界档案选编》,第199页。

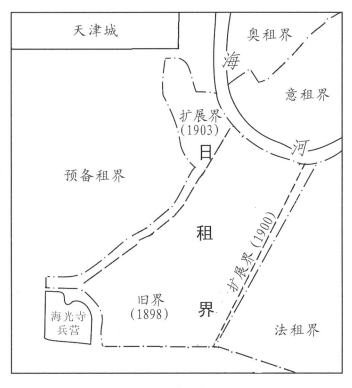

图 23　扩展后的天津日租界图

扩展。京汉铁路通车后，日本领事水野幸吉于 1906 年援引该约内日租界可扩展的条款，屡次与湖北官府交涉，要求租赁大智门车站外毗连铁路的千余亩土地。张之洞以这片土地面积过大，又紧靠铁路、车站，坚决拒绝。水野转而要求在丹水池以下展拓 200 丈。经张之洞等极力辩驳，日方同意将展拓长度减至 150 丈，并同意扩展界内的华商燮昌火柴厂继续营业，但其须像日本臣民那样向日租界当局缴纳捐税，日后该厂一旦脱离华人之手，中国官吏便不得再有任何干涉、保护的权利。1907 年 2 月 9 日，江汉关道桑宝与水野订立《推广汉口租界专条》，确定汉口日租界北界向东北推进 150 丈，其东界和西界则依旧有租界之界线而作相应的延长。①

---

① 苑书义等主编：《张之洞全集》第 3 册，第 1801 页；王铁崖编：《中外旧约章汇编》第 2 册，第 364 页。

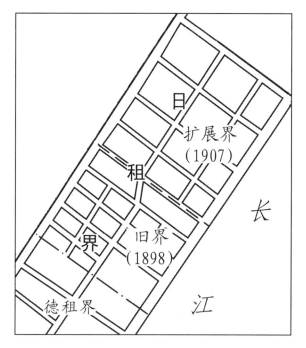

图 24　扩展后的汉口日租界图

这一扩展界面积约为 375.25 亩,该租界面积约增至 622.75 亩。[1]

民国肇建后,租界的扩展进入最后时期。在此时期,不仅没有新的专管租界或公共租界得以开辟,中国政府和中国人民旋即启动了收回租界的进程。因此,多个租界的扩展企图都未成功,只有在民国建立后的第三年上海法租界进行了第三次扩展。

因 1900 年的第二次扩展尚未达到扩展到徐家汇的目标,上海法租界当局从当年起即在他们觊觎的地区大量修筑越界道路,在道路两旁又建成了成片的房屋。1913 年,法国公使康德以解决上海法租界越界筑路区的"警权划分问题"为由,直接与北洋政府外交部交涉。外交总长孙宝琦认识到法国人"阳以划清警权为名,而阴行扩充租界之实",但因反对袁世凯的革命党人经常出没上海租界,北洋政府很难缉捕,便力主趁机做笔政

---

[1]　《汉口租界志》编纂委员会编:《汉口租界志》,第 33 页。

治交易:"计不如因势利导,承认其已辟之路,归法国警察管辖,而于界内藏匿之乱党,要求其分别驱逐拿交,以清乱源,而弭隐患。"[1]法国人旋即同意这些肮脏的交换条件,决定放弃对界内国事犯的庇护,来换取上海法租界的大扩展。1914年4月8日,江苏交涉员兼上海观察使杨晟与法国驻沪总领事甘世东订立有关上海法租界外马路划分警权的协定,规定将北自长浜路,西自公共租界越界修筑的徐家汇路,南自斜桥、徐家汇路沿河至徐家汇桥,东自麋鹿路、肇周路各半起至斜桥,即该租界以西约1.3万亩越界筑路区,全部划归该租界公董局管理。[2] 第三次扩展后,上海法租界面积达15 150亩,一举超过英、俄、德等国在天津的专管租界。

经过这一系列的扩展,上海公共租界和法租界的总面积约达48 653亩,约合32.435平方公里,为上海县城面积的20来倍。上海公共租界成为中国所有租界中面积最大的租界,上海法租界成为中国最大的专管租界。在天津,位于海河西南岸的英、法、日、德等四国租界都进行了大规模的扩展,其面积从3 500余亩扩展到1.5万余亩,相当于原先的4倍。连同海河东北岸的俄、意、奥、比租界,天津租界的总面积达2.33万亩左右,即15.6平方公里,约为天津城的8倍,在各地租界中面积仅小于上海租界。在汉口,英、德、法、日等四国租界都只扩展一次,扩展的面积总计不足1 000亩,较之上海、天津租界,扩展的面积不算很大。不过,因厦门鼓浪屿公共地界的面积约为2 400亩,大于扩展前的汉口租界,而在陆续扩展之后,汉口租界总面积增至近3 000亩,超过了包括鼓浪屿公共地界和英租界的厦门租界,就面积而言上升为全国第三。

广州英、法租界位于沙面这一人工岛之上,厦门鼓浪屿公共地界位于海岛之上,尽管至光绪后期广州英租界内已无隙地,但形格势禁,除填筑些涨滩外,这些租界的当局拓界的意图都难以实现。最后,在广州,至民国年间只是在与沙面租界隔水相望的沙基、长堤一带形成一片外国人居留、贸易的区域。镇江、九江英租界不很繁盛,租界当局都只是在界外占据了少量土地。苏州、杭州、重庆三地日租界位置偏僻,界内土地只租出

---

① 董枢:《上海法租界的多事时期》(上),《上海市通志馆期刊》第一年合订本,第987、988页。
② 董枢:《上海法租界的多事时期》(上),《上海市通志馆期刊》第一年合订本,第991、992页。

一小部分,因而更没有扩展理由和必要。

第二节 附属区域

除正式扩展界址外,不少租界当局还在租界界外开辟或占据一些特殊区域。这些区域尚不属于租界范围,但租界当局已在当地获得若干特权或实行行政管理,因而已在不同程度上附属于租界。此类区域包括越界道路、沿界道路、界外占据区、预备租界和界外飞地等。租界扩展时,其附属区域往往会被并入,但随后又可能形成新的附属区域。1917 年后,中国政府开始收回外国在华租界,并不再允许外国租界正式扩展,因此有些界外占据区等区域最终未被正式并入租界,成了位于租界之外、附属于租界的区域。

第一,越界道路。

越界道路,即租界当局、外国军队及外国侨民越过租界边界在华界修筑的道路。上海公共租界、法租界,天津英、法租界,汉口英、德租界,以及镇江、九江英租界界外,都出现过越界道路。在上海,越界道路纵横交织,各式房屋错落其间,形成大片越界筑路区。在汉口、天津等地,也有面积较小的越界筑路区。越界道路大多数由租界当局修筑,少数由外国军队、外国侨民修筑。修筑这些道路的目的,有些是保护租界,有些是连接界外飞地,更多的是作为扩展租界的步骤。绝大多数越界道路都由租界当局管理、维护,并由租界巡捕负责治安。

1862 年,太平军逼近上海,英军和英租界当局为保护租界,从英租界西界起,向西和西南方向修筑多条军用道路,以便调动军队,移动火炮。这是该租界当局修筑越界道路的开端。同一时期,上海跑马场股东修筑自英租界西界至静安寺的道路,约长三公里,由该路管理委员会向在这条道路上跑马者收取费用。1866 年 2 月,因收入不足以支付道路维修费用,该委员会决定将该路交公共租界工部局管理。起初,该工部局以其管理范围限于租界之内为由,不拟接收位于界外的静安寺路及其周围道路,工部局总董则在当年 4 月召开的租界租地人年会上宣称,这样的道路是租界的"肺部",工部局不加管理,就会影响租界的健康。租地人年会因而决定,如果这些道路在移交时没有任何债务,便同意工部局接管。① 1869年,驻华公使团擅自改定并公布的上海公共租界《土地章程》规定,经租界纳税人会商定,界内业主可在界外购地修筑道路等,购买、建造与修理等费,均由工部局开支。② 次年,上海公共租界界外已有静安寺路、徐家汇路、新闸路、极司菲尔路、吴淞路等越界道路。③ 此后,该工部局又陆续在界外开辟卡德路、爱文义路、派克路、马霍路、坟山路等道路。1879年,该工部局已在静安寺路等越界道路上派设巡捕,管理路政等;1884年,中法战争爆发后,该工部局又决定在界外道路上常设巡捕,维持秩序,并首先在越界道路卡德路上设置巡捕房。在此期间,上海官府虽对工部局越界筑路有所抵制,但收效不大。从1873年至1878年,因上海道等官员阻拦,并因业主不愿出售土地,工部局未能实施延长越界道路麦根路至极司菲尔路的计划。1899年上海公共租界大扩展之前,该租界越界道路总长约20公里。④ 至该租界大扩展时,除极司菲尔路与徐家汇路,其他越界道路都被并入界内。

完成此次大扩展后,上海公共租界当局又开始新一轮越界筑路。在苏州河南,该工部局先后在租界以西修筑愚园路、凯斯威克路等一批越界道路,其中虹桥路越出该租界西界10余公里。在苏州河北,该工部局延伸了北四川路,并修筑了江湾路、施高塔路等多条道路,使这些越界道路向北深入宝山县境。1903年,该工部局企图向越界筑路区居民征收巡捕捐,作为巡捕经费,遭到当地居民抵制。1905年,该租界纳税人会议决定,越界筑路区内使用租界内自来水公司自来水者,必须缴纳该捐。当地华人一致反对,上海道也提出抗议,并指出,界内住户使用自来水,自当照章支付水费,但有何理由须向工部局缴纳捐税? 在驻华公使团向外务部

---

① 《上海租界志》编纂委员会编:《上海租界志》,上海社会科学院出版社2001年版,第102页。
② 王铁崖编:《中外旧约章汇编》第1册,第293页。
③ 徐公肃、丘瑾璋:《上海公共租界制度》,载上海史资料丛刊《上海公共租界史稿》,第87、88页。
④ 蒯世勋编著:《上海公共租界史稿》,载上海史资料丛刊《上海公共租界史稿》,第419—424页。

施加压力后,上海官府只得发布告示,规定在该租界越界筑路区内使用来自租界的自来水者必须向工部局缴纳房捐。该捐因而也被称为"水捐""特别房捐"。时人称越界筑路区主权"半以路权而丧失,半随水电而俱亡"[1]。

　　辛亥革命期间,驻沪领事团非法接管上海公共租界会审公堂。在此后的 10 余年间,该租界当局还擅自将该租界的越界筑路区划入由该公堂进行司法管辖的范围。从 1916 年起,因该租界的再次扩展遭到中方的抵制而未能成功,该租界当局再一次大举修筑越界道路,企图以此方式来达到扩展目标。到 1925 年初,该租界当局决定在当年拨出 75 万余两白银的巨款来修筑越界道路时,中国的有识之士不得不惊呼"如此蚕食政策,较之正式推广尤为可畏"。由于该租界内旋即发生五卅惨案,引发席卷全中国的五卅运动,北洋政府的代表根据民众要求,在与列强交涉时提出的条件之一便是制止越界筑路,并由中国政府无条件收回、管理已筑成的越界道路。而至此时,该租界当局在 25 年间修筑的越界道路已有近 40 条,越界筑路区的面积甚至超过该租界本身的面积。[2] 此后,该租界当局越界筑路的图谋都遭到上海地方当局和上海民众更坚决的抵制。同时,上海地方当局还就收回越界道路的警权等行政权与该租界当局交涉,并于 1932 年取得进展,只是因日本人的阻挠而功亏一篑。1937 年日军占领上海华界后,日本侵略者豢养的汉奸先后在沪西越界筑路区的极司菲尔路 76 号等处设立特务机构及警所,在当地进行各种罪恶活动,并为争夺该越界筑路区警权袭击租界巡捕,致使当地成为极其凶险的区域,被称为沪西"歹土"。在第二次世界大战爆发后的 1940 年 2 月,该租界工部局终于屈服,与伪上海特别市政府签订有关沪西越界筑路区警权的临时协定,其中规定,在当地设立唯一有权行使警权的特别警察队,该队人数与机构则由双方协议解决。至 1941 年 2 月,在订立《沪西特别警察总署组织章程》

① 　徐公肃、丘瑾璋:《上海公共租界制度》,载上海史资料丛刊《上海公共租界史稿》,第 89—91 页。
② 　徐公肃、丘瑾璋:《上海公共租界制度》,载上海史资料丛刊《上海公共租界史稿》,第 93—96 页;上海市通志馆编:《上海市年鉴》,上海中华书局 1935 年版,K‐2 页。

后,该总署受伪市政府警察局指挥监督,当地警权已被日军与汉奸政权控制。同年12月太平洋战争爆发,日军占领上海公共租界,该越界筑路区也与该租界一起彻底沦陷。

上海法租界当局同样大规模地开辟越界道路。1862年太平军进攻上海时,法国人以保护租界为由,在法租界以西和以南修筑军用道路,其中向西直达徐家汇的那条道路,长度超过8公里。从1863年起,该租界公董局又陆续将界内宁兴街、公馆马路等道路越界向西延伸,并在西界外修筑华格臬路、恺自尔路等一批越界道路。1900年初,法租界第二次扩展时,部分越界道路被并入租界。因尚未实现将界址向西南扩展到徐家汇的目标,该公董局继续在其觊觎的区域内大量建筑越界道路,从1900年起,先后开辟卢家湾路、圣母院路、巨籁达路、福开森路、恩理和路等约30条越界道路,使该租界越界筑路区的面积约达1.3万亩,为此时法租界面积的6倍。1903年,公董局在越界筑路区设立顾家宅巡捕房,次年,又在该巡捕房组建一支骑警队,负责巡察越界筑路区。同年,公董局还开始向越界道路两旁的房屋征收市政捐税。1914年,法国人又以划分该租界界外马路警权之名,实现又一次扩展,将这一越界筑路区全部并入法租界。

天津英租界开辟未久,英国商民因租界西界外地价低廉,便在那里永租、购买土地。光绪初期,经该租界工部局总董德璀琳的推动,英国人包括租界工部局在当地取得更多土地,工部局还开始在当地修筑越界道路。[①] 1897年,部分越界道路在该租界第一次扩充时被并入租界。在此期间,德璀琳等还在位于界外东南方的养牲园一带建造赛马场。该工部局又越界修筑通往赛马场的马场道。1903年该租界又一次扩展时,部分马场道被并入推广界,部分马场道仍未被并入租界,但清政府已不敢过问这段道路及路旁的土地、房屋,听任该租界当局设置巡捕,进行管理。辛亥革命后,北洋政府曾为此与英方交涉,但毫无结果。1925年李景林任直隶督办,英籍华人熊少豪任天津交涉员时,他们可能收受了巨额贿赂,因而承认英租界当局对当地的行政管理。于是,这一区域成了得到北洋

---

① 英国国家档案馆:FO 228/663,Minutes of the Annual Meeting of Landrenters Held at Tientsin on Monday,26 April,1880。

政府认可的越界筑路区。①

　　在天津法租界开辟之际,西界至紫竹林大街牌坊,其与海大道之间有一段尚未划入该租界的华界。法租界当局先是在那里越界筑路,后又越过海大道,修筑向西通往墙子河的新马路。同时,法国人在这些越界道路的两旁购地、建房。② 1900 年该租界扩展时,这些越界筑路区成为扩展区域的一部分,都被并入租界。

　　在汉口,当英租界在 1898 年进行扩展时,扩展区域的东北界系原来租界东北界的直线延伸,西北以距汉口城垣 5 丈处为界,西南则未以作为界线的太平街向汉口城垣所画直线为界,而是以界内一马路画向城垣的直线为界。这条一马路与太平街平行,两条道路之间有一段距离,致使扩展后的该租界四至呈不规则形状,不利于防卫和治安。1901 年,在与拥有扩展界西南界外洼地的汉口大地产商刘歆生达成协议后,该租界工部局用界内废弃的煤渣等垃圾填高了这片荒地,并越界开辟了扬子街等两条道路,其中一条以刘歆生的名字命名,位于太平街向汉口城垣所画直线之上。此后,太平街与歆生路在实际上构成该租界的西南界,歆生路东北至扩展界西南界的区域,成了完全被该租界工部局管理的越界筑路区。③

　　此外,在 1905 年外国侨民将原来位于汉口法租界的西商跑马场移建于德租界以西的华界之际,他们还建造了一条名为渣甸路的越界道路,作为连接该跑马场和租界地区的通道。该路两旁建有一丈高的水泥墙,成为专供跑马场会员通行的封闭式道路,给当地交通造成很多麻烦。后经长期交涉,外方才开辟一条小径,允许华人穿行,但仍不准他们在路上停留,更不许翻越栏杆,进入该路。④

　　在镇江,英租界工部局和外国侨民陆续修筑了多条越界道路。修筑及维护这些道路的经费由外国侨民和工部局共同承担,工部局还在道路上派设了巡捕。其中通往界外"维多利亚公园"的道路是条碎石铺成之

---

① 天津市政协文史资料研究委员会编:《天津租界》,天津人民出版社 1986 年版,第 6、250 页。
② 天津市政协文史资料研究委员会编:《天津租界》,第 38 页。
③ 武汉市政协文史资料委员会编:《汉口租界》(《武汉文史资料》1991 年第 4 辑),武汉市政协文史资料委员会 1991 年版,第 14 页。
④ 王汗吾、吴明堂:《汉口五国租界》,武汉出版社 2017 年版,第 23 页。

路,路况甚好。通往清末建成的沪宁铁路镇江车站的道路,成了一条繁忙的交通要道。[①]

在九江,英租界西靠龙开河,北傍长江,只有东、南两面有陆上通道。该租界工部局便买下位于界外东面与南面的两段道路作为出路,并在这些道路上设置了栅门。至辛亥革命后,九江警察恢复了对这两段道路的管辖。该工部局还在界外开辟了侨民的墓地,该墓地也有越界道路与租界连接,并在当地中国官员的协助下改善了路况。[②]

值得指出的是,虽然外国人侵夺了中国在越界道路连同越界筑路区的不少主权特别是警权,但中国政府仍能在上海等地的越界筑路区征收多种税款,因而这些越界道路及越界筑路区与租界毕竟尚有差别。汉口英租界的越界筑路区则与租界几乎没有差异,以致后来的汉口地图都将太平街与歆生路作为英租界的西南界。

第二,沿界道路。

划定租界界址时,中国官府为了方便交通,在华界、租界分界处,特别在租界沿江河一侧,通常留出土地若干丈。这些土地或是原有公路,或是用来开辟公路,供中外商民自由行走。这些道路多不属于租界范围,但多为租界当局控制。附有此类沿界道路者有汉口英、俄租界和镇江英租界等租界。天津的海大道起初是英、德租界的沿界道路,后来则成了贯穿法、英、德等国租界的极为特殊的一条道路。

汉口英租界的太平街,是条在该租界开辟后形成的道路。1901 年之后,越界道路歆生路开辟。歆生路与太平街连成直线,被视为该租界的西南界线。该租界当局在这两条道路上派设巡捕,加以管理,还向位于华界一侧的房屋征收巡捕捐,并在华界与其相通的三条道路路口设置铁门,一遇紧急情况,便关闭铁门,阻断华界与这两条道路也即与租界的交通,使

---

① 中国第二历史档案馆、中国海关总署办公厅编:《中国旧海关史料(1859—1948)》第 153 册,第 464 页。英国国家档案馆:FO 228/1692, Minutes of the Annual Meeting of the Electors of the British Concession of Chinkiang, 24 January, 1908;Report of the Chinkiang Municipal Council for 1907, p. 3。

② 英国国家档案馆:FO 228/2013,英国驻九江领事致江西省长照会,1917 年 12 月 29 日;FO 228/1555, Intelligence Report for the Period Ending July 1904, British Consulate, Kiukiang。

这些道路成了分隔华界与租界的屏障。1898年汉口英租界扩展时,中英《汉口英国新增租界条款》指明,该租界扩展界西至距汉口城垣5丈处。留出的5丈官地即是城墙下旧有公路。此路将由该租界工部局修建,路灯、巡捕也由租界当局设置,但仍不属于租界范围,"无论华洋商民及驿递公文、饷鞘夫马人等,均准一律任便行走"。该租界当局旋将这段公路视同于界内道路,并在1907年拆除汉口城垣后又在那里建造南起歆生路、北抵俄租界的围墙,以分隔租界与华界,起初只是在围墙上留出一处通道,后虽拆出多处缺口,但也经常封闭。于是,这条围墙下的公路成了附属于该租界的道路。此后,这一围墙虽经拆除,但该路由该租界工部局管理的情况并未改变。[1]

1896年订立的《汉口俄租界地条约》规定,俄租界西至距汉口城垣5丈处,这留出的5丈宽官地不在租界之内,只可开筑一条大路,并且应保持洁净,不能建造房屋及居住华人。[2] 未久,俄租界当局便建成这条沿界道路,并进行管理。1907年拆除汉口城垣后,俄租界当局也在那里建筑围墙,与英租界在拆除城垣后所筑围墙相连接,以分隔租界与华界,只是在围墙上留出出口数处,以方便交通。这条沿界道路也成了附属于该租界的道路。[3]

镇江英租界位于长江南岸,在划定其界址时,中国官府在其北界外留出沿江公路,宽4丈,是为了避免租界所在地堵住交通要冲,便于众人往来行走。这段沿江公路虽由该租界工部局筑修,但不属于租界范围。然而,该租界工部局很快将该公路视同界内道路,进行控制和管理,并且反对中国兵勇在这条沿江道路上插旗排队,接送在此处码头过往的中国官员。至1883年,当地中国官府同意中国兵勇要在这条"租界江边公路"上送往迎来,就须事先通知英国领事。[4] 辛亥革命爆发后,该工部局以保障租界安全为名,于1912年在这段公路两端各设铁栅门一道。镇江官府和

① 武汉市政协文史资料委员会编:《汉口租界》,第4、15页。
② 徐焕斗编:《汉口小志》,附外国人居留地第7页。
③ 武汉市政协文史资料委员会编:《汉口租界》,第106页。
④ 英国国家档案馆:FO 228/979,常镇通海道致英国驻镇江领事函,光绪九年九月十八日;FO 228/1030,常镇通海道致英国驻镇江领事函,光绪十九年六月十五日;常镇通海道第四次致英国领事函,光绪十九年五月初四;*Land Regulations and Bye-laws of the British Concession*, *Chinkiang*, *1894*, Article 16。

商会等曾援引当年中英租约,与英方交涉,在英方作出平时栅门"日夜永不关闭;遇有危险不测关闭,事过即开"的承诺后,同意通融办理,使租界当局得以进一步控制此段公路。[①]

海大道是天津紫竹林后通往大沽海口的交通要道。在天津英、法、德租界陆续开辟时,海大道是英、德租界西界,但海大道不在租界范围之内,属于沿界道路;法租界西界则距该大道尚有一段距离。1897年后,这三个租界先后扩展,其界址都越过海大道,扩展到该大道以西,因该大道系通海要路,穿越这些租界的路段仍未划归租界。但在实际上,天津官府于八国联军侵华战争后不再顾及这些路段,听任英、德等国租界当局修葺、管理,派驻巡捕,并向过往货车、人力车等收取捐款。1906年,天津官府曾考虑要收回该路段主权,但因每年修路需银数万元而缓议此事。三年后,天津县议事会以洋人若见华人捆载日用薪蔬的车马经行该路段,"非鞭挞横加,即勒交罚款",再次要求收回该路段。津海关道蔡绍基答以"明知主权所关,极应从速收回",但无法措办此项巨款,并称"该会如能筹措款项",即可商议收回。[②] 于是,这段海大道也成了附属于天津英、德、法租界的道路。

这些租界的沿界道路面积有限,租界当局在占据后也得不到多少经济利益。它们予以占据的目的,主要是维护租界的安全。这些道路由租界当局管理路政,设置巡捕,与位于租界内的道路已无区别。

第三,界外占据区。

有些租界当局并未修筑或并未首先修筑越界道路,即蚕食了界外一些土地,并对这些区域进行行政管理。厦门、九江、镇江英租界,汉口法、日租界,天津法、日租界都先后附有界外占据区。

厦门英租界位于厦门岛西部海滩。该租界开辟未久,界前形成新的涨滩——海后滩。英国人力图兼并这个新涨滩,1877年英商和记洋行就

---

① 英国国家档案馆:FO 228/1847,镇江商会致镇江英租界工部局函,1912年5月11日、13日;镇江英租界工部局致镇江商会函,1912年5月15日、24日。镇江市地方志办公室藏地方史资料,第18-14、18-17号件。

② *Land Regulations of the British Municipal Extension*,Tientsin,1898,Article 1;天津档案馆、南开大学分校档案系编:《天津租界档案选编》,第10、71、74、75、103、174页。

擅自填筑滩地,数日内砌路十余丈。兴泉永道司徒绪提出严重抗议,迫使英国人停工。但他们拒绝清理未竣工的工地,致使碎石纵横,阻碍行船。福建官府便决定自行填筑海后滩,作为公路、码头。次年3月,司徒绪与英国领事就中国自填英商租界前面海滩商定章程六条。该章程的中文本表明,滩地并未被划入英租界,也未租给英商,租界内外商只是代中国官府经理这片滩地,并获得中国官府不将滩地租与他人等承诺。[1] 甲午战争后,中国国势更加衰落,厦门英租界当局就加紧侵占海后滩。他们阻止厦门电话公司在滩地上架设电话线,阻止携带体操用木枪的厦门学生取道滩地到演武场会操,禁止武装的中国警察、士兵穿越滩地,还派设巡捕在滩地上巡逻。1918年夏,军阀混战的战火波及厦门。英国领事窦尔慈以保护英国侨民为名,命令英国军舰上的陆战队登陆,下令在海后滩两端及英租界与华界接界的三个巷口一概修筑围墙,装置铁门,挂上"大英租界地,闲杂人等不许乱进"的"界牌",并在海后滩竖立旗杆,悬挂米字旗。[2] 至此,这块滩地在事实上已被其占据。[3]

九江的溢浦港是长江旁的一个小港湾,至清代咸丰年间已"积久淤塞成塘"。在中、英确定九江英租界界址时,溢浦港的北部被划入界内。该租界开辟后,这部分水面随即被填筑成陆,使"旧港仅余一汊"[4]。1895年,该租界当局开始填筑位于界外的江汊,三年后填出多亩土地[5]。后来,他们在这些土地上开辟公园、球场等。九江官府采取默认态度,使这片土地成了附属于九江英租界的区域。

光绪年间,镇江一带的长江两岸呈现北塌南涨的态势,镇江英租界前的长江沿岸也出现一片涨滩。从1895年起,该租界当局开始填筑这片滩地,至1902年填出长300余米、宽约15米的地段,面积约9亩。1908年,

① 厦门市档案局、厦门市档案馆编:《近代厦门涉外档案史料》,第215页。
② 李禧:《海后滩反帝斗争之回顾》,载中国人民政治协商会议福建省厦门市委员会文史资料研究委员会编《厦门文史资料》第1辑,1963年版,第16页。
③ 厦门市档案局、厦门市档案馆编:《近代厦门涉外档案史料》,第203页。有关海后滩交涉案,详见本书第十章《中国人民的抗争》第一节《反对开设和扩展租界》。
④ 曾国藩等编纂:《江西全省舆图》卷十三,同治七年版,页二。
⑤ 中国第二历史档案馆、中国海关总署办公厅编:《中国旧海关史料(1859—1948)》第153册,第361页。

他们又擅自在滩地上修建江边公园,使此片滩地成了附属于该租界之地。① 1921 年,镇江交涉员与镇江商会等团体曾为此与英国人交涉,并曾联名具呈北洋政府外交部及江苏省政府,请他们据理力争。然而,这些交涉并无结果。

1902 年,在汉口法租界扩展时,因中国官府坚决抵制,法国人未能将该租界的西界拓展至卢汉铁路大智门车站,但其界址距该车站仅 60 丈左右。作为此时南北大动脉终点的所在地,这 60 丈地段势必会发展成黄金地段,因而 1904 年竖立界碑时该租界当局就将碑石前移 10 丈,在中国官府发现后才移回。1908 年,该租界当局又越界修筑自车站通往该租界的道路,并派设巡捕,向路旁居民征收市政捐税。经多次交涉,中国官府以偿还筑路银一万两的代价,收回了该路的管理权。此后,法国人利用租界巡捕房的华人秘书等人大量购买当地的土地、房屋,法国教会也在当地购置不少房地产,还有些中国业主自愿向该租界当局缴纳捐税,从而受其庇护。该租界工部局便逐步增设巡捕,增辟道路,扩大管理范围。当地靠近法租界的街区逐渐成了受该租界当局行政管理的区域。后经实地丈量,法租界连同这一界外占据区的面积共达 485.685 亩,除去正式划入法租界的 380 余亩,该界外占据区的面积达 100 余亩。②

1907 年,汉口日租界沿着长江向东北扩展。此后,日本人继续扩展其占据的范围,其中包括北界外两条道路上的三块地基。日租界当局又对这些地段进行管理,因而在该租界东北也形成一片界外占据区。湖北官府发现该租界外的两条道路被侵占后曾与日方交涉,但没有结果。③

天津法租界于 1900 年扩展后,该租界当局又觊觎位于墙子河西南、面积约 4 000 亩的老西开地区。1902 年,法国领事罗图阁照会津海关道

---

① 中国第二历史档案馆、中国海关总署办公厅编:《中国旧海关史料(1859—1948)》第 153 册,第 463 页;英国国家档案馆:FO 228/1692, Chinkiang Consulate Report of Local Occurrences for the Month of April, 1908。

② 汪应云:《汉口法租界内的种种》,载中国人民政治协商会议武汉市委员会文史资料研究委员会编《武汉文史资料》第 2 辑,1981 年版,第 145 页;王汗吾、吴明堂:《汉口五国租界》,第 15 页。

③ 王汗吾、吴明堂:《汉口五国租界》,第 17 页。

唐绍仪,要求将该地区并入法租界。唐绍仪未予答复。1913年,经法国领事等人示意,天主教会在老西开地区兴建包括主教府、大教堂、修道院、修女院在内的教会建筑群。到1916年这一工程完工后,法国军警便强占该地区,从而触发了轰动中外的"老西开事件"。[①] 由于天津民众坚决抗争,法国人只得暂时中止对该地区的公开侵占,但仍在暗中扩充在当地的势力。从20年代开始,特别在1931年日本发动九一八事变侵占东三省后,以天津日租界为基地的汉奸武装便衣队屡次发动冲入华界的暴动,使得地处日租界附近的老西开地区变得极不安全。当地一些业主为了避免灾祸,自愿向法租界当局缴纳市政捐税,以求租界当局的庇护。法租界当局趁机在老西开设立工部局分局,公开地进行行政管理,并在当地填筑坑洼地段,继续进行拓展。直到1935年张自忠主持天津市政,在法国人已占区域的边缘开辟道路,并派警察驻守,这才制止了他们的进一步蚕食。此时,日本人也在当地开辟界外占据区。在日军已经侵占天津的1937年8月,法、日双方确定以此后日本人越界修筑的西浪速街为两国界外占据区的分界线,并交换了位于对方所占区域的地段。定型后的老西开占据区北起墙子河,东界英租界,南至西小埝,西至西浪速街,面积近500亩,为各租界外占据区中面积最广阔的一个。[②]

日本人也尽力蚕食天津日租界外的土地。根据开辟及拓展天津日租界的约章,位于该租界西南界外的海光寺本不属于该租界范围。《辛丑条约》订立后,日本取得在天津等地的驻兵权,海光寺成了日本华北驻屯军司令部的所在地。日本人便将海光寺视同该租界的一部分,久而久之,当地华人也形成这样的误解。由于中国官府很快就在天津城南填平土地,中国居民则在当地大量兴建房屋,使日本人无法向这一被他们划为预备租界的区域扩展。1927年,日本人便越过墙子河,向西南扩展,陆续在老西开地区购置土地116亩,并在当地开展填筑土地等工程。早已占据老西开地区大片土地的法国人仍在当地继续扩展其占据的范围,还拟控制

---

① 有关天津老西开事件,详见本书第十章《中国人民的抗争》第一节《反对开设和扩展租界》。
② 天津市政协文史资料研究委员会编:《天津租界》,第40、41页;天津档案馆、南开大学分校档案系编:《天津租界档案选编》,第241页。

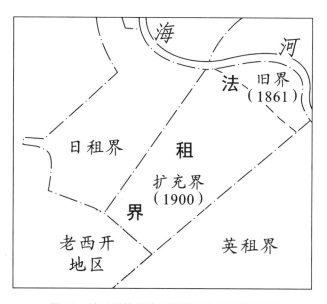

图 25　扩展后的天津法租界及老西开地区图

日本人购置的地段。1934 年 6 月,刚接任日本华北驻屯军司令的梅津美治郎召集日本驻天津领事、天津日本居留民团负责人等,宣称"当今如不讲求对策",天津日租界"将完全陷于受包围之状态",将来"寸步亦难扩张"。与会者认为,"与法国方面对抗的政策徒劳无功",还不如将老西开的重要地段收购下来,用实力来阻止法国人的争夺。此后,他们筹措巨款,继续在当地购买土地,至 1936 年初,日本人购置的土地增至近 300亩。1937 年 8 月,在日军占领天津之后,日本人与天津法租界当局达成协议,以随后日本人越界修筑的西浪速街为分界线,来划分日、法双方在老西开的占据区域,并交换位于对方占据区域的地段。到 1943 年,天津日租界的界外占据区有西浪速街、西宫岛街、西伏见街等道路,划为两个街区,其中有区事务所、公立医院、宫岛高等女校、淡路国民学校分校等,俨然成了该租界的一部分。①

这些租界的界外占据区大小悬殊,其中厦门等地英租界的界外占据

---

① 天津档案馆、南开大学分校档案系编:《天津租界档案选编》,第 208、209、213、242、272 页,并参见天津市档案馆所藏的 1943 年天津地图。

区面积极其有限,而天津法租界的界外占据区则相当于一个不小的租界。界外占据区都已受到租界当局的行政管理,但此种占据都未得到中国政府的正式认可。因此,抵制租界当局侵占的抗争时有发生,特别是反对厦门英租界当局侵占海后滩、反对天津法租界当局侵占老西开的斗争还曾引起全国人民的关注和声援。

第四,预备租界。

预备租界是在租界界外预留给这些租界日后扩展的区域。天津日、英、比租界都划定过预备租界。

1897 年,日本政府最初企图划天津城南闸口至马家口的地段为天津日租界。因中方拒绝,日方同意将日租界北端界线从闸口退至朝鲜公馆。中方要求将这段界线退至溜米厂,后来则同意将朝鲜公馆至溜米厂一段作为日本可在将来扩展的预备租界。津海关道李岷琛等与日本领事郑永昌订立于 1898 年 8 月 29 日的《日本租界条款》和《另立文凭》规定,"将溜米厂至朝鲜公馆南墙路外,沿一直线",西接现定为日租界的区域,作为该租界"预备租界",如将来日租界"商务兴旺",租界沿河地段"实不敷用"时,日本人可陆续购买预备租界内土地,并规定界内土地、房屋不得卖与别国人,只准日本人及界内居民买卖。其中沿河地段可先办理,溜米厂后胡同背后民居如不紧用,仍归中国管辖。11 月 4 日,中、日双方又订立《续立条款》及《续立文凭》,规定中国官员应统计预备租界内居民户数、姓名,造册送日本领事存核;中国官员应令界内门面朝向日租界的房屋一律修理整洁,不得堆积污秽,其中店铺须遵照日租界章程办理;买卖界内民房、土地应先报明天津知县,呈由津海关道知会日本领事,如日本人愿买,即照时价公平收买,不愿收买,准其另行转卖;界内不得设立制造火药等厂及储藏各种引火物;中、日双方在界内共同设立会缉捕局,派差捕查拿在该租界和预备租界内犯事的华人等,并巡查、管理公共道路。至于在预备租界内拘传华人及一切管理之权,则仍归中国官员。[①]

1900 年八国联军占领天津时,日军不仅占领天津日租界及其预备租

---

① 天津档案馆、南开大学分校档案系编:《天津租界档案选编》,第 193、195 页。

界,还占领预备租界西北的地区,以及位于德租界东南小刘庄一带大片土地。经长期的交涉,至 1903 年 4 月 24 日,津海关道唐绍仪等与日本总领事伊集院彦吉订立《天津日本租界推广条约》,其中确认原来的预备租界等处约 400 亩土地作为该租界推广界,日本人退还其他侵占区域,但将这些土地全部划作预备租界。新划定的预备租界包括两部分,一部分位于日租界西北,其北界自推广界西界起,沿原来的天津城护城壕,向西至旧南门以西约 24 丈处为止;西界自北界西尽头起,向南至海光门为止;南界自海光门顺土围墙至原租界界址为止,面积约 2 100 亩,其中包括原预备租界内尚未并入租界的全部土地。另一部分位于小刘庄码头一带,即东南沿海河至海大道、西沿海大道、北至德租界的大片土地。这两处退回的土地,日本政府于需要时可会商中国政府,作为再行推广之地,中国则“决不租与他国”;界内华人可自由买卖当地的房屋、地基,但无论哪国人须在契据上载明,将来日本再推广租界,于收买时他们“不得借口异议”;中国政府自筹款项,在当地兴办开筑道路、安设水管等一切公用事业,须通知日本领事,别国洋人愿办此等事务,须先经“日本政府允诺”。[①] 显然,日本政府对这两处预备租界的行政管理权已有所控制。不过,中国官府为了防止日本人将位于天津城南的预备租界并入租界,在日本人退回这一区域后不久,就在当地开展填平土地工程,中国居民也加紧房屋建筑,使该区域发展为繁华的街区,二十来年后日本人认为“已无法实行条约上的权利”兼并这部分预备租界,便改而将西南界外的老西开地区作为其扩展方向。[②]

八国联军占领天津期间,俄、德等国都抢占大片土地,以开辟或扩展租界。1901 年 4 月,英国公使萨道义照会庆亲王奕劻等,宣称已无法预测俄、德等国在天津的租界将会“展至何方”。为避免天津英租界“后路”被“隔断”,或被“围于他国租界之内”,他要求中国官府不得将该租界南界之外约 2 400 亩低洼荒地租与他国,并将该区域存留为英国日后扩充该租界之用。奕劻等委派天津道张莲芬等与英国总领事金璋一起实地查

---

① 天津档案馆、南开大学分校档案系编:《天津租界档案选编》,第 199、200 页。
② 天津档案馆、南开大学分校档案系编:《天津租界档案选编》,第 208 页。

　　　　　　　　　　　　　　　　　　　　　　　　中国租界通史

勘,随后同意不让别国租用该区域。双方约定,为英租界预留之地,位于该租界1897年扩充地界西南,东自土围墙厚德门起,西至英租界宝士徒道,一直越过土围墙直向西南,又折向东南至马场道二道桥,再顺马场道折回厚德门,面积约3 000亩。一年多后,英国便要求使用该预备租界,并于1903年初实现天津英租界第三次扩展时将该区域划入该租界推广界。[①]

1902年,在中国与比利时确定天津比租界界址时,也于租界外划出预备租界。该区域位于大直沽庄以西,宽300米,南自比租界北界起,北与京榆铁路相接。如果日后比租界"商务兴旺,欲与铁路相通",以便运送货物,可在这一地段内筑路一条,将租界与铁路相连接。该路如有碍绅士人家的坟墓,则"须设法绕越"。修路之外,如比国"另有用地之处",也可在该地段内"择空旷之地购用",购地的地价届时公平议给。中国应喻知当地业主不得将该地段内土地卖给别国商民,致使"比国用地时或有窒碍"。[②] 由于比租界位置较为偏僻,入居该租界的比利时人数量有限,比

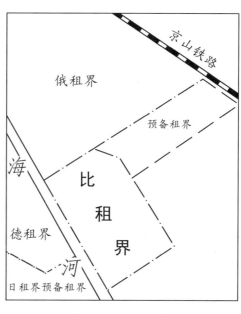

图 26　天津比租界图

租界并不繁盛。后来,比利时人拟扩展比租界,遭到当地民众抵制,因而这一预备租界未被并入该租界。

除天津外,其他租界所在通商口岸都没有出现过预备租界。天津英租界的预备租界存在的时间很短,随即就成为该租界的推广界。直至租

---

① 天津档案馆、南开大学分校档案系编:《天津租界档案选编》,第8、15、19页。
② 天津档案馆、南开大学分校档案系编:《天津租界档案选编》,第475页。

界被收回时仍附有预备租界的只有天津日、比租界。这两个预备租界的情况尚有所不同。根据中外条约，日本人已有直接干预该预备租界行政管理之权，而比利时人只是将该区域作为不容别国商民染指的禁脔。

第五，界外飞地。

界外飞地是指孤悬于华界之中而又附属于租界的区域。此类飞地主要有天津、汉口的跑马场，镇江的维多利亚公园，上海、九江等地的外国人墓地，以及庐山芦林避暑地。对于这些地区，中国官府也已失去控制。

跑马、赛马是西方人士喜爱的运动，也是他们热衷的一种赌博方式。上海、天津、汉口三地的租界经济发达，地价飙升，跑马场又占地甚广，因而外国侨民很快将目光转向地价较为低廉的华界。在上海，英租界之内曾先后两次建造跑马场。后来因界内人口增多、地价飞涨，号称远东第一的上海跑马厅被改设在与租界毗连的华界，直到1899年才在租界扩展时被并入上海公共租界。在天津，外国侨民很早就在英租界内外举办赛马比赛。光绪中期，英租界工部局总董德璀琳利用与直隶总督李鸿章的密切关系，在该租界界外养牲园一带获取约200亩土地来筹建赛马场，并越界修筑马场道与该租界相连接。1897年、1903年英租界两次向西南扩展后，该赛马场仍在界外。越界的马场道起初由中方管理，后改由该租界巡捕巡守。赛马场由英国侨民控制，入口由印捕验票，直到华商也在天津设立赛马场后才允许华人购票入场。[1] 汉口外商跑马场起初由英国侨民修造，位于汉口英租界西北的华界。1902年汉口法租界扩展时，这一跑马场被划入法租界。此时，汉口租界以西的地价仍十分低廉，外国侨民遂以低价购得租界外土地800余亩，于1905年建成包括高尔夫球场等多种体育场地的新跑马场。新跑马场位于德租界以西不足一公里处，有越界道路与德租界相通。该跑马场的管理机构由英国人控制，入场的华人饱受外国人欺凌，场内的很多地方都有"禁止华人入内"的牌示。[2]

在镇江，英国侨民于1897年在英租界界外获得26亩土地。该租界工部局提供了部分置地资金。这块界外飞地位于距该租界沿江公路一英

① 天津市政协文史资料研究委员会编：《天津租界》，第6、250、251页。
② 武汉市政协文史资料委员会编：《汉口租界》，第56页。

里处的山丘之间,由随即修筑的越界道路与该租界相连接。外国侨民将这块飞地建成供他们休憩、游玩的公园,园内有亭榭等景观,以及网球、板球、足球场地。由于这一年是英国维多利亚女王登基 60 周年,该园因此被取名为"维多利亚公园"。维护公园和越界道路的经费部分来自工部局的津贴,主要则来自外国侨民的捐助。①

又一种界外飞地是外国人墓地。在进行开辟租界的谈判时,外国领事等人出于维护环境卫生等考虑,往往要求在租界外另外划定一块墓地,用以安葬在当地去世的外国人。甲午战争后,日本在开辟苏州、重庆等地日租界时以租界"地区狭隘,万难在界内设置坟墓"等为由,都通过中日约章规定,可在界外僻静空旷与居民无碍之处另租 10 亩墓地,至不敷使用时可再扩充。② 界外墓地开辟后,租界当局都予以管理。上海公共租界工部局先后在界外设置公墓数处,自 1866 年起这些墓地都由工部局管理。③ 在汉口,英租界开辟未久,英国领事于 1873 年从中国官府处获得位于北界外约一公里的一块墓地。该墓地由英租界工部局管理。汉口德租界开辟后,德租界当局不愿意在其界内保留这一墓地。1909 年,汉口英、俄、德、法四国租界工部局与京汉铁路局订立合同,租赁紧靠德、日租界西界之处约 18 亩铁路余地,作为汉口万国冢地。该冢地由四国租界当局共同管理。④ 从民国初年起,在其管理机构涉案成为被告时,便由驻汉领事团组建的领事公堂来审判。在天津、九江等地,租界当局也都在界外开辟墓地,并对墓地进行管理。

还有块特殊的界外飞地是附属于汉口俄租界的庐山芦林避暑地。19世纪末 20 世纪初,外国传教士及外国商民等在庐山、北戴河、莫干山、鸡公山等四地开辟了避暑地,它们本来并不附属于邻近的租界。1919 年 5月 15 日,在庐山的芦林辟有避暑地的俄国旅华东正教堂因入不敷出,与

---

① 中国第二历史档案馆、中国海关总署办公厅编:《中国旧海关史料(1859—1948)》第 153 册,第 464 页。
② 王铁崖编:《中外旧约章汇编》第 1 册,第 693 页;第 2 册,第 5 页。
③ 蒯世勋编著:《上海公共租界史稿》,载上海史资料丛刊《上海公共租界史稿》,第 443 页。
④ 英国国家档案馆:FO 228/2128, Letter of British General Consul, Hankow, to British Minister, Peking, March 27, 1907;《汉口租界志》编纂委员会编:《汉口租界志》,第 383 页。

汉口俄租界工部局订立"承租芦林避暑地九十九年合同",其中规定,该教堂将芦林避暑地的行政管理权及征税权全部让渡与该租界工部局,该工部局为此支付租银1.5万两,实付1.13万两。[1] 租入这一避暑地后,该工部局成立芦林管理公会,对当地进行行政管理,其收入、开支也都列入工部局的财政预算、决算。由于当地的124段土地仅租出39段,每年收入的租银和税款不敷日常开支及向中国政府缴纳的税款,到该租界被中国收回的次年即1925年,该避暑地所欠债务已超过白银17万两。[2] 这一远在数百里之外深山密林中的界外飞地遂成为该租界的一个财政包袱。

此外,常被视为界外飞地的还有天津东局子法国兵营和汉口日本兵营。八国联军侵华战争结束时订立的《辛丑条约》规定,列强可在黄村等12处地方留兵驻守,以确保自北京至出海口交通的安全。在没有租界的黄村等11地,当地的外国兵营都与租界无关。在天津,外国驻军几乎都入驻租界或毗连租界之处,如大批日军即驻在毗连日租界的海光寺兵营,只有法军一部入驻距法租界约5公里并又隔着海河的东局子兵营。东局子地处天津东郊万辛庄,原系清政府建立的兵工厂北洋机器局。八国联军侵占天津时,法军占领这一区域,还抢占附近荒地,建成多种军事设施,作为法军在天津的又一个兵营。法国人还修建了铁路,连接东局子兵营与法租界。在汉口,日本于辛亥革命期间以保卫汉口日租界和日本侨民为名,向汉口派遣大批日军,随后以日租界内没有适当的驻地,擅自在界外建造规模巨大的兵营。该兵营常驻日军1 000余人,驻扎时间长达10余年。不过,上述两个兵营虽与天津法租界或汉口日租界关系极为密切,但它们由法国或日本军方管辖,因而尚不是附属于租界的区域。

这些跑马场、公园、墓地、避暑地等都位于华界之内,但中国官府几乎将它们视同租界,不敢对它们进行行政管理。因此,当时有人称之为"租界外的租界"。

除上述附属于租界的各种特殊区域,在当时外国人还在各地与租界毗连之处或距租界不远之处租赁或购买了土地。这些位于租界之外的区

---

① 《汉口特区民国十四年度市政报告》,1926年版,附件第37页。
② 《汉口特区民国十四年度市政报告》,第3页。

域并非都附属于租界。二者的根本区别，在于附属于租界的区域，除部分预备租界外，都在一定程度上直至完全由租界当局进行行政管理；其他由外国人租赁或购买的地段即便直接与租界毗连，如果仍由中国政府管理，则仍不属于附属于租界的区域。

清政府划定外国商民居留区域，是为了限定这些区域的范围。租界的不断扩展，宣告了清政府这一政策的大失败。综观各地租界扩展的全过程，可知在时间方面，外国人扩展租界的时间跨度远远超过开辟租界的时期，几乎覆盖存在租界的整个历史时代。在规模方面，扩展区域的面积远远超过租界初辟时的面积，甚至创出一次扩展 2.2 万亩以上的纪录，超出中国所有租界初辟时面积的总和。在方式方面，扩展方式是多种多样的，既有上海、天津、汉口等地租界的正式推广，还有更多租界没有通过正式扩展而是对界外地区进行了逐步蚕食。正因为不断地进行扩展，租界终于发展成在中国产生巨大影响的特殊区域。

第三章　土地制度

　　租界是外国人开辟的特殊居留、贸易区域。他们要开辟这些区域,首先要取得界内的土地使用权直至所有权。土地制度是租界最基本的制度之一,要系统研究租界的制度,可首先研究其土地制度。

第一节　土　地　获　取

　　在开辟租界时,中外官员于划定租界界址之际,都同时商定外国商民或租界开辟国政府以何种方式来取得界内土地。在各个租界中,租界开辟国政府及外国侨民等人取得租界土地的方式不尽相同。这些方式可从两个不同的视角来加以考察。

　　首先,以所取得土地的属性来说,外国侨民及租界开辟国政府主要以永租、购买及无偿占用等三种方式来取得租界土地。

　　第一种方式:永租。在大多数租界中,外国侨民及租界开辟国政府都通过永租的方式来获取界内土地,这也是这些区域被称为“租界”的缘由。租界的永租制是租界土地制度的特点,此种永租制源自当时中国农村传统的制度,但又不同于传统的制度。实行土地永租制,表明外国侨民等取得的只是租界内土地的永久使用权,未能取得所有权。此种租地方式始自最早开辟租界的上海。上海开埠后,最早抵达的英国商民原本希望在当地购买土地,而不是租赁土地。这是因为没有土地所有权,中国业主有权收回出租的土地,他们就不敢放手投资,特别到经济繁荣、地价上涨之时,中国业主可坐收渔利,他们的利益则无法保障。因中英《五口通商附粘善后条款》等约章规定,英国商民只能在通商口岸租赁土地,上海地方官员又强调“普天之下,莫非王土”,中国土地不能卖给外国人,英国商民只能按照当时中国传统的"永租"方式来租赁土地。择用此种租地方式时,租地人在承租时须向业主交付一笔保证金,当时称为押租银、顶耕银、佃银等,承租后须在每年秋后向业主交纳年租。押租的数量有时与一年的年租相等,这叫"对押对租";有时是多收押租,少收年租,这叫"重押轻租"。年租可分解为两个部分,一部分供业主向官府完纳钱粮即地税之用,另一部分是业主的收益。以1844年英国人在上海租赁土地的实例来看,怡和洋行所租土地每亩的押租和每年的年租均为铜钱7 058文,是"对押对租";宝顺洋行每亩的押租为99 880文,年租为3 574文,是"重押轻租"。此时当地每亩土地应纳钱粮全部折合成铜钱,约为1 300文,因而业主收取的年租远远超过应缴纳的地税。在付清押租及每年按时支付年租后,租地人取得土地的永久使用权,并可将这一地皮权以更高的价格转让他人。未久,中英上海《土地章程》便明确规定,英商在划定的界址内租赁土地后,只准英商主动退租,不准中国业主索回,也不得增加租金。同时,通过"年租减钱一千,增重押租十千"的方式,提高押租,将年租划一地减为每亩土地1 500文,而每亩土地的地税也被约定为1 500文。[①] 因界内地价不断上涨,租地的英商从不退回所租土地,并且未根据该章程的约定,将每年所纳年租交给中国业主转交,而是直接交给中国官府,致使中国业主已与出租之地割断一切联系,于是永租如同绝卖,年租如同地税,押租如同地价,并被地价一词取代。上海租界内形成了不同于中国传统制度的土地永租制。此后陆续开辟的大多数租界都沿用此种特殊的永租制。其中苏州、杭州、重庆三地日租界的土地虽然也是永租,但租地人须每30年办理一次换契续租手续。如果逾期未办,中国官府可注销租契,收回土地。[②]

第二种方式:购买。在大多数租界,外国侨民不能购买界内土地,也不能购买界外土地。甲午战争前,有些外国侨民非法地在中国通商口岸直至内地收买土地,如被中国官府发现,就会遭到中国官府干预。甲午战争后,清政府不再坚持某些无关实际利益的虚文,中国官员也认识到土地

---

① 英国国家档案馆:FO 233/96,《上海土地章程》,道光二十五年十一月初一。
② 王铁崖编:《中外旧约章汇编》第1册,第677、692页;第2册,第3页。

所有权属于外国人,并不意味着该地已成外国领土。于是,甲午战争后在天津开辟的日、比、意、奥等国租界,外国侨民和外国政府也可通过购买方式来取得界内土地。1898 年,开辟天津日租界的约章规定,该租界内土地由日本"收买"。交易的双方被称作"买者""卖者"——"卖者不得高抬,买者亦不得抑勒",只是在土地契证中仍写作"永租日本"。三年后,在开辟天津比租界时,相关约章也明文规定,界内土地由中国委员代比方"购买立契",并在《天津比国租界合同附约》中将"购买"与"租赁"捏为一个词,称界内土地系"租卖"给比国。同时,开辟天津意、奥租界的中外约章也明文规定,意国、奥国可随时公平"购买"界内土地。其中开辟意租界的约章规定,界内已被意国占用的"盐坨之地",即由意国"购买";如租界当局有公用、卫生等方面的需要,或意大利商民等人有用地的需要,可"随时公平购买"界内各产业。开辟奥租界的约章规定,凡是公用所需之地,奥国有权"将此地购买";"奥国不用之地,仍准民间执业,任便买卖",但不得卖给其他外国人。① 同时,天津一些租界在扩展时,也明确规定扩展界内的土地可由外国或外国侨民购买。天津德租界的土地系由当地业主"永租"给德国,而其后来扩展的新界土地,"中国允准德国有购买之权"。天津英租界实行的是永租制,其扩展界于正式并入前已有外国侨民及租界工部局购入的土地。至该租界第三次推广时,中国官府已明确地允准该租界工部局"购取"一切市政工程所需之地。② 于是,在这些租界或其扩展界内,土地永租制被买卖制度取代,外国侨民、外国政府可取得土地所有权。

第三种方式:无偿占用。还有些租界内的部分土地系被无偿占用。首先被免收地价之地,是租界内用作公共道路之地。道光年间开辟上海英商租地时,中国官府没有要求英方对界内原有的四条道路支付租价,只是新辟道路须先付钱租赁地基。此后,对划入各地租界的原有公路、官路,中国官府一概未收取地价。1896 年开辟汉口法租界时,中国官府便明确表示,对界内原有官街、大路"免科算地价"。在 1898 年汉口英租界

---

① 天津档案馆、南开大学分校档案系编:《天津租界档案选编》,第 195、398、437、473 页;王铁崖编:《中外旧约章汇编》第 2 册,第 36 页。
② 天津档案馆、南开大学分校档案系编:《天津租界档案选编》,第 19、164、173 页。

扩展时,中国官府对扩展界内原有官街、大路作了相同规定。[①] 而在此前开辟汉口日租界时,中国官府又允准,界内道路、堤塘、沟渠等公共所需之地中,如有官街、官地,均可免纳租价、钱粮。如系民地,须付租价,但也免纳钱粮。在中国官府收购了界内全部土地的杭州、重庆等日租界,中国官府又同意将免纳地价之地扩大到沟渠、码头、桥梁等"凡系公共所需之地区"。[②] 甲午战争后,清政府还答应无偿让与数个租界内的官地。此时,德国以"协同收回辽地之功",于获得开辟天津、汉口德租界的权益后继续要求中国官府酬谢,中国官府因而同意将天津德租界内两条道路东边的淤地,即"中国国家之地",全部让给德国人,"无庸给银"。[③] 八国联军侵华战争后,俄国以武力开辟天津俄租界时,蓄意尽量占据中国官地,以便将出让这些土地的所得作为启动该租界建设的资金,使天津俄租界可赶上"设备完善"的天津英、法租界。[④] 清政府只能让步,将划入该租界的官地无偿地让与俄国。随后在天津开辟租界的意、奥两国也要均沾利益,清政府只得同意将天津意、奥租界内"一切官地"分别让给意国、奥国,"专为永业,无庸出价"。不仅如此,意、奥两国还力图无偿地占有界内的民地。开辟这两个租界的约章规定,界内有"不知业主"的土地,意、奥租界当局可先行出示,俾业主得知,将契纸持来阅看,如出示十二个月后仍无人投报,租界当局即可"将该业充公"。在天津英租界推广界,情况有所不同。工部局将"作价充公"无主坑沟,即日后如有业主寻认,便将按作价补偿。[⑤] 广州的沙面本是官有滩地,英、法两国耗用巨资,才将那里填筑成可以建造楼房的地基。中国官府因而只是向广州英、法租界的土地征收每年应纳的地税,而未收取土地的地价。

其次,因取得和出让土地的当事者不同,外国侨民及租界开辟国政府获取土地的方式又可分为"民租""国租""部分国租""民向国租"等方式。

① 徐焕斗编:《汉口小志》,附外国人居留地第 10 页。
② 王铁崖编:《中外旧约章汇编》第 1 册,第 703、788 页;第 2 册,第 3 页。
③ 天津档案馆、南开大学分校档案系编:《天津租界档案选编》,第 163 页。
④ 张蓉初译:《红档杂志有关中国交涉史料选译》,生活·读书·新知三联书店 1957 年版,第 249 页。
⑤ 天津档案馆、南开大学分校档案系编:《天津租界档案选编》,第 20、397、398、437 页。

第一种方式：民租。这是在划定租界界址后由各国侨民分别向界内中国业主租赁直至购买土地的方式。上海开埠未久，来沪的英国商民即陆续向当地业主租赁土地。此后，实行民租的上海公共租界《土地章程》明确规定，在该租界外国人欲向中国业主永租地基，"如查无碍"，准许愿承租者与业主商定地价等事，并按规定办理随后的手续。① 除上海公共租界外，上海法租界，天津法、日、意、奥租界，汉口法、德、日租界，厦门鼓浪屿公共地界，以及这些租界的扩展区域，直至其老租界并未采用此种租地方式的天津英租界扩展区域等，都实行民租。因各国侨民系陆续租赁直至购买界内土地，有些当地业主长期保留原有土地，甚至于数十年后该租界被中国政府收回之时尚未出让土地。

第二种方式：国租。这是由租界开辟国政府或其外交代表向中国政府永租直至购买界内全部土地的方式。1852年，英国领事向中国地方官府租赁厦门自岛美路头至新路头等处的全部滩地，然后分租给英国和其他国家的外商，是"国租"方式实行之始。② 1859年，英国政府又决定向中国政府租赁广州沙面，开辟广州英租界。次年，英国驻华公使卜鲁斯"代国永租"天津英租界内所有土地。③ 此后中、英双方在开辟镇江英租界的约章中明确规定，界内土地"永租与英国，由英国驻扎镇江领事官分为官商建造署栈之用"。开辟汉口、九江英租界的中英约章也都作出类似的规定。④ 经过三次扩展后的天津英租界基本章程还指明：该英租界系由英国政府向中国政府永租而可转租给市民者。⑤ 除六个英租界外，广州法租界、天津德租界等租界，以及天津德租界等租界的扩展界，也采用"国租"方式。凡划入这些租界之地，不管当地业主是否情愿出租土地，或者

---

① 王铁崖编：《中外旧约章汇编》第1册，第292页。

② 英国国家档案馆：FO 678/25，British Concession Amoy，Lot No. 7；FO 678/24，British Concession Amoy，Lot No. 11。

③ H. S. Smith，*Diary of Events and the Progress on Shameen*，*1859—1938*，Hong Kong，1938，p. 7；钟俊鸣主编：《沙面》，第22页；天津档案馆、南开大学分校档案系编：《天津租界档案选编》，第5页。

④ 英国国家档案馆：FO 228/1030，中英镇江永租地基批约，咸丰十一年正月十四日；FO 93/23/19b，中英汉口永租地基租约，咸丰十一年二月十一日；中英九江永租地基租约，咸丰十一年二月十五日。

⑤ 《驻津英国工部局所辖区域地亩章程》(1918年)，第1条。

是否接受交易的价格,都须按照中外官员确定的租价,在租界开辟后全部出让。只有所在地原系官有滩地的厦门英租界和广州英、法租界,在开辟时可免去向当地业主租赁土地这一环节。租界开辟国的领事等人将这些租界的土地分为若干份地产,每份地产为数亩至十余亩,通过拍卖、招租等形式分租给本国商民直至别国商民等。分租土地时,租界开辟国都未把土地永久使用权转移给租地者,绝大多数分租土地的租期为99年。

第三种方式:部分国租。这是租界开辟国政府只向中国政府或中国业主永租界内部分土地而未租入全部土地的租地方式。1896年开辟汉口俄租界前,外国商民已在当地租赁了不少土地。开辟该租界时,中、俄双方约定,界内仍为华人所有的土地,从约章订立时起,"只可永租俄国政府",并将于一年内全部租出。后因汉口地价昂贵,当地业主不愿按照中、俄官员所议每方10两白银的价格出租,直到一年半后俄国政府才在当地租入沿江的4段土地,共约71亩,只占该租界面积的一小部分。① 天津俄租界的面积达5 000多亩,在该租界开辟前当地已有开平矿务局煤栈等企业,以及大片外国人已买之地。至1905年,俄国政府以"国租"方式只租赁了界内963亩土地。天津比租界开辟之前,其他国家的外商已在界内占用100多亩土地,比利时政府总共出资4.5万两白银租赁所剩500余亩土地。② 在这些租界混杂着"国租""民租"两种租地方式,租界开辟国"国租"部分土地,其余则由本国或他国侨民分别租赁。此外,天津英租界等租界的初始部分实行的是国租,其扩展区域实行的是民租,从整体而言,该租界实行的也是部分国租。

第四种方式:民向国租。这是先由中国官府收购租界内全部土地,再由外国商民向中国官府租赁土地的租地方式。1897年,中、日《苏州日本租界章程》规定,该租界将实行租地者自行向业主租赁土地的"民租"方式。至开辟该租界时,经日方要求,苏州官府令当地业主将界内土地全部

---

① 徐焕斗编:《汉口小志》,附外国人居留地第14页;苑书义等主编:《张之洞全集》第5册,第3562页。

② 天津档案馆、南开大学分校档案系编:《天津租界档案选编》,第348、349、474页。

"缴单契结价归官",以方便日本人租赁。[1] 此后,入居该租界的日本人就依据条约规定分别向苏州官府租赁土地。同时,杭州官府也从中国业主处一律收买杭州日租界内土地,[2] 再照章租与日本商民。中、日双方在1901年开辟重庆日租界时又在约章中确认了此种租地方式:该租界内所有地基,由中国地方官向当地业主收买,"照章交与日本商民,永远承租"。随后,重庆官府以"公益堂"名义购入界内全部土地,以备日本商民租赁。[3] 如承租人有迫不得已的原因,经日本领事官查明事实后照会中国地方官存案,方准换契转租。租赁土地的租契有效期为30年,期满须换契续租。期满不办,就将注销租契。由于这3个日租界位置偏僻等,租地的日本人寥寥无几,界内大量土地都成了未租出的官地。

照片1　位于原苏州日租界内的
日本驻苏州领事馆旧址

租界开辟国及外国侨民无论采用何种方式来获取租界土地,往往要通过中国官府的协助,有时甚至须由中国官府采取强制措施,才能迫使中国业主出让土地,特别是以较低价格出让土地。在1861年扩展上海法租界时,法国领事爱棠知道要在繁华的县城小东门外租赁土地必定困难重重,便要求上海道等官员命令当地地保开单报告各业主的姓名及拥有的土地等情况,并要求上海知县"备好拘票,以便随时拘捕抗

① 江苏省长公署统计处编纂:《江苏省政治年鉴·外交》,第52页。
② 齐耀珊修、吴庆坻等纂:民国《杭州府志》卷一七四,1926年版,页六。
③ 朱之洪等修、向楚等纂:民国《巴县志》卷十六,页二十五。

命的地主"。上海道吴煦便指令上海知县转饬各业主迅即协同地保,商定合适的租价,并与租赁土地的法国人签订契约。[①] 1901 年,俄国在开辟天津俄租界时极力压低地价,致使当地业主迟迟不肯将所执地契呈送俄国官员查验,俄方便宣称,逾期不交契证,定将该地充公。数月后,三四百户头等、二等土地业主仅有半数呈送地契,中国官员"多方开导"抗命的业主,他们"亦置之不理"。最后,中俄官员并未办妥租地手续,即强行将界内头等、二等土地一律平整,并对呈契、丈量者全数发给地价、房价、搬迁费等,将"充公之地"一半地价等补偿给在当地购入了被盗卖的棑贝子府土地者,将另一半暂存俄国银行,至抗命者被迫屈服时再准许他们领取这些补偿。[②]

上海、厦门两地的公共租界允许各国人士在界内租赁土地。租界开辟国的人士可在本国专管租界内租赁或购买土地。天津等地英租界及德、俄、意等国的专管租界还允许别国商民租赁或购买界内土地,但他们须书面承诺遵守租界基本章程等已经订立及以后订立的规章,并须由其本国领事等官员背书这一书面承诺;如果他们违反这些章程,租界当局即有权收回土地连同地上建筑。也有些专管租界只允许本国人士租赁界内土地。在杭州、汉口、重庆等地日租界,界内地基只准日本人租赁,别国商民只可在界内居住、营业,但不准租赁土地。[③] 上海英商租地及较早开辟的汉口、广州英租界和其他一些租界,起初都不允许华人在界内租赁土地。后来情况有所变化。在上海租界,华人很快就可以在界内租地赁屋。甲午战争后,有些新辟租界或租界扩展区域仍有禁止华人在界内租赁土地的规定。开辟苏州、杭州、汉口、重庆等地日租界的约章都规定,殷实体面、品行端正之华人只可在界内居住、营业,但不准租赁土地。[④] 在同一时期开辟的厦门鼓浪屿公共地界,天津意、奥等国租界以及天津英租界扩充界等,则从一开始就允许华人在界内保留土地或租地、购地。到后来,除广州英租界等少数租界只允许为外国人

---

① 董枢:《上海法租界的长成时期》,《上海市通志馆期刊》第一年合订本,第 328、329 页。
② 天津档案馆、南开大学分校档案系:《天津租界档案选编》,第 165、334、339 页。
③④ 王铁崖编:《中外旧约章汇编》第 1 册,第 677、789 页;第 2 册,第 3 页。

服务的少数华人在界内居住外,大多数租界都允准华人在界内租地、居住。

有些租界对每户居民可以租赁的土地数量作了限制。1845 年,中英上海《土地章程》规定,在英商租地内租赁土地,每户不得超过 10 亩,"免致先到者地方宽大,后来者地方窄小"。这一规定实际上未被严格执行。此后,仍有少数租界有过类似规定。1861 年,开辟天津法租界的约章规定,法国商人每行只可在界内租赁土地一块,面积不超过 25 亩;如需更多土地,应呈报法国领事,会同三口通商大臣,于查核后决定可否。[①] 1897年,开辟苏州日租界的约章规定,每个日本人至多只能在界内租赁土地 6亩,至少须租 2 亩;倘有须租 6 亩以上者,"应先具情禀请领事官",再由领事官照会地方官核办。开辟杭州日租界的约章则规定,每个日本人至多只能在界内租赁土地 10 亩;拟租赁 10 亩以上者,必须在当地设立公司等。[②]

有些租界的部分地段,如庙宇、墓地、学校等所在之处,可以不出租。上海公共租界、法租界等租界都有此类地段。在天津德租界,界内原有书院、外省官员墓地等,按照约章将仍旧留存。在其扩展界内的中国俄文学堂,也将"留归中国自用"。[③]

第二节　地　价

在开辟租界时,租界开辟国政府和外国侨民在永租或购买租界内土地时须支付土地租价或地价。因永租很快如同买断,故除少数租界,在绝大多数租界内土地租价实质上即是地价。

要取得租界内的民地,确定其地价有四种方式。

第一,由外国商民与中国业主自行议定。鸦片战争后,中英、中美、中法条约都规定,外国商民在通商口岸租赁土地时不得强租硬占,中国业主

---

① 天津档案馆、南开大学分校档案系编:《天津租界档案选编》,第 100 页。
② 王铁崖编:《中外旧约章汇编》第 1 册,第 676、692 页。
③ 天津档案馆、南开大学分校档案系编:《天津租界档案选编》,第 162、163、173 页。

不得抬高租价。因外商须在限定界址内租赁土地，他们与中国业主自行议价，使得业主可根据市场需求合理地提高地价。鸦片战争刚结束时，上海地区地价为每亩白银 10 两左右，至多不超过 30 两。[①] 1844 年上海英商租地开辟未久，当地地价超过每亩 40 两，甚至达上百两，为原先地价数倍。[②] 此后，随着经济发展，上海公共租界和法租界的地价不断上涨，在当地拥有土地的中国业主也分享了土地升值的利益。民间自行议价方式有利于中国业主，因而后来开辟的租界较少采用。仍采用此种方式的，仅有汉口法租界及中国主动开辟的厦门鼓浪屿公共地界等实行"民租"的租界，以及有些租界的扩展区域。

第二，由中国地方官员与租界开辟国的官员共同议定。1860 年开辟天津英租界时，中外官员共同定价成为确定租界地价的新方式。英国官员确定天津英租界界址时，当地仍被英法联军占领，他们就擅自确定界内地价为每亩 30 两白银，中国官员只得认可。次年，开辟天津法租界时，中、法两国官员沿用英租界办法，具体规定了界内地价：不在海河河沿之地，每亩 30 两；位于海河附近之地，每亩 60 两，其中 30 两留存法国领事馆，将来用于界内修造道路、沟渠、桥梁、埠头等市政建设工程。[③] 同年，开辟镇江英租界时，因业主都已外出躲避战祸，中、英官员就自行规定，山上土地每亩 25 千文，山下土地每亩 50 千文。[④] 同一时期，开辟汉口、九江等地英租界时，中、英官员并未明确规定地价，但都规定，当领事需要用地时，由领事会同知府、知县，随时传集业主，呈验地契，当面核算，由官员按照地势等确定地价，不准业主"高抬价值，亦不许英商任意发价勒买"。[⑤]甲午战争后，一些先由中国官府收购界内全部土地然后分租给日本商民的日租界，也都由中、日官员确定地价。其中苏州日租界内土地每亩租价160 银圆，10 年内不得涨价，10 年后再照界内邻近地段价值公平租赁。

---

① 陈炎林编著：《上海地产大全》，上海地产研究所 1933 年版，第 52 页；蒯世勋编著：《上海公共租界史稿》，载上海史资料丛刊《上海公共租界史稿》，第 308 页。
② 蔡育天主编：《上海道契》第 1 卷，第 1、4、87 页。
③ 天津档案馆、南开大学分校档案系编：《天津租界档案选编》，第 5、99 页。
④ 英国国家档案馆：FO 228/1030，中英镇江永租地基批约，咸丰十一年正月十四日。
⑤ 英国国家档案馆：FO 93/23/19b，中英汉口永租地基租约，咸丰十一年二月十一日；中英九江永租地基租约，咸丰十一年二月十五日。

杭州日租界内土地分为三等,上等地每亩170银圆,中等地165银圆,下等地160银圆。① 此后,天津俄租界、比租界,重庆日租界等租界,也采用此种定价方式。较之由中国业主与外国租地人自行议定地价的方式,此种方式不利于中国业主。在镇江英租界,中国业主以中、英官员所定的地价过于低廉,一再要求将地价增加一倍,但迟迟没有拿到补偿。在天津俄租界,众多中国业主也因不满于中、俄官员所定地价,拒绝与官方合作,并在此后蒙受巨大损失。②

第三,由中国地方官员与租界开辟国官员议定地价的标准。这种办法介于前两种办法之间。甲午战争后,中外官员对一些新辟租界虽不具体议定其地价,但确定了地价标准,允许按照标准有一定的浮动。1895年开辟汉口德租界时,中德官员商定,界内土地可由外国租地人与中国业主以三个月内地价为基准,自行公平酌定。三年后,汉口地价已经上涨,日本人为压低地价,在开辟汉口日租界时与中国官府约定,日本人在界内向华民租赁土地时须照三年内相同土地的价格公平酌定。③ 1902年开辟天津意租界时,意大利官员起初坚持以位置较偏僻的天津俄、德租界的地价为标准,来确定其地价。经中国官员据理争驳,意方同意按地价较高的日租界标准减一成核发。随后,开辟天津奥租界的约章规定,奥租界地价按意租界章程办理。④

第四,由中国地方官员与租界开辟国官员选择公正人士来确定。甲午战争后,确定天津日、比等国租界的地价即采用了此种办法。1898年开辟天津日租界时,中、日官员商定,由双方官员选择数位"公正人士",按照时价议立界内土地公平价值。次年,双方官员邀集公正人士,先将界内土地分作四等12段,每等约长百丈,每段约长33丈3尺,又将各等土地分为高地、平地、洼地、坑地四等,共定出48等地价。其中第一等第一段高地价格最高,为每亩700两白银,第四等第三段坑地价格最低,为每亩

① 王铁崖编:《中外旧约章汇编》第1册,第691、703页。
② 英国国家档案馆:FO 228/919,常镇通海道致英国驻镇江领事照会,同治八年九月初六;天津档案馆、南开大学分校档案系编:《天津租界档案选编》,第339—341页。
③ 徐焕斗:《汉口小志》,附外国人居留地第4、17页。
④ 天津档案馆、南开大学分校档案系编:《天津租界档案选编》,第397、437页。

11 两。3 年内租赁该租界内土地,即依据这一价格计算房价、地价。3 年后,当事人才能按时价自行议价。1902 年,开辟天津比租界时,中、比官员实地查看了界内土地,决定除外国洋行已占土地外,其余 500 多亩土地分为庄基地、平地、水坑地三等,比利时方面总共出银 4.5 万两,然后由中国官员会同当地绅商酌定地价,按户发给。[①] 较之第二种办法,此种办法与第三种办法一样,可使中国业主的利益得到稍多的保障。

对于租界内一些特殊地段,租地或购地者还需加付一些费用。天津日租界内原有个木厂,厂内堆木之地都经过修筑,因而日方同意对堆木之地每亩酌加津贴费 80 两白银。天津俄、意等租界内有很多盐商存盐的盐坨。修筑盐坨需不少费用。俄国占用界内盐坨后,坨地即以每亩 300 两计价,而界内头等土地地价仅为每亩 180 两。意大利也因占用界内坨地,同意支付另修盐坨的购地和修筑费用。租界内有些地段原来是农田,如在永租或购买时田里有农作物,租地或购地者也应酌量予以贴补。如天津德租界扩展时,中、德双方规定,德方"购用地亩时,如有青苗、菜蔬在地,须酌量贴补钱文"。[②]

开辟部分租界时,租地或购地者还需向中国居民赔补房价、搬家费、迁葬费等。被拆除的房屋将依据其建材、大小、新旧及所在地段来核定补偿价款。搬家费通常是每户 10 两白银。坟墓迁葬费起初多为每棺 1 两白银,至八国联军侵华战争后增至 4 两。为了避免当地居民在界内添建房屋、坟墓等,在有些租界划定界址之际,中外官员对界内的房屋、坟墓等作了登记,造了底册,并规定租地人对于新建的房屋、坟墓等不必支付费用。

在有些租界,官地的地价与民地相同。开辟汉口俄租界时,中、俄官员商定,界内两条公巷照旧留出,供华洋商民行走;如俄方将公巷作为建造房屋之地,将视同购买民地一样,每方补给中国政府地价银 10 两。在另一些租界,中国官府对官地所收地价低于民地。开辟汉口日租界时,中国官府同意,如果日本商民租赁界内官地来建造屋宇、栈房,应另议租价,

---

① 天津档案馆、南开大学分校档案系编:《天津租界档案选编》,第 194、196、474 页。

② 天津档案馆、南开大学分校档案系编:《天津租界档案选编》,第 174、197、338、345 页。

"格外从廉,以示惠恤"。①

一些租界开辟国曾极力压低界内民地地价,直至企图无偿占有。1895 年,德国以"协同收回辽地之功,中国宜应酬谢"为由,对天津德租界内民地每亩只肯出银 75 两。此时,英租界已相当繁荣,地价昂贵,德租界毗邻英租界,界内土地自应比照英租界地价,"方昭公允",因而当地居民不肯以德国人所出低价出让土地。中国官府无可奈何,只得筹款贴补当地居民,"以弭衅端",最后贴补地价、房价、居民迁移、坟冢迁葬等费共达 12 万两白银。② 开辟天津意、奥租界时,这两个租界的当局除了企图"充公"界内不知业主之地,意租界当局又企图将遗失地契之地当作不知业主之地,径予充公。经中国业主禀陈,津海关道指出,"自庚子兵燹以后契据不无遗失",如果将这些土地"充公","转非体恤穷黎之道,自应量予变通,以顺舆情",最后遗失契证者得以补办契据,使意方图谋未能得逞。未久,奥租界内遗失地契的业主"事同一律",也得以同样补办契据。③

1845 年,中英上海《土地章程》规定,租赁土地的英商只可照原来租价转让英商租地内的土地,不得加增租价,以免租贩取利。这一规定很快成了一纸空文。此后,开辟其他租界时均无类似规定,但都对界内地价有所限定,以便保障租界开辟国政府及其侨民的利益。实际上外国人在取得租界内土地后,经常通过转让所租土地来获利,由此使地价难以控制,完全受市场支配。除了界内有大量土地没有出租的苏州、杭州、重庆日租界外,其他租界的地价或多或少都有上涨。上海等地租界的地价上涨得尤为迅速。在上海,在租界形成的 1854 年,英租界内有些地段的土地已上涨至每亩白银 1 500 余两,为 10 年前的数十倍。在上海公共租界形成的 1863 年,界内有些地段的地价已上涨至每亩 3 000 余两。光绪初期,在该租界最繁华的南京路一带,平均地价已超过每亩 2 000 两,至光绪末超

① 徐焕斗编:《汉口小志》,附外国人居留地第 15、17 页。
② 《清实录·德宗景皇帝实录(六)》卷四二九,第 633 页;天津档案馆、南开大学分校档案系编:《天津租界档案选编》,第 165 页。
③ 天津档案馆、南开大学分校档案系编:《天津租界档案选编》,第 398、401、437、444 页。

过 2 万两。其中靠近外滩,位于汉口路、江西路口的地块在 1880 年约为每亩 3 750 两,至 1911 年增至 5 万两,1914 年增至 10 万两,1933 年增至 16 万两。地价最昂贵的外滩,在 1933 年已达每亩 36 万两,为 80 多年前英国商民初来此地租赁土地时的上万倍。[1] 上海法租界同样地价飞涨。1849 年,法国商民最初以每亩约 100 两白银的价格在上海法商租地内租赁土地。1921 年该租界霞飞路、华龙路口的土地已涨至每亩 3 600 两,至 1934 年又涨至 3.4 万两。此后,中日战争爆发,上海租界成为"孤岛",闸北等处的华界成为焦土,又有大批难民涌入,上海两个租界的地价又再度飞涨。[2] 在天津,各租界的地价也都不断上涨。以英租界而言,英国人于 1860 年确定的地价为每亩白银 30 两。至 1942 年,这一老租界的地价最低为 2 万两,最高达 6 万两,为 80 多年前的 2 000 倍;迭次扩展区域的地价最低为 6 000 两,最高也达 3 万多两。[3] 汉口租界同样如此。在 1861 年汉口英租界开辟之际,当地的地价当不会与开埠时的上海和天津有很大的差别。1897 年,在毗邻英租界的俄租界开辟之初,由中、俄官方商定的俄租界沿江地段地价,已达每方土地白银 10 两;至该租界已被中国收回的 1926 年,当地每方的地价最低为 120 两,最高达 340 两,为开辟之初的 10 多倍至数十倍。[4]

由于在很多租界中,中国业主须以中外官员或"公正人士"确定的地价出让土地,甚至在明知租界地价将会迅速上涨的情况下不得不出让土地,因此很多租界的土地在其开辟之初就全部或大部分落入租界开辟国政府及外国侨民之手。于是,后来租界地价飞涨的得益者,主要是这些外国政府及外国侨民,多数中国业主早已与这些土地割断了联系,并未因而获得利益。

---

① 马长林:《上海的租界》,天津教育出版社 2009 年版,第 11 页;杜恂诚:《晚清上海租界的地价表现》,《史林》2012 年第 2 期。

② [法]梅朋、傅立德:《上海法租界史》,第 30 页;印永清:《老上海的地价》,《上海房地》2005 年第 5 期。

③ 天津档案馆、南开大学分校档案系编:《天津租界档案选编》,第 6 页;天津市地方志编修委员会编著:《天津通志·附志·租界》,天津社会科学院出版社 1996 年版,第 165—170 页。

④ 《汉口租界志》编纂委员会编:《汉口租界志》,第 208—210 页。

照片2　上海租界的外滩，是地价最高昂的区域

第三节　地　　税

根据租界开辟时与清政府的约定，租界开辟国政府或外国侨民在支付租价或地价取得租界内土地后，还须每年向中国政府缴纳一笔租金或税款。在上海、广州、厦门等地租界，这笔款项被视同土地的租金，被分别称为"年租""租银""地租""租费""永远租钱"等，在镇江、汉口、九江、苏州、杭州、重庆等地租界，系作为土地的国税，即被称为应完"钱粮""税钱"等。除厦门英租界的"租银"具有地租性质外，其他无论是"年租""地租"，还是"钱粮""税钱"，实质上都是向中国政府缴纳的地税。在天津，多国租界的租地人按照相同的章程，在相同的期限内缴纳相同的款项，只是在有些租界被称作"租钱"，在另一些被称作"钱粮"。

各租界的地税税率，均在租界开辟时由中国地方官员与有关外国官员商定。上海、天津、汉口等地都有多个租界，当地最早开辟的租界所定地税标准,往往为随后开辟的租界参照、沿用。由于各地地税的税率本不相同,有些租界又另行规定税率,因此在各地租界每亩土地应纳的地税是有所差异的。

在上海、广州、天津、重庆等地租界,中国官府向外国政府或外国侨民所租、所购土地征收的地税,高于当地华界同类的土地。

1844 年,英国人开始在上海租赁土地时,上海县的每亩土地所纳田赋即地税包括正粮及加耗二斗多至近三斗,再加人丁银等约一分六厘,折合成制钱约为 1 300 文。[1] 英国人租赁土地时除支付被称为"押租"的押金外,每年秋收后须向中国业主交纳年租。年租包括上缴官府的地税与业主的土地收益,每亩为数千文。不久,中英官员为划一年租,按照"年租减钱一千,增重押租十千"的办法,通过增加押租,使年租都降至每亩 1 500 文,即略高于当地地税。以英商宝顺洋行而言,每亩租地的年租从原来的 3 574 文减少 2 074 文,降为 1 500 文,押租则从原来的 99 880 文增加 20 740 文,升至 120 620 文。[2] 由于外国租地人从不退租,押租因此转化为地价。年租也不再经中国业主转交中国官府,而是由外国租地人直接向中国官府完纳,因而转化为地税。此后,上海英、法、美租界,以及由英、美租界合并而成的上海公共租界,外国人所租土地的年租均为每亩 1 500 文。清军打败太平军、收复苏州等地后,上海等地都于 1864 年较大幅度地降低了地税,使得上海租界的地税远高于华界。[3]

1860 年英国开辟天津英租界之际,天津官府宣称,界内每亩土地每年应完钱粮为白银一两五钱至二两。英国人便要求查照天津县地丁原册,来对所租土地征收地税。实际上,当地地税约为每亩白银二钱八分,约合制钱 400 文。经双方交涉,最后以上海租界为先例,每亩交纳年租 1 500 文。[4] 次年,中、英官员订立永租沙面地基约据时规定,广州英租界

---

① 吴馨等修、姚文枬等纂:民国《上海县志》卷一,页四、页六;G. Lanning, S. Couling, *The History of Shanghai*, Vol. 1, Shanghai, 1921, p. 279。

② 蔡育天主编:《上海道契》第 1 卷,第 1、4 页。

③ 吴馨等修、姚文枬等纂:民国《上海县志》卷一,页五。

④ 中国第一历史档案馆:军机处照会,英字第 28 号;天津档案馆、南开大学分校档案系编:《天津租界档案选编》,第 5、22 页。

每亩土地的年租也与上海租界相同。同年,开辟天津法租界时,中、法官员商定,界内土地每亩应纳永远租钱2 000文,其中1 000文交付中国官府,另一半留在法国领事馆内,作为该租界修造道路等市政工程经费和巡捕薪金。① 于是,天津官府在天津法租界实际所收地税反而低于天津英租界。此后,在天津陆续开辟的德、日、比、意、奥等国租界都沿用法租界章程,每亩土地每年须向中国官府缴纳的地税均为1 000文。

照片3　天津法租界一瞥。该租界的部分地税用于补贴市政开支

甲午战争后,在订立开辟重庆等地日租界的约章时,中、日双方拟将界内土地分为上、中、下三等来收取租价,同时将地税分为三等。其中重庆日租界实施了上等地地税为每年银圆二元二角五分,中等地为二元一角七分五厘,下等地为二元一角的征税标准。这远远超过了当地原来所征的地税。②

在镇江、汉口、九江等地,中国官府以当地原先的税种和税率来向租

---

① 天津档案馆、南开大学分校档案系编:《天津租界档案选编》,第100页。
② 王铁崖编:《中外旧约章汇编》第2册,第2页;朱之洪等修、向楚等纂:民国《巴县志》卷四上,页十二至十四。

界土地征收地丁银和漕粮等。

1861年，在开辟镇江英租界时，中、英官员约定，界内112亩濒临长江之地系山田，照科则计算，每亩地丁银一钱一分七厘五毫，漕米七升八合八勺，共计银十三两一钱六分，米八石八斗二升六合；位于山上约三十亩土地系山地，照科则计算，每十亩作为一亩完粮，共计银三钱五分三厘，米二斗三升七合。两段地基每年应缴纳地丁银十三两五钱一分三厘，漕米九石六升三合，每石米折价银三两，整个租界应纳地税共为四十余两白银。[1]

随后，在开辟汉口英租界时中、英双方约定，依据当地征收钱粮的税率，该租界每亩土地应完地丁银一钱一分七厘，漕米二升八合四勺，每石米折价银3两，整个租界每年应纳地税约为92.7两白银。[2] 三十多年后在汉口陆续开辟的德、法、俄、日四国租界也沿用汉口英租界办法，界内每亩土地应完纳的地丁银和漕米，都与英租界一致。其中俄租界每年应纳的地税为白银83.842两。

在九江英租界，同样依照当地地税的数额来征收税款。九江一带土地除须缴纳地丁银和兵米外，遇闰月要加收地丁银，地丁银内还要加火耗银。九江英租界的每亩土地每年缴纳地丁银一钱零三厘，整个租界共须缴纳15.45两，遇闰月加银七钱七分二厘；每亩应完兵米四合二勺七抄七撮，共计六斗四升一合五勺五抄，每石兵米折银二两四钱，共折银一两五钱四分；地丁内还有火耗银一两五钱四分五厘，遇闰月加七分七厘。连同地丁、耗银和兵米折价，该租界每年应纳地税约为白银18.5两，遇闰年约为19.4两。[3]

厦门鼓浪屿公共地界是清政府主动开辟的租界，因而中国官府不仅仍按原来数额征收地丁钱粮及海滩地租，并且同意将所收租税均转交公地工部局"贴充经费"。只有嗣后新填海滩应完的地租"仍归中国地方官

---

① 英国国家档案馆：FO 228/1030，中英镇江永租地基批约，咸丰十一年正月十四日。
② 英国国家档案馆：FO 93/23/19b，中英汉口永租地基租约，咸丰十一年二月十一日。
③ 英国国家档案馆：FO 93/23/19b，中英九江永租地基租约，咸丰十一年二月十五日。

收纳"。①

在苏州、杭州等地，中国官府同意先向租界内外国人所租土地征收较低的地税，至租界繁荣后再酌情提高税率。

"上有天堂，下有苏杭。"苏州、杭州是锦绣江南的鱼米之乡，历来是赋税极重之地。特别是苏州府部分良田在1864年清政府降税前每亩实征的税米超过四斗，为全国之最。② 1896年，进行开辟杭州日租界谈判时，中、日双方同意界内每亩土地每年"只缴完钱粮"二银圆。双方又商定，30年后租契期满、换契续租时，如果当地"商务兴旺"，应由中国官员与日本领事参照租赁时价，酌量加增地税。③

1897年开辟苏州日租界时，中国官府以苏州地税向来重于他省，界内土地每年每亩必须完纳4000文税钱。日方以各国租界的地税，至多不过其半；苏州税额偏重，恐将来日本商民欲来苏州贸易者，闻之裹足不前予以反对。最后，双方在开辟该租界的约章中约定，界内土地每亩每年的税钱为4000文，但在最初10年减为每亩征收3000文。④

厦门英租界的情况较为特殊。1844年，中英官员划作厦门英商租地的较场、水操台废址这两处地基均系官地。当时双方确定每"方圆四丈"一年租银为一两白银。这笔年租银外，中国官府没有另征地税。后来，双方将租地界址改在岛美路头至新路头等处官有滩地，但租银的单价未变。1854年，厦门官府以这一地块长55丈，宽16丈，周长142丈，"以周围见方折算"，折算成35丈5尺，仍旧以"每周围见方一丈，每年纳租银一两"的租价来计算，每年共收取租银35.5两。⑤ 因这块滩地的面积约为15亩，据此计算，每亩的租银约为2.4两，远远超过上海、汉口等地租界的年租或应完钱粮。由于英国政府并未为这片滩地支付地价，也不像广州沙面租界那样为填筑其地基耗费过重金，因此这笔"租银"属于包含了地税

① 厦门市档案局、厦门市档案馆编：《近代厦门涉外档案史料》，第302页。
② 李铭皖等修、冯桂芬等纂：《苏州府志》卷十四，光绪八年版，页一。
③ 王铁崖编：《中外旧约章汇编》第1册，第704页。
④ 王铁崖编：《中外旧约章汇编》第1册，第691、693页。
⑤ 英国国家档案馆：FO 228/903，泉州海防总捕驻厦门分府致英国驻厦门领事照会，咸丰四年十一月初四。

的地租。此后，该租界面积扩展至 24.6 亩左右，缴纳的租银也得到相应的提增。1885 年，经过会商，中、英双方订立协议，确定这些土地每年应完纳租银 176.71 银圆，即每亩增至 7.18 银圆。①

道路等公共用地在有些租界可豁免地税。天津英租界于开辟之初有 13 余亩土地被辟为公共道路，经英国领事商请，中国官府允许免除这些路基的地税。② 开辟汉口日租界时，中国官府允准，界内公共所需的道路、堤塘、沟渠之地，无论是官街、官地，还是民地，一概可免缴地税。在杭州、重庆等日租界内，免税范围进一步扩大，凡建造道路、桥梁、沟渠、码头之地，皆可免缴租价、地税。③

此外，在一些实行"民租"以及"部分国租"的租界，界内有些土地尚未被外国人租赁，中国业主不须按较高的租界地税标准，而是仍可按照当地原来税额，来向地方官府缴纳钱粮。

在上海英商租地开辟之初，租赁土地的英国商民向中国业主支付年租，中国业主再用部分年租来完纳上缴给官府的地税。不久，发生押租成为地价、年租成为地税的演变后，虽然中、英官员商定，租赁土地的外商须于每年底将来年年租交存中国官银号，中国业主从官银号收取年租后再转手向地方官府完税，实际情况是外国租地人缴入官银号的年租，不必经中国业主转手，即直接缴纳给中国官府。后来上海公共租界等租界沿用了外国租地人直接向中国官府完税的办法。第二次鸦片战争后，天津、镇江、汉口、九江等英租界采取"国租"形式，在这些租界，外国租地人将地税交给当地英国领事，再由英国领事一并转交中国官府。④ 随后开辟的租界大多沿用这些英租界的办法，由租界开辟国领事代收界内地税，然后转交中国官府。各租界完纳地税的时间也有差别。上海、天津等地租界的租地人须在每年阴历十二月二十五日前预付来年的地税。苏州、重庆等

---

① 厦门市档案馆：财政局档案，第 1 时期，(原)第 319 号卷，第 53、76、77 页。收回厦门英租界之后，根据当时中国内政部公布的土地测量应用尺度章程核算，该租界的面积约为 24.9 亩。
② 英国国家档案馆：FO 228/918，通商大臣致英国驻天津领事照会，同治四年十二月十九日。
③ 王铁崖编：《中外旧约章汇编》第 1 册，第 703、788 页；第 2 册，第 2 页。
④ 天津档案馆、南开大学分校档案系编：《天津租界档案选编》，第 22 页。英国国家档案馆：FO 228/1030，中英镇江永租地基批约，咸丰十一年正月十四日；FO 93/23/19b，中英汉口永租地基约，咸丰十一年二月十一日。

地日租界的租地人须在阴历正月十六日至三十日付清当年的地税。在汉口、九江等地,租界开辟国的领事则可迟至阴历四月才转缴当年地税。广州英租界的租钱则应在首次交付之日即阴历七月二十九日的"每满一年"时"照数续交"。①

外国租地人拖欠地税,中国官员无直接催缴之权,而是由相关领事负责追缴。在上海公共租界,外国租地人如至限期尚未完纳年租,有"迟延及抗欠等情",上海道便致函该国领事,由该领事向其追缴。在各地英租界,在分租土地的契据上都指明,如租地人未能如期缴纳或全部付清税款,英国领事等官员有权进入欠税地块,并代表英国国王收回该项地产。②

在很长的时期中,除海关关税外,地税是中国政府能在租界内征收的唯一的捐税。在开辟广州英租界的中英约章中还明确规定,除此项年租外中国政府不能在该租界内征收其他捐税。③直到一批租界已被中国政府收回的19世纪20年代,中国政府才开始在租界内开征其他的一些捐税。

第四节　地　　契

外国侨民永租或购买租界内土地后,取得的不是田单、方单、部照、县照、司照之类中国传统土地执业契证,而是特殊的租界土地契证。租界的土地契证大体上可分为中国地方官府钤发的契证、租界开辟国政府颁发的契证、租界行政当局颁发的契证等三类。此外,还有个别租界不发地契,而是采用在领事馆登记的办法。

1844年英国商民开始在上海租赁土地时,并未取得土地所有权,中国业主无须交出田单之类的土地执业契证,因而双方就另立租地议单之类的租契。由于事涉外国人,当事的双方应分别报明中国地方官员及英国领事,并将另立的契证呈送这些官员查验用印,再分别发给收执。租地

---

①③　英国国家档案馆:FO 678/2960,中英永租沙面地基约据,咸丰十一年七月二十九日。

②　天津档案馆、南开大学分校档案系编:《天津租界档案选编》,第22、23页。

议单是中国传统的土地契证,没有固定格式,文字不尽相同。1847年,中、英官员确定上海英商租地内出租地契的样式后,这些租地议单便用于换取内容统一、由上海道钤印发给的出租地契,即道契。

由中国地方官府钤印发给的道契等永租契,是种特殊的租界土地契证。上海公共租界的永租契有中、英两种对照文字,颁发时须经上海道核准、钤印,因而被称为"道契"。最初,道契的中、英文本是两份文件,后来两种文本合并于一份契证之上。申办道契的过程,即是外国租地人完成租地手续的过程。在对拟租之地"查无关碍"后,外国租地人与中国业主商定地价,业主交出田单之类执业契证,双方订立出租契约,经地保在契约上盖章作证,附带"画出地形,详载四至"的所租地块绘图,由外国租地人呈送英国领事馆。领事馆官员填写道契英文本后有时加盖领事馆印记,或由领事签名,再送交上海道衙门审核。上海道即派员与英国领事馆测量人员对拟租地段一起作实地丈量。后来,经与各国领事磋商,上海官府设立会丈局,专司租地勘丈等事务。在勘丈无误后,上海道于填写完毕的道契上加盖其关防。此种租契一式三份,上、中契由英国领事馆和上海道署分别留存,下契发给租地人持有。因在此时出租土地即是出让土地所有权,在一块土地出租时,中国业主交出的田单等证明其所有权的契证,便成为办理道契的附件。在上海法商租地及后来的法租界,外国商民租赁土地,大多也在法国领事馆办理道契,只是道契上对照的外文是法文。1852年,美国代理驻沪领事金能亨通过武力威胁,迫使上海道违反中英之间的约定,未经英国领事允许便给美国人永租上海英商租地内土地的道契钤印。经美、英两国公使交涉,英方同意美方要求。此后,各国商民永租上海英、美租界及后来上海公共租界内土地,都可通过本国领事馆来申办道契。其中也以英文作为道契上对照文字的有俄国、瑞士、意大利等国领事馆,一开始就使用或后来使用本国文字为外文对照文本的有葡萄牙、巴西、奥匈帝国等国。日本领事馆办理的道契则有中、日、英三种对照文字。

使用中国官府钤发之契的租界,还有天津、汉口的法、日租界等实行"民租"的租界,苏州、杭州、重庆等实行"民向国租"的日租界,以及其他一些租界和天津英租界推广界等。各租界内办理这些地契的手续有所不同，但都要由外国领事经手，并须由当地中国官员钤印。在天津法租界，法国商民租地之后，由法国领事立即照会当地负责通商的中国官员，由中方准备永远租契两份，其中开明租地人姓名、租地多少、价钱若干等，并"钤盖关防"。两份永远租契中的一份交给租地法商收执，一份存留法国领事馆，以备稽查。① 在汉口日租界，日本商民在租地之时须禀明日本领事，照会中国地方官履勘，然后钤印给发租契三份，由日本领事会印，一给租地人，一存日本领事馆，一存中国地方官衙门。② 钤印的中国官员并非都是道员。永租汉口德、俄、法等国租界之地，由汉阳府、县查勘明确，税契盖印；③永租天津日租界等处之地，由津海关道等官员转发天津县衙门盖印。④ 这些契据因而也可被称作"府契""县契"。

在杭州、苏州、重庆等日租界，界内土地全都由中国官府收购，并被划分为上、中、下三等，明确规定了各等土地的租价与地税，因而日本人在界内租地，不需与原来的中国业主接触，只需直接禀明当地日本领事，由该领事将承租人姓名及愿租亩数照会中国官府。经中国官员履勘或双方会勘后，承租日商按规定缴纳租价和一年地税，中国官府即可钤发租契。租契一式三份，由日本领事会印，分别发给租地人，及留存于中国官府和日本领事馆。在杭州日租界，因开辟时确定的地税低于中方要求等，中、日双方又确定当地租契有效期为 30 年，期满后租地人须办理换契续租手续，如期满不续，即注销租契。此后，该租界将继续依照每 30 年换契一次之例。在苏州、重庆日租界，同样有每 30 年换契一次的规定。⑤ 后来，这一规定成了至换契时重庆等地民众要求收回这些日租界的导火索之一。

由租界开辟国政府颁发的"皇家租契"等契证，是第二类租界的土地契证。在实行"国租"或"部分国租"的租界，租界开辟国便通过拍卖及其他方式将界内土地分租给本国或别国侨民，并订立租契。对于这些租契，

① 天津档案馆、南开大学分校档案系编：《天津租界档案选编》，第 101、102 页。
② 王铁崖编：《中外旧约章汇编》第 1 册，第 789 页。
③ 徐焕斗编：《汉口小志》，附外国人居留地第 4、7、10 页。
④ 天津档案馆、南开大学分校档案系编：《天津租界档案选编》，第 193 页。
⑤ 王铁崖编：《中外旧约章汇编》第 1 册，第 676、692 页；第 2 册，第 3 页。

中国官府不再过问,也不再在租契上钤印。在天津、汉口、九江、镇江、广州等英租界,英国领事都代表英国国王与租地人签订租契。此种"皇家租契"在当时与道契齐名。在厦门英租界,因为出面向中国官府租赁土地的是英国领事,所以即以英国领事的名义与租地人订立租契。[1] 在广州法租界,法国驻广州领事则代表法国政府与租地人订立租契。天津意租界并未实行"国租",但意大利政府通过无偿取得界内官地等方式,获得了界内大片土地。在通过拍卖等方式来出售这些土地后,意大利驻天津领事便作为意大利政府的代表与购地人签订契证。[2]

天津、汉口、九江、镇江、广州等地英租界的皇家租契都规定,租地人的租赁期限为99年。广州法租界租契的租赁期限也是99年。在厦门英租界,多数租契的租期为99年,少数为100年。[3] 其租赁期限以该租界开始分租土地的年份为计算起点,如果某一地块于若干年后才租出,其租契上的租赁期限通常会相应减少若干年。例如,九江英租界系于1862年分租土地,于当年租出的土地在租契上都指明其租期为99年,而其中的第17、19号等地块迟了14年即迟至1876年才分租出去,其租契上的租期便被改为85年。[4] 英租界的租契还规定,租地人必须每年按时缴纳租税及当地排水、修路、巡捕等各种市政费用,并遵守有关转让土地等规定,否则英国领事便将代表英国国王收回该项地产。在西方,各种文件都以签字为准,这些租契通常都留下相关领事、租地人或其代理律师以及见证人的签字。天津意租界的地契还注明购地者的父母姓名、出生地、年龄、职业等。[5]

由租界行政当局颁发的契证,是第三类租界土地契证。此类契证数

---

[1] 英国国家档案馆:FO 678/25,British Concession Amoy,Lot No. 7;FO 678/24,British Concession Amoy,Lot No. 11。

[2] 中国人民政治协商会议广州市委员会文史资料研究委员会编:《广州的洋行与租界》,第33页;刘海岩:《并非仅仅是"道契"——租界土地制度的再探讨》,《历史教学》(津) 2006年第8期。

[3] Chen Yu,"The Making of a Bund in China:The British Concession in Xiamen(1852 – 1930)",*Journal of Asian Architecture and Building Engineering*,Vol. 7,No. 1,May 2008,p. 34.

[4] 英国国家档案馆:FO 680/28,Kiukiang Land Register of Concession Lease。

[5] 刘海岩:《并非仅仅是"道契"——租界土地制度的再探讨》,《历史教学》(津)2006年第8期。

量较少。在上海法租界永租土地,通常都需办理道契,但在该租界开辟初期的一段时间里,永租契送交上海道盖印的手续一度被该租界当局取消,这些租地契证即直接由法国总领事及公董局总董签发生效。此种没有上海道钤印的契证被称为领事署契、公馆契。在上海公共租界,租界工部局为市政建设的需要,如开辟道路或建造公共建筑,需拥有一些土地,后因改变计划,便将获取的部分土地转让他人,并由工部局负责人签订契约,作为执业凭证。此种契证被称为工部局契。

在天津,英租界工部局在该租界的扩充界内拥有大量土地,并于转租给各国侨民时颁发工部局契。该租界的工部局契最初是永租契。由于土地的永租方式在英国没有法律依据,该工部局拟将租期改为定期,便遭到租地人反对。为了既符合英国法律,又免遭租地人抵制,工部局签发租期达 999 年的契证,期满后承租人的财产继承人还有权续租 999 年。这些租期可达近 2 000 年的工部局契,实质仍是永租契。民国初期,曾任大总统的黎元洪在该租界内的部分地产,便以工部局契为执业凭证。[①]

在天津法租界,外国侨民向中国业主永租土地时由天津官府钤发永远租契。此后,他们将租得的土地转让给他人时,不再呈报中国官府,只需在法国领事馆注册立契,由该领事馆直接颁发契证。1900 年天津法租界扩展后,法租界当局也在扩充界内收购土地,随后公开拍卖,并由法国领事馆颁发契证。天津日、俄、意、奥等国租界,也仿行英、法租界办法,在转让已向中国业主永租或收购之地时,即由该国领事馆分别颁发永租契等契证。其中天津奥租界内原本有大量的中国居民,外国侨民则较少,在华人之间买卖土地时,双方在签立草约后就去奥国领事馆注册,该领事馆便颁发中国传统式样的契证。[②]

此外,因德国本土并无地契,除在 1901 年扩展的天津德租界新界中使用中国官府颁发的土地契证外,天津、汉口德租界当局都按照本国制

① 廖一中整理:《黎元洪部份房屋土地契约》,载中国社会科学院近代史研究所近代史资料编辑组编《近代史资料》总 62 号,中国社会科学出版社 1986 年版,第 183 页。
② 尚克强、刘海岩主编:《天津租界社会研究》,第 45、46 页;刘海岩:《并非仅仅是"道契"——租界土地制度的再探讨》,《历史教学》(津)2006 年第 8 期。

度,在领事馆内建立地政档案,凡是获取界内土地者,并不领取租契,而是在德国领事馆注册登记。在天津意租界,购地人除申领土地契证外,还须在意大利领事馆办理登记注册手续,办证与注册两者都是必备的手续。[①]

上述情况表明,不少租界内并存多种土地契证。在上海公共租界和法租界,并存道契和原有的田单、方单等,其中公共租界还有少量工部局契,法租界还有少量公馆契。在天津英租界,老租界有皇家租契,扩充界有工部局契,推广界有津海关道颁发、与上海租界道契类似之契,以及中国传统的土地契证等。在这些租界里,拥有多处地产者往往握有两种或更多种类的土地契证。

租界的土地契证仿照了西方国家立契方式,与中国传统的田单、方单、印谕、部照、县照、司照、芦课执照等土地契证有很大差异。因丈量不精确,田单等契证常有单大地小、单小地大等单地不符之弊,即实际的土地面积少于或多于地契上记载的面积。由于年代久远,有些契证已破烂不堪,被称作"烂单"。因兄弟分家析产等,有些契证被割成几片,被称作"割单"。有些契证原件已失落,后人另立一纸凭据,被称为"代单"。在土地所有权屡次转移后,契证上业主名字却未更改,因而无法依据契证来确定土地归属。有时还会有一地两单的情况。这种种契证都真伪难辨,在购买土地时,买主常需为确认其真实性而大费周折。一旦发生纠葛,涉讼经年,只能凭当地的保甲含混作证,地方官也难以作出正确的判决。租界土地契证无上述弊病。核发这些契证前,都由专业人员以西方测绘方法进行实地测量,使这些契证附有精确标明土地四至和亩数的测绘图。这些契证颁发程序周密,又在中外官署留有备份,易于验证,难以伪造,没有单地不符等弊,便于维护业主权益和地产交易,从而受到时人高度信任。正因为如此,在上海等地租界都出现了活跃的地产交易,即便是九江英租界等并不繁荣的租界,其界内地块也都频频换手。道契等租界土地契证还成为上海等地金融市场信誉度最高、流通性最强的信用工具。

目睹道契等租界土地契证的优越性,在上海等地租界内租地或购地

---

① 刘海岩:《并非仅仅是"道契"——租界土地制度的再探讨》,《历史教学》(津)2006年第8期。

的华人多不愿接受田单等传统契证,以免留下后患。尚未将土地永租给外国人的中国业主也往往自行将原有田单、方单等转换成租界的土地契证。其中有些单大地小的业主还意图于会丈之际,从邻地划补土地,扩展实际拥有的土地。单小地大的业主则意在明定界址,确保原有的面积,以免其土地被划补给转换道契的邻地。不过,租界的土地契证是中国官府发给外国租地人的契证,并不发给华人,于是,在上海租界有些华人就托名外商来申办道契。他们委托某一洋行,由该洋行出面请相关领事馆办理永租土地、领取道契手续。随后,该洋行将道契交给他们,并与他们订立名为"权柄单"的笔据,指明该地实系某人拥有。这些由外商挂名代领之契,被称为"挂名洋商道契"。"挂号"期间,中国业主每年须付给该洋行一笔"酬劳之资"。① 这些华人若将土地转让其他华人,买卖双方可一起去挂号的洋行,先由卖主将权柄单交出批销,再由该洋行另立新权柄单,连同道契交给买方,便可当场完成土地转让交割手续。此时,买卖双方只更换权柄单,不另换道契,俗称"小过户"。如果买方不信任原先的洋行,要在另一洋行挂号,须先小过户,再向原先的挂号洋行交纳一笔费用,要求"大过户"。新、旧两个挂号洋行便如同交易的双方,由新的挂号洋行向相关领事馆申请过户,转请上海道加批。最后,新的挂号洋行出具新权柄单,连同加批的道契交付中国租地人,从而完成大过户手续。②

在上海租界,华人本可自由买卖土地。为了取得道契,他们反而挂名洋商来承租本国土地,实属丧权辱国的怪现象。为了扭转此种局面,上海官府于 1898 年采用了发放华商道契的对策。从 1907 年起,上海商务总会承办了华商道契颁发事宜。凡华商在上海租界内买地,均由商务总会转请会丈局实地丈勘,画出测绘图,上海道于复核无讹后便钤发华商道契。拥有华商道契之地与拥有洋商道契之地享有同等优惠,除每年年租1 500 文外,概免税契等银两。华商道契发放范围,最初限于租界地区。未久,上海、宝山县境内靠近租界的地区,都被划为准转道契区域。由于

---

① 徐公肃、丘瑾璋:《上海公共租界制度》,载上海史资料丛刊《上海公共租界史稿》,第 211 页。
② 郭建:《道契研究》,载上海通社编《上海研究资料》,上海书店 1984 年重印本,第 122、123 页。

当时崇洋的风气甚炽,特别在民国时期社会动荡不安,能在上海拥有地产的华人都尽可能地托庇洋人,因此没有外国领事参与的华商道契其信誉不及洋商道契。租界内挂名洋商道契并未减少,在租界外准转道契区域内,华商反将华商道契作为请转挂名洋商道契的捷径。转成洋商道契后,这些土地再有买卖之事,当事人只需在商务总会注册过户,均可豁免在买卖土地时应缴的税项等。华商道契未能成为抵制挂名洋商道契的工具,反而减少了地方官府的应有收入。[①] 到民国年间成立上海特别市政府土地局后,该局于 1928 年下半年停发华商道契,并劝告国人不再领取挂名洋商道契。1930 年 1 月,该局接收会丈局后便停办华商道契转成洋商道契的手续。同年 8 月,该局又发出布告,指出挂名洋商道契"损及国土主权,玷辱国民体面","若查系本国人民托领者,一律停给,并予以相当之处分;至事后发觉冒领者,概不予以保护,以资警戒而重国权"。接着,该局又于 11 月 21 日发出布告,指出华商道契须于 12 月 1 日起的三个月内一律换成土地执业证,自布告之日起一年未换土地证者,该契地即收归市有。[②] 这样,华商道契被废止,挂名洋商再去领取道契则将受到政府的严厉惩罚。不过,对于过去已经发出的挂名洋商道契,市政当局仍无取缔的办法。

　　租界的土地制度的各个方面,包括特殊的土地永租制以及"国租""部分国租"等土地取得方式,开辟时由中外官员来确定地价的定价方式,"年租"之类的地税,道契、皇家租契之类的土地契证,都与华界有明显的差异。这些制度是租界成为"国中之国"的又一重要缘由。

①　郭建:《道契研究》,载上海通社编《上海研究资料》,第 122、123 页。
②　上海特别市土地局编:《上海特别市土地局年刊》,1930 年版,第 79、105 页。

第四章 立法

作为外国人在中国的居留、贸易区域,当地的立法权本应属于中国。然而,租界系"国中之国",其立法权基本被租界开辟国方面所掌控。中国官府主要通过订立开辟及扩展租界的中外约章,稍稍参与了对租界的立法。租界开辟国当局、驻华公使、领事等官员,租界纳税人会等机构以及租界工部局等行政机构,则都参与了对租界法规的订立。租界基本章程、行政规章等法规因而渗透西方法制理念,属于与中国传统法律不同的法系。

第一节 立 法 主 体

鸦片战争后,中英《江宁条约》等中外条约都未规定英、法、美等国对通商口岸的外商租地有制定法规之权。上海开埠后,上海道并未自主地为英商租地订立法规,而是与英国领事共同订立条款,并于 1845 年汇总成上海英商租地《土地章程》,其中规定,将来如需修订、增订条款,均应与英国领事随时会同酌定,遂使该领事取得对英商租地共同制定法规之权。1854 年,英、美、法三国领事擅自修订该《土地章程》,开外国领事对外商租地单独行使立法权之先例。1861 年,中英订立开辟镇江英租界约章,其中规定,划分界内土地等事务,"均照英国领事所定章程办理";接着,开辟汉口英租界的约章进而规定,界内划分地段、建造公路等一切事宜,全归英国领事专管,"随时定章办理"。① 随后,开辟九江、广州等地英租界

① 英国国家档案馆:FO 233/96,《上海土地章程》,道光二十五年十一月初一;FO 288/1030,中英镇江永租地基批约,咸丰十一年正月十四日;FO 93/23/19b,中英汉口永租地基租约,咸丰十一年二月十一日。

的约章都有类似规定,使英国通过中外约章获得对各地英租界独自订立地方法规之权。美、法等其他租界开辟国都享有片面最惠国待遇,因而也均沾同样的权利。此后,虽然租界法规的制定者仍包括中、外双方,就整体而言,租界的立法权已基本被租界开辟国方面所掌控。

在租界开辟国方面,租界开辟国当局、驻华公使、驻租界所在通商口岸的领事等官员,以及实际上由租界开辟国控制的租界租地人会或纳税人会和租界行政机构等,都参与了对租界法规的制定。

第一,租界开辟国当局。

第二次鸦片战争前,主要是在上海出现租界,上海租界的面积还不是很大,也不是很繁荣,尚未受到中外政府的高度关注。因此,第二次鸦片战争后,在开辟镇江、汉口、九江等地英租界时,中、英官员在划定租界界址后即订立开辟这些租界的约章,这些约章并未经清政府及英国驻华公使的先期批准。至甲午战争后,租界如同"国中之国"的特性已为中外人士共知,在中国开辟或扩展租界,已是列强不易取得的侵略权益。此时,尽管相关的中外约章中没有明文规定这些约章须经租界开辟国当局批准,事实上则不可能不经过它们的事先认可或事后批准。以甲午战争后日本在长江流域开辟的数个租界而言,其领事、公使与中方的交涉就全程处于日本政府的操控之下。①

法、日、意、德等国当局直接为其专管租界制定基本章程等法规。1866 年,法国外交部为上海法租界制定了基本章程《上海法租界公董局组织章程》。该章程成为各地法租界市政组织章程的蓝本。日本以天皇敕令和法律等形式制定了一批相关的法规,其中有颁行于 1900 年的《日本专管租界经营事务所官制》《在外帝国专管租界经营事务监督临时职制》《日本专管租界经营事务监督规定》《在外帝国专管租界特别会计法》,颁行于 1905 年的《居留民团法》,颁行于 1907 年的《居留民团法施行规则》等。1908 年,意大利政府颁行了过渡性的《天津意租界土地章程和总法规》等法规。德租界的《市政章程》,则由德国国会依据有关帝国法令来

---

① 李少军:《甲午战争后六年间长江流域通商口岸日租界设立问题述论》,《近代史研究》2016 年第 1 期。

制定,并由德国宰相颁行。[1]

另一些租界开辟国当局只对租界基本章程等行使审批及修订之权,并不直接为租界立法。英国当局只行使批准、修订或否决驻华公使所订租界章程之权。其中英国公使所订镇江、九江、汉口、广州等地英租界的《土地章程》等规章先后由英国国王或英国外交部批准或修订、批准。德国宰相不仅参与德租界基本章程的订立,而且要审批对这些章程的修订,如果修订涉及当地公共权力的权限,就要提交帝国国会批准。[2] 此外,英国等国当局还对经修订、增订的上海公共租界《土地章程》进行审批。

第二,租界开辟国驻华公使。

这些驻华使节都参与了批准开辟及扩展租界的中外约章,甚至直接订立此类约章。1861年开辟天津法租界的约章规定,该约章一式四份,其中一份存放于总理衙门,一份存放于法国驻华使馆,表明该约章系经清政府及法国公使批准。此后,开辟天津奥租界等租界的约章也都规定,约章一式五份,其中一份存放于该国驻京使臣之处。[3]《厦门鼓浪屿公共地界章程》还明确规定,中国官员与各国领事订立这一开辟该租界的中外约章后,须呈候中国外务部大臣与各国公使商妥;此后,如要增改该章程,也须经各国公使批准。1902年,开辟天津意租界的中外约章,则直接由意大利驻华公使与津海关道会订。

有些租界开辟国公使还拥有对租界基本章程的制定和修订权。1865年、1881年、1904年,英国枢密院在有关中国和日本的敕令中,都授权英国驻华公使为实现和平、秩序以及更好管治在华英国臣民,随时制定相关章程。[4] 经英国政府授权,英国公使自1866年颁行其制定的天津英租界

① *Gemeindeordnung für die Deutsche Niederlassung in Tientsin*, 1905,末尾附注。
② *Gemeindeordnung für die Deutsche Niederlassung in Tientsin*, 1905, § 44.
③ 天津档案馆、南开大学分校档案系编:《天津租界档案选编》,第101、438页。
④ "*China and Japan Order in Council*, 1865", *Local Land Regulations of the British Concession at Tientsin and General Regulations for the Tientsin Consular District*, 1866, Preamble; "*China and Japan Order in Council*, 1881", *Regulation Amending the Tientsin British Concession Local Land Regulations of 1866*, 1901; "*China and Japan Order in Council*, 1904", *Regulation Amending the Chinkiang British Concession Land Regulations of 1894*.

《土地章程》及其附则起,陆续为广州、镇江、厦门、汉口和九江英租界以及天津英租界扩充界制定《土地章程》及其附则。在此期间,英国枢密院又授权英国驻华公使,可废除或修订上述各种章程。此后,各地英租界《土地章程》及其附则被英国公使多次修订。意大利等国的驻华公使也参与了对本国专管租界相关章程的制定。

有些租界开辟国公使还有权批准或否决由当地领事以及租界租地人会或纳税人会及行政机构增订、修订的租界基本章程和行政规章。上海公共租界《土地章程》的迭次修订、增订,都报请驻华公使团审批。除厦门英租界外,其他英租界租地人会或纳税人会以及工部局董事会议增订或修订《土地章程》,都须经英国公使批准才能生效。在汉口俄租界,由工部局董事会议新订的《市政章程》附则,除仅与该工部局本身或其官员等人相关者外,均须在俄国领事、租界纳税人会批准后,再经俄国公使核准。[①] 在天津俄租界,工部局董事会议对《市政章程》附则的增订、修订,同样也须经俄国公使核准。[②] 厦门鼓浪屿公共地界工部局董事会议制定的行政规章,除了仅涉及工部局用人事宜等局内事务者外,在经厦门道与各国驻厦门领事商妥后,也须经中国政府及各国驻华公使批准。[③]

第三,租界开辟国领事等官员。

租界开辟国驻当地领事大多参与了开辟、扩展租界约章的订立。开辟天津德、日、比、奥等租界,杭州、重庆日租界等租界,以及扩展天津英、德、日租界,汉口英、法、日等租界时,这些国家驻当地领事或副领事均与中国官员谈判并会订约章。开辟厦门鼓浪屿公共地界时,日、英、美、德、法等九国驻厦门领事或副领事都参与立约。在有些通商口岸,开辟租界时尚未入驻领事,或已派领事不熟悉开办租界事务,租界开辟国因而另派驻其他口岸领事或熟悉此项事务的官员去谈判、立约。其中英国驻华使馆参赞与

---

① *Municipal Regulations and Bye-Laws of the Russian Concession at Hankow*,1903,Bye-Laws, Article 3.

② *Municipal Regulations and Bye-Laws of the Russian Concession at Tientsin*,1912,Item 14 of Article 10.

③ 厦门市档案局、厦门市档案馆编:《近代厦门涉外档案史料》,第300页。

照片4 租界制度的始作俑者之一，英国领事阿礼国

中国官员订立了开辟镇江、汉口、九江英租界的约章，德国驻上海总领事、日本署理上海总领事分别与中国官员订立了开辟汉口德、日租界的约章。

有些租界开辟国领事还参与制定或增订、修订当地租界基本章程等。驻上海、厦门的各国领事都有权参与对上海公共租界、厦门鼓浪屿公共地界基本章程的修订、增订及解释。在天津法租界等租界，法国领事也参与了市政组织章程的制定。在天津日租界，日本领事曾订立《日本专管租界临时规则》，作为该租界临时的基本章程。①

在很多租界，租界开辟国领事还行使制定或批准及修订租界行政规章之权。在各地英租界，英国领事都参与增订或修订《土地章程》附则，并大多对租界工部局增订或修订的附则有审批权。在汉口英租界，工部局制定的有关租界建筑和卫生等章程也须经英国领事批准。② 在各地法租界，工部局、公董局或公议局制定的路政、卫生等方面的行政规章，须由法国领事颁布后才能生效。同时，这些领事还径行制定不少行政规章，并以领事的命令、规定来颁行。在各地日租界，日本领事可通过领事馆令，制定有关居留民会、居留民团行政委员会的必要规定，并有权批准居留民会制定的民团条例、行政委员会制定的办事章程等。③ 在开辟厦门鼓浪屿公共地界时，相关的各国领事还参与了对该租界附则的制定。

第四，租界租地人会或纳税人会。

公共租界和各国专管租界大多参照其开辟国的市政制度，建立租地

---

① *Règlement Municipal de la Concession Française de Tientsin*，1908；[日]植田捷雄：《支那租界研究》，第 322 页。
② *Land Regulations and Bye-Laws of the British Concession at Hankow*，1902，Article 22.
③ 《居留民团法施行规则》（1907 年），第二十九、三十、三十七、四十七、六十七条。

人或纳税人会议制度,来讨论和决定有关租界的重大事项。在上海公共租界,最初召集外国租地人会,与会者为在租界内租赁土地的外国人,后来扩大至外国纳税人,即是增加了租赁界内房屋并缴纳一定数量市政捐税者,租地人会便改称为纳税人会。此后,各租界也陆续将租地人会扩大为纳税人会,或一开始就召集纳税人会。在天津英租界,虽然召开的是纳税人会,但仍在很长的时期中称之为租地人会。在汉口、天津俄租界等租界,这一机构被称为"公众会""市政管理者大会";在天津、汉口等地日租界则被称为居留民会。在部分租界,华人可以与会,并有投票权。

有些租界的租地人会或纳税人会有权修订租界基本章程及行政规章。其中上海公共租界纳税人会在事实上行使了增订、修订《土地章程》之权;天津德租界《市政章程》则明确规定,该租界纳税人会有修订租界基本章程之权。在更多的租界,租地人会或纳税人会可订立或审批行政机构所订立的行政规章。各地英租界的纳税人会或有增订、修订《土地章程》附则之权,或有批准、否决租界工部局所订附则之权,或是兼有上述两种权利。在天津德租界,纳税人会有制定有关租界治安等章程之权。[①] 在天津、汉口等"发达"的日租界,居留民会可制定民团条例即各种行政规章。[②] 在汉口俄租界,工部局董事会议新订的大部分《市政章程》附则,必须经纳税人会批准。天津俄租界的纳税人会也有类似的职权。[③]

租地人会或纳税人会要增订、修订租界基本章程或订立、批准行政规章,出席会议者通常须拥有全部投票权的三分之二以上,并须在赞成票达三分之二以上时才能通过议案。其中多数议案还须经本国领事甚至驻华公使批准才能生效。

第五,租界行政机构。

各租界行政机构也都参与租界立法。在多数租界,行政机构是市政委员会即"工部局"。在天津、汉口等地日租界,其行政机构则被称作"居

---

① *Gemeindeordnung für die Deutsche Niederlassung in Tientsin*,1905,§9,44.

② [日]植田捷雄:《支那租界研究》,第 726 页。

③ *Municipal Regulations and Bye-Laws of the Russian Concession at Hankow*,1903,Bye-Laws,Article 3;*Municipal Regulations and Bye-Laws of the Russian Concession at Tientsin*,1912,Item 14 of Article 10.

HANKOW LAND RENTERS' MEETING.

Minutes of a Meeting of Land Renters, called by Circular to audit accounts, in accordance with Regulation V., held at H. B. M's Consulate, Hankow, the 24th of January, 1870.

Present :—H. B. M's Consul in the Chair ; Messrs. H. Ramsay, W. G. Gordon, J. H. Evans, W. H. Harton, H. Cope, W. W. King, A. Dawbarn, A. G. Reid, M. R. Mackellar, J. M. Ringer, and F. Major.

The Minutes of the last Annual Meeting, held on 13th January 1869, were read and adopted.

The Accounts were then handed round. Mr. Ramsay then read the Report of the Council for the year 1869.

Mr. KING proposed—

"That the Accounts, as read, be passed."

Seconded by Mr. HARTON, and carried.

Mr. RAMSAY mentioned that the New Land Regulations having come into operation, a Committee of Land Renters for the present year had been elected in accordance with their provisions, consisting of Mr. Maxwell, Mr. Joseph and himself. He thought it desirable that such a Committee should be appointed before the Annual Meeting, in order that they might audit the Accounts of the past year, and be prepared to lay a scheme of taxation before the Land Renters at the General Meeting. Mr. Joseph was absent ; and Mr. Ramsay much regretted that illness prevented his colleague, Mr. Maxwell, from being present to-day, but might mention that he fully concurred in the scheme now laid before the Meeting. The Accounts, which have just been passed, show a balance, after paying all Bund repairs that will be necessary, of Tls. 2,120, of which we propose to deposit Tls. 2,000 at interest, to meet any unforeseen emergency ; and carry a balance to the new year of - - - - - - - - - - Tls. 120

We propose to reduce House and Land Tax one half, which would give for the current year - 1,140

Also to reduce the Bank contribution from Tls. 150 to Tls. 100 each, which would give - - 300

And to collect Wharfage Dues as before, a very moderate estimate of which would be - - 2,200

Estimated Income - - - - - - - Tls. 3,760

The Estimated Expenditure would be—

Police, with two extra constables - - - - - - - - Tls. 1,450

Lighting, with double the present number of Lamps - - - - - 260

Incidental expenses, including Secretary's Salary - - - - - 200

Roads—a very full allowance - - - - - - - - - 500

Leaving a balance for Bund repairs of - - - - - - - 1,350

Tls. 3,760

And, with a view of ascertaining the wishes of Land Renters, he would propose—

"That House and Land Tax, including Messrs. Macgregor & Co's. License, be reduced one half ; and that the Bank contribution be reduced from Tls. 150 to Tls. 100 each."

Seconded by Mr. KING.

Mr. J. H. EVANS said that, if it were likely any extensive repairs would be needed for the Bund, Tls. 2,000 would not be enough : but

Mr. RAMSAY mentioned that Mr. Assiter had held a survey on the Bund, and did not think that there was a likelihood of such being necessary. Also, that an estimated balance of Tls. 1,300 was shown, besides the deposit of Tls. 2,000 and interest thereon.

Resolution carried unanimously.

Mr. RAMSAY also mentioned that the Taoutai had been applied to for a sum of Tls. 2,000 per annum, to support the Police and repair the back road, which was not taken into account. Although he had spoken to Sir Rutherford Alcock on the subject, and had been told that the Taoutai had received instructions from Peking on the subject.

The CHAIRMAN mentioned that the Taoutai had positively refused to pay anything ; and that it would now become a matter for reference.

Mr. RAMSAY proposed—

"That a Foot path should be made along the water facing of the Bund."

Seconded by Mr. J. H. EVANS, and carried.

Proposed by Mr. J. H. EVANS, and seconded by Mr. DAWBARN,—

"That Ponies be allowed to walk on the Bund."—Lost.

照片 5　汉口英租界 1870 年初举行的租地人会会议记录

留民团行政委员会"。上海公共租界工部局曾特设修改章程委员会来修订、增订《土地章程》及其附则。该租界和厦门鼓浪屿公共地界工部局还被授予随时增订行政规章和修订旧规章之权,只是除了仅与局务相关的规章外,其他行政规章的增订或修订均须经相关的中外官员和租界纳税人会批准。① 各国专管租界的行政机构都订有诸多行政规章。在有些英

① 王铁崖编:《中外旧约章汇编》第 1 册,第 295 页;厦门市档案局、厦门市档案馆编:《近代厦门涉外档案史料》,第 300 页。

租界、俄租界,工部局增订或修订的附则及行政规章,如果仅与工部局及其官员或工作人员有关,订立后即可生效。在有些英租界,由工部局增订或修订后即可生效者,扩大到只涉及建筑、卫生等方面事务的行政规章。在天津英租界扩展界的工部局与老租界工部局合并前,该工部局于形势需要时,经英国领事批准,可先行颁布和实施由其订立的临时附则,暂停、修订现行附则,并随后请纳税人年会或特别会议批准;临时附则或对现行附则的中止、修订如被纳税人会投票否决,在工部局董事换届前不得重复同一行动。[①] 法租界的选举人会没有立法权,其行政机构的立法权也十分有限。根据各地法租界市政章程的规定,上海法租界公董局、天津法租界公议局、汉口等地法租界工部局只能制定有关路政、卫生等方面的行政规章。[②]

不少租界行政机构还常设多个委员会,分工办理各种政务。在有些租界,这些委员会也制定或起草行政规章。在上海公共租界,警备委员会负责巡捕房和执照发放、吊销等事务,并负责制定、修订相关行政规章。

中国稍稍保留了对租界的立法权。中国政府、租界所在地地方官员和设在上海等地租界内的会审公堂都对租界立法略有参与。下面分别论述。

第一,中国政府。

中国政府对开辟及扩展租界的中外约章行使批准之权。第一次鸦片战争后以及第二次鸦片战争后的很长一段时间里,清政府尚未认清租界对中国主权的危害,并未高度关注英、法等国在通商口岸开辟租界的行动。19世纪80年代后,清政府已不贸然允准外国开辟、扩展租界。开辟、扩展租界的交涉已是清政府重大的外交事务,因而相关约章都事先经清政府批准。例如,开辟天津日、意、奥等国租界的约章,都在双方签署之

---

① *Land Regulations of the British Municipal Extension*, *Tientsin*, 1898, Article 20.
② 〔法〕梅朋、傅立德:《上海法租界史》,第 279 页;*Règlements d'Organisation Municipale*, *Concession Française de Hankéou*, 1898, Article 9;*Règlement Municipal de la Concession Française de Tientsin*, 1908, Article 18。

前预先经总理衙门或经外务部核准。特别是订立于 1902 年 2 月 6 日的开辟天津比租界的约章还明确指出,该约章经北洋大臣具奏,再由外务部核准复奏,并已于 1901 年 12 月 15 日"奉朱批:依议"。[①] 这些约章中多有若干关于租界行政、司法等方面的规定,包括界内是否设立会审公堂等,因而中国政府通过这些约章稍稍介入了对租界的立法。

中国政府对上海公共租界基本章程的增订、修订,对厦门鼓浪屿公共地界基本章程及其增订、修订,拥有批准之权。1845 年上海英商租地《土地章程》及 1854 年上海《土地章程》均未规定,这些章程须经中国政府批准。1869 年,上海公共租界《土地章程》增添条款,规定将来修订、增订、解释该章程,即由各国领事与中国地方官员会商,并必俟各国公使及中国政府批准,方可定规。[②] 实际上外国公使等未将该章程送交清政府批准,清政府也不重视这一权力。1897 年,该租界工部局担心该章程合法性,请求公使团将其送交总理衙门追加承认。公使团认为,该章程施行年代已久,效力不成问题,故无须与总理衙门相商。次年,公使团将经过又一次修订的上海公共租界《土地章程》送交总理衙门,总理衙门始终未作答复。1899 年,上海公共租界大扩展,租界纳税人会随即通过对《土地章程》英文本第一款即有关租界界址的相应修改,并随后获得领事团和公使团批准。因清政府未有回应,该章程中文本第一款起初未同步更改。此后,中国政府的态度有所变化。1907 年,清政府批准了新增的有关业主需分担筑路费用的条款;1918 年,北洋政府又批准了有关纳税人年会会期条款的修订。[③]

《厦门鼓浪屿公共地界章程》由福建官员与各国驻厦门领事拟订于 1902 年,其中规定,此章程最后须奏请中国朝廷批准,修订、增订与解释该章程,最后也须呈请各国公使和中国政府批准。未久,这一章程便得到清政府批准。此外,该基本章程还规定,该租界工部局董事会议制定的行

---

① 天津档案馆、南开大学分校档案系编:《天津租界档案选编》,第 190、396、439、475 页。
② 王铁崖编:《中外旧约章汇编》第 1 册,第 299 页。
③ 蒯世勋编著:《上海公共租界史稿》,载上海史资料丛刊《上海公共租界史稿》,第 449、455、458 页。

中国租界通史

政规章,除了仅涉及工部局用人事宜等局内事务者外,最后也须经中国政府及各国驻华公使批准。[①]

第二,中国地方官员。

开辟、扩展租界的中外约章,都由中国地方官员与租界开辟国官员共同订立。在上海、厦门、天津等地,订立此类约章的中方官员,以管辖当地的道员或海关道为主。开辟天津德、日、比、意、奥租界,汉口德、俄、法租界,杭州日租界,重庆日租界,厦门鼓浪屿公共地界等租界时,订立中外约章的中方官员都是当地的道员,或由道员领衔。在两次扩展天津英租界,以及扩展天津日、德租界,汉口法、日租界等租界时,订立中外约章的中方官员也都是当地的道员等官员。有些租界的约章系由官阶较低的官员来订立。开辟镇江英租界时,因署常镇通海道尚未抵达,镇江知府、丹徒知县奉命代替他与英方谈判、立约。1893 年扩展作为上海公共租界组成部分的上海美租界时,署理上海知县等人虽草拟了约章,但该约章仍须经上海道签字才能生效。也有一些官员的官阶高于道员。订立开辟汉口、九江英租界和天津法租界的中方官员,分别是湖北布政使、江西布政使和三口通商大臣。开辟广州英租界时,因广州处于被英法联军占领状态,开辟该租界的约章甚至由两广总督与英国领事会订。此外,有些约章在呈请清政府批准之际也分别经当地的封疆大吏如两江总督、湖广总督、直隶总督核准。

中国地方官员也参与公共租界基本章程直至其附则即行政规章的制定等。上海公共租界《土地章程》的前身,即上海英商租地《土地章程》,系由上海道与英国领事共同订立。该章程规定,对其修订、增订及解释,均由中、英官员随时会同酌定。1854 年,经英、美、法国领事修订的《土地章程》规定,要修订、增订该章程,三国领事须先与上海道会商,再呈请三国公使和管理五口通商事宜的两广总督批准。事实上,此次修订外国领事并未事先与上海道会商,也未呈请两广总督批准,只是事后征询了上海道的意见。至 1869 年再次修订该《土地章程》时,外国领事仍未事先与上海

---

① 厦门市档案局、厦门市档案馆编:《近代厦门涉外档案史料》,第 300、303 页。

道商议。如此做法违反了这一章程,使该租界工部局和驻沪领事团承认新章程有合法性问题。1902 年,驻沪领袖领事将再次修订的章程送交上海道,转询南洋大臣刘坤一的意见。刘坤一答复,他从未顾及此事,故现亦不欲过问,从而放弃了中国官府的权力。开辟厦门鼓浪屿公共地界的中外约章即是该租界基本章程,福建地方官员参与了该章程的订立,并有权参与对该章程的增改和解释。同时,这些官员还参与订立了该租界的附则。[①]

第三,租界会审公堂。

在上海、厦门等地的租界,有中国设立的中外会审公堂。中国地方官府历来有地方立法权,这些会审公堂也常常通过公堂的告示来发布约束租界内华民行为的行政规章。这些告示有些是传谕上级官府的旨令,有些是颁行因租界当时的实际需要而自行制定的规范。1869 年,上海公共租界会审公堂成立未久,该公堂委员,即中方委派的主审官,便经常发布取缔有关界内妓院等事项的告示。此外,该公堂发布不少告示的目的是使地方法规与租界的规章接轨。由于随地便溺、倒提鸡鸭、随意燃放鞭炮等行为违反租界的规章,但并不违反中国法律,中国官员不能因中国百姓在中国土地上违反外国人制定的章程而予以惩罚。于是他们就根据租界章程,或根据租界当局要求,通过官府的告示,将租界的规章也变为中国的地方法规,从而使此种惩罚合法化。然而,会审公堂的立法权很快受到外国领事和租界当局的限制。在上海公共租界,从 1876 年起会审公堂的告示一度须经工部局盖章,未经此种手续的,就会被租界巡捕撕去。经交涉,中方与领事团商定,中国官府的告示须经领袖领事签字,再送交工部局,由租界巡捕单独或会同中国差役一起张贴。此后,还发生过已经领袖领事签字的告示,工部局仍拒绝张贴的情况。[②]

这些事实表明,租界的立法权已基本被租界开辟国方面侵夺。除了通过与外国领事等官员共同订立开辟租界的中外约章而对界内事务有所

---

① 《鼓浪屿公共地界田地章程后附规例》。
② 蒯世勋编著:《上海公共租界史稿》,载上海史资料丛刊《上海公共租界史稿》,第 403、404 页;上海市档案馆编:《工部局董事会会议录》第 8 册,第 690 页。

规范外,中国政府及中国官员只是可参与对上海、厦门两个公共租界的基本章程直至其附则的制定及修订等,并在设有会审公堂的有些租界内可制定一些行政规章。此外,租界特别是专管租界的立法权都被外国人掌控。这样的事实便是租界作为"国中之国"的特征之一。

第二节　中 外 约 章

大多数租界在开辟及扩展之时,都由中外官员订立相关的约章。这些中外约章除确定租界界址或扩展范围以及界内地税等事项外,对租界或扩展区域内司法、土地、税收、市政、环境等方面事务也有所规范。

在1843年上海开埠后,上海道与英国领事于开辟上海英商租地时并未订立中英约章,而是逐步商定其界址及相关规定,由上海道以告示形式陆续公布,并最终将它们汇总成上海英商租地的《土地章程》。随后开辟的上海美国人租地和上海法商租地同样没有订立中外约章。在厦门,兴泉永道则与英国领事互换照会,来确认厦门英商租地的开辟。第二次鸦片战争后,自1861年初开辟镇江英租界起,除了开辟天津美租界、扩展天津法租界等少数例外,进行中外谈判,并订立相关约章,成为开辟、扩展租界的惯例。

在这些开辟、扩展租界的中外约章中,涉及租界立法的约章较少,对界内司法制度有所规范的约章则为数不少。自甲午战争后至八国联军侵华战争后,清政府允准在汉口、苏州、杭州、重庆、厦门等地新辟的租界实行租界特有的中外会审制度。其中开辟汉口德租界的约章规定,界内查照上海成案,设立会审公堂,华人欺凌有约国商民或在界内违犯租界章程,由中国官员与德国领事或其所派官员会审,如谳员定案不合,可由领事照请江汉关监督再行覆讯。开辟厦门鼓浪屿公共地界的约章规定,界内设立会审公堂,派委历练专员驻理。界内华人干犯捕务章程,或有民事纠纷,均归该公堂审办;华人为被告的民事、刑事等案件如涉及外国人,均由该国领事或由其派员来公堂与中国委员会审。1914年订立的推广上海法租界条款又规定,将上海法租界会审公堂的管辖范围扩大到推广区域,当地华人的民事、刑事案件均由该会审公堂审判。① 开辟汉口德、日租界的约章还规定,"无约国人"及无国籍的外国人在该租界内与华人涉讼,中国官员也应在该租界内进行审判。特别是开辟苏州、重庆日租界和厦门鼓浪屿公共地界等租界的约章还明确地指出,界内的会审公堂是由中国设置的司法机构,指明了这些混合法庭的属性。开辟汉口德租界的约章还强调,这一会审公堂等官署要建在界内仍归中国国家的官地之上。② 同时,有些约章还对租界内的拘捕、交犯等司法制度有所规定。第一次扩展天津英租界的约章规定,津海关道向扩充区域饬派租界委员。租界巡捕可拘捕扩充界内违规犯法的华人,将他们送交该委员转交津海关道惩办,但不得将他们径送设在老租界的巡捕房管押。在三年期限内津海关道及天津知县出票派役拘拿扩充界内华人,租界巡捕不得干预。开辟天津日租界的约章规定,中、日双方在该租界预备租界内公设会缉捕局,华人在该租界内犯事,由该局派差捕拿送至中国官员处审办;中国官员票传、票拘该租界内的华人,也由该局派差捕持票送日本领事阅悉后带同原差将人犯拿送到案。犯事的华人进入预备租界也由该局查拿,"其零星细事无关罪名者",即由该局"秉公了结"。③ 开辟厦门鼓浪屿公共地界的约章规定,对于逃入界内的刑事犯,租界巡捕在拿获后应即送交界外的中国官府审判。开辟天津比租界的约章则规定,如有中国罪犯逃入界内,中国官员可按照别国租界拿犯章程,知照比国领事照章办理。④

租界开辟国及其国人如何获取租界土地,这些土地的地价及应缴的地税等,都直接关系双方国家和当事人的权益,因而很多中外约章都对有关租界土地的事务有所规范。这些约章确定了各租界实行的是何种租地方式。开辟镇江英租界的约章规定,该租界实行"国租":界内土地"永租与英国",由英国驻镇江领事"分为官、商建造署、栈之用"。开辟天津意租

---

① 王铁崖编:《中外旧约章汇编》第 2 册,第 1031 页。
② 徐焕斗:《汉口小志》,附外国人居留地第 5、19 页。王铁崖编:《中外旧约章汇编》第 1 册,第 691 页;第 2 册,第 4 页。厦门市档案局、厦门市档案馆编:《近代厦门涉外档案史料》,第 302 页。
③ 天津档案馆、南开大学分校档案系编:《天津租界档案选编》,第 10、11、195 页。
④ 天津档案馆、南开大学分校档案系编:《天津租界档案选编》,第 475 页。

界的约章规定,该租界实行"民租":意国商民可随时公平购买界内各产业,所有房地之价,由他们自行与业主商议。开辟重庆日租界的约章规定,该租界实行"民向国租":界内所有地基由中国地方官向业主收买,照章交与日本商民永远承租。① 这些约章约定了各租界地税的种类、数量、纳税的方式和期限。其中开辟九江英租界的约章规定,每年四月以内英国驻九江领事须将本年度应完地丁、正耗、兵米折价共银一十八两五钱三分五厘,遇闰年一十九两三钱八分四厘,如数清缴德化县查收。② 为了防止中国业主抬高地价、外国商民肆意压价,很多约章对开辟之际的租界地价作了具体规定,或确定了地价标准,还规定了无偿让与之地的范围。开辟重庆日租界的约章规定,界内土地分为三等,租价为上等地每亩 150 银圆,中等地 145 银圆,下等地 140 银圆,"永以为率"。开辟天津意租界的约章规定,界内一切官地中国均无偿让与意国,无主之业或不知业主之业在意国官员出示 12 个月后仍"无人投报",租界工部局可将该业"充公"。③ 有些约章则对每人在租界内的租地数量作了限制。开辟苏州日租界的约章规定,界内土地,每人至多只能租六亩,至少须租二亩,拟租六亩以上者,须先禀请日本领事查明,再照会中国官员核办。有些约章还对租地人的国籍作了限制。开辟苏州、杭州等地日租界的约章都规定,界内地基只准日本人租赁,华人和别国之人都不得租赁土地。④ 有些约章又规定,租界内某些地块可不出让。开辟天津德租界的约章规定,德国不会动用界内中国的博文书院、官栈、官栈旁义园寄存灵柩之所和浙、闽、粤义地等地段。扩展该租界的约章又规定,界内中国官办的俄文学校也将"留归中国自用"。⑤ 还有些约章规定,中国政府在必要时有权收回租界内的部分土地。开辟汉口法租界的约章规定,如日后中国在界内"开办铁路须

---

① 英国国家档案馆:FO 228/1030,中英镇江永租地基批约,咸丰十一年正月十四日;天津档案馆、南开大学分校档案系编:《天津租界档案选编》,第 398 页;王铁崖编:《中外旧约章汇编》第 2 册,第 2 页。
② 英国国家档案馆:FO 93/23/19b,中英九江永租地基租约,咸丰十一年二月十五日。
③ 王铁崖编:《中外旧约章汇编》第 2 册,第 2 页;天津档案馆、南开大学分校档案系编:《天津租界档案选编》,第 397、398 页。
④ 王铁崖编:《中外旧约章汇编》第 1 册,第 677、691、692 页。
⑤ 天津档案馆、南开大学分校档案系编:《天津租界档案选编》,第 162、163、173 页。

用地基",仍准照原价让还土地,租地人不得"借词不允"。①

合理地减轻租界内华人的市政捐税负担,是一些中国官员在谈判时取得的若干成果,相关的中外约章因而对租界市政捐税的征收也有所约定。这些规定主要是限定租界内可免缴房捐等市政捐税的范围。1893年扩展上海公共租界的约章规定,对当地华人原业户向来拥有并自住的一切房屋,以及在华人原业户土地上离道路或应筑之路较远并无利益可得的一切新旧房屋,工部局概不收房捐;对仍在耕种、由华人原业户拥有的农田,工部局也不收地捐;对中国官府登记在册的三官塘、下海庙、鲁班殿、天后宫、净土庵,工部局也都不拟征收捐税。② 开辟天津德租界的约章规定,该租界内的南洼碱河仍由中国官府管辖、疏浚,对往来船只及其上下货物,该租界工部局不收费用。开辟天津日租界的约章规定,中国漕米船,官船,税、厘两卡查验之货船,原有巡船及工程局物料船都可在该租界的海河河岸停泊,并不需缴纳码头捐等。③ 开辟重庆日租界的约章规定,位于界内的沿江岩坎和岩坎下沙滩为华人往来必由要道,以及船只往来纤路必经之处,华人在那里上下行走、系泊船只、暂放货物,"不得派捐限制"。④ 个别约章还对租界市政捐税的捐率作出具体规定。开辟厦门鼓浪屿公共地界的约章便规定,工部局对进口货物征收的码头捐不得超过货值1%的四分之一即 0.25%。⑤

租界的道路、码头、水利等市政设施不仅关系其本地的建设和生活,还会直接影响到毗邻的华界,因而很多中外约章对租界的市政建设也有所规范。其中不少约章都有关于租界内码头建设的规定。开辟汉口德、俄、法、日租界以及重庆日租界的约章都规定,租界当局准备在界内沿长江地段建造码头,须先与当地海关监督商议,确定是不妨碍华、洋商船往来之处,方可动工兴建。开辟天津比租界的约章规定,该租界将让出沿海河 100 米的地段,作为靠近大直沽庄的码头,各种船只在该码头停泊及上

---

① 《汉口租界志》编纂委员会编:《汉口租界志》,第 523 页。
② 王铁崖编:《中外旧约章汇编》第 1 册,第 563 页。
③ 天津档案馆、南开大学分校档案系编:《天津租界档案选编》,第 163、192 页。
④ 王铁崖编:《中外旧约章汇编》第 2 册,第 1 页。
⑤ *Land Regulations*(of Kulangsu),1902,Article 2.

下货物,租界当局概不征收码头捐及各种费用。[①] 不少约章也有关于租界道路建设的规定。开辟天津法租界的约章规定,租地人须在所租地块前后分别留出三丈和二丈五尺地段作为公共道路。开辟汉口德、俄、法等国租界的约章都规定,界内新建的房屋如占用旧有官街、公路,就应另行留出街路地基,并如法修建。开辟天津日租界的约章规定,界内原有庙宇以及墓地如妨碍开辟马路,可设法移迁;对实难移迁者,则可让马路绕道。[②] 还有些约章对租界的水利建设等也有所规定。开辟苏州等地日租界的约章规定,租界当局另开道路,"凡于彼此人民、水利有关之处",须与中国官员妥商办理。开辟重庆日租界的约章规定,凡涉及水利、行船的所有工程,租界当局均须与中国官员商定后再行办理。1893 年扩展上海公共租界的约章则规定,工部局如拟填塞扩展区域内的河道,须先与中国官府商议;苏州河不在租界范围,其水利仍归中国官员经管。[③]

在租界中对环境、治安、卫生等事务有一些在华界中所无的要求,为了使华人遵行、中国官员配合,有些中外约章对相关事务也有约定。其中有些规定涉及界内居住环境的安全。例如,开辟杭州日租界的约章规定,界内不准建造草房、下等板屋,以免引火贻害他人。界内也不准收藏、偷运炸药等危险物品,如因工作必须使用炸药等物,须事先开单呈报日本领事,经税务司查明后"方准起岸",并应从速用完。开辟苏州日租界的约章也有类似的规定。[④] 第一次扩展天津英租界的约章规定,中英官员应妥商善法,限期封闭界内所有娼寮、赌馆及其他不守规矩、伤风败俗的场所。第三次扩展天津英租界的约章规定,租界工部局可立即封闭推广界内的娼寮等场所,或在发现房舍中藏有盗贼等人时即派巡捕入内搜查。另有一些规定涉及界内的环境卫生。开辟天津日租界的约章规定,该租界西南隅可开掘一沟,以便引用界外的清水,以利于界内居民"保养身体"。开辟汉口日租界的约章规定,界内不得增建坟墓,埋葬棺木。第一次扩展天

---

① 徐焕斗编:《汉口小志》,附外国人居留地第 5、8、11、18 页;王铁崖编:《中外旧约章汇编》第 2 册,第 2 页;天津档案馆、南开大学分校档案系编:《天津租界档案选编》,第 474 页。
② 天津档案馆、南开大学分校档案系编:《天津租界档案选编》,第 100、191 页。
③ 王铁崖编:《中外旧约章汇编》第 1 册,第 563、691 页;第 2 册,第 2 页。
④ 王铁崖编:《中外旧约章汇编》第 1 册,第 677、692、704 页。

津英租界的约章规定,界内没有租借给外国人的华人土房与污秽房屋,须在三年内一律拆除,或按照租界章程予以改建。第三次扩展天津英租界的约章规定,界内有碍于卫生的积水坑沟,业主必须设法填平;倘业主无力措办,则可出售或抵押土地,由工部局代为填平。[①]

在谈判开辟或扩展租界之时,势必要涉及华人能否在租界内居住、租地,后来还涉及华人能否参与租界的一些政务等,因而不少中外约章中还有这方面的内容。其中有些约章不仅禁止华人租赁租界内土地,还禁止华人在界内居住。开辟汉口俄、法租界的约章都规定,不准华人在"租界内建造房屋并居住"。扩展汉口英租界的约章也有类似规定。另一些约章允准华人入居租界,但仍禁止华人租赁土地。开辟杭州、汉口等地日租界的约章都规定,中国"无身家之人"不得在界内居住,或开设店铺、行栈,违者分别惩办;殷实体面、品行端正的华人则可在界内居住、营业,但"只准居住,不得租地"。还有些约章允准华人在租界内居住,并获取或保留界内土地。开辟天津意、奥租界的约章都规定,"租界内准中国人置地居住"。扩展天津日租界的约章规定,华人遵守租界规则,即准在扩展界内居住,所有房屋、地基仍准作自有之产;唯遇各种公用所需时,须按照"公平价值"出让土地。少数约章还订有关于华人参政的条款。第一次扩展天津英租界的约章规定,该扩充界内的中国业主如有家资,并"捐资以供修治道路等费",即缴纳市政捐税,"遇有公议事件"亦可一体随众会议,即可参加租界的纳税人会议。第三次扩展天津英租界的约章规定,该推广界内的华人业主有家资者,遇有公议事件亦可与"各西董"一体会议,即参与商议当地的政务。开辟厦门鼓浪屿公共地界的约章还规定,厦门道可委任当地一至二位殷实、妥当绅士为工部局局员即董事,承担工部局董事应办之事。[②]

开辟重庆日租界等少数租界的中外约章还有些较为特殊的规定。重庆日租界位于王家沱,位置偏僻,日本人多不愿入居,因而该约章允准一

---

① 天津档案馆、南开大学分校档案系编:《天津租界档案选编》,第 10、19、20、191 页。

② 天津档案馆、南开大学分校档案系编:《天津租界档案选编》,第 10、20、199、398、437 页;厦门市档案局、厦门市档案馆编:《近代厦门涉外档案史料》,第 299 页。

定数量的日商及其行栈可暂不迁入日租界。在该租界开辟初期，日本商人可与西方国家的商人一样，暂居重庆城内，但日商超过 20 人、行栈超过 10 家时，逾数的日商须立即迁往日租界。至中国官员在当地修建海关新关，所有日商须与其他外商一并迁往王家沱。如果中国官员允准更多的西方商人及行栈在城内居住及营业，日商也可一体办理。[①]

　　这些中外约章的有些规定后来没有实施或被变更。苏州、杭州、重庆三地日租界一直人口稀少，因而中国政府始终没有在这些租界内设立会审公堂。汉口英、法租界等租界后来都放弃不允许华人在界内建造房屋并居住的政策，建造供华人居住的房屋，准许华人入界居住。天津德租界当局也违背不动用界内闽、粤义地的约定，坚持要租用这一地段。[②] 有些租界开辟国或租界当局还恶意违反约章的条款。例如，因意方占用租界内中国盐商堆放食盐的盐坨，所以开辟天津意租界的约章规定，意大利将

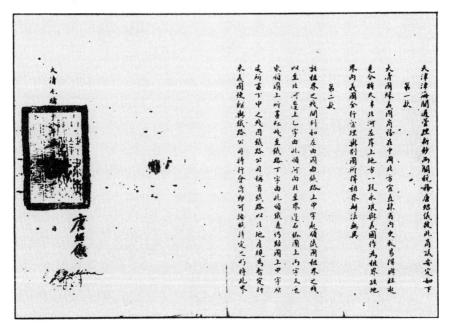

照片6　中、意有关开辟天津意租界的约章

① 　王铁崖编：《中外旧约章汇编》第 2 册，第 4 页。
② 　中国第一历史档案馆：《天津租界档案史料选》，《历史档案》1984 年第 1 期。

全额赔偿盐商在界外重修盐坨的费用。结果意方食言,在拖欠多年后只肯支付一万两,即全部费用的七分之一。中国盐商起初一直以拒领的方式来进行抵制,直到清王朝覆亡后才被迫就范。[①]

第三节　基　本　章　程

租界基本章程主要规范租界立法、行政等方面的基本制度。除《厦门鼓浪屿公共地界章程》等个别租界的基本章程由中外会订外,绝大多数租界的基本章程都由租界开辟国当局制定,或授权驻华公使制定或经其批准。租界租地人会或纳税人会以及行政机构等制定租界行政规章,都要以基本章程为依据。租界基本章程大体可分为《土地章程》、《市政章程》、综合章程、《居留民团法》等四类。

第一类,《土地章程》。

公共租界以及英租界等租界的基本章程采取此种形式。《土地章程》包括对当地立法、行政等制度的规定,并几乎都有关于土地制度以及关于建筑、治安、卫生等方面的规定。《土地章程》之后还都有多款直至数十款附则。

上海英商租地的《土地章程》是租界《土地章程》的始作俑者。该章程又被称作《上海租地章程》,起初有 23 条,公布于 1845 年。除租赁土地、退租、转租、押租、年租等有关土地制度的规定外,该章程还有修筑道路、码头、桥梁、沟渠、市场等有关市政建设的规定,禁止在界内打弹、射箭、搭盖草棚等易燃房屋、擅自收藏火药等危险物品等有关社会治安的规定,不得堆积污秽、溢出沟水等有关环境卫生的规定,还有别国商民在界内租地建房或租屋居住、贮货等都应先经英国领事允准等有关英国领事在当地拥有一些行政管理权的规定等。[②] 未久,该章程增补一条:除英国国旗,英商租地内不得悬挂其他外国国旗。

1854 年,在上海租界形成之际,经英、美、法领事擅自修订,经三国公

①　天津档案馆、南开大学分校档案系编:《天津租界档案选编》,第 397、406、407 页。
②　英国国家档案馆:FO 233/96,《上海土地章程》,道光二十五年十一月初一。

使批准,后又得到上海道认可的《土地章程》共 14 款。其中规定,上海英商、法商租地统一行政,每年初由他们共同召集界内租地人会议,议决有关通过征收土地、码头等项捐税,以支付建造、修理、清洁道路、码头、沟渠、桥梁及点燃路灯、设派更夫或巡捕等事项所需经费。租地人会可选派三名以上成员组成委员会,负责征收捐税等项事务。经五名租地人同意,三国领事可为界内事务随时召集租地人会议,其决议也须经他们允准。原先章程中有关其他外国人在界内租赁土地须先经英国领事允准、界内不得悬挂其他外国国旗等内容,均被删除。①

在 1863 年上海公共租界形成后,该租界工部局于两年后特设委员会,修订《土地章程》,以扩大工部局权力。1869 年,公使团在略作删改后,批准租地人会通过的修订章程。此章程共 29 款。其中修订的内容包括将租地人会扩大为纳税人会,将投票权和被选举权扩大到合格的外国纳税人,并将工部局董事名额增加到五至九名。工部局有权增订附则,但须经纳税人会、多数领事和公使批准。工部局可开征房、地等项捐税,用于租界市政建设和治安,并可根据需要,调整各捐捐率。对不照章纳捐者,可告官追讨,并可扣押其房屋、土地,或查抄、拍卖其货物、器具来作抵偿。对违反租界章程者,罚金最多可达 300 银圆,监禁可达 6 个月。设立领事公堂,审判以工部局及其经理等人为被告之案,工部局董事、经理人等对职务工作不负个人责任。② 至此,上海公共租界《土地章程》基本定型。

1879 年,该租界纳税人特别会议通过议案,决定再次修改《土地章程》。此后,工部局组织的委员会在修订案中授予工部局多项权力,足以摆脱公使团和领事团控制,公使团一直未予批准。1897 年,重组的委员会择最急迫之处,增订章程三款,于次年经公使团批准生效。新增的部分内容是,工部局可随时订立建筑规则,建造房屋者须将蓝图送交工部局审

---

① 王铁崖编:《中外旧约章汇编》第 1 册,第 80—82 页;徐公肃、丘瑾璋:《上海公共租界制度》,载上海史资料丛刊《上海公共租界史稿》,第 57 页。
② 王铁崖编:《中外旧约章汇编》第 1 册,第 291—299 页;蒯世勋编著:《上海公共租界史稿》,载上海史资料丛刊《上海公共租界史稿》,第 368 页。

查,工部局还可饬令拆去或改造违章建筑。该章程正文增至 30 款,其中第六款还有甲、乙款。随后,该章程又多次被局部修订,其中 1903 年增订的第六款丙款,规定工部局建筑新路或拓展旧路时路旁业主须分担经费等。至 1918 年,该章程的第九款也得到修订,即因出自年度账目编制与印刷需要,允许纳税人会延迟一个月于四月份举行年会。[1]

订立于 1902 年的《厦门鼓浪屿公共地界章程》既是开辟该公共租界的中外约章,又是该租界的基本章程,其英文名称可中译成《厦门鼓浪屿公共地界土地章程》。该章程参照上海公共租界《土地章程》,共 16 款,其内容大多与纳税人会、工部局、领事公堂、会审公堂等有关,同时涉及转租土地、交纳地租以及无票拘人、引渡罪犯、违章罚款等。这些条款规定,当地的市政机构工部局,由厦门道委任的一至两名华董与外国纳税人会选举的五至六名外国籍董事共同组成。界内可征收的市政捐税包括房捐、地捐、进口货物的码头捐等。界内设立领事公堂,主要受理以工部局或其经理人为被告的案件。中国查照上海成案,设立会审公堂。[2]

在专管租界中,英租界的基本章程采用了《土地章程》的形式。各地英租界《土地章程》的内容不尽相同,条款数量也多寡不等。其中 1877 年的厦门英租界《土地章程》仅 15 款,1894 年的镇江英租界《土地章程》为 28 款,1902 年的九江英租界《土地章程》达 36 款。这些章程的部分条款或整个章程曾被多次修订。以汉口英租界《土地章程》而言,该章程颁行于 1874 年,经修订于 1893 年由英国国王批准,为 20 款。三年后该租界扩展,该章程又被修订,于 1902 年颁行,为 22 款,并于 1905 年由英国国王批准。天津英租界的《土地章程》最初颁行于 1866 年,为 23 款;1897 年该租界扩充后因扩充界情况与原租界有较大差异,英国公使又于次年对该扩充界另订《土地章程》29 款。1918 年,英国公使重订《驻津英国工部局所辖区域地亩章程》共 53 条,于次年初生效,以取代老租界与扩充界的两个《土地章程》。此后,该章程又多次被修订。

---

① 王铁崖:《中外旧约章汇编》第 1 册,第 811 页;蒯世勋编著:《上海公共租界史稿》,载上海史资料丛刊《上海公共租界史稿》,第 457—459 页。
② 厦门市档案局、厦门市档案馆编:《近代厦门涉外档案史料》,第 298—303 页。

英租界《土地章程》近似公共租界的《土地章程》，不少具体规定也都类同。除了指明章程生效的范围即租界界址外，这些章程大多涉及界内土地租赁、转租手续，房屋、下水道修建，道路、交通管理，应纳地税与纳税时间，工部局的组织、职权，工部局董事资格、名额、提名、选举、任期与出缺后的补选，工部局官员与服务人员的任用、解雇及其报酬，附则的订立、增订、修订程序，市政捐税的确定、征收，对拖欠捐税者的追讨，禁止危险物品入境、储存，以及对违反租界章程者及罪犯的处置等，涉及租界土地、立法、司法、行政等多方面内容。

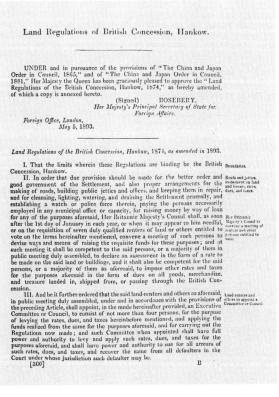

照片7　1893年修订的汉口英租界《土地章程》

各地英租界都有一些自身的特殊情况，这些《土地章程》还分别有若干针对这些特点的条款。广州英租界《土地章程》规定，在转让界内土地时,交易双方须请英国领馆官员到场见证,并须在一个月内在英国领事馆内注册,否则,将科以不超过 100 银圆的罚金。[1] 九江英租界《土地章程》规定,如出现没有工部局董事在职的情况,英国领事应代行其职权,并竭尽所能地来召集选举人会议,选举新一届董事。[2] 镇江英租界《土地章程》中有 8 款有关界内建筑和交通,包括建造任何房屋前须将蓝图及所用建筑材料等情况报请工部局总办批准;工部局可根据建造、维修下水管道等需要,禁止行人通过正在施工的道路等。[3] 天津英租界扩充界的情况与其老租界以及其他英租界有较大差异,因而专为该扩充界订立的《土地章程》规定,该扩充界另行召集纳税人会,另组工部局;符合条件的华人可参加纳税人会,拥有投票权,并可当选工部局董事。[4] 而订立于 1918 年的《驻津英国工部局所辖区域地亩章程》则表明,老租界与扩充界的两个工部局将于次年合并。

汉口俄租界的基本章程虽被冠以《市政章程》之名,但其内容与英租界《土地章程》近似,并有附则。该章程于 1903 年经俄国公使批准,共 10款,其中除一款为适用范围、一款为土地转让外,其余各款都与纳税人会、工部局等立法、行政制度相关。天津俄租界在开辟之初曾订立过渡性的综合章程,1912 年,新颁行的《天津俄租界市政章程》取而代之。有着附则的新章程共 15 款,因为其中多款还列出数点甚至数十点,所以是《土地章程》中内容较为详尽的一种。该章程包括一款为界址、一款为适用范围、一款为建筑章程、一款为巡捕章程、两款有关土地制度,其余九款也都与纳税人会、工部局等行政制度相关。[5]

第二类,《市政章程》。

法、德等国租界的基本章程被称作《市政章程》或《市政组织章程》。与公共租界和英租界的《土地章程》相比,这些市政章程通常不涉及界内

---

[1] *Land Regulations and Bye-Laws for the British Concession at Canton*,*1871*,Article 16.

[2] *Land Regulations and Bye-Laws of the British Concession at Kiukiang*,*1902*,Article 34.

[3] *Land Regulations and Bye-Laws of the British Concession*,*Chinkiang*,*1894*,Article 20、25.

[4] *Land Regulations of the British Municipal Extension*,*Tientsin*,*1898*,Article 11.

[5] *Municipal Regulations and Bye-Laws of the Russian Concession at Hankow*,*1903*,Article 1 - 10;*Municipal Regulations of the Russian Concession*,*Tientsin*,*1912*,Article 1 - 15.

土地制度,大多数条款只涉及纳税人会、行政机构、界内治安以及领事在租界内的职权等。《市政章程》都没有附则。

在上海法租界,因行政机构被称作公董局,其市政章程的中文名称又被称作"公董局组织章程"。1866年法国外交部沪案善后委员会订立的《上海法租界公董局组织章程》共18款。该章程规定,租界租地人会扩大为选举人会,主要职权仅为选举公董局董事;公董局总董由法国驻沪总领事兼任,公董局会议决议须经总领事明令公布才能执行;总领事有权停止召集公董局会议或解散公董局,但应立即呈报法国外交部部长和驻华公使;总领事还可在必要时召集特别会议,对涉及公共利益之事征询意见,界内无选举权的法国人和其他外国人也可出席这些特别会议。此外,该章程还对选举人、被选举人资格,公董局董事产生、构成、补选、补替、会议、职权,以及总领事负责界内秩序和安全等作了规定。两年后,总领事白来尼又修订该章程,其修订之一是规定总领事只能停止召集董事会议,驻华公使才有权解散公董局,并须奏请法国皇帝核准。① 此后,该章程多次得到修订,但其内容没有很大改变。其他法租界的基本章程都与该章程近似,其中订立于1898年的《汉口法租界市政组织章程》也是18款,其内容与该章程更为相似。略有不同之处均在枝节方面,例如,因为该租界的面积和侨民人口都远小于或远少于上海法租界,所以该章程所规定的工部局董事人数少于上海法租界,董事也不必像上海法租界那样须符合更高的财产资格。10年后,该章程增至20款,其内容也无重大变化,但对选举人的资格等作了修改。② 同时期经修订的《天津法租界市政章程》共25款,分为"法人资格""土地制度""市政管理"三章,第三章还分为三篇,其中除四款有关土地制度,两款涉及其他内容,近20款条款都集中于公议局的组成、职权及其董事的选举、更替等,因而虽有关于土地买卖、过户、抵押以及地契格式、注册等内容,但其他条款仍与上海法租界基本章程没有太大的差别。此后,该章程继续被修订,但总的来说变化不大,只

---

① [法]梅朋、傅立德:《上海法租界史》,第278、283页。
② *Règlements d'Organisation Municipale*, *Concession Française de Hankéou*, 1898; *Règlements d'Organisation Municipale de la Concession Française de Hankéou*, 1908.

是少量规定有所调整,如增添公议局董事的名额及设置由法国领事任命的华董等。[1] 广州法租界的市政章程,也与上海、天津法租界类似。[2]

德租界《市政章程》的内容多于法租界基本章程,但仍以有关租界纳税人会和行政机构的条款为主。《天津德租界市政章程》由德国国会订立于 1905 年,分为"总则""纳税人会""工部局董事会议""租界财政""租界治安""监督"和"过渡时期规定"等 7 章,共 44 款,其中 30 多款与租界纳税人会和工部局董事会议有关。这些条款规定,租界纳税人会可批准租界财政预算、决算,选举工部局董事,制定有关界内企业、工厂和其他设施的章程,议定界内治安章程,并监督该会各项决议的执行。董事会议可为租界的治安章程订立执行细则,并直接公布、实施。有关租界治安的条款对租界巡捕无须拘捕证即可拘捕界内现行的罪犯、对已拘捕的罪犯应依据其国籍来作进一步处置等都作了简要的规定。有关租界行政监督的条款则就德国驻华公使、驻天津领事对租界纳税人会和工部局的监督与管理等作出了规定;同时,对纳税人不满纳税人会决议应如何向德国领事投诉,领事不满纳税人会或工部局董事会议决议应如何向德国驻华公使投诉等,也都作了规定。[3]

第三类,综合章程。

天津俄、意租界等租界曾采用此类形式。此类基本章程由数个章程组成,其中只有少数条款甚至没有条款与纳税人会、工部局等机构相关,但有不少条款涉及其他的事项。

天津俄租界的第一个基本章程订立于该租界开辟后未久。该章程分为《土地章程》4 款、《市政管理》9 款、《司法章程》3 款和《巡捕章程》24 款。其中规定,买卖该租界土地,必须携带相关契证等在俄国领事馆办理手续,并交纳费用。俄国臣民购买或租赁界内土地,须遵守俄国法律与租界法规;外国人则须书面保证遵守租界的市政和巡捕章程。各种车辆在界

---

[1] *Règlement Municipal de la Concession Française de Tientsin*,1908,Article 6‐25;*Règlement Municipal Organique de la Concession Française de Tientsin*,1931,Article 2‐6.

[2] 英国国家档案馆:FO 228/2325,Despatch of the British Consul General,Canton,to the British Minister,Peking,30 March,1905。

[3] *Gemeindeordnung für die Deutsche Niederlassung in Tientsin*,1905,§1‐44.

内通行须经巡捕房允准,并交纳捐款,领取执照;载货的车辆等只能在指定的道路通行,要进入其他道路须经巡捕房特别允准。中国居民不得拥有和携带武器,界内不许有赌场、鸦片烟馆和其他伤风败俗场所。该章程于 1912 年被新颁行、类似英租界《土地章程》的《天津俄租界市政章程》取代,其中的不少规定也被删改,诸如工部局四名选举产生的董事中俄国人须占两名的规定等,都被取消。特别是易与其他"有约国"冲突的规定,诸如对于拖欠市政捐税者,不论他是华人还是享有领事裁判权的其他"有约国人",工部局一概在俄国领事法庭起诉;如工部局胜诉,被告又继续拖欠,俄国领事又可依据俄国法律,处置其房地产和其他财产等规定,也都被修改。[①]

天津意租界开辟未久,意大利政府于 1908 年颁行《天津意租界土地章程和总法规》。其中包括《土地章程》4 款、《建筑章程》11 款、《巡捕总章程》26 款,并附有码头、车辆、房屋、土地等项税率。此时,该租界内意大利侨民稀少,尚未实行侨民"自治"制度,因而这些章程中没有关于纳税人会及工部局的规定,而是有不少关于各种建筑要求及维护社会秩序的条款。其中规定,界内主要道路即大马路两旁的建筑,须是西式建筑,只有身份、名誉高尚的欧洲人士才能入居,并只能开设由欧洲人经营的出售欧洲货物的商店;中国达官贵人拟入居,须先经意大利领事允准。新建、修建或增建任何房屋,其蓝图必须先经领事批准,领事还有权下令立即改建直至推倒违章建筑。禁止以易燃物搭建屋顶,所有房屋不得超过两层。很多行业须经租界当局允准并交纳执照捐后才能经营。界内严禁妓院、赌场、乞讨和鸦片烟馆等。所有招牌须用意大利文等两种文字。发现传染病须立即报告巡捕房,有人死亡也须连同死亡原因说明、时间证明立即报告巡捕房。死于传染病者须在作防疫处理后迅速埋葬,同居一宅者都须接受消毒措施。死于非传染病者应在 36 小时内埋葬。华人出生、结

---

① *Regulations of the Russian Concession at Tientsin*, Conditions of Purchase and Lease of Land on the Russian Concession at Tientsin, Article 1, 2; Municipal Administration, Article 6; Judiciary Regulations, Article 2; Police Regulations, Article 15, 19, 20. *Municipal Regulations of the Russian Concession*, Tientsin, 1912, Article 4, 12.

婚、死亡和有传染病都须立即向租界当局报告,旅馆都须登记入住客人名字。华人不得拥有武器、弹药,歹徒将被驱逐出去。①

约在民国肇建后未久,天津意租界的基本章程得到修订。这一《天津意大利国租界章程及附则》包括《总章程》6 款,《卫生和巡捕章程》34 款,《建筑章程》10 款。总章程即是有关市政机构与土地制度的规定,其中指出将来拟另订有关市政管理的章程,并承诺当地的意大利人及在该租界内拥有产业的外国人都将获得选举工部局董事的权利。较之 1908 年的章程,该章程在有关卫生、治安等方面有值得注意的新规定,如包括蔬菜、水果、肉类、水产等食物必须在菜场中零售;除经特别许可,所有公共场所,包括各种演出场所,须在午夜 12 时关闭;禁止在阳台、窗前等可从道路上看到的场所晾晒衣服之类;房东须在 15 天内将房客的姓名、入居、迁出等信息报告巡捕房,家长也须及时将家中成员变化的情况报告巡捕房。在建筑方面,诸如有关大马路的规定等得到保留,但不得建造两层以上房屋等规定则未被重申。② 此后,随着当地意大利侨民的增多,意大利政府同意当地居民实行自治,意大利驻华公使等于 1922 年签署了有关该租界工部局组建、运作的市政管理章程。1923 年,意大利外交部部长批准了该章程。这一《天津意租界市政组织章程》共 35 款,其中对工部局董事的人数、资格、国籍、任期,选举人的资格,领事为当然的总董,董事会议的召集及其议事规则,由华人组成的咨议会的选举及职权,以及意大利领事、公使及其外交部对该租界政务的层层掌控等都作了规定。③

第四类,《居留民团法》。

日租界的基本章程不同于其他租界。1902 年,日本开始在天津等地

---

① *Regulations of the Italian Concession at Tientsin*,*1908*,Building Regulations,Article 1 - 11;General Rules for the Police,Article 2 - 25.

② *Regulations and Bye-Laws of the Italian Concession in Tientsin*,Sanitary and Police Regulations,Article 5,7,16,25;Building Regulations,Article 1 - 10. 该章程未注明订立日期。由于批准该章程的意大利驻华公使卡洛·斯策尔扎(Carlo Sforza)就任于 1911 年 6 月至 1915 年,并曾就天津意租界的地位等与民国政府进行交涉,因此该章程应订立于民国初期。

③ *Statuto Municipale e Regolamento per la sua applicazione*,*Concessione Italiana di Tientsin*,*1923*,Article 1 - 35.

日租界实施《日本专管租界临时规则》，共 15 条。① 1905 年，日本政府订立《居留民团法》，后又陆续制定补充该法的《居留民团法施行规则》《居留民团法施行细则》等规章。《居留民团法》并非专为在华日租界制定，但在实际上将成为日租界共同的基本章程；同时，该法也规范并无日租界的其他日本侨民聚居区域。

《居留民团法》共六款。该法规定，根据居住在日本专管租界、公共租界和其他地区日本臣民的状况，日本外务大臣认为必要时可以划定区域，设立由居住在该区域内日本臣民组成的居留民团。民团的废置分合及其所在区域的变更，都依据其命令。民团作为法人，依照法令、条约或惯例，处理其所属事务，并依次接受日本领事、公使和外务大臣的监督。民团设置吏员和居留民会。有关居留民会的组织、民团吏员及居留民会议员的任免、选举、任期、待遇和职权等事项，民团财产、负债、建筑物、征税和会计等事项，以及处置民团设立时当地日本臣民的共同财产和负债等事项，都将由相关的命令来作规定。②

1907 年，日本外务省颁布《居留民团法施行规则》，作为对《居留民团法》的补充。该规则共 5 章 71 条，分为《总则》7 条、《居留民会》22 条、《行政委员会及吏员》18 条、《居留民团的财务》17 条、《居留民团的监督》7 条。除有关居留民会、民团行政委员会及吏员的组织、职权等方面的具体规定外，该规则还规定，居留民团的设立、废止、分合及其区域的变更均由外务大臣决定。民团所辖区域内的日本臣民或法人，有权共用民团财产和建筑物，并分担开支。虽然不居住在民团所辖区域或不在该区域内拥有事务所，但 6 个月来缴纳民团捐税的日本人，以及在日租界内占有、使用土地、房屋或其他物件的本地和其他外国自然人或法人，如遵守相关的日本法令，缴纳各种民团捐税达 6 个月，其中"有约国人"还须经其本国领事批准，也可享有同样权利。对于拖欠民团费用者，民团行政委员会应按照国税征收的相关规定或依照领事馆令设立的特别规定来处理。民团可

---

① ［日］植田捷雄：《支那租界研究》，第 322、729 页。
② 《居留民团法》(1905 年)，第一至六条。

发行债券,并决定发债方法、利率和偿还方式。发行债券包括利率等通常都应经领事、公使和外务大臣批准。须经领事批准的民团事务,还涉及民团条例的制定,民团费用的设置、变更及免除等。①

同年,天津、汉口等日本人聚居的通商口岸实施《居留民团法》,该法及《居留民团法施行规则》实际上成为天津、汉口日租界基本章程。苏州、杭州、重庆三地日租界一直"未发达",因而尚未适用《居留民团法》,组织居留民团。于是,在 1923 年、1924 年和 1926 年,当地日本领事先后颁布了《苏州居留民会规则》《杭州居留民会规则》《重庆居留民会规则》,作为三地日租界在实施《居留民团法》前过渡性的章程。其中《重庆居留民会规则》修订于 1930 年,共 36 条。该规则规定,该居留民会由居住在重庆及附近的日本臣民及法人组成,该会在当地日本领事的监督下处理居留民的公共事务。该规则还对该居留民会议员的资格、议长和副议长的选举,居留民会总会、临时会议的召集、议事规则,理事会理事的选举、理事资格、理事会议事规则、理事长和会计主任的选举,以及对居留民会课金的征收、相关建设费用的开支等一一作了规定。②

美国政府没有在中国开辟专管租界的意图,也始终未为上海、天津美租界订立基本章程。这两个美租界后来分别成为上海公共租界和天津英租界的一部分。

租界基本章程的不少规定在事实上并未执行。例如,1866 年的《上海法租界公董局组织章程》规定,公董局总董由法国驻沪总领事兼任,但在 1907 年以前的 40 余年间,该总领事一直没有兼任总董。③ 正因为如此,不少租界的基本章程在制定后便不时被修订。

第四节　行　政　规　章

租界行政规章,其中包括部分租界基本章程的附则,是为租界当局在

---

① 《居留民团法施行规则》(1907 年),第一、二、三、六、七、五十五、五十六、六十六、六十七条。
② 《改正重庆居留民会规则》(1930 年),第一至三十六条。
③ 《上海租界志》编纂委员会编:《上海租界志》,第 659—668 页。

当地实行行政管理而订立的规范,其内容涉及租界治安、交通、建筑、卫生、环境等诸多方面。违反这些行政规章的有关条款,就会受到租界当局的惩罚。除厦门鼓浪屿公共地界的附则以及一些租界内中国会审公堂颁行的少数行政规章外,租界的行政规章都由租界开辟国的公使、领事以及租界当局来制定。

大多数租界都订立了诸多行政规章,后来还常将多方面的行政规章汇总成有数十款直至一百多款的总章程、综合章程。在天津法租界,从1904年8月至1906年12月的两年多时间里,法国驻天津领事便颁行了有关养狗的命令,有关土房、草屋、死亡登记等规定以及《欧美妓院章程》共十多个行政规章,并在随后的一年里又颁行了《卫生章程》等四个行政规章。[①] 至1909年2月,汉口法租界最重要的行政规章被分为三个部分。第一部分与警务、路政、卫生相关,包括《警务与路政章程》《路政与卫生章程》《污水处理章程》等。第二部分与土地、建筑相关,包括《有关建筑的命令》《有关填筑扩展界土地的命令》《有关扩展界内华人房屋的规定》等。第三部分与市政捐税等相关,包括《有关车辆捐和狗捐的规定》《有关酒吧执照的规定》《有关码头捐的规定》等。[②] 到20世纪20年代,该租界当局除了实施由重要行政规章汇总而成、共有174款的《法租界总章程》外,还根据形势需要,继续订立新的规章。其他租界的情况大致相同。天津日租界于1902年颁行了《人力车规则》,其中规定车夫须身体健康、服装整洁、服务规范;1905年颁行了《埠头规则》,其中规定商船在该租界码头停泊须缴纳的捐税及须遵守的其他规则;1907年又颁行了《行政委员会执务章程》《民团出纳规程》《民团吏员规程》等一批涉及居留民团运作的行政规章。[③] 后来,该租界有关居留民会、参事会、调查会、职制、薪给、捐

---

① Conseil d'Administration Municipale de la Concession Française de Tientsin, Ordonnances, Rapports et Documents, Dépenses de l'Exercice 1906, pp. 1 - 7; Conseil d'Administration Municipale de la Concession Française de Tientsin, Ordonnances, Rapports et Documents, Dépenses de l'Exercice 1907, pp. 3 - 7.

② Concession Française de Hankou, Code des Règlements et Ordonnances, Hankou, 1909, pp. 11 - 41.

③ 天津图书馆编:《天津日本租界居留民团资料》(一),广西师范大学出版社2005年版,第18、19、20页。

税、会计、建筑、卫生、义勇队等方面的行政规章达一百种以上。[1] 在天津英租界,经过多次修订的《工部局条例》至 1941 年初共有 43 条,其中的第 22 条"马路交通"即有 63 款,违反该条规定者,每次的罚金最多可达 500 元。[2]

公共租界和英、俄等国租界最重要的行政规章是《土地章程》等基本章程的附则。这些附则在市政建设、管理等具体事务方面补充了基本章程。就公共租界而言,1869 年的上海公共租界《土地章程》有附则 42 款,1902 年的《厦门鼓浪屿公共地界章程》有附则 20 款。就英租界而言,1866 年天津英租界《土地章程》有附则 4 款,1871 年广州英租界、1902 年汉口英租界有 29 款,1877 年厦门英租界有 16 款,1894 年镇江英租界有 12 款,1902 年九江英租界有 20 款。就俄租界而言,1903 年汉口俄租界《市政章程》有附则 32 款,1912 年天津俄租界有 24 款。各租界附则的内容有不少差异,但也有些为较多的附则所共有。不少附则规定,界内不得以易燃材料搭建草棚、竹屋之类的建筑,未经工部局特别允准不得贮藏火药、硫黄、火油等危险物品。建造房屋时须同时修筑符合规定的下水道、排水沟,房屋门、窗等都不能占用公共空间。房屋、墙壁、洞穴等如危及行人,应及时修理或安放围栏。工部局可令业主改建、抢修违章建筑及危险建筑,直至推倒重建。业主未在规定的期限内施工,工部局科以罚金外,可强行施工,并向其追讨费用。租赁土地、房屋者应将屋前道路随时打扫干净,确保沟渠及阴井等泄水通畅,不得任污水满溢浸泛。任何人不得制造噪声、骚乱,或于骑马、驾车时横冲直撞,或有其他胡作非为之举。除外国领事等官员和海、陆军官兵及租界义勇队队员外,其他人都不得身带利器在路上行走。开设歌厅、戏馆、马戏场、球场、琴房、酒店、肉铺等处,均须向工部局捐取执照。此外,很多租界的附则分别有些较为独特的规定。上海公共租界的附则规定,界内不得开设使居民讨厌的五金、蜡烛、肥皂等厂以及烧煮牲口骨肉之类的作坊。厦门鼓浪屿公共地界的附则规定,

---

[1] ［日］植田捷雄:《支那租界研究》,第 724 页。

[2] 天津市档案馆编:《天津英租界工部局史料选编》中册,天津古籍出版社 2012 年版,第 969—989 页;下册,第 1506 页。

不得污秽作为岛上水源的水井。① 广州英租界的附则规定,任何人不得在该租界内印刷中文报纸。九江、汉口英租界的附则规定,未经工部局书面许可,任何人不得携带泥土、垃圾或稻草等物进入或途经该租界。② 汉口俄租界的附则规定,当地暴发传染病时工部局有权采取紧急的强制措施,界内所有居民必须服从。③ 天津俄租界的附则规定,新建或改建任何房屋,须先将地基填筑到与附近道路的中心等高。④ 违反附则的一些条款者,要被科处罚金,直至被监禁并罚做苦工。在汉口英租界,再次违反有关堆积危险货物等条款者,罚金可高达数百元。违禁携带利器在路上行走者,除被科处罚金外,还可能被监禁一周,同时罚做苦工。在不同租界内,对于违反类似条款者的处罚强度有所不同。在九江英租界,允许在其房屋内开赌者,罚金不超过 100 银圆;在镇江英租界,最高可达 500 银圆。罚金后,如违章者仍未整改,还会被计日加罚。⑤ 不少租界的附则多次得到修订、增订。上海公共租界附则的第三十四款便被陆续修订三次,使该租界内须领取执照、缴纳执照捐的场所和行业等逐步扩大,从而扩大了工部局的权力和财政收入。⑥

　　在法租界,《警务与路政章程》是重要的行政规章之一。颁行于 1869年的上海法租界《警务与路政章程》共 31 款,颁行于 1898 年的汉口法租界《警务与路政章程》共 22 款。这些章程多次得到修订,条款的数量也有变化,至清末,上海法租界的《警务与路政章程》增至 48 款。这些章程大

---

① 王铁崖:《中外旧约章汇编》第 1 册,第 305 页;厦门市档案局、厦门市档案馆编:《近代厦门涉外档案史料》,第 307 页。

② *Land Regulations and Bye-Laws for the British Concession at Canton*,*1871*,Bye-Laws,Article 25;*Land Regulations and Bye-Laws of the British Concession at Kiukiang*,*1902*,Bye-Laws,Article 14;*Land Regulations and Bye-Laws of the British Concession at Hankow*,*1902*,Bye-Laws,Article 15.

③ *Municipal Regulations and Bye-Laws of the Russian Concession at Hankow*,*1903*,Bye-Laws,Article 19.

④ *Municipal Bye-Laws of the Russian Concession*,*Tientsin*,*1912*,Article 5.

⑤ *Land Regulations and Bye-Laws of the British Concession at Hankow*,*1902*,Bye-Laws,Article 19,25;*Land Regulations of the British Concession*,*Chinkiang*,*1894*,Bye-Laws,Article 9;*Land Regulations and Bye-Laws of the British Concession at Kiukiang*,*1902*,Bye-Laws,Article 17.

⑥ 蒯世勋编著:《上海公共租界史稿》,载上海史资料丛刊《上海公共租界史稿》,第 457—459 页。

多规定,在公共道路上禁止出售淫秽的书籍和图片以及有淫秽、不道德行为。除非得到巡捕房直至租界当局的特许,咖啡馆、餐厅以及其他公共场所均应在晚上11时歇业。居民每天清晨应将房屋前的路面清扫干净,并不得乱倒垃圾,而是须将垃圾等堆放于屋前,由垃圾承包人前来装运。禁止将碎玻璃、碎瓷片等丢弃在道路上或房屋附近,也不得任意向屋外抛掷杂物,以免伤及行人或散布异味。清除粪便或其他散发异味物品者在操作时不得有碍公共卫生。获准在路旁堆放物品者,须在白天设置警示标志,晚间设灯照明。不得贮存大量的火药、硝石、硫黄、煤油等易燃之物,未经巡捕房允准不得焚烧纸锭及燃放爆竹、烟花等。由于各地法租界的实际情况有所不同,这些《警务与路政章程》分别有些较为特殊的条款。上海法租界畸形繁华,因而特别规定,入夜后每所妓院应在临街门面装挂明灯,以示识别;娼妓应打扮得体、不伤风化,不得在大路上聚集、逗留,也不得口出秽语或强行拉客;乞丐不得在马路上乞讨,尤其是为赢得行人怜悯,故意裸露溃烂创口或身体残疾部分。水兵于出示登陆许可证后,才能在旅店投宿。① 汉口位于仍大量使用马匹的中国腹地,因而在汉口法租界,禁止出租的马匹等停留于巡捕房不许它们停留的地方;禁止在道路上牵引一群马匹或其他动物行进,每匹马都应由一名马夫牵引;在马匹穿越道路时,应排成纵队依次前行;禁止将马匹系在通往道路的大门口或停留在那里达数个小时之久。② 违反这些章程的有些条款者,会受到罚金、监禁等惩罚。在清末的上海法租界,违反该章程第六款和第七款规定者,最高可罚500银圆,并由相关法庭判其入狱;对于累犯者,罚金可增至1 000银圆。③

其他租界也多有关于警务的行政规章。其中天津、汉口德租界都订有警务章程。汉口德租界的《警务章程》始订于1900年,共19款。该章

① 《法租界公董局警务路政章程》,转引自《上海租界志》编纂委员会编《上海租界志》,第712—714页。

② *Règlement de Police et de Voirie*,*Concession Française de Hankéou*,1898,*Concession Française de Hankou*,*Code des Règlements et Ordonnances*,1909,pp. 11-15.

③ *Règlement Municipal de Police et de Voirie*,*Conseil d'Administration Municipale de la Concession Française de Shanghai*,*Règlements Municipaux*,1910,p. 16.

程的有些规定与其他租界相关章程相类似。其中包括未经巡捕房允准，不得在公共道路上堆放货物或搭建帐篷、货摊等。禁止弄脏道路，特别是禁止倾倒垃圾、污水。不得纵马在道路上奔跑，在夜间车辆须有车灯。不得任意制造噪声、骚扰或麻烦，禁止乞丐入界行乞。燃放爆竹、烟花，须先期获得巡捕房允准。华人不得拥有、携带任何武器。禁止出售掺假及变质的饮料、食物，不得擅自储存炸药等各种爆炸物。开设戏院、娱乐场所、旅店、酒吧等均须申领执照，禁止赌博及开设鸦片烟馆等场所。该章程也有些与其他租界章程不尽相同的规定。其中包括重载货车须经巡捕允准后才能通行于界内道路，手推车只能经行租界西部的道路，持有执照的流动小贩也只可在部分地段活动。必须及时处理尸体，不得影响居民的健康；未经特别许可，不得将死者葬在界内。未上颈圈等标识物时不得纵犬奔跑，对马、驴等牲畜须预防及治疗其疾病。华人入住后，业主或租房人须于两天内将其姓名等报告巡捕房，如有行为不端者借住或房屋内居住者过多，业主等人在获得巡捕房书面文件后可予以驱赶。对违反上述多种规定者，可科以不超过 150 马克的罚金。[①]

　　除附则和有关警务的行政规章外，公共租界和各国专管租界还订有不少其他的行政规章，其中特别值得关注的是有关建筑的规章。订立于1900 年的汉口德租界《建筑章程》共 17 款。其中规定，界内任何地块在建造房屋之前都须填筑到设计图所确定的高度。任何建筑都须达到坚固的标准，并符合防火要求。建造房屋前须书面通知工部局，其中包括如何利用土地的草图，并获得工部局批准。如系建造可能会给邻居造成骚扰、危险或不卫生后果的工厂等，还须事先公示，并取得德国领事的特别许可。任何外屋、门廊、台阶都不得侵入公共道路。沿路建筑的基线须与道路平行，除非其与道路的距离达 3 米以上。同一地块内的两座西式建筑须相隔 3 米，但在华人居住区面积较小的中式院落只需相距 1.5 米。位于每块地块边缘的房屋须建防火墙，西式建筑的防火墙厚度为 0.25 米，中式建筑为 0.2 米。中式建筑不得以茅草等易燃材料为屋顶，所有住人

---

① 英国国家档案馆：FO 228/2325，*Police and Building Regulations of German Concession Hankow*，1900，pp. 9 - 12。

的房屋至少须有 4 平方米面积和两米层高,并不得超过两层。违反这些规定者,将被科以不超过 150 马克的罚金。[①] 上海公共租界对界内建筑的规范尤为详尽。1877 年,工部局草拟了《华式建筑章程》,颁布了戏院《消防章程》。1900 年,工部局又颁布了《中式建筑规则》共 21 款,并于 3 年后颁布了《西式建筑规则》共 75 款。至 1916 年又颁布了《新西式建筑规则》和《新中式建筑规则》,以及《戏院等特别规则》《旅馆及普通寓所出租房屋之特别规则》《钢筋混凝土规则》《钢结构规则》等规章。此后,工部局还颁布了《电线和电气设备安装规则》《电梯规则》等,并最终在 30 年代末将经过修订的各种建筑章程汇编成该租界的《通用建筑规则》,对界内建筑的设计图纸、层数、高度、建材、地基、庭院、通道、厕所、墙壁、隔火墙、房顶、烟囱、烟道、通风、排水、管道、现场检查等各方面都作了规定。

很多租界也订有关于卫生的行政规章,其中涉及环境卫生、食品卫生、传染病防治等诸多方面。驻天津的法国领事于 1907 年 8 月 30 日颁行的命令是一种在天津法租界内预防霍乱的行政规章,共有 10 款。其中规定,家中有人染上霍乱或轻症霍乱,须立即报告巡捕房。旅店不得接纳患上此类疾病的病人,舢板船、人力车不得载运此类病人,如果其乘客突然发病,须立即报告巡捕房。未经巡捕房允准,不得将此类病人送出租界。房屋中出现此类病人,在消毒前不得清除任何衣物、垃圾和污水。[②] 天津俄租界于 1912 年实施的《卫生章程》共 9 款,内容主要与环境卫生有关。其中规定,界内所有居民都须配备镀锌的铁桶来装生活废弃物,这些铁桶应放置在房屋的后院,于深夜 12 时至凌晨 6 时移至屋前的人行道上,并于垃圾被运走后及时搬回后院。污水须倒入有盖的铁桶之内,再倒入经修筑的一段河道之中。严禁将垃圾等倾倒于道路、广场之上及工部局所建的排水和污水管道之内。工部局的卫生官员等人确认任何水塘、粪堆、厕所、猪圈、马厩、屠宰场、染坊以及制作蜡烛、油脂、肥皂等作坊妨

① 英国国家档案馆:FO 228/2325,*Police and Building Regulations of German Concession Hankow*,*1900*,pp. 13 - 16。

② Ordonnons,Tientsin,le 30 Août 1907,Conseil d'Administration Municipale de la Concession Française de Tientsin,Ordonnances,Rapports et Documents,Dépenses de l'Exercice 1907,p. 5.

碍公共卫生,可通知其所有者于限定的时期中进行处理或迁移,如逾期未能处置,工部局将计日科处罚金,并可强制执行,由业主承担费用。1914年,该章程被修订,增至10款,但内容没有重大变化。① 很多租界颁行的有关菜场、牛奶棚、宰牲场等处的章程则与食品卫生相关。1931年上海公共租界工部局颁行的《私立菜场执照条例》共32款,其中规定,各项店摊以及装设用具等,每天至少须用水洗净一次。发现劣质的、不卫生的饮料、食品,不仅要没收,还要控究领照人及售货人,并将售货人逐出菜场。一切饮料、食品的品质、制造、包装、运输、贮藏等均须符合该租界的卫生标准,否则即予没收,并控究领照人。用适当的方式防阻苍蝇、灰尘及其他有害物质侵及食品。生食的果品、蔬菜,不得切开或去皮陈列、出售。非经合格的屠宰场处置并检验的肉食不得贮藏、出售,对于不适合人类食用的肉食等,可即予没收。冷藏室或冰箱应按照经核准的卫生方式操作,已煮熟及可生食的食料不得与天然冰接触。菜场内不得吐痰,不准有狗,不准在店内或摊上睡卧。患有传染病或近期患过传染病者,不得进入菜场。售货人及其伙友均应种牛痘,并采取其他必要的预防疾病的措施。②

此外,有些租界针对本租界内较为特殊的情况,订有特殊的行政规章,或在其相关规章中订有较为特殊的条款。在上海公共租界内,设有工部局监狱,因而该租界订有工部局监狱章程。厦门鼓浪屿公共地界位于景色秀美的岛屿之上,岛上有不少名胜,因而该租界的行政规章特别规定,不准开凿当地的"名胜石",使得日光岩、鼓浪石等一大批奇岩怪石得到了保护。③

租界的行政规章中有一些公然歧视、侮辱华人的条款,其中最臭名昭著的就是有关禁止华人进入公园的规定。然而,从总体而言,租界的行政规章大体以当时西方城市的规章为蓝本,仿照了这些章程,而此时的中国还缺乏此类管理城市的规范,特别是缺少有关公共卫生、房屋建筑、城市

---

① *Municipal Regulations of the Russian Concession*, *Tientsin*, *1912*, Sanitary Bye-Laws, Article 1－9; *Additional Sanitary Bye-Laws*, Passed by Annual General Meeting and Approved by Imperial Russian Minister, Peking, 1914, Article 1－10.

② 《上海租界志》编纂委员会编:《上海租界志》,第706、707页。

③ 厦门市档案局、厦门市档案馆编:《近代厦门涉外档案史料》,第314页。

交通等方面的规范。租界的行政规章及其实行后产生的效果,对当时的华界有示范性的作用,并促进了中国政府的相关立法。

租界的立法权已基本被租界开辟国方面所控制,这是租界成为"国中之国"的基础。中国官方只是能通过开辟租界的中外约章对租界的一些事务有所规范,生活在租界内的绝大多数华人更是没有参与立法之权,直到华人参政运动兴起时。这些外国人通过订立租界的基本章程及行政规章,来确立租界的行政架构,并确保其行政机构在当地的日常运作,从而使租界成为由他们管理的特殊区域。

第五章　司法

　　鸦片战争之后,通过不平等条约,英、美、法、俄、德、日等二十余国相继在中国取得领事裁判权。在此期间,这些"有约国"的领事几乎在中国的所有地方都可以行使这一侵略特权。[①] 租界同样是实行领事裁判权的区域,因而租界的司法制度从总体而言与当时的华界相仿,即是根据被告国籍来决定受理案件的法庭和适用的法律。以享有领事裁判权的外国人即"有约国人"为被告的案件,由该国在华领事法庭或其他法庭受理,并按照该国法律审判。以华人、不享有领事裁判权的外国人即"无约国人"和无国籍外国人为被告的案件,由中国法庭受理,并按照中国法律审判。由于租界是不受中国政府行政管理的"国中之国",因此在拘捕、审判及刑罚等方面,租界仍有一些与华界不同的特殊制度。

第一节　拘　　捕

　　租界与华界在司法方面一个较为明显的差异,是在拘捕方面。除厦门鼓浪屿公共地界的情况略有差异外,在各地租界,中国的差役以及后来的警察等人非经租界开辟国领事或领袖领事签字同意,不能拘捕在租界犯法或在华界犯法后逃入租界的华人,也不能拘捕"无约国人"、无国籍外国人,更不能拘捕"有约国人"。租界巡捕直至专管租界开辟国的领事馆警察则可拘捕在界内违反租界章程及犯法的华人、无国籍外国人、"无约国人"直至其他"有约国人"。

　　出现租界之前,有缉捕之责的中国地方官员在出具缉票后,差役带着

---

①　在此期间,在中国也有极少数区域不实行领事裁判权,如清末陆续出现的胶州湾、旅大、威海卫等五个租借地。

缉票,也称作差票、印票、拘票等,即可前去缉捕人犯。无论是华人还是外国人,中国差役都可以拘捕。租界形成后,此种情况发生了变化。

首先,除厦门鼓浪屿公共地界外,未经租界当局允准,未有租界巡捕协助,中国官府的差役等人不能在租界内拘捕任何华人。在上海英、法租界形成未久,此种制度已经形成。上海地方官府要派差役等人入界拘捕华人,就须照会英国或法国领事,其中指明其姓名、所犯何法及藏匿地点,并请他们派租界巡捕协助。① 1863 年 6 月,美国驻沪领事熙华德要求中国差役不得于美国领事签署拘票之前在上海美租界内拘捕任何华人,署上海道黄芳也随即答应。两年后,因中国差役难以在上海法租界拘捕华人,经交涉,上海官府在该租界设置会捕局,有委员一名,局勇十余名。1866 年 7 月,《上海法租界公董局组织章程》颁行,其中规定,未经法国总领事核准及法租界巡捕房协助,任何外国法庭或审判官不得出票拘捕该租界内其本国该管之人,致使中国官员不能自主地在该租界拘捕华人,成为该租界基本章程的明文规定。②

此后,中国官府拟对此种丧权辱国的情况稍作改变,因而在 1869 年经清政府与英、美公使核准的《洋泾浜设官会审章程》中出现如下规定:犯罪后逃入上海公共租界的华人由设在该租界的中外会审公堂中国委员选差径提,不必再用租界巡捕。法国人以这一规定与上海法租界内拘捕人犯须有法国领事命令的习惯绝对冲突等理由,拒绝合作。中国官府只得让步,并同意在该租界另设会审公堂。驻沪领事团和上海公共租界工部局也旋即抵制这一规定,迫使上海道先是同意会审公堂的提传各票须由外国陪审官副署,后又同意该公堂和上海县的拘票须经领袖领事签字,并须由租界巡捕协助拘捕。③ 1906 年,中国政府设在上海法租界的会捕局被撤销,该租界会审公堂无局勇可派,提传、拘捕界内华人便全部由该

---

① 张彬:《上海英租界巡捕房制度及其运作研究(1854—1863)》,上海人民出版社 2013 年版,第 149、150、156 页。
② [法]梅朋、傅立德:《上海法租界史》,第 280 页。
③ Anatol Michaelivrtch Kotenev, *Shanghai: Its Mixed Court and Council*, North-China Daily News & Herald, Ltd., Shanghai, 1925, pp. 47, 85, 86;[法]梅朋、傅立德:《上海法租界史》,第 301 页。

租界巡捕来执行。① 至 1902 年，上海道与驻沪领事团订立《上海租界权限章程》，确认公共租界会审公堂要提传、拘捕居住于法租界的华人，须先经法国领事签章，然后会同法租界巡捕办理；法租界会审公堂要提传、拘捕居住于公共租界的华人，也须先经领袖领事签章，然后会同公共租界巡捕办理。②

其他租界也都依样画葫芦。1870 年，在发生中国差役进入天津英租界拘捕逃入沙逊洋行的华人之事后，英国领事引用中英《天津条约》第二十一款，即通商各口倘有中国犯罪民人潜匿英国船舶、房屋，中国官员应通过照会，要求领事官即行交出，竟要求直隶总督对违反条约，"擅至英国地方"拿人的中国差役"严行惩办，以戒其后"。此后，一些租界所在地的中国官府为了避免外交纷争，便在所出拘票上指明在租界内拘捕不法华人的手续：匪徒窜匿租界，中国官员应将拘票送请领事签字，由领事派租界巡捕协同往拿。③ 后来，有些开辟租界的中外约章还对此作了明确规定。其中订立于 1901 年的《重庆日本商民专界约书》规定，倘中国地方官拟派差役前往重庆日租界内拘捕人犯，须先将拘捕令票送请日本领事官检阅加印，即与领事官所派警察官吏协同拿捕。④

在清政府主动开辟的厦门鼓浪屿公共地界，中外约章明确规定，犯法的华人逃入界内，会审公堂中国委员可派公堂的差役径自拘捕，不必知照领事，也无须公地巡捕协同。而提传、拘捕受外国人雇用及住在外国人寓所内的华人，公堂签票仍须先经该国领事签字，"方准奉往传拘"；提传、拘捕仅受外国人雇请、未在他们宅内居住的华人，则公堂签票不必先送有关领事签字，而可于当日送请领事补签，或斟酌情形后核销。⑤

同时，除个别特殊情况外，中国差役完全不能在租界内拘捕外国人。根据当时颇有影响的《在华领事裁判权论》一书记载，除法国人和挪威人

① 吴馨等修、姚文枬等纂：民国《上海县志》卷十四，页二十六。
② 王铁崖编：《中外旧约章汇编》第 2 册，第 51、52 页。
③ 英国国家档案馆：FO 228/918，英国驻天津领事呈直隶总督申陈，同治九年八月初一；FO 228/1692，丹徒知县为为稽缉匪徒所出拘票，光绪三十四年。
④ 王铁崖编：《中外旧约章汇编》第 2 册，第 4、5 页。
⑤ 厦门市档案局、厦门市档案馆编：《近代厦门涉外档案史料》，第 302 页。

外,外国人包括"有约国人"在中国通商口岸以外地区犯罪,中国官府都有权拘捕。除法国、挪威、意大利、比利时等国人士外,其他外国人包括"有约国人"在租界以外的通商口岸界限内犯罪,中国官府及其本国领事皆有权拘捕。[1] 然而,在绝大多数租界,中国差役不能拘捕任何外国人,即便他们对华人犯罪,中国差役也不能予以拘捕。只有在个别租界并是在某些时期里,中国差役经租界开辟国领事批准,尚能拘捕"无约国人"和无国籍外国人。例如,在天津英租界于 1897 年扩充后,其扩充界《土地章程》规定,在所持拘票经英国领事批准后,中国差役可在该扩充界内拘捕"无约国人"和无国籍外国人,租界巡捕不得阻碍,必要时还应提供协助。[2] 1919 年该租界原来的工部局与扩充界工部局合并时,这一规定便被废除。

与此相反的是,租界巡捕及租界开辟国领馆警察无须中国官府允准,都可径予拘捕在租界内违反租界章程或犯罪的华人,并可拘捕甚至包括其他"有约国人"的各国人士。

1854 年上海租界形成伊始,租界巡捕便拘捕在界内违反租界章程及犯罪的华人。此后,清政府通过一些中外约章承认租界巡捕有此种权利。1897 年有关天津英租界扩充界的中英约章规定,界内有"行为不端或不守法禁"的华人,准许租界巡捕拘拿,再送交中国官府。1903 年,在该租界又一次推广时,中英约章再次作出近似的规定。[3] 很多租界的基本章程也都明文规定,华人在界内违反租界章程或犯罪,租界巡捕直至租界开辟国的领馆警察都有权将他们拘捕,然后经领事馆官员等人预审后再移送当地中国官府。颁行于 1912 年的天津俄租界《市政章程》规定,华人在界内犯罪或违反租界章程,该租界巡捕可在取得由俄国领事签字的拘捕证后予以拘捕;如果他们正在犯罪或正在违反租界章程,巡捕则可径予拘捕,并可根据情节轻重,直接予以罚款或移送中国官府惩处。[4]

---

① 梁敬𬭚:《在华领事裁判权论》,商务印书馆 1930 年版,第 66、67 页。
② Land Regulations of the British Municipal Extension, Tientsin, 1898, Article 21.
③ 天津档案馆、南开大学分校档案系编:《天津租界档案选编》,第 10、19 页。
④ Municipal Regulations and Bye-Laws of the Russian Concession at Tientsin, 1912, Article 15.

在有权拘捕华人的同时,租界巡捕等还有权拘捕在租界内违反租界章程直至犯罪的所有外国人。镇江、九江等地英租界的《土地章程》都明确规定,对于违反租界章程的人,无论是哪国人,租界巡捕等都可以径予拘捕,然后再根据其国籍来分别处置。① 在汉口、天津俄租界,租界巡捕可拘捕所有的外国人,但拘捕证须先经俄国领事签字,如果他们是享有领事裁判权的"有约国人",还须经其本国领事批准。不过,要是他们正在犯法,或经受害者请求,租界巡捕无须拘捕证就可径予拘捕。② 在天津、汉口德租界,租界巡捕在发现现行犯罪活动后无须拘捕证即可立即拘捕者,只有并非军人、尔后可能逃亡或无法确定其身份者。③

其他国家的司法机构拟在租界内拘捕其本国的罪犯,通常也须经租界开辟国当局的允准,并由租界巡捕到场协助。在上海法租界等租界,他国法庭或审判官员拟拘捕其本国人犯,除有紧急情况外,须先照会租界开辟国领事或租界巡捕房负责人,然后派出本国司法人员,带着拘捕证等,再会同租界巡捕一名或数名,才能拘捕人犯。天津英租界扩充界的情况一度较为特殊,在其开辟初期,各国领事所派领馆警察等可直接拘捕其本国人士;但在事态紧急或可能遭遇暴力抗拒之时,则可请英国领事派遣租界巡捕予以协助。④

上述情形表明,租界与华界的拘捕制度明显不同。一首汉口《竹枝词》写道:"莫向雷池轻越步,需防巡捕捉官差。"中国差役等人如果未按规定到租界内去拘捕人犯,反而会被租界巡捕拘捕。由于在租界存在的年代,中国司法腐败,衙役横行,冤狱丛生,因此这种特殊的拘捕制度既侵犯了中国的司法主权,同时对租界内的中外居民也提供了一些保护。此种

---

① *Land Regulations and Bye-Laws of the British Concession*,*Chinkiang*,*1894*,Article 27;*Land Regulations and Bye-Laws of the British Concession at Kiukiang*,*1902*,Article 10.

② *Municipal Regulations and Bye-Laws of the Russian Concession at Hankow*,*1903*,Bye-Laws,Article 29;*Municipal Regulations and Bye-Laws of the Russian Concession at Tientsin*,*1912*,Article 15.

③ *Gemeindeordnung für die Deutsche Niederlassung in Tientsin*,*1905*,§ 33;[日]今井嘉幸:《中国国际法论》,李大钊、张润之译,健行社 1915 年版,第 157 页。

④ [法]梅朋、傅立德:《上海法租界史》,第 280、284 页;*Land Regulations of the British Municipal Extension*,*Tientsin*,*1898*,Article 21。

情况是部分租界特别是并存数个租界的上海等地租界发展成刑事犯逋逃薮、国事犯活动舞台的原因之一。

第二节　审　判

在审判方面，租界也与华界有所不同。在上海租界、汉口租界和厦门鼓浪屿公共地界，华人违反租界章程及成为刑事案件甚至民事案件的被告，大多由中国设在租界内的会审公堂审判；在其他租界通常由当地华界的中国官府审判，但在有些租界他们违反租界章程也会由租界开辟国的领事法庭审判。"无约国人"与无国籍外国人的情形与华人有些相似。"有约国人"在各租界内违章、犯罪，通常由设在该租界的本国领事法庭审判，但违反租界的有些章程也会受租界开辟国的领事法庭审判。而控告公共租界工部局及其董事等人的行政案件则由领事公堂审判。在上海公共租界，英国还设有在华高等法院和上诉法院，美国还设有在华法院和司法委员法院。这样，在租界内行使审判权的法庭可分为两类，第一类是领事法庭等外国法庭及租界法庭，第二类是由中国设立的上海、汉口、厦门的会审公堂。

第一类，领事法庭等外国法庭及租界法庭。

领事法庭以及设在上海租界的英王在华高等法院、美国在华法院等其他一些外国法庭，是列强在中国享有领事裁判权的直接产物。鸦片战争后，通过不平等条约，英、美、法、俄、德、日等二十来国相继在中国取得领事裁判权。这些国家的公民或臣民，即"有约国人"，在中国成为民事或刑事案件被告，都不受中国司法管辖，大多由该国在华领事法庭审判。在租界正式形成前，领事法庭已经存在；在没有租界的福州、宁波等通商口岸，同样有领事法庭；有些设在租界内的领事馆则未设领事法庭，领事法庭的存在本与租界无关。在辟有租界的通商口岸，各国领事馆大多设在租界特别是本国专管租界之内，主要因为租界有较好的市政设施，并较为安全。除狭小的厦门英租界、冷僻的重庆日租界等少数租界，大多数租界内都有领事馆，并有设在领事馆内的领事法庭。

领事法庭的管辖范围为该领事辖区或数个领事辖区,法庭庭长或审判官大多由领事、副领事及其他领事馆官员担任,只有法国、意大利、日本等国特派法官来担任此职。① 1920 年,美国政府以上海美国司法委员法院取代上海美国领事法庭。两者的主要差别在于司法委员法院不是以领事等外交官为法官,而是以特派的司法委员为法官。② 领事法庭审判以本国及受其保护国家人士为被告的民事、刑事案件。原告可以是华人、其本国人士以及其他外国人士。这些案件只要是发生在该领事法庭辖区内,不论是发生于该领事法庭所在租界之内,还是租界之外,都由该领事法庭审判。各国对领事法庭的管辖权限都有明确规定。有些领事法庭有权审判所有以本国人士为被告的民事案件,但都不能审判重大刑事案件。英国领事法庭只能审判监禁一年以下或罚金 100 英镑以下的刑事案件,法、日两国领事法庭只能审判不涉及重罪的刑事案件。美国领事法庭可以审判罚金不超过 500 美元、监禁不超过 90 天的刑事案件,还能终审判决罚金不超过 100 美元、监禁不超过 60 天的刑事案件,以及诉讼标的不超过 500 美元的民事案件。③

租界开辟国人士和其他"有约国"人士违反租界规章的案件,通常也由其本国设在当地的领事法庭审判。租界巡捕在租界内拘捕了违反租界章程的人,首先要甄别其国籍。其中该租界开辟国人士,便押送至本国领事法庭,根据该租界基本章程或行政规章来进行审判。如果他是其他"有约国人",大多被押送至该国在当地的领事法庭审判。因为"有约国人"在租赁或购买别国专管租界土地时需要签署遵守该租界各种章程的誓约,并由其本国领事背书,所以这些领事法庭也须依据该租界章程来审判这些案件。

专管租界开辟国的领事法庭等法庭还要审判其他的一些案件。在有些租界,华人违反租界章程等案件也由租界开辟国的领事等人审判。外

---

① 〔英〕费唐:《费唐法官研究上海公共租界情形报告书》第 1 卷,上海公共租界工部局华文处译,上海公共租界工部局 1931 年版,第 339 页。
② 蒯世勋编著:《上海公共租界史稿》,载上海史资料丛刊《上海公共租界史稿》,第 390 页。
③ Frank E. Hinckley, *American Consular Jurisdiction in the Orient*, Washington, D. C., 1906, p. 46.

国领事等人审判华人的情况肇始于 1853 年 9 月以后的上海。此时,小刀会占领上海县城,中国官府失却对上海外商租地的控制,英、美等国领事乘机侵夺对界内华人的司法管辖权。这些华人违反当地规章或涉及较轻的民事、刑事案件,英、美等国领事都擅自审判。次年,上海租界形成,工部局和巡捕房相继建立。被租界巡捕拘捕的华人在巡捕房里由工部局董事预审,决定是释放,还是解送英、美领事馆。1855 年,经英国领事审判的华人案件达 500 余件。[①] 次年,在清政府恢复对上海地区的控制之后,经驻沪领事团决定,上海英租界等处由外国人审判华人的情况才告终结。在上海法租界,法国领事于 1859 年在法国领事馆内组建违警裁判所,由领事馆官员主审,领事馆翻译和巡捕房总巡陪审,审判由巡捕房移送、主要以华人为被告之案,并对情节轻微之案作出罚金或释放的判决。此种情况持续到 1869 年该租界设立中外会审公堂之时。[②] 此后,在镇江英租界、天津俄租界等不少租界,租界开辟国领事法庭继续审判华人。20 世纪初期,在九江英租界,英国领事可对界内有酗酒、赌博、妨碍公务等行为的华人科处罚金,最多可达 50 银圆;对有斗殴、小偷小摸等行为的华人,可罚他们在界内做苦工数小时至两天;对应予以更重惩罚的华人,则将他们移送界外中国官府惩处。[③]

在有些租界,"无约国人"及无国籍外国人违反租界章程,也受租界开辟国的领事法庭审判。1863 年,美国领事要求管辖上海美租界内的"无约国人",随后,驻沪领事团以中国官府对无领事代表的外国人既不愿行使职权,又无办法加以管束,要求由领事团代表中国授权公共租界工部局,对界内的此类外国人进行司法管辖。署上海道黄芳以上海官府实在无从辨别、管理这些外国人,同意了这一要求。[④] 此种情况一直延续到上海公共租界会审公堂成立。在很多专管租界,租界开辟国的领事法庭则

---

① 蒯世勋编著:《上海公共租界史稿》,载上海史资料丛刊《上海公共租界史稿》,第 349、373 页。

② [法]梅朋、傅立德:《上海法租界史》,第 150、301 页。

③ 英国国家档案馆:FO 228/2128, Despatch of British Consul, Kiukiang, to British Chargé d'Affaires, Peking, May 31, 1906.

④ 梁敬錞:《在华领事裁判权论》,第 102、103、135、136 页。

长期对这些外国人进行审判。修订于 1894 年的镇江英租界《土地章程》、颁行于 1902 年的九江英租界《土地章程》都明确规定,对于违反租界附则者,如果他们是华人或"无约国人"、无国籍外国人,就由当地英国领事依法处理。[①]

在有些租界,租界开辟国的领事法庭甚至审判来自其他"有约国"的人士。天津俄租界开辟未久,其基本章程便规定,拖欠市政捐税者即便是其他"有约国人",租界工部局也向俄国领事法庭起诉,并由该法庭判决。[②] 在天津意租界,如果相邻的两个业主为地产的分界发生诉讼,即便他们是其他"有约国人",也一概由意大利领事根据意大利法律来判决。[③] 在上海、天津、汉口等地法租界,其他外国人包括其他"有约国人"违反界内路政章程,就由租界行政当局的代表审判;不服判决者,可向法国领事或总领事上诉。他们违反治安章程及拖欠市政捐税,都要先受法国领事法庭审判;不服判决者,则将被送交其本国领事法庭审判。[④]

专管租界开辟国的领事法庭还受理控告当地租界行政当局的案件。专管租界行政当局负责人都由其本国人士担任,任何人认为受到租界行政当局或其经办人员的侵害,可到租界开辟国设在当地的领事法庭控告租界行政当局或其责任人。在各地英租界,租界工部局通常以其秘书为代表,由他出庭应诉。如果在诉讼中败诉,即用行政当局的公款来支付赔款,其经办人等个人都无须承担经济责任。

对于越出各国领事法庭管辖权限的案件,大多须呈送该国设在远东殖民地直至其本国的高等法院去审判。只有英、美两国情况特殊。1865年,英国在上海公共租界设立英国高等法院。该法院除了取代英国驻沪领事法庭外,还管辖中国和日本后来还包括朝鲜境内所有以英国人为被告的民事、刑事案件,名为"英王在中日朝高等法院",俗称"大英按察使

---

① Land Regulations and Bye-Laws of the British Concession, Chinkiang, 1894, Article 27; Land Regulations and Bye-Laws of the British Concession at Kiukiang, 1902, Article 10.

② Regulations of the Russian Concession at Tientsin, Judiciary Regulations, Article 2.

③ Italian Concession in Tientsin, Building Regulations, 1923, Article 11.

④ [法]梅朋、傅立德:《上海法租界史》,第 280 页;Règlements d'Organisation Municipale, Concession Française de Hankéou, 1898, Article 14, 15; Règlement Municipal de la Concession Française de Tientsin, 1908, Article 23.

署"。明治维新后日本废除领事裁判权,并侵占了朝鲜,该法院的管辖范围不再包括日本、朝鲜,故更名为"英王在华高等法院"。1904 年前,该法院仅在上海开庭;此后,可在所有英国在华领事法庭辖境内开庭。该法院可依据英国法律审判各种案件,唯死刑须经英国公使核准。英国又在上海公共租界内设立英国上诉法院。不服各地英国领事法庭和英国高等法院判决者,可向该法院上诉。经该上诉法院审判的民事案件,诉讼标的超过 500 英镑,其上诉由伦敦枢密院受理;刑事案件上诉须经枢密院允许。①

不服各地美国领事法庭判决者,起初可向美国驻华公使上诉。1906 年,美国也在上海公共租界设立在华法院,其等级相当于美国国内的地方法院,管辖范围为中国全境,一审受理案件为美国领事法庭有权终审之案外以在华美国公民为被告的各类案件,受理的二审案件是不服各地美国领事法庭后来包括上海美国司法委员法院判决的上诉案件。该法院通常在上海开庭,但每年至少须在天津、广州、汉口巡回开庭一次。如果不服该法院判决,则可向美国本土的第九巡回法庭上诉,最终还可向美国联邦最高法院上诉。②

根据中外订立的涉及领事裁判权的不平等条约,其中只有领事审判其本国人士的规定。领事法庭无权审判华人,也无权审判其他外国人。在不少租界,租界开辟国的领事法庭还对华人、"无约国人"和无国籍外国人进行审判,这显然违反了中外约章,侵夺了中国更多的司法主权。

除领事法庭等外国法庭,在上海公共租界、厦门鼓浪屿公共地界以及汉口租界还设有领事公堂。这些领事公堂与领事法庭从名称来看差别似乎不大,但二者在构成、职能、权限等方面有很大差异。领事公堂不是一个国家的领事审判其本国人士的法庭,而是多国领事共同组成的法庭。领事公堂的组建与领事裁判权有一定的关联,但其创建主要与租界系由外国人行政管理的区域相关。上海公共租界的领事公堂审判控告该租界工部局及其责任人的行政案件。厦门鼓浪屿公共地界的领事公堂除了审

① 蒯世勋编著:《上海公共租界史稿》,载上海史资料丛刊《上海公共租界史稿》,第 388、389 页。
② Frank E. Hinckley, *American Consular Jurisdiction in the Orient*, pp. 43, 47, 50.

判此类案件外,还审判其他一些案件,至辛亥革命以后还一度作为当地会审公堂的上诉法院。汉口租界的领事公堂与上海、厦门两地的领事公堂有所不同,该公堂专门审判以当地三个由多国人士管理并为公众服务的场所为被告的案件。

在上海公共租界、厦门鼓浪屿公共地界,领事公堂是依据这两个租界的基本章程而设置的特殊的租界司法机构。在各国专管租界,认为租界行政当局侵害其利益者,可至租界开辟国的领事法庭控告租界当局及其董事等人。公共租界工部局董事由多国人士担任,因而其工部局不宜受任何一国领事法庭管辖。1869 年,经修订的上海公共租界《土地章程》规定,组建领事公堂,控告该租界工部局及其经理人等,即向领事公堂投呈。[①] 此后,领事公堂的组建被拖延了 10 余年。在此期间,因该租界工部局总董和董事大多是英国人,凡有人控告工部局时仍多控告其总董、董事于设在该租界的英国高等法院。[②] 1882 年,领事团推选英、美、德三国领事正式组建领事公堂。随后,领事团批准、公布《上海领事公堂诉讼条例》。该条例共 17 条,其中规定,领事公堂受理以上海公共租界工部局为被告的民事诉讼,每年由领事团选举 3 名领事为法官。公堂陈述等概用英文,原告可延请律师出庭。若工部局败诉,只用工部局的财产来赔偿,不与经手各董事及经理人等相干。不服判决者,可在 60 天内呈请该公堂再次审判。[③] 上海领事公堂设立后的最初 10 余年间,一直由英、美、德三国领事担任法官。此后,英国领事始终任职,荷、比、意、奥等国领事也任过此职。在厦门鼓浪屿公共地界开辟后,界内即设立领事公堂。公堂法官每年由各国领事派定。该公堂除审判以工部局及其经理人等为被告的行政案件外,还扩大了审判权限,有权审判业主拒绝出售工部局兴建公共工程所需土地的案件,以及不同国家外国人之间的诉讼案件。工部局雇员及总董等人因局中公事被控后败诉,不自任其咎,全部以工部局的财产

---

① 王铁崖编:《中外旧约章汇编》第 1 册,第 299 页。
② 蒯世勋编著:《上海公共租界史稿》,载上海史资料丛刊《上海公共租界史稿》,第 391 页。
③ 徐公肃、丘瑾璋:《上海公共租界制度》,载上海史资料丛刊《上海公共租界史稿》,第 248、249 页。

来赔偿。① 1911年10月武昌起义爆发后,厦门于11月被革命党人占领。次年1月,驻厦门领事团宣称,暂时行使中外约章和鼓浪屿公共地界章程给予中国官府在该公共地界的权利,并决定当地会审公堂的上诉案件不再由厦门道与相关领事提审,而是由领事公堂来审判。这一决定旋获驻华公使团批准。该领事公堂一度又成了该公共地界的上诉法院。②

领事公堂的构成和职能便决定了它们既不适用中国法律,也不适用任何外国法律,只能依据租界基本章程和行政规章以及社会常理来进行判决。1911年,闸北水电公司向领事公堂控告上海公共租界工部局借口英商自来水公司享有专利,禁止该公司在北四川路地下铺设水管。领事公堂并非依据某国法律,而是以"专利"不符合条约精神为由,判闸北水电公司胜诉。③ 领事公堂审判的案件为数甚少。上海公共租界领事公堂一年至多审案数个,有些年度没有审判一个案件。厦门鼓浪屿公共地界的领事公堂每年审判的案件也有限,1915年,该公堂大约审判了三个或稍多的案件。④ 该领事公堂还缺乏权威。对于当地业主拒绝工部局因公征地的案件,这一公堂并不能强制相关的中、外业主执行其出让土地的判决,而是只能由中国官员或领事官员设法劝令其服从。⑤ 在1914年,一名传教士起诉该公地工部局妨碍其教会的传教活动和教产经营。次年,此人撤诉,但又拒绝偿付工部局从上海聘请两位辩护律师所花的费用及公堂费用共两百多银圆,而领事公堂也没有使他就范的办法。⑥

汉口租界也设有领事公堂,但这一领事公堂不同于公共租界的领事公堂。在清末,汉口租界内外已有三个由多国人士管理并为公众服务的场所,它们是汉口万国冢地、传染病医院和国际医院。在其管理机构涉案成为被告时,同样不宜受某一国领事法庭管辖。民国肇建后未久,驻汉口领事团仿照上海公共租界成例,设立汉口的领事公堂,当地也称作"汉口

---

① 厦门市档案局、厦门市档案馆编:《近代厦门涉外档案史料》,第287、301页。
② 英国国家档案馆:FO 228/2137, Letter from Senior Consul and Consul for Germany at Amoy to Dean of the Diplomatic Body, Peking, January 16, 1912; January 23, 1914.
③ 徐公肃、丘瑾璋:《上海公共租界制度》,载上海史资料丛刊《上海公共租界史稿》,第92页。
④⑥ 何丙仲:《鼓浪屿公共租界》,厦门大学出版社2010年版,第53页。
⑤ 厦门市档案局、厦门市档案馆编:《近代厦门涉外档案史料》,第301、302页。

领事裁判所"，受理以这些国际机构为被告的案件。1914 年，经驻华公使团批准的《汉口领事公堂章程》颁行，其中规定，驻汉口领事团每年选举三位领事充任公堂的法官，其中资深的领事为首席法官。公堂的用语为英语，在有合适的翻译时也可使用其他语言。经公堂要求，可由该国际机构所在租界或其领导机构所在租界的官员等人来执行公堂的判决和命令。[①] 可见，汉口领事公堂的组织与上海等地的领事公堂相同，但职能不同，属于因列强在中国享有领事裁判权而设立的法庭。由于国际医院、万国冢地等或位于租界之内，或位于租界附近，其领导机构则都位于租界之内，该公堂还要依靠租界官员包括巡捕来执行其作出的相关判决等，因此该公堂也与租界有密切关系。

除上海、厦门、汉口三地的租界，在中国的其他地方都没有此种形态的领事公堂。领事公堂是根植于领事裁判权，又仅见于租界的特殊的司法机构。它们的存在构成了租界在审判方面的又一特点。

第二类，中国的会审公堂。

会审公堂是实行中外会审制度的混合法庭，它们虽然设在租界，并在一定程度上被外国陪审官员操控，但仍是中国设立的司法机构。开辟厦门鼓浪屿公共地界的中外约章就明确地指出，"界内由中国查照上海成案，设立会审公堂一所，派委历练专员驻理"；该公堂听理词讼详细章程，"应由厦门道台妥拟"。1906 年，英国驻汉口总领事在向驻华公使报告时称，设在英租界领事馆内的会审公堂是个由中国官员管辖、实施中国法律、施加中国刑罚的法庭。1917 年，北洋政府时期大理院的判例也表明上海租界的会审公堂是"中国司法衙门"。[②] 最早组建的会审公堂，是位于上海公共租界的洋泾浜北首理事衙门。至清末，在上海有公共租界会审公堂、法租界会审公堂，在厦门有鼓浪屿公共地界会审公堂，在汉口有分别设在英、俄、法、德、日五国租界内的五个会审公堂。

---

① 英国国家档案馆：FO 228/2137, Letter of British Acting Consul-General, Hankow, to British Minister, Peking, April 4, 1912; *The Hankow Court of Consuls Regulations*, 1914。

② 厦门市档案局、厦门市档案馆编：《近代厦门涉外档案史料》，第 302 页；英国国家档案馆：FO 228/2128, Despatch of British Consul-General, Hankow, to British Minister, Peking, March 29, 1906；梁敬镎：《在华领事裁判权论》，第 137、138 页。

照片8　厦门鼓浪屿公共地界会审公堂

　　1863年上海英、美租界合并为上海公共租界时，该租界当局每天要向上海官府移送一批以华人为被告的案件。上海官府没有力量来仔细翻译案卷，仅知案由，不明详情，审判时除听信案犯供述或刑讯逼供，别无他法。有些无辜疑犯因而被拘押、刑讯，大受牵累；不少罪犯反而蒙混过关，重返租界作案。驻沪领事团遂提议在该租界建立法庭，专门审判华人违反租界章程的案件，其审判员由工部局推荐、给酬，由领事团任命。英国领事巴夏礼认为，中国官员不会接受由外国官员单独审判华人的方案，力主设立由中国官员主持的法庭，审理界内发生的华人违法案件；如案件与外国人相关，可由外国领事陪审。[①] 因1858年的中英《天津条约》有英国人控告华人、华人控告英国人的华洋混合案件，由中国地方官与英国领事官"会同审办"的规定，中国官府认可了在上海公共租界设立中外会审衙门的提议。

　　1864年5月1日，一名中国委员与英国副领事阿查立组成的第一个

---

① 蒯世勋编著：《上海公共租界史稿》，载上海史资料丛刊《上海公共租界史稿》，第374、375页。

中外会审机构在英国驻沪领事馆内首次开庭。因上海公共租界位于洋泾浜以北，这一法庭被称为洋泾浜北首理事衙门，也被称作"会审公堂"。[1] 1868年，该理事衙门迁至南京路香粉弄。华人违反租界章程的案件，由该中国委员单独审理。以外国人为原告、华人及"无约国人"为被告的刑事案件后来连同民事案件，均由中国委员主审，一名外国陪审官陪审。因委员官阶较低，上海道另委海防同知主审民事案件，一周约两次。该理事衙门的审判权限，最初确定为监禁100天以下、枷号30天以下、笞责100下以下的刑事案件，诉讼总额不超过100银圆的民事案件；旋改成所能判处的刑罚最多为笞责100下，枷号14天，苦工14天，以及监禁、罚金和驱逐。[2] 重大的刑事和民事案件仍归上海知县等官员来审判。陪审官由英、美副领事各一名充任，后又增设一名德国陪审官。上诉案件由上海道会同有关领事审理，委员与陪审官意见不合之案也作为上诉案件处理。[3] 中国委员本应主持洋泾浜北首理事衙门的审判，但在实际上，外国陪审官往往操控审判，并扩大该衙门的审判权限，审判了一切向该衙门呈控之案，只是在判处超出其权限的刑罚时履行一个请求认可的手续。[4]

1867年，上海道应宝时与英国领事等谈判组织正式的会审公堂，并草拟公堂章程10款。经修订，总理衙门及英、美公使分别核准这一章程。1869年4月20日，《洋泾浜设官会审章程》公布生效。这一会审公堂章程规定，中国官府遴委同知一员，入驻上海租界。原告、被告都是华人的纯粹华人案件，外国人控告华人的"洋原华被"案件，无论民事还是刑事案件，"均准其提讯、定断，照中国常例审讯"，并准其将华人刑讯、管押，以及发落枷号、笞、杖以下罪名。凡遇外国人必须出庭之案，须由相关外国领事或其委派官员与该公堂中国委员会审。纯粹华人案件由该委员自行讯断。凡为外国人服役、延请的华人涉案，该委员应将案情移知相关领事，该领事应立即将应讯之人交案。专职领事所雇的华人，未经该领事允准，

---

① 英国国家档案馆：FO 228/920,《会审公堂罚做苦工章程》，同治四年十一月。

② Anatol Michaelivrtch Kotenev, *Shanghai: Its Mixed Court and Council*, pp. 53、54.

③ 蒯世勋编著：《上海公共租界史稿》，载上海史资料丛刊《上海公共租界史稿》，第376页。

④ Anatol Michaelivrtch Kotenev, *Shanghai: Its Mixed Court and Council*, p. 53.

不得拿获。至讯案时，由该领事或其所派官员来该公堂听讼。华人犯军、流、徒直至死罪，仍由上海知县审判。人命案件，也归上海知县相验。华人犯罪后逃入租界，由该委员饬令公堂差役径直提传，无须租界巡捕协助。对"无约国人"，该委员可自行审断，但须邀一外国官员陪审，同时详报上海道核查。给这些外国人酌拟的罪名，应详报上海道核查，并与一名领事商议酌办。不服该委员判决者，可向上海道或领事上诉。公堂内通事、翻译、书差等人员，由该委员自行招募，并雇请一至两名外国人看管一切，以及提传、管押"无约国人"。① 在制定这一《洋泾浜设官会审章程》时，清政府力图借以对上海租界内的司法权有所维护，其中包括限定该公堂的审判权限，规定外国陪审官无权会审纯粹华人案件，规定该公堂无须经领事核准便可提传界内大多数华人等。然而，该章程将华人与"无约国人"的混合案件列入中外会审范围，允准外国领事参与对犯罪的"无约国人"定罪，以及决定会审公堂可否提传、拘捕为外国人特别是为领事服务的华人等，使外国领事等攫取了中外条约并未让与的更多司法特权。至此，租界内的中外会审制度初步成型。

上海公共租界会审公堂起初沿用洋泾浜北首理事衙门的衙署，后迁至南京路广西路口，1899 年迁至苏州河以北的北浙江路。每日上午该公堂审理违反租界章程的案件及一般刑事案件，下午或晚间审理以外国人为原告、华人为被告的民事案件；对外国人为被害人的刑事案件，进行特别审理；对特殊案件则组织额外公堂，由上海知县等与外国官员会审。1888 年，在该租界因违反租界章程和涉及刑事案件而被拘捕的华人达4 746人次，次年增至 5 117 人次，至 1899 年，除去以不洁车辆揽客的人力车夫等人外，超过 2.4 万人次。② 尽管相当数量的被捕华人未被巡捕房起诉，该会审公堂每年要审判的案件依然有不断递增的趋势。

在上海法租界，在中法《天津条约》生效后，上海道及其代表与法国领事等依据该约的相关规定，在法国领事馆会审当地华人与法国人之间的

---

① 王铁崖编：《中外旧约章汇编》第 1 册，第 269、270 页。
② Municipal Council of Shanghai，Report，1888，p. 37；Municipal Council of Shanghai，Report，1889，p. 53；Annual Report of Shanghai Municipal Council，1899，p. 49.

商务纠纷案件。[1] 在中、英会商《洋泾浜设官会审章程》时,法国公使一度表示愿意共建会审公堂。不久,法方以该章程中有关中国的公堂委员可派差役径行拘捕界内华人的规定,与法租界内只有奉法国领事命令才能拘捕人犯的传统绝对冲突等理由,拒绝协作。中国官府只得同意在上海法租界另设会审公堂。该会审公堂长期设在法国领事馆内,并先于公共租界会审公堂于 1869 年 4 月 13 日首次开庭,此后通常在每周的周二、周四、周六开庭。公堂委员起初由中国于 1865 年在该租界设置的会捕局委员兼任,陪审官由法国驻沪副领事兼任。该公堂的制度参照《洋泾浜设官会审章程》,结合法租界司法习惯。公堂审判的所有案件,包括华洋之间的诉讼,华人之间的民事、刑事诉讼,均由中法会审,其中纯粹华人案件,由中国委员主审,法国陪审官不发表意见;法国陪审官主审涉及法方利益的各种案件,只是在根据中国法律作出判决时需征询该委员意见。公堂各种司法行政事务都由法国领事办理,该委员不能过问。公堂提传、拘捕界内华人的签票、拘票等都须经法国领事签章,由该租界巡捕与会捕局局勇共同执行。至 1906 年会捕局被撤销后,提传、拘捕界内华人全部由该租界巡捕执行。[2]

在上海租界正式组建会审公堂之际,湖北官府在汉口英租界以南的华界设立洋务保甲局,也称作巡查洋街委员公所,直辖于江汉关监督。该公所设委员一名,并曾设帮办等官吏。当英租界巡捕拘捕界内“有斗殴、偷窃情事”的华人后,英国领事便将他们移送该巡查洋街委员审理。如系琐碎细事,该委员可径行发落;较大案件,须解送礼智司巡检、汉阳府同知或汉阳知县惩办;重大案件便解送江汉关监督惩办。遇有“华洋交涉事件”,则根据中英《天津条约》的规定,由该监督及委员与英国领事约期会审。1880 年,英国驻汉口领事由首任上海洋泾浜北首理事衙门陪审官的阿查立调任。经他劝诱,大约在两年后,湖北官府同意仿照上海公共租界的制度,设立会审公堂于英国领事馆之内。馆内用作领事法庭的房屋兼

---

① ［法］梅朋、傅立德:《上海法租界史》,第 301 页。
② 吴馨等修、姚文枬等纂:民国《上海县志》卷十四,页二十六;姚之鹤编:《华洋诉讼例案汇编》下册,商务印书馆 1915 年版,第 729 页。

作会审公堂所在地。此后,华人在该租界内有轻微犯罪行为或违反租界章程,都由该公堂审判。中方官员即是洋街委员,英方陪审官由英国领事等官员担任。起初,只要一有相关案件,该洋街委员即赶往英国领事馆。由于此种办法颇不方便,后改为在每天下午2时开庭。该公堂判处的刑罚,包括罚金、笞责、枷号、监禁、禁止入境等。① 枷号示众之处,或在巡捕房前,或在犯事现场。笞责在巡查洋街委员公所执行,罚金则归该租界工部局所有。遇有较为重大、复杂的案件,英国领事即邀请汉阳府同知等品级较高的中国官员前来会审;遇有较为重大的刑事案件,则将案犯移送该同知或品级更高的中国官员审判。②

在上海公共租界会审公堂,外国陪审官很快撇开会审章程,扩大公堂和陪审官权力。1883年7月,发生了一名巡捕房华探报复杀人的案件。起初,公堂的中国委员直至上海道邵友濂等都以人命重案理应由上海县管辖,将被死者亲友扭送该公堂的凶犯发往上海县衙审判。各国领事及工部局以此人系"各国"所用之人,根据公堂章程,中国委员须照会各国领事方可传人,坚持要先由会审公堂庭审一次。上海官府最后妥协。以此案为开端,公堂对明显不属于其管辖范围的案件进行预审,然后再决定是否将案犯移送上海县衙审判。同时,该公堂又擅自扩大审判权限,对犯了枷号、笞、杖以上之罪的案犯判处监禁、长期监禁直至永远监禁。对于纯粹华人案件,外国陪审官往往以案犯系由租界巡捕房解送,就擅自会审,有时还干预判决。至光绪后期,除纯粹华人民事案件外,纯粹华人刑事案件也一概实行中外会审。③

甲午战争后,清政府对已有会审公堂的汉口,同意在当地陆续开辟的

---

① 英国国家档案馆:FO 228/917,江汉关监督致英国驻汉口领事照会,同治八年十二月二十一日;FO 228/1065, Despatch of British Consul, Hankow, to British Minister, Peking, January 21, 1891。

② 英国国家档案馆:FO 228/982,江汉关监督致英国驻汉口领事照会,光绪十年十一月二十七日;FO 228/2128, Telegram of British Minister, Peking, to British Foreign Office, March 29, 1906; Despatch of British Consul-General, Hankow, to British Minister, Peking, March 29, 1906。

③ Anatol Michaelivrtch Kotenev, Shanghai: Its Mixed Court and Council, p. 86;徐公肃、丘瑾璋:《上海公共租界制度》,载上海史资料丛刊《上海公共租界史稿》,第166页。

四国租界设立此类公堂,对原来尚无会审公堂的天津,没有同意在当地陆续开辟的六国租界推广这一制度。在新辟的苏州、杭州、重庆等通商口岸,清政府在抵制日本开辟专管租界的努力失败后,只能一概同意日本在这些口岸开辟日租界,并在租界内实行中外会审。在杭州等地,日本人已在日租界内租赁了土地,作为建造会审公堂的地基。[①] 后因杭州、苏州、重庆等地日租界都不发达,在这些日租界内都未出现会审公堂。

在增设会审公堂的汉口,原来的汉口巡查洋街委员公所被改为汉口洋务公所,《汉口会审公堂章程》也被颁布。该章程依据《洋泾浜设官会审章程》,内容与其蓝本几乎没有差异。[②] 分别设在英、俄、法、德、日租界的五个会审公堂都设于其本国的领事馆内。中国会审官员由汉口洋务公所安排,外国陪审官由各领事馆副领事等官员出任。在这些会审公堂上,中外官员会审在本租界内华人违反租界章程及轻微刑事案件,以及华人为被告而又牵涉洋人的民事案件。华人与"无约国人"的诉讼,由中国官员单独审判。超越会审公堂审判权限的案件,便移送汉阳府同知等处审判,至1900年设置夏口厅后则移送夏口厅等处审判。在此期间,英租界会审公堂除周日和节日外每天早晨开庭,其余四个会审公堂每周开庭两次。[③]

1902年,清政府与英、美、日等国共同开辟厦门鼓浪屿公共地界时,大体上照搬了上海租界的中外会审制度。根据《厦门鼓浪屿公共地界章程》的规定,主持该公共地界会审公堂的中国委员以及书差等所有人员,均由福建官府派委。该公堂审判界内华人违反租界章程及轻微犯罪案件,较为重大的刑事案件均移送界外中国地方官府审判。该公堂审判的以华人为被告而涉及外国人之案一律实行中外会审。该公堂与上海公共租界会审公堂的差别,主要在于提传仅受外国人雇请但在被提传时并不

① ［日］大里浩秋:《杭州的日本租界》,载［日］大里浩秋、孙安石编著《租界研究新动态(历史·建筑)》,上海人民出版社2011年版,第130页。
② 侯祖畬修、吕寅东等纂:民国《夏口县志》卷十一,1920年版,页七。
③ 法国外交部南特外交档案中心:Fonds Pékin Ambassade, série A, Carton 204, 45-A-2, La cour mixte dans les concessions etrangers a Han-K'eou, 1861-1911;英国国家档案馆:FO 228/2128, Despatch of British Consul-General, Hankow, to British Minister, Peking, March 29, 1906;［日］水野幸吉:《汉口——中央支那事情》,刘鸿枢等译,上海昌明公司1908年版,第504页;武汉市政协文史资料委员会编:《汉口租界》,第23页。

住在外国人住宅内的华人,公堂签票不须先送有关领事签字,而是可于当日事后送请该领事补签,或斟酌情形予以核销。次年5月,厦门道委任了该公堂首任委员。公堂最初设在公地内的锦祥街,后来曾两度搬迁。①

八国联军侵华战争后,天津租界发展成并存着八国租界的广阔区域。1904年,驻津领事团要求清政府在天津租界设立一个会审公堂,并力图将该公堂管辖范围扩展到租界地区之外,使该公堂可管辖以居住或进入天津县境的华人等为被告、事涉外国人利益的一切案件。该公堂的主审官应是天津知县等中国官员,事关哪国人的利益,即由该国领事等人出任陪审官。②后因清政府坚持未允,天津租界内最终没有实行中外会审制度。

1902年6月10日,为解决上海两个租界的会审公堂经常发生的诉讼管辖问题,驻沪领事团通过《上海租界权限章程》。次日,上海道表示同意。该章程规定,纯粹华人案件实行原告就被告原则,原告应在被告居住租界的会审公堂起诉。华人违反租界章程,即在犯事租界受审。原告是外国人的案件,则采取被告就原告原则,以原告国籍确定审判权归属。除以法国人为原告的案件外,以其他外国人为原告、华人为被告的民事、刑事案件,不论被告居住哪个租界,均由公共租界会审公堂审判;以法国人为原告、华人为被告的民事、刑事案件,不论被告居住哪个租界,均由法租界会审公堂审判。③

为使多年来对上海公共租界司法权的侵夺合法化,经驻沪领事团委托,该租界工部局对《洋泾浜设官会审章程》作了修订。1905年,驻华公使团开始与清政府外务部交涉该会审公堂章程的修订事宜,其中包括将公堂审判权限扩大到判处五年监禁、公堂所出提传各票均须经领袖领事签字等内容。④同年底,该租界发生"大闹公堂案",随后租界巡捕又开枪打死、打伤数十名上街抗议的华人,引发了席卷全国的抗议浪潮,外务部

---

① 厦门市档案局、厦门市档案馆编:《近代厦门涉外档案史料》,第302、458页。
② 英国国家档案馆:FO 228/1563,Principles Laid down by the Consular Body at Tientsin for the Establishment of a Mixed Court;Letter of British Consul-General,Tientsin,to British Minister,Peking,December 27,1904。
③ 王铁崖编:《中外旧约章汇编》第2册,第51、52页。
④ 吴馨等修、姚文枬等纂:民国《上海县志》卷十四,页三十二。

也因而拒绝批准《续增上海洋泾浜设官会审章程》，并与公使团约定，基本沿用公堂原有的章程。因驻沪领事团坚决反对，清政府于次年 4 月让步，允准将该公堂审判权限扩大至判处监禁五年，公使团则同意结束有关修订该公堂章程的交涉。① 此后，该公堂仍旧逾越其审判权限，经常作出监禁五年以上的判决。其中两年前被该公堂判处 10 年监禁的革命党人万福华，旋于同年 5 月 6 日被指控为用暴力越狱、伤害监狱看守等人，被该公堂加判 10 年监禁；同时，有两人被加判了 20 年监禁，一人被加判了 15 年监禁。②

在厦门鼓浪屿公共地界，受外国陪审官的操控，该公堂从一开始便擅自扩大审判权限。除将命案移送厦防厅审判外，该公堂审判了发生于公地之内、以华人为被告的所有民事和刑事案件。③

1911 年 10 月武昌起义爆发后，革命党人于 11 月初占领上海，上海道等地方官员包括两个租界会审公堂的委员纷纷逃离，公堂瘫痪。未久，驻沪领事团和法国总领事分别接管公共租界、法租界会审公堂。此后，上海公共租界工部局以领事团名义代管该租界会审公堂，支付公堂一切费用，接受一切罚金，任命由其发给薪金的中国委员。公堂审判的所有民事、刑事案件都由外国陪审官会审，其审判权限则被扩大至可审判界内以华人为被告的一切案件，甚至可以判处死刑，于禀请领事团核准后执行。④ 上海法租界会审公堂成了隶属于该租界公董局警务处的机构，经费及委员薪俸都由公董局支付。界内以华人为被告的一切案件，包括判处死刑的案件，都由法国陪审官会审。这些案件都在该租界结案，不再移送中国官府，并不能再向上海地方官府上诉。⑤ 上海租界的两个会审公

---

① Anatol Michaelivrtch Kotenev, *Shanghai: Its Mixed Court and Council*, pp. 121, 131.

② 《观万福华行刺案谳词率笔书此》，《申报》光绪三十年十一月十九日；英国国家档案馆：FO 228/2509, Report of Charges Coming under the Cognizance of the Shanghai Police Station, May 6, 1906。

③ 英国国家档案馆：FO 228/1692, Memorandum, Enclosure in Mr. O'Brien-Butler's No. 18 Despatch of May 13, 1908。

④ 徐公肃、丘瑾璋：《上海公共租界制度》，载上海史资料丛刊《上海公共租界史稿》，第 169—171 页。

⑤ 董枢：《法公董局内各机关的沿革》，《上海市通志馆期刊》第二年合订本（1934 年 6 月至 1935 年 3 月），第 417 页。

堂进入被列强攫夺时期。

同年 11 月 14 日,革命党人占领厦门。驻厦门领事团拒绝承认革命政权委派的鼓浪屿公共地界会审公堂委员,随后又决定,到福建成立被列强承认的政府时为止,该领事团将行使中外约章和鼓浪屿公共地界章程给予中国官府在该公共地界及其会审公堂的权利。同时,领事团继续承认原来的公堂委员,但上诉案件不再由厦门道与相关领事提审,而是改由领事公堂来审判。这一决定旋获驻华公使团批准,并于次年 2 月 8 日起在鼓浪屿实施。此时发生在该公共地界以华人为被告的案件,包括命案,全部在会审公堂审判,不再移送界外中国官府;除纯粹华人民事案件外,其他案件全部实行中外会审。①

汉口洋务公所在此期间改称汉口洋务会审公所,并仿照上海租界情形,扩大审判权限,可审判各种华洋诉讼案件。②

此后,随着列强在华势力的消退,各地的会审公堂陆续退出历史舞台。自 1917 年至 1927 年,汉口德、俄、英租界被中国相继收回,当地并存五个会审公堂的情景不复存在。此后,汉口洋务会审公所被撤销,该公所管辖的案件由夏口地方法院接管。在上海,经过长期交涉,中国政府于1927 年初收回上海公共租界会审公堂,改为上海公共租界临时法院;1930 年,取消该临时法院,设立上海第一特区地方法院及作为上诉法院的江苏高等法院第二分院。次年,中国政府又取消上海法租界会审公堂,设立上海第二特区地方法院及作为上诉法院的江苏高等法院第三分院。至此,中外会审制度在上海租界内寿终正寝。在厦门鼓浪屿公共地界,至20 世纪 30 年代,当地外国领事不再到会审公堂来参与会审,会审公堂名实不符,已"纯属于华人法庭",受理当地发生的一切华人犯法、违章案件,但对其中的刑事重案只作初审,随后便将案犯移送厦门的高等法院审判。③ 该

---

① 英国国家档案馆:FO 228/2137, Letter from Senior Consul and Consul for Germany at Amoy to Dean of the Diplomatic Body, Peking, January 16, 1912; January 23, 1914。[日]植田捷雄:《支那租界研究》,第 747 页。

② [日]植田捷雄:《支那租界研究》,第 748 页;郝立舆:《领事裁判权问题》,商务印书馆 1934 年版,第 43 页。

③ 厦门鼓浪屿公共地界工部局:《鼓浪屿工部局 1935 年度报告书》(译本),1935 年版,第 20 页。

公堂在事实上也演变成特区地方法院。最后到该公共地界被中国政府正式收回的 1945 年,该公堂也被撤销。

设在各地租界内的外国法庭和会审公堂在审判方面与华界的中国法庭有若干差异。

首先,在清代设在华界的中国法庭不允许律师出庭辩护,但外籍律师已活跃于租界内的法庭。咸丰年间,已有外籍律师在上海租界内的外国领事法庭出庭辩护。1866 年,在洋泾浜北首理事衙门审判民事案件时,已有英国律师出庭为被外国人起诉的华人辩护。在此期间,中国的传统观念仍将代当事人书写诉状的人们斥为包揽词讼的恶讼师,他们不仅被视作社会上的黑恶势力,而且会受到官府的惩处。在开庭审判时,中国官员也从不允许不相干的人们上公堂为当事人辩解。直到 1892 年,上海县官府还贴出告示,禁止"匪棍包打官司",规定赴上海县衙控诉不得"托人说情"。① 由于此时在租界之外中国官府仍禁止律师出庭,因此在上海公共租界会审公堂中,凡原告是外国人的案件,原告、被告双方都可以聘请律师出庭辩护;如果原告、被告双方均是华人,则不得聘请律师。不过,此种情况并非绝对。1903 年该公堂审判《苏报》案时,原告、被告都不是外国人,但双方都聘请了外籍律师出庭辩护。除会审公堂外,华人在租界内的其他法庭涉讼,也可以聘请律师。1875 年,英国"澳顺号"轮船撞沉上海轮船招商局的"福星号"轮船,此案由位于上海公共租界的英国高等法院审判时,原告、被告双方均聘请两名律师出庭。② 律师走进租界内的法庭,改变了几千年来中国法庭的审判程序,对于约束审判官的独断专行,防止审判的偏差,以及推动中国律师的登台亮相,都有积极意义。至民国初年,中、外律师都登上了华界内的中国法庭,律师出庭辩护才不再成为租界内法庭的特点之一。在上海公共租界会审公堂,即便是纯粹华人民事案件,也都可以聘请律师出庭。

其次,租界内的法庭或是完全不依据或是常常不依据中国的法律来进行审判。设在租界内的各国领事法庭,以及英国高等法院、美国在华法

---

① 汤志钧主编:《近代上海大事记》,上海辞书出版社 1989 年版,第 482 页。
② 陈同:《近代社会变迁中的上海律师》,上海辞书出版社 2009 年版,第 41、54、63 页。

院等法院,都依据其本国法律来进行审判。由数名外国领事为法官的领事公堂,则既不适用中国法律,也不适用其他外国法律,通常只能依据租界基本章程及其附则以及社会常理来进行判决。汉口的领事公堂在审判时也不依据中国法律或当地五个租界开辟国的法律,而是在公平的基础上参考当地的习惯来进行审判。[1] 作为中国法庭的会审公堂本应按照中国法律来进行审判,但因外国陪审官干预审判,外籍律师又依据外国法律来为当事人辩护,而中国传统法律中有关民事、商事等的法律规范又不完善,对有些案件没有适用的中国法律,会审公堂经常会依据外国法律来作出判决。上海公共租界会审公堂额外公堂审判《苏报》案时,清政府本拟依据清朝法律,将章炳麟、邹容处以极刑,但因在租界内审判,不得不退而求其次,力求判他们永远监禁。英国陪审官及其支持者则依据英国法律,认为写作而未公开出版不为罪。最后,清政府只能让步,同意分别判处章炳麟等监禁三年或两年,并罚做苦工。

　　特别值得指出的是,在租界实行的中外会审制度与中外条约规定的中外会审制度不尽相同。1858 年的中英《天津条约》规定,英国人控告华人、华人控告英国人的华洋混合案件,均由中国地方官与领事官"会同审办"。在上海的两个租界设立会审公堂后,因中国委员在审断案件时受外国陪审官挟制,事权不一,或怕招嫌怨,往往未能认真审判。清政府因而力图改变此种状况。1876 年,中英《烟台条约》对《天津条约》中"会同审办"的规定作了解释,即对于这些华洋混合案件,仍依据被告为何国之人,即赴何国官员处控告;原告所属国家的官员只可赴承审官员处"观审"。倘观审之员以为办理未妥,可以逐细辩论。[2] 于是,在全国范围内,外国领事等官员对以华人为被告的华洋混合案件只有"观审"和与中国官员辩驳之权,并无会审之权。然而,上海租界的中外会审制度并未改变。汉口各租界和厦门鼓浪屿公共地界也实行同样的中外会审制度。华人、"无约国人"、无国籍外国人在这些租界内违反租界章程,或成为刑事案件甚至

---

[1]　英国国家档案馆:FO 228/2137, Letter of British Acting Consul-General, Hankow, to British Minister, Peking, April 4, 1912; *The Hankow Court of Consuls Regulations*, 1914。

[2]　王铁崖编:《中外旧约章汇编》第 1 册,第 349 页。

民事案件的被告,就可能受到中、外官员共同审判。在未设中外会审公堂的天津英、俄等国租界,"无约国人"、无国籍外国人如违反租界章程或犯有其他罪行,则将送交当地中国官员审判,并由一名领事馆官员陪审。①

在上海、汉口、厦门等地的租界中,外国人反对中国官员单独审判以华人、"无约国人"及无国籍外国人为被告的案件,理由是多方面的。其中包括中国的司法官员贪赃枉法、滥用刑讯;中国的法律制度不完备,行政官员兼任司法官员,民事案等同于刑事案;中国的刑罚苛酷,狱政腐败等。为了使进入租界从而受到他们庇护的华人受到公正的、合乎人道的审判,他们的领事等官员就必须参与审判。外国人对此时中国司法制度和司法官员的指责并非虚妄不实之词。然而,由外国领事等人担任陪审官的中外混合法庭也远不是明镜高悬的公堂。一是这些外国领事等官员大多不具备充任法官的资格。他们多数不是法学院的毕业生,在国内也没有出任法官的经历,有些人不仅不熟悉中国法律,甚至不熟悉本国法律。于是,他们在判案时随心所欲,以至于同样的案件,甲国领事与乙国领事的意见绝不相同,就连同一个领事充任陪审官的前后数天里就会出现轻重悬殊的判决。例如,上海公共租界会审公堂曾判处窃取棉被一条的小偷监禁两年,数天后却只判处窃取价值二百余银圆金首饰的窃贼监禁三个月。② 二是这些领事官员等人并非铁面无私的"青天"。领事等外交官员的基本职责是保护本国侨民,遇上涉及本国侨民的华洋混合案件,他们要尽可能地维护其侨民的利益。在审判此类案件时,外国陪审官通常不依据中国法律,而是在对其本国侨民有利时援引其本国法律。同时,这些领事等外交官又是其本国在华利益的代表,须服从其本国政府和本国驻华公使的指令,因此在审判有些涉及其本国在华利益的案件时,并不以法律为准绳,而总是服从本国政治、外交的需要。例如,上海公共租界会审公堂对《苏报》案的最终判决,其实并非依据中外法律,完全是清政府与列强

---

① Local Land Regulations of the British Concession at Tientsin and General Regulations for the Tientsin Consular District, 1866, Article 16; Regulations of the Russian Concession at Tientsin, Judiciary Regulations, Article 1.

② 马长林:《晚清涉外法权的一个怪物——上海公共租界会审公廨剖析》,《档案与历史》1988年第4期;郝立舆:《领事裁判权问题》,第57页。

政府角力的结果。可见，外国人以谋求所谓"公正的审判"来侵夺中国在租界地区的司法权，但这些由外国领事等人坐镇的会审公堂也绝不是真正公正的法庭。

第三节 刑 罚

在光绪后期清政府实行刑律改革前，清代的刑罚包括笞、杖、徒、流、死五刑，以及枷号、充军等。在此期间，租界则有华界所无的罚做苦工、罚金、监禁等刑罚。租界是中国较早以罚做苦工、罚金和短期监禁来部分取代笞、杖、枷号等身体刑，并以长期监禁来取代徒刑、流刑的地方。

罚做苦工是西方国家一种传统的刑罚。清代法律规定的主刑中没有罚做苦工的刑罚。被判处徒刑的罪犯在发配至本省驿站等处服刑时虽也要做苦工，但徒刑是重于笞、杖的刑罚，刑期至少一年，最后须由总督或巡抚来定谳。1856年7月，上海知县同意英国领事要求，将一些有"不太严重"违法行为的华人罚做苦工，去修筑上海英租界内的道路等。1864年5月在上海公共租界设立洋泾浜北首理事衙门后，该衙门继续采用这一刑罚，至年底在受审的1326名华人中被罚做苦工者达104人。[1] 罚做苦工者被强制去从事租界市政工程中的强体力劳动，包括筑路、开沟、挖河泥、砸石子等，每天做工十多个小时。刑期多为数日，通常不超过一个月。做工时，他们被扣上铁链，二三十人拴成一串，即便有风雨烈日，也不能稍避。每天的食物，只有冷饭三小碗，到夜晚才能喝上冷水。外籍看守又时常虐待、打骂，致使他们受到的折磨超过枷号。[2] 1865年秋，该租界工部局急需大量劳力，又称移送上海县衙的华犯常常通过贿赂来减轻责罚，建议外国陪审官将本应送交上海官府惩处的华人留在租界受罚，致使更多华人被罚做苦工，受罚时间也有增长的趋势。当年9月，该理事衙门审判

---

[1] Appendix B, Calendar of Proceedings in Criminal Cases before the "Mixed Court", From May 2 to December 31, 1864, Report of the Municipal Council (Shanghai), 1864.

[2] 英国国家档案馆：FO 228/920，苏松太道应宝时致英国驻沪领事照会，同治四年九月二十日；马长林：《1864—1870年间上海公共租界苦役制考察》，载上海市档案馆编《上海档案史料研究》第十四辑，上海三联书店2013年版，第34、35页。

179 名轻罪犯人,被判在租界内罚做苦工者达 35 人;10 月,217 名轻罪犯人中被罚做苦工者达 75 人。[1]

　　1865 年 10 月,华人戴润之误买了被认作赃物的一些杂物,被罚做苦工两个月,旋因遭看守虐待等而死亡。上海道应宝时因而拟"永远停止"这一加诸华人的"外国之刑"。英、美领事等人辩称,戴某之死非因做苦工,并列举实施此种刑罚可降低犯罪率等种种益处,使应宝时同意与他们共同订立规范此种刑罚的章程。这一《会审公堂罚做苦工章程》规定,罚工之期,为三天至三个月。对犯有抢劫、偷窃、窝赃、勒索等罪行者才可不经上海道允准即罚做苦工。不得罚 18 岁以下、45 岁以上的男犯及所有女犯做苦工。对于未通过医生体检者,不得罚做苦工。犯人劳动时间为每天六小时,凡遇恶劣天气即停止工作。犯人主要应由华捕看管,华、洋巡捕都不得殴打。同时,该章程还对犯人的伙食、衣被和卧具等作了具体规定。其中伙食为每日三餐,共供给米饭一斤,小菜四两,间日加给鱼、肉各二两,并随时供应茶水。[2]

　　该章程施行后,苦工犯待遇得到改善。因其中不少人难以承担高强度的劳动,上海公共租界当局认为使用苦工得不偿失。1868 年,驻沪领事团要求上海官府予以补偿。上海道应宝时以苦工不是中国刑罚,苦工地点也在租界之中,拒绝补偿。1869 年 4 月该租界会审公堂成立后,署任的上海道杜文澜命令公堂委员不再判罚苦工。[3] 此后,该会审公堂不再将苦工作为主刑,但仍常将其作为对判处监禁者的附加刑。因《苏报》案而被该会审公堂分别判处监禁两年或三年的邹容、章炳麟也都被罚做苦工。这种附加刑也适用于在该租界内违反租界章程及犯罪的外国人,他们也会被相关的领事法庭等判处监禁并罚做苦工。上海公共租界《土地章程》附则规定,中外人士如在界内违章携带利器,可监禁一周,同时罚做苦工。厦门鼓浪屿公共地界的附则几乎照抄了这一规定。不少专管租

---

①　Monthly Return of Prisoners Apprehended by the Municipal Police Force, September 1865, October 1865, Report of the Municipal Council (Shanghai), 1865;上海市档案馆编:《工部局董事会会议录》第 2 册,第 519 页。

②　英国国家档案馆:FO 228/920,《会审公堂罚做苦工章程》,同治四年十一月。

③　上海市档案馆编:《工部局董事会会议录》第 3 册,第 684、693 页;第 4 册,第 685、686 页。

界《土地章程》等规章也有类似的规定。汉口英租界《土地章程》的附则规定，任何人非法携带枪炮、刀剑等各式武器入界，或在界内非法发射火器，可科以罚金或监禁一周，并可同时判罚苦工。[1]

罚金也是西方国家一直采用的财产刑，在当时的中国也被称作"罚银""罚锾""罚款"等。中国古代已有此刑，但清代原有的刑罚没有罚金。中外人士在租界内犯了轻罪及违反租界章程，都可能被中外会审公堂或外国领事法庭等判处罚金。这种刑罚在上海租界形成之际即被引入。1854 年，英、美、法三国领事擅自修订的上海《土地章程》规定，在上海租界内用易燃之物起造房屋，或存储硝磺、火药等易于着火的危险物品，初次罚银 25 圆，如不改移，每日加罚 25 圆，再犯随事加倍。如果起造房屋时脚手架及砖瓦、木料等货物阻碍道路，所建的房檐过分伸出以致妨碍行人，在饬知后不改，每月罚银 5 圆。如有堆积秽物，任凭沟洫泛水，施放枪炮，放辔骑马、赶车，以及肆意喧嚷、滋闹等"一切惹厌之事"，每次罚银 10 圆。[2] 至 1869 年，经修订的上海公共租界《土地章程》则将违反该章程罚金的上限提高到 300 银圆，并明确规定违反其 42 款附则中的 18 款，都会被罚金，还将用易燃材料建造房屋、存储易燃危险物品的罚金数额，调整到第一次不超过 250 银圆，第二次不超过 500 银圆。[3] 其他租界的基本章程或行政规章也都有不少科处罚金的规定。在广州、厦门等英租界，让牛、马在界内乱走，将罚 5 银圆以下。在镇江英租界，屋主或租屋者如允许在其房屋内开赌，罚金可高达 500 两白银。[4] 在汉口法租界，破坏公共道路、公共场所的树木、照明设施及其他公共设施，将被罚银一至五圆。至 20 世纪 20 年代，在该租界更多的违章行为将被科处罚金，其中在公共场所有伤风败俗的可耻行为，虐待动物，夜间发出影响市民休息的噪声，擅自燃放鞭炮、烟花，违反交通规则，随地大小便，妓女在街上挑逗或从他

---

① *Land Regulations and Bye-Laws of the British Concession at Hankow*, 1902, Bye-Laws, Article 25.
② 王铁崖编：《中外旧约章汇编》第 1 册，第 80—82 页。
③ 王铁崖编：《中外旧约章汇编》第 1 册，第 391—407 页。
④ *Land Regulations and Bye-Laws for the British Concession at Canton*, 1871, Bye-Laws, Article 18; *Land Regulations and Bye-Laws for the British Concession*, Amoy, 1877, Bye-Laws, Article 13; *Land Regulations of the British Concession*, Chinkiang, 1894, Bye-Laws, Article 9.

人房里拉客,所租土地没有填筑到规定的标准,轻则罚数圆、数十圆,重则要罚上百圆;擅自捕人、审讯,存储足以危及公众安全的易燃、易爆物品,擅自征收捐税等,罚金可达 1 000 圆。[①] 在不少租界,租界当局每年要对不少中外人士科处罚金。在汉口德租界,1910 年、1914 年、1916 年的罚金收入分别达白银 707 两、4 754 两、2 823 两,分别占当年工部局总收入的 1%、12.6%、6.6%。[②] 在天津俄租界,1915 年、1920 年的罚金收入分别达 1 410 圆、690 圆,分别占当年工部局经常收入的 1.5%、1.1%。[③]

1864 年,上海公共租界内设立洋泾浜北首理事衙门后,受外国陪审官主导,该衙门也以罚金来部分取代笞、杖、枷号等刑罚。至同年底,该衙门审判华人 1 326 人,其中笞责 363 人、枷号 55 人、科处罚金 192 人。[④] 在上海等地租界相继设立会审公堂后,罚金继续作为这些公堂最常用的刑罚之一。1888 年,被上海公共租界会审公堂科处罚金的华人达 2 486 人,占被审判者一半以上;1899 年,除去众多以不洁车辆揽客的人力车夫等人外,被科处罚金者超过 2 万人,占被审判者的 80%。[⑤]

1905 年,正在改革刑律的清政府下令将笞、杖、枷号等身体刑改为罚金。罚金这种较为文明的财产刑遂从租界地区扩展到了中国各地。次年,刑部为上海租界会审公堂适用刑罚专门制定章程。此后,上海等地会审公堂废弃笞、杖等刑,将笞五十以下改为罚银五钱,以上罚三两五钱;杖六十以下罚五两,每一等加二两五钱,以次递加到杖一百改为罚十五两为止。无力完纳罚银者则折为做工,罚银一两折做工四天,递加至罚银十五两折做工六十天为止。于是,在上海租界做工正式成了可替换罚金的惩

---

① *Règlement de Police et de Voirie*, *Concession Française de Hankéou*, *1898*, *Concession Française de Hankou*, *Code des Règlements et Ordonnances*, 1909, p. 14; *Règlement General de la Concession Française*(*Hankéou*), *1929*, Article 1 - 174.

② 《汉口租界志》编纂委员会编:《汉口租界志》,第 259 页。

③ Russian Municipal Council, Tientsin, Report of the Council for the Year Ending December 31, 1915, p. 23; Russian Municipal Council, Tientsin, Report of the Council for the Year Ending December 31, 1920, p. 41.

④ Appendix B, Calendar of Proceedings in Criminal Cases before the "Mixed Court", From May 2 to December 31, 1864, Report of the Municipal Council(Shanghai), 1864.

⑤ Municipal Council of Shanghai, Report, 1888, p. 37; Annual Report of Shanghai Municipal Council, 1899, p. 49.

罚方式。①

　　监禁也是当时西方国家普遍采用的刑罚。清代原有的刑罚也没有监禁。在租界形成后，这一刑罚也很快被移植过来。1866 年的天津英租界《土地章程》便有英国籍的商船船长、船员等如将枪炮和其他危险武器带入该租界，或有英国人在码头和道路上疾驰车、马从而制造骚乱，都可被监禁一周的规定。② 此后，诸多租界都有类似的规定。于是，租界开辟国的领事法庭等外国法庭常对在租界内违反了这些规定直至犯了轻罪的本国人士判处短期监禁。对于判处罚金而不能支付者，这些法庭也会将他们改判监禁。在上海公共租界，成立于 1864 年的洋泾浜北首理事衙门于采用罚金、罚做苦工等刑罚后，也开始判处华人监禁。③ 在 1869 年上海公共租界会审公堂设立后，经外国陪审官操控，这一仅有权发落枷号、笞、杖以下罪名的会审公堂不仅对违反租界章程及犯有轻罪的华人判处短期监禁，即是以监禁来部分取代枷号、笞、杖等刑罚，还明显逾越其审判权限，对犯有重罪的华人判处数年，直至十年、二十年长期监禁，甚至永远监禁，即是又以监禁来取代清代附加杖责的徒刑、流刑和充军。1904 年，革命党人万福华在上海公共租界内行刺前广西巡抚王之春未遂，即被该租界会审公堂判处十年监禁，并罚做苦工。④ 厦门鼓浪屿公共地界的会审公堂也将违反租界章程及犯法的华人判处监禁直至长期监禁。

　　1903 年，清政府开始改革刑律，于当年对判处徒刑、流刑及充军的犯人不再发配，改为在当地服役。1905 年，清政府又废除对军、流、徒罪所加的杖责。这样，不再被发配的徒犯与一般的流犯、军犯所受的刑罚，已近似于被租界会审公堂判处监禁并罚做苦工。

　　在租界内违章、犯法而被判处监禁的华人和外国人有些被关押于设在租界的监狱之中。设在租界内的监狱可分为四类，即外国法庭附

---

① 《刑部奏重定上海会审公堂刑章折》，《东方杂志》1906 年第 5 期；《刑部议覆左给谏奏驳上海会审刑章折》，《东方杂志》1906 年第 9 期。

② *Local Land Regulations of the British Concession at Tientsin and General Regulations for the Tientsin Consular District*，1866，Article 17.

③ Anatol Michaelivrtch Kotenev，*Shanghai: Its Mixed Court and Council*，pp. 53，54.

④ 《观万福华行刺案谳词率笔书此》，《申报》光绪三十年十一月十九日。

设监狱、租界巡捕房附设拘留所、会审公堂附设押所和租界当局所辖监狱。位于上海租界的英国、法国领事馆，位于天津英租界的英国领事馆，位于厦门鼓浪屿公共地界的英国领事馆都较早附设监狱，主要关押被本国领事法庭判处短期监禁的本国违章及轻罪犯人。1870 年，英国人还在上海公共租界的厦门路建成高 3 层、有 70 多间牢房的英国高等法院监狱，用于收押中国各地英国领事法庭判刑的犯人，并代押一些其他国家的犯人。1906 年，位于公共租界的美国驻沪领事法庭改为美国在华法院之后也曾附设上海美国监狱。除英国籍的犯人外，刑期较长的在华外国犯人通常要被押送至设在该国远东殖民地或其本土的监狱去服刑。在上海租界和厦门鼓浪屿公共地界，判处监禁的华人也都被关押在界内的监狱之中。起初，由上海公共租界会审公堂判处监禁的华人都被收押于上海县监狱。因他们常在刑满前被释放，英国陪审官屡次提出抗议。自 1875 年起，该公堂因附设押所面积有限，被判处监禁的华人多由原本只收押候审者的工部局巡捕房收押。1900 年，中央、虹口、老闸等 7 个巡捕房的拘留所关押候审及判刑的华人超过 1.2 万人次。① 在上海法租界，大自鸣钟、八仙桥、小东门巡捕房的拘留所都曾监禁大批华人。其他租界的巡捕房也多附设拘留所。上海租界巡捕房附设的拘留所一直人满为患，因而公共租界工部局一度租用英国高等法院监狱北侧，又于 1903 年启用上海公共租界工部局警务处监狱，又称提篮桥西牢。上海法租界也于 1911 年建成由公董局警务处管理的上海法租界会审公堂监狱。在此期间，上海公共租界会审公堂在迁至北浙江路新址后也重建了押所。这批新建的监狱都规模较大，设施及犯人待遇等均稍优于华界内的中国监狱，不再像华界以往的监狱那样常将有罪与候审、重罪与轻罪、屡犯与初犯者混押一室，有些还设有犯人的劳动工场。厦门鼓浪屿公共地界工部局监狱落成于 1908 年，被该租界会审公堂判处 5 年以下监禁的华人都被收押于这一监狱。厦门官府后来认识到此种情形"有忝国体而丧主权"，曾拟建造监狱和待质

---

① Municipal Council of Shanghai, Report, 1901, p. 51.

所于会审公堂后园,但这一计划最终未能实施。① 汉口洋务会审公所位于靠近英租界的华界,附设监狱也位于华界,也用于收押被汉口5个租界会审公堂判处监禁的华人。

除了罚做苦工、罚金、监禁等刑罚外,中国传统的笞、杖、枷号等刑罚长期在上海等地租界内施行。由于笞、杖等刑已部分地被罚金、监禁等刑罚所取代,有些外国陪审官又慎用这些肉刑,因此上海公共租界会审公堂较少判处笞、杖等刑。有几个英国陪审官只有在罪犯用利器伤人,用武力打劫,袭击老人、妇女、巡捕,以及抢劫儿童,才会同意中国委员使用笞、杖。始自1878年3月下旬的28个月中,他们仅同意该委员在40多个案件中笞、杖人犯,最多打200下,最少打20下,大多打80至100下。该公堂还变通枷号示众办法,将重达数十斤的木枷减至五六斤,将示众地点选在可避日晒雨淋之处,将受刑期间日夜上枷改为白天示众六七小时后取下木枷,并允许受刑者回家吃饭、睡觉。② 在汉口,情况有所不同。在当地英租界违反租界章程直至犯罪的华人大多是贫民,他们无钱支付罚金,该租界会审公堂对他们多判处笞、杖、枷号等刑罚。1903年,该租界巡捕房共拘捕华人1 522人次,被判处笞、杖者976人次,判处枷号者87人次,其中一名惯骗犯在被笞责400下、枷号10天后,再被押送夏口厅去受进一步惩罚。③ 由于不少会审公堂都设在领事馆内,笞、杖、枷号等刑罚都不当堂发落。在上海法租界,在清末时会审公堂仍设在法国驻沪领事馆内,被判处笞、杖等刑罚的华人便由八仙桥等处捕房收押,通常即于次日在捕房内实施这些刑罚。在汉口,清末时被各租界会审公堂判处笞、杖等刑罚的华人也在位于华界的巡查洋街委员公所受刑。④

---

① 中国人民政治协商会议厦门市委员会文史资料研究委员会编:《厦门的租界》(《厦门文史资料》第16辑),鹭江出版社1990年版,第151页。

② *British Parliamentary Papers*, China Vol. 2, Irish University Press, 1971, pp. 488, 489.

③ 英国国家档案馆:FO 228/2128, Report of Superintendent of Police, Hankow, January 18, 1903(应为1904), Return of Persons Charged during the Year 1903 & Return of Punishments for the Year 1903; Hankow Mixed Court Punishments, November 10, 1906。

④ 《法租界》,《申报》宣统三年八月十八日。英国国家档案馆:FO 228/2128, Telegram of British Minister, Peking, to British Foreign Office, March 29, 1906; Despatch of British Consul-General, Hankow, to British Minister, Peking, March 29, 1906。

此外，在鸦片战争前的中国，很少实施将外国人驱逐出境的惩罚。租界系有别于周围华界的"独立王国"，有些危及租界安全之人也会被驱逐出境或禁止入境。较之被判处监禁、罚金等罚的人数，在一些租界被判驱逐出境的人数还是相当有限的，在汉口英租界，在 1903 年至 1905 年的 3 年间，被驱逐出境的人数分别为 2 人、6 人和 4 人，分别占当年该租界会审公堂审判人数的 0.13%、0.54% 和 0.32%。[①]

租界内实施监禁、罚金、罚做苦工等当时中国所无的"外国之刑"，是中国的主权在租界内受到损害的又一体现。不过，较之清代的刑罚，这些刑罚较为文明。自清末刑律改革时起，中国传统的凌迟、枭首等酷刑被陆续废除，中国的刑罚开始与世界接轨，租界内外刑罚的差异也在逐渐消除。

从总体来说，因租界内的华人仍受中国的司法管辖，在租界内并非实行与华界完全不同的司法制度。相对而言，从鸦片战争后租界开辟时起至光绪后期，租界的司法制度与华界的差异较为明显，此后差异则有所缩减，其中包括原来在租界内实施的罚金等刑罚被推广到华界，原来活跃在租界内法庭的律师也登上华界的法庭，特别是上海、汉口和厦门三地租界的中外会审制度也都陆续终止。至 20 世纪 30 年代，即租界行将被中国全部收回的前夕，租界司法制度与华界的差别主要只体现在拘捕方面。

---

① 英国国家档案馆：FO 228/2128，Report of Superintendent of Police，Hankow，January 18，1903（应为 1904），Return of Persons Charged during the Year 1903 & Return of Punishments for the Year 1903；Report of the British Municipal Council（at Hankow），1904，Return of Persons Charged during the Year 1904 & Return of Punishments for the Year 1904；Report of the British Municipal Council（at Hankow），1905，Return of Persons Charged during the Year 1905 & Return of Punishments Awarded。

第六章　行政

租界的行政制度直接受到其开辟国制度的影响。在公共租界和英租界，居民"自治"程度较高，法租界由领事"独裁"，日租界的行政管理机构则与其他租界有较为明显的差别。租界日常行政的主要事务包括市政建设和行政管理，租界秩序直至租界安全由租界巡捕、义勇队和外国军队共同守护。租界当局的财政收入分为经常收入、非经常收入两个部分，主要来自市政捐税，其中房捐、执照捐等都是华界原来没有的税种。这些收入并不上缴中、外政府，而是全部用于租界。

第一节　行　政　体　制

租界的行政体制，主要是指租界行政机构的设置，其负责人的产生方式，以及其管理权限的划分等。各国专管租界的行政体制基本上都以经其本国政府或驻华公使制定或批准的《土地章程》《市政章程》等基本章程为法律依据。公共租界的《土地章程》则得到列强驻华公使的批准。同一国专管租界的行政体制较为近似，不同国家专管租界的行政体制则有较大差异。部分租界在创建之际曾有过渡性的行政体制。在界内侨民达到一定数量后，其开辟国便陆续将它们改为由侨民"自治"的区域。基本定型后的租界行政体制大致可分为五种类型。

第一，公共租界的行政体制。

上海公共租界由上海英、美租界合并而成，当地英国势力最大，英国市民的自治传统因而在该租界行政体制中得到体现。厦门鼓浪屿公共地界的各种制度都以上海公共租界为蓝本，其行政体制与上海公共租界大体相同。

公共租界的行政事务受当地领事团以及驻京公使团的监督,但领事团通常不直接干预公共租界的日常行政。在上海公共租界,领事团的行政监督主要体现于租界纳税人会的年会须由各国领事或半数以上的领事召集。讨论突发事件的纳税人会特别会议须由一名或数名领事召集。特会作出的决议如系租界章程内未经提及而"与大众攸关者",须报请各领事批准后方可施行。如

照片9　上海公共租界工部局局徽

有人认为特会决议损害其利益,可在十天内呈请领事核办。但至领事团公布决议后,"众人必当遵行"。① 在厦门鼓浪屿公共地界,系由领袖领事召集、主持当地称作"选举人大会"的纳税人会年会,并主持纳税人会的特会,年会、特会的决议,都须经多数领事批准才能实施。② 同时,公共租界都设有领事公堂,管辖控诉租界行政机构工部局及其经办人的案件。遇有须与中国官府商办的事项时,工部局作为侨民组织的机构无权直接与中国官府交涉,而是应禀请领事团出面交涉。驻京公使团对这两个租界的行政监督,则主要体现于当地的重大兴革及重大交涉,如修订《土地章程》、扩展租界界址,尚须经公使团批准。由于领事团和公使团只对当地的行政事务进行监督,因此时人称公共租界为实行侨民"自治"制度的租界。事实也大致如此。在上海公共租界,除了英国领事有时尚能左右工部局外,其他国家领事的意见,直至领袖领事的决定,工部局也往往置若罔闻。1920年界内华商为拒交特别捐而与工部局发生冲突时,作为领袖领事的比利时领事薛福德曾要求工部局停止征收,工部局却根本不予理会。③ 后

---

① 王铁崖编:《中外旧约章汇编》第1册,第807页。

② 厦门市档案局、厦门市档案馆编:《近代厦门涉外档案史料》,第298、299页。

③ 蒯世勋编著:《上海公共租界史稿》,载上海史资料丛刊《上海公共租界史稿》,第524、525页。

来,领事团又只能默认工部局径自与上海官府交涉的越权行为。上海公共租界纳税人会甚至还漠视公使团所作的决定。1930年,公使团允准在工部局增加华董席位,租界纳税人会却一度否决这一议案,使得英国公使和公使团都极为狼狈。① 在鼓浪屿,领袖领事的权力稍大,公地工部局也一直未能绕过领袖领事直接与厦门官府打交道。为此,英、日两国曾通过提升驻厦领事为总领事的办法来角逐领袖领事的交椅。不过,领袖领事之对于工部局,仍不像专管租界中的本国领事那样拥有较大的威权。

在公共租界,除了参与立法之外,兼有选举市政委员会委员,通过年度财政预算、决算,议决各种重要政务,监控市政机构等职能的机构是纳税人会。在租界形成之前,上海英商租地的外国租地人就可出席租地人会。1852年,租地人特别会议依据英国传统,决定租地人不论拥有多少土地,都可在会上有一票投票权。在上海租界形成后,越来越多的外国侨民虽未租赁土地,但因为租赁了界内的房屋而缴纳了房捐,所以在1869年上海公共租界将租地人会扩大为纳税人会,即不再以是否拥有土地,而是以每年缴纳一定数额的市政捐税,作为获得与会资格和取得投票权的标准。因为只有符合资格的外国纳税人才能与会,该会也被称为纳税外人会。能够与会并获得一票投票权者,必须是置有500两白银以上地产,除执照费外每年缴纳房、地等捐达10两白银以上者,或是为租金达500两白银以上房屋缴纳房捐者。缴纳更多房、地等捐税者不能享有更多投票权,但一名纳税人可因私人住宅缴纳捐税获得一票,又能以所代表公司缴纳捐税再获得一票。自1875年起,只有离境、患病者才可书面委托代理人代为投票。② 厦门鼓浪屿公共地界于开辟初始召开的即是纳税人会,当地人士称之为"选举人大会",拥有投票权者,须是在当地管理价值不少于1 000银圆的土地,或除执照费外每年完纳市政捐税5银圆以上的外国人。③ 公共租界的纳税人会于每年初举行年会。召集会议的领事或

① 有关这一事件,详见本书第十章《中国人民的抗争》第三节《华人参政》。
② 王铁崖编:《中外旧约章汇编》第1册,第297页;*Land Regulations of the Foreign Settlement of Shanghai*,*Together with Chinese Translation*,Kelly & Walsh,Ltd.,Shanghai,1929,pp. 20,21。
③ 厦门市档案局、厦门市档案馆编:《近代厦门涉外档案史料》,第299页。

领袖领事应在 14 天或 10 天前通告会期和议程。除参与租界立法外,年会内容包括通过工部局上一年度财政决算、批准下一年度财政预算,确定市政捐税的种类和捐率,选举下一年度工部局董事,以及议决当前须作出决定的议案等。如有特殊事件须召集纳税人特别会议,在上海公共租界须经一名至多名领事或 25 名有投票权者共同提议,在厦门鼓浪屿公共地界须经一名至多名领事或 10 名有投票权者联名要求。在上海,如有领事出席纳税人会议,由在任较久者为主席;如无领事出席,主席由与会者选举产生。在鼓浪屿,纳税人会议都由领袖领事任主席。在上海,年会无最低出席人数的规定,特别会议则须在出席者拥有及代理的投票权达总数三分之一时才能开会,所有议案获得与会者半数以上赞成票才能通过。通过的议案如系《土地章程》中并无规定而又涉及公众利益,须先经领事团批准才可实施。在鼓浪屿,举行年会,出席者拥有及代理的投票权须达总数之半,议案则获与会者半数以上赞成票便可通过;特别会议出席人数的要求与上海公共租界相同,但议案须获三分之二以上赞成票才能通过。通过的决议都须经多数领事批准后才能实施。[①]

公共租界的行政机构根据英文原文应称之为“市政委员会”,华人因其有清政府中工部的职能而称之为“工部局”。市政委员会委员即“工部局董事”,工部局董事会议对租界行政事务进行决策。在上海公共租界,工部局董事最初由租地人会后由纳税人会选举产生,在最初的数年,董事名额为三名以上,实际上大多为七名。自 1870 年起,其名额为五至九名,通常都选出九名董事。1927 年前,仅外国人能充任董事。在厦门鼓浪屿公共地界,除由纳税人会选举产生五至六名外国籍董事外,并设华董一至两名,由厦门道委派。实际上在起初的二十余年间外国籍董事通常有六名,华董为一名。工部局董事不领取薪酬,任期一年,需符合更高的财产资格,可以连选连任。在上海公共租界,除执照费外每年缴纳房、地等捐达 50 两白银以上者,或为租金达 1 200 两白银以上房屋缴纳房捐的外国人,才有资格充任董事。在鼓浪屿,所管产业在 5 000 银圆以上或每年为

---

① 王铁崖编:《中外旧约章汇编》第 1 册,第 294—296 页;厦门市档案局、厦门市档案馆编:《近代厦门涉外档案史料》,第 298、299 页。

租金达 400 银圆以上产业支付市政捐税的外国人,可当选外国籍董事,但是同一行业、同一协会、同一公司及同一房屋中,只能有一人当选;对华董无明确的财产要求,但须是"殷实妥当"者。在华人参政运动兴起前,在上海公共租界,工部局常有的九名董事中,英国籍董事通常有六至七名,美国籍、德国籍董事通常各有一名,有时还会有一名法国籍或丹麦籍董事。自第一次世界大战爆发后的十多年间,不再有德国籍董事,一度出现俄国籍董事,美国籍董事常有两名,并有一至两名日本籍董事。在鼓浪屿,在工部局常有的六名外国籍董事中,英国籍最多,美国籍、日本籍次之,此外德国、荷兰、丹麦、葡萄牙等国人十曾夳仟董事。① 在上海,除 1855 年起的四年间未设总董,最初的十一年间也未设副总董外,新一届工部局董事于首次会议时须选举产生总董、副总董,总董长期由英国人和美国人担任。在鼓浪屿,也在首次董事会议上选举产生总董、副总董,当地华人称之为"局董""副局董",起初局董也一直由英国人担任。在这两个公共租界,至少有三名董事出席时,董事会议才能议决政务。董事会议表决时少数服从多数,如赞成与反对票数相等,取决于总董所投之票。工部局的职责,包括征收市政捐税,办理各种市政事务,任免局内各部门办事人员,根据需要订立行政规章,并通过诉讼等方式来向拖欠捐税者追讨税款。②

上海公共租界工部局于成立之初便拟设立若干委员会,后来委员会数量逐渐增多,并分为常设委员会和为处理某项事务临时设立的特别委员会。陆续成立的常设委员会有电气、常设教育、电影检查、煤炭统制等二十多个。陆续成立的特别委员会有捕房特别调查、房租纠纷调解等十多个。成立委员会是为了使工部局董事分工办理各项具体事务,并对工部局各机构实行监督和控制;预审工部局各机构所办重大事务,以便董事会议决策;决定一般事项,立即执行,以提高工部局办事效率。最初,各委员会成员均系工部局董事,后因委员会数量增多,每个董事虽兼任两个甚至更多委员会委员,但仍不敷分配。后来,有些委员会也聘请其他专业人

---

① 何丙仲:《鼓浪屿公共租界》,第 59 页。
② 王铁崖编:《中外旧约章汇编》第 1 册,第 298 页;厦门市档案局、厦门市档案馆编:《近代厦门涉外档案史料》,第 300 页。

士为委员,甚至全部委员都不是董事。在所有委员会中,三个常设委员会的工作最为重要。其中财政、捐税及上诉委员会负责批准、授权工部局所有开支、借款,负责房地产估价及捐税征收,保管所有合同、有价证券及保险单证,处理涉及工部局房产的一切事务,并在 1924 年更名为财务委员会之前有听取并裁决有关财务和人事方面上诉之责。警备委员会负责巡捕房事务,还负责人口统计、调查及登记,监督娱乐场所,发放、更新、吊销各业执照,管理码头苦力、鸦片烟馆、当铺、舢板、华人酒店及各类囚犯等。工务委员会承担、监督各项市政工程,包括建造、维修道路、人行道等,以及监管下水道、码头、桥梁和危房等。特别委员会是为解决急迫的问题而设立的临时委员会,在其工作结束时应向工部局提交报告,其中包括应如何破解困局的建议。例如,成立于1940年的经济委员会旨在考查精简工部局机构的可行性。该委员会提出的撤销在已被日军控制的沪东、沪西地区巡逻的骑巡队等建议,被工部局采纳。[1] 厦门鼓浪屿公共地界工部局也设有多个委员会,只是当地华人称之为"股"。1937 年,该工部局共设立八个委员会。其中财政、公安、工程、卫生、教育和公益等委员会,每个委员会有三名成员,其中一名为外国籍董事,一名为华董,一名为并非董事的华人委员。公共市场、婢女收容院、公共图书馆委员会则分别有一名华、洋董事参与。[2]

公共租界工部局常设多个职能机构,分工负责租界的日常行政事务。在上海公共租界工部局,陆续成立的主要机构有总办、警务、火政、财务、工务、卫生、学务、法律、华文、情报等处。其中总办处由总办任负责人,其地位高于其他各处处长,可列席董事会议,担任各委员会秘书,负责工部局日常事务,并直接领导会计股等部门。自 1921 年底起,该工部局开始任命总裁。起初总裁为名誉性质,后成为最高行政负责人,监督和指导工部局的所有处室。警务处管辖租界巡捕,最初下设西捕股、华捕股,后来添设印捕股、侦探股、日捕股等,又下设警区总办事处,管辖界内 4 个警区。工部局的华德路监狱也由该处管辖。火政处负责消防事务,下设 6

① 《上海租界志》编纂委员会编:《上海租界志》,第 190、191、201 页。
② Kulangsu Municipal Council Report for the Year Ending 31 December,1937,p. 4.

个火政区,有多支救火队,自 1869 年起的 40 年间,上海法租界救火队也加入该火政处。财务处负责工部局的财政运行,包括征收市政捐税,除设处长、副处长外,还聘有首席会计师等。工务处负责市政建设,下辖多个部门,雇有管理电灯、沟渠、道路、机械、采石场、建筑等方面的专职人员。卫生处管理医药、菜场、食品卫生、公共环境卫生等事宜,并下辖性病医院,华人、外侨隔离医院以及实验室等医疗机构。由于该租界面积甚大,工部局雇员人数众多。1930 年,仅警务处就有各级巡官及巡捕等近 5 000 人。[①] 厦门鼓浪屿公共地界范围较小,其工部局最初只有 1 个巡捕队,共有巡官、巡捕 10 余人,后来还有修路队、清道队和清洁队等。[②] 至 1940 年,工部局设有办公处、警务部、清道部、建筑部、挑粪所、登记处、卫生处等,共有工作人员 249 人。[③]

公共租界,特别是上海公共租界,是外国侨民"自治"程度最高的租界。但在上海公共租界,直至 1927 年占租界人口绝大多数并缴纳大量市政捐税的华人在工部局仍无自己的代表。很多外国侨民因不符合财产资格也不能获得纳税人会的投票权。1930 年,该租界 36 471 名外国侨民中,合格的纳税人仅 2 677 名,不足侨民人口的 8%。不少有投票权的外国侨民又不与会,少数外国富商大贾则可凭着其拥有的房地产和公司取得两票投票权,并可以代投票,致使纳税人会直至工部局董事会议实际上都被少数富有的外国侨民所控制。为此,有些外国人士抨击上海公共租界实行"寡头政治"。[④]

第二,英租界的行政体制。

各地英租界的行政体制与以英租界为核心的上海公共租界采取同一模式,但因为这些租界由英国专管,所以两者还是有一定的差异。最大的不同是,当地英国领事可对英租界行政事务作更多的干预。

---

① 《上海租界志》编纂委员会编:《上海租界志》,第 209—223 页;徐公肃、丘瑾璋:《上海公共租界制度》,载上海史资料丛刊《上海公共租界史稿》,第 122 页。
② 厦门市档案局、厦门市档案馆编:《近代厦门涉外档案史料》,第 287、294 页。
③ 厦门鼓浪屿公共地界工部局:《鼓浪屿工部局 1940 年度报告书》(译本),1940 年版,第 7 页。
④ 徐公肃、丘瑾璋:《上海公共租界制度》,载上海史资料丛刊《上海公共租界史稿》,第 259、260 页。

在各地英租界,英国领事可通过批准或否决纳税人会的决议以及其他一些方式来干预租界的政务。英租界的纳税人年会、特别会议皆应由英国领事召集,除非缺席,他们是当然的主席。有人质疑与会者的资格,便由领事来进行资格审查。在有些英租界,如果纳税人会的议案赞成票与反对票相等,便由主席也即由领事来投决定性的一票。[①] 在多数英租界,纳税人会的所有决议都须提交英国领事审批。他们可分别在 5 至 14 天内批准或否决这些决议。在天津英租界,起初只有新发生并涉及公众利益的市政事务须经领事批准,后来该领事则可在纳税人会上直接否决任何议案,或在会后 7 天之内予以书面否决。[②] 在各地英租界,在领事尚未对纳税人会的决议作出决定的时期里,如有居民认为某一决议有损其利益,可向领事申诉,由领事进行裁决。如果领事拒绝批准会议决议,在有些英租界,数名纳税人可联名向英国公使上诉;在另一些英租界,工部局可代表他们提出上诉,英国公使将作出最终裁定。[③] 英国领事还可干预工部局董事会议作出的决议或拟采取的行动。当领事认为工部局某一决议、行动可能有损英国政府或英国臣民与中方的"友好关系",可予以否决。同时,他应立即向英国公使报告整个事件。工部局认为领事的措置对其造成损害,也可向公使上诉。公使可撤销或改变领事的决定,也可下令采取他认为合适的行动。[④] 在九江英租界,当工部局仅有两名董事时,如果他们意见相左,就由领事来作决定;如果发生无法召开董事会议的特殊情况,该领事可临时行使其职权。[⑤] 此外,工部局遇有须与中国官府交涉的事项,均须禀请领事出面交涉;发生控诉工部局的案件,也都由英国领事法庭进行审判。至于发生危及英租界安全的严重危机时,英国领事

① *Local Land Regulations of the British Concession at Tientsin and General Regulations for the Tientsin Consular District*,1866,Article 14.

② *Local Land Regulations of the British Concession at Tientsin and General Regulations for the Tientsin Consular District*,1866,Article 15;《驻津英国工部局所辖区域地亩章程》(1918 年),第 5 条。

③ *Local Land Regulations of the British Concession at Tientsin and General Regulations for the Tientsin Consular District*,1866,Article 15;*Land Regulations and Bye-Laws of the British Concession*,*Chinkiang*,1894,Article 3;*Land Regulations and Bye-Laws of the British Concession at Kiukiang*,1902,Article 31,32.

④ 天津市档案馆编:《英租界档案》第 1 册,南开大学出版社 2015 年版,第 60 页。

⑤ *Land Regulations and Bye-Laws of the British Concession at Kiukiang*,1902,Article 26,34.

又可随时宣布租界进入"紧急时期",并商调英国军舰上的水兵、陆战队等登陆戒严。可见,尽管对日常事务干预不多,英国领事对英租界的管控已相当周密。

与公共租界一样,各地英租界的纳税人会有多种职能。起初,天津等地英租界像上海英租界那样,仅将议决这些要务的投票权授予外国租地人,后来则都像上海公共租界那样,将投票权扩大到缴纳一定数额房捐等市政捐税的外国纳税人。在广州、镇江英租界,该会被分别称作"公众会""选举人会",在天津英租界仍长期被称作"租地人会"。要在纳税人会获得一票投票权,各地英租界有不同的财产资格要求。在厦门英租界,他们须是租地人、租地商行代表或其代理人,或每年支付 5 银圆以上市政捐税的纳税人;[①]在九江英租界,须是一块土地的永租者或一所房屋的拥有者;[②]在镇江英租界,须是按时缴纳市政捐税的租地人、房价达 300 两白银以上的房屋占用者,或是他们的代理人;[③]在广州英租界,须是一份地产的租地人或其代理人,或在上一年为年度租金达 600 银圆以上房屋缴纳市政捐税的租房人;[④]在天津英租界,在最初的半个多世纪,须是占有 4 亩以上土地,而该块土地上又至少建有一座西式住宅的租地人,或以个人或商号名义每年支付码头捐税达 100 两白银以上的纳税人,在 1918 年变动后至 1928 年又改为每年缴纳地捐、房捐总计超过 200 两的纳税人,以及每年支付房租达 600 两以上的租房人。[⑤] 在汉口、镇江等地英租界,拥有更多地产、房产或缴纳更多市政捐税者,还可获得多票投票权。在汉口英租界,英国人和"有约国人"中合格的纳税人或企业、团体及政府机构代表可有投票权,其中为价值 2500 两白银以上的地产或价值 500 两白银以上的房屋缴纳捐税者,或缴纳房捐、地捐 25 两白银以上者,可有一票投票权;缴纳房捐、地捐 150 两白银以上者,可有两票投票权;以后每增加

① *Land Regulations and Bye-Laws for the British Concession*, *Amoy*, *1877*, Article 8.
② *Land Regulations and Bye-Laws of the British Concession at Kiukiang*, *1902*, Article 5.
③ *Land Regulations and Bye-Laws of the British Concession*, *Chinkiang*, *1894*, Article 4.
④ *Land Regulations and Bye-Laws for the British Concession at Canton*, *1871*, Article 8.
⑤ *Local Land Regulations of the British Concession at Tientsin and General Regulations for the Tientsin Consular District*, *1866*, Approved Bye-Laws, Article 4;《驻津英国工部局所辖区域地亩章程》(1918 年),1928 年修订之后,第 6、7 条。

75两白银，再增加一票投票权。① 此外，在天津英租界等租界，获得投票权者在后来还须符合年满21周岁、未受任何法律约束或未被褫夺公权、已缴清所有市政捐税及最近一年中并未违反租界章程和条例等要求。②

纳税人会于每年初召开年会。当地英国领事认为必要之时，或在各地英租界分别经少则5名、多至15名以上投票人请求，或在天津等地英租界经工部局总董或多数董事请求，可随时召开特别会议。这些会议都由领事主持，如领事因故缺席会议，与会者可选举代理主席。在不少英租界，要合法地举行年会、特别会议，都须总共拥有半数或三分之二以上选票的投票人出席。除参与立法外，年会负责审查、通过上一年度工部局财政决算和下一年度财政预算，选举新一届工部局董事，确定本年度市政捐税的种类和捐率，议决如何处理、改善各种市政事务等。上一年度工部局财政决算须在年会前若干天向纳税人公布，年会上讨论的议题也须事先报告领事，并由他在会前数日公布于众。特别会议可议决年会议决的所有议案。有些议案须得到半数赞成票，有些甚至须得到三分之二以上赞成票才能通过。在赞成与反对票数相等时，主席可投决定性的一票。

各地英租界的行政机构是市政委员会，即"工部局"。在九江英租界，该委员会起初也被称作"工部局"，后因有个英国领事认为，"局名工部，未免僭用"，遂曾被改称为"公务局"。③ 租界日常行政事务由市政委员会会议，即工部局董事会议来讨论、决策。工部局董事全部由纳税人会议选举产生，任期一年，可以连任。在天津、九江、镇江英租界，对董事候选人的财产资格要求，等同于获得纳税人会一票投票权者；在其他英租界，他们须符合更高的财产资格。在汉口英租界，他们至少须拥有两票投票权；④在厦门英租界，他们须是在界内居住6个月、缴纳各种应纳捐税、每年所纳市政捐税达20银圆以上的纳税人；⑤在广州英租界，除拥有一整份地产的租地人外，他们须是上一年为年度租金达1 200银圆以上的房屋支

---

① ④ *Land Regulations and Bye-Laws of the British Concession at Hankow*，1902，Article 17.

② 《驻津英国工部局所辖区域地亩章程》(1918年)，第6,7条。

③ 英国国家档案馆：FO 228/1030，英国领事致广饶九南道函，光绪十九年四月二十五日。

⑤ *Land Regulations and Bye-Laws for the British Concession*，Amoy，1877，Article 10.

付市政捐税者,或是界内商行的正式代表。[1] 各地英租界工部局董事人数不一,并在不同时期有所变化。至清末,九江英租界为二至四名,[2]天津、镇江、厦门英租界为三至五名,[3]广州英租界为不超过五名,[4]汉口英租界为六名。[5] 在镇江等地英租界,候选人多于董事最少人数、不足最高人数,候选人不经选举即可当选。[6] 在汉口英租界,候选人达到或超过六名,便通过选举来确认;如果不足六名,就由上年度董事连任一年。[7] 当时来华贸易的英国商民人数最多,也最富庶,可以在各地英租界工部局拥有多数董事席位,因而英租界最初都无本国董事须占工部局董事半数以上的规定。在其他国家的专管租界纷纷规定工部局半数以上董事须是其本国人士后,有些英租界也增添了此类规定。修订于1908年的广州英租界《土地章程》便规定,该租界工部局半数以上董事须是英国臣民。[8] 英租界工部局董事都要选举总董,有些还要选举副总董、司库等。最初对总董没有国籍规定,但事实上都由英国人充任,后来有些英租界也有了总董须由英国人担任的规定。董事会议有最低法定人数要求。在天津英租界,至少须有三名董事出席董事会议才能合法召开。[9] 董事会议在议决时如果赞成、反对票数相等,总董可再投一票。董事出缺时,英国领事等人可召开纳税人特别会议来补选。英租界工部局的职责,包括任命其秘书,他们即是工部局总办或称为秘书长;任免工部局主要官员直至其他雇员;执行纳税人会通过的相关决议;增订、修订租界行政规章;由工部局秘书长等人出面起诉拖欠市政捐税者及应对对工部局的行政诉讼。在天

---

① *Land Regulations and Bye-Laws for the British Concession at Canton*,1871,Article 10.

② *Land Regulations and Bye-Laws of the British Concession at Kiukiang*,1902,Article 7.

③ *Local Land Regulations of the British Concession at Tientsin and General Regulations for the Tientsin Consular District*,1866,Article 8;*Land Regulations and Bye-Laws for the British Concession*,*Amoy*,1877,Article 3;*Land Regulations and Bye-Laws of the British Concession*,*Chinkiang*,1894,Article 5.

④ *Land Regulations and Bye-Laws for the British Concession at Canton*,1871,Article 3.

⑤ *Land Regulations and Bye-Laws of the British Concession at Hankow*,1902,Article 4.

⑥ *Land Regulations and Bye-Laws of the British Concession*,*Chinkiang*,1894,Article 5.

⑦ *Land Regulations and Bye-Laws of the British Concession at Hankow*,1902,Article 12.

⑧ *Land Regulations of British Concession*,*Shameen*,1908,Article 4.

⑨ *Local Land Regulations of the British Concession at Tientsin and General Regulations for the Tientsin Consular District*,1866,Article 9;《驻津英国工部局所辖区域地亩章程》(1918年),第16条。

津、汉口等地的英租界,工部局还设置若干委员会,分工办理日常事务。每个委员会由数名董事组成,每个董事通常兼任数个委员会委员。在天津英租界,先后设有财政、工程、电务、水道、公安、土地、市场、卫生、消防、学务、义勇队等委员会。1932年,该租界工部局设立的委员会包括工程委员会、公安委员会、电务委员会、水道委员会及人员、财政暨医院委员会。每个委员会有华、洋委员四至六名,工部局总董兼任各委员会委员。

各地英租界工部局设有多个职能部门,这些部门随着租界的兴衰而增设或精简。在天津英租界,工部局起初设有道路与巡务总监,后设立秘书长,兼任董事会议秘书,对外代表工部局,并负责文书、会计、财政、税收及其他部门不管的事务。该租界工部局还陆续设立工程、电务、水务、巡务等处,以及卫生、教育、消防等部门,分别以市政工程师、电务工程师、水务工程师、警务督察长以及卫生官员、学校监督、消防队长等为其负责人。[1] 在汉口英租界,工部局先后设有工程、卫生、警务、教育等科。工程科负责道路、下水道等公共工程。卫生科负责卫生稽查、预防传染病等卫生工作。警务科即巡捕房,负责维持界内秩序。教育科负责所有学校教育等事宜。[2] 其他英租界面积较小,其行政机构也较精简。在只有弹丸之地的厦门英租界,工部局主要下属机构为巡捕房,其中只有一名由西捕担任的巡捕长和数名华捕,以管理界内的治安和交通等事宜。[3]

在这些英租界中,广州、天津两地英租界的行政体制还经历过特殊的演变。广州英租界开辟之初,界内事务多由当地英国领事管理。同时,界内公园及植树等事由广州公园基金管理。该基金成立于1864年,其理事由界内租地人选举产生,资金来自清政府对第二次鸦片战争期间毁坏广州十三行地区英、美花园的赔款。这笔赔款的本息共2.5万美元,其中一半被英国用于成立该基金。经资本运作,该基金一度成为实力雄厚的物

---

[1] 南开大学政治学会:《天津租界及特区》,商务印书馆1926年版,第32页;尚克强、刘海岩主编:《天津租界社会研究》,第122页。

[2] Annual Report of British Municipal Council,Hankow,1925,pp. 1, 3, 9, 10.

[3] 厦门市档案局、厦门市档案馆编:《近代厦门涉外档案史料》,第197、203页。

业管理团体。该租界工部局成立后,界内公共地段受该基金与工部局双重管理,结果政出多门,反而不利于管理。1881 年,该基金终结其运作,并将所有财产等移交工部局。① 此后,该租界的行政管理权就由工部局掌控。天津英租界于 1897 年第一次扩充后,华人在扩充界内保留着大量地产、房屋,老租界的外国侨民则不拟让扩充界的居民分享海河沿岸码头的高额收益,反对将扩充界置于同一工部局的管辖之下。于是,扩充界另外召集纳税人会,另组工部局。所有符合财产等资格的纳税人都可与会、投票及当选工部局董事,获得一票投票权并可出任董事者,须符合拥有或租赁六亩以上土地之类的财产资格,还须遵守租界章程,不得拖欠捐税,不得使土地、房屋达不到卫生标准等。妇女可有投票权,但不能充任董事。② 扩充界纳税人会年会、特别会议也由英国领事召集、主持。其工部局可有三至九名董事。因不少侨民在老租界和扩充界都有产业,通常由两名老租界董事兼任扩充界董事,其总董也由老租界工部局总董兼任。1902 年,原天津美租界成为英租界南扩充界后,这一区域也由扩充界工部局一并管理,而该工部局按约定还应有一名美国籍董事。次年,天津英租界第三次扩展,扩展到墙子河西南。当地多沼泽,几乎没有外国人入住,因而未能设置独立的市政机构。于是,天津英租界出现老租界和扩充界各有工部局,墙外推广界无人管理的状况。对于此种怪现象,英国侨民意见纷纷。1919 年 1 月 1 日,经英国国王批准,两个工部局合二为一,成为管辖老租界和所有扩展区域的市政机构。该工部局的董事人数可多至九名,至少五名;九名董事中须有五名是英国籍,在此后的多年间董事还应有一名是美国籍。③

　　英租界也被称作居民"自治"的租界,然而英国领事直至英国公使对这些租界的控制显而易见。英租界居民的"自治"程度显然低于公共租界,特别是上海公共租界。

---

①　H. S. Smith, *Diary of Events and the Progress on Shameen*, *1859－1938*, p. 19; W. F. Mayers & N. B. Dennys, *The Treaty Ports of China and Japan*, London, 1867, p. 134.

②　*Land Regulations of the British Municipal Extension*, *Tientsin*, *1898*, Article 11.

③　天津档案馆、南开大学分校档案系编:《天津租界档案选编》,第 84 页; F. C. Jones, *Shanghai and Tientsin: With Special Reference to Foreign Interests*, Oxford, 1940, p. 122.

照片 10　天津英租界工部局所在地戈登堂的夜景

第三,法租界的行政体制。

法国开辟在华租界之际,在法国,本土行政官员拥有很大的专制权力。在本国政治制度的影响下,法租界成为由当地法国领事"独裁"的租界。

上海法租界最初曾实行与英租界相似的行政制度。该租界形成未久,法国代理领事爱棠于 1857 年召开界内法国租地人会议,设立管理道路委员会,其职责主要是修理界内道路。1862 年,该租界正式独自为政,由爱棠任命五名市政委员会委员。该委员会当时被称作"大法国筹防公局",后被称为"公董局",其委员也被称作"董事"。因仿行英租界的制度,此时该租界行政管理权即由公董局操控。1865 年,新任法国总领事白来尼与公董局董事争权夺利,最后白来尼解散公董局,控制租界巡捕房,并拘捕几名与他对抗的董事。次年,法国外交部沪案善后委员会参照其本国制度,订立《上海法租界公董局组织章程》,确立了由领事独揽该租界大权的行政体制。这一行政体制此后在天津、广州、汉口等地法租界得到了推广。

在各地法租界中,行政管理权都由当地法国领事直接掌控。领事召集、主持每年初举行的选举市政委员会委员的选举人会。选举人名单由领事开列、修正。如对选举人名单或对其修正持有异议，经领事裁决后当事人不得上诉。被选举人资格由领事主持的特别会议审查，所作决定须提交法国公使最终确认。该市政委员会在汉口、广州法租界被称作"工部局"，在天津法租界被称作"公议局"，其委员则都被称作"董事"。领事是该委员会当然的总董。后来在上海、天津、汉口等地法租界，领事还可任命部分董事。在20世纪30年代的天津法租界，领事至少可任命两名华董和两名法国籍董事，并在取得驻华公使允准后可任命更多董事。[1] 董事会议应由领事召集，并由领事任会议主席。领事认为必要时可随时开会。其他董事不得召开会议。会议议决时如赞成、反对票数相等，便取决于总董所投之票。董事会议的任何决议非经领事明令公布，不得执行。在董事会议通过有关租界财政的决议后，领事须在八天内明令执行这些决议。有关市政建设等决议，领事可说明理由，拒绝执行，但须立即呈请法国公使核准，并可一直停止执行直至得到法国公使批复。在天津法租界，如果董事会议否决领事提出的巡捕经费预算，领事也可将该预算提交法国公使裁决，后来则可径将这一预算列入市政委员会的预算。[2] 领事还有权停止召开董事会议，但应立即呈报驻华公使和法国外交部部长。如驻华公使认为必要，则可解散这些市政委员会。不过，停止董事会议不得超过三个月，如解散市政委员会，应立即任命临时市政委员会以取代之，并在六个月内选举新一届市政委员会。[3] 对于市政委员会下辖的行政部门，领事也进行管控。在上海、天津等地法租界，领事以及副领事等人参与公董局、公议局重要的委员会，直至担任主席。上海法租界在1935年改组后设立的统辖界内市政事务的总管理部，也受法国总领事的直接指导。同时，所有法租界巡捕房不受市政委员会管辖，而是直接听命于领事的指挥。上海等地法租界的义勇队也不隶属于公董局，而是服从

---

① *Règlement Municipal Organique de la Concession Française de Tientsin*，1931，Article 6.

② ［法］梅朋、傅立德：《上海法租界史》，第279页；*Règlement Municipal de la Concession Française de Tientsin*，1908，Article 18，19，21，22；*Règlements d'Organisation Municipale*，*Concession Française de Hankéou*，1898，Article 9，10。

③ ［法］梅朋、傅立德：《上海法租界史》，第283页；*Règlement Municipal de la Concession Française de Tientsin*，1908，Article 17；*Règlements d'Organisation Municipale*，*Concession Française de Hankéou*，1898，Article 8。

领事的命令。因此,法租界的行政管理权系被法国领事严密控制。

在各地法租界,租地人会都被扩大为实质也是纳税人会的选举人会。选举人会没有立法权,也没有审议、通过租界财政预算、决算等权,主要职责是选举全体或部分租界市政委员会委员即董事。选举人须符合一定的财产资格。在上海法租界,年满21岁的法国和其他外国侨民,如在界内拥有地产,或租赁界内房屋、年纳租金1000法郎以上,或居住界内3个月以上、年收入达4000法郎以上,可成为该租界选举人。在天津法租界,选举人同样须是21岁以上法国或其他外国侨民,并须在界内合法拥有一份土地或是该地产合法代理人,或在界内租赁房屋、月租不少于白银30两,后改为50两;或住在月租不少于40两的住所;或在界内连续居住超过6个月,月收入达125两。此后,上一年度参加该租界义勇队者,也可有选举权。凡法国领事馆内具有领事豁免权的人员、市政机构官员及其领取薪酬的雇员,起初是部分后来是全体现役军官,不能成为选举人。在汉口法租界,最初只要是在该租界内拥有、租赁土地者,或是租赁房屋者,都有选举权,未久也采用了与天津法租界相同的标准。[1] 起初,在法租界年满25岁的选举人均可作为被选举人。后来,除了年满25岁,被选举人不得是该租界市政工程承包商和所有与这些工程有重要联系的公司负责人或经理;若当选董事于任职期间充当此类承包商等,便须辞职。[2]

各地法租界的市政委员会委员人数多寡不一。在华人参政前,天津法租界公议局通常有九名董事,汉口法租界工部局起初包括法国领事和三名董事,旋增至五名董事,面积最小的广州法租界至少有两名董事。在上海法租界,因驻沪法国总领事长期放弃总董之职,公董局通常有八名董事。在上海、天津等地法租界,当选的董事选举产生副总董和司库;在汉口法租界,他们曾于董事之外选择一名司库。董事任期两年,每年改选一

---

[1] Règlement Municipal de la Concession Française de Tientsin, 1908, Article 9 - 11; Règlement Municipal Organique de la Concession Française de Tientsin, 1931, Article 9 - 11; Règlements d'Organisation Municipale, Concession Française de Hankéou, 1898, Article 2 - 5; Règlements d'Organisation Municipale de la Concession Française de Hankéou, 1908, Article 4.

[2] Règlement Municipal de la Concession Française de Tientsin, 1908, Article 12.

第六章 行政   207

半,可以连任。为确保法国对这些法租界的控制,半数或半数以上的董事须是法国人。在天津法租界,除五名法国籍董事外,四名其他外国籍董事中,同一国籍的董事还不得超过两名。在汉口法租界,还曾有三名董事应有两名法国人,如果没有法国人则应是三名不同国籍外国人的规定。①法租界市政委员会会议大致可以议决公共租界或英租界纳税人会所能议决的事项。这些事项可分为两类。第一类有关租界财政,包括通过年度财政预算、决算,决定所征捐税的捐率,议定减免捐税、债务和确定借债等事宜,以及行政机构公产的购入、卖出、交换和租赁等。第二类有关租界市政建设,包括建造道路、码头、河堤、桥梁、下水道及公共场所等;确定菜场、集市、屠宰场和公墓等场所的地点等;征用公用事业所需地产;改善卫生,整顿交通,制定有关路政和卫生的章程等。所有董事会议决议须经领事明令公布,才可执行。上海、天津等地法租界的市政委员会下设若干委员会,分别负责相关的政务。在清末,天津法租界公议局已下设多个委员会,其中财政、卫生、工务委员会皆由法国领事任主席。②在上海法租界,至清末公董局共设置财政、工务及警务、卫生、教育等委员会。此后又陆续设立了人事、园艺、地产、分类营业、电影检查等委员会。法国总领事直接参与财政等委员会工作,多个委员会也有法国总领事的代表或法国副领事参加,以加强对它们的控制。

法租界的市政委员会下设若干职能部门。天津法租界公议局曾下设总务处、工程处、捐务处、卫生处、教育处等,其警务机构则与公议局分离。上海法租界最大、最繁荣,该租界公董局的机构也最庞大,其陆续下设部门有市政总理处、公共工程处、医务处、卫生兽医处、庶务处、种植培养处、司法顾问处、技政总管部,此外,还有救火队、气象台、宰牲场、无线电台等。市政总理处负责人被称为"总办",最初专管公董局财政。未久,其职责包括管理公董局案卷,监察道路和公有纪念建筑,以及征收界内各种

① *Règlements d'Organisation Municipale*,*Concession Française de Hankéou*,1898,Article 5,7;*Règlement Municipal de la Concession Française de Tientsin*,1908,Article 6.
② 中国第二历史档案馆、中国海关总署办公厅编:《中国旧海关史料(1859—1948)》第154册,第590页。

市政捐税等。1928年,公董局增设督办和督办办公室,改由督办指挥市政总理处等部门。1935年公董局机构改组后,督办办公室改为总管理部,由督办、市政总办、技政总办组成,由法国总领事直接指导,统辖该租界所有市政事务。[①] 其他法租界行政机构所设的职能部门不尽相同,但所有法租界均由领事负责界内秩序和安全,租界巡捕受领事指挥,并由领事委派、停止及革除巡捕房人员职务。其中天津法租界警务机构的中文名称也是"工部局",因而需特别指明,以免与其他租界作为市政机构的"工部局"相混淆。

在各地法租界,法国侨民和其他外国侨民除选举工部局、公董局或公议局全部或部分董事外,没有更多"自治"之权。当地的法国领事则控制着法租界的行政管理权,特别是直接控制着租界巡捕。领事只是在停止召开市政委员会会议、解散市政委员会及拒绝执行该会有关租界市政建设的议案时要受法国公使等人制约。法租界被时人称为领事"独裁"的租界,确有事实依据。

第四,日租界的行政体制。

日租界的很多制度都自成体系,与其他租界有较大差别。日租界的行政体制,又可根据是否实行《居留民团法》而分为两类。

第一类是实行《居留民团法》的租界。天津、汉口等地日租界被日本政府称作"十分发达"的租界。这两个租界在开辟之初,都曾设立租界局,管辖界内政务。在天津日租界,租界局成立于1902年,由日本驻天津总领事任命四名日本人组成该租界局行政委员会。未久,官选委员增至五名,并增加五名由承担租界内教育经费者选举的民选委员。该委员会选举议长,可议决界内重大政务。这些决议均需在日本总领事认可后才能实施。[②] 1905年,日本政府颁布《居留民团法》。两年后,日本政府颁布《居留民团法施行规则》,上海、天津、汉口等日本臣民聚居的通商口岸随即设立日本居留民团。天津、汉口辟有日租界,当地日本居留民团辖区超越日租界界址。在天津,日本居留民团辖区起初为日租界及界外二里,

①　《上海租界志》编纂委员会编:《上海租界志》,第231页。
②　[日]植田捷雄:《支那租界研究》,第322、323页。

1938 年改为界外三里以内地区；在汉口，为汉口、汉阳、武昌三镇。[1]

这两个日租界的行政体制被日本人称作从领事"独裁"稍稍向侨民"自治"转变的体制，即介于"自治"的英租界与"独裁"的法租界之间的中间形态。当地居留民团依次接受日本领事、日本驻华公使和日本外务大臣的监督。当地日本领事可根据《居留民团法》发布领事馆令，召集民团的居留民会定期常会及临时会议。居留民团行政委员的人数、选举等由领事确定。经居留民会选举产生的行政委员、预备行政委员须经领事认可，行政委员辞职也须经领事批准。行政委员会不能对经居留民会表决的事项作出决定时，可请领事裁决。居留民团的行政受领事监督，领事可发布必要的命令来加以干预，并可批准或更正居留民会作出的财政预算，批准或否决民团发行债券、新增或变更税收、处理其资产等行动。[2] 租界巡捕也不听命于民团行政委员会，而是受领事的直接指挥。可见，领事虽不参加民团行政委员会的会议，但对日租界的监控是全方位的。

在这两个日租界，居留民团设置居留民会，该会兼有选举、立法、控制财政、议决各种重要政务、监控行政机构等职能。符合出席会议资格者被称为居留民会议员，他们可分为两类。一类是日本臣民或日本事务所的法人，他们居住或位于居留民团辖区内外，缴纳各种民团捐税达六个月。另一类是本地和其他外国自然人或法人，他们在民团辖区内的日租界占有、使用土地、房屋或其他物件，并遵守相关的日本法令，缴纳各种民团捐税达六个月。因此，居留民会在实质上也是纳税人会。符合上述条件但不能成为议员者，包括被剥夺或停止公民权者、处于破产状态者、被判处监禁以上刑罚者、滞纳各种捐税者，以及曾被禁止侨居、期满出国不足两年者。法人以及未成年人、妇女、无管理财产能力者，须派法定代理人或其丈夫、监护人等为代表。至清末，汉口居留民会实有议员 102 名。议员选举议长，议长不能任职时，应选出临时议长。议长、临时议长都须是日

---

① ［日］植田捷雄：《支那租界研究》，第 725、727 页。
② 《居留民团法》（1905 年），第五条；《居留民团法施行规则》（1907 年），第四、十六、二十四、三十、三十三、四十五、四十八、五十四、六十二、六十五、六十六、六十七条。

本籍议员。① 此后，随着租界人口的增长，议员人数越来越多，因而议员的名额有了限定。1926 年，天津日租界的议员定额为 60 名，1934 年后改为 30 名，其中一半由官方选任，一半由符合议员资格者互选产生。汉口日租界的议员定额则为 20 名。居留民会定期常会即年会，需要时可召开临时会议。开会时，应有三分之一以上议员出席，但就同一事项再次开会，不受此限制。为了绝对控制这些会议，后改为只有在半数以上议员出席，其中日本籍议员又占半数以上时才能开会。议决时赞同和反对票相等时，取决于议长的意见。居留民会的职权，类似英租界纳税人会。该会可制定居留民团条例，批准民团年度财政预算、决算，选举民团行政委员会委员，还可议决有关征收民团捐税，管理、处置民团财产，应对民团所涉诉讼，以及议决日租界内各种相关的市政建设、管理事务。②

居留民团的行政机构是行政委员会。在居留民会每年的常会上，由该会议员选举行政委员和预备行政委员。半数以上行政委员须是日本人。选举结果须经领事批准。官员、民团带薪吏员和僧侣、传教士等神职人员，以及学校教员等人不得担任行政委员。后来还规定，行政委员的年龄须在 25 岁以上。行政委员可连任。会长、副会长和会计主任都必须是日本人，他们由行政委员选举产生。行政委员会议决时依据多数委员意见，赞同和反对者各占半数时，由会长作出决定。行政委员出缺，由预备行政委员依次替补。天津日本居留民团有行政委员十名，一度设预备行政委员十名，通常为五名。行政委员会作为民团代表，在领事的监控下掌管民团辖区内的行政事务，包括编制民团年度财政预算和决算，执行居留民会决议，管理民团财产、建筑物，实际运作民团财政及监督会计，保管契据和文件，征收民团捐税和其他费用等。由于巡捕房不受行政委员会管辖，因此该委员会的职能近似法租界的行政机构。该委员会还可根据需

---

① 《居留民团法施行规则》(1907 年)，第六、七、八、九、十一、二十三条；张寿波：《最近汉口工商业一斑》，上海商务印书馆 1911 年版，第八章，第十九页。

② 《居留民团法施行规则》(1907 年)，第十七条，第二十四至二十六条；[日] 植田捷雄：《支那租界研究》，第 726、729 页；天津图书馆编：《天津日本租界居留民团资料》(三)，第 15 页。

要,设立特别委员会,分别负责民团各项政务。① 行政委员会下辖民团事务所,具体办理居留民团事务。民团事务所吏员领取薪金,他们以理事为首,包括技师、技手、书记等人。1908 年,天津居留民团事务所下设庶务、土木、财务、卫生等部门,共有理事、技手等八名日本吏员,另雇三名华人为财务和文案。② 1934 年之后,行政委员会被参事会取代,参事会的职能与行政委员会相似,也设会长、副会长、会计主任。参事会员的人数则少于行政委员,在天津为七名,汉口为五名。③

在天津日租界,还出现了名为天津共益会的日本财团法人组织。该会筹建于 1927 年。此时,中国政府正在陆续收回各地外国租界。为了应对此种局面,保护当地日本人的"共同利益",经天津居留民团行政委员会筹划,居留民会临时会议通过决议,组建共益会。1930 年,日本外务省予以批准。该会设置理事十名、监事三名,均由日本领事委任;同时,他们须依据领事的指示选举理事长、会计主任等。此后,该租界有了两个平行的行政机构,即具有强制力量的公法人组织居留民团和私人性质的财团法人组织共益会。共益会进行资本运作,主要负责推进当地有关祭祀、教育、卫生以及公用事业等事项。④ 同时,该会还在侵占日租界外地区等事务方面起了恶劣的作用。⑤

第二类是尚未实行《居留民团法》的租界。苏州、杭州、重庆等地日租界被日本政府划为"未发达"的租界。这些"未发达"租界未被日本政府作为实行《居留民团法》的区域。这些租界都长期受当地日本领事的直接管理。1907 年,日本领事在杭州日租界设立了办事处,两年后又设置了警察署。⑥ 在苏州,日本领事也很早在日租界设立领事馆、警察署。⑦ 自

① 《居留民团法施行规则》(1907 年),第三十、三十二、三十四、三十五、四十一、四十二条;天津图书馆编:《天津日本租界居留民团资料》(九),第 52、53、128 页。
② 天津图书馆编:《天津日本租界居留民团资料》(一),第 26 页。
③ [日]植田捷雄:《支那租界研究》,第 726、729 页;天津图书馆编:《天津日本租界居留民团资料》(三),第 15 页。
④ 《昭和五年财团法人天津共益会事务报告》,第 1、2、3 页。
⑤ 天津档案馆、南开大学分校档案系编:《天津租界档案选编》,第 206—240 页。
⑥ [日]大里浩秋:《杭州日本租界之路》,载[日]大里浩秋、孙安石编著《中国的日本租界——重庆、汉口、杭州、上海》,日本御茶之水书房 2006 年版,第 104、108 页。
⑦ 徐云:《苏州日租界述略》,《苏州大学学报》1995 年第 3 期。

1923 年起,当地日本领事陆续发布的《苏州居留民会规则》《杭州居留民会规则》《重庆居留民会规则》等馆令,使得这三地日租界的行政体制有所变化。

此后,在苏州、杭州、重庆三地日本居留民会相继成立。在重庆,居住在重庆及附近地区的成年日本臣民以及日本法人如在三个月以来足额交纳居留民会课金,并又不属于禁治产者、宣告破产者以及曾受监禁六年以上刑罚者等,可作为居留民会议员。居留民会会议除选举议长外,主要有选举行政机构理事会的成员及通过年度预算、决算等职责。居留民会会议须在半数以上议员出席时才能开会,但为同一事件再次开会时可无此限制。议决时赞成票与反对票相同,取决于议长的意见。会议的决议须经领事的认可。① 苏州、杭州居留民会的情况也与重庆的居留民会近似。

具体办理居留民会行政事务者,是由居留民会产生的理事会。当选的理事须经领事认可。理事的任期为一年,他们须选举理事长和会计主任等。理事会执行居留民会的各种决议,并可任免有薪给的办事人员。理事会决议也都须经领事认可。在杭州,于 1924 年组成的居留民会首届理事会有理事长、理事共七名。他们于当年向在日租界等处从事鲜茧收购、上门售货的商人等征收所得、营业、房屋、土地等税金。② 在重庆,理事人数也被规定为七名。居留民会议长、在职官吏、法人、居留民会的有薪职员以及小学教员等不能担任理事。三名以上理事出席时理事会才能开会,并作出决议。③

上述情况表明,在实行《居留民团法》的天津、汉口日租界,日本领事未对居留民会以及行政委员会的决议与日常行政多加干预,界内居民有稍大的"自治"权。在尚未实行《居留民团法》的苏州、杭州、重庆日租界,居留民会理事会的决议都要经领事认可才能执行,界内居民的"自治"权

---

① 《改正重庆居留民会规则》(1930 年),第一、六、十一、十二条。
② [日]大里浩秋:《杭州日本租界之路》,载[日]大里浩秋、孙安石编著《中国的日本租界——重庆、汉口、杭州、上海》,第 117 页。
③ 《改正重庆居留民会规则》(1930 年),第十五、十六、十八条。

更为有限。特别是在所有日租界，日本领事都掌管租界巡捕，而且可以"馆令"的形式发布各种行政命令，由居留民选举的行政委员会委员或理事会理事也须得到领事的承认，因此，领事的威权要远远超过公共租界和英租界。

第五，其他租界的行政体制。

德、俄、意、奥、比租界都开辟于甲午战争后，数量只有一至二个，除天津意租界外存在的时间也都较为短暂。这些租界的行政体制可分为两类。美租界虽开辟较早，但尚未形成完整的行政体制。

第一类，德、俄租界。

德、俄租界的行政体制基本仿照英租界制度。这些租界召开纳税人会，设立市政委员会即工部局，通过选举产生市政委员会委员即工部局董事，在领事控制下实行侨民自治。

德租界设立之初，实行过渡性制度。1897年，德国德华银行与德国政府订立合同，由该银行筹集收购天津德租界土地的经费，并修建界内道路、码头，该银行则拥有这些土地并可转售他人。两年后，德国人成立实行股份制的德国租界公司，以接受德华银行转让的权利，并执行开发计划。[1] 1905年，德国国会批准该租界《市政章程》。次年，该租界通过召开纳税人会选举工部局董事，其行政体制确立。汉口德租界的发展进程与天津德租界近似，并于同一年选举产生工部局董事。

德国领事可多方面干预德租界的政务。在天津德租界，德国领事于每年2月召集纳税人会年会，并担任主席；领事还可径自召开或经工部局或经七名以上在纳税人会上有投票权者的要求，召开特别会议。会议表决时，领事通常不参加投票；要是赞成、反对票数相同，领事可投决定性的一票。领事不同意纳税人会决议，应在十天内向德国公使投诉，公使于裁断前应听取工部局申辩。工部局董事会议的决议大多须书面告知领事，领事不同意这些决议，也应在十天内向公使投诉，公使作出的是最终裁决。相关人士反对董事会议牵涉税收、治安以及工厂、企业等事项的决

---

① 中国第二历史档案馆、中国海关总署办公厅编：《中国旧海关史料（1859—1948）》第154册，第590页。

议,可向领事投诉。如果领事驳回投诉,其决定便是最终裁决;如果领事予以支持,工部局与其他利益相关人士均可向德国公使申诉,由公使来作最终裁决。凡遇董事会议不符合可以议决政务的要求时,领事可以代理其职权。

德租界纳税人会兼有多种职能。在天津德租界,可投 1 票的纳税人会会员须是在界内租赁或拥有房产、地产,至少每年向市政当局缴纳捐税达 50 两白银,并服从德国司法管辖者。华人、拖欠市政捐税者、正被破产清算者不得与会;因病、因故缺席者,无行为能力、行为能力受限制者及妇女都应由其他合格侨民任代表。缴纳更多捐税者可获得更多投票权,即缴纳捐税达白银 100 两者,可投 2 票;达 250 两者,可投 3 票;在此基础之上,每增加 250 两,再增加 1 票,最多可投 12 票。纳税人会有权制定、修订租界行政规章,选举工部局董事,通过工部局的年度预算、决算,决定本年度市政捐税税种及征税总额,核准购买、抵押产业及申请贷款、接受捐赠,确定任用工部局官员等。此外,未得到领事批准,纳税人会无权处理其他事务。在该会年会上,无论出席者握有多少投票权,都可表决议案。在特别会议上,只有在出席者握有总票数的一半以上时,才能表决。不过,在指明为同一议案再次召集特别会议时,则无论出席者握有多少投票权,都能作出决定。当事人不能投票。会议通常公开举行,经申请则可秘密召开。[①] 在汉口德租界,有关制度类似于天津德租界。

德租界的行政机构是市政委员会即工部局,其组成近似于英租界的工部局,下设巡捕房等多个职能部门,也由工部局董事会议负责决策。天津德租界的工部局有董事五名,其任期一年。有资格担任董事者,包括在纳税人会上有投票权的所有纳税人以及他们的合法代理人。德国领事等领馆公职人员不能当选。纳税人会在选举时先选出德国籍的董事三名,再选出两名不限定国籍的董事。候选人得票数相同,由年长者当选。董事选举总董,总董须是德国籍董事。董事会议须由总董召集,如有两名以上董事要求,总董也须召开会议。总董缺席时,由德国籍董事中的年长者

---

① *Gemeindeordnung für die Deutsche Niederlassung in Tientsin*,1905,§ 1 - 44.

代理。至少须有三名董事,其中两名系德国籍董事出席,董事会议才能表决。表决时如赞成、反对票数相同,则取决于总董所投之票。工部局的职责,包括落实纳税人会决议,负责租界日常行政,经理工部局财产包括征收市政税款,经营局办企业及设施,任免、监察工部局官员,保管工部局文书、卷宗,订立治安条例细则等规章,以及管理租界巡捕。[①]

在俄租界,俄国领事的职权近似英国领事在英租界的权柄。俄国领事召集每年初的租界纳税人或租地人年会,并可随时或根据一定数量有投票权者或工部局数名董事的要求,召集特别会议。这些会议皆以领事为主席。如果领事缺席,可由其他俄国官员任临时主席。所有会议决议非经领事批准不得实行。任何人认为某一决议有损其利益,可在 10 天内向领事投诉。在天津俄租界,领事还是当然的工部局总董,并在其需要协助时可要求租界巡捕房服从其调遣。

俄租界的纳税人会或租地人会兼有选举、立法、议决各种重要政务等职能。在汉口俄租界,纳税人会被称作“公众会”,按时缴纳市政捐税的俄国人和其他“有约国人”,以及作为个人或洋行等处的代表,均可与会。其中为估值达 2 500 两白银的地产缴纳地捐者,为年租达 500 两的房屋缴纳房捐者,以及每年缴纳地捐、房捐达 25 两者,可以在会上投 1 票。每年缴纳地捐、房捐达 150 两者,可以投 2 票。在这基础上,缴纳的地捐、房捐每增加 100 两,可再加增 1 票投票权。在天津俄租界,最初召开的是租地人会,后来改称为“市政管理者大会”。缴纳市政捐税并在界内拥有 2 亩土地者,或年租达 200 两的租地人,可出席大会,并可投 1 票,还有资格当选为工部局董事。拥有或租赁更多土地者,可获取更多投票权。其中有 5 至 10 亩土地者,或年租达 500 至 1 000 两的租地者,可投 2 票;有 10 至 20 亩土地者,或年租达 1 000 至 2 000 两的租地者,可投 3 票。更多土地的拥有或租赁者至多可投 5 票。最初,符合这些财产资格者都可以取得相应的投票权,后来则规定,年幼者、领事馆正式成员、现役军人、巡捕房官员、破产者、受到刑事起诉的疑犯、即将受到刑事惩罚的罪犯、被剥夺政

---

① *Gemeindeordnung für die Deutsche Niederlassung in Tientsin*,1905,§16,17,18,20,21,23,37,38,39.

治权利的罪犯等都不能投票。这些纳税人会或租地人会选举产生市政委员会委员即工部局董事,核准工部局上一年度财政决算及下一年度财政预算,确定市政捐税的税种和税率,以及表决有关租界各种政务的议案。其中普通议案只要赞成票超过半数即可通过,如果赞成、反对票数相等,便由会议主席作出决定。事关房地产买卖、评估公共支出、选举工部局董事,以及问责工部局责任人员的议案,则须赞成票达三分之二以上时才能通过。会议决议于通过时即生效,只有在领事否决议案时可暂停执行,并报请俄国公使作最终裁决。①

俄租界的行政机构是市政委员会即工部局,其构成近似英租界的工部局,设有巡捕房等多个职能部门,并由工部局董事会议负责决策。工部局的职责,包括执行租地人会或纳税人会决议,准备其每年的预算、决算,任免其雇员,办理租界日常行政事务,以及通过起诉等方式向拖欠市政税款者追讨欠款等。能够当选工部局董事者,须在租地人会或纳税人会有一票投票权。在汉口俄租界,工部局设董事五名,全部由纳税人会选举,其中三名以上须是俄国籍董事。该会还须选出三名候补董事。董事从俄国籍董事中选举总董、副总董。在天津俄租界,因总董由领事兼任,故纳税人会只选举四名董事。领事缺席时,可由其他董事代理总董。起初,该租界也有两名董事须是俄国人的规定,后来则取消了这一规定。董事出缺时,即由此次选举中获得次多选票而未当选者继任。俄租界董事的任期都为一年。召集董事会议时,最少须有总董及两名董事与会才能议决政务。在表决时,赞成、反对票数相同,即取决于总董的意见。②

德、俄租界的侨民自治程度与英租界接近。虽然在天津俄租界有俄国领事兼任工部局总董的规定,又强调在领事需要之时巡捕房应听从其调遣,但该租界后来也取消了工部局董事半数须是俄国人的规定。在德

---

① *Municipal Regulations and Bye-Laws of the Russian Concession at Hankow*,*1903*,Article 3,6. *Regulations of the Russian Concession at Tientsin*,Conditions of Purchase and Lease of Land on the Russian Concession at Tientsin,Article 4;Municipal Administration,Article 1 - 5. *Municipal Regulations of the Russian Concession*,*Tientsin*,*1912*,Article 6.

② *Municipal Regulations and Bye-Laws of the Russian Concession at Hankow*,*1903*,Article 3,10; *Regulations of the Russian Concession at Tientsin*,Municipal Administration,Article 6; *Municipal Regulations of the Russian Concession*,*Tientsin*,*1912*,Article 1 - 11.

租界,在特殊情况下德国领事可代行董事会议的职权,这与九江英租界相似。这两国租界的巡捕房直属工部局的状况,便使它们与法、日等国租界有较大的差异。

第二类,意、奥、比租界。

意大利、奥匈帝国、比利时都不是欧洲的强国,都是在庚子事变时趁火打劫,才得以在中国开辟租界。这三国都只在天津开辟了一个租界,其来华贸易的商民人数也极其有限,可用于经营在华租界的资金也捉襟见肘,因而这三个租界的行政体制有其特殊性,与其他租界有一定的差异。

在天津意租界的开辟初期,界内意国侨民寥寥无几。意大利政府任命一名军官为行政委员,管理该租界各种政务,包括管理租界巡捕。该国驻天津领事则做其顾问。1923年,意大利政府同意该租界实行"地方自治",组建市政委员会即工部局。居住天津的意国成年侨民,无论在该租界内有无产业,均有选举该租界市政委员会委员即工部局董事的投票权。在该租界内拥有产业及居住1年、每月支付房租20银圆以上的其他外国人也有投票权。工部局设5名董事,到投票人增至100名以上时可设7名董事。董事的任期为两年。能当选董事者,须有投票权、年满21岁、拥有政治权利,并按时缴纳市政捐税。大部分董事须有意大利国籍,只有一名董事可以是其他外国国籍。一个家庭、一个企业只能有一人出任董事。意大利领事为当然的总董,董事选举产生副总董。董事会议至少须有包括副总董在内的三名董事出席。会议的所有决议都须经意大利领事批准。意大利公使有权解散市政委员会,并委任领事为专员来对该租界进行管理。由华人选举三名委员组成咨议会,其职权为预审租界的财政支出等。任何花费1 600银圆以上的工程以及采购,都须得到意大利公使的授权。意大利外交部部长将审批该租界的财政预算,并审核董事会议作出的中止那些预算达2 000银圆以上公共项目的决议。[①] 组建工部局后,其下设的行政机构有工程、卫生、捐务等处以及巡捕房。

在天津奥租界的开辟初期,入居该租界的奥匈帝国臣民屈指可数,原

---

① *Statuto Municipale e Regolamento per la sua applicazione*,*Concessione Italiana di Tientsin*,*1923*,Article 1 - 35.

住在当地的华人则为数众多。起初,该租界由奥国行政秘书一名和中国士绅六名组成临时的管理机构,行使界内行政管理权,并于每周例会上裁断当地居民的投诉。[①] 此后,随着奥国侨民的增多,界内组建市政委员会即工部局等机构。该工部局总董由奥国驻津领事兼任,董事通过选举产生,系由奥国人士与华人担任。奥国政府可否决董事会议所作的决定。[②] 工部局下设警务、工程、捐务等处,分别负责界内行政事务。

天津比租界的位置较为僻远,界内外国侨民十分稀少。于是比利时政府并未直接经营,而是在留出建造道路、公园等必备的市政用地之后,将其余土地全部转售给股份制的比国租界公司来经营。同时,比利时政府保留了行政管理权,主要是保留了组建行政管理机构之权。该机构由比利时人四名为临时董事,另有四人为助理。后来租界市政委员会即工部局成立,比利时领事为负责人,董事、副董事各四名仍由比利时官方任命。董事须有相当的资产、熟悉中国情势,居住地点不限于比租界以内。工部局下设警务、捐务、工程等处,负责该租界日常行政。[③]

可见,这三国租界的行政体制各有特点。因为入居天津的意大利人数量有限,所以没有财产及居住在意租界界外的意大利人都有选举工部局董事之权。出于同样的原因,奥租界从一开始就让华人参与对租界的行政管理,比租界则未通过选举来产生工部局董事,而是采用了由官方任命的方式。

美租界不同于其他租界,并未形成系统的行政制度。上海美租界在形成之际,其界址尚未划定,界内外国侨民稀少,也未设立工部局,筹建巡捕房等政务都由实际是英租界的工部局来兼顾。美国驻沪领事曾多次召集美租界的租地人会议,商议、表决该租界的重大政务。1863年,该租界便和英租界合并,成为上海公共租界的一部分。美国驻津领事曾对天津

---

① 中国第二历史档案馆、中国海关总署办公厅编:《中国旧海关史料(1859—1948)》第 154 册,第 593 页。

② [英]雷穆森:《天津的成长》,许逸凡、赵地译,刘海岩校订,载[英]雷穆森《天津租界史(插图本)》,天津人民出版社 2009 年版,第 325 页。

③ [英]雷穆森:《天津的成长》,载[英]雷穆森《天津租界史(插图本)》,第 318 页;南开大学政治学会:《天津租界及特区》,第 30 页;天津市政协文史资料研究委员会编:《天津租界》,第 149 页。

美租界进行过行政管理。不过,在这段时间里,并无美国公民和其他外国侨民入居该租界,美国领事只是在界内设置一个"公所",并参考上海公共租界的格局,与天津英租界当局合作,在当地设置巡捕,负责界内治安。1880年,美国将该租界交还中国时,裁撤了该公所。此后,当地长期无人管理,也无巡捕值勤,直至1902年并入英租界,成为其南扩充界。① 这样,这两个美租界作为美国专管租界的时间都不长,而且在存在的时期中也都未搭建完整的行政架构。

各租界的行政体制在一定程度上反映了租界开辟国国内的政治制度。它们有不少差别,但也有三个共通之处。第一,它们都要确保租界开辟国对当地的控制。因此,很多专管租界都明文规定,该国驻华公使以及驻租界所在通商口岸的领事对界内行政事务有监督和干预之权,并陆续规定租界工部局总董及半数以上董事须是本国侨民,或居留民团行政委员会多数委员及议长、会计主任须是本国侨民,直至规定领事为工部局等市政机构的总董。即便是在上海公共租界,英国人也始终以掌握工部局多数董事席位等方式,来确保该租界为其势力范围。第二,它们都要维护少数外国富商大贾的政治特权。要获得选举工部局董事和表决界内各种政务的投票权,大多须符合一定的财产资格。在不少租界中,拥有更多的财产可获得更多的投票权,其中天津德租界的外国富豪最多可投12票。同时,在不少租界要当选为工部局董事之类,还要符合更高的财产资格,因而非富人不能当选董事。贫困的外国侨民不仅不能当选工部局董事之类,甚至不能参加纳税人会。第三,它们大多排斥华人参与租界政务。除本国侨民甚少、华人人口众多的天津奥租界以及其他个别租界外,直到20世纪初期,在大多数租界,华人虽缴纳了大量的市政捐税,却不能参加纳税人会,不能选举工部局董事,更不能当选为董事。这种明显的歧视引发了华人的参政运动,使得不少租界的行政体制发生了变化。综合这三个共性,可以看到租界的行政体制,是保护外国侨民特别是外侨中富豪利

---

① 中国第一历史档案馆:《天津租界档案史料选》,《历史档案》1984年第1期;英国国家档案馆:FO 228/1390, British Consul General, Tientsin, to British Minister, Peking, February 5, 1901。

益的体制,是外国领事及少数外侨管治多数中国居民的殖民地体制。不过,部分租界特别是公共租界和英租界所展示的居民"自治"制度,较之当时中国的专制制度,仍体现了一些民主精神,因而可使中国的有识之士得到如何变革此时腐朽政治制度的有益启示。

第二节 主 要 事 务

有"国中之国"之称的租界与真正独立的主权国家相比,无论在立法、司法还是在行政方面仍有很大差异。在行政方面,租界当局所能行使的主要是在租界内进行市政建设和行政管理之权。一个主权国家的很多主权,诸如外交、结盟、宣战等主权,这些"国中之国"尚未拥有。

有关租界当局的行政权限,在中外约章中有明确规定。第二次鸦片战争后,开辟镇江、汉口、九江等地英租界的中英约章都指明,"应如何分段并造公路,管办此地一切事宜",全归英国领事专管,使英国领事获得专管当地土地分段、建造道路等"管办"地方的各种行政权。至甲午战争后,日本在开辟各地日租界时在相关的中日约章中进一步指明日本人在这些日租界的行政权柄:"租界内警察之权、管辖道路之权及其余界内一切施政事宜,悉归日本领事官管理。所有界内道路、桥梁、沟渠、码头等,均由日本领事官设法修筑。"[①]于是,通过利益均沾的片面最惠国待遇,所有的租界开辟国都在各自开辟的租界中获得行政管理权,其中包括警察权、税收权及市政建设、管理权等。

在取得租界的行政管理权后,除征收市政捐税外,各租界当局的日常行政工作可分为进行市政建设和维护地方秩序两大部分。

第一,进行市政建设。

租界所在地大多是错杂着农田、坟地、沼泽、江滩等地段的城郊地区。要将它们建设成可供外国侨民居留、贸易的城市区域,需要进行大规模的市政建设。市政建设通常由租界当局的工务处、公共工程处之类机构负

---

① 王铁崖编:《中外旧约章汇编》第2册,第2页。

责,主要有以下数项。

在很多租界内,填筑地基是租界当局最先开展的市政工程之一。租界都地处江边、河沿、海滩,界内大多有成片的滩地、洼地。填筑地基是诸多租界在开辟道路、建造房屋前必要的基础工程。广州英、法租界位于沙面,原来是珠江江滩,落潮之时才露出江面。经过两年垒筑,英国人才将沙面建成人工岛。此后,划分地块、开辟道路、兴建房屋等工程得以次第开展。九江英租界的一部分本是长江港汊溢浦港,英国人在经营该租界时最先动工的工程之一即是排除积水,填平港汊,并在此后继续填筑该港汊位于界外的部分,从而形成一片界外占据区。汉口租界排列于长江岸边,当地地势低下,多水塘、洼地、滩地,夏季成为连片的泥沼。经汉口各租界当局持续的填筑,至 20 世纪初期整个汉口五国租界地区被平均填高八英尺。[①] 填筑地基工程在天津租界规模更大。天津租界分列海河两岸,界内地势低洼,沼泽成片,不少地段须填土两米以上,才适合作为建筑用地。最初各租界当局从界外地势较高处挖取泥土来填平泥沼,后来多个租界当局利用疏浚海河工程中清理出的大量泥沙来填高租界及其扩展区域的地基。前后历经半个多世纪,海河两岸填出大片平整的土地,为该租界近代化的城市建设确立了基础。

租界开设后,按照西方城市的格局来规划和开辟道路,是各租界当局最先开展的另一项市政工程。在上海,经多年的努力,在 19 世纪 60 年代英租界、美租界合并成公共租界之际,界内已建成南北干道和东西干道各 13 条。此后,上海公共租界和法租界当局不断在界内建造新路,并开辟越界道路。至 20 世纪 30 年代,这两个租界连同越界筑路区内的新式道路超过 250 条。上海法租界繁华地段的道路尤为密集,两条道路的间距通常不足 100 米。在天津租界,各租界当局陆续开辟的道路也有 200 多条。英、法租界内最后都辟有道路 60 多条。[②] 在汉口租界,各租界当局在规划道路时重视互相配合,使五国租界各自建造的江边道路首尾相连,

---

① 中国第二历史档案馆、中国海关总署办公厅编:《中国旧海关史料(1859—1948)》第 155 册,第 369 页。
② 天津市地方志编修委员会编著:《天津通志·附志·租界》,第 279—295 页。

成为畅通的沿江大道;位于这些租界中部的干道也相互呼应,横贯五国租界。在广州、苏州、九江、镇江等地的租界内,也都辟有若干新式道路。租界的道路大多要比当时华界的道路宽阔得多。不少开辟租界的中外约章都规定,界内一些道路的宽度须达二丈以上,沿江、沿河大道须达三丈直至四丈。随着租界经济的发展,很多租界的干道越来越宽。其中上海租界的道路普遍宽达九米以上直至近二十米。[①] 华界城镇的街道则狭窄得多,以上海开埠时期县城内道路来说,其宽度大多只有二米。[②] 租界道路的宽度为华界道路多倍直至十来倍。建造租界道路之时通常都择用了当时较好的建筑材料。每当国外出现新型筑路材料以及先进的工程机械和筑路技术,上海等地租界的当局都迅即采用。中国城镇原有道路均是土路、砖路或石板路。上海英商租地辟设后,新建的首条道路便用煤渣为路面。不久,当地陆续出现鹅卵石煤屑路面、土砂石拌压路面、煤渣碎石路面等。此后,上海、天津等地租界道路的路面多以碎石铺成。在上海公共租界,部分路段还曾以进口的硬木来铺设。以 1910 年上海公共租界为开端,上海、天津、汉口租界的主要道路陆续改为柏油道路。1937 年,汉口法租界的道路大多铺成柏油路。[③]

各租界当局还逐步在租界道路上设置路牌、门牌、路灯、人行道、行道树等以前中国道路没有的附属设施。在形成未久的上海英租界,界内干道上就铺设了人行道,以保障行人的安全和交通的秩序。1865 年,上海公共租界的南京路等主要道路均已设置人行道。至 1874 年,上海法租界公董局决定在界内所有道路上铺设人行道。在其他各租界,当局者也陆续效法。建筑人行道的材料不断得到改进。在清末,上海法租界等处已用水泥来铺设人行道。1865 年,煤气路灯被首先使用于作为上海公共租界要道的南京路。数年后,上海租界的各条干道都点起了煤气路灯。1882 年,即法国巴黎首先以弧光灯作为路灯后的第七年,上海公共租界

---

① 上海市档案馆编:《工部局董事会会议录》第 4 册,第 718 页;第 10 册,第 671、709 页。

② [日]峰源藏:《清国上海见闻录》,葛正慧译注,载上海史资料丛刊《上海公共租界史稿》,上海人民出版社 1980 年版,第 623 页。

③ 《上海租界志》编纂委员会编:《上海租界志》,第 440、441 页;《汉口租界志》编纂委员会编:《汉口租界志》,第 351 页。

最先在东亚地区以弧光灯为路灯。[①] 不久,弧光灯在上海租界内被逐渐推广,并在十来年后又被新发明的白炽灯取代。汉口、天津等地租界也先后以煤气灯及电灯为路灯。[②] 在镇江英租界,从 1908 年起也开始用电灯来照明夜间的道路。1861 年,在开设广州英租界时,界内道路两旁便已种植行道树。在上海公共租界,租界当局自 1865 年起即在外滩的沿江大道植树,到清末已在界内各条道路旁种树数万棵。在上海法租界,租界当局设有专门的苗圃,用于栽培行道树苗。镇江英租界当局自 1881 年起在沿江大道种植树木,十年后这批树木都成了大树。在天津,德租界当局特别重视绿化,夏季道路浓荫覆盖,各国侨民因而喜爱在该租界居留。同时,各租界当局纷纷在租界内道路的拐角处竖起路名牌,并为房屋钉上门牌号。有些租界当局以中国及其本国地名为租界路名,如上海公共租界的福州路、天津俄租界的莫斯科路、汉口法租界的巴黎街等。还有很多租界以其本国名人名字命名其道路,如上海法租界的霞飞路、天津德租界的德璀琳街、汉口俄租界的亚历山大街,等等。

照片 11　上海法租界公董局局徽

很多租界当局最先开展的又一项市政工程,是修筑码头。在部分租界,码头多由租界当局建造。在另一些租界,洋行等可建造码头,但须事先经租界当局甚至经中国官府审批。中国的传统码头,是踏步式石砌码头或自然坡岸。在上海,最早修筑于黄浦江畔的即是这类码头。欧美国

① 《电灯光灿》,《申报》光绪八年六月十三日。
② ［英］雷穆森:《天津插图本史纲》,许逸凡、赵地译,刘海岩校订,载［英］雷穆森《天津租界史(插图本)》,天津人民出版社 2009 年版,第 79 页;孙毓棠编:《中国近代工业史资料》第一辑,科学出版社 1957 年版,第 200 页。

家载货来华的西式帆船吃水比中式船只更深,因而未能停靠这些码头,乘客和货物仅能通过小船来驳运。到上海租界形成之时,黄浦江边已有十余个驳船码头。未久,吨位更大的外国轮船更替了外国帆船,驳运方式不能符合装卸货物的需求,各租界当局及外国商人便陆续建造轮船码头,以便利轮船的直接停靠。在天津等地,其租界濒临的江河并不十分宽阔,租界当局以及各国商民修整河坝、浚深河道,建成多个固定码头。在上海、厦门及濒临长江的镇江、九江、汉口等地租界,建造的大多是浮码头。最初这些浮码头使用的是大木船,不久改用木质或铁质趸船,再用金属支架支撑,然后以栈桥和江岸相连。此后,来华外国轮船的吨位越来越大,不少租界内又出现一些中型码头直至大型码头。有些租界或附近地区,还建有西方国家石油公司输送石油的管道码头。

建造排水系统,同样是很多租界当局开展的重大市政工程。很多租界当局于租界开设后不久即着手构建排水系统。不少租界还在行政规章中对建造房屋应如何安设下水管道作出具体规定。起初,这些排水系统以道路旁的明沟为主,明沟以砖石铺设。此后,有些租界择用明暗两道、雨污分流方式,雨水由路旁明沟排放,房屋中排出的生活污水,经由埋设的管道流向排污主管道。最初排水管道以砖砌成,后逐渐改为陶制管、混凝土管,最终钢筋混凝土管。在上海,公共租界当局不断推进地下排水系统的建设工程,还一度从英国大量进口陶制排水管。1890年,该租界当局就地生产混凝土排水管。1898年,界内更多地区埋设混凝土管,并以这类水管替代早期的砖砌水沟。[①] 在清末时的汉口,各租界当局也已将排水系统铺满整个租界所在地区。在此期间,在镇江英租界等租界,用混凝土水管建造的排水系统也逐步建成。天津英、法、日等三国租界的排污工程尤为成功。截至1937年的15年间,仅英租界就筑成排污管16.28英里。[②] 经过这些年的经营,这三国租界内的所有洋房都装有当时最新式、最卫生的厕所设备,推广了化粪池,结束了所谓的"粪车时代"。

很多租界当局还将建造公园作为重要的市政工程。西方城镇多有公

---

①　Municipal Council of Shanghai, Report, 1890, p. 166; 1898, p. 172.
②　天津市档案馆编:《天津英租界工部局史料选编》下册,第 1153 页。

园作为向公众开放的游览、休憩、运动场所。而在鸦片战争前中国只有皇家宫苑及私家园林。租界公园属于中国最早向公众或部分公众开放的公共花园。1861年,在沙面岛开设广州英租界时,租界当局便将该岛南部沿江地段划为公园、球场等休息、运动场所用地。1868年,上海公共租界当局填筑黄浦江与苏州河交汇处的滩地,辟设外滩公园。此后,诸多租界当局或在界内或在越界筑路区内兴建公园,其中有位于上海法租界的顾家宅公园,位于广州租界的女皇花园、法国花园,位于上海公共租界越界筑路区的兆丰公园,位于镇江英租界界外飞地的维多利亚公园等。多数公园面积较小,例如天津英租界的维多利亚花园只占地10多亩。少数公园面积稍大,例如天津俄租界的俄国花园占地100多亩,上海公共租界越界筑路区内的虹口公园占地300亩。除天津日租界的大和公园具有日本园林的风格外,此类公园都采用西方的造园艺术,并引进西方的植物。园内大多有草地、树木、花坛、凉亭、喷水池以及运动场等。这些公园皆由租界当局以市政经费建造和维持。在很多租界,市政经费的很大部分出自华人所纳捐税,但不少租界当局却在很长时期中禁止华人进入公园游览,从而引发华人长期的抗争。

还有些租界当局积极兴办公用事业。有些公用事业,包括煤气、公共交通等,在各租界多由外国商人民办。不少租界当局都兴办了邮政、电力和自来水等,以改善租界生活、贸易环境,并借以牟取经济利益。1863年,在上海英、美租界合并前夕,英租界工部局在界内设立地方邮局,中文称作"工部书信馆"。该书信馆于两年后发行邮票,并逐步设立近20个分馆、代办所,分别位于上海的华界,厦门、镇江、九江、汉口等地的英租界,以及北京、牛庄、宁波等城市。居住于租界内外的外国人和华人都可以利用该书信馆收发信件、报纸、包裹等。此后,汉口英租界工部局接管该书信馆的汉口代办处,另设汉口书信馆,并自行发行邮票。厦门、镇江、九江英租界当局也陆续采取相同措施,自设书信馆,并发行邮票。[①] 直至1897年,这批租界当局所办邮局才被中国政府所办的邮政局接收。上海法租

---

① 辽宁省邮电管理局、辽宁省集邮协会编:《中国邮票大图典·清代卷》,人民邮电出版社1999年版,第25、30、32、41页。

界公董局则一度兴办过电厂、水厂,分别向法租界供应电力、自来水。上海公共租界工部局于1893年购入界内商办的电厂后,成立电气处,并投入大量资金,逐步扩建电厂,又于1913年建成杨树浦电厂。至1923年,杨树浦电厂拥有发电机12台,锅炉26台,总设备容量12.1万千瓦,成为当时远东最大的火力发电厂。[1] 天津英、法、德等国租界当局都曾建造过电厂。其中英租界工部局经营的电厂规模最大。该租界工部局还于1923年收购界内商办的自来水厂,逐步予以扩建,并将水源由海河河水改为深井井水。1941年底,该工部局水道处下属的自来水厂达4家之多,供水范围包括英、法租界及原来的德租界所在地。[2] 在汉口,各租界当局则与华商的汉镇既济水电公司分享租界自来水供应的收益。这一华商公司在华界设有自来水厂,1908年该公司承办汉口租界铺设水管等项工程,侨民们提供资金、材料、技术等方面的支持,租界当局则获得供水收入的一半。次年,该水厂向租界地区供水70万加仑。[3]

不少租界当局还重视其他的一些市政工程。为防潮水或洪水,有些租界当局须修筑堤岸于濒临的江河旁。特别是汉口租界排列于长江江滩,夏、秋两季常受长江洪水的威胁,各租界当局因而于租界开设之初都耗费重资,修筑各自临江地段的江堤。上海、天津等租界当局都参与了对本地河流的疏浚。在上海公共租界,该租界当局于形成未久时就开展过疏浚沿界的洋泾浜等工程。在天津,各租界当局虽未直接参加海河工程局疏浚该河及裁弯取直等项工程,但英租界工部局数位总董都兼任过该工程局的名誉司库等职。在广州、上海、天津等地,租界当局还重视桥梁的架设。广州英、法租界位于珠江内的小岛,为连接北面的华界,两个租界的当局分别建造了西桥和东桥。在上海租界,除了在洋泾浜上架设过桥梁外,在苏州河上先后建起好几座桥梁。其中第一座桥梁由外商始建于1855年,因收取过桥费,华人在附近设立义渡。

---

[1] 《上海租界志》编纂委员会编:《上海租界志》,第389页。
[2] 天津市地方志编修委员会编著:《天津通志·附志·租界》,第304—309页。
[3] 《实业·武汉水电进行之一斑》,《申报》宣统二年十一月二十七日;张寿波:《最近汉口工商业一斑》,第五章,第十六页。

此后,公共租界当局买下该桥,并拆除旧桥,另建新桥。新桥不收过桥费,后来被称为"外白渡桥"。1907 年,工部局又以钢桁梁桥取代该桥。该钢桥旋即通行电车,成为当时全上海人、车流量最大的桥梁。在天津,贯穿租界地区的海河之上陆续架起多座桥梁。特别是由法租界当局于 20 世纪 20 年代建造的万国桥,是座长达 96.7 米、宽达 19.5 米的可开启钢桁梁大桥。

第二,维护地方秩序。

租界不受中国官府管理,很多租界又发展成人口稠密的城市地区,维护当地秩序因而成了各租界当局又一项重要的日常行政工作。要维持租界的秩序,首先要组建巡捕队伍,有些租界当局还支持、资助当地居民组建义勇队。

1854 年夏,刚组建的上海英租界工部局便从西方人士中雇募警察,以维护租界治安。在中国,以前没有这类警务人员,也没有"警察"一词。中国民众因他们近似国内肩负"巡捕盗贼奸宄"职责的治安官吏,在北京又有负责当地治安、巡防的巡捕营,各地总督、巡抚衙门也设有名为"巡捕"的护卫人员,很快将租界警察称为"巡捕"。次年,英国领事终于允准了由租界工部局管控巡捕房的体制,领事则可在多方面约束工部局,并可给巡捕房直接下达命令。未久,上海法租界当局也自设巡捕。① 此后,各租界大多于开设之初便设置巡捕,作为维持租界秩序的力量。大多数租界的巡捕房隶属于租界行政机构,其中英、德、俄等国租界和公共租界的巡捕房服从工部局命令,同时受本国领事或领事团的制约。法租界的巡捕房虽隶属于租界的行政机构,然而完全服从当地法国领事的命令。日租界的巡捕隶属于驻所在通商口岸的日本领事馆,直接听从领事馆官员的指挥。为使租界巡捕执法行为合法化,在天津英租界、上海公共租界等很多租界,他们须在领事等官员面前宣誓后方能就职。②

---

① 张彬:《上海英租界巡捕房制度及其运作研究(1854—1863)》,第 52、53 页;[法]梅朋、傅立德:《上海法租界史》,第 143 页。

② *Local Land Regulations of the British Concession at Tientsin and General Regulations for the Tientsin Consular District*,1866,Article 16;*Land Regulations of the British Municipal Extension*,*Tientsin*,1898,Article 25.

依据其国籍,租界巡捕可分为西捕、华捕、印捕、越捕、日捕。西捕,即是从欧美人士中雇募的巡捕。除了日租界,公共租界与其他专管租界皆有西捕。在不少西方国家的专管租界之中,巡捕房负责人由其本国人士出任,其余西捕也以其本国之人为首选,其中汉口俄租界便起用哥萨克人。在俄国发生十月革命后,广州等地租界还雇白俄为巡捕,当地又称为"俄捕"。西捕通常被任命为巡官或作为巡捕房骨干,往往兼有监察其他巡捕之责。不过,西捕薪酬较高,并不会讲中文,很难与华人沟通,不利于刑侦、破案,因而很多租界较少招募西捕。华捕,即是从华人中雇募的巡捕。上海租界于形成之际便出现华洋杂居的格局。此种局面要求有懂得中文的巡捕。1865 年,上海公共租界工部局首次雇募华捕。报名者要有殷实富户担保,并通过考核。华捕薪酬不足西捕一半,他们又较易管理,该工部局就决定大量任用华捕。其后几乎所有租界皆雇用华捕,在很多租界大部分巡捕皆是华捕。1906 年威海卫租借地华人军团解散后,不少租界工部局即招募其士兵为巡捕。在厦门鼓浪屿公共地界,从 20 世纪30 年代后期起,工部局还从台湾人中招募巡捕,因为台湾此时被日本割占,所以他们被称作"台捕",但事实上他们仍是华捕的一部分。印捕,即是从印度人中雇募的巡捕。此时,印度还是英国殖民地。自 1884 年起,上海公共租界当局因华捕数量激增,唯恐失去对他们的控制,开始自印度招收巡捕。这些印捕是印度的锡克人,他们大多头缠红布。较之华捕,印捕更受该租界当局的信任,他们配有较好的武器,接受更多的军事训练,在紧急状况下被当作军队来使用。在广州、汉口、天津等英租界,厦门鼓浪屿公共地界,甚至汉口德、法租界等租界,都陆续使用印捕。越捕,即是从越南人中雇募的巡捕。越南逐步沦为法国殖民地之后,上海等地的法租界便陆续雇用越捕。在上海法租界,使用越捕始于 19 世纪 80 年代。在汉口法租界,巡捕中越捕占较大比重。1910 年,该租界巡捕房仅有 1名法国人出任负责人,共有华捕 32 名,越捕 32 名,其中越籍巡官 5 名。[①]日捕,即是从日本人中雇募的巡捕。天津、汉口等地日租界都有日捕。从

---

① Conseil d'Administration Municipale de la Concession Française a Hankéou, Compte-Rendu de la Gestion pour l'Exercice 1910, p. 29.

1916 年起,上海公共租界也出现日捕,在日本侨民集中居住的虹口等地值勤。此后,随着日本势力的扩张,在当地日捕越来越多,其他巡捕则逐步撤离。很多租界兼有两种或更多种巡捕。英租界通常兼有西捕、华捕和印捕。法租界大多兼有西捕、华捕和越捕。日租界大多兼有日捕及华捕。上海、厦门两地的公共租界后来都兼有西捕、华捕、印捕和日捕。租界巡捕房还有便衣侦探,其职责是打探信息,侦破案件。西籍侦探被称为"西探",华人侦探被称为"华探",时人称他们为"包探""包打听"。

各租界巡捕的数量多寡不一。厦门英租界的面积最小,1877 年,租界巡捕房只有 1 名西捕、2 名华捕;10 年后仍只有 1 名西籍巡官、7 名华捕。[①] 随着租界的繁华、扩展,在很多租界巡捕队伍逐渐扩大。在汉口英租界,1890 年有 2 名西捕、40 名华捕,共计 42 名;至 1901 年,有 2 名巡捕房负责人、2 名侦探、32 名印捕、38 名华捕,共计 74 名;至 1911 年,则有 3 名西捕、5 名侦探、30 名印捕、65 名华捕,共计 103 名。[②] 在面积较大的天津英租界,在 1930 年除高级警官外,共有中、西巡捕包括下级巡官 363 名。[③] 在开辟较迟的厦门鼓浪屿公共地界,在 1930 年连同充任负责人的西捕,以及华捕、印捕和侦探,共有警务人员 102 名;至 1940 年,连同西捕、印捕、华捕包括"台捕"及 1 名日本警曹等,警务人员的总数增至 144 名。[④] 在面积最大的上海公共租界,1911 年已有近 2 000 名中外巡捕,其中有 258 名西捕、3 名日本翻译、316 名印捕、1 256 名华捕,并有西捕和印捕组成的一队骑警。至 1930 年,该租界共有警务人员 4 975 名(含额外人员 96 名),其中西捕 523 名,日捕 201 名,印捕 721 名,华捕 3 530 名。[⑤]

在租界内,另有领馆警察。这些警察系派驻领事之国所雇的警务人

---

① 厦门市档案局、厦门市档案馆编:《近代厦门涉外档案史料》,第 212 页;中国第二历史档案馆、中国海关总署办公厅编:《中国旧海关史料(1859—1948)》第 152 册,第 520 页。

② 英国国家档案馆:FO 228/1065, Despatch of British Consul, Hankow, to British Minister, Peking, January 21, 1891. 中国第二历史档案馆、中国海关总署办公厅编:《中国旧海关史料(1859—1948)》第 153 册,第 306 页;第 155 册,第 369 页。

③ 天津市档案馆编:《天津英租界工部局史料选编》上册,第 256 页。

④ Kulangsu Municipal Council Report for the Year Ending 31 December, 1931, Police Report, p. 1;厦门鼓浪屿公共地界工部局:《鼓浪屿工部局 1940 年度报告书》(译本),第 18 页。

⑤ 徐公肃、丘瑾璋:《上海公共租界制度》,载上海史资料丛刊《上海公共租界史稿》,第 122 页;Annual Report of Shanghai Municipal Council, 1911, p. 30。

员,他们听命于领事及领馆的警务官员,不同于由租界行政当局雇用的巡捕。在上海公共租界等租界,领馆警察不担负租界巡捕的职责。在很多专管租界,租界开辟国的领馆警察与租界巡捕一样,负有维护租界秩序之责,还有权拘捕在租界内违法及违章者。

租界巡捕在平时值勤时通常携带警棍,出现紧急状况时即会配发枪械。镇江、九江、汉口等地英租界及其他不少租界的巡捕经常因小事用警棍毒打偶然进入租界、不熟悉当地规章的华人,引发华人的反抗,甚至与巡捕的激烈对抗。为了减少突发事端,汉口英租界工部局曾令本租界巡捕改握细藤条。在镇江英租界,当局曾规定,巡逻时巡捕不得手持警棍,而是应将它放入裤子口袋。①

租界巡捕要维持租界秩序,首先要打击杀人、放火、抢劫、盗窃等严重破坏租界秩序的刑事犯罪。上海、天津、汉口等地租界都是五方杂处之地,中外民情颇为复杂。在有些租界,黑社会的势力也相当强大。因此,除人烟稀少的苏州、杭州等地日租界外,在多数租界,租界警方要以很大的力量来应对刑事案件。在面积较大但人口较为稀少的天津俄租界,在1915年租界巡捕以盗窃罪将156名华人移送中国官府。② 在面积较小但相当繁荣的汉口法租界,租界巡捕于1926年以伤人、盗窃、斗殴、窝赃、诬告等罪拘捕了近1 000名案犯。③ 在面积较大、治安相对较好的天津英租界,租界巡捕于1931年以绑票、盗窃、窝赃、诈骗等罪拘捕的案犯为1 077名。④在面积最大、最为繁荣的上海公共租界,在1930年,租界巡捕破获谋杀、绑票、抢劫、纵火、盗窃等大小刑事案件15 664起。⑤ 尽管租界警方每年拘捕大批罪犯,但在有些租界治安状况并未得到改善。也有些租界的治安状况有所好转。在厦门鼓浪屿公共地界,在1931年因殴打、抢劫、

---

① 英国国家档案馆:FO 228/1037,英国驻镇江领事复常镇通海道函,光绪十五年十一月十五日。
② Russian Municipal Council,Tientsin,Report of the Council for the Year Ending December 31,1915,p. 32.
③ Conseil d'Administration Municipale de la Concession Française a Hankéou,Compte-Rendu de la Gestion pour l'Exercice 1926,p. 58.
④ 天津市档案馆编:《天津英租界工部局史料选编》上册,第396页。
⑤ 徐公肃、丘瑾璋:《上海公共租界制度》,载上海史资料丛刊《上海公共租界史稿》,第127页。

盗窃、扒窃、拐骗、强奸、诱拐妇女、使用伪钞、贩卖鸦片等罪名而被会审公堂判处一个月以上监禁或移送厦门高等法院审判的案件共 40 多件,而至 1935 年并因厦门地区警察部门的合作,鼓浪屿仅发生一宗持枪抢劫案,此外"重大之偷盗或闯窃甚鲜发生,而掳勒绑票则属绝无"。[①]

照片 12　鼓浪屿公共地界的巡捕最初以印捕为主

同时,租界巡捕为了维持租界秩序,也要制止各种违反租界章程的行为。这些章程包括《土地章程》之类的租界基本章程、《土地章程》附则以及有关警务、建筑、交通、环境、卫生等各种租界的行政规章。租界巡捕的日常职责因而包括指挥交通,疏导行人,管理车辆、船舶,检查卫生,防止传染病,禁阻乱丢垃圾、随地便溺,防控火灾、水灾,禁止擅放烟花、爆竹,监控市场、商店、旅店、饭馆、酒肆、工厂、企业,等等。此时中国的居民,特别是偶尔进入租界的农村居民,不了解此类出自西方城市的市政规定,特别容易违反当地有关卫生、交通等方面的规定,因而在很多租界中每年发生的违反租界章程的案件,要远多于刑事案件。在天津俄租界,租界巡捕

---

① Kulangsu Municipal Council Report for the Year Ending 31 December, 1931, Return of Prisoners Apprehended and Punished Inflicted during the Year 1931;厦门鼓浪屿公共地界工部局:《鼓浪屿工部局 1935 年度报告书》(译本),第 17 页。

于 1915 年拘捕华人和外国人共 1 362 名,其中大部分因违反租界巡捕章程、卫生章程,以及有赌博、乞讨、吸食鸦片、无照营业等行为而被捕。[1] 1926 年,汉口法租界巡捕拘捕的违反各种租界章程的案犯为 1 831 名,约为刑事案犯的 2 倍。[2] 1930 年,上海公共租界巡捕处理了 83 130 起违反租界章程的案件,约为刑事案件的 5.3 倍;1931 年,天津英租界巡捕拘捕违反租界章程的案犯 7 932 名,约为刑事案犯的 7.5 倍。[3] 租界警方对违章行为的取缔在有些方面取得一定的成效。很多租界的道路较为整洁,交通较为通畅,并在卫生防疫、预防火警等方面明显优于华界。在建筑方面,在广州英租界等一批租界内从未出现以茅屋、草棚等易燃建材新建的简陋房屋;在面积宽广的上海租界,因有大量在界内讨生活的贫民,该租界界外形成多个较大规模的棚户区,界内则因租界警方不断干涉、毁拆,情况要好得多。

在上海、汉口、天津、广州等地租界,租界当局还支持、资助一支维护租界安全的武装力量,即起初都由外国侨民组成,后来在上海公共租界、法租界等租界也有华人加入的义勇队。最后,多个租界的义勇队还出现由租界当局发给薪金的队员,这些队员已不是"义勇",而是成了专职的警备队。在上海公共租界,因义勇队队员最初是多国侨民,又是洋行职员,华人称之为"万国商团"。外国侨民组织这一武装团体的目的,是保卫租界也即是保护其自身生命和财产的安全。其主要职责是抵御外来攻击,但在界内发生突发事件时也与租界巡捕等共同承担维护租界治安之责。

旅居上海的外国侨民最早组织义勇队。1853 年初,面对太平军占领江宁等地、行将东进上海的态势,英国驻沪领事阿礼国等人召集外国侨民会议。因中英条约中不存在外国人可以在中国组建武装团体的规定,阿礼国声称,自卫乃天然公理,如作为最后手段,可置其他一切法律于不问。[4] 会议决定成立义勇队,英国侨民全部加入,并有一些美国及他国的

① Russian Municipal Council, Tientsin, Report of the Council for the Year Ending December 31, 1915, p. 31.
② Conseil d'Administration Municipale de la Concession Française a Hankéou, Compte-Rendu de la Gestion pour l'Exercice 1926, p. 58.
③ 徐公肃、丘瑾璋:《上海公共租界制度》,载上海史资料丛刊《上海公共租界史稿》,第 127 页;天津市档案馆编:《天津英租界工部局史料选编》上册,第 395 页。
④ [英]费唐:《费唐法官研究上海公共租界情形报告书》第 1 卷,第 71 页。

侨民加入,一名原英印军上尉担任队长。此后,这支义勇队参加了"泥城之战"等与清军的多次武装冲突,并在 1855 年初清军夺回被小刀会占领的上海县城后停止活动。1860 年,太平军进逼上海,该义勇队即万国商团恢复活动,并协助英、法军队,阻击兵临租界的太平军。1862 年,太平军再次攻击上海,万国商团除负责英租界的两道防线外,还负责该租界的治安。① 1870 年,天津发生教案,旅沪外国侨民十分惊恐。万国商团决定,正式服从上海公共租界工部局管辖,成为该工部局下辖组织,其费用列入工部局财政预算,从市政经费内开支。此时,该商团有团员 400 多名,分为步兵队、巡逻队、野战炮队等属队。此后,商团逐步扩大。1900年,属队增至 9 个。自 1903 年起,商团司令及司令副官皆由英国军官充任。当地华商等人为保护自身利益,也于 1907 年组成中华队,加入该商团。1911 年,该商团共有属队 13 个,团员 1 046 名,其中包括轻骑队、野战炮队等,以及全部由同一国侨民组建的葡萄牙队、美国队等。② 至 1930年,该商团分为现役队与后备队两部分,现役队包括司令部、轻骑队、美国骑兵中队、野炮队、轻炮队、工程队、铁甲车队、俄国分队,以及美国队、葡萄牙队、日本队、中华队、上海苏格兰、俄国队等 9 个步兵队,共有团员 1 493 名;后备队共有 364 名,现役和后备两队总共有 1 857 名。其中俄国队由工部局付给薪酬,成为商团中唯一的常备队,其实已不属于"义勇"的范畴。③ 接受工部局指挥后,该商团奉上海公共租界工部局总董等人之命,才能武装出动,数十年间曾 20 余次全体出动。在民国时期,该商团在江浙战争、淞沪抗战、八一三事变等危情时刻,都对维护租界的安全发挥过一定的作用。

其他一些租界的义勇队也陆续成立。上海法租界的义勇队始建于1862 年初,此时正逢太平军再次进军上海,守卫该租界的法军势单力薄。法国侨民便在法国领事馆集会,决定组织义勇队。50 名法国侨民参加义

---

① [法] 梅朋、傅立德:《上海法租界史》,第 178、179 页。
② Annual Report of Shanghai Municipal Council, 1911, pp. 2, 8.
③ 徐公肃、丘瑾璋:《上海公共租界制度》,载上海史资料丛刊《上海公共租界史稿》,第 120、121 页。

勇队,与租界巡捕一起保卫租界。① 未久,太平军撤退,该义勇队停止活动。1870 年,在天津教案发生后,旅居上海法租界的外国侨民再次组建义勇队,共有队员 70 名,分为步兵队、炮兵队,并由多名军官及军医组成参谋部。租界公董局支持该义勇队的组建,提供白银 4 000 两作为其装备经费。该义勇队配置步枪,还配备了 3 门榴弹炮。教案平息后,该义勇队自动解散。② 1874 年,26 名侨民又一次组建义勇队以应对此时在该租界发生的四明公所事件。法国总领事不支持重建义勇队,理由是不能允准该租界存在不受领事指挥的武装。至 1897 年,小车夫们为抵制租界当局增加车捐而发动抗捐风潮,该租界当局遂重建义勇队,作为常设的守护租界安全的力量。次年,第二次四明公所事件发生。该义勇队也参与镇压,最终酿成打死、打伤众多华人的血案。1924 年江浙战争爆发后,在界内洋行任职的华人组建该义勇队的中华队,共有队员近 200 名,旋即成为维护该租界公共秩序的主要支柱。至淞沪抗战爆发时,该租界公董局公开招募俄国侨民组建义勇队的俄国队。该队接受公董局的津贴,后改编为警务处俄国辅助队,人数达 300 余人。③

在汉口,在英租界开辟未久的 1861 年,因太平军可能进军湖北,外国侨民首次组织义勇队。湖北官府尽力支持,资助两门大炮,并允许他们在英租界以北的旷地上进行实弹演习。太平天国失败后,该义勇队即被解散。④ 1870 年在发生天津教案后,英国驻汉口领事再次组建义勇队,共有41 名外国人加入,其任务是在汉口英租界遭受攻击时护卫外国侨民。⑤1890 年,汉口外国侨民因邻近地区发生多起教案,一度组建国际义勇队。甲午战争爆发时,外国侨民在汉口英租界再次组建义勇队,约有 25 人报名。1898 年,因时局于缓和后重新动荡,队员们便又一次注册。义和团

---

① [法]梅朋、傅立德:《上海法租界史》,第 216、217 页。
② [法]梅朋、傅立德:《上海法租界史》,第 305、307 页。
③ 《上海租界志》编纂委员会编:《上海租界志》,第 270 页。
④ W. Feldwick, editor-in-chief, *Present Day Impressions of the Far East and Prominent and Progressive Chinese at Home and Abroad*, London, 1917, p. 467.
⑤ 英国国家档案馆:FO 228/494, Despatch of British Consul, Hankow, to British Minister, Peking, July 21, 1870; September 5, 1870。

运动爆发后,在汉口的英、德、法等国侨民重组义勇队,共有 125 人登记加入。事定后不久,英国义勇队员停止活动。1910 年,3 年前于汉口英租界内成立的英国射击协会改为英国义勇队。次年初,一名中国人力车夫在英租界内猝死,导致华人和租界巡捕的激烈冲突,该义勇队就与英国海军陆战队一起开枪镇压,制造血案。此后,该义勇队被英国海军当局承认,还受其直接监督。[①] 武昌起义爆发后,汉口五国租界当局全都组建义勇队,他们与从各国军舰上登陆的海军陆战队等分别在各租界戒严,阻止交战双方的中国士兵踏入租界。他们还曾参与救火,并击退乘乱在多国租界边界外劫掠的匪徒等。[②] 进入民国时期后,各租界义勇队又屡次武装出动。特别是在 1925 年上海五卅惨案发生后,汉口租界的义勇队参与了对当地抗议民众的武力镇压,与外国军队一起制造了"六一一惨案"。

在天津,多国租界的外国侨民也曾组建义勇队,其中最早组建的是英租界。1870 年,发生天津教案时,英国领事从当地外国侨民中召集志愿者,组成义勇队,以求自卫。[③] 在此后的岁月里,英租界当局继续支持该义勇队。1895 年,中国军队在中日战争中溃败,在津外国人士担忧日军会兵临天津,届时天津租界恐有劫难,英租界义勇队便被委以在战乱中保卫英租界的重任。[④] 1898 年,该义勇队共有 35 名队员,由 1 名上尉军官任指挥官。1900 年,义和团民和清军进攻天津租界,该义勇队日夜在当地巡逻,后又协防原美租界所在地等,并为入侵京津地区的八国联军效劳。此时,该义勇队的队员增至 100 名。[⑤] 在天津租界的义勇队中,人数尤多的是日租界的义勇队。尽管位于租界旁的海光寺驻屯着大批日本正

① 中国第二历史档案馆、中国海关总署办公厅编:《中国旧海关史料(1859—1948)》第 153 册,第 326 页;W. Feldwick, editor-in-chief, *Present Day Impressions of the Far East and Prominent and Progressive Chinese at Home and Abroad*, p. 467。

② 中国社会科学院近代史研究所中华民国史研究室主编:《日本外交文书选编——关于辛亥革命》,中国社会科学出版社 1980 年版,第 4、5 页;《专电》,《申报》宣统三年八月二十二日、八月二十四日。

③ [英]雷穆森:《天津插图本史纲》,载[英]雷穆森《天津租界史(插图本)》,第 47 页。

④ 英国国家档案馆:FO 228/1201, Despatch of British Consul, Tientsin, to British Minister, Peking, March 7, 1895。

⑤ 天津社会科学院历史研究所编:《八国联军在天津》,齐鲁书社 1980 年版,第 416 页;[英]雷穆森:《天津插图本史纲》,载[英]雷穆森《天津租界史(插图本)》,第 96 页。

规军,日租界当局仍在侨民中大规模地组建义勇队。这支义勇队在该租界内十分活跃,1934年在比上年度减少103人后仍有419名队员。除了队本部和4个中队外,该义勇队还有通译班、通信班、救护班、给与班等,在当年与日军举行联合演习时,承担日军出动后独自保护该租界之责。①

除了上海、汉口、天津等三地租界外,较小的广州租界等租界当局也组建过义勇队,并在租界面临危机时命令他们紧急出动,以保卫租界。

从总体而言,各租界在市政建设方面的进展参差不齐,两个公共租界,各地英、法、德租界及汉口俄租界、天津意租界和日租界等租界都取得一定直至令人瞩目的成就。至民国年间,在市政建设方面,最为发达的上海租界以及天津、汉口部分租界的核心地段已相当于当时西方大都会的水准。在这些租界的高级洋房中,已是水、电、煤齐全,即厨房有煤气灶具、自来水,卫生间有抽水马桶和浴缸,夜间有电灯照明,并装有电话。不过,在极不发达的杭州日租界等少数租界,市政建设十分缓慢,直到被中国政府收回之时,仍大体保持着原来的面貌。同时,很多租界虽然都配置了中外巡捕,界内除大量违反租界章程的案件外,仍常有刑事案件发生,并不时发生杀人、抢劫、绑票、诈骗等恶性案件,因而绝不是歌舞升平的世外桃源。至租界的安全受到"威胁"的特殊时期,即租界附近爆发各种战乱或界内发生危及租界当局统治的突发事变,租界当局就会宣布该租界进入"紧急状态",命令租界巡捕直至义勇队武装出动,连同从驻泊当地的外国军舰上登陆的外国水兵、海军陆战队直至特派的大批外国军队,共同维持租界治安,保卫租界安全。由于当时的华界秩序更为混乱,兵灾匪患接连不断,而中国官府和警方在维持社会秩序方面更加无能,因此较之华界,很多租界尚属当时中国大地上治安状况较好的区域,其中厦门鼓浪屿公共地界还曾被视为"闽南乐土"。

第三节　财　政　收　支

财政是各租界当局日常行政的又一重要部分。租界有独立的财政。

---

① 天津图书馆编:《天津日本租界居留民团资料》(三),第20、21页。

在各租界设置行政机构后,这些机构即自行筹集维持其日常运转及建设租界、维护界内秩序的经费。汉口法租界等租界的财政年度都以阳历1月1日为开端,至12月31日为止,但不少租界财政年度的起讫时间并非从年初至年底,上海公共租界和天津英租界曾以4月1日为财政年度的首日。每一财政年度肇始前,租界行政当局都要汇报上一年度的财政决算,编制新一年度的财政预算,开列各项财政收入及财政支出,直至提出调整原有市政捐税的税率或者开征新税、停征旧税等建议,并送交租界纳税人年会或租地人年会讨论、通过。此后,租界当局的财税及相关部门便依照规划负责实施。

租界行政当局的财政收入,通常分为经常收入和非经常收入两部分。经常收入出自捐税、局产及罚款等,非经常收入出自地产、公债等。

第一,经常收入。

租界行政当局经常收入的主要来源是市政捐税。各租界征收的捐税,源自其开辟国的税制,与中国传统的税种不同,主要有地捐、房捐、码头捐和执照捐等,并有一些杂项捐税。日租界的捐税自成体系,主要有居留民团课金。公共租界及不同国家的专管租界所征捐税各有不同,即使是同一国家的专管租界,征收的捐税也有差异。

地捐,在上海租界、天津租界被分别称为"地税""地亩捐",是根据土地价值及面积或仅根据土地面积来收取的捐税。此类地捐与各地租界征收的名为"年租""钱粮"之类的地税性质不同,前者是租界当局征收的市政捐税,后者是中国政府征收的国税。地捐是大多数租界当局重要收入来源。在这些租界,仅有中外约章规定的少数地段,其中大多是原来国有建筑所在地和公益用地,如位于天津德租界的中国学堂、官栈、义园、义地等,可以不缴地捐。在上海公共租界,仍由华人执业之地起初可不纳地捐。1871年,该租界纳税人会通过决议,要华人业主一体缴纳地捐。华人业主一度抵制,但在两年后被迫就范。1893年,在划定上海公共租界虹口地区的界址时,该租界当局确认虹口地区原华人业户耕种之田等,可不缴地捐。[①]

---

① 王铁崖编:《中外旧约章汇编》第1册,第563页。

有些租界当局曾依据土地面积来征收地捐。1895年,天津英租界租地人会确定,当年对界内每亩土地一概征收地捐五两白银。[1] 后来,该租界便根据土地价值来征收。在依据土地价值征收地捐的租界内,因在市场上土地价格不时波动,界内土地经常需要重新估值。在上海英租界成型初期,由租地人自己申报所租土地的价值。此种办法显然不可靠。自1856年起,该租界当局派委专人对界内土地分块估值,作为征税依据。1862年,该租界当局又设立地产估价委员会,负责每三年进行一次土地估值。[2] 其他租界也多任命估价人员或设置类似机构,如天津俄租界每年由纳税人年会任命两名房地产的估价员。[3] 这些估价委员会及估价员通常将租界划分为若干区域,再将各区土地划分为几个等级,然后确定各个地块的价值。租地人若有异议,可向有关机构申诉,由其作出仲裁。

依据各租界财政需要,租界当局都不时调整地捐的捐率。在很长时期中,上海公共租界的地捐捐率保持在地价的0.25%至0.5%,1908年增至0.6%,自1919年起的20年间为0.7%至0.8%。1937年11月,日军侵占上海华界后,租界内物价飞涨,该租界的地捐遂于1939年9月增至0.9%,又通过两次加征附加税于1941年增至1.89%,并于1943年初最终增至2.5%。上海法租界的地捐捐率于多年间也在0.25%至0.5%之间波动,至1927年增至0.8%,并于1942年最后增至1.6%。[4] 一些缺少他项捐税收入或是面积较小、地价较低的租界,则采择了更高的地捐捐率。在镇江英租界,在1907年地捐捐率就达地价的1%。九江英租界的《土地章程》则约定,该租界地捐捐率最高可达10%。[5]

在有些租界,起初地捐并非租界当局重要的财政收入来源。在天津英租界,租界开设多年,尚未开征地捐,在1891、1901、1904年等年度,地

---

① 英国国家档案馆:FO 228/1201,Minutes of the Annual General Meeting of Land-Renters on the British Concession at Tientsin,January 23,1895。

② 上海市档案馆编:《工部局董事会会议录》第6册,第697页。

③ *Municipal Regulations of the Russian Concession*,Tientsin,1912,Article 10.

④ 《上海租界志》编纂委员会编:《上海租界志》,第322、355页。

⑤ Report of the Chinkiang Municipal Council for 1907,Financial Statement;*Land Regulations and Bye-Laws of the British Concession at Kiukiang*,1902,Article 4.

捐收入仅占工部局财政总收入的 2% 至 5%。① 在上海法租界,1868 年地捐收入 5 313 两白银,占公董局总收入的 6.1%;1903 年收入 32 836 两,占经常收入的 10%。② 此后,这些租界地捐收入的比重有所提高。1933年,天津英租界地捐收入 24.5 万余银圆,占工部局经常收入的 9%。上海法租界 1939 年的地捐收入 260.4 万元,占公董局经常收入的 19%。③ 在一些其他收入较少的租界,地捐收入占更高比重。在面积较大而商务并不发达的天津俄租界,1915 年地捐收入 26 803 银圆,占工部局除去上年结余之外当年总收入的 29.2%;1920 年增至 51 058 银圆,占 28%。④ 上海公共租界地价高昂,面积宽广,因而该租界工部局的地捐收入为数尤巨。1897 年,此项捐税的收入超过白银 11 万两,占经常收入的 17.3%;1908 年增至 68.5 万余两,占 28%;1919 年增至 105.3 万余两,占 23.8%;1931 年超过 387 万两,占 26.2%。⑤

房捐,在镇江英租界、上海公共租界等租界也被称为“市政捐”,在汉口等地法租界曾被称为“房屋租赁税”等,在上海公共租界越界筑路区被称为“巡捕捐”“特别市政捐”等,在上海法租界越界筑路区则被称为“马路捐”“捕房捐”等,是多数租界以及越界筑路区之类区域内绝大部分房屋的业主需要缴纳的捐税。在多数租界,业主或占用房屋者按照实付或估算房租的一定比例来缴纳;在九江英租界等租界,则按房价的一定比例来征收。⑥ 在有些租界,该捐按季度缴纳。在不少租界,原有的庙宇等建筑,

① Report,Municipal Council of British Concession at Tientsin,22 April,1880;中国第二历史档案馆、中国海关总署办公厅编:《中国旧海关史料(1859—1948)》第 154 册,第 588 页。

② Conseil d'Administration Municipale de la Concession Française á Shanghai,Compte-Rendu de la Gestion pour l'Exercice,1868,Relevé Général,des Recettes et des Dépenses;Conseil d'Administration Municipale de la Concession Française á Shanghai,Compte-Rendu de la Gestion pour l'Exercice,1903,Relevé Général,des Recettes et des Dépenses.

③ 天津市档案馆编:《天津英租界工部局史料选编》中册,第 671、673、686 页;《上海租界志》编纂委员会编:《上海租界志》,第 355、367 页。

④ Russian Municipal Council,Tientsin,Report of the Council for the Year Ending December 31,1915,p. 23;Russian Municipal Council,Tientsin,Report of the Council for the Year Ending December 31,1920,p. 41.

⑤ Annual Report of Shanghai Municipal Council,1897,Financial Statement,p. 330;Annual Report of Shanghai Municipal Council,1908,Financial Statement,p. 2;《上海租界志》编纂委员会编:《上海租界志》,第 340、343 页。

⑥ *Land Regulations and Bye-Laws of the British Concession at Kiukiang*,1902,Article 4.

可不缴房捐。在上海公共租界，租界当局于1893年承诺，在该租界的虹口地区内，凡是以往尚未征收房捐的华人原业主自住的原有住宅，以及在华人原业主土地上距马路较远并无利益可得的新、旧房屋，将一概不征收房捐。[①]

在不少租界，对中式房屋征收的房捐捐率起初高于西式房屋。在上海英租界形成前，当地仅有西式房屋须纳房捐。小刀会占据上海县城后，大批华人入界避难，中式房屋激增。上海英租界工部局组建后不久，便以界内外国侨民不多，所纳捐税不足以清偿市政支出，决定向新建中式房屋开征房捐。此时，西式房屋房捐为房租的3%，因华人尚未缴纳地捐，中式房屋的房租又较低廉，该工部局向新建中式房屋开征的房捐为房租的8%。此后，在上海公共租界，工部局将西式房屋房捐增至6%；至1880年改为西式房屋房捐为8%，中式房屋为10%；直到1898年才同为10%，并在10年后一起增至12%。在上海法租界，中式房屋房捐捐率也长期高于西式房屋。1862年，大约对中式房屋征收房租的8%，西式房屋不征；此后，西式房屋按照0.5%征收。又经数次变动，到1903年，中式房屋房捐增至12%，西式房屋增至8%。[②] 在有大量华人入居的镇江英租界，情况也一样。1907年，向华人房屋、仓库征收的房捐为房租的10%，向外国人房屋、仓库征收的房捐为5%。[③] 此后，各租界的房捐捐率大多逐步提高，中、西式房屋的捐率也渐趋一律。在上海公共租界，房捐于1919年提高到14%，于1927年提高到16%，并在上海租界于抗日战争期间沦为"孤岛"后的1939年提高到18%，最后在1941年激增到37.8%。在上海法租界，到1931年所有房屋的房捐一概提高到13%，并在1940年连同"防务附税"增至22%，又在次年增至30%，至1943年再加征"保甲附捐"1%。[④]

在不少租界，租界当局对界外占据的区域也征收房捐。1903年，上

---

① 王铁崖编：《中外旧约章汇编》第1册，第563页。
② 《上海租界志》编纂委员会编：《上海租界志》，第322、323、355页。
③ Report of the Chinkiang Municipal Council for 1907，Financial Statement.
④ 《上海租界志》编纂委员会编：《上海租界志》，第323、324、356页。

海公共租界工部局开始向越界筑路区征收巡捕捐即房捐,捐率为 10%,但缴纳者寥寥。1906 年,该租界工部局与英商自来水公司订约,将水管接到越界筑路区,并向自来水用户征收特别市政捐,即特别房捐。特别房捐最初为普通房捐之半,即 5%;1908 年增至 6%,1919 年增至 7%,仍为普通房捐之半。1927 年又增至 14%,1939 年增至 16%,只比普通房捐低 2%。而至 1940 年又增至 24%,并于 1941 年最后增至 33.6%。在上海法租界,公董局自 1904 年起,以过境税、马路捐、捕房捐等名目,在越界筑路区征收房捐 5%,3 年后提高到 8%。至 1914 年这一越界筑路区被并入法租界后,所征房捐捐率即与原来的租界地区相同。[1] 汉口英租界当局不仅向被其管理的越界筑路区征收各种市政捐税,也以巡捕捐之名,向该租界西南沿界道路华界一侧的房屋征收房捐。

在经济繁荣、人口众多的租界,房捐常常是租界当局最重要的财政收入来源。在上海公共租界,1898 年工部局房捐收入超过 33 万两白银,1906 年在越界筑路区征收特别房捐后,约达 83 万两,均达到该工部局经常收入的 40%以上。两年后,因提高了捐率,该捐收入达 111 万两,占 46%。1926 年,该捐收入超过 425.5 万两,占 42.2%;1931 年超过 622.3 万两,占 40%。[2] 在其他不少租界,房捐也是租界当局主要财政收入来源。在汉口法租界,1905 年房捐收入 5 701 两,占该租界工部局总收入的 23.5%;5 年后,该捐收入 11 440 两,占 26.5%;至合并统计地捐、房捐之前的 1913 年增至 15 926 两,占 19.9%。[3] 在天津英、法等国租界,房捐占租界当局收入的比重则有逐步提高的趋势。天津英租界工部局起初以其他捐税为重要财政收入来源,长期没有征收房捐,并在开征后捐率也定得

---

① 《上海租界志》编纂委员会编:《上海租界志》,第 323、324、355 页。

② Annual Report of Shanghai Municipal Council, 1898, Financial Statement, p. 316; Annual Report of Shanghai Municipal Council, 1906, Financial Statement, p. 2; Annual Report of Shanghai Municipal Council, 1908, Financial Statement, p. 2;《上海租界志》编纂委员会编:《上海租界志》,第 342、343 页。

③ Concession Française de Hankéou Municipalitè Etat des Recettes & Dèpenses, pour l'Anneè 1905; Conseil d'Administration Municipale de la Concession Française a Hankéou, Compte-Rendu de la Gestion pour l'Exercice 1911, p. 2; Conseil d'Administration Municipale de la Concession Française a Hankéou, Compte-Rendu de la Gestion pour l'Exercice 1918, p. 7.

较低。1895年,该租界房捐捐率仍为3%。[①] 至1901年,房捐只占该工部局总收入的4%,3年后也仅增至10%。[②] 此后,该租界的房捐捐率逐渐提高。1929年,老租界和其他区域已填筑地段的房捐捐率均为11%,该捐收入28.7万两,占该工部局经常收入的27.4%。[③] 在天津法租界,1906年房捐收入为5 560两,占公议局经常收入的5.7%;1918年增至25 383两,占12.4%;1926年增至162 164两,占23.2%。在该租界成为"孤岛"

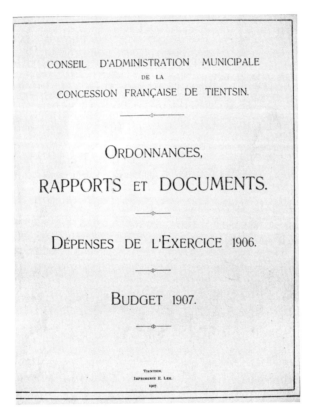

照片13 天津法租界公议局1906年度年报、1907年度预算

① Report,Municipal Council of British Concession at Tientsin,22 April,1880;英国国家档案馆:FO 228/1201,Minutes of the Annual General Meeting of Land-Renters on the British Concession at Tientsin,January 23,1895。

② 中国第二历史档案馆、中国海关总署办公厅编:《中国旧海关史料(1859—1948)》第154册,第588页。

③ 天津市档案馆编:《天津英租界工部局史料选编》上册,第119、168、169页。

后的 1938 年增至 434 485 元,占 25.4%,成为公议局最大的收入来源;至 1940 年又增至 753 466 元,占 33.8%。[1]

执照捐,在一些租界被称为"特许税""照会税""使用费"等,是在租界内经营某些行业或拥有某些事物需要缴纳的捐税。在很多租界,开设旅馆、酒店、餐厅等或拥有狗、马车、汽车等,都须先经租界当局允准,取得执照,并须每月或每季、每年缴纳捐费。

各租界征收的执照捐种类有较大差异。1862 年,上海英租界始征执照捐。在此后数年,上海公共租界内须缴纳执照捐者,仅洋酒馆、舢板、华人酒肆和轿子。[2] 此后,须缴纳执照捐者经常有所增减,整体而言是越来越多。1905 年,在该租界内,外商旅馆、酒馆、剧场、华商客栈、酒肆、茶馆、戏园、当铺、鸦片烟栈、烟馆,以及餐馆、台球房、保龄球馆,市场,货船、渡船、汽艇、舢板,私人马匹、马车,车、马出租行,汽车、运货车、人力车、独轮车等,都须领取执照。[3] 在上海法租界,在很长时期中仅有旅店、妓院、鸦片烟馆等 9 个行业须领取执照,直到 20 世纪初期才增至 12 项。此外,该租界另征舢板、驳船、排污等税。[4] 此后,至 1933 年该租界所征执照捐已增至 30 项。在天津等地日租界,此类捐税被分解为使用费、手续费及杂种税等,日本艺妓、陪酒女等也须纳税。[5] 在天津俄租界,此类捐税则被划分为执照捐、营业捐两类,前者系向各种交通工具及小贩等征收的捐税,后者主要是向外国餐馆及各种商号征收的捐税。[6] 也有些租界所征

① Conseil d'Administration Municipale de la Concession Française de Tientsin, Dépenses de l'Exercice 1907, p. 21; Conseil d'Administration Municipale de la Concession Française de Tientsin, Gestion Financière de l'Exercice 1926, p. 32; Conseil d'Administration Municipale de la Concession Française de Tientsin, Gestion Financière de l'Exercice 1938, p. 25; Conseil d'Administration Municipale de la Concession Française de Tientsin, Gestion Financière de l'Exercice 1940, p. 24.

② Report of the Municipal Council (Shanghai), Municipal Council Finance, 1863.

③ Annual Report of Shanghai Municipal Council, 1905, Financial Statement, p. 408.

④ Conseil d'Administration Municipale de la Concession Française á Shanghai, Compte-Rendu de la Gestion pour l'Exercice, 1905, Relevé Général, des Recettes et des Dépenses; Conseil d'Administration Municipale de la Concession Française á Shanghai, Compte-Rendu de la Gestion pour l'Exercice, 1911, Relevé Général, des Recettes et des Dépenses.

⑤ 天津图书馆编:《天津日本租界居留民团资料》(一),第 93 页。

⑥ Russian Municipal Council, Tientsin, Report of the Council for the Year Ending December 31, 1920, p. 41.

执照捐的项目较少。在镇江英租界,直到 20 世纪初期,工部局只向酒肆、当铺和鸦片烟馆征收执照捐。[1]

在很多租界,租界当局都依据营业规模或收入多寡,将有关店铺等分为若干等次,并依据其等次征收不同数额的执照捐。在天津日租界,艺妓于 1905 年被分为二等,其执照捐分别为每月 5 银圆、3 银圆;旅馆被分为三等,分别为 10 银圆、5 银圆和 3 银圆;饭店被分为四等,分别为 20 银圆、15 银圆、10 银圆和 5 银圆。执照捐的等次经常被调整。1910 年,该租界的艺妓和旅馆都被改分为四等。[2]

各租界当局还依据其财政需求及其他某些原因,变更执照捐金额。上海公共租界与法租界当局都以小车损坏界内路面、增添道路维修费用,多次提高小车捐。在镇江英租界,《土地章程》附则便对该租界的执照捐调整范围作了规定:当铺执照捐每季为 25 至 100 银圆,各种酒馆、茶馆、咖啡馆、歌厅、舞场、戏院、马戏场、旅店每季为 6 至200 银圆。[3]

有些财政相对宽裕的租界,例如汉口英租界,有些年度未征收执照捐。一些经济不繁荣的租界,或在有些租界开设之初,该捐收入较少。在镇江英租界,1907 年征收的执照捐仅 434 两白银,仅占租界当局总收入的 2.94%。[4]汉口法租界在开辟后第 10 年,即 1905 年,所征执照捐仅2 014 两,占工部局总收入的 8.3%;至 1910 年增至 4 403 两,也只占10.2%。[5] 在经济发达的租界,执照捐收入要高得多。在上海公共租界,1871 年执照捐收入为 21 290 两,占工部局总收入的 9%。自光绪中期起,该租界执照捐收入通常只低于房捐、地捐收入。1908 年,该租界执照捐收入 39.1 万两,占工部局经常收入的 16.3%。1924 年,执照捐收入增至106.3 万两,占 13.2%,低于房捐、地捐以及公共事业收入,但在 1928 年后

①④　Report of the Chinkiang Municipal Council for 1907, Financial Statement.

②　天津图书馆编:《天津日本租界居留民团资料》(一),第 19、92 页。

③　Land Regulations of the British Concession, Chinkiang, 1894, Bye-Laws, Article 10.

⑤　Concession Française de Hankéou Municipalitè Etat des Recettes & Dèpenses, pour l'Anneè 1905; Conseil d'Administration Municipale de la Concession Française a Hankéou, Compte-Rendu de la Gestion pour l'Exercice 1910, p. 2.

又恢复了第三位的地位,至 1942 年增至 1 627.3 万元,占 9.8%。① 在上海法租界,执照捐收入长期超过地捐,但通常低于房捐。1906 年,该租界执照捐收入 11.54 万两白银,1911 年增至 14.65 万两,分别占公董局当年经常收入的 23.5% 和 24.7%;至 1935 年、1939 年又增至 201.5 万元、280.1 万元,分别占 20.8%、20.6%。② 天津俄租界的情况较为特殊。该租界并不繁荣,但因为位于天津火车站附近,所以汇聚了大量的大车、人力车、手推车以及当时其他的城市交通工具,包括这些交通工具的执照捐成了该租界工部局财政收入的最大宗。1915 年,该租界的执照捐包括营业捐共 46 667 银圆,占工部局经常收入的 51%;1920 年增至 94 657 银圆,占 52.5%。③

码头捐,也被称为货物捐等,起初只向通过租界公共码头进口的货物征收,后来演变为向所有通过租界进出口、转口货物,以及在码头停泊船只、堆放货物所征之税。在天津英租界、汉口法租界等租界,该捐还被细分为码头捐、泊船费、货物捐等。④ 对于该捐,中国官府曾以"查各国公法,向无在他国收捐之例"为理由,一度进行抵制。⑤ 在上海,上海道还长期以捐款来代替华商所纳的码头捐,这笔捐款于 1858 年为 2 000 银圆,至同治初期逐步增至 1 万多银圆。⑥

1854 年上海英租界成型之际,该租界码头捐的捐率被规定为货值的

---

① Municipal Council of Shanghai, Report, 1871, Financial Statement, p. 33; Annual Report of Shanghai Municipal Council, 1908, Financial Statement, p. 2;《上海租界志》编纂委员会编:《上海租界志》,第 338、342、343、347 页。

② Conseil d'Administration Municipale de la Concession Française á Shanghai, Compte-Rendu de la Gestion pour l'Exercice, 1906, Relevé Général, des Recettes et des Dépenses; Conseil d'Administration Municipale de la Concession Française á Shanghai, Compte-Rendu de la Gestion pour l'Exercice, 1911, Relevé Général, des Recettes et des Dépenses;《上海租界志》编纂委员会编:《上海租界志》,第 366 页。

③ Russian Municipal Council, Tientsin, Report of the Council for the Year Ending December 31, 1915, p. 23; Russian Municipal Council, Tientsin, Report of the Council for the Year Ending December 31, 1920, p. 41.

④ Local Land Regulations of the British Concession at Tientsin and General Regulations for the Tientsin Consular District, 1866, Article 7; Conseil d'Administration Municipale de la Concession Française a Hankéou, Compte-Rendu de la Gestion pour l'Exercice 1910, p. 2.

⑤ 英国国家档案馆:FO 228/956,登莱青道致英国领事函,光绪三年正月十七日,附上海道禀稿。

⑥ 蒯世勋编著:《上海公共租界史稿》,载上海史资料丛刊《上海公共租界史稿》,第 425 页。

0.1%，后来则限定了码头捐总额，至上海公共租界形成后改为不超过货值的 0.1%，未久又改为平均不超过货值的 0.1%。1880 年，为防止界内洋行迁往法租界，该公共租界停征码头捐。5 年后，因财政赤字，又予以恢复，并将大部分货物的捐率提高到 0.2%。[1] 其他一些租界也限定了码头捐的捐率，并根据需要在规定范围内进行调整。在九江、镇江等地英租界，《土地章程》都规定，码头捐不能超过货值的 0.1%。[2] 在天津英租界，起初《土地章程》确定码头捐不可超过货值的 0.1%，1901 年后则因疏浚海河和维护大沽海口的需要，对所有货物加征了捐税。[3]

自 1899 年起，上海租界的码头捐由江海关代征。因避税人数众多，上海公共租界和法租界当局与上海官府商议了由中国海关代征租界码头捐的办法。在所征税款中，出自内贸货物的半数捐款归上海官府，半数归两个租界，出自外贸货物的捐款全部归两个租界，征收费用由上海官府与两个租界各分担一半。划归租界的捐款中，公共租界得 75%，法租界得 25%。署上海道蔡钧因为这一办法可停付每年为华商免缴码头捐而捐助公共租界的 1.4 万银圆，还可每年获得白银 1 万两以上的分成，所以同意这一方案。在上海租界，华商开始缴纳码头捐。结果公共租界的码头捐收入较上一年度有成倍增长。[4]

在有些租界，中国船只或某些特定货物可不缴纳码头捐。在天津英租界，中国和列强官方所用物品可免缴此捐。[5] 在天津德、日、比等国租

---

① Municipal Council of Shanghai，Report，1880，Financial Statement，p. 129；Municipal Council of Shanghai，Report，1885，Financial Statement，p. 208；《上海租界志》编纂委员会编：《上海租界志》，第 324、325 页。

② *Land Regulations of the British Concession*，*Chinkiang*，*1894*，Article 2；*Land Regulations and Bye-Laws of the British Concession at Kiukiang*，*1902*，Article 4.

③ *Local Land Regulations of the British Concession at Tientsin and General Regulations for the Tientsin Consular District*，*1866*，Article 7；*Regulation Amending the Tientsin British Concession Local Land Regulation of 1866*，*1901*，Article 7A；*Regulation Amending the Tientsin British Concession Local Land Regulation of 1866*，*1907*，Article 7B.

④ 蒯世勋编著：《上海公共租界史稿》，载上海史资料丛刊《上海公共租界史稿》，第 425—430 页。

⑤ *Regulation Amending the Tientsin British Concession Local Land Regulation of 1866*，*1901*，Article 7A.

界,也都有一些船只、货物可免缴此捐。①

　　码头捐是不少租界开设初期最重要的财政收入来源。随着经济繁荣、面积扩大,地捐、房捐、执照捐收入不断增加,码头捐在租界财政收入中所占比重有所下降;特别是进入民国年间,码头捐所占的比重有越来越下降的趋势。1871 年,上海公共租界码头捐收入 13.5 万余两白银,占工部局总收入的 55%,是地捐、房捐总和的近两倍。此后多年,该捐数量增长缓慢,在 1908 年约为 15.8 万两,仅占工部局经常收入的 6.6%,不足房捐的七分之一。② 1923 年,该捐收入增至 42.7 万余两,只占工部局经常收入的 5.9%;1931 年又增至 64.5 万余两,仅占 4.4%。至太平洋战争爆发后的 1942 年,该捐收入 55.6 万余元,仅占 0.33%。③ 在汉口法租界,码头捐一度是工部局收入的大宗,并很快分解为码头捐、货物捐两部分。1905 年该捐收入 5 679 两白银,占工部局财政总收入的 23.3%;6 年后,增至 1 万余两,占 24%。然而,汉口地处战略要冲,是多场国内战争和抗日战争的重要战场,贸易常受影响,码头捐经常负增长。至日军侵占武汉两年多后的 1941 年,该捐收入降至 4 809 元,仅占当年工部局总收入的 4.06%。④ 在天津英租界,码头捐,包括系船费,后来还加上在码头上堆放货物的河坝租费,一度是工部局尤为重要的收入来源。1879 年,该租界码头捐等的

照片 14　天津英租界工部局局徽

---

① 天津档案馆、南开大学分校档案系编:《天津租界档案选编》,第 162、192、474 页。

② Municipal Council of Shanghai, Report, 1871, Financial Statement, p. 33; Annual Report of Shanghai Municipal Council, 1908, Financial Statement, p. 2.

③ 《上海租界志》编纂委员会编:《上海租界志》,第 341、343、347 页。

④ Concession Française de Hankéou Municipalité Etat des Recettes & Dèpenses, pour l'Anneè 1905; Conseil d'Administration Municipale de la Concession Française a Hankéou, Compte-Rendu de la Gestion pour l'Exercice 1911, p. 2; Conseil d'Administration Municipale de la Concession Française a Hankéou, Compte-Rendu de la Gestion pour l'Exercice 1941, p. 7.

收入超过白银 1.2 万两,占工部局财政总收入的 94% 以上;1891 年增至近 1.7 万两,占 74%;1904 年增至 3 万余两,占 36%;到 1927 年,又增至约 15.8 万两,但只占经常收入的 19.5%。[①]

除了上述 4 种最重要的市政捐税外,在不少租界还分别开征过一些较为独特的捐税。同治中期,上海公共租界工部局曾就路灯征收照明捐,捐率为房租的 0.5% 至 1.75%,1867 年收入近万两白银,约占工部局总收入的 3.8%。[②] 在汉口法租界开辟未久,工部局即开征空地附加捐,借以增加土地收入,并促使租地人尽快建造房屋。1910 年,该捐收入超过 4 000 两,约占工部局总收入的 9%。后来,该工部局除对空地也对未充分利用的土地征收附加捐,捐率均为地价的 1%。[③] 从 1919 年起,汉口法租界工部局还开征人头捐,捐率为欧洲人每月 2 银圆,华人 3 银圆。1926 年,该捐收入为白银 7 220 两,次年因汉口英租界被中国政府收回,原英租界居民纷纷迁入,故激增至 25 086 两,占工部局总收入的 16.2%;至武汉被日军侵占后的 1941 年,界内避难的华人人满为患,又增至 188 084 元,占 17%。[④] 厦门鼓浪屿公共地界工部局于成立之初就征收屠宰费,其中每头牛 1.5 银圆,每头猪、羊 0.5 银圆。这笔捐费不断提高,到 1939 年增至每头牛 3.5 元,小牛及猪 2 元。在各地租界进入被沦陷区包围的"孤岛"时期,特别在太平洋战争爆发后,很多租界当局为了应付入不敷出的财政窘境,都开征了若干新捐税。在上海公共租界,工部局于 1938 年开始向购买戏院戏票者征收娱乐捐,至 1942 年将征收范围扩大至娱乐厅、小戏场、马戏场等,捐率为票价的 10%,旋即上调至 30%。在 1942 年,该

① Report,Municipal Council of British Concession at Tientsin,22 April,1880;中国第二历史档案馆、中国海关总署办公厅编:《中国旧海关史料(1859—1948)》第 154 册,第 588 页;天津市档案馆编:《天津英租界工部局史料选编》上册,第 20、21 页。

② Report of the Municipal Council (Shanghai),Municipal Finance,1867,p. 20.

③ Conseil d'Administration Municipale de la Concession Française a Hankéou, Compte-Rendu de la Gestion pour l'Exercice 1910,p. 2;*Règlement General de la Concession Française(Hankéou)*,*1929*,Article 127.

④ Conseil d'Administration Municipale de la Concession Française a Hankéou, Compte-Rendu de la Gestion pour l'Exercice 1929,p. 7;Conseil d'Administration Municipale de la Concession Française a Hankéou,Compte-Rendu de la Gestion pour l'Exercice 1941,p. 7. *Règlement General de la Concession Française(Hankéou)*,*1929*,Article 128.

工部局又开征电话捐；开征旅馆、餐馆账单捐，即对所有旅馆、餐馆、公寓、酒馆、茶馆等开出的 5 元以上账单征收税款 10%；还开征物品零售捐，对诸多零售货物征收货价的 2%。这样，在 1942 年，该工部局通过这些新征捐税共收入 6 649 万元，占当年经常收入的 40%。[①]

除捐税收入外，局产收入是不少租界当局另一项经常收入。在租界逐步繁荣后，有些租界的行政当局逐渐拥有一些产业，其中包括房产、地产等，可带来稳定的经常收入。这些产业多半是公用事业。在上海公共租界，天津英、法、德等租界，工部局等机构都兴办过电厂，向租界供电，并收取电费。在上海法租界等租界，租界当局还兴办过水厂，向界内供水，并收取水费。在有些租界，行政当局还分别通过局办医院、学校、公园、菜场、屠宰场直至局办乐队演出等获取收入。镇江英租界当局在界内拥有地基，每年可获得出租费用，1907 年此项收入为白银 325 两。[②] 汉口法租界工部局拥有界内公德里的物业，每年可获得租金，1926 年为 7 331 两，占工部局总收入的 5.3%；1935 年为 26 188 元，占 7.9%；至 1941 年增至 71 147 元，占 6.4%。[③] 上海公共租界工部局拥有的局产最多。1905 年，该工部局收到菜场等局产的租金等达白银 28 366 两；1923 年局产租金连同公共事业、局办工业收入超过 108 万两，占工部局经常收入的 15%；1931 年超过 169 万两，占 11.4%；至 1942 年为 1 150.5 万元，占 6.9%。[④]

罚金是诸多租界当局又一项经常收入。违反租界基本章程以及行政规章的部分条款，都会被科处罚金。违反其中某些条款甚至要被罚 500 直至上千银圆。在上海法租界，对华人的罚金在扣除该租界会审公堂及拘押犯人的费用后，部分成为该租界公董局的收入，部分捐赠给慈善机构

---

① 《上海租界志》编纂委员会编：《上海租界志》，第 329、330、347、348 页。

② Report of the Chinkiang Municipal Council for 1907，Financial Statement.

③ Conseil d'Administration Municipale de la Concession Française a Hankéou, Compte-Rendu de la Gestion pour l'Exercice 1929, p. 7；Conseil d'Administration Municipale de la Concession Française a Hankéou, Compte-Rendu de la Gestion pour l'Exercice 1935, p. 4；Conseil d'Administration Municipale de la Concession Française a Hankéou, Compte-Rendu de la Gestion pour l'Exercice 1941, p. 7.

④ Annual Report of Shanghai Municipal Council, 1905, Financial Statement, p. 408；《上海租界志》编纂委员会编：《上海租界志》，第 341、343、344、347 页。

及医院。在九江英租界,罚金全部上缴工部局,借以冲抵日常开支。[1] 在各租界财政收入之中,罚金通常仅占较小比重。在汉口德租界,在1910年、1914年、1916年,罚金收入分别为白银707两、4 754两、2 823两,分别占工部局总收入的1%、12.6%、6.6%。[2] 在天津俄租界,在1915年、1920年,罚金收入分别为1 410银圆、690银圆,分别占工部局经常收入的1.5%、1.1%。[3] 在厦门鼓浪屿公共地界,从1932年至1934年罚金收入分别为6 775.5元、9 088.59元、10 702.19元,分别占工部局总收入的5.5%、6.2%、6.4%。[4]

除上述各项收入外,有些租界当局还有一些经常收入。汉口、镇江等位于长江江边的租界有江岸租赁费,即是向船舶公司收取在其江岸前停泊趸船、架设栈桥,从而使轮船得以上下乘客和货物之费。有些租界当局还得到经常性捐款。由于租界仍旧是中国领土,在当地兴办一些公益性工程时,中国地方官府会根据实际情况,进行长期捐助。上海官府对上海两个租界的捐助最为频繁,其中包括上海道在很长时期中对租界消防队每年400两白银的捐助。

第二,非经常收入。

地产,既是拥有界内出租地产的部分租界当局经常收入来源,也是有些租界当局非经常收入的源头。在实行国租及部分国租的租界内,租界开辟国永租租界内全部或部分土地,然后通过拍卖等途径来分租,并将这些非经常收入作为建设、经营租界的资金。1861年,在广州英租界开辟伊始,租界当局便通过拍卖来分租界内土地,共得24.8万银圆。[5] 在这些租界,土地成为其开设初期主要财政收入来源。在其他租界,其当局也会出于各种需求永租或购买一些土地,此后或因不再需要某些地块,或因需

---

① Land Regulations and Bye-Laws of the British Concession at Kiukiang, 1902, Article 12.
② 《汉口租界志》编纂委员会编:《汉口租界志》,第259页。
③ Russian Municipal Council, Tientsin, Report of the Council for the Year Ending December 31, 1915, p. 23; Russian Municipal Council, Tientsin, Report of the Council for the Year Ending December 31, 1920, p. 41.
④ 厦门鼓浪屿公共地界工部局:《鼓浪屿工部局1935年度报告书》(译本),第12页。
⑤ H. S. Smith, Diary of Events and the Progress on Shameen, 1859–1938, p. 9.

要资金等而予以转让,特别是天津英租界工部局曾将早先在西南界外永租或购买的大量土地转租出去。出售或转租这些土地的收入有限,通常不构成其财政收入的重要来源。1919 年,天津法租界公议局通过转让土地取得非经常性收入 6 130 两白银,占当年公议局财政总收入的 2.2%。[1]

公债,是租界当局又一项非经常收入。上海公共租界、法租界以及其他不少租界当局曾通过向社会公众发行公债,借以筹集市政经费,冲抵财政赤字,更多的是用于偿付新建大型市政工程之类非经常支出。上海英商租地开辟不久,其道路码头委员会便为建造公用码头和下水道发行公债 1.1 万两白银。1862 年,为完善界内排水系统,上海英租界工部局发行年利率 10% 的公债,共筹款 13.2 万两。此后,上海公共租界、法租界当局一直将发行公债当作市政建设融资的重要手段。特别是从 1893 年发行公债 8 万两收购新申电气公司并扩充其设备后,公共租界工部局多次发行电气公债,用于扩建电厂。至 1913 年,电气公债的发行数额达 271.9 万两,占此时该工部局公债发行总额的 58%。[2] 这些公债的还本期通常为 5 年至 20 年。1895 年,天津英租界租地人会为建造公共体育场,决定发行公债 1 万两,年利率 6%,还本期为 15 年。[3]

捐款,是租界当局另一项非经常收入。除经常性捐款外,上海、天津等地官府也常给租界提供一次性捐助。在上海两个租界当局疏浚河道、修建桥梁时,上海道往往捐助部分费用。有些租界开辟国政府偶尔也给本国专管租界提供一些经费。法国政府便曾补助过上海法租界公董局的局办学校。一些中外人士也因各种考量而给租界当局捐款。上海租界消防队便得到当地华商会馆、公所以及保险公司等机构的捐助。从整体来说,非经常的捐款在租界财政收入中仅占很小比重。1920 年,外国驻华公使团为维护相关的纪念碑向天津俄租界工部局捐助经费 617 银圆,占

---

① Conseil d'Administration Municipale de la Concession Française de Tientsin, Gestion Financière de l'Exercice 1919,p. 19.

② 《上海租界志》编纂委员会编:《上海租界志》,第 331、332 页。

③ 英国国家档案馆:FO 228/1201, Minutes of a General Meeting of Land Renters in the British Concession, Tientsin, October 1, 1895。

工部局总收入的 0.9%。[①]

此外,部分租界当局还有些其他非经常收入。始自 1878 年的一段时间里,根据九江官府和英国领事等人的协定,并经各国驻华公使批准,在九江进出口的茶叶、鸦片须增缴捐税,所得款项除用于修筑九江英租界与九江城之间的江岸外,也用于修筑界内江岸。[②] 不少租界当局因为有财政盈余,并将盈余存入银行,所以在不少年度都能收入若干银行利息。由于在租界内或界外开辟道路或越界道路可使路旁业主方便出行、房屋升值,有些租界当局因此要求他们分担筑路费用,于是在开辟道路之际,这些租界当局还有此项收入。

在通常的年度,非经常收入连同上一年度的财政盈余,只占租界当局当年总收入的较小部分。以天津法租界而言,1919 年预算外收入即非经常收入 51 177 两白银,占公议局总收入的 18.1%;1921 年为 51 524 两,占12.6%。[③]

除杭州、重庆日租界等少数租界外,随着经济发展,多数租界当局财政收入都逐渐增长。上海租界最繁盛,租界当局财政收入最多。1864年,上海公共租界工部局经常收入达白银 19.8 万余两,1883 年达 38.7 万余两,1899 年达 91.6 万余两,1911 年达 258.9 万余两,1921 年达 595.1 万余两,1931 年达 1 479.5 万余两,60 多年间约增长 74 倍。在上海法租界,1875 年公董局经常收入达 6.7 万余两,1891 年达 16 万余两,1903 年达37.5 万余两,1914 年达 75.4 万余两,1924 年达 216.3 万余两,1932 年达603.8 万余两,近 60 年间约增长 89 倍。[④] 天津英租界工部局在 1879 年除去津海关监督 641 两特殊捐赠外的收入为 12 229 两,1927 年经常收入达

① Russian Municipal Council, Tientsin, Report of the Council for the Year Ending December 31, 1920, p. 41.

② 英国国家档案馆:FO 228/1555, Reporting Progress in Regard to the Kiukiang Bund Works Scheme, also as to the Steps Taken by a Committee of Native Merchants to Continue the Levy for Further Local Improvements, January 20, 1886。

③ Conseil d'Administration Municipale de la Concession Française de Tientsin, Gestion Financière de l'Exercice 1919, p. 19; Conseil d'Administration Municipale de la Concession Française de Tientsin, Gestion Financière de l'Exercice 1921, p. 19.

④ 数据均出自上海公共租界工部局、上海法租界公董局当年的年报。

80.8 万余两,1932 年达 92 万余两,50 多年约增长 74 倍。[1] 汉口法租界工部局 1905 年的财政总收入约 2.45 万两,1924 年达 12.7 万余两,1929 年起超过 20 万两,20 余年间约增长 7 倍。[2] 在厦门鼓浪屿公共地界,1903 年工部局的总收入为 1.54 万余银圆,1921 年为 5.1 万余银圆,1925 年为 10 万余银圆,到抗日战争爆发的 1937 年增至 14.4 万元,30 余年约增长 8 倍。[3] 中国地方官府所征税款有很大部分须上缴中央政府,租界当局的所有财政收入都无须上缴给租界开辟国政府,也不缴给中国政府,而是可以全部用于租界。

租界财政支出的两大部分是租界治安及市政建设的支出,租界日常行政及卫生、文化、教育等方面的支出也占一定比重。很多租界当局将支出划分为经常支出、临时支出两大类:经常支出大多用于租界治安、工务、卫生等机构的日常运作;临时支出,有些租界称作特别支出或预算外支出等,大多用于兴建重大工程。租界的财政支出,主要包括以下五个方面。

第一,治安。治安支出,以巡捕房支出为主,包括火政支出,绝大多数为经常支出,其中涉及巡捕的薪金、制服、武器、津贴、医药、保险等费用。在上海公共租界等租界,该项支出后来还覆盖租界监狱的开支。在有些租界,因界内或毗连之处有大批本国军队常驻,治安支出相对较低。其中天津日租界 1908 年的治安支出为 1.1 万余银圆,1932 年为 11.4 万余银圆,分别占居留民团当年财政总支出的 16.4%、15.6%。[4] 天津英租界1927 年巡捕房连同消防队的经常支出为白银 11.4 万余两,1931 年约17.4 万两,分别占工部局当年经常支出的 16.8%、15.9%。[5] 在其他租界,治安支出在财政支出中占较大甚至最大的比重。在汉口法租界,1910 年

---

① Report,Municipal Council of British Concession at Tientsin,22 April,1880;天津市档案馆编:《天津英租界工部局史料选编》上册,第 21、551 页。

② Concession Française de Hankéou Municipalitè Etat des Recettes & Dèpenses,pour l'Anneè 1905;Conseil d'Administration Municipale de la Concession Française a Hankéou,Compte-Rendu de la Gestion pour l'Exercice 1929,p. 7.

③ Kulangsu Municipal Council Report for the Year Ending 31 December,1937,Comparative Table 1903 – 1937.

④ 天津图书馆编:《天津日本租界居留民团资料》(一),第 109 页;(三),第 35、37 页。

⑤ 天津市档案馆编:《天津英租界工部局史料选编》上册,第 22—27、416—420 页。

治安支出为白银 10 863 两,占工部局支出的 28.4%;1921 年为 30 970 两,占 29.9%。[1] 上海公共租界面积最大,治安支出最巨。1863 年,该租界巡捕房支出为 88 356 两,占当年工部局财政总支出的 32.8%。[2] 此后,该项支出不断增多,在租用特别在自建监狱后,这一支出增加更快。1905 年,该租界警务处经常支出达 34.1 万余两,占经常支出的 26.4%,其中监狱支出为 29 269 两,占警务处支出的 8.6%。1909 年,警务处经常支出增至 73.8 万余两,占经常支出的 35.1%。[3] 1917 年警务处以及火政处的经常支出增至 104.2 万余两,占经常支出的 30.8%;1931 年,这些支出超过 761.3 万余两,占经常支出的 45.6%。[4]

第二,工务。租界工务支出,即是租界市政建设的支出,其中的经常支出,涉及已有道路、沟渠、桥梁和行政机构办公楼等建筑的日常运行和维修,以及相关人员的薪金等费用。租界工务的临时支出包括在界内及界外占据的区域新辟道路,建造办公楼、巡捕房、监狱等为租界当局拥有的建筑,以及建造下水道、桥梁、堤岸、市场、公园等公共设施。在工务支出中,经常支出通常多于临时支出。但在新建大型工程的年度,不仅须支付建筑费用,还须购买地基,所费不赀,临时工务支出就会大大超过经常支出。1910 年,汉口法租界因新建市政厅,临时工务支出 3.6 万两白银,为经常支出的 3 倍以上。[5] 经常连同临时工务支出一直是租界财政支出的大宗。在天津英租界,1879 年工务支出 6 621 两,占工部局总支出的 50.8%;1890 年,为建造市政厅戈登堂,便支出 3.2 万两。此后,随着该租界的屡次扩展,其工务支出不断增加,到 20 世纪 20 年代后期每年经常和

① Conseil d'Administration Municipale de la Concession Française a Hankéou,Compte-Rendu de la Gestion pour l'Exercice 1910,pp. 4, 5;《汉口租界志》编纂委员会编:《汉口租界志》,第 269 页。

② Report of the Municipal Council (Shanghai),Municipal Council Finance,1863.

③ Annual Report of Shanghai Municipal Council,1905,Financial Statement,p. 411;Annual Report of Shanghai Municipal Council,1909,Financial Statement,p. 6.

④ 《上海租界志》编纂委员会编:《上海租界志》,第 340、344 页。

⑤ Conseil d'Administration Municipale de la Concession Française a Hankéou,Compte-Rendu de la Gestion pour l'Exercice 1910,p. 5.

临时的工务支出为 30 万至 40 万两。① 在上海公共租界,1863 年工务支出 99 837 两,占工部局总支出的 37%;1905 年经常工务支出增至 45.1 万余两,占工部局经常支出的 34.8%;1918 年增至 105.8 万余两,占 29.4%;1930 年又增至 415.2 万余两,占 29.8%。② 在上海法租界,1877 年工务支出 73 978 两,占公董局经常支出的 62%;1906 年超过 12.2 万两,占经常支出的 24.7%;1914 年又超过 27.5 万两,占 29.2%。③

第三,行政。行政支出,是指租界行政当局秘书、总务等机构的支出。1885 年,上海公共租界行政支出的具体科目包括文具、报刊、广告、邮资、门牌、燃料、火险、审计、法务、人口调查,以及会计、秘书、税务官员等人员的薪金。④ 在天津等地日租界,民团吏员等人的薪金、津贴以及通信、印刷、差旅、修缮、公告、房屋租赁、办公用品等项为经常支出,民团事务所的设备等费为临时支出。租界工部局董事、居留民团行政委员等系名誉职务,不拿薪酬。租界工部局总办、民团事务所理事长等行政人员都有薪金。其中高、中级职员都领取高薪。在上海公共租界,1885 年,工部局总办年薪达白银 4 240 两,会计师 3 000 两,总办助理 2 400 两。此后,这些官员仍不断加薪。1905 年,总办年薪增至 8 286 两,总办助理增至 6 593 两,会计师增至 5 940 两。到 1930 年,工部局总裁兼总办的年薪增至 3 万两,处长 1 万多两至 2 万多两,科长 1 万两上下。⑤ 在较为繁荣的租界,其财政收入及支出都数额巨大,行政支出在租界当局总支出中所占比重较

① Report, Municipal Council of British Concession at Tientsin, 22 April, 1880;天津市档案馆编:《天津英租界工部局史料选编》上册,第 27、28、174、175 页。
② Report of the Municipal Council (Shanghai), Municipal Council Finance, 1863;Annual Report of Shanghai Municipal Council, 1905, Financial Statement, p. 420;《上海租界志》编纂委员会编:《上海租界志》,第 341、344 页。
③ Conseil d'Administration Municipale de la Concession Française á Shanghai, Compte-Rendu de la Gestion pour l'Exercice, 1877, Relevé Général, des Recettes et des Dépenses; Conseil d'Administration Municipale de la Concession Française á Shanghai, Compte-Rendu de la Gestion pour l'Exercice, 1906, Relevé Général, des Recettes et des Dépenses;《上海租界志》编纂委员会编:《上海租界志》,第 362、365 页。
④ Municipal Council of Shanghai, Report, 1885, Financial Statement, p. 231.
⑤ Municipal Council of Shanghai, Report, 1885, Financial Statement, p. 231; Annual Report of Shanghai Municipal Council, 1905, Financial Statement, p. 421;《上海租界志》编纂委员会编:《上海租界志》,第 225 页。

小。在一些经济不发达的租界,财政收入、支出有限,在租界当局总支出中行政支出占较高比重。不少租界当局的行政支出通常为总支出的10%左右。在天津英租界,1927年管理人员薪酬及总务公费为77 262两,占工部局经常支出的11.3%;1931年管理人员薪酬及局办公处费用为14.1万余两,占13%。[①] 以汉口法租界而言,1910年行政支出未超过1 000两,稍高于工部局经常支出的2%;1935年增至30 136元,占工部局总支出的9.8%;1940年又增至68 628元,占9.6%。[②]

第四,卫生。在卫生方面,租界当局的支出,包括医官、职员直至清洁工人的薪金,清洁环境的费用,监管菜场、牛奶棚、宰牲场等处食品卫生的经费,以及对租界当局所办医院和私立医院的补贴等,多为经常支出。在上海公共租界,租界当局卫生部门所雇卫生稽查员和医官等人,都有较高薪酬,打扫道路、清除粪秽的清洁工等人则只有糊口的工资。1908年,天津日租界清道夫仅有5银圆月薪。[③] 租界开辟之初,在卫生支出中员工薪金占较高比重。在租界有所发展后,兴办及资助医疗机构成为有些租界卫生支出的重要方面。上海公共租界工部局除陆续设立性病医院、疗养院、实验室及外侨、华人隔离医院等局办医疗机构外,对私立医院也有所补助。在上海法租界,公董局长期津贴非局办的公济医院,条件是该局职员在该医院治病费用可有折扣。1908年,该公董局医务、卫生支出共23 977两白银,此外,津贴西方人士和华人所办的医院共2 150两。[④] 在天津英租界,工部局除贴补非局办的俄国医院、马大夫医院外,每年为局办的隔离病院、维多利亚医院和产妇调养院支付巨款。1933年,连同卫生处的费用,该工部局的卫生支出共达6万余两。[⑤] 在各地租界,卫生支

① 天津市档案馆编:《天津英租界工部局史料选编》上册,第22—27、416—420页。

② Conseil d'Administration Municipale de la Concession Française a Hankéou, Compte-Rendu de la Gestion pour l'Exercice 1910, pp. 4, 5; Conseil d'Administration Municipale de la Concession Française a Hankéou, Compte-Rendu de la Gestion pour l'Exercice 1935, pp. 4–7; Conseil d'Administration Municipale de la Concession Française a Hankéou, Compte-Rendu de la Gestion pour l'Exercice 1941, p. 9.

③ 天津图书馆编:《天津日本租界居留民团资料》(一),第38页。

④ Conseil d'Administration Municipale de la Concession Française á Shanghai, Compte-Rendu de la Gestion pour l'Exercice, 1908, Relevé Général, des Recettes et des Dépenses.

⑤ 天津市档案馆编:《天津英租界工部局史料选编》中册,第674、675页。

出在当局经常支出中所占比重一般不超过 10%。上海公共租界 1915 年的卫生经常支出为 20.8 万余两,占工部局经常支出的 7.5%;1931 年为 132.8 万余两,占 7.9%。① 天津英租界 1927 年的卫生经常支出为 25 963 两,占工部局经常支出的 3.8%;1931 年为 50 359 两,占 4.6%。②

第五,文教。在文化、教育方面,租界当局的支出包括资助学校、图书馆、博物馆等文化、教育机构直至成立乐队。自 1877 年起,上海公共租界工部局开始资助西方文化组织创办的上海博物院,最初每年捐助白银 250 两,约 30 年后增至 1 000 两。1878 年,该工部局开始资助西方侨民设立的上海图书馆,条件是该馆须向公众开放。1914 年该工部局接办这一图书馆,1931 年支出 9 416 两。该工部局起初捐助巡捕房乐队,后来成立颇有影响的工部局乐队。在清末,该乐队每年的支出超过 4 万两,略高于工部局经常支出的 2.1%。至 1931 年,其支出超过 20 万两,约占工部局经常支出的 1.2%。③ 在一些较小的租界,其当局对文化事业也有所资助,但资助力度较弱。有些租界当局还资助教育事业甚至直接办学。在天津英租界,工部局除设置藏书楼外,还资助招收侨民子弟的天津英文学堂和招收华人子弟的耀华学校,1937 年资助的金额分别为 12.3 万余元和 8.3 万余元,即分别按照外侨、华人在界内登记的土地、房屋估定价值的 0.18% 来拨付。④ 上海公共租界工部局陆续兴办中、小学约 20 所,包括女子中学、小学,后来成为名校的有育才公学、格致公学等。从 1912 年至 1931 年,该租界的文教经常支出自白银 10.7 万余两增至 126.1 万余两,增加了 10 多倍,约占各年度工部局经常支出的 4% 至 7%。⑤ 在汉口法租界,1919 年前工部局往往能从局办学校获得若干收益,但从 1920 年起这些学校连年亏损,因而工部局每年需对它们进行补贴。其中 1929 年补贴

---

① ⑤　《上海租界志》编纂委员会编:《上海租界志》,第 340、344 页。

② 　天津市档案馆编:《天津英租界工部局史料选编》上册,第 22—27、416—420 页。

③ 　Annual Report of Shanghai Municipal Council, 1908, Financial Statement, p. 12; Annual Report of Shanghai Municipal Council, 1909, Financial Statement, p. 13;《上海租界志》编纂委员会编:《上海租界志》,第 337、344 页。

④ 　天津市档案馆编:《天津英租界工部局史料选编》下册,第 1212、1213 页。

4 610 两,占该工部局总支出的 2.3%;1935 年补贴 13 565 元,占 4.4%。①

此外,各租界当局还有些其他支出。不少租界都有防务支出。除设置防御工事等临时支出外,上海、汉口、天津等地租界还有义勇队直至警备队日常经费的开支。在上海公共租界,光绪初期及中期,租界义勇队即万国商团每年的费用为白银数千两。1912 年,商团的经常支出为 4.5 万余两,占该租界工部局经常支出的 1.9%;1921 年商团经常支出激增至21.4 万余两,占该工部局经常支出的 3.8%;至 1931 年又增至 45.1 万余两,占 2.7%。② 发行公债的租界需按约定还本付息。上海公共租界工部局起初设立偿债准备金,每年存入相应的还本付息金额。1917 年之后,该工部局改而采用逐步还本的新办法。1927 年,该工部局偿还公债 38.6 万余两,占经常支出的 3.3%。③ 此外,部分租界还有少量较为独特的支出,如天津英租界还有对一些教堂以及女青年会、妇女慈善会等团体的资助。④

为了使租界财政能正常运作,各租界当局须平衡其收支,或者使支出稍低于收入。在遭遇连年赤字的财政危机后,租界当局则会通过提高原有市政捐税的税率、开征新的捐税及出售局产等办法来实现收支平衡。在最繁荣的上海公共租界,自 1870 年起至 1931 年的 62 年间,该工部局仅有 10 年经常收入不敷经常支出。但从日本侵略军于 1932 年在上海发动战争后,8 年间有 6 年入不敷出,其中 1939 年的财政赤字超过 538.6 万元,占当年经常收入的 17.7%。为此,该工部局不得不在此后数年提高房、地捐捐率,并开征多种新捐税,使得该租界在苟延残喘的最后 3 年勉强做到财政稍有结余。⑤ 厦门鼓浪屿公共地界工部局自成立的 1903 年起至 1937 年的 35 年间仅 3 年入不敷出。⑥ 在 1938 年日军侵占厦门后,

---

① Conseil d'Administration Municipale de la Concession Française a Hankéou,Compte-Rendu de la Gestion pour l'Exercice 1929,p. 9;Conseil d'Administration Municipale de la Concession Française a Hankéou,Compte-Rendu de la Gestion pour l'Exercice 1935,p. 6.

② 《上海租界志》编纂委员会编:《上海租界志》,第 339、341、344 页。

③ 《上海租界志》编纂委员会编:《上海租界志》,第 331、343 页。

④ 天津市档案馆编:《天津英租界工部局史料选编》下册,第 1212 页。

⑤ 《上海租界志》编纂委员会编:《上海租界志》,第 337—348 页。

⑥ Kulangsu Municipal Council Report for the Year Ending 31 December,1937,Comparative Table 1903 - 1937.

该工部局旋即陷入经济危机,因而也只能通过加征捐税来应付严重的财政赤字。

在租界的各种制度中,行政制度是它们成为"国中之国"最根本的制度。主要由领事或外国侨民掌控的行政管理机构来行使当地的行政管理权,又使租界不同于当时并存于中国的其他特殊区域。由于其财政自成体系,租界的市政建设和运营独立于所在的通商口岸。有些租界的财政收入稳步增长,其中包括从当地华人处获得大量税收,又使这些租界财力雄厚,并在市政建设方面取得了相当的成就。

第七章　各国租界的异同

无论公共租界,还是不同国家的专管租界,全都是由外国人进行行政管理的"国中之国",这是所有租界的共性。在本质一致的基础上,公共租界与专管租界之间、各国专管租界之间仍有若干差异。因公共租界与专管租界的差异较为明显,本章将集中阐述各国专管租界的异同。

第一节　英　租　界

在各国专管租界中,英租界是最典型、最有影响的租界。

首先,英租界开辟最早,数量最多,并是租界多方面制度的始作俑者。19 世纪中叶,英国是世界上最强大的国家,号称"日不落帝国"。在鸦片战争中,正是英国用坚船利炮轰开了清帝国的壁垒。因而此时有首先在中国开辟租界的力量,并迫使清政府承认租界制度的国家,非英国莫属。鸦片战争后的数年间,英国人先后在上海和厦门划定了英商租地界址,并在不久后使这些租地发展成英租界,揭开了中国租界史最初的篇章。从 1860 年至 1861 年,英国人挟第二次鸦片战争胜利之势,又在天津、镇江、汉口、九江、广州、营口划定了英租界界址。因上海英租界与美租界合并成上海公共租界,营口英租界最终未能建成,英租界仍有六个,在数量方面居各国专管租界之首。此后直至 1877 年,虽然英国还曾力图在江宁、宜昌、芜湖、温州等地开辟英租界,但均未成功。至此,英国已结束在华开辟租界的时代,而在此时,在中国仅法国另有上海、天津、广州等三个专管租界,其中得到认真经营的只有上海法租界。一度存在的两个美租界或是已与上海英租界合并成公共租界,或是旋即被归还给清政府。至 1894年甲午战争爆发时,中国共有十个租界,其中六个是英租界,一个公共租界也以原来的英租界为主，因此，在近半个世纪里在华的外国租界主要就是英租界。德、俄、日、比、意、奥等六国都要到1895年甲午战争后直至1900年八国联军侵华战争后才取得在中国开辟租界的特权。这些国家应该是通过英租界和上海公共租界才获知租界为何物，并参照这些租界的制度来建立各自的专管租界。由于开辟较早，英租界都有漫长的历史。最早形成的上海英租界从1843年上海英商租地开辟至1945年作为上海公共租界的一部分被中国政府正式收回，整整经历了一个世纪的风雨。即便是较早被中国收回的汉口、九江等地英租界，也都经历60多年沧桑，其存在时间远远超过德、俄、日、比、意、奥等六国的任何租界。

在所有专管租界中，英租界又大多是贸易较发达、经济较繁荣的租界。在全国首屈一指的上海公共租界，其精华部分即是原来的英租界，声名远播的外滩、南京路等都位于这一黄金地段。在汉口，英租界的繁盛远过于其他四国租界。1905年前后，在当地及附近华界由各国商人开设的110多家银行、洋行、工厂、商店、轮船公司等，有近60家设在英租界，特别是著名的大洋行约有80%集中在该租界，其中8家外资及中资银行有7家聚集于此。[①] 在天津，当地的经济中心也一直在英租界。1937年前后，除中、小型的日本洋行外，天津483家较大的洋行，有404家集中在该租界。[②] 广州、厦门英租界面积虽小，但在当地的中外贸易中仍发挥了很大作用。相形见绌的九江、镇江英租界虽比上不足，但比下有余，其发展状况也不是苏州、杭州、重庆日租界之类的租界所能相比。多数英租界较为兴盛的原因是多方面的。第一，英国是当时国力最强盛、商业最发达的国家，在很长的时期中该国与中国的贸易额占中外贸易总额的很大部分。来华的英国商民人数众多，财力雄厚，他们有充足的资金来向本国租界投资。例如，上海、九江等地英租界的大片土地在较短时期内就被英商分租，随后建造起考究的洋房。这样，所有的英租界在数年之中或十余年间已初具规模，直至渐趋繁荣。此后，英商继续投资于天津、汉口、广州等地的英租界，使得这些租界内都有一批英商企业，其中包括怡和洋行、汇丰

---

① ［日］水野幸吉：《汉口——中央支那事情》，第494—503页。
② 天津市政协文史资料研究委员会编：《天津租界》，第12页。

银行等著名企业,作为当地经济的支柱。第二,由于在设有多个租界的通商口岸都是英国人最先选择租界界址,他们自然抢占最有利于贸易开展的地段。例如,在汉口,英国人将租界设在紧靠汉口镇市之处,并与中国官府约定,日后其他国家在汉口开设租界,其界址只能选在英租界东北,即距汉口繁华区域较远之处,以确保英租界在地理位置方面的优势。由于各地英租界多得地利,便于贸易的开展,它们更能吸引华商和其他外国商民。在汉口,尽管也有日租界,但因日租界距繁华区域太远,不少日本商民宁可在英租界开行设店。在天津,德国商民也大多不愿在当时较为偏僻的德租界开展商业活动,而是将英租界作为活动舞台。第三,在各地英租界开辟之际,其他外国租界屈指可数,而镇江、九江等口岸则始终只有一个英租界。即便在天津、广州两地,法租界几乎与英租界同时划定界址,但法租界的建设要迟缓得多。这样,在这些通商口岸,别国商民别无选择,或一度别无选择,只能入居英租界,致使英租界得到更多的发展动力。正是天时、地利、人和等多重因素,才使英租界成为所有专管租界中最受外国侨民垂青的租界。

照片 15　汉口英租界街景

英租界的制度大体上成为其他国家专管租界的蓝本,但它们仍有一定的特点。在行政制度方面,因为英国民众通过几百年的不断努力,此时已在本国享有较多的民主权利,仅亚于实行共和制度的美国人,而美国人并未为美租界建立过完整的行政制度,所以仿照本国制度的英租界成为侨民自治程度最高的专管租界。在所有英租界中,当地英国领事都不担任工部局总董,在一般情况下都不干预工部局的日常行政事务。对于租界纳税人会作出的决议,当地英国领事也只能在决议作出后的数天至多在半个月内进行否决,过后就无权推翻。而对领事否决的决议,数名纳税人或工部局还可上诉英国公使,由公使作出最终裁定。同时,英租界又是租界巡捕不完全受领事控制,而是直接听命于工部局的租界。正因为如此,英租界被称作侨民"自治"的租界。在土地制度方面,由于财力雄厚的英国政府能够垫付整个租界地区的地价,并有着在留出领事馆用地等地块外租出全部地产的自信,因此,除最先开辟的上海英租界外,英租界在开辟时都实行"国租",即由英国政府或其代表永租整个租界地区,然而再分租给英国和别国商民。在未能建成的营口英租界,英国领事在订立开辟该租界的中英约章之际,当即将界内地价、房价共白银993两全部支付给中国官员。① 这些区域的土地契据也不是道契之类经中国官府钤发的永租契,而大多是由英国政府颁发、为期99年的皇家租契。其他国家多不具备英国这样的国力,很少采用"国租"方式,或者是因为开辟较晚,划定的界址内已有别国商民租赁的土地,所以只能采用"部分国租"的方式。在社会治理方面,因为英租界的经济大多较为发达,不必借助"黑道"来增加税收,所以很多英租界先后实行禁止在界内开设赌场、妓院的政策。天津英租界在1897年扩展时,租界当局对扩展区实行的重要政策之一,便是取缔当地原有的娼寮、赌馆等"伤风败俗"场所,对于违反者的罚金可高达250银圆。至1903年该租界第三次扩展时,对于这一推广界内的娼寮、赌馆及不守规矩的房舍,该租界工部局也将"立即封闭"。② 至20世

---

① 英国国家档案馆: FO 228/317,中英永租牛庄地基租约,咸丰十一年七月。
② *Land Regulations of the British Municipal Extension*,*Tientsin*,*1898*,Taotai's Proclamation,Article 23;天津档案馆、南开大学分校档案系编:《天津租界档案选编》,第10、19页。

纪初期,汉口英租界《土地章程》的附则规定,在该租界的老租界和扩展界内都不准开设妓院、赌场及其他扰乱秩序的场所。对违反者的处罚最高可达 500 两白银或 6 个月的监禁。[1] 由于界内没有公开的赌场、妓院等乌烟瘴气的场所,较之其他的一些租界,黑道中人在英租界的活动较少,界内犯罪率较低,社会治安较好。

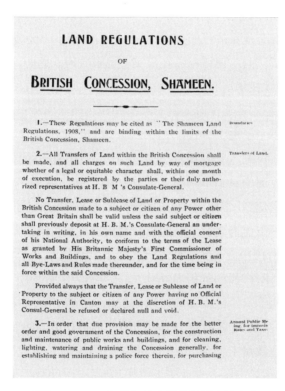

照片 16　1908 年修订的广州英租界土地章程

英租界的最后一个特点,是它们系由中国政府陆续收回。有两个以上租界的法、德、俄、日租界,都是某一国的所有或多数租界被中国政府在某一时期中以同一理由予以收回。英租界数量最多,分布最广,在租界的地基动摇时又遭遇诸多事变,因而几乎每一个英租界的收回都有其独特

---

① 《汉口租界志》编纂委员会编:《汉口租界志》,第 392、543 页。

的原因和过程。1925 年,在上海公共租界发生残杀中国民众的五卅惨案后,通过厦门民众的斗争,厦门地方官府收回当地英租界的行政管理权,使该租界在事实上恢复为普通的外国人居留、贸易区域,揭开了中国收回英租界的第一页。在北伐战争进入高潮的 1927 年初,汉口、九江两地的英租界相继发生英国士兵等人伤害中国民众而引发的冲突,导致中国军民对这两个租界的冲击,国民政府遂与英国政府谈判,正式收回了这两个租界。随后,在北伐军进抵镇江之时,当地英国领事唯恐发生类似事件,主动移交行政管理权,使该租界在事实上也被收回。此时,英国政府又同意进行有关交收在华所有英租界的谈判,中国本可迅速收回全部英租界。但是,在北方,控制着北洋政府的奉系军阀视收回天津英租界的交涉为儿戏,致使交涉不了了之。① 在南方,国共分裂等一系列重大事变也滞碍了收回英租界的进程。到国民政府进行废除不平等条约的交涉时,时势已有变化,中国收回的只是早归中国管理的厦门、镇江两地名存实亡的英租界。进入 20 世纪 30 年代后,中华民族面临着日本灭亡全中国的严重危机,中国人民正以血肉之躯所筑的长城来抗击日本的野蛮侵略,而英国则逐步成了中国的盟国。这样,直到抗日战争胜利结束的 1945 年,中国才正式收回了天津、广州的英租界,使得收回英租界的进程断断续续地持续了二十年之久。

在 20 世纪二三十年代汉口等四个英租界被相继收回后,所剩的英租界仅有两个,在数量上已少于法、日租界。不过,尚未被收回的天津英租界在所有专管租界中是个仅亚于上海法租界的重要租界,至 1937 年日军侵占华北后该租界中又发生了一系列令人瞩目的事变。因此,即便在中国租界史的最后一章中,英租界仍占有十分重要的地位。

第二节　法　租　界

法国在上海开辟法商租地的时间稍迟于英国,但第一个法租界则几

---

① 　吴蔼宸:《华北国际五大问题》第 2 篇,商务印书馆 1929 年版,第 15 页。

乎与第一个英租界同时在上海形成。法租界共有四个，在数量上少于英、日租界，但论其地位，在专管租界中仅次于英租界。

法租界与英租界一样，全都开辟较早。上海法商租地开辟于1849年，至1854年发展为中国最早形成的租界之一。天津、广州法租界的界址也都划定于19世纪60年代初期，汉口法租界的界址也在不久后被确定。此时，这些通商口岸都只有英租界。于是，所有的法租界也都占有较好的地理位置。其中广州法租界的位置与英租界相当，汉口法租界的位置稍逊于英租界，天津法租界面临的海河河岸弯曲，但更靠近天津城，较之英租界各有利弊。因法国的对华贸易远不如英国那么兴盛，19世纪70年代，法国又在普法战争中大伤元气，对华贸易一度十分衰落。至19世纪中后期，仅有上海法租界得到迅速发展。天津、广州两地的法租界虽也开辟较早，但最初较少有法商前去租赁土地、建造房屋，因而发展迟缓。在1865年确定汉口法租界界址后，法国人还迟迟未在当地开辟租界。在80年代中期中法战争爆发时，法国政府只是担心清政府会乘机收回已臻繁荣的上海法租界，一会儿宣布该租界"中立"，一会儿又请俄国领事代管当地事务，但对天津、广州法租界并未多加关注。到中法战争结束后的80年代末期，中法贸易开始恢复，入居天津、广州法租界的法国和别国商民逐渐增多，这两个法租界才有了兴盛的征兆。到甲午战争后的1896年，汉口法租界终于开辟。至此，四个法租界全部登场，而此时中国的土地上尚无日、比、意、奥等国租界。

在行政制度方面，法租界不同于英租界的侨民"自治"制度，实行着所谓的领事"独裁"体制。上海法租界独自为政之初，法国代理领事爱棠等人仿照在上海英租界实行的制度，因而租界租地人会有制定租界规章等职能，租界公董局董事会议可对租界日常行政事务进行决策，领事则不干预租界的日常行政事务。这种英国式的制度与当时法国国内行政长官拥有颇大威权的制度并不吻合。这种差异导致了1865年法国驻沪总领事白来尼与公董局董事为争夺租界行政权特别是巡捕房的指挥权发生一系列冲突。白来尼便解散公董局，任命临时的行政委员会，并因原任的董事拒绝交出公文档案，在领事法庭上对他们进行了审判。接着，法国外交部的特别委员会在处理这一事件后制定了《上海法租界公董局组织章程》。此后,上海法租界的一切行政实权归法国驻沪领事,巡捕房也绝对服从领事指挥;领事为公董局总董,可停止召开公董局会议,公董局董事会议的决议均须经领事批准。租界选举人会除选举公董局董事外,别无其他职权。定型后的上海法租界制度成为各地法租界的蓝本。所有法租界都成为领事集权的租界,故而在当时它们又被称为有浓厚"专制"色彩的租界。

经过数十年发展,至 20 世纪 20 年代,各地法租界都进入全盛时期。除面积较小的广州法租界外,上海、天津、汉口法租界中都出现繁华的商业区,并形成高档的住宅区。由于中、法之间的贸易仍比不上中、英之间的贸易,法租界内更有特色的是向中外居民提供日常生活用品的零售商业。在上海法租界,霞飞路名店林立、名品荟萃,是最能显示上海时尚的商业大街,其在海内外的名声可与上海公共租界的南京路相匹敌。在天津法租界,劝业场一带日趋繁荣,发展成天津的商业中心,其中七层楼高的劝业场,是当时天津最大的商场,并成为当地的地标。在汉口法租界,商店之多、市面之热闹,也几与英租界相埒。作为繁华的市区,这些法租界又是饭馆、酒店、戏院、电影院十分密集的区域。在天津法租界,大小饭馆有好几十家,戏院、电影院约有二十家,为整个天津影、剧院半数以上。[①] 在汉口,饭店、戏院、电影院也多半集中在法租界。在上海,法租界内建有曾被称为"远东第一游乐场"的"大世界"游乐场,并有多家高档的西餐馆、西点馆和影剧院。与英租界不同的是,这些法租界都曾公开允准妓院的开设,对鸦片烟馆和赌场也都采取纵容态度,以便增加税收收入,从而使界内形成畸形繁荣的格局。这些租界内还建成大片住宅区以及高级住宅。在上海法租界,1914 年扩展的区域成为花园别墅和高级公寓的集中所在地,其中很多建筑体现了西方精湛的建筑艺术。在天津法租界,同样出现大批华丽的别墅。特别是在相互连接的水师营路、巴斯德路和丰领事路两旁,各式洋楼鳞次栉比,其中不少是下野军阀的豪宅,后人因而称之为"督军街"。在汉口法租界,界内除建成一批军阀、富商的洋楼

---

① 天津市政协文史资料研究委员会编:《天津租界》,第 62、63 页。

外,特别是在其扩展区和界外占据区还建成连片的石库门房屋,从而为抗日战争期间大批流入的中国难民提供了住所。

照片 17　天津法租界内的圣女贞德铜像

除了受地理环境制约的广州法租界外,上海等 3 个法租界都不断地扩展界址,扩展的次数和规模在所有专管租界中都首屈一指。上海法租界先后扩展 3 次,面积从最初的不足 1 000 亩增至 1.5 万余亩,从而成为中国最大的专管租界。天津法租界虽然只扩展 1 次,但扩展面积达 2 000亩,因而其面积仅小于上海法租界和天津英、俄、德租界,在所有专管租界中名列第五。在扩展时,法租界当局多采取以越界筑路或蚕食界外土地为先导的方式。上海法租界的第二、第三次扩展,大体上就是将已经开辟的越界筑路区并入租界。天津法租界扩展区域的一部分也是多年间逐步占据的区域。天津、汉口法租界当局在正式扩展后继续蚕食界外土地,又分别开辟了界外占据区。其中天津法租界当局对界外老西开地区的侵占一直持续到 20 世纪 30 年代中期。此时,英租界早已停止扩展,全国半数租界已被收回。该租界是外国在华租界即将寿终正寝时仍在继续扩展的极少数租界之一。

1884 年中法战争爆发时，清政府握有收回全部法租界的时机。但清政府昧于国际法，又一直在为和议预留地步，并未采取这一行动。1925 年后，国共两党为了实行"单独对英"政策，也未在北伐战争的高潮期间发动过对法租界的冲击。此后，国民政府虽几次有过收回广州、汉口法租界的表示，但均未采取切实的措施。只是在 1928 年 3 月国民党湖北省当局因"引渡"共产党员向警予的要求遭到汉口法租界当局拒绝，曾摆出过要以武力收回该租界的阵势，但在法国人让步后，这一轩然大波立即平息。这样，在进入 20 世纪 40 年代之时，还没有任何法租界被中国政府收回。1941 年 12 月，太平洋战争爆发，上海、厦门两地的公共租界及残剩的天津、广州英租界均被日军占领。几个月后，这两个英租界被"交还"给汪伪政府。此时法国的维希政府已是纳粹德国的傀儡，各地法租界因而仍未被日军占领。直到 1943 年日本侵略者导演"交还"租界的闹剧时，四个法租界才几乎同时被汪伪政府"收回"。于是，所有的法租界都有漫长的历史，特别是上海法租界从其雏形上海法商租地初辟时算起，其存在的时间也有近百年之久。

与英租界一样，法租界也都是典型的、得到充分发展的租界。在它们之中，还有最大、最繁荣的专管租界——上海法租界，这就使法租界在所有租界中占有极为重要的地位。到 20 世纪 30 年代，大多数英租界已被中国政府陆续收回。此时，虽然法租界数量少于日租界，但因为日租界多不发达，所以毫无疑问其在专管租界中的地位已上升至第一位。

第三节　美　租　界

美租界都开辟较早，其中上海美租界的前身上海美国人租地开辟于 1848 年，仅迟于上海英商租地，至 1854 年上海英、法租界形成后不久，该租地也发展成美租界。美租界数量较少，只出现于上海、天津两地。美租界结束最早，在刚进入 19 世纪 80 年代之际，已不存在作为专管租界的美租界。美租界并非典型的专管租界。

美租界的这些特点,与美国政府一直反对在中国开辟专管租界的立场有关。19 世纪中期,美国还是个新造之邦,经济不很发达,从 1861 年起又经历了一场历时四年的内战。此时来华的美国商民少于英国商民,也少于法国商民,并且不像英国人那样拥有雄厚的资金来开辟面积宽广的在华居留、贸易区域。鉴于这种时势,美国官方一直反对英国人和法国人将中国各通商口岸位置最佳的地区划为由其专管的区域。早在上海英商租地开辟未久的 1848 年,美国领事祁理蕴就不顾英国人反对,以及中、英双方针对其前任吴利国的行动,在《土地章程》中增补的在英商租地内只能悬挂英国国旗的规定,坚持在位于该租地内的美国领事馆升起美国国旗,以否认英国领事对该区域拥有特殊的管理权。1849 年上海法商租地开辟后,祁理蕴又向上海官府提出抗议,声称任何中外条约都未给外国领事这样的权利,即为其本国划定一个特定地区,他国商民非经其同意不得租赁该地区土地。此时的美国驻华全权委员德威士也随即与当时负责通商事务的两广总督交涉,指出在各通商口岸中,如果一切合乎居住、贸易之用的地点远在其他各国需要占用前已让给某些国家,美国公民就无法享有依据中美《望厦条约》而获得的居住权。[①] 于 1861 年首任美国驻华公使的蒲安臣基于美国的利益和他本人的信念,一再劝说英、法等国驻华公使放弃对租界的专管权,滞缓了上海等地租界的发展,并阻止了宁波租界的开辟。此后,虽然驻上海和天津的美国领事一度对当地的美租界有所管理,但美国政府的原有立场并无根本改变。至 19 世纪末,英、俄、日、法、德等国已在中国划分势力范围,美国为了在中国享有"均等"的机会,提出"门户开放"政策。这时,美国完全可以在中国重开专管租界,但此种行动不符合美国对华的总政策。因此,美国继续主张开辟体现"利益均沾"精神的公共租界。1900 年,美国在极力反对列强在天津开辟或扩展专管租界之际,呼吁仿照上海之例,在天津开辟一个公共租界,并将已于 1880 年归还中国的天津美租界作为公共租界一部分。在此期间,美国

---

① [美]泰勒·丹涅特:《美国人在东亚》,第 174、175 页。

政府为抗议日本在厦门开辟专管租界从而损害美国的利益,做出过拟在厦门开辟专管租界的姿态。但美国政府最终仍不拟开辟厦门美租界,而是主张并促成了鼓浪屿公共地界的开设。于是,在甲午战争后和八国联军侵华战争后列强开辟与扩展租界的两次狂潮中,美国没有恢复、增设任何专管租界。

由于美国政府无意在中国开辟专管租界,上海、天津两地出现的美租界并非由美国官方主动开辟,却被美国官方主动放弃。上海的美国人租地系由文惠廉为首的美国圣公会传教士所开创。美国驻沪领事并未介入开辟该租地的交涉。正因为如此,中美官方并未就该租地的开辟订立过正式协议,在起初的十多年间也没有划定其界址。该租地发展成租界后,美国领事等人又未积极采取对当地进行专管的措施。1863 年,美国领事与中国官府划定该租界界址,以排除与英租界合并的障碍,使这一合并随即实现。在天津,清政府起初认为于 1862 年抵达的美国首任驻津领事是由商人兼任的领事,不拟给予领事待遇,旋因其专职外交官的身份得到确认,当地中国官府对他“与各国领事一体相待”。[①] 此时,天津已辟有英、法租界,中国官府可能是为了显示对他的“一体相待”,指定毗连英租界的一片土地为美租界。美国政府则没有开辟天津美租界的意图,始终没有核准对该租界的开设。[②] 1880 年,美国领事就以日后有权在该租界恢复行政管理权为条件,将该租界“退回”中国。1895 年,美国驻华公使因德国人拟将原美租界所在地划作天津德租界的一部分而向清政府提出抗议。但在 1896 年 6 月,美国政府便再次声明放弃对该地区的管理权。1900 年,美国在力主建立天津公共租界时,因列强都不理会其建议,美国驻津领事等人曾企图恢复天津美租界。[③] 但到 1902 年,美国政府最终接受英国于前一年提出的将原美租界作为英租界扩充界的六项条件,同意将该地区并入天津英租界。正因为如此,作为专管租界的美租界早在中国开始收回外国租界之前已不复存在。

---

① 台湾“中研院”近代史研究所编:《中美关系史料》(同治朝上),1968 年版,第 36 页。
② [美]泰勒·丹涅特:《美国人在东亚》,第 498 页。
③ En-sai Tai, *Treaty Ports in China*, p. 131.

由于存在的时间较短，美租界并未形成完整的行政体制。美国公使、美国领事等人都未为上海、天津两地的美租界订立《土地章程》之类的基本章程。在上海，1854年驻沪英、美、法领事颁布经其擅自修订并经三国公使批准的《土地章程》时，因为当时美国人租地界址未定，所以这一区域未被列入该章程的实施范围。至1863年该章程在当地实施时，美租界已与英租界合并成公共租界。同时，上海、天津两地美租界都未设立工部局，选举工部局董事，因而重要的政务也不是由工部局董事开会议决。不过，在上海美租界，为了议决界内重要政务，包括与英租界合并等要务，美国领事曾召开该租界的租地人会议，使该租地人会有些类似于英租界的租地人会。特别应指出的是，这两个美租界都设置了巡捕。在上海，美租界于1861年设立巡捕房。在天津，美国领事等人仿照上海公共租界格局，联合天津英租界当局，在美租界设置巡捕。两地的美国领事分别对这两个区域进行管理，特别是派设了巡捕，使它们显然已成为专管租界。

美租界的终结与中国政府对其他外国租界的收回有很大差异。美租界虽然不再作为美国的专管租界，但其所在地仍是租界。上海美租界一直是上海公共租界的一部分，一度"退回"给中国的天津美租界于1902年又成了天津英租界的南扩充界。同时，美国对原来的美租界仍拥有一定的特殊权利和影响。自1863年至1899年上海公共租界大扩展，该租界仍一直分为英租界、美租界两部分，美国驻沪领事对美租界部分的事务仍有很大的发言权。在此期间，有关该区域的扩展事宜，始终由该美国领事与上海地方官员交涉，最后，仍由美国副领事作为领事团的代表与上海官员于1893年确定该区域的扩展界线，并订立《新定虹口租界章程》。在整个上海公共租界中，美国人在工部局中的势力也仅次于英国人。从1873年起的四十余年间，工部局的九名董事中通常都有一名董事为美国人。自1921年起的九年间，美籍董事增至两名。[①] 美国人费信惇、樊克令等还都担任工部局总董多年。在天津，美国人在将美租界"退回"中国时预留地步，即将来美国领事能在当地推行合适的市政制度之时，美国可以恢

---

① 《上海租界志》编纂委员会编：《上海租界志》，第184—186页。

复该租界。天津官府也承诺，美国领事将来拟恢复美租界现状，只要没有障碍，他们将不会反对。1895 年德国开辟天津德租界时拟将这一区域并入德租界，因美国反对，德国就未能染指。此后，英、德两国都企图将该区域并入其本国专管租界，都因美国没有松口，清政府就无法答应。最后，英国政府为使美国政府改变态度，遂提出六项承诺，使得美国在原美租界并入英租界后仍在当地保留多项权利，包括中止双方协定，使美租界脱离英租界，重新成为独立的专管租界。[1] 这样，在 1902 年原美租界所在地区虽然成了英租界的南扩充界，但仍如同美国的预备租界。

最后，还应指出的是，美国政府其实并不重视这两个原美国专管租界的所在地，因而美国人在这两个区域的势力不断衰退。在天津，美国人并未根据 1902 年美租界所在地并入英租界的条件，在这一英租界的南扩充界行使过诸如单独实行军事管制之类的特权。后来该租界工部局与扩充界工部局合并后还不再遵守两个租界合并时的协定，不再为美国人保留一个董事席位，以致出现工部局没有美籍董事的局面。在上海，从 20 世纪初期起，日本人鹊巢鸠占，将公共租界的虹口地区即原美租界所在地作为发展其势力的范围。1931 年九一八事变后，当地又被划为日军协防地区，致使这一区域成为日军侵略上海的基地。当时的人们甚至称该区域及毗连的越界筑路区为"日租界"。到 30 年代中期，对于上海和天津居民而言，美租界已成遥远的往事。很多天津人士已不知道当地曾存在过美租界。

第四节　日　租　界

日本是唯一在中国开辟租界的亚洲国家。日租界开辟较迟，大多位置偏僻，商务不振，但其数量超过法租界，仅少于英租界，在专管租界中位居第二。

甲午战争结束后的 20 年间，日本通过《马关条约》《公立文凭》《中日

---

① 　En-sai Tai, *Treaty Ports in China*, pp. 129 - 130.

会议东三省事宜条约》《关于交还胶澳之换文》等不平等条约，陆续取得在中国 13 个通商口岸开辟专管租界的侵略权益。如果这些租界全被开设，其数量将远远超过英租界。在事实上，日本的贪欲与其经济实力尚有差距。就在订立《马关条约》后不久，日本拟在中国 8 个通商口岸开辟租界时，清朝君臣就认为，"我虽全许，谅彼力亦尚不能全开"[①]。后来，日本人真正开设成功的，仅有苏州、杭州、天津、汉口、重庆等 5 个租界。在沙市、福州、厦门三地，中、日双方虽已订立开辟租界的中日约章，确定租界界址，但因界址不理想、当地民众抵制、鲜有日商前来租地等，最终未能建成。在上海，日本人垂涎的地段正是苏州河以北公共租界即将扩充的区域。在此时他们尚无与英、美抗争的力量，因而只能放弃在当地开辟专管租界的计划，改而采取打入公共租界、在界内扩展其势力的策略，并获得了成功。在营口、安东、奉天等地，起初是因为其内部钩心斗角的争斗，后来又唯恐英、美等国也在东北开辟租界，日本政府未将所占据的土地辟为租界，而是最终将它们并入南满铁路附属地。此后，因中国人民发动轰轰烈烈的五四运动来反抗日本对山东的侵略，美、英、法等国出于各自的利益也都对日本施加压力，使日本先是表示可以仅在青岛设置国际公共租界，后来又不得不宣告，不再谋求在胶州湾开辟日本专管租界或公共租界。[②] 于是，日本索得在中国诸多通商口岸开辟专管租界的特权后，真正建成的日租界只有一小部分。此种状况，是日租界的特点之一。因为中日订立过开辟沙市、福州、厦门日租界的约章，日本对这些划为租界的地区拥有"纸上的权利"，所以当时的日本政府和有些日本人宣称日本在中国辟有 8 个专管租界。

在已设的 5 个日租界中，除天津日租界外，都位置偏僻，远离当地中国居民聚居的繁华街区。这一方面是因为日租界开辟较晚，以致在已经辟有租界的通商口岸较好的地段已被他国租界占去。在汉口，英、德、俄、法租界开设在先，日本人只能退而求其次，将日租界开设于这四国租界的

---

① 王彦威辑、王亮编：《清季外交史料》卷一二三，页十四、十五。
② 王芸生编著《六十年来中国与日本》第 7 卷，生活·读书·新知三联书店 1981 年版，第 359 页；第 8 卷，生活·读书·新知三联书店 1982 年版，第 332 页。

东北,此处距汉口镇市已有六里之遥。另一方面,这也是因为在甲午战争后,内外交困的清政府采取了尽力争回既失权利的外交策略。这样,在日本拟辟租界的通商口岸,中国官员除了曾力争将日租界改为通商场外,还尽量不让日租界界址靠近繁盛区域。在苏州、杭州和重庆,日本人曾希望在繁华的苏州阊门外、距杭州城区稍近的大关以及距重庆府城较近的江北厅开辟日租界,但都未能交涉成功,最后只能将日租界分别设在僻远的青旸地、拱宸桥以及王家沱。到沪宁、沪杭铁路建成后,苏州、杭州两地的经济地理发生变化,这两地的日租界就更加远离当地的商业中心。只有在天津,情况较为特殊。天津城东南有片沼泽,英、法两国便选择位于沼泽东南的紫竹林为租界所在地,此后德国也宁愿选择较远的地段为租界。后至的日本人只能划这一沼泽及其邻近区域为租界,但在大规模填筑沼泽和洼地后,天津日租界脱胎换骨,成了紧靠天津城区的黄金地段。大多不得地利,是日租界的又一特点。

照片 18　天津日租界的繁华地段

由于位置偏僻,日商又财力有限,除天津日租界外,其余 4 个日租界都不繁荣。就连在当时善于虚饰的日本政府自己也承认,所有日租界中只有天津、汉口日租界"发达",其余都"未发达"。其实,被称为"发达"的汉口日租界,在汉口五国租界中是最不发达又声名狼藉的租界,就连日商也多不愿意将洋行、商店设在这一本国租界之内。在"未发达"租界中,经日本人的多年努力,苏州日租界曾稍有兴盛气象。但是在开设 20 多年后,界内仍有大片土地没有租出,建成的工厂、商店、洋行等为数有限。重庆日租界从未出现过繁盛的迹象,界内建成的房屋十分有限,直至 20 世纪 30 年代,当地只租出 103 亩土地,仅占租界总面积的七分之一。① 杭州日租界也是如此,至 1934 年办完租赁手续的土地仅 167 亩,不足租界总面积的四分之一,界内只有警察局、10 间茧行、一些两层的集体住宅等少量建筑,大部分土地尚未被开发。② 不繁荣、不发达,是日租界的普遍情况。

照片 19　日本人在杭州日租界内建造的少量房屋之一

---

① 朱之洪等修、向楚等纂:民国《巴县志》卷十六,页二十六。
② ［日］大里浩秋:《杭州的日本租界》,载［日］大里浩秋、孙安石编著《租界研究新动态(历史・建筑)》,第 146、147 页。

为了繁荣租界,日本人不择手段,因而使日租界大多成了罪恶的渊薮。在汉口日租界,日本人除了私贩枪支弹药,还经营鸦片、白面、红丸等各种毒品,被当地人士视为走私、贩毒的大本营,以致汉口土话"下东洋租界去呵",成了与从事肮脏勾当同义的字句。[①] 重庆日租界中也是一片乌烟瘴气。巴县地方自治促进会曾对它作过一番描绘:日本人在租界内"包庇烟赌,借此余(渔)利;诱良为贱,遂其兽欲;藏匿盗匪,分润贪赃;漏偷关税,私运货物;贩卖枪弹,助长内讧;嗜酒乘疯,侮辱华人;安置外警,胆敢擅捕;作殃作福,无恶不为"[②]。正因为如此,重庆民众对该租界有切齿之恨,于 20 世纪 20 年代后期就发动了轰轰烈烈的收回王家沱日租界的斗争。[③] 在天津日租界中,有诸多日本、朝鲜和中国妓院。据 1936 年的统计,界内领有执照的妓院达 200 余家,正式上捐的妓女达千人以上。界内制毒、贩毒的毒窟为数更多。公开制造或贩卖毒品的日本商店以及中国的土庄、烟馆曾达数百家。[④] 1933 年,日本政府在受到国际舆论抨击后,曾故作姿态,特派官员到天津来"肃毒"。结果,日本驻军和租界警方与毒枭表里为奸的黑幕被揭开,日本政府和日租界当局都被弄得狼狈不堪。在杭州,日本人在对日租界的经营失败后,就转而入居该租界以南的公共通商场,致使该通商场被误认作杭州日租界。为了吸引杭州城内的游人,该通商场内出现一批戏馆、茶馆、烟馆、菜馆、妓馆。[⑤] 其中妓馆尤其兴盛,除不计其数的暗娼外,在妓馆全盛时期已过的 1929 年,当地尚有公开登记的妓馆 233 家,妓女 434 人。[⑥] 在过去,杭州最著名的妓寮是钱塘江中的江山船,此时的拱宸桥妓馆成了杭州最大的淫窟。

从 20 世纪初期起,日本军阀图谋进一步侵略中国,成为中华民族最

---

① 扬铎、龙从启:《汉口外国租界的产生和收回简述》,载中国人民政治协商会议湖北省武汉市委员会文史资料研究委员会编《武汉文史资料》第 1 辑,1980 年版,第 236 页。
② 黄淑君、王世祥:《重庆王家沱日本租界始末》,《西南师范大学学报》1989 年第 3 期。
③ 参见四川大学历史系编:《四川人民收回重庆王家沱日租界斗争档案资料选辑》,载四川大学历史系编《四川人民反帝斗争档案资料》,四川人民出版社 1962 年版。
④ 天津市政协文史资料研究委员会编:《天津租界》,第 113、117 页。
⑤ 章达庵:《拱宸桥旧事二则》,载政协杭州市委员会文史资料研究委员会编《杭州文史资料》第 5 辑,1985 年版,第 131—133 页。
⑥ 建设委员会调查浙江经济所编:《杭州市经济调查》,正则印书馆 1932 年版,第 652 页。

危险的敌人。揳入中国内地的日租界,又对中国国防构成严重威胁。潜入杭州、汉口等地的日本特务都以日租界或靠近日租界的地区为据点,假扮成商人或其他人士,在暗中收买汉奸,搜集情报,进行各种间谍活动。在天津日租界,日本特务的活动尤为猖獗。在 20 世纪初期,界内的樫村洋行、野崎商店等洋行、商店都是日本特务的秘密联络点,常盘旅馆、扇家料理店等旅店、餐厅都是日本高级特务的活动场所。1931 年九一八事变后,更多的日本特务麇集天津,并先后在该租界内成立青木公馆、茂川公馆等多个特务机关。这些日本特务策动了一系列的便衣队暴动,实施将末代皇帝溥仪从该租界转移到东北的计划,并策划了所谓冀东独立运动,使该租界成为华北的乱源。① 同时,日本政府派遣军舰,深入长江,直至川江,去"保护"汉口和重庆的日租界。1911 年武昌起义爆发后,日本政府趁机非法在汉口日租界附近建造兵营,长期派驻陆军,兵力曾达 2 000人左右,并屡次派遣大批海军陆战队等在日租界登陆布防。九一八事变后,汉口日租界更是戒备森严,日本陆海军频频在当地举行军事演习,使该租界如同一把插在中国腹地的尖刀。天津日租界内外更是大批日军的驻扎地,其中毗连日租界的海光寺兵营即是日军华北驻屯军司令部所在地。在 1931 年 11 月便衣队暴动时日本驻军就配合便衣队,动用大炮、机枪、坦克,向中国警卫部队扫射、轰击,直接介入这场暴动。到 1937 年卢沟桥事变爆发后,驻海光寺等处的日军又与自北平南下的日军里应外合,致使天津沦陷得异常迅速。这些事实表明,日租界对中国的危害十分严重,其中天津日租界可说是对中国危害最烈的租界。

从 1925 年起的数年间,4 个英租界被中国陆续收回,日租界便在数量方面超过英国,成为为数最多的专管租界。在此期间,中国政府曾力图收回汉口等地的日租界,日本政府就以集结军队、制造血案的暴行来维护这些侵略据点,使得中国政府未能通过外交谈判的途径收回任何日租界。这样,对日租界的收回,只能有待于彻底荡涤日本在华侵略势力的又一次中日战争。

---

① 天津市政协文史资料研究委员会编:《天津租界》,第 93 页。

第五节　其他各国租界

除英、法、美、日等四国外，德、俄、比、意、奥等五国也在中国开辟了专管租界。这五国强弱不等，开辟在华租界的机缘和方式也不同，但这些租界都不是产生过重大影响的租界。

第一，这些国家的租界都开辟较迟。在这五国中，较早被清政府视为强国的是俄国。自第二次鸦片战争爆发后的十余年间，俄国就割占了中国一百多万平方公里的土地。不过，在此前后俄国商民主要在中国内陆的西北地区与中国商民交易，因此，俄国政府先后在新疆伊犁、塔尔巴哈台等处开设与租界近似的贸易圈，尚未向清政府索要在东南沿海等地区开辟租界的权益。1870 年，普鲁士在普法战争中大胜法国，次年，以普鲁士为主体的德意志帝国成立，使清政府注意到德国是泰西的又一强国。由于自 19 世纪 70 年代后期起，清政府开始认识到租界对中国主权的危害，已不贸然允准外国在中国开辟租界，因此德国尚未能获得在中国开辟租界的机会，俄国于 1891 年在汉阳梅子山一带开设租界的意图，也被清政府拒绝。直到 1895 年甲午战争结束时，德、俄两国借所谓"三国干涉还辽"之功，才有了在中国开辟专管租界的口实。这时，比、意、奥三国仍无在中国开辟专管租界的可能。这是因为清帝国的国势虽已江河日下，但这些西方的中小国家也没有制服清帝国的武力，清政府仍不会轻易地向他们出让国家主权。1898 年清政府向比利时借款修建卢汉铁路，比方以筑路员工生活、居住需要为借口，拟将其在汉口买下的大片土地，辟为汉口比租界。湖广总督张之洞等人坚决反对，比利时政府只得放弃这一图谋。[①] 1899 年，意大利在德、俄、英、法四国索要了胶州湾等五个租借地后，准备乘机强索三门湾为其租借地。遭到清政府拒绝后，意大利政府宣称要派遣舰队前往中国。清政府自忖残剩的武力尚可与意国的远征军一决雌雄，决定摆开战阵。于是，意大利的虚声恫吓反被戳穿。直到 1900

---

① 侯祖畲修、吕寅东等纂：民国《夏口县志》卷十一，页二十；徐焕斗编：《汉口小志》，附外国人居留地第 23、24 页。

年八国联军占领京津地区之际，比、意、奥三国才借此机会在天津强占土地，并使焦头烂额的清政府终于同意这些国家在天津开设专管租界。1902年底，天津奥租界遂成为最后一个订立开辟约章的租界。

第二，这些国家的租界数量较少，最多只有两个。德、俄两国分别在天津、汉口有两个租界，比、意、奥三国都只有一个天津租界。这些租界都集中在天津、汉口两地。德、俄两国没有开辟更多的租界，原因之一是他们在此期间还在中国的其他区域攫取了更多的侵略权益。在1895年获准开设天津、汉口德租界的3年后，德国强租了胶州湾，将陆、海面积超过1 100平方公里的胶州湾租借地作为其经营的重心，并将山东省作为德国的势力范围。俄国于1898年强租陆地面积就超过3 000平方公里的旅大租借地之后，在建造贯穿东北的东省铁路及其支线时开辟大片铁路附属地，其中包括不久后发展成东北重镇的哈尔滨。至八国联军侵华战争后，俄国又一度占领整个东三省，还将长城以北和新疆作为俄国的势力范围。1904年爆发的日俄战争使俄国在华势力遭到重创，包括失去旅大租借地和南满铁路及沿线的附属地，并且没再有在中国增设租界的机会。在华的德国人于1914年第一次世界大战爆发后就被切断与本国联络的海上通道，旋被日本人夺走胶州湾租借地，身陷绝境，此时已保不住已有的租界。比、意、奥三国则没有力量迫使中国政府同意他们在其他通商口岸增设租界。其中比利时在开设天津比租界后再次拟将在汉口所购之地改成租界。经反复交涉，湖广总督张之洞等坚持由中国议价收回这一区域，使比利时未能在中国开设第二个租界。[①]

第三，这些国家的租界多是在明抢暗夺中国官地、民地的基础上才得以开设。这些国家都不像当时的英国，财力雄厚，可向在华租界作大量投资，因而在开设租界时不择手段地压缩开支。以天津德租界而言，清政府除了将界内大片国有官地无偿地让与德国外，还不得不为德国人收购界内民地耗费巨资。因该租界比邻繁荣的英租界，此时有些地段的地价可达每亩240两白银。德国人却以德国有"干涉还辽"之功，对界内民地每

---

① 　侯祖畬修、吕寅东等纂：民国《夏口县志》卷十一，页二十。

亩只肯出银 75 两,迫使清政府耗费 12 万两白银来贴补当地居民。① 俄国人在图谋开设天津俄租界时,就蓄意尽量多占中国官地,以便在日后拍卖这些土地,借以积累建设该租界的经费。他们还宣称,该地区系通过"战争所得",企图无偿地强夺民地。中国官员指出,中国居民已在战乱中"家业荡然","文明国"不应攫夺他们仅有的"栖身之地",俄国人才同意向中国业主支付房地价。② 然而,他们又极力压低地价。数月后,三四百户头等、二等土地的业主仅有半数呈送地契,中俄官员并未办妥租地手续,即强行将这些土地一律平整,并只给抗命的业主保留了部分地价。③ 意、奥两国则通过开辟天津意、奥租界的中外约章,无偿获得界内官地,并规定界内不知业主之地,在官方出示 12 个月后仍无人投报,便可将该地充公。此后,意租界当局还曾企图将遗失地契之地当作不知业主之地,径予充公。经中方抗争,其图谋才未得逞。意大利人还占用当地盐商坨地约 179 亩,并承诺将会同盐商另觅他处重修盐坨,并支付全部费用。多年后,他们却只肯支付地价银一万两,不足盐商支出的七分之一。④

第四,这些租界大多历时较短。这些租界开辟既迟,大多又率先被中国政府收回。出现此种情况,带有历史的偶然性。20 世纪初期,爆发第一次世界大战。北洋政府决定加入协约国阵营,遂于 1917 年先是与德国断交,旋即向德、奥两国宣战,并收回德、奥租界,首开中国收回租界的纪录。这样,德租界仅存在 20 年左右,奥租界存在的时间不足 15 年,成为最短命的租界。此后,北洋政府于 1920 年停止沙俄政府外交官的待遇之际"代管"了俄租界,并于 1924 年与苏联政府订立新约时正式收回了这些租界。俄租界便成为继德、奥租界之后被中国收回的租界,其存在的时间也只有 20 多年。比租界是在中国收回一批英租界后才被"交还"中国,此时是 1931 年,距订立开辟该租界约章的 1902 年也只有 29 年时间。意租界的情况稍稍特殊。它一直维持到第二次世界大战的后期,共历时 40 余

---

① 《清实录·德宗景皇帝实录(六)》卷四二九,第 633 页;天津档案馆、南开大学分校档案系编:《天津租界档案选编》,第 165 页。
② 刘锦藻撰:《清朝续文献通考》第 4 册,商务印书馆 1936 年版,考 10915 页。
③ 天津档案馆、南开大学分校档案系编:《天津租界档案选编》,第 339—341 页。
④ 天津档案馆、南开大学分校档案系编:《天津租界档案选编》,第 397、401、407、437、444 页。

年。不过,较之英、法租界,该租界的历史仍是较为短暂的。

第五,这些租界的市面都不繁盛,其中不少成为高级住宅区。在这些租界中,俄租界成为俄国商人经营茶叶的基地。在汉口俄租界,俄商开设的顺丰、新泰等洋行用新式机器将茶叶加工成深受俄国人欢迎的砖茶。天津俄租界则成为南方所产茶叶的集散地,在那里俄商用骆驼队将茶砖装载回国。不过,除了茶叶,两地的俄租界内并没有其他重要的工业和商务。汉口俄租界内建成不少西式洋房,并建有大片石库门住宅。天津俄租界面积宽广,还被其他国家商民择为建造货栈和储油罐的地点。汉口、天津德租界都距中国街市较远,因而不易发展成繁华的商业街区。在汉口德租界,除德商及其他商人开设的少量洋行、商店、轮船公司及蛋厂、炼油厂、油栈等以外,其余地区多半是住宅区。在天津德租界,德商的洋行大多设在繁华的英租界,德租界的老租界大体上是外国人以及中国达官贵人的高级住宅区,扩展的新界大体维持着中国居民居住区域的面貌。到1914年第一次世界大战爆发,因协约国的封锁,中德贸易中断,德国侨民纷纷离境,汉口、天津德租界都在当地的租界中率先衰落。意大利和奥匈帝国与中国的贸易都不兴盛,来华的意商、奥商都寥寥可数。不过,这两个租界都与天津城隔海河相望,地理位置较好,因而都发展成中国的高官显贵构筑安乐窝的场所。特别是意租界存在的时间稍长,法西斯统治的意大利后来又与日本成为盟国,在1937年天津被日军侵占后相对安全,入居该租界的中国富商大贾进一步增多,不少银行、商店也自其他区域迁入,当地终于出现了点繁荣气象。天津比租界离天津繁华区域较远,对各国商民都缺乏吸引力。比商在天津包括靠近天津城的多个租界兴办了不少公用事业,却都不愿轻易地在比租界投资。到1931年该租界正式交还中国之际,界内只建成沿河马路一条,并有英商开设的和记洋行及华商开设的数个木栈而已。[①]

最后,由于这些租界都历时较短,特别是具有制造事端的德、俄两国的租界都属于短命的租界,比、意、奥三国国力较弱,又无意挑起事端,因

---

① 宋蕴璞编辑:《天津志略》,天津协成印刷局1931年版,第12页。

此这些租界内未发生过令中国人民注目的重大事件。虽然汉口德租界和天津比租界当局都曾因蚕食界外土地而与当地华人发生过冲突，但其规模远不能与天津法租界的老西开事件、厦门英租界的海后滩交涉相比拟。较之公共租界和英、法、日租界，这五国租界也是对当时中国社会影响较小的租界。

阐述各国租界的异同后，可知它们作为"国中之国"的基本情况大体相同，不同之处则在次要直至枝节的方面。各国租界大同小异的重要原因，是后来开辟的租界都以最早形成的上海租界为蓝本，并均沾了英国人率先攫夺到的涉及租界的很多侵略权益。它们的局部不同多是受本国政治制度、经济实力等因素的影响，反映了各国国情的差异。日本与英、法等欧美国家的国情有较大差异，因此相对而言日租界与英、法等国租界有较多的不同。

第八章　各地租界的兴衰

列强先后在中国的十多个通商口岸取得开设租界的特权,后多种原因使部分租界未被开设或未能建成,真正出现租界的通商口岸共为十个。其中上海、天津、汉口、厦门四地的租界面积较大,较为发达,对当地直至附近地区的政治、经济、文化都产生较大的影响。其余六口的租界面积较小,多数发展不够充分,或是几乎没有得到发展,对当地的影响也较为有限。

第一节　上海租界

上海租界是最早形成的租界,也是面积最大,侨民最多,经济、文化最发达的租界。上海租界是中国所有租界中最典型的"国中之国"。

从上海英商租地开辟至上海租界被收回,这段历史长达百年。上海租界是历时最久的租界。如果以粗线条来进行勾勒,其兴衰大体可分为四个时期。

上海租界的第一个发展时期自 1843 年起到 1863 年止,是上海一个公共租界和一个专管租界并存格局的形成时期。这一时期的最初十余年,是上海出现英、美、法三块外国人租地及这三块租地演变成租界的年代。在此期间,英国领事率先在英商租地内取得若干属地的行政管理权。英国侨民起初在界内设立的道路码头委员会,还只是市政机构的雏形。上海官府仍能在该租地内行使一些国家主权,特别是管辖界内的华人。由于地处长江入海口,上海在鸦片战争之前已是中国国内贸易的重镇。开埠后,因邻近生丝、茶叶这两项大宗外贸出口商品的产地,并享有内河水运之便等条件,上海很快发展成向海外出口丝、茶的重要口岸。1844

年,上海已有英商怡和等 11 家洋行的分行。① 此后,黄浦江畔出现更多的外商洋行,一批外资银行也陆续在当地开设分行。由于当时实行"华洋分居",至 50 年代初,上海的外国人租地内仍人口稀少,只是散居着数量有限的外国人和原来在当地居住的华人以及为外国人服役的仆人。

重大的转折发生于 1853 年 9 月之后。此时,小刀会众占领了上海县城,在英商租地附近扎营的清军也在"泥城之战"中被英、美军队和外国侨民组成的义勇队驱离,上海地方官府完全失去对外国人租地的控制。次年 7 月,这些租地开始演化成摆脱中国政府管辖、未久被称作"租界"的"国中之国"。在此期间,上海地区成为战场,躲避战乱的中国居民纷纷涌入租界避难,界内华人激增。英国领事等以难民乱搭棚屋,有碍管理和卫生,力图将他们驱逐出去。部分英国商人则认为,人口增加,不仅有利于界内繁荣,还使他们可通过为华人盖造房屋而获取利益。英、法、美等国领事旋即认可此种观点,上海租界华洋杂处格局由此确立。此后,虽然江苏、浙江两省成为清军与太平军反复拉锯的战场,但上海租界则未遭战火破坏。就在上海租界欣欣向荣之际,因第二次鸦片战争爆发,数百年来一直作为中外贸易中心的广州受到重创。上海便超过广州,跃居为中国最重要的通商口岸。同时,毗邻上海的苏州也因战火的破坏而衰落,上海又成为长江三角洲货物集散地。1862 年 4 月,上海法租界独自为政。次年底,上海英、美租界合并为公共租界。上海形成一个公共租界和一个专管租界并存的局面。公共租界的工部局、法租界的公董局分别成为这两个租界的行政机构。

上海租界的第二个时期开始于 1863 年,这是它的全盛时期。在此期间,上海租界屡次扩展,特别是公共租界 1899 年的大扩展,使其面积增至33 503 亩,成为中国最大的租界;法租界 1914 年的大扩展,使其面积增至15 150 亩,成为中国最大的专管租界。上海公共租界当局还继续开辟越界筑路区。至 20 世纪 20 年代,上海租界连同越界筑路区的面积达上海县城面积的数十倍。上海租界的人口也越来越多。1865 年,当地的外国

---

① ［美］马士:《中华帝国对外关系史》第 1 卷,第 399 页。

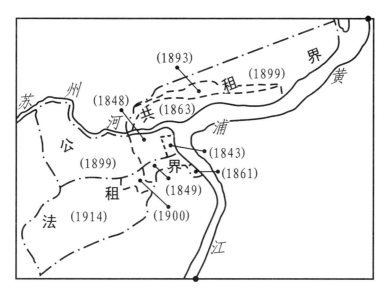

图 27　上海租界迭次扩展图

侨民达 2 757 人；20 世纪初期，超过 1 万人；1925 年，达到 3.7 万余人。当地华人人口增长得更为迅速。每当波及邻近地区的战乱发生之时，便出现一波华人迁居上海租界的热潮。1865 年，入居上海租界的华人达 14.6 万人，甲午战争后上升到 30 余万人，八国联军侵华战争后上升到 50 余万人，到 20 世纪 20 年代初期发生江浙战争时又上升到 110 余万人。[①] 虽然在战乱平息后，总有一批避难者返回家乡，但界内人口的增长趋势不变。

上海租界的市政建设也进展迅速。至 20 世纪初，该租界已拥有当时最先进的城市基础设施和公用事业，包括开阔的柏油路，采用钢桁梁的桥梁，实行雨污分流的排水系统，电力、煤气、自来水的供应，电话、电报的应用，以及有轨电车、出租汽车等公共交通工具。界内建成一大批体现西方建筑艺术的优秀建筑。其中位于黄浦江畔的一长列高楼华屋，构成靓丽的外滩建筑群。在界内还演化出"石库门"里弄住宅。此类中西合璧的联排建筑，逐渐成为上海租界内典型的民居。上海租界因而获得"万国建筑博

---

① 邹依仁：《旧上海人口变迁的研究》，上海人民出版社 1980 年版，第 90、141 页。

览馆"的称号。

此时上海租界的兴旺,建筑在经济繁荣的基础之上。其重要经济支柱之一,是主要通过上海租界进行的对外贸易。1868年,上海直接对外贸易货值达白银8 754.5万关平两,占全国直接外贸总值的62.4%;1904年,增至32 509.1万关平两,占全国的54.5%;1929年增至98 868.7万关平两,占全国的43%。[1] 正因为如此,当时称上海是中外贸易的心脏。上海租界的零售商业也同步发展,界内出现大批销售洋货和中国传统产品的商店,至光绪后期又在全国率先建成大型百货公司,并在民国初期建成先施、永安等著名的百货公司。东起外滩、西至泥城浜、南至公馆马路、北至苏州河的区域成为上海零售商业中心。位于公共租界的南京路、位于法租界的霞飞路还发展成闻名中外的商业街。上海租界还成为中国金融业的重镇。界内出现大批中国传统的钱庄、票号。上海钱庄业形成以县城为南市、租界为北市的格局。1909年,上海100家钱庄中有77家位于北市。南、北两市洋厘、银拆行情,从各自挂牌,南市要等北市开出后才挂牌,最后发展到南市行情无人关注。[2] 界内的中、外银行也逐步增多。至20世纪初已有英资汇丰、美资花旗、法资东方汇理等外资银行的分行,以及德资德华银行的总行;中国自办的第一家银行中国通商银行,以及交通、浙江兴业等中资银行的总行。这些银行大多位于公共租界的外滩及其附近,使这一区域成为上海的银行区。此外,界内还出现不少保险公司,以及股票交易机构。在这些银行中,汇丰银行影响尤巨。起初,上海租界内的汇兑牌价由麦加利银行挂牌决定,汇丰银行后来居上,取代了麦加利,后来几乎垄断中国的国际汇兑,而且可对外汇牌价有所操控。中国各地外汇市场和黄金价格要看上海租界,上海租界则以汇丰为准。不过,从1866年起屡屡发生的金融风潮,给上海租界直至全中国的金融业造成了巨大冲击。上海租界还成为当时中国航运业的中心。上海位于中国海岸的中点、长江航运的起点,上海租界又是中国进出口货物最大的集散

---

① 中国第二历史档案馆、中国海关总署办公厅编:《中国旧海关史料(1859—1948)》第4册,第18页;第39册,第42页;第106册,第157页。
② 中国人民银行上海市分行编:《上海钱庄史料》,上海人民出版社1960年版,第31、94页。

地,因而外商陆续在上海开设了旗昌、怡和、太古等轮船公司,华商也开设了轮船招商局,从而形成以上海为中心,连接长江沿岸及沿海各口的中国水上航运体系。同时,上海还成为中国近现代工业的重要发源地。甲午战争前,上海租界内已经出现一批使用西式机器的船舶修造、打包、缫丝、印刷、食品、卷烟等工厂。甲午战争后,上海公共租界内出现多家棉纺织厂,并形成沪东、沪西两个工业区。第一次世界大战爆发后,日、美等国商人和华商在上海租界内建成更多的工厂。这些工厂大多采用当时世界上较为先进的设备与技术,因而其设备与技术也都在中国的工厂中居领先地位。此时的上海已成为中国工业最发达的城市。

在此期间,上海租界还发展为文化较为繁荣的租界。上海租界面积宽广、经济发达,有较多的谋生机会,又有相对自由而安全的环境,因而中、外文化界人士纷纷入居。具备这样的基础后,上海租界产生磁铁般的效应,吸引了更多的文化人,从而使该租界成为全国的文化重镇。他们在界内经营了诸多报社、书局,特别是公共租界内福州路的部分路段更是书局、书店、文具用品店等机构和店铺的集中所在地,因而是名副其实的文化街,而与福州路相交的望平街则是报馆的云集处,被称为报馆街。这些报社、书局先后创办了《申报》《北华捷报》《字林西报》《点石斋画报》《时务报》《小说月报》等有全国影响的中、外文报纸、杂志,并编辑、出版了一大批学术著作和通俗读物。李伯元、吴趼人等作家还在入居该租界或在该租界活动期间创作了《官场现形记》《二十年目睹之怪现状》等不少著名的小说,吴昌硕、吴友如等画家则创作了大量精美的图画。由于有众多的市民为观众,该租界内建成一批剧院、书场、茶楼,京剧、昆曲、越剧、沪剧、评弹等剧种都在这里得到发展。其中京剧艺术家谭鑫培、梅兰芳等都曾在该租界演出,盖叫天、周信芳等艺术家则长期活跃于该租界的舞台之上。在西方发明电影后未久的 19 世纪末,外国商民就在上海租界放映电影,并拍摄短纪录片。此后,界内陆续建成多座电影院,并出现电影制片公司,拍摄新闻、风景、戏剧等短片以及短故事片。1921 年,由中国影戏研究社摄制的中国第一部长故事片《阎瑞生》在租界内的电影院首映。公共租界工部局很早就资助巡捕房的乐队,后来则组建了乐队。该乐队起初是铜管乐队，后来发展成管弦乐队，有一批欧洲音乐家加盟，取得了很高的艺术成就。上海租界内还出现不少小学和中学，其中包括租界当局所办的学校。1896年，由越界道路连接的圣约翰书院增设大学部，成为上海第一所高等学府，后改称为圣约翰大学。随后，在上海租界内外，又建成多所有影响的大学，界内曾有同济德文医学堂、震旦大学、东吴大学法学院等，界外有交通大学、复旦公学、沪江大学等。在20世纪初期，上海也上升为中国的文化中心。

上海租界的第三个时期，是开始于1925年的动摇时期。动摇上海租界的力量有两股。一股是正在强烈要求收回外国租界的中国民众。1925年，上海公共租界发生震惊中外的五卅惨案后，中国出现收回外国租界特别是英租界的汹涌浪潮。上海租界当局迫于形势，不得不有所让步，使上海租界呈现一些令人瞩目的变化。第一，基本停止越界筑路。五卅惨案发生后，公共租界当局被迫停止正在大规模进行的越界筑路行动。此后，虽然该租界当局直至1932年仍有延伸越界道路的举动，但从总体而言，上海租界当局通过越界筑路来扩展租界的历史已告终结。第二，废除会审公堂。1926年，驻沪领事团非法接管的公共租界会审公堂被交还中国，并被改组为临时法院。1930年、1931年，公共租界的临时法院、法租界的会审公堂被分别改组为上海第一、第二特区的地方法院和作为上诉法院的江苏省高等法院第二、第三分院，从此，外国领事在上海租界不再享有会审权和观审权。第三，华人入董工部局、公董局。法租界公董局、公共租界工部局相继有华董加入，公董局为四至五名，工部局自1930年起一直为五名。此外，更多的华人出任工部局、公董局各委员会的委员。第四，实行中国政府的某些法令。中国政府除了已能在上海租界实行中国的印花税法、卷烟税法、试行所得税法，从而能向界内华人征收印花税、卷烟税及所得税之外，还得以在租界内的工厂实施中国的工厂法，并由中国政府及租界当局任命的委员共同检查实施情形等。[①] 此外，这两个租界的当局还取消了禁止华人进入公园等歧视华人的规定。这样，在20世

---

① 周子亚：《上海租界内工厂检查权问题》，《外交评论》1933年第8期。

纪 30 年代初期上海租界已与其全盛时期有所不同。

　　动摇上海租界的另一股力量是日益猖獗的日本侵略势力。第一次世界大战爆发后,日本人乘机扩展其在公共租界内的势力。1915 年,日本人首次入董工部局。1927 年,日董增至 2 名。到日本企图灭亡中国的 20世纪 30 年代初,这股已钻入公共租界肌体的恶势力便从多方面动摇上海租界。第一,破坏公共租界传统的"中立"政策。在 1932 年的淞沪战争中,日军将其驻防的公共租界东区、北区及毗连的越界筑路区作为进攻中国军队的基地,动则从租界冲出,败则退回租界。英、美等国则已不能驾驭日本,未能使该租界在这场战争中实行中立。在这种情况下,中国军队于 5 年后的"八一三"抗战初期,也进入该租界,攻击在当地驻扎的 3 000名日军,使该租界在苏州河以北的部分地区化为战场,遭到严重破坏。第二,破坏公共租界的统一行政。在淞沪战争期间,日本人已在该租界东区、北区及其越界筑路区为所欲为。此后,日军在当地修筑大批堡垒,构成以海军陆战队司令部为核心的工事系统,并在那一带以陆战队取代租界巡捕。这样,当地基本上由日本人控制和经营,该租界工部局对这种情况只得忍气吞声。这一区域因而还被误称为"日租界",恰似公共租界中的专管租界,"国中之国"中的"国中之国"。第三,胁迫公共租界当局服从其意志。1932 年下半年,该租界工部局与上海市政府达成初步协议,其中规定将界外马路交还中国,并由双方共同组织特别警务机关来进行管理。日方就声称,特别警务机关应由日本人负责,否则,日本就保留界外马路的警权,并退出工部局。结果,这一协议只能作废。此时,公共租界在事实上已被日本侵略势力瓦解为两个部分。

　　当然,动摇不等于衰落。虽然从 20 世纪 20 年代末起受国际经济大萧条的牵累,1932 年初又受淞沪抗战的冲击,上海租界的市面不能不有所影响,但国内、国际的多种因素使上海租界并无衰败迹象。1927 年国民政府定都南京后,因国民政府的军政要人历来与上海租界有着复杂的联系,距南京仅 300 公里的上海租界便在中国政治、经济舞台上扮演更重要的角色。特别是国民政府在界内设立中央银行总行,并将中国银行和交通银行的总行从北京迁入界内,使上海租界一跃成为中国金融业的中心。在此期间,由于世界形势动荡不安,上海租界又成为国际难民躲避政治动荡和种族歧视的桃花源。俄国十月革命后,该租界已经是逃离俄国的"白俄"避难所。1931 年日本入侵东三省后,又有一大批俄国侨民从东北迁入上海。不久,受纳粹德国迫害的犹太人发现上海租界是全世界罕有的无须签证和工作许可证就可入居、工作的地方,将上海租界视为挪亚方舟,纷纷越洋而来。到 1936 年,上海租界内的外国侨民总数达 6 万人,比 20 年代中期增加近 1 倍。其中俄国侨民及以犹太人为主体的德、奥难民达 2 万人。[①] 在公共租界的虹口一带形成犹太难民的聚居区,在法租界中部吕班路、环龙路、金神父路一带形成俄国人聚居区,并使风姿绰约的霞飞路在其中段又增添了俄罗斯的浪漫风情。这样,直到"八一三"抗战爆发时上海租界的地基虽已震颤,但其华丽的外表尚未被破坏。

上海租界的第四个时期开始于 1937 年 10 月底日军攻占上海之时,这是它的终结时期。在四周的华界都被日军占领后,上海租界成为茫茫沦陷区中尚未沉没的"孤岛"。由于公共租界的苏州河以北早已成了日军占领的区域,属于"孤岛"范围的只有公共租界苏州河以南区域和法租界。"孤岛"时期的初期,中国的政府机构仍在界内办公,特区法院照常开庭,江海关继续向进出口货物征收关税,宣传抗日的报纸杂志也继续出版,致使上海租界如同插入敌占区的抗日基地。日本侵略者极为恼怒,除了屡次派兵进入租界示威,并于 1939 年春组建日伪特工总部。该总部不久后迁入位于沪西越界筑路区的极司菲尔路 76 号。这一魔窟中的武装汉奸疯狂袭击、暗杀抗日志士,直至行刺公共租界工部局总裁费利浦等未向日本侵略者贸然让步的西方人士。此时,英、法等国在远东的势力正在衰退,特别是到了 1940 年 6 月,法国已向希特勒德国投降,英国本土也岌岌可危。于是,上海租界当局不得不向日本侵略军节节退让。1938 年初,公共租界当局任用大批日本人为工部局官员和巡捕房警官,后来日本人还出任工部局副总董和副总裁。1939 年 3 月,该租界当局与日军订立所谓"维持治安"的协定,允许日本宪兵在界内设立机关,搜捕抗日志士。同

---

① ［美］罗兹・墨菲:《上海——现代中国的钥匙》,上海社会科学院历史研究所编译,上海人民出版社 1986 年版,第 26 页。

时,两个租界当局下令取缔界内一切政治活动,即抗日活动,违者就不予保护。到1940年初,在日伪方面一再挑起流血冲突后,公共租界当局又与汪伪上海市政府订立协定,成立由汪伪控制的"沪西特别警察局","共同管理"沪西的越界筑路区。同年8月英军撤退回国后,这一原由英军驻防的区域也由日军入驻,从而在事实上已完全被日本人控制。同年11月,法租界当局也作出重大让步,同意汪伪当局接管该租界内的两个中国法院。不过,即便如此,上海租界仍不同于沦陷区,日本人尚未能实现"代管"上海租界的阴谋,也未能像在华界中那样为所欲为,界内中国居民的生命、财产多少还有些许保障。特别是爱国志士仍能利用租界的环境,与敌人进行斗争,包括刺杀汉奸,搜集情报,采购、运送军需物资,撰写歌颂爱国主义、民族气节的文学作品,并利用由外商注册的"洋旗报"来报道事实真相,鼓舞民众的抗日斗志。

在经济方面,尽管上海租界与内地的交通受到日军的严密监控,处于相对安定状态中的上海租界在经历了短暂的萧条阶段后,便重又恢复往昔的繁荣。深陷逆境的上海租界能摆脱危机,有多方面的原因。上海华界和附近地区的不少工厂都迁入界内,内地的大量资金都流入界内,并有约300万不愿受日寇奴役的民众入界避难,使上海租界有着足够的设备、资金、劳动力以及庞大的消费市场。同时,上海租界与外国的海上交通并未被切断。在租界码头停靠的外国商船运入界内所需的粮食、燃料及工业原料等,并将当地制成的产品运销海外各地。形成此种经济格局后,界内工厂的数量、工人的人数都超过战前,棉纱、生丝等产品的出口量也都超过战前。到1939年,上海租界进入有史以来极度畸形繁荣的阶段。[①]不过,随着第二次世界大战的战火燃烧到更多国家,海外原材料的采运、界内制品的外销都越来越困难,致使上海租界的对外贸易逐渐萎缩,于1940年下半年起出现产品滞销、工厂停工等景象。上海租界从畸形繁荣的顶峰跌落,面临的已是难以预卜的暗淡前景。

1941年12月8日,日军偷袭珍珠港,太平洋战争爆发。同日,日军

---

① 唐振常主编、沈恒春副主编:《上海史》,上海人民出版社1989年版,第802、803页。

占领公共租界,上海的"孤岛"地区沉没了一半。由于纳粹德国为了维护其在上海的利益,要求日本不要急于改变该租界的现状,以保持上海租界国际都市的面貌,日军一度决定在当地"维持原状",依旧通过工部局来进行统治。[①] 当然,对于担任工部局总董、董事及各部门负责人的"敌侨",日军迅速进行清洗,而由日本人和汪伪汉奸来取代。同时,日军在当地实施所谓的"取缔政治恐怖办法",即是以普通居民为人质来对付抗日活动,并采取了办理户口登记、编制保甲、限制用电、发售户口米等一系列措施,使租界居民饱尝了日本式"王道乐土"的风味。接着,日军又步步紧逼,侮辱、迫害、掠夺英、美、荷等"敌性国"的侨民,最后又将男性"敌侨"圈禁于设在浦东的"敌侨集中营"。公共租界沦陷后,法租界茕茕孑立、形影相吊,处境越发困难。只是当地毕竟未被日军正式占领,因而仍有大批中国居民自公共租界迁入法租界。在法租界,本土沦为德国附庸的法国人只能视日本人为"太上皇",俯首帖耳地服从日军的命令,同意日军在界内设立宪兵队分队部,实行"取缔政治恐怖办法",并要求中外居民登记户口,编制保甲。这样,法租界也成了地道的准沦陷区。上海租界的弥留状态共延续了一年半。1943 年 7 月 30 日及 8 月 1 日,气息奄奄的法租界和公共租界终于在汪伪政府"收回"租界的喧嚣声中寿终正寝。

1945 年 8 月抗日战争胜利结束后,上海租界地区被中国政府正式接收。1949 年 5 月,中国人民解放军在进攻上海时为保护当地的高楼大厦,没有使用重武器。直到今日,昔日上海租界内的大批建筑仍保持着原来的风貌,成为各级文物保护单位;上海租界的所在地,仍是上海市的中心城区。

第二节 天 津 租 界

在天津,先后出现过九个专管租界,从而成为外国租界数量最多的通商口岸。天津租界的面积和影响则仅亚于上海租界。在中国开设专管租

---

① 陶菊隐:《孤岛见闻——抗战时期的上海》,上海人民出版社 1979 年版,第 107 页。

界的国家,在天津也仅在天津都有其专管租界。其中比、意、奥三国在中国只开辟一个租界,这些租界全都位于天津。在 20 世纪初期的十余年间,天津并存八国租界。

图 28　天津九国租界全图

从 1860 年起,天津租界开始了它的发展时期。在此后的几年中,天津相继出现英、法、美三国租界,租界面积仅小于上海租界,租界数量则超过了于 1863 年底起只有公共租界和法租界的上海租界。这时,天津的这三个租界都位于海河西岸的紫竹林一带,故而也被称为"紫竹林租界"。然而,这些租界所在地段地势低下,填筑费用巨大,海河又水浅弯多,易于淤塞,后来有些英国人认为,未在濒临不冻港湾又不需填筑的秦皇岛开商埠、设租界,而是在天津兴建租界是明显的失策。[①] 在天津租界开设之初,多数外商洋行连同美、俄等国的领事馆,都设在天津城厢一带原有商

① 吴蔼宸:《华北国际五大问题》第 2 篇,第 6 页。

业区内。由于天津本是所在地区的国内贸易中心,当地的中英贸易仍得到较快发展。1861 年,已有 41 艘英国商船在英租界新建的码头停靠,次年增至 69 艘。[①] 英租界内很快建成多座洋行,建成英国等多国的领事馆,还建成俱乐部等娱乐设施。1866 年,在天津居住的外国人士共 112 人,其中部分入居英租界,法租界则仅有 1 名外商入居,美租界内仍只有华人建造的泥屋。[②] 此时,天津直接对外贸易规模有限,当地进口洋货、出口土货大多经上海转口。进口洋货主要有棉布、鸦片以及毛纺织品等,出口土货一度有棉花等物,后为药材等农副产品。经天津转口运往俄国的土产,以汉口等地出口的茶叶为大宗。因出口土产数量较少,天津一直入超严重。1868 年,天津直接外贸货值为 194.7 万关平两,仅占全国的 1.4%。[③]

天津租界的较大发展始于 1870 年。这一年 6 月,天津教案发生。此后,外国侨民心有余悸,不敢再在华界居住,纷纷迁入英、法租界,但荒僻的美租界仍无外国人入居。因界内很多土地迟迟没有租出,不少华人继续在本拟实行华洋分居的法租界内居住。1873 年,总办朱其昂等人在书面承诺遵守英租界各种章程后,为官督商办的轮船招商局租得英租界土地,在当地设置货栈、码头,以该租界为其在天津的基地,也开启了该租界华洋杂处的局面。[④] 此后,驶抵天津租界的船舶几乎都停泊在英租界码头,外商洋行以及轮船招商局又在码头附近建造货物仓库,天津地方官府也修建了自天津城区至租界码头的沿河石路,大大便利了城区与租界的交通。于是,天津原来的航运中心三岔口漕运码头逐步衰落,紫竹林租界成为天津的贸易、航运中心。不过,因海河淤塞,较大的船舶一度无法驶抵租界码头,进出口货物只能通过驳船等来驳运。这种状况影响了当地贸易的发展。1879 年,在天津租界内外共有来自英、俄、德等国的外商洋

① 李华彬主编:《天津港史(古、近代部分)》,人民交通出版社 1986 年版,第 62 页。
② 吴弘明译:《津海关贸易年报(1865—1946)》,天津社会科学院出版社 2006 年版,第 23、24 页;W. F. Mayers & N. B. Dennys, *The Treaty Ports of China and Japan*, p. 444。
③ 中国第二历史档案馆、中国海关总署办公厅编:《中国旧海关史料(1859—1948)》第 4 册,第 18 页。
④ 英国国家档案馆:FO 228/932,天津知府告示,同治十一年六月二十四日;FO 228/956,英国驻天津领事致津海关道函,光绪三年八月二十二日。

行 26 家,1884 年增至 28 家,至 1890 年共有 47 家,直接外贸货值为 645.9
万关平两,占全国的 3%。[①] 在此期间,天津英租界设有英商高林洋行、汇
丰银行,德商礼和、禅臣洋行等一批洋行、银行,其中还包括被称为英国
"皇家四大行"的怡和、太古、仁记、新泰兴洋行,成为各地英租界中最繁荣
的一个。界内还建成利顺德大饭店等体现西方建筑艺术的建筑,耗资 3.2
万两白银的市政厅戈登堂,以及维多利亚道等交通干道。天津的法、美租
界仍没有多大变化。从 1870 年起,法国先是在普法战争中被打得一败涂
地,随后又长期陷入侵略越南和中国的战争,对华贸易一直没有起色。从
19 世纪 70 年代至 80 年代,每年抵达天津的法国商船至多只有数艘,有
时甚至没有一艘。在这种情况下,法租界尚无兴盛的基础。美租界的情
况尤为特殊。1880 年,美国政府宣布将该租界"退回"中国。此后,该租
界的所在地长期无人管理,不仅经济并未发展,秩序也相当混乱。在第一
个时期即发展时期中,天津租界始终是英租界一枝独秀。

从甲午战争后的 1895 年起,天津租界进入第二个时期即全盛时期。
甲午战争后,天津德、日租界开辟,英租界也首次得到扩展。在此期间,在
英、法租界内出现更多的外商洋行和仓库,界内几无隙地,导致地价飞
涨。[②] 然而因海河淤塞严重,驶入该河的轮船越来越少。1900 年八国联
军侵华战争期间,天津租界被清军和义和团民围攻,贸易中断。此后,天
津被八国联军侵占,俄、比、意、奥租界相继开辟,英、法、日、德租界得到大
扩展,天津租界的面积增至天津城的八倍。因美租界所在地正式并入英
租界,天津呈现八国租界夹峙海河的局面。同时,海河经疏浚、加宽,并被
裁弯取直,更大的轮船得以直驶租界码头,而从海河中挖出的大量泥沙又
填平了英、法、日等国租界扩展区域内的成片沼泽,使得天津租界的地理
环境得到很大改善。列强又通过不平等的《辛丑条约》及有关交收天津的
换文,迫使清政府平毁从大沽至天津等地的中国炮台,禁止中国军队进入

① 吴弘明编译:《津海关贸易年报(1865—1946)》,第 110 页;张焘:《津门杂记》,天津古籍出版
   社 1986 年版,第 123 页;中国第二历史档案馆、中国海关总署办公厅编:《中国旧海关史料
   (1859—1948)》第 16 册,第 24、64 页。
② 吴弘明编译:《津海关贸易年报(1865—1946)》,第 184 页。

天津周围 10 公里以内的地区,规定其军队可以驻屯于天津及天津附近诸多战略要地,使得更多的外商放心地在外国军队严密防守的天津租界投资。1910 年,天津直接外贸货值增至 3 853 万关平两,占全国的 4.6 %。[①]由于新设租界及租界的扩展区域中有大批华人,天津租界的人口也大幅增长。1906 年,天津租界共有中外居民 67 696 人,其中外国人 5 987 人,华人 61 709 人,华人占总人口的 91%以上。[②] 1911 年 10 月,辛亥革命爆发,大批满族、汉族居民及达官贵人自北京等地进入天津租界避难,界内旅馆人满为患,可用房屋也全部租出。当地人口再次激增。[③] 到 1912 年初北洋军阀为了制造北方局势不稳的假象而策动"天津兵变"后,华界的繁华市区被变兵先抢后烧,化为成片的废墟。只有租界及毗连租界的地段因有外国军队守卫,变兵才未敢劫掠。事后,更多的中国富商大贾托庇租界,一大批名店陆续迁入界内。[④] 从此,天津华界的商务急剧衰落,天津租界更趋繁盛,天津租界进入巅峰时期。

当然,天津八国租界的发展是很不平衡的。从总体来说,设在海河西岸的租界远比设在东岸的租界繁荣。位于西岸的租界中,经济最发达的仍是英租界。除英国洋行外,德、美、日等国洋行也多设在该租界内。在界内的中街即维多利亚道上还集中了汇丰、麦加利、德华、华比、东方汇理、横滨正金等诸多外国银行。在法租界的中街即大法国路,也开设了多家外国银行。这两条中街贯通后成为天津租界的金融街,还被称为"天津的华尔街"。[⑤] 日、法租界占据毗邻天津城区的有利位置,界内零售商业逐步发展,并有诸多妓院等,使得这两个租界逐渐成为畸形繁华的区域。西岸较为僻远的德租界和东岸与天津城区隔河相望的意、奥租界大体属于同一类型。界内商业并不发达。起初,意、奥等国租界内外国侨民甚

---

① 中国第二历史档案馆、中国海关总署办公厅编:《中国旧海关史料(1859—1948)》第 52 册,第 15 页。
② 李竞能主编:《天津人口史》,南开大学出版社 1990 年版,第 84 页。
③ 章开沅、罗福惠、严昌洪主编:《辛亥革命史资料新编》(7),湖北人民出版社 2006 年版,第 226 页。
④ 来新夏主编:《天津近代史》,南开大学出版社 1987 年版,第 241 页。
⑤ 吴弘明译编:《津海关贸易年报(1865—1946)》,第 122 页;周祖奭等撰:《天津老银行》,天津大学出版社 2008 年版,第 213 页。

少,众多当地居民并未迁离,华人占了这些租界人口的绝大多数。后来,其主要区域逐步演化成高级住宅区,袁世凯、冯国璋等人在天津的豪宅都位于其中。河东俄、比租界的经济都没有什么起色,只是俄租界邻近天津火车站,界内因而形成脚行多、大车多、货栈多的三多局面。同时,界内也已建成一批豪华的西式建筑。较为僻远的比租界基本上没有得到什么建设,界内居民稀少,是天津租界中最不发达的一个。[1]

照片 20　位于原天津奥租界所在地的冯国璋故居

在这一时期,还值得一提的是天津租界在八国联军侵华战争时的地位和作用。1900 年初华北爆发义和团运动后,天津的法、英、德租界在 5 月底成了列强入京卫队的集结地。5 月 31 日、6 月 2 日,先后有两支外国卫队自天津租界开赴北京。6 月 10 日,英国西摩尔中将又率领约 2 000 人组成的特遣队前往北京。此时,天津租界已像个武装的要塞。租界内外驻守着英、法、美、德、日、意等七国军队,共有官兵 1 643 名,火炮 14 门,

---

① 侯福志:《七十多年前的比租界》,《天津中老年时报》2013 年 7 月 11 日。

机枪 3 挺。其中俄军最多,达 1 332 名。[1] 未久,清军和义和团民夜以继日地围攻、炮击,使天津租界岌岌可危。八国联军屡次增援,援军达一万余人,其中包括少量奥军。[2] 7 月 12 日,大批援军抵达后,被围攻近一个月的天津租界解围。接着,联军攻占天津城、天津机器局等处,又以天津租界为基地,继续进犯北京等地。在这场长达二十余天的天津租界攻守战中,义和团民死伤惨重,清军伤亡甚众,名将聂士成也殉国于租界附近的八里台。八国联军及租界内外国侨民的伤亡也十分严重,其中包括不少军官。租界地区受到很大破坏,大量的建筑被炸坏或烧毁,曾被义和团民攻入的法租界损失尤重。

1914 年,天津租界进入第三个时期即动摇时期。这一年夏天,第一次世界大战爆发。由于英、法等协约国的封锁,中德贸易断绝,德租界陷入严重危机。同时,英、法等国的对华贸易大受影响,英、法等国租界也进入萧条状态。随后,从 1917 年起的十余年间,德、奥、俄、比四国租界出于不同原因被中国政府陆续收回。天津的八国租界仅剩四个,整个租界地区的面积缩小了约一半。就连最大、最繁荣的英租界也差一点于 1927 年被交还中国。在这种情势下,其他租界的扩展势头也有所阻遏。特别从 1916 年起,天津民众还为反对法国人强占老西开地区进行了十分坚决的斗争,使得法国人未能达到预期的目标。显然,全盛时期已成明日黄花,天津租界已经风雨飘摇。

在此期间,天津租界还出现两个显著的变化。一是天津租界成了此时中国政治舞台的重要组成部分。从袁世凯死去的 1916 年到北伐革命军攻占北京的 1928 年,北洋政府的总统和内阁如同走马灯般频繁更替。下野的失意政客和军阀等人通常都入居天津租界,在这一北京的执政者不敢派兵入界的特殊区域内蛰伏,并在密室中阴谋策划,以便在有机可乘时重返北京,再次粉墨登场。以英租界而言,先后入居的政客,包括曾任民国大总统的黎元洪、徐世昌、曹锟等多人,曾任国务总理的段祺瑞、龚心

---

① 〔俄〕德米特里·扬契维茨基:《八国联军目击记》,许崇信等译,福建人民出版社 1983 年版,第 120 页。
② 天津社会科学院历史研究所编:《八国联军在天津》,第 42 页。

湛、熊希龄等十余人,各部总长、各省督军及清朝遗老则数以百计。法租界也是如此。特别是该租界有条道路上的一批豪华邸宅,先后成为孙传芳、卢永祥、张宗昌、田中玉、李厚基等十多个下野军阀的公馆,该路遂有"督军街"之称。① 尤为奇特的是,受到直系军阀压迫的大总统黎元洪竟于1923年6月宣布将民国政府迁往天津,实际上是迁往天津英租界,并在当地发布"总统指令"和"总统任命",设立国会议员招待所,使天津英租界一度成为民国大总统的驻地,以及没有内阁的政府所在地。正因为如此,当时的人们称此时中国的政治舞台"北京是前台,天津是后台"。②

　　显著的变化之二是天津日租界成了当地动乱的策源地。从20世纪20年代中期起,特别是在30年代初日本侵占中国的东三省后,驻屯天津的日本军队耀武扬威,在日租界内外活动的日本特务肆意横行,对整个华北地区构成严重威胁。他们还煽动由他们支持的军阀在界内组织不穿军装、没有番号的便衣队,甚至直接豢养一批穿便衣的武装汉奸。经他们策动,这些亡命徒屡次冲出日租界,冲击中国的军政机关,制造各种事端。规模最大的一次便衣队暴动发生于九一八事变后的1931年11月。当时为了配合日军对锦州的大举进攻,以及将数年前入居日租界的末代皇帝溥仪转移到东北的阴谋活动,日本特务头目土肥原贤二策动了号称有2000多人参加的暴动。这场被称作"天津事变"的暴动爆发于11月8日晚,一直延续到11月底。起初,日本人企图利用这批手持长、短枪支的汉奸像日军袭占沈阳那样一举占领天津。由于天津市市长张学铭等作了周密的戒备,冲出日租界的便衣队遭到沉重打击。日军就以子弹飞入日租界危及日侨生命为借口,直接参加战斗。他们屡次以机枪、重炮来扫射、轰击中国的保安队和军政机关,并出动装甲车,以配合便衣队发动新的进攻。③ 在这一时期中,日本奸商还凭借日军的武力,在华北大搞走私贸易,包括鸦片等毒品的走私贸易,以破坏中国的经济秩序,掠夺中国人民的财富,而天津日租界就是日本人在华北走私的大本

---

① 天津市政协文史资料研究委员会编:《天津租界》,第61页。
② 天津市政协文史资料研究委员会编:《天津租界》,第24页。
③ 张拓编:《天津事变》,1932年版,第36页。

营,特别是贩毒、制毒的毒窟。这样,在这十来年间该租界成了华北名副其实的乱源。

照片 21 天津日租界内的日本神社

由于动乱频仍,天津的华界很不安全,天津的英、法、意租界进一步成为中国居民躲避兵灾匪祸的避难所。英租界内尽是带有卫生设备的新式洋房,有能力入居英租界者,主要是富绅、大贾、买办等人。到 20 世纪 20 年代末,界内已有人满之患。[①] 此后,中国居民大量流向法租界,使法租界的人口增至近 3 万人,并成为商务最为繁盛之地。意租界的商务仍不发达,界内商店稀少,多为较高级的住宅区,至 1930 年共有中、外居民近6 000 人。至于没有力量入居英、法、意租界的普通中国居民,只能指望"兔子不吃窝边草",纷纷搬入日租界,使得当地的华人人口在 1930 年达3 万余人,至 1934 年又增至 33 622 人,其中包括来自台湾的 25 人。[②]

---

① [美]马士:《中国境内之租界与居留地》,《东方杂志》1928 年第 25 卷第 21 号。
② 宋蕴璞编辑:《天津志略》,第 5、6、11、12 页;天津图书馆编:《天津日本租界居留民团资料》(三),第 32 页。

天津租界的最后阶段开始于 1937 年 7 月 29 日凌晨中国军队对天津日租界的进攻。7 月 28 日,侵华日军攻陷北平。他们的下一个目标便是天津。驻守天津的中国军警决定先发制人,对日租界及海光寺日军兵营发动猛烈进攻。由于南下的日军迅速增援,中国军警未能攻克日军兵营。天津沦陷后,日租界与沦陷区已无本质差别,成万的中国居民先后逃离。[1] 不久,法西斯统治的意大利与日本结为盟国,天津意租界当局与日本占领军沆瀣一气,只有英、法租界成为真正的"孤岛"。在"孤岛"时期的初期,大批中国难民涌入这两个租界。1938 年,英租界内的中外居民增至 7.2 万人,为 1930 年的近 3 倍。同时,爱国志士也利用这些租界的特殊环境继续进行抗日活动,租界当局则允许中国的法币继续在界内流通,拒不交出交通银行储存在英租界内的黄金,并且不承认伪中国联合准备银行发行的货币。1938 年 1 月,英租界当局拒绝将一名爱国志士"引渡"给日军。接着,英国驻军又针对日军恫吓,宣布将以武力来抗击日军对该租界的入侵。此时,日本尚不拟与英、美等国开战,就改变策略,先是强迫入居英、法租界的日本侨民全部迁离,随后在同年 12 月 16 日对出入这两个"敌性"租界采取限制性措施,甚至干扰对这两个租界的粮食供应。1939 年 2 月 9 日,日方一度取消这些限制措施,但在一个月后因英、法两方在货币等事项上仍不合作,就在英、法租界周围架设铁丝网,在事实上已对它们进行封锁。4 月 9 日,汉奸程锡庚在英租界大光明影院内遇刺身死后,英租界当局又以证据不足,拒绝将所谓的"凶手"交给日方。6 月 14 日,日军就正式对这两个租界进行武装封锁。[2] 为了缓和局势,英国驻华公使克琪与日本外相有田八郎于 7 月 15 日在东京举行谈判。谈判内容包括治安、现银、通货等三个方面。8 月 1 日,有关治安的谈判结束,英方几乎接受日方的全部要求,其中包括"引渡"程锡庚案的"凶手",镇压界内的抗日活动,罢免工部局内抗日的职员,取缔抗日的报纸、杂志、图书,双方的警方建立常设的协调机关,等等。不久,因美国反对向日本让步,英国人在随后的谈判中态度趋于强硬,谈判旋告破裂。1940 年 4 月,双方

---

[1] F. C. Jones, *Shanghai and Tientsin: With Special Reference to Foreign Interests*, p. 129.

[2] F. C. Jones, *Shanghai and Tientsin: With Special Reference to Foreign Interests*, pp. 173, 174.

恢复谈判。谈判期间,希特勒德国的坦克正在横扫西欧,英、法军队正在敦刻尔克进行史无前例的大撤退。在英伦三岛面临德军入侵的危急时刻,英国决定从华北和上海撤军,因此迅速与日方妥协,同意由英、日驻天津总领事共同封存交通银行的白银,并允许伪联银券在英租界内流通。此时,法国已被德国打败,更没有与日本周旋的余地。6月19日、20日,日、英及日、法分别交换了内容近似的协议批准书。[①] 6月20日傍晚,日军解除对英、法租界长达近一年的武装封锁。此后,日本宪兵、警察可以任意出入这两个租界,搜捕"反日本分子"。这两个"孤岛"已沉沦一半。

在这几年中,虽然英、法租界仍维持着表面的繁荣,法租界一度成为天津证券、黄金、物资的投机中心,但这两个租界历经日军的长期封锁,1939年因海河泛滥又为大水所淹,市面毕竟大受影响。经长期填筑后地势较高的意租界未遭水淹,并有靠近火车站等便利条件,反而在这动乱之际得到畸形发展。原来集中在英、法租界的银行、银号等纷纷在意租界设

照片 22　见存于原天津英租界所在地的西式建筑之一

① ［日］植田捷雄:《支那租界研究》,第 520 页。

立分支机构。众多的华商陆续在界内开设货栈。其中不少货栈还利用水灾刚过物价暴涨的机会,大搞棉布投机。起初,因为有人在投机失败时投河自杀,意租界工部局曾查禁棉布交易市场,日本宪兵队也曾出面干涉。不久,意租界当局发现棉布交易市场可成为攫取额外收入的利薮,就串通日本宪兵队,将棉布交易合法化。同时,意大利人又全力经营设在界内的赌场——意商运动场即回力球场,在其全盛时期,每天的赌资达20万至30万元,球场可抽头三四万元。该球场因而被时人称为天津最大的"毁人炉"。[①]

1941年12月太平洋战争爆发时,天津英租界被日军"极部队"占领,一度被改称为"极管区"。1942年3月,该租界即被"移交"给汪伪政府。天津日、法、意租界一直维持到1943年。其中意租界成了全中国最后被"收回"的租界。收回后的天津租界所在区域于1949年初经历过战火。不过总的来说,当地的建筑群仍大多保存完好。直到21世纪初期,当年的租界地区,特别是海河西南岸英、法、德、日租界和东北岸的意、奥租界的所在地,大体保持着旧日的风貌,并仍是天津市经济、政治、文化的中心。

第三节 汉 口 租 界

位于中国内地的租界中,影响深远的只有汉口租界。以数量而言,汉口有5个租界,仅亚于天津租界,在全国居第二位。以面积而言,汉口租界的总面积接近3 000亩,仅少于上海、天津租界,在全国居第三位。

汉口租界的发展大体经历了3个时期。第一时期从1861年起,到1894年止。这是汉口租界的初创时期。此时,汉口仅有一个面积为400多亩的英租界。法国虽已取得开设汉口法租界的权益,并已大体确定了界址,但多种原因使该租界尚未开设。由于汉口位于华中腹地的中心,又得长江、汉水的水运之利,在鸦片战争前已人口稠密,商行颇多,是华中地区的重要商品集散地,为九省通衢,被称作中国"四大名镇"之一。1861

---

① 天津市政协文史资料研究委员会编:《天津租界》,第140、142、143页。

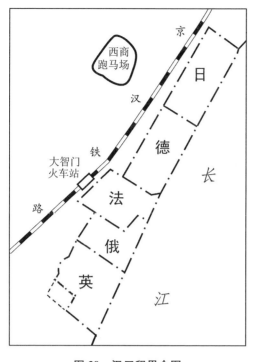

图 29　汉口租界全图

（英租界左下角是其越界筑路区）

年汉口开埠后，英商怡和、德商美最时洋行即在英租界内设立分行。因该租界面积较小，英商宝顺洋行等部分外商洋行仍设在该租界界外。当年入居该租界的外国人为 40 人。在此后的 3 年里，其人数约为 127 人、150 人和 300 人。[①] 后来，因当地中外贸易并未像预期那样发展迅速，界内外国侨民的人数有所减少。1866 年，该租界内外有外商洋行 36 家，其中英商 30 家，美、俄、德商各两家。[②] 在此期间，很多外国侨民在汉口英租界只作季节性的停留，即在每年三个月的茶叶贸易季节从上海来到汉口，贸易结束便返回上海。由于该租界实行华洋分居，只有少数华人作为仆佣居住在外国雇主建在租界的房屋之内。大批华人则作为工厂、码头的劳工，每天早上入界、晚上离去。[③] 外商输入汉口的洋货大多从上海转口，从汉口出口的土货则为数稍多。输入汉口的洋货，起初以鸦片为主，后来逐步以棉纱、煤油等为大宗。从汉口出口海外的土货，主要有产自湖北与周边各省的茶叶、桐油、牛羊皮等。自 1873 年起，俄商顺丰、阜昌洋行先后在汉口英租界以北及英租界界内开设砖茶厂。未久，

① ［美］罗威廉：《汉口：一个中国城市的商业和社会（1796—1889）》，江溶、鲁西奇译，中国人民大学出版社 2005 年版，第 58 页。

② W. F. Mayers & N. B. Dennys, *The Treaty Ports of China and Japan*, p. 444.

③ ［美］罗威廉：《汉口：一个中国城市的商业和社会（1796—1889）》，第 59 页；英国国家档案馆：FO 228/1065, Despatch of British Consul, Hankow, to British Minister, Peking, January 21, 1891.

当地一度有六家砖茶厂,后来演变成三家俄商砖茶厂。这些工厂拥有当时最先进的砖茶制作机械,并自备发电机,其产品有茶饼、茶砖。20世纪初期,规模最大的阜昌砖茶厂雇用中国员工约二千人,顺丰砖茶厂也雇工八九百人。每逢茶叶贸易季节,英租界内外的街道挤满茶叶装运工,长江边有富丽堂皇的客货轮船列队等候。1886年前后,每年满载茶叶从汉口驶往英、俄两国的轮船便有10多艘。1890年,汉口直接外贸货值达581.8万关平两,占全国的2.7%。1893年,俄商又建成一家砖茶厂。至19世纪末,每年自汉口租界运往俄国等地的茶砖、茶饼约有22.5万担。[①]除茶叶外,英、德等国商民还在英租界内外开设了主要制品为干蛋白、液体蛋黄的蛋品厂,加工桐油的澄油厂等工厂,其产品也都主要运往欧美国家。与此同时,外国商民注意到汉口的地理位置,又将汉口英租界作为长江中游的航运枢纽。美商旗昌洋行最早在英租界设立轮船公司,开辟汉口与上海之间的航线。接着,英商太古、麦道、怡和、鸿安等洋行、公司纷纷经营长江航运,并将航线开辟到鄂西及湖南。此种情况促进了汉口贸易的发展。汉口成为中国内地最重要的通商口岸。

汉口租界的第二时期从1895年起,至1914年止,这是汉口租界的繁盛时期。在此期间,汉口租界的数量和面积都迅速增加。原来当地只有茕茕孑立的一个英租界,从1895年起的三年间骤然增加德、俄、法、日四国租界,并在日租界东北一度出现可能辟为比租界的区域。此时汉口有五国租界,数量超过这时共有四国租界的天津,租界数量一度在全国居第一。接着,从1898年起的九年间,英、德、法、日四国租界又陆续得到扩展,在汉口形成一片江岸岸线长达四公里、排列着一批轮船码头的租界区。随着租界的增多和面积的扩大,界内外商洋行继续增加,直接对外贸易发展迅速。八国联军侵华战争期间,因湖北属于"东南互保"范围,汉口租界未受很大影响。1901年,汉口租界内外共有英、德、美、法、俄、比、

---

① 中国第二历史档案馆、中国海关总署办公厅编:《中国旧海关史料(1859—1948)》第17册,第24页;第152册,第181页;第153册,第314,316页。Arnold Wright, *Twentieth Century Impressions of Hong Kong*, *Shanghai*, *and Other Treaty Ports of China*, London, 1908, pp. 712, 716.

日、意、奥、荷、葡、希腊等国商民所设洋行76家,其中英商洋行最多。未久,终点站设在汉口租界附近的卢汉铁路部分路段通车,推动了当地贸易的进一步发展。1905年,外商洋行增至114家,仍是英商洋行最多。汉口直接外贸货值也在这一年增至3 597万关平两,占全国的5.3%。① 这些外商洋行还在各租界开设更多工厂,其中有更多的蛋品加工厂、棉花打包厂,以及英美烟草公司于1906年在德租界兴建的大型卷烟厂。该厂以土产烟叶为原料,雇用女工数千名,产品畅销于附近各省。② 在此种情况下,当地外国侨民继续增多。1901年,在汉口租界内外居住的外国人达990人,9年后增至2 806人。③ 入居租界的华人也不断增多。德、俄、法租界起初与英租界一样,都不允许华人入居,日租界于开辟时就允准"实系体面"并又"品行端正"的华人入界居住、营业,使汉口租界开始呈现华洋杂居的格局。1902年,英租界当局受利益驱使,最终改变主意,允许租地人在扩展地区内建造供华人租赁的住房和店铺,④在此期间,俄、法、德租界内也陆续建起石库门房屋,供华人居住。1911年,武昌起义爆发,实行战时中立的汉口租界成为当地华人的避难所。英、俄、法、德、日等国都向汉口增派大批陆海军,在本国租界布防,日军还乘机在日租界附近长期驻扎。清军在进攻汉口时纵火焚烧,除毗邻英租界的街区外,汉口华界的精华区域化为焦土。事后,更多的华人迁居租界,特别是英租界,使汉口租界更加繁荣。同时,在京汉铁路建成后,北靠大智门火车站的法租界又成了京汉铁路终点站至长江轮船码头的交通要道,每天有大批下火车转乘轮船或是下轮船转乘火车的中外旅客要途经该租界。该租界内出现一批旅馆、饭店、酒吧、舞厅、戏院,并有不少妓院、赌场等,呈现一派畸形繁

① 中国第二历史档案馆、中国海关总署办公厅编:《中国旧海关史料(1859—1948)》第41册,第102页;第42册,(中文部分)第二四九页;第153册,第325页。
② 中国第二历史档案馆、中国海关总署办公厅编:《中国旧海关史料(1859—1948)》第44册,(中文部分)第二四八页;第155册,第366页。
③ 中国第二历史档案馆、中国海关总署办公厅编:《中国旧海关史料(1859—1948)》第42册,(中文部分)第二五〇页;第153册,第325页。张寿波:《最近汉口工商业一斑》,第一章,第十七页。
④ 英国国家档案馆:FO 228/2128, Despatch of British Consul-General, Hankow, to British Minister, Peking, March 29, 1906。

华的景象。虽然俄、德租界的商业尚未十分发达,日租界刚刚有所建设,从整体而言,汉口租界达到兴盛的顶点。

照片 23　从长江江面看汉口日租界

汉口租界的第三时期自 1914 年起到 1943 年止。这是它的衰亡时期。1914 年,第一次世界大战爆发。英、法等国切断德国与海外的贸易航线,中德之间的直接贸易中断,开设在汉口的德商企业悉数关闭,汉口德租界露出一派肃杀的气象。[①] 1917 年,中国与德国断交,德租界即被中国收回。1920 年,汉口俄租界先是被中国政府"代管",又于 1924 年被中国政府正式收回。所剩的英、法、日租界彼此都被"特别区"分隔,已不能相连成片。到 1927 年初,在北伐战争的高潮中,历时最久、面积最大的汉口英租界也被中国政府收回。此后,残剩的两个租界中,法租界维持着灯红酒绿的繁荣景象,依然像个风骚的外国女郎。日本人利用西方列强在华势力的衰退,大大扩展在汉口的势力。于辛亥革命期间入驻的日本军队直到 1922 年才被迫撤离,但一有风吹草动,又有大批日本陆军及海军

---

①　张鹏飞:《汉口贸易志》,北京华国印书局 1918 年版,第 46、51 页。

陆战队在日租界登陆,并进行大规模的军事演习。日租界也一直有众多日本侨民入居。1928 年,界内的日本侨民达 1 879 人,华人 985 人,他国侨民 31 人。1931 年九一八事变后,界内的日本侨民仍有 1 284 人。1937 年上半年,旅居汉口的外国侨民共 3 938 人,日本侨民达 1 984 人,占 50% 以上,入居日租界的日本侨民达 1 697 人,他国侨民 116 人,①使日租界不再像个无人理会的灰姑娘。不过,日租界的好景不长,在 1937 年 7 月 7 日卢沟桥事变爆发后,旅居汉口的日本人于 8 月全部撤离。该租界便被汉口市政府"接管",次年 8 月 13 日又被正式收回。这样,汉口仅剩法租界。由于日军正逼近武汉,当地的中国政府机构和普通民众都将法租界视作安全的避难所,纷纷把机关、银行、商店迁入界内。法租界当局则在华界通往该租界的各个路口架设木栅或铁栅,安放沙包、铁丝网,并派驻了荷枪实弹的法国和越南士兵。1937 年,入居该租界的华人达 22 651 人,比一年前增加 7 761 人,到日军侵占武汉的 1938 年底,界内登记过的华人增至 47 081 人。在界内居住的华人其实远远超过此数。根据该租界当局 1940 年的调查,界内所有房屋从地下室到阁楼全部住满居民,实际的华人人口大大超出办理过登记手续的人数。② 在日军侵占武汉后,界内日本总领事馆、海军陆战队本部、居留民团办事机构等一批建筑都已被破坏了的汉口日租界被恢复,汉口重新出现两个租界并存的局面。不过,日租界等同于沦陷区,当地作为"孤岛"的只有一个法租界。与上海、天津、广州等法租界不同的是,该租界孤悬于中国腹地,形影相吊,在当地并无公共租界或英租界作为依傍,因而处境更加困难。1938 年 10 月 27 日,于两天前占领汉口的日军即宣称法租界内藏有"反日本分子",对该租界实行严密的军事封锁。几天之中,界内食品短缺,饮水断绝,死亡相继,使这个避难的"天堂"变成臭气熏天、疫病流行的活地狱。③ 1939 年 1 月 11 日,法国领事同意日军入界拘捕抗日人士二十余名。次日,日军解除对该租界的封锁。此后,日军继续视该租界为当地治安的"毒瘤",任何人

① 《汉口租界志》编纂委员会编:《汉口租界志》,第 45、52 页。
② 武汉市档案馆:法文档案,全宗号 18,法租界工部局档案第 25 号卷。
③ 皮明庥:《武汉近百年史》,华中工学院出版社 1985 年版,第 310 页。

须持有租界通行证才能在白天穿行该租界。1941 年 7 月,该租界巡捕在与日本人发生冲突后拘捕了五名日本人,日军又以封锁该租界为要挟,最终迫使租界当局让步。① 在此种困境中,界内各种商业机构逐渐瘫痪,物价随着日伪货币的迅速贬值而扶摇直上,中外居民的生活都到了"万分困难"的地步。租界工部局为了维持日常开支,只得不断提高市政捐税的捐率,并开征新捐。1937 年,工部局的财政收入为 34 万元,1939 年增至 73 万元,1941 年又增至 110 万元,然而工部局仍入不敷出,难以克服深重的财政危机。② 到 1943 年汪伪政府"收回"汉口法、日租界之际,汉口法租界已被折磨得像个饱受人间苦难、憔悴不堪的老妇人。

1944 年下半年,日军在武汉附近地区俘获三名跳伞的美国飞行员。日军将他们押到汉口游街,一路上任意毒打,最后又将他们活活烧死。日军的暴行导致盟军的报复。12 月 18 日,美军出动大批飞机,携带燃烧弹等烈性炸弹,猛烈轰炸汉口旧时的德、日租界,使这些地区化作一片火海。③ 到 1945 年中国政府正式接收日租界时,这一日本侵略者苦心经营近半个世纪的侵略据点只剩下断壁残垣。又过了约半个世纪,至 20 世纪 80 年代末,仍完好保存当年大批建筑并作为汉口繁华市区的,仅有英、俄、法三国租界所在地区。

第四节　厦　门　租　界

厦门与广州一样,是出现两个租界的通商口岸。厦门租界之所以能在中国租界史上占有重要地位,并非因当地设有袖珍的英租界,还有一个流产的日租界,而是因为当地辟有鼓浪屿公共地界。

厦门租界的发展可分为三个时期。第一个时期自 1844 年起,至 1901 年止。这大体上是一个外国人居留区域和一个专管租界并存的时

① 《汉口租界志》编纂委员会编:《汉口租界志》,第 420 页。
② 武汉市档案馆:法文档案,全宗号 18,法租界工部局档案第 22 号卷。
③ 郭廷以编著:《中华民国史事日志》第 4 册,台湾"中研院"近代史研究所 1955 年版,第 326 页;秦特征:《武汉沦陷时期汉奸政权的演变》,载中国人民政治协商会议武汉市委员会文史资料研究委员会编《武汉文史资料》第 5 辑,1981 年版,第 93 页。

期。鸦片战争前,抵达鼓浪屿的英国人认为,这个风光旖旎的小岛是个战略据点,日后将化作他们的居留区域。鸦片战争期间,占领鼓浪屿的英军感染疠疫,病死近百人,英国人因而认为该岛"不卫生",没有要求清政府出租该岛。清政府也唯恐他们在该岛长期居留,于1844年与英方商定,将较场等处划为厦门英商租地。由于较场等处较为偏僻,次年英军交还鼓浪屿时英国领事和英国商民虽然迁居厦门岛,但并未在较场等处租赁土地。1852年,英商租地的界址迁至岛美路头至新路头一带的海滩,随后英国商民开始在当地租赁土地、开设洋行。1853年小刀会一度占领厦门时,英国人和其他外国商民重新入居鼓浪屿,厦门英商租地则在此后演变成英租界。厦门形成既有英租界,又有与其隔鹭江相望的鼓浪屿外国人居留区域的局面。英租界主要作为他们的贸易区域,鼓浪屿主要作为他们的居住区域。

厦门开埠未久,当地便有英商和记洋行等五家外商洋行。厦门英租界形成后,界内已有多家洋行。此后,该租界虽然有所扩展,仍只有二十多亩,系弹丸之地,是中国最小的租界,但当地的大洋行多设在其中。[①]华商的大商行也多集中在该租界附近。该租界及其附近地区成为厦门最繁华的商业区。也有些洋行未设在英租界,而是设在鼓浪屿等处。鼓浪屿逐步成为华洋杂处、商舶汇集之处。此时,鸦片、棉布、棉纱、五金等为厦门入口洋货的大宗,福建茶叶等为出口土产的大宗。1872年,厦门直接外贸货值为791.5万关平两,占全国的5%。此后,外商洋行将厦门作为台湾茶叶的集散地。在英租界和鼓浪屿等处陆续开办的英、美、德等国洋行有20家左右。1890年,厦门直接外贸货值为963.7万关平两,占全国的4.5%。[②]

鼓浪屿成为外国人居留、贸易区域后,福建官府于1871年在岛内设

---

① 厦门市档案局、厦门市档案馆编:《近代厦门涉外档案史料》,第203、205页;英国国家档案馆:FO 228/2128, Despatch of British Consul, Amoy, to British Chargé d'Affaires, Peking, June 11, 1906。

② 厦门市档案局、厦门市档案馆编:《近代厦门涉外档案史料》,第273页。中国第二历史档案馆、中国海关总署办公厅编:《中国旧海关史料(1859—1948)》第5册,第18页;第16册,第24页。

通商公所,后也称为通商分局,派驻一名委员,就近处理一些中外交涉事务,并审判当地的轻微案件。[①] 该通商分局后来改称为保甲局。岛内陆续建成一批风格多样的西式建筑,英、美、德、日等十余国的驻厦门领事馆也先后迁至或直接设在该岛。英国领事等人还擅自组织鼓浪屿道路委员会,其职责为在岛内修建道路、路灯及墓地,向当地各国侨民、马匹、车辆、墓地等收取捐税,并以这些税款支撑的道路基金为运作经费。1876 年,英国领事等以上海公共租界《土地章程》及附则为蓝本,草拟鼓浪屿市政章程和附则,企图变该岛为公共租界。在此后两年里,英、德领事两次向厦门官府提出在鼓浪屿设立"工务局"的要求,并送交十条章程。中国官员认为,两国不直言开辟"租界",而是倡言设立"工务局",是"阳袭上海工部局之名,而阴收包占鼓浪屿之实",因而断然拒绝。此后,当地外国侨民继续增多,至 1890 年已增至 300 余人。1897 年,他们又拟就《鼓浪屿行政事务改善计划》,送请各国驻华公使核准,因各国公使意见不一而未实施。[②]

厦门租界的第二个时期始于 1903 年。此时,鼓浪屿成为各国公共地界,厦门进入一个专管租界和一个公共租界并存的时期。在此期间,英租界趋于衰落。其原因之一是在日本割占台湾后,日本人将台湾茶叶的贸易集中到基隆等地,厦门直接对外贸易增长缓慢,在全国所占比重有逐步下降的趋势。在 1904 年,该口直接外贸货值为 1 607.6 万关平两,占全国的 2.8%。到 1907 年,厦门已基本没有茶叶出口,也没有食糖出口,至 1910 年直接外贸货值为 1 631.6 万关平两,只占全国的 1.9%。[③] 从 1907 年起,特别从 1918 年起,因英国人企图强占英租界前的涨滩海后滩,厦门民众展开了坚决而又坚韧的斗争。这场斗争一直延续到 1922 年 10 月,对该租界造成很大的冲击。1925 年 6 月,在五卅运动的风暴中,厦门官

---

① 厦门市档案局、厦门市档案馆编:《近代厦门涉外档案史料》,第 269、455 页。
② 英国国家档案馆: FO 228/565, Proposed Municipal Regulations and Bye-Laws, 1876; Despatch of British Consul, Amoy, to British Minister, Peking, December 30, 1876. 厦门市档案局、厦门市档案馆编:《近代厦门涉外档案史料》,第 273—275 页。
③ 中国第二历史档案馆、中国海关总署办公厅编:《中国旧海关史料(1859—1948)》第 41 册,第 102 页;第 52 册,第 15 页。

府收回了该租界的行政管理权,该租界已名存实亡。至1930年该租界被中国政府正式收回时,当地总共只有42家中外洋行、店铺,规模较大的只有英商的太古洋行、太古轮船公司、和记洋行,荷商的安达银行及日商的台湾银行;总共只有中、外居民586人,其中英、美、日、荷及丹麦等国的侨民共35人。[①]

鼓浪屿被辟为公共地界后,有更多的外国人上岛居住。在1908年,鼓浪屿连同厦门岛约有外国人501人,在鼓浪屿还有3个中国村落,居住着4 000至5 000名华人。至1911年,鼓浪屿约有1.2万名居民,其中外国人约有300名。[②] 此后,为避民国初期的战乱,众多的中国达官贵人和富商巨贾也纷纷上岛居住。1930年,岛上有英、美、法、日、西、丹、俄、荷、葡等国人士共500余人,华人2万余人。随着居住人口的不断增长,向界内居民供应日常生活必需品的零售商业发展较快,一批零售商店先后开业。界内还建成一些作为外国侨民和"高等华人"消遣场所的俱乐部,以

照片 24　各式建筑星罗棋布的鼓浪屿公共地界

①　厦门市档案馆:民政局档案,第1时期,(原)第69号卷,第13页。
②　厦门市档案局、厦门市档案馆编:《近代厦门涉外档案史料》,第113、114页;R. P. W. Pitcher,*In and about Amoy*,p. 121;何丙仲:《鼓浪屿公共租界》,第101页。

及酒楼、舞厅、电影院等。1930 年，当地共有各种中国店铺 200 余户，外国商铺 10 余户。界内还出现一些工厂企业，但都规模不大，几乎都是直接为居民日常生活服务的工业，其中包括发电厂、绞米厂、印刷厂、食品罐头厂及电话公司等。此外，当地也出现教堂、医院、学校、报刊及民间社团等。这一公共地界又成了文化事业较为发达的租界。鼓浪屿的这些变化，受到世人瞩目。该岛开始成为中国东南沿海的著名风景区，并获得"海上花园""万国建筑博览"等美称。

厦门租界的第三个时期始于 1930 年，这是鼓浪屿公共地界单独存在的时期。英租界被中国收回后，外国人在厦门居留、贸易的格局并未变化，鼓浪屿的面貌也无重大变化。重大的变化发生于 1938 年 5 月 13 日，即是日军进攻厦门之时。厦门市政府各机关和厦门民众迅速地撤往鼓浪屿，几天之中有十余万难民入界。日军竟出动飞机，轰炸、扫射渡海的船只，造成严重伤亡，使中国平民的鲜血染红鼓浪屿的海滩。鼓浪屿的人口激增数倍后，当地的商业呈现前所未有的繁荣景象。而被日军占领的厦门岛十室九空，如同死岛。日本侵略者为了"繁荣"地方，以便进行经济掠夺，令汉奸组织"难民复归团"，诱迫进入鼓浪屿的难民返回厦门岛，并胁迫公地工部局遣返难民。但绝大多数难民宁可家产被日寇没收，也不回厦门岛去当敌人的顺民。与上海、天津等地的租界稍稍不同的是，中国军队仍坚守着鼓浪屿以西的嵩屿等地，故而鼓浪屿虽是个小岛，但尚不是被敌占区团团包围的孤岛，而是成了沦陷区与内地的海上跳板。厦门的爱国志士和难民多取道鼓浪屿、嵩屿撤入内地，福建全省的华侨也集中到鼓浪屿来搭乘开往海外的外国客轮。中国军队的便衣队也常常通过鼓浪屿出入厦门市区，袭杀日寇与汉奸。一批厦门青年还组织了以鼓浪屿为基地的"血魂团"，经常渡海偷袭厦门的守敌，或刺杀在鼓浪屿活动的汉奸。对此一时无法进行军事占领的公共地界，日本侵略者采取一系列措施，力图控制当地局势。他们向厦门改派总领事，以便夺取对公地行政事务有一定干预权的领袖领事职务；在界内设立特务队、便衣队，以"扑灭""抗日分子"；同时，迫使公地工部局任用日本人为警官、警探。1939 年 5 月 11 日，伪厦门市商会主席洪立勋在界内遇刺，隔日毙命。日本侵略军以事发时日本某舰队司令官正在岛上视察为借口,于当天下午派海军陆战队在该岛登陆,在当地肆意搜查、逮捕,并向租界当局提出"严厉"取缔抗日活动、由日本人担任工部局负责人兼巡捕长等五项旨在完全控制工部局的条件。[1] 英、美、法三国立即作出强硬反应,先后派出十余艘军舰集结于鼓浪屿,并自 5 月 17 日起分别派遣与登陆日军相同数量的海军陆战队在该岛登陆。随后,因谈判毫无结果,日军增调军舰,封锁鼓浪屿和嵩屿等地的海上交通,断绝对岛上的粮食供应,还策动日籍浪人在岛上制造混乱。相持到 9 月初,英、法等国已向希特勒德国宣战,英、美、法三国才被迫让步。10 月,日本总领事内田五郎与工部局总董费地可克订立《鼓浪屿租界协定》,以及有关"取缔抗日行动"的协定多条,其中规定,工部局以日本人为监督及警察部部长,日本警察与工部局巡捕一起查禁当地一切抗日活动,在岛上禁止悬挂中国国旗。[2] 协定订立后,鼓浪屿风云突变。从此,日本警察、浪人、汉奸可以公然在岛上搜捕、杀害爱国志士,这一公共地界在相当程度上已被日本侵略军控制。

在此后的两年中,鼓浪屿公共地界已近似沦陷区。为了控制当地居民,界内居民及过境者都被迫去工部局登记,并领取"居民证"。在 1940 年底,已登记的居民及临时居住的过境居民共 49 572 人,此外,尚未登记的妇女、儿童大约 1 万人。[3] 在界内涉及"非政治性质"案件的华人,仍由会审公堂审判,而"有抗日行为的华人",便会被捕送日本当局。[4] 因各种物资受到交战双方的限制,当地中外居民的生活十分困苦。至 1940 年底,当地物价较之 1937 年上涨 6 倍,其中猪肉、牛肉等都上涨 10 多倍,木炭上涨 28 倍。工部局员工的薪俸虽有 1 倍以上的增长,但也跟不上飞涨的物价。为了避免财政赤字,工部局于 1940 年开征货物进口税,当年收入 18.72 万元,使得财政总收入增至 47.32 万元,才使当年的财政收入扭

---

① 厦门市地方志办公室、厦门市档案馆合编:《厦门抗日战争时期资料选编》(下),1986 年版,第 691 页。
② 厦门市地方志办公室、厦门市档案馆合编:《厦门抗日战争时期资料选编》(下),第 693、694 页。
③ 厦门鼓浪屿公共地界工部局:《鼓浪屿工部局 1940 年度报告书》(译本),第 22 页。
④ 厦门鼓浪屿公共地界工部局:《鼓浪屿工部局 1940 年度报告书》(译本),第 23 页。

亏为盈。[①] 1941 年 12 月 8 日,太平洋战争爆发的当天,日军在鼓浪屿登陆,这片"闽南乐土"彻底沦为充满血雨腥风的"王道乐土"。接着,日本人改组公地工部局,由日本人和汉奸充当总董、董事和工部局官员,设立集中营,收容英、美等国的"敌侨",并派遣汉奸接管会审公堂。从此时到 1943 年 5 月汪伪政府"收回"该公共地界的时期里,这一区域与其他沦陷区的不同之处,仅在于在当地贴出的有些告示中尚有公共地界工部局的具名。

1945 年抗日战争胜利后,中国政府正式收回鼓浪屿公共地界的行政管理权。此后,旧日厦门英租界的建筑虽在,但与周围的建筑连成一片,在半个多世纪后人们已很难辨认出当年英租界与华界的分界线。碧波环绕的鼓浪屿保存着"万国建筑博览"的风貌,并已增添了不少靓丽的新建筑,从而使这一"海上花园"更加妖媚多姿,成为闻名世界的旅游胜地。2017 年,鼓浪屿历史国际社区被正式列入世界文化遗产名录。

第五节　其他各地租界

除上海、天津、汉口、厦门等四地之外,设有租界的还有广州、镇江、九江、苏州、杭州、重庆等 6 个通商口岸。这六地租界的面积都未超过 1 000 亩,其中广州有英、法两个租界,但其面积只有 300 余亩,还小于只有一个日租界的苏州、杭州、重庆租界,仅大于只有一个英租界的镇江、九江租界。这六地的 7 个租界,英租界、法租界,特别是日租界,相对于上海公共租界、法租界等租界,都不是有很大影响的租界。

这些租界都有各自的特点,都有各自的发展历程。如果求同存异,它们的发展大致可划分为三个时期。第一个时期肇始于 1859 年,这是其中三个英租界、一个法租界创始的年代。这些英、法租界的共同特点是面积较小。面积最大的广州英租界为 264 亩,最小的广州法租界为 66 亩,仅大于厦门英租界。九江、镇江英租界也都只有 100 多亩,属于小型的租

---

① 厦门鼓浪屿公共地界工部局:《鼓浪屿工部局 1940 年度报告书》(译本),第 4、6、27 页。

界。鸦片战争前,广州是中国沿海主要的通商口岸,英、法、美等国商民都通过当地的"十三行"行商开展对华贸易。鸦片战争后,生丝、茶叶等土货就近从上海等口岸出口,广州及其周边地区多次发生战乱,当地民众与外国商民又十分对立,行将发展成租界的十三行地区也在第二次鸦片战争期间化为焦土,至1859年确定广州英、法租界界址时,广州在中外贸易中的地位已大大下降。1861年,广州英、法租界所在地沙面岛建成。沙面四面环水,通过两座桥梁与北面的华界相连接,使当地外国侨民有了相对安全的居留、贸易场所。然而,在1883年仍发生过广州民众冲入沙面,焚毁界内多座建筑的事件。因与广州民众关系紧张、面积又较为狭小,在其他租界纷纷实行华洋杂居后,广州英租界仍禁止华人在界内租赁土地和房屋。英租界开设后的起初数年间,因贸易不兴旺,外商们不愿耗费资财在界内建造房屋,而是照旧在珠江南岸租屋居留,界内只建成少数房屋及若干临时建筑。1865年,英国领事馆在界内落成后,外商洋行才陆续迁入,使英租界成为广州中外贸易中心。由于该租界面积有限,这些洋行的仓库则仍设在珠江南岸。此后,广州优越的地理位置使其对外贸易稳步恢复,其直接外贸货值在全国通常占第二位、第三位。1883年,广州直接外贸货值为1886.9万关平两,占全国的13.1%。1888年之前,法国人在广州的经营重心在城内,他们在那里建造教堂及附属建筑和育婴堂等。在这些建筑完工后,他们将建设的重点转到法租界。1890年,法国驻广州领事馆迁入该租界。次年,广州英、法租界内共有35家外商洋行,直接外贸货值比数年前又有较大幅度的增长。[1]

九江于1861年开埠后,英、美等国商民看好英租界的前景,纷纷在界内租赁土地、兴建房屋。1863年,该租界内已有十多家英商洋行及商号,还有三家美商洋行。然而,九江出口海外的商品以茶叶为主,而上海、汉口租界较为发达,拥有更先进的加工设备,并有更多商机,因而附近茶商宁可舍近求远,把茶叶运往汉口、上海。在九江,中外贸易发展得并不顺利,不断有洋行关门歇业。1866年,设在该租界的外商洋行减少近一半,

① 中国第二历史档案馆、中国海关总署办公厅编:《中国旧海关史料(1859—1948)》第4册,第18页;第10册,第448页;第154册,第198页。钟俊鸣主编:《沙面》,第31页。

仅剩七家。1870年,该租界邻近长江的十座房屋有三座空关,三座成为官员邸宅,一座成为医生寓所。至1876年,外商洋行大多已迁离该租界,迁入了汉口等地的租界。当地直接对外贸易极度萎缩,在有些年度没有一艘自海外来华的外国轮船停靠于该租界的码头。九江的贸易越发被华商控制,华商还租借租界内房屋,开办茶栈等商铺,并在邻接租界的地段开设鸦片烟馆以及吸引外国水手的酒馆。① 此时,九江是江西省唯一对外开放的通商口岸,位于英租界以及附近的码头则是外国轮船驶入长江后在江西唯一停靠的码头,因而当地转口贸易得以逐步兴旺。九江出口的土货有茶叶、瓷器、大米等,进口的洋货起初以鸦片为主,后来以棉、毛织品和煤油等为大宗。在以往,樟树、吴城两地为江西贸易的枢纽,从广州北运的洋货、从江西南运的土货都以此两地为集散地。② 此时,输入江西的洋货、自江西出口的土产都取道九江,九江取代了樟树、吴城。九江及附近的省城南昌都发展成江西省较为繁荣的城市。

照片 25　远眺九江英租界

① 中国第二历史档案馆、中国海关总署办公厅编:《中国旧海关史料(1859—1948)》第152册,第209、213页;第17册,(中文部分)第一二七页。英国国家档案馆:FO 228/1031,署理德化知县致英国领事照会,光绪十六年五月十七日;FO 228/1555,Intelligence Report for the Period Ending July 1904, British Consulate, Kiukiang。
② 傅春官:《江西商务说略》,《江西官报》光绪三十二年第二十七期。

镇江于 1861 年开埠后,因当地仍是太平军与清军的战场,镇江英租界没有随即建设,中外贸易的场所改设在江北七濠口一带。太平天国失败之后,中国官府要求外商入居英租界,又限令华商到镇江府城连接租界的地段去开店设铺。外国商民尤其是美商以长江南岸水流湍急、泊船困难为由,不愿迁移,中国官员只得商请英、美领事敦促他们迁入租界。当地的中外贸易转移至英租界。1867 年,镇江城西出现外商兴建房屋、市廛相属的热闹景象。[①] 由于当地没有在海外大受欢迎的商品,一年中常常没有一艘外国轮船从海外直驶镇江英租界码头,当地直接外贸货值往往为零。在英租界内,外国侨民寥寥无几,华人则纷纷入居,还开设多家茶楼、酒馆、客栈等。因位于长江和大运河交汇处,镇江被称为"七省咽喉",开埠后当地贸易逐步发展。每年经上海等地转运入口的洋货中,棉、毛织品以及煤油、火柴等为数较多。出口土货绝大部分是农副产品。1884 年,镇江直接外贸货值为零,包括转口贸易的进出口货值为 1 208.5 万关平两,占全国的 6.4%。[②] 1889 年,一个中国小贩在镇江英租界遭到印捕毒打,引发当地民众火烧英国领事馆和租界工部局的事端。此后,该租界当局一度禁止小商贩入界设摊,并禁止华人在界内开设茶楼酒肆。于是,当地繁华的商业街区并不位于租界之内,而是形成于租界至镇江城西门约五里长的地段之中。

从 1897 年起,这些租界进入第二个发展时期。这是 3 个一直"未发达"的日租界与那几处较小的英、法租界并存的时期。这 3 个日租界面积较大,最小的苏州日租界也有 480 余亩,约为广州法租界的 8 倍。由于中国官员的极力抵制,这 3 个日租界都位置不佳。相对来说,苏州日租界位置稍好。该租界所在的青旸地位于盘门外,原先这一带十分冷落,当地有"冷水盘门"之称。但是,这一区域毕竟就在苏州城南,又紧靠中国的南北大动脉京杭大运河,有着迅速发展成繁盛之区的潜力,因而日本人在未能

---

① W. F. Mayers & N. B. Dennys, *The Treaty Ports of China and Japan*, p. 423;陈敦平:《镇江港史》,人民交通出版社 1989 年版,第 80 页;志刚:《初使泰西记》,湖南人民出版社 1981 年版,第 3 页。
② 中国第二历史档案馆、中国海关总署办公厅编:《中国旧海关史料(1859—1948)》第 11 册,第 26、27、28 页;第 152 册,第 316 页。

索得阊门外的黄金地段后选择了这一荒冢累累的地区。该租界开设时，中国官府修筑了一条从盘门直达青旸地的沿河马路，便捷了城区与租界的交通，日本领事则在界内修筑了一条横贯东西的大道、七条南北向的小道，构建了租界的道路网。在道路两旁则种植了杨树和樱花树，以优化租界的环境，使这一区域在早春时掩映在璀璨的云霞之中，暮春时又有一派落英缤纷的景色。于是，每逢天朗气清的日子，常有苏州人士前来游览。一些日本侨民在界内开设了商店和旅馆等，日本领事馆也随即从城内迁来。不过，该租界的前景因沪宁铁路的通车而变得暗淡无光。1906年，沪宁铁路上海至无锡段通车，两年以后全线通车。铁路从城北经过这一古城，苏州官府又兴建从城北车站至阊门的道路，并开辟了平门及直达城市中心的道路，进出苏州的旅客、货物不再走城南水路，而是改走城北铁路，使得阊门一带及城市中心的玄妙观等处更加繁荣，并使位于城南的日租界被冷落在一旁。由于营业不振，日租界内的日本商店或是关闭，或是迁往阊门一带，后来的日本侨民也多直接到阊门及胥门一带去开行设店，致使当地被形容为"四顾荒凉，几无人迹"。[1]到1920年前后，日本人先后在苏州开设的八家洋行、商店、旅馆，有七家设在阊门等处，三家日本医院也都设在城内。租界内只有一家旅馆，以及规模很小的西田胶皮厂、桥本纽扣厂、冈田宰牲厂。1924年，日本领事岩崎荣藏为繁荣租界市面，提倡在界内兴建工厂，陆续建成砖瓦厂、制油厂等工厂，特别在1926年5月建成引入先进设备、技术的瑞丰丝厂。[2] 该厂是日资在中国经营的三大丝厂之一，并是日资在华经营的第一家缫丝厂，其规模居这些缫丝厂之首。从瑞丰丝厂的缫丝机转动之日起，苏州日租界终于有了点兴旺景象。

位于拱宸桥以北的杭州日租界靠近京杭大运河的终点，那里水势平缓、河面宽阔，原是江、浙等省内河船只的碇泊处，并是浙江省的一个货物集散地。只是这一地区距杭州城有15里之遥。在该租界开辟的最初两

---

① 中国第二历史档案馆、中国海关总署办公厅编：《中国旧海关史料（1859—1948）》第44册，（中文部分）第二九七页。

② 徐云：《苏州日租界述略》，《苏州大学学报》1995年第3期。

年中,日本人办妥租赁手续的土地为 144 亩。不过,多种原因使已经租赁了土地的有些日商没来投资。至 1907 年,日本人已租赁的土地为 167亩,但建筑物仅有日本领事馆办事处及一所日本邮局和一个汽船公司仓库。已被日本人租赁的土地大多被"闲置",可说是"满目荒野"。于是,来到杭州的日本人大多不愿入居这一本国专管租界,而是宁可非法地进杭州城杂居,在城内开设药店、蛋饼店等。1910 年,日本侨民与城内居民发生冲突后,杭州官府曾一再要求日本领事限令日商一概迁往日租界,但并无多大效果。至此,有些日本人已认为该租界前途渺茫,并出现了将该租界"退回"中国的主张。[①] 1912 年,沪杭铁路通车后,位于城东的城站一带迅速繁荣。同时,拆毁杭州城墙后,钱塘门、涌金门外的西湖之滨也发展为繁盛的商业区。从此,商场集中在城北的杭州城市布局发生重大变化,拱宸桥地区变得更为冷落。鉴于此种情况,日本人转而经营位于该租界以南的各国通商场。该通商场距杭州城稍近,中国官府又在界内开辟了道路等设施,外国商民和华人都纷至沓来,陆续开设了一批店铺。此后,当地又出现一批戏馆、茶馆、菜馆、烟馆、妓馆,以吸引城中游客,并使时人误认这一区域即是日租界。1917 年,在杭州的日本人曾增至 117 人。未久,由于日本加紧侵略中国,杭州民众与全国人民一样,多次发动抗议日本侵略的示威行动,不少日本侨民因此离开杭州。20 世纪 20 年代初期,杭州日租界内建有房屋的土地不足 50 亩,新出现的建筑除了一些集体宿舍外,还有 3 家只是在收购蚕茧时才有人声的茧行。界内从事各种职业的中、日居民不足 100 人,其中日本人 18 人。[②]

　　重庆日租界是唯一开设于中国西南腹地的租界。由于重庆距长江入海口约有两千公里之遥,在这行船于川江之中尚有很多风险的年代里,入川贸易的日本人数量有限。日租界所在地王家沱又是些江滩、山坡,原来人烟稀少,距重庆城又有一公里水程,特别是在夏季丰水期要

① ［日］大里浩秋:《杭州的日本租界》,载［日］大里浩秋、孙安石编著《租界研究新动态(历史・建筑)》,第 132、136 页。
② ［日］大里浩秋:《杭州的日本租界》,载［日］大里浩秋、孙安石编著《租界研究新动态(历史・建筑)》,第 142 页。

渡长江前往重庆城颇为危险,故而抵达重庆的日本商民多不愿入居日租界,而是宁可在重庆城内和城外租赁土地、房屋,就连日本驻重庆领事馆也始终没有设在该租界之内。辛亥革命前,仅有生产火柴的日商有邻公司和日、中合办的又新丝厂在界内租赁了18亩土地。1921年,界内共有日本人10人,其中包括1名警官;共有在2个日本工厂做工的华人594人,继续在当地耕种土地的中国农民352人,并有4名华捕。到1925年,已被日本人租赁的土地仍只有100来亩,其余七分之六的土地始终没有租出。次年,入居重庆的日本人共121人,其中入居租界者共23人。日本人对此种状况十分失望,认为如不发生一个极大的变化,该租界的前景不容乐观。[①]

照片 26　设在长江江岸的重庆日租界,可远眺朝天门码头

① 朱之洪等修、向楚等纂:民国《巴县志》卷十六,页二十六;[日]田畑光永:《长江上游的梦痕——重庆租界》,载[日]大里浩秋、孙安石编著《租界研究新动态(历史・建筑)》,上海人民出版社 2011 年版,第 106、109 页。

第八章　各地租界的兴衰

在此期间,九江、镇江、广州等地租界也发生了不少变化。19 世纪末,九江城南的庐山发展成著名的避暑地,吸引了众多的外国侨民和中国的达官贵人。民国初期,每年有一千多名外国人上山避暑。这些中外人士大多乘坐轮船在九江英租界的码头登岸,使该租界成为他们上下庐山的必由之路以及游览九江的勾留之地。庐山上大批避暑别墅的建造,也为该租界内的店铺提供了大量的商机。界内的商店、餐厅、旅馆因而获得意外的发展。外商又在界内开设一批新的企业,其中有日商开设的台湾银行、美商开设的美孚洋行等。较之以往,九江英租界增添了不少生机。当地民众与租界当局也屡次发生冲突。1909 年,因英国巡捕打死途经该租界的商贩余发程,九江民众发动了持续数月的抵制英货运动。1919年,九江民众又因该租界当局于一年前向所有过境货物直至手提行李都征收苛税,从而进行持续的抗争,并最终取得了胜利。在广州,因八国联军侵华战争期间北方战乱、南方安定,当地的贸易得到进一步发展。1901年,在广州英、法租界内,外商洋行增至 58 家。英租界已无隙地,堆放货物的场所已不敷使用,不少英商洋行急于在租界之外租赁土地,以便增建房屋、码头。1903 年,广州直接外贸货值增至 6 820.5 万关平两,占全国的 12.6%;7 年后,又增至 8 658.6 万关平两,占全国的 10.3%。[1] 在此期间,租界内较为著名的洋行有英商怡和、太古、天祥、泰和、时昌等洋行,德商礼和、鲁麟等洋行,美商旗昌、慎昌等洋行,日商三井等洋行,共 13 家。这些洋行被称作"新十三行"。[2] 正因为如此,英、法两国都要求扩展在广州的租界,但都遭到中国政府拒绝。于是,至民国初期,外国侨民已将一批银行、洋行、学校开设于租界以北、与沙面岛隔水相望的沙基、长堤一带,使这些区域如同沙面租界的延伸部分。此后,自 1924 年起广州租界经历了沙面洋务工人罢工、省港大罢工的打击,以及国民政府拟收回该租界的冲击,但又很快恢复旧日的繁荣。镇江英租界则因经济地理的变化,

---

① 英国国家档案馆:FO 228/1414,英国总领事致两广总督照会,光绪二十七年十二月十六日;两广总督致英国总领事照会,光绪二十七年十二月二十三日。中国第二历史档案馆、中国海关总署办公厅编:《中国旧海关史料(1859—1948)》第 39 册,第 42 页;第 52 册,第 15 页。
② 程浩编著:《广州港史(近代部分)》,海洋出版社 1985 年版,第 132 页。

已经走上末路。1899年,江宁于开埠后与镇江构成竞争格局。1908年,沪宁铁路全线通车,江宁成为这条大动脉的终点站;未久,长江对岸的浦口又成为津浦铁路终点。津浦铁路通车后,原来经运河运往镇江的苏北、皖北货物,有些就改由火车运往浦口,从上海进口的洋货则大多通过沪宁铁路直接运往江宁,即南京(江宁于民国肇建后重新被称作南京)。与此同时,镇江一带的长江江流改变流向,改而向北岸冲击。北岸的瓜洲城完全坍入江中,靠近南岸的金山岛则与南岸连成一体。镇江港也严重淤塞,往来的轮船无法靠岸,只能停泊于江心,对乘客的上下、货物的装卸都带来极大的麻烦。于是,南京取代镇江,成了南北交通枢纽以及进出口商品集散地。原来在英租界内经营进出口贸易的广东商人迁离镇江,原来在镇江的米市也因无锡商务的勃兴而南迁无锡,致使该租界陷入困境。该租界工部局税收减少,经费不足,只能节省开支,并精简巡捕。治安力量削弱后,界内不断发生抢劫等恶性刑事案件,又引发受害居民的强烈不满。为了增开财源,该租界当局在界内兴办电灯、自来水两厂,但因为工厂设备落后,又未能向界外发展,所以亏蚀严重。到20世纪20年代初,该租界工部局欠下不少新旧债务,处境已更为艰难。在1922年华盛顿会议后,英国曾有将镇江英租界和威海卫租借地同时交还中国之议。[1]

　　这些租界的第三个发展时期始于1927年,这是它们的衰亡时期。九江、镇江两地的英租界先后被中国政府收回,苏州、杭州、重庆三地的日租界则都陷入穷途末路。其原因之一,是随着中日关系的恶化,日本政府不得不屡次从这些租界撤退侨民。苏州、杭州日租界位于中国内陆,日本政府无法派遣军舰来"保护"租界,一有风吹草动,当地日本领事和日本侨民只能撤往上海。以杭州日租界而言,从1927年至1932年的六年间,日本领事和日本侨民至少撤离了三次。第一次在1927年日军在汉口日租界制造"四三惨案"之后,第二次在1931年九一八事变发生之后,第三次在1932年上海爆发淞沪抗战之际。[2] 在同一时期,日本驻苏州领事等人也

---

①　镇江市地方志办公室藏地方史资料,第18-13、18-17、18.2-43号件。
②　[日]大里浩秋:《杭州的日本租界》,载[日]大里浩秋、孙安石编著《租界研究新动态(历史·建筑)》,第144、145页。

同样一再撤离。其原因之二,是这三个租界都面临被中国政府收回的危机。根据中日之间有关开辟这三个租界的约章,租赁界内土地的租契有效期均为三十年,期满后租地人应办理换契续租手续。这些租契期满前,重庆等地的民众屡次发出收回日租界的呼声。至 20 年代末 30 年代初租契陆续期满后,他们反对让日本人换契续租,要求政府收回租界。在苏州,苏州地方政府数次提出收回日租界的要求,当地人士也积极支持:"收回苏州日租界,苏地人士能不竭其绵薄?"①重庆民众要求收回王家沱日租界的斗争声势尤为浩大。从 1928 年起,重庆民众团体就一再要求政府收回日租界。在该租界的土地租契行将期满的 1931 年初,重庆民众掀起了收回该租界运动的高潮。当地政府也力主乘换契之机,"撤废约书,收回主权"。九一八事变后,重庆民众宣布与暴日"经济绝交",拒绝向日租界提供粮食、燃料等一切生活必需品。虽然日本政府向重庆增派了军舰,但深入川江的几艘日本小军舰毕竟不足以与四川军民抗衡。同年 10 月 22 日,驻渝日本领事被迫与日本侨民一起撤退,并将该租界交重庆市政府代管。过了一年,在中日《淞沪停战协定》订立后,该租界被恢复,但日本侨民要时隔两年才重返重庆,其人数也已寥寥无几。②此种状况也足以使日本商民对这些租界丧失信心。

因频频撤侨,并因前景莫测,这三个日租界在 30 年代初期已更不景气。从 1932 年初起,苏州日租界内的纽扣厂、砖瓦厂以及著名的瑞丰丝厂都曾停工。至 1934 年,仍在该租界居留的日本侨民人数寥寥,大多经营一些小商业。在杭州日租界,一本刊印于 1932 年的刊物将该租界描绘成"与荒野无异",日本人在当地的尝试、奋斗,已成"镜花水月一场梦"。至 1934 年在界内居住的日本人仅有 19 人,其中警察局警察及其家属就达 6 人;华人也仅有 163 人。③重庆日租界同样气息奄奄。在 1937 年卢

---

① 徐云:《苏州日租界述略》,《苏州大学学报》1995 年第 3 期。
② 黄淑君、王世祥:《重庆王家沱日本租界始末》,《西南师范大学学报》1989 年第 3 期;[日]田畑光永:《长江上游的梦痕——重庆租界》,载[日]大里浩秋、孙安石编著《租界研究新动态(历史·建筑)》,第 124 页。
③ [日]大里浩秋:《杭州的日本租界》,载[日]大里浩秋、孙安石编著《租界研究新动态(历史·建筑)》,第 139、145、147 页。

沟桥事变之前,尚在重庆的日本侨民不足 30 人,①居住在日租界的日本人就更加屈指可数。

1937 年 7 月,全国范围的抗日战争开始。苏州、杭州、重庆三地的日本侨民全部撤离,三地的日租界均由中国政府代管,其中重庆日租界在事实上即于此时被中国政府收回。未久,苏州、杭州都被日军攻陷,当地的日租界又被恢复,并与周围的沦陷区无异。广州的英、法租界则在广州沦陷后成为"孤岛"。由于广州毗邻香港、澳门,广州英租界始终不允许华人入居,广州法租界的面积又极其狭小,因此广州租界不同于上海、天津、汉口租界,并未在庇护中国难民方面起过多大作用,也没有因聚集了大批难民而出现异常繁荣的时期。苏州、杭州这两个日租界在最后几年的演变则大不相同。苏州日租界与苏州城隔护城河相望,日本人力图有所作为。由日军扶植的当地伪政府"为沟通日租界、城内外交通,及繁荣城区起见",决定拓辟古蛇门(即现今的南门)以及城内直达日租界的道路,日商的瑞丰丝厂也在界内陆续扩建仓库 7 幢,将其贮存蚕茧的库容增至 1.57 万担,②使该租界还有个回光返照的阶段。对于杭州日租界,日本人也深知是无可救药的,因而不再作使其振兴的努力。据当地人士指称,日本侵略者还在当地划出一块土地,作为杀人的刑场。到日本投降后,人们曾在当地的低洼地中挖出累累的白骨。③

最后,还应指出的是,这些租界中,在收回后的半个多世纪仍大体保持原来风貌的仅有广州租界,租界时代的西式建筑群得到了妥善的保护。收回后的九江英租界曾在较长的时期中大体保持着原来的面貌,不过,在 20 世纪末期的城区重建过程中,租界时期的很多建筑已被拆除。收回后的镇江英租界则被侵华日军摧毁于 1937 年。这一年 11 月 23 日,正向镇江推进的日本侵略军获悉江苏省主席顾祝同正在原英租界内的大华饭店召开军事会议,就派飞机猛烈轰炸该饭店。其中一颗炸弹命中美孚煤油公司大楼,引起熊熊大火。半个月后,进抵镇江的日军先是对镇江狂轰滥

---

① 邓沛:《重庆日租界的收回》,《民国春秋》1998 年第 5 期。
② 徐云:《苏州日租界述略》,《苏州大学学报》1995 年第 3 期。
③ 根据 20 世纪 80 年代末进行实地调查时当地人士和浙江麻纺织厂管理人员的共同介绍。

炸,随后又到处纵火。经过这些劫难,原来的英租界及毗连租界的繁华区域大多化为焦土,只有少数建筑其中包括建在银山上的英国领事馆未被摧毁。苏州、杭州、重庆三地日租界中都有成片的旷地。中华人民共和国成立后,这些地区逐步得到建设。原苏州日租界的所在地成了苏州第一丝厂等工厂的厂址,至20世纪末仍存留的建筑,只有原日本领事馆及原瑞丰丝厂的部分厂房。在21世纪初,重庆日租界的旧址中建成了大批民居,雄伟的朝天门长江大桥的南桥头正好通过当年又新丝厂的旧址。直至20世纪末,昔日杭州日租界全部成为浙江麻纺织厂及其宿舍区的所在地,厂内早已没有任何日本人建造的房屋。但是作为租界界线的河流、桥梁等则基本维持着旧状,从而清楚地显示着该租界的四至。在该租界以南曾被误认作日租界的公共通商场中,尚有当年的海关等西式建筑,并有一排排合抱的大树默默地站立在当年开辟的各条道路两旁,充当着百年来拱宸桥地区风云变幻的历史见证。

综观各地租界的兴衰,可知尽管它们各有特殊性,但从总体而言,其演变过程尚可归纳为三个阶段。第一阶段自1843年起至1894年,这是租界的发展时期。在此期间,租界逐步形成,租界的各种制度陆续定型,其数量也增至十来个。第二阶段自1895年起至1917年,这是租界的全盛时期。随着更多租界的开辟和扩展,租界的数量和面积都达到顶点。同时,上海、天津、汉口等地的租界都呈现空前的繁荣景象。第三阶段自1917年起至1945年,这是租界的衰亡阶段。在这一阶段最初的十余年间,一批租界被陆续收回,另一些也渐趋衰落,就连继续繁荣的上海租界也出现大厦将倾的前兆。到抗日战争爆发后,残剩的英、法租界和公共租界又成为饱受惊涛骇浪冲击的"孤岛",它们的沉沦只是时间问题。概括起来,可以说外国在华租界形成、发展于鸦片战争以后,全盛于甲午战争以后,衰落于第一次世界大战以后,终结于第二次世界大战以后。

第九章 "国中之国"的主要特征

鸦片战争后,英、美、法等约二十个国家通过不平等条约相继在中国取得的领事裁判权,是一种属人管辖权。根据这些条约,凡是这些国家的国民,不论他们到中国的哪一角落,都不受中国的司法管辖。在租界中,租界开辟国取得的行政管理权,是一种属地管辖权。所有中外人士,不论是华人还是享有领事裁判权的外国人,一旦进入租界,就要受该租界当局的行政管理。由外国人控制的租界当局拥有属地的行政管理权,这是租界与华界最根本的区别。正因为属地的行政管理权被外国人把持,租界在平时成为由外国人管治的中国领土,并发展为刑事犯的逋逃渊薮和国事犯的活动舞台,在发生各种战事时则成了所谓的"中立"地区。

第一节 由外国人管治的中国领土

从鸦片战争结束时起,特别是到甲午战争及八国联军侵华战争后,中国政府已逐步向列强屈服,但除租界等由列强开辟的特殊区域外,广大的中国城乡仍由中国政府直接统治,中国居民仍由中国官员管辖。租界的情况则不同。这些区域虽然并未割让给别国,仍旧是中国领土,却不受中国政府的治理,反而处于外国人的管治之下。

外国在华租界成为由外国人管治的中国领土,首先体现于租界当局不仅可对界内所有外国侨民而且可对界内所有华人进行行政管理,中国官员甚至不能管理入界的华人。

在上海英商、法商及美国人租地始辟时,界内华人仍受中国官府管辖。小刀会占领上海县城后,上海官府一度瘫痪,无法管辖界内的华人。未久,上海租界成型,英租界设立工部局,该租界内的华人开始受租界当局的行政管辖。1862年,英国驻沪代理领事麦华陀写道,中国"地方官与领事间已有多年之谅解,即地方官对于界内华人之管辖权",须经英国领事同意。① 第二次鸦片战争后,中英官员在开辟镇江、汉口、九江、广州等地英租界的约章中都有界内一切市政事务皆由英国领事专管的规定,致使外国人进一步获得管理界内华人的口实。不过,对于外国人在中国领土上管理中国人的荒诞制度,在本国力主废除黑奴制度的美国首任驻华公使蒲安臣颇有异议。不久,英、法等国公使也受蒲安臣影响,形成英、美、法等国驻华公使与这些国家的驻沪领事在租界问题上意见分歧的局面。英国公使卜鲁斯曾指出,旅沪英商认为,进入英租界、入居英商所建房屋的华人,中国官员即不能管理的观念,是不正确的。法国公使柏尔德密也曾指出,除为外国人及本国历来保护之人服役的华人外,其他在租界内租地居住的华人自应服从中国官员管理。1864年,驻华公使团议订的"上海公共租界应遵照的五条原则"也规定,界内华人如确实未被外国人雇用,应完全受中国官员管辖,与在华界无异。② 这样,尽管驻上海等地的外国领事及租界当局力主对界内华人进行行政管理,他们的行动受到驻华公使的牵制。卜鲁斯、蒲安臣等相继离任后,阿礼国于1865年接任英国驻华公使。阿礼国本来就是租界制度的始作俑者,他当然不肯放弃本来就是由他夺得的租界行政管理权。在驻京公使与各地领事的意见趋于一致后,在此时已经开辟及以后陆续开辟的所有租界,租界当局都对入界华人实行属地的行政管理,并否认中国官员对他们有行政管理权。于是,凡是划入租界的地区,原来的乡、保、区、图等基层行政组织等均被废止;中国的衙役及后来的警察都不能携带武器入界,更不能干预界内华人的日常事务;除了在上海、汉口、厦门等地租界内中国可特设官员负责涉及华人的司法事务外,中国政府不能在租界内派设负责行政事务的官员,不能管理当地的华人,各级中国官员的告示如未经租界当局允准、盖章还不得在界内张贴,否则就会被租界巡捕撕毁。界内华人,不论是在界内居住的华人还是偶尔途经租界的华人,都要受到租界当局的行政管理,如果

① 徐公肃、丘瑾璋:《上海公共租界制度》,载上海史资料丛刊《上海公共租界史稿》,第29页。
② 徐公肃、丘瑾璋:《上海公共租界制度》,载上海史资料丛刊《上海公共租界史稿》,第35页。

违反租界章程，尽管并不违反中国的法令，也会被租界巡捕拘捕，并移送界内的中外会审公堂或界外的中国官府去接受惩罚。在不少未设会审公堂的租界，对于无钱缴纳罚款的贫苦华人，租界当局甚至不将他们移送中国官府，就径予拘押、罚做苦工等惩罚。

虽然开辟汉口等地英租界的中英约章都有界内行政事务由英国领事专管的规定，其他租界开辟国也纷纷效仿，将他们开辟的租界也作为专管租界，但中外的双边约章对第三国的人士并无约束力。因此，有些"有约国人"在别国的专管租界内违反行政规章，租界当局往往难以处置。鉴于此种情况，在英国公使阿礼国于1866年订立的天津英租界《土地章程》中有如下规定：任何其他国家的臣民只有签署书面文件，保证遵守英国公使为维护租界安宁和秩序而已批准及在日后批准的一切章程及附则，并有其本国官员予以认可的证明，才能在本租界内租赁土地。① 此后，各租界当局大多如法炮制，在租界章程中订立类似条文。这样，外国侨民拟在别国专管租界内租赁土地，多需签署有上述内容的保证书，并将保证书送交其本国领事签章，然后才能办妥在界内租地手续。公共租界的情况有所不同。公共租界的《土地章程》得到列强驻华公使团的批准，这样，在公共租界租赁土地的外国人虽不必签署此种保证书，但也必须遵守租界的各种行政规章，违犯者都将照章受到惩处。此外，在上海法租界、汉口法租界等少数租界还有一些特殊规定。19世纪末，在这些租界拟予扩展时，英国政府提出了三项条件。其中之一，是该租界的一切行政章程在施行于英国臣民之前，必须先经英国驻华公使批准。为了实现租界扩展，法国政府旋即接受了英方提出的条件。② 这样，在这些租界，凡是未经英国官方认可的行政规章，当地英国侨民便可不予遵守。可见，入居租界的各国侨民，包括享有领事裁判权的"有约国人"，尽管在司法方面不受中国官府也基本不受租界当局的管辖，但都要受租界当局的行政管理。

租界成为由外国人管治的中国领土，又体现于除海关关税及土地的

---

① *Local Land Regulations of the British Concession at Tientsin and General Regulations for the Tientsin Consular District*，1866，Article 4.

② En-sai Tai，*Treaty Ports in China*，pp. 116，119.

地税外,中国政府在很长的时期中无法在界内征收其他税款,而界内中外居民必须向租界当局缴纳他们征收的各种市政捐税。

在上海英商租地开辟之初,界内进行市政建设及维护地方治安的经费全部由外国侨民承担。原有的中国业主等人无须分担这些费用。在1854年上海租界形成后,掌控了行政管理权的租界当局就放手向界内的华人征收各种用于租界市政的捐税。凡是外国纳税人须缴纳之税,无权参政的华人也须一一缴纳。1855年,上海地方官员与外国驻沪领事都同意华人杂居租界后,代理上海道蓝蔚雯于2月24日颁布有关华民入居租界的条例。该条例规定,入居上海租界的华人有向该租界当局"按例纳税"的义务,①即是承认租界当局拥有对界内华人征税之权。此后,各地租界当局亦步亦趋,全都向界内华人征收市政捐税。华人入居租界或在界内营业等,就须照章向租界当局纳税,从此成为铁定的状况。

与此同时,中国政府却丧失了自主地向界内华人征收捐税的主权。1861年9月,开辟广州英租界的约章便规定,除土地的年租外,中国官府不得在界内"收受饷项",即征收各种捐税。②1862年7月,在太平军迭次进攻上海后,上海道吴煦因军饷浩繁,入不敷出,为了增加收入,照会英国代理领事麦华陀,请他编查在上海英租界内居住的华人人口,以便像对华界的华人一样向他们征收人丁捐。该捐拟分为上、中、下三等,分别为五银圆、一银圆和半银圆,妇女、幼童可不纳捐,总共征收一次。③麦华陀断然拒绝,他声称界内华人已受英国人保护,分沾英国人的利益,故而不能承认上海道对他们有此种征税之权。英国公使卜鲁斯没有认可麦华陀的行动,他在11月5日的训令中写道,中英条约没有任何规定容许英国人对此等事项横加干预,上海道有权向租界内的华人征收华界内的华人已经缴纳的捐税,特别是根据现时中外的共同利益,即共同镇压太平天国,更不能截去中国政府的经费来源。卜鲁斯的主张得到英国政府的支持。未久,英国外交大臣洛塞尔指出,毫无疑问,英租界的土地是中国领土,

①　王铁崖编:《中外旧约章汇编》第1册,第82页。
②　英国国家档案馆:FO 678/2960,中英永租沙面地基约据,咸丰十一年七月二十九日。
③　英国国家档案馆:FO 228/917,苏松太道致英国领事照会,同治元年六月初九。

"中国人民不能以居住租界之故,遂得免其履行天然之义务"①。法国公使柏尔德密也表示,如果中国官员照章向法租界内的华人征收捐税,法国人将不予阻拦。他们只反对向法租界内的华人征收比华界及其他租界内的华人更重的捐税。在这种情势下,英、法领事仍不愿让中国官吏到租界内来征收捐税。1863 年 3 月 5 日,英国领事发布谕令,如果中国捐厘总局的差役再来英租界向旧衣、烟膏、茶坊、酒馆等四业收取捐税,租界巡捕可立即拘捕。此后,在署上海道黄芳作了妥协后,他与英、美、俄、葡等国驻沪领事于 6 月 12 日订立有关在上海英、美租界向华人征收房捐的协定,随后又与法国领事订立有关在法租界内向华人征收房捐的协定。这些协定规定,由租界当局代替中国官府向界内华人征收房捐。在此之前,租界当局已向界内华人房屋征收房捐,捐率为房租的 8%。此时,英、美租界的房捐捐率先是增至 20%,后与法租界划一为 16%,其中一半归租界当局作为巡捕房经费,一半归上海道充作会防军饷。中国官府承诺不在租界内征收人丁捐等其他捐税,也不增加房捐捐率,在镇压太平天国的军事行动结束后便不再征收此项房捐。② 然而,黄芳旋即违反约定,屡次派遣官差去向租界内的华人征收其他杂税。1864 年 1 月 23 日,3 名官差在向法租界内的中国酒馆征收 500 两银子的新税时,被法租界巡捕拘捕,并被搜出由上海官府出具的收条。原本就极不愿意让中国官府在界内征税的法租界公董局乘机宣布,废除去年的协议,日后中国官差再入界征税,将一律予以拘捕。这样,由于清朝官员的昏聩、法国当局的强横,中国政府丧失了在上海法租界征收房捐之权。③ 半年后,太平天国失败,署上海道丁日昌宣布概行停收房捐,"以恤商民"。不久,中国官府虽又力图在上海租界恢复房捐的征收,但因为无法在法租界内征税,所以也不可能重新在公共租界内征税。在上海租界形成此种局面后,各地租界也都效仿。除地税及海关关税外,直到不少租界已被中国政府收回之际,中国官府不

---

① 蒯世勋编著:《上海公共租界史稿》,载上海史资料丛刊《上海公共租界史稿》,第 360 页。
② [日]植田捷雄:《支那租界研究》,第 607 页;[法]梅朋、傅立德:《上海法租界史》,第 239 页;汤志钧主编:《近代上海大事记》,第 191 页。
③ [法]梅朋、傅立德:《上海法租界史》,第 239 页。

能在租界内开征其他国税。

不仅如此，中国政府还被迫于 1876 年将租界划为免征厘税的区域。从 1853 年起，为了筹集镇压太平天国的军费，中国政府向全国各地征收起初税率为 1% 的商业税——厘金。外国商民从海外运来的洋货，包括在租界内消费的洋货，在缴纳关税后也须再缴纳厘税。在上海，中国官员在租界码头抽收货物的厘税，同时将这笔税款的一部分提作码头的维修经费。不过，在汉口英租界等租界，中国官府尚未设立局卡，征收此税。对于此种新增的税款，外国商民一直啧有烦言。1875 年，英国政府借英国翻译马嘉理在云南边境被杀一案，提出了对洋货免征厘税的要求。经过反复磋磨，中国政府不得不有所让步，但为了避免过大的税收损失，只同意将免征范围限定在租界地区。订立于次年 9 月的中英《烟台条约》遂规定："准以各国租界作为免收洋货厘金之处，俾免漫无限制。"[①]此后，各地租界又成了中国政府不得征收厘金的特殊免税区。

中国政府不能向租界地区开征其他捐税的情况，一直持续到 20 世纪 20 年代。此时，国际形势已有很大变化，一批租界已被中国政府收回，即便是盘根错节的上海租界的根基也已开始动摇。在这种时势下，外国人只得承认中国政府可像华界一样对租界内的华人征税。1920 年，驻京公使团承认中国的印花税法可在租界内适用。1928 年，中外达成协议，由各租界当局代表中国政府向界内华人征收印花税和卷烟税。到 1936 年，中国政府又得以在租界内试行中国的所得税法。这样，在租界制度行将走向覆亡之际，租界作为中国境内特殊税收区的状况终于有所改变。

租界成了由外国人管治的中国领土，还体现于最初在进入所谓"紧急状态"时租界当局可调集外国军队进驻租界，后来甚至在租界长期驻军。除了非常特殊的情况，中国军队不仅不能入驻租界，甚至不能自由地穿越租界。

通过中英《虎门条约》、中美《望厦条约》等不平等条约，英国、美国

---

① 　王铁崖编：《中外旧约章汇编》第 1 册，第 349 页。

照片27　1925年五卅惨案发生后法国海军陆战队守卫汉口法租界

及其他取得片面最惠国待遇的国家获得在中国各通商口岸停泊军舰、巡查贸易的特权。这些国家就在其军舰能够驶抵的各国专管租界和公共租界所在通商口岸常泊军舰，或在这些租界内有风吹草动时派驻军舰。除位于内地、军舰无法驶抵的苏州、杭州日租界外，其他八个租界所在的通商口岸都经常有外国军舰驻泊。每当租界内突发紧急状况，经租界开辟国领事等人请求，舰上水兵和海军陆战队即可持枪登陆，以保护租界和侨民。不过，紧急状况一结束，他们就须返回军舰。在上海，一直有英、法、美等国军舰驻泊黄浦江，舰上水兵和陆战队也常在租界登岸、布防。其中包括1874年法租界发生四明公所事件、1897年公共租界和法租界发生小车夫抗捐风潮、1898年法租界发生第二次四明公所事件、1905年公共租界发生大闹会审公堂案期间，这些国家的水兵、陆战队都曾奉命登陆，与租界巡捕、义勇队一起设防、戒严，直至开枪镇压，造成众多华人死伤的血案。甲午战争后，日本军舰也经常入泊黄浦江，日舰上的水兵、陆战队也经常在公共租界登陆。在天津，1870年发生天津教案后,多艘外国炮舰驶入海河,以保护天津租界和侨民。此后,英国军舰便常年在那里驻泊。① 在镇江,在 1891 年,因两年前发生过华人火烧英国领事馆、租界巡捕房等事件,此时又出现"匪人"拟攻毁英租界的流言,英、美、法、德等国 11 艘军舰便驻泊镇江,以保护镇江英租界。② 在汉口,在英租界面临的长江中,长期驻泊着两艘英国军舰。1911 年初,因一名人力车夫在英租界内猝死而引发华人与租界巡捕的激烈冲突后,数百名英国水兵等奉命离舰登陆,并开枪打死、打伤华人数十名。在广州,英、法等国军舰常年驻泊在英、法租界濒临的白鹅潭。1911 年 4 月,革命党人在广州起义,英国水兵即在英租界登陆,并架设机枪,扼守通往华界的桥梁。③ 进入民国时期后,因时局动荡、战乱频仍,停泊于上海、汉口等地的外国军舰继续增多,外国水兵、陆战队也更加频繁地在租界地区登陆。在汉口,从 1923 年起的十余年间,仅日本水兵、陆战队就在日租界等处大规模地登陆十余次,并在登陆后在当地设置防御工事,或举行军事演习。停泊在日租界前长江江面的日本军舰经常有数艘,有时达十多艘。④

租界所在地区发生紧急状况,危及租界的存在,租界开辟国就会将大批军队,包括水兵、海军陆战队直至陆军,派往这些租界。这些特遣部队在当地长期驻扎、设防,直至投入保卫租界的激战。因中外条约并未给予租界开辟国此种权利,这些行动全属非法。在天津,在 1900 年八国联军侵华战争爆发之际,因为天津地处义和团活动的中心区域,所以天津租界极有可能遭到义和团民的攻击。已在及曾在天津开设专管租界的英、法、美、德、日等国以及尚无租界的俄、意等国便调派军队,以保卫天津租界。进入租界的这七国军队共有官兵 1 643 名。未久,义和团民和清军猛烈攻击,天津租界朝不保夕。八国联军急忙增援,援军达 1 万余人,其中俄、

① [英]雷穆森:《天津插图本史纲》,载[英]雷穆森《天津租界史(插图本)》,第 47、52、96 页。
② 中国第二历史档案馆、中国海关总署办公厅编:《中国旧海关史料(1859—1948)》第 17 册,(中文部分)第一四三页。
③ 饶展雄、黄艳嫦摘编:《辛亥"3·29"广州起义资料〔日本外务省档案〕选编》,《羊城今古》1990 年第 5 期。
④ 《汉口租界志》编纂委员会编:《汉口租界志》,第 279、280 页。

中国租界通史

日军队都超过 3 000 名,并有少量奥军。①援军抵达后,被围攻近一个月的天津租界解围。接着,联军占领天津城等处,又以天津租界为基地,继续进犯北京等地。在汉口,在 1911 年武昌起义爆发后,英、德、法、俄、日等国的海军陆战队在各自租界登陆。这些国家以及在汉口并无租界的美、奥等七国都向汉口特派或增派军舰,在汉口租界濒临的长江江面上集结了由 20 多艘军舰组成的国际舰队。英、俄、日等国还调派陆军,分别在本国租界布防,实施戒严。其中俄军 277 名,英军约 160 名,日军约 500名。②在八国联军侵华战争期间,英、法等国也向上海增派部队,以保护侨民和租界。上海公共租界工部局已作了在至危时刻将租界行政管理权移交给英军指挥官的准备。③至北伐战争时期的 1927 年,因汉口、九江英租界经中国民众的冲击而被中国政府收回,英国特遣军队达 1.6 万名来保卫上海公共租界。在此期间,法国也屡次向上海法租界派遣军队。特别在 1932 年淞沪抗战爆发后,法国特派陆军一个营及两个连以及远东舰

照片 28　天津租界内的意军兵营

---

① 〔俄〕德米特里·扬契维茨基:《八国联军目击记》,第 120 页;天津社会科学院历史研究所编:《八国联军在天津》,第 42 页。

② 章开沅、罗福惠、严昌洪主编:《辛亥革命史资料新编》(7),第 211 页;中国社会科学院近代史研究所中华民国史研究室主编:《日本外交文书选译——关于辛亥革命》,第 101、127、128 页。

③ 上海市档案馆编:《工部局董事会会议录》第 14 册,第 556 页。

队旗舰等多艘军舰来到上海。该舰队司令还一度接管了法租界的行政管理权。[1]

从 20 世纪初期起,在天津、上海、汉口等地租界,还有外国军队常驻。庚子事变期间,八国联军占据京津地区。订立于 1901 年的《辛丑条约》规定,天津是列强从北京到山海关可以驻扎军队的 12 个要地之一。在天津,这 8 个国家都开设过或行将开设专管租界。租界内有较完善的生活设施,它们又是当地主要守卫目标,驻津各国军队大多驻扎于本国专管租界。1903 年,天津各国驻军共约 4 000 名,其中德军最多,为 1 204 名;俄军最少,为 27 名。1907 年后,外国驻军总数减至 2 700 余名。[2] 此后,驻军人数时有增减,每逢天津租界面临威胁时,外国驻军便大大增加。在汉口,英、德、俄、法、日等国都曾在本国租界内驻军,他们大多于 1914 年第一次世界大战爆发后撤离。其中法军在战后还再次入驻过法租界内的兵营。日本于 1911 年武昌起义后特派军队抵达汉口,随即借口日租界内无合适的营房,于次年在界外建造巨大的兵营,并驻扎大批军队。1915 年,日本驻军约有 1 500 名。直到 1922 年,日本才撤离这支部队。[3] 在上海,英、法、美、日、意等国陆续在租界地区常驻军队。在 1900 年八国联军侵华战争后,法军曾在此时尚位于法租界界外的顾家宅一带建筑兵营、长期驻扎,后来则入驻界内福煦路等处的兵营。法军的防守范围包括整个法租界及其越界筑路区。在 1927 年大批英军撤离后,常驻公共租界及其越界筑路区的英军作战和后勤部队通常有 1 000 名左右。此外,还有英军的飞机入驻上海。美国于 1927 年起在上海公共租界常驻陆军和海军陆战队。在 1937 年上海爆发八一三事变时,美军驻有三个团的部队。意大利在上海公共租界驻扎陆军始于 1932 年“一·二八”事变之后。五年后,意军的兵力达一个营。1928 年后,日本在上海公共租界派驻大批日军。至 1931 年九一八事变后,各国驻军协防租界,日军守备公共租界北区、东区,旋又将北四川路以西的界外地区划入其守备范围,其人数约为 1 800

---

[1] 《上海租界志》编纂委员会编:《上海租界志》,第 272、274 页。
[2] 尚克强:《九国租界与近代天津》,天津教育出版社 2008 年版,第 26 页。
[3] 《汉口租界志》编纂委员会编:《汉口租界志》,第 262、265、278、279 页。

名。公共租界的这些区域遂成为日军进攻上海的基地。[1]

在一些租界成了外国在华军事据点之际，中国政府却丧失了在租界驻军的主权。1865年，英国驻汉口领事以中国军队骚扰英租界，不仅要求中国军队不得入驻该租界，甚至不得驻扎在界外五里的范围之内。[2] 1884年，约有250名中国新兵驻扎在上海公共租界边缘地段。该租界当局以这些士兵行为不端，危及租界治安，要求中国官府立即将他们调离。[3] 即便是在遭遇危机时曾允许中国军队入驻的镇江英租界，租界当局在危机过后便立即要求中国军队撤离。直到租界被全部收回的前夕，中国政府也未恢复在租界的驻军权。同时，中国军队逐渐失去在战时甚至平时自由出入租界之权。在上海租界形成之初，租界当局只是在宣布实行"战时中立"之际禁止正在交战的中国双方军队进入租界。1865年，在汉口英租界遭受入界湘勇的劫掠后，英国领事又要求湖广总督在非战争时期禁止中国军队取道该租界。1883年、1884年，经英国领事要求，镇江官府多次承诺，在必须派兵勇至该租界沿江公路处列队迎送封疆大吏时，应事先知会英国领事，并应禁止兵勇在界内游逛。[4] 在此期间，两江总督左宗棠曾率领八九百名武装卫士前呼后拥地进入上海租界，造成堵塞交通等事件，致使公共租界工部局再次提出禁止中国军队随时通过租界的要求。驻沪领事团认为，在中国领土上限制中国军队的通行权，不符合国际法，最初一直没有与中国官府积极交涉。1892年，上海道聂缉椝为避免纠纷等，同意公共租界工部局要求，即中国士兵须在官员率领下才能穿越该租界。中日甲午战争爆发后，该租界当局禁止中国军队在战争期间通过租界的要求，得到两江总督刘坤一的允准。他饬令中国军队不得踏入上海租界；如有营兵擅入，即按军律立惩。署上海道刘麒祥又同意

---

① 《上海租界志》编纂委员会编：《上海租界志》，第272、274、276页。
② 英国国家档案馆：FO 228/917，英国署湖北领事致汉黄德道照会，同治四年四月初十；英国署湖北领事呈湖广总督申陈，同治四年四月十九日。
③ Municipal Council of Shanghai, Report, 1884, p. 173.
④ 英国国家档案馆：FO 228/1030，常镇通海道致英国领事第二次复函，光绪十九年二月十五日。英国国家档案馆：FO 228/917，英国署湖北领事呈湖广总督申陈，同治四年四月十九日。英国国家档案馆：FO 228/979，英国领事致常镇通海道函，光绪九年九月十五日；常镇通海道致英国领事函，光绪九年九月十八日，光绪十年三月初九。

在中国军队须穿行上海租界时应事先通知租界当局通过的时间,以免行军途中发生意外事故。甲午战争结束后,这一本可取消的临时规定未被取消。而该租界工部局在接到上海道的此种通知后,便发放经领袖领事签字的通行证,似乎是在和平时期中国军队通过该租界,也须经领袖领事和租界工部局批准。至八国联军侵华战争后,即便是中国封疆大吏因事进入租界,卫士人数也被严格限制。1900年,因未获领袖领事许可,李鸿章所带卫士未能进入上海公共租界。[①]

不过,根据迭次中外条约,清政府有保护来华外国人士的责任。因此,在面临无法维持其统治的危机时,有些租界当局也会被迫同意中国军队入界维持秩序或在界内驻扎。1874年5月,上海法租界发生四明公所事件,中国军队就入驻该租界。事后,法国总领事葛笃还设宴犒劳在恢复租界秩序时出力的中国官兵。[②] 1889年,在镇江英租界发生过中国民众焚毁英国领事馆等建筑的事件,于是在不久后当地形势又一次紧张时,该租界当局一度同意中国军队入界驻扎。在中国民众与租界巡捕频频发生冲突的汉口英租界,租界当局也曾多次要求中国军队入界保护。[③] 1925年上海公共租界发生五卅惨案后,镇江民众遂于6月5日冲击镇江英租界。该租界当局不得不要求驻扎于镇江的北洋军第31旅"选派军队,驻扎保护"。[④]

上述史实表明,在租界内,中外居民须受外国人控制的行政机构管理,须向此类行政机构缴纳市政捐税;同时,这些区域又受外国军队保护。中国官府则不能对界内中外居民进行行政管理,除了地税等个别税种外不能征收其他捐税,中国军队不经租界当局允准甚至不能穿越这些区域。这些离奇的情况足以显示租界作为"国中之国"的基本面貌。

---

① Municipal Council of Shanghai,Report,1892,p. 75;Annual Report of Shanghai Municipal Council,1899,p. 68;Anatol Michaelivrtch Kotenev, *Shanghai: Its Mixed Court and Council*, p. 25.

② 汤志钧主编:《近代上海大事记》,第307、310页。

③ 英国国家档案馆,FO 228/1030,常镇通海道致英国领事第二次复函,光绪十九年二月十五日;FO 228/1065,Despatch of British Consul,Hankow,to British Minister,Peking,January 21,1891。

④ 《地方新闻·镇江》,《民国日报》1925年7月2日。

第二节　刑事犯的逋逃薮和国事犯的活动舞台

在外国人取得对租界的属地行政管理权后，有些租界发展成在华界犯罪的中国刑事犯躲避中国官府缉捕的逋逃薮，并演变成国事犯即政治犯进行反政府活动的大舞台。

华人在华界作奸犯科，成了刑事犯，即便逃入租界，仍受中国的司法管辖。但是这些罪犯一旦逃入租界，中国官府就很难将他们逮捕法办。究其所以然，主要原因并非租界当局蓄意包庇，而是租界的制度和实际情况酿成了这种局面。

第一，租界没有户籍制度，逃犯易于藏匿。租界制度基本仿照当时西方的制度，界内居民无须登记户口。[①] 在上海等地的租界，不要说是华人，就是来自海外无护照、无国籍的外国人，都可以自由出入，并可在界内自由迁居。对于界内现行的刑事犯罪活动，租界当局主要靠建立强有力的警政机构来侦查、缉捕。华界的情形则不同。中国官府侦捕罪犯的手段十分落后，力量也十分薄弱，但当地却有较为严密的户籍制度，居民们又大多生于斯、长于斯，很少迁居。来历不明的外来人想在异乡落脚，通常会遭到地保等人的盘查。要是说不清来龙去脉，很可能会受到怀疑。因此，这种实行了数千年的户籍制度可以防止罪犯藏身他乡，有助于官府缉捕外逃的罪犯。在出现一批租界后，租界与华界不同的缉捕罪犯的机制给了出逃的刑事犯以可乘的缝隙。租界的人口急速膨胀，居民来自全国各地，入居者又不必像在华界那样进行户籍登记，这样，外来的逃犯只要改姓换名，就可以在这些五方杂处之地长期隐藏下来。

第二，租界的经济较为发达，逃犯易在界内找到谋生的职业。当时，因中国城镇、乡村的商品经济都不发达，较少有需要额外雇用外来人的场所，外逃的人们很难在异乡找到谋生之路。故而在承平时期，他们往往遁入空门；在动乱时期，往往落草为寇。多数租界都较为繁荣，界内有洋行、

---

① 直到 1937 年抗日战争爆发之后，部分租界出自不同原因，才清查界内户口，并建立保甲制度。

码头、银行、工厂、商店、酒吧、餐厅、茶馆、戏院、舞厅等各种工商企业、娱乐设施等,能向流入这些租界的华人提供大量的就业机会。即使是人地生疏的异乡人,也有可能找到糊口的工作。上海等地租界内帮会组织有很大的势力,公开的或地下的烟馆、赌场、妓院数量颇多,贩卖鸦片、走私军火、拐卖妇女等"黑道"生意十分兴隆。有些刑事犯还可托庇黑社会,从中分得一杯羹肴,而黑社会的头目也愿意录用这些亡命徒来充当爪牙。因此,这些洋场的繁华,也为逃犯的长期潜伏创造了经济条件。

第三,租界当局为了维护其侵略特权,也为了显示入界华人的权益受其保护,对中国差役、警察等人入界缉捕华人作了种种限制。至清末,除厦门鼓浪屿公共地界的情况稍稍特殊外,中国官府的拘票未经租界开辟国领事或领袖领事签字,未有租界巡捕协助,中国的差役等人不能在各租界内拘捕任何华人,包括正在犯罪及在华界犯罪后逃入租界的华人。如果疑犯已被外国人雇用,予以拘捕前还须征得雇主所属国领事的允准。这些规定,对于中国差役、警察等人追缉逃入租界的华人设置了层层障碍。有时在逃疑犯的行踪已经暴露,但中国的差役等人尚须辗转办理领事签字等手续,致使他们再次脱逃。有时甚至会出现戏剧性场面,即华人在华界犯罪后就往租界逃窜,中国差役等人尾追至华界与租界交界之处时,因不能于租界当局允准前入界拘捕,只能眼看疑犯逃脱。辛亥革命后,被外国人控制的上海公共租界会审公堂还要对在华界作案、在该租界被捕的疑犯进行预审,并要中国方面出示人证、物证,随后由会审公堂决定被告有罪无罪,是否送交中国官府,致使不少已经侦破的案件因证人未能在会审公堂上堂现身等而迁延不结。[①]

第四,存在多个租界的上海、天津、汉口等地政出多门,便于逃犯流窜。在上海长期并存两个租界,在天津一度并存八个租界,在汉口一度并存五个租界,各租界又各自为政,致使中国差役等人直至租界巡捕在追捕逃犯时都会面临更多的困难。当某一租界的巡捕或中国差役办妥在该租界内拘捕某一疑犯的手续后,如果该犯迅速地逃入另一租界,该租界的巡

---

① 姚之鹤编:《华洋诉讼例案汇编》下册,第645页。

捕不能追踪进入另一租界去执行任务,中国差役持有的拘票也不再有效,他们须请另一租界的相关领事去重签拘票,并请该租界巡捕协助。在此过程中,该犯又可逃往他处。1911 年,毗邻的汉口英、俄租界工部局为了便于追捕罪犯,曾订立双边协议,其中规定,双方的巡捕在执勤时可以进入对方租界或穿过对方租界,直至捉获该犯。[①] 然而上海、天津、汉口等地的租界大多未订立此类协议,因而在当地逃犯更容易逃窜,中国的差役等人要拘捕他们,时常会遇上更多困难。

第五,租界警方关注的是维护租界治安,并不热衷于对中国逃犯的缉捕。租界的警务机构,是当地外国纳税人当然还包括中国纳税人用自己的金钱兴办的治安机构。租界巡捕的基本职责,是使租界成为秩序井然的居留、贸易区域,特别是保护外国纳税人生命和财产的安全。为此,他们所关注的是取缔危及租界安全的现行犯罪活动。对于从华界中逃来的中国刑事犯,只要他们不在租界内继续犯罪,破坏租界的秩序,外国纳税人无意让他们所雇用的武装警卫去侦查、缉捕,以致耗费他们所缴纳的金钱。同时,在上海等地的租界内也经常发生刑事案件,租界巡捕又远远比不上苏格兰场的警探,其中也没有出过福尔摩斯似的神探,因此,那些繁荣的租界中每年都有一批重大的刑事案件无法侦破。以上海公共租界而言,在民国初年已出现命盗等大案“十案几难一破”的局面。[②] 在没有充分的力量对付现行刑事犯罪活动之际,租界警方更加无意去主动帮助中国官府侦破那些发生于华界、对租界的治安没有影响的积年旧案。

在租界成型后不久,人们已经发现租界成了刑事犯的逋逃薮。1865年 7 月,上海道丁日昌就认为,上海租界五方杂处,藏匿中国匪徒最多。[③]此后,这种状况始终没有改变,只是躲入租界的逃犯大多隐姓埋名,仿佛消失于茫茫人海之中,被官府缉获的逃犯只是其中很小一部分,因而无法作出究竟有多少罪犯藏匿于租界的估计。不过,可以确定的是,躲入租界的逃犯实繁有徒。以上海公共租界而言,在 1912 年的几个月间在界内被

① 《汉口特区民国十四年度市政报告》,附件第 1 页。
② 姚之鹤编:《华洋诉讼例案汇编》下册,第 651 页。
③ 汤志钧主编:《近代上海大事记》,第 220 页。

缉获的逃犯就有在界外谋杀王仁路的白玉山,在吴县卷逃的陆仲祺等人。[①] 这些逃犯之所以会被拘捕归案,或是因为被入界的中国侦探查出,或是因为被熟人撞破,还有些则是因为在租界内再次犯案,从而被租界警方抓获。例如,在上海公共租界挖人双目、致人残废、外号为"闹天宫"的徐福生,在被租界警方拘捕后才发现他本是在川沙县纠众行劫、案发后匿居租界的逃犯。正因为刑事犯视租界为避风港,当时的人们抨击上海等地租界为藏污纳垢之地,并指出这是租界对中国社会的危害之一。

在刑事犯纷纷躲入租界的同时,当时的国事犯也充分利用租界的特殊环境。他们不仅在遭到政府缉捕时从华界进入租界,而且将租界作为反政府活动的舞台。比如 19 世纪末鼓吹变法维新的维新派人士,以及 20 世纪初期推翻清王朝的革命党人,都在不同程度上利用租界特别是上海租界来进行政治活动。这种状况之所以能形成,同样有多方面原因。

第一,在多数租界中,居民在言论、集会、结社、罢工等方面享有稍多的自由。在一些欧美国家中,只要不动用武力,或鼓吹用武力推翻现政权,人们可以合法地集会、结社、罢工、组织政党,公开抨击现行的政治制度,公开要求总统、总理下台。各租界大体沿袭其开辟国实行的政治制度。在中国帝王专制的年代里,统治者们历来用严刑峻法来禁阻臣民们以各种方式来动摇其统治秩序,更不允许对皇帝、皇太后等最高的专制统治者有丝毫的渎犯。即便到民国年间,要是对袁世凯等大小军阀有所非难,也会遭到严重的政治迫害。就连纯粹以增加工资为目的的罢工,也会遭到残酷镇压。就在上海租界内的工人频频举行罢工的 1905 年,在华界要求增加工资的数名豆腐业罢工工人竟在上海县衙被责打数百板,其中两人还被枷上双连枷游街示众。[②] 正是鉴于租界和华界在这些方面的差异,在租界开辟后未久人们就敢于在租界内出版的报刊上发表与地方官府直至与朝廷不同的政见,后来更是敢于揭露地方官员直至封疆大吏的各种劣迹。戊戌变法时期,力主维新变法的人士利用租界内报刊,特别是

---

① 姚之鹤编:《华洋诉讼例案汇编》下册,第 647、651 页。
② 《严惩腐司挟众停工》,《申报》光绪三十二年六月初六。

上海公共租界内的《时务报》，大力鼓吹变革思想。1900 年，他们还曾在该租界内召开"中国国会"，提出势必触怒慈禧太后的请光绪皇帝复辟等主张。从 20 世纪初期起，以孙中山为首的革命党人更是有意识地将租界作为进行革命活动特别是革命宣传的据点，在上海等地租界内先后出版《苏报》《国民日日报》《中国白话报》《民立报》等报刊，《革命军》《驳康有为论革命书》《苏报案纪事》等书籍，成立中国教育会等旨在培养革命人才的团体，并在上海公共租界的张园集会，由革命党人发表倡言推翻清政府的演讲。至民国初年，革命党人又在天津租界出版《民意报》等报刊，对袁世凯政府的独裁专横进行公开抨击。到袁世凯帝制自为时，入居天津租界的梁启超又公开发表反对复辟帝制的著名文章——《异哉！所谓国体问题者》，吹响讨袁革命的号角。中国政府一直企图钳制租界的言论。1903年上海公共租界发生的《苏报》案，就是第一个实例。此后，清政府加强管控租界的舆论，陆续订立多种有关新闻和出版的法律，力图禁止"诋毁宫廷""妄议朝政"，并严惩相关作者，以及印刷、出版和发行等员工。在上海租界内出版的《警钟日报》《民呼日报》《民吁日报》等报刊，在汉口租界内出版的《江汉日报》《湖北日报》等报刊，因揭露官府黑幕或因宣传革命，被当地官府先后查禁，《楚报》的主笔等人还锒铛入狱。即便如此，不少租界内的言论空间仍大于华界，特别是那些"洋旗报"即是外国人所办或以外国人名义所办之报，中国政府更是难以查办。1905 年，直隶官府因天津《大公报》抨击时政，企图查封该报，但因该报社位于租界内，只得采用"严禁士人购阅，不准邮局寄递"的措施。[1] 1909 年，《大公报》等在天津租界内出版的报刊又以主办人是外国人，只听从本国领事命令，拒绝遵循中国的新闻出版法令。中国官府拟禁阻邮局寄递此类报刊，则因报商等抗议，只得不了了之。有些中文报刊声称将遵守上述法令，实际上也没有按照规定于印刷前将稿件送审。[2]这样，在清末民初，租界成为国事犯进行反政府宣传的重要基地。

---

① 《特白》，《大公报》光绪三十一年七月十七日。

② 英国国家档案馆：FO 228/1734，Despatch from British Consulate-General，Tientsin，to British Minister，Peking，November 11，1909。

第二，对于国事犯，租界当局给予某些保护。在 19 世纪，一个主权国家对来自别国的国事犯有庇护之权，已成为公认的国际法规。列强视租界为独立于中国的地区，擅自将进入租界的国事犯等同于进入其本国的政治避难者，往往根据其政治理念、当时的形势及其实际的利害，来作出是否给予政治避难的决定，有时就会拒绝将他们"引渡"给中国政府。这样，一批在华界中性命堪虞的国事犯，就是因为入居租界而未遭杀身之祸。例如，在 1898 年戊戌政变后，正在上海的著名维新派官员黄遵宪遭到了清政府的通缉。根据两江总督的命令，上海道派兵去围守他的寓所。由于他暂寓公共租界，该租界当局"以保护国事犯自任"①，拒绝中国官府拘捕黄遵宪的要求，并派出巡捕、包探多名，准备在中国方面强行拘捕时予以拦截。后来，英、日两国又向清政府施加压力，黄遵宪才终于幸免于难。1903 年，上海道照会英、美驻沪总领事，要求捉拿在公共租界的张园鼓吹革命的演说者，后又要求拘捕蔡元培等六人，该租界工部局及领事团一度因他们是"国事犯"而拒绝办理。② 辛亥革命爆发后，法国驻天津领事明确地告诉直隶总督，确实有些革命党人居住在天津租界之内。直隶官府表面上声称将不会干涉租界治安，暗中则派密探至各租界挨门逐户调查居住者的姓名、出身和职业等。各租界当局都将密探驱逐出去，法国领事还通告直隶总督，以后他将拘捕、关押这些危及租界安定的中国密探。直隶总督不得不再次认可。③ 到风云多变的民国初年，下野的政客、军阀之流多到天津、上海等地的租界中去当寓公，也是因租界当局庇护国事犯，即便是政敌上台，也难以对他们下毒手。同时，对于不拟庇护的国事犯，租界当局还有一项保护措施，即是以"驱逐"或要求他们先期离境等方式，来避免将他们送交中国官府。1906 年，因《苏报》案入狱三年的章炳麟刑满出狱之后，便被"驱逐"出境，即在登上法国邮轮后直接东渡日本。同年底，法国官方命令上海法租界当局，一旦听说中国官府意图要索

---

① 高平叔编：《蔡元培全集》第 1 卷，中华书局 1984 年版，第 451 页。
② 汤志钧主编：《近代上海大事记》，第 569、572 页。
③ 章开沅、罗福惠、严昌洪主编：《辛亥革命史资料新编》(7)，第 226 页。

某个革命党人,必须抢先一步,通知他及时远离。① 1924年,在江浙战争中被直系军阀赶进上海租界的皖系军阀徐树铮在受到租界当局再次驱逐时,也即乘轮船前往香港,从而跳出直系军队的重围。可见,国事犯一旦进入租界,有可能得到租界当局的庇护;即便被迫离境,也有从容地亡命海外的可能。

第三,租界中有着便于国事犯活动和躲藏的多种条件。租界是华洋杂处之地,界内居住着众多的外国侨民。他们有不同的政治立场和道德观念,有些是同情中国变革事业的进步人士,有些是乐于救死扶伤的博爱人士,有些是认钱不认人的亡命之徒,还有些是蓄意扶植中国的政治反对派,以便削弱、分裂中国的阴谋分子。出于各自不同的目的,这些外国人常常会掩护国事犯。1855年2月,清军夺回上海县城时,与外国侨民交往颇多的小刀会左元帅陈阿林就率余部逃入上海租界。他先是躲入一家美国洋行,后在英国人的帮助下离开中国,远走新加坡。1903年6月,因《苏报》案而被通缉的邹容也在上海公共租界受到一位美国传教士的庇护,若不是主动投案,他本可从容地离开上海。辛亥革命前夕,一些因试制炸弹而受伤的武汉革命党人也曾去外国医生在汉口租界开设的医院医治。这些外国人也守口如瓶,未向中国官府告密。租界内中国居民的构成也极为复杂。特别是因为他们并不受中国官府的直接管理,较之华界的居民,他们更加敢于保护受到政府缉拿的国事犯。例如,在国民政府全力镇压共产党的1927年底,两位在上海法租界开业的中国医生明知一个病人是著名的共产党员陈赓,仍将他留在自己的医院里,并为他治愈严重的腿伤。② 同时,租界内长期没有户籍制度,国事犯一旦进入上海等地的租界,中国官府就很难发现其下落。1904年,黄兴等人在策动长沙起义时预谋泄露,遭到当地官府的缉拿。他们进入上海公共租界后就化险为夷,并在当地重整旗鼓,设立秘密机关,计划发动新的武装起义。

第四,租界内对华人实行的拘捕制度,也使国事犯增添了躲避追捕的

① 章开沅、罗福惠、严昌洪主编:《辛亥革命史资料新编》(7),第50页。
② 穆欣:《陈赓同志在上海》,文史资料出版社1980年版,第5页。

机会。中国警方发现拟予以拘捕的国事犯后,须先请相关的领事在拘捕证上签字。特别在并存数个租界的上海、天津、汉口等地,政出多门,国事犯们易于回旋。正因为如此,中国共产党于 20 世纪 20 年代初期在上海租界内召开了第一、第二次代表大会。至 20 年代末 30 年代初,在上海的共产党人继续将秘密机关设在租界之内,特别是将重要机关设在两个租界的毗邻地段。1927 年秋,中共中央临时政治局从武汉迁至上海后,即将其机关设在这一地段。次年春,中央秘书处、中央军委等机关也都设在靠近法租界的公共租界之内。不久,中共中央又统一安排各级机关的所在地,规定中央机关都应设在沪中区,即公共租界苏州河以南的中心区域。[①] 这样,一旦在公共租界被缉捕,他们就能迅速进入法租界;在法租界被缉捕,就能迅速退回公共租界。

第五,对于旨在以武力推翻现政府的人们,只要他们不破坏租界治安,租界警方也不会全力缉拿。与租界警方并不热心于缉捕自华界逃入的刑事犯一样,外国纳税人也无意耗费他们所缴纳的金钱来帮助执政的中国政要镇压政治反对派,除非这一行动符合他们自身的利益。于是,租界在这方面的情形也与华界有相当的差别。在华界,中国的当局者们将政敌视作最危险的敌人,对他们的搜捕、镇压不遗余力,有时甚至会采取乱抓、乱杀的恐怖手段。在各地租界,租界警方通常仍将此类案件视作日常公事,不会倾其全力来进行大搜捕。对于被中国官府指控的人士,租界当局也要在得到充分的证据后才会同意"引渡"。为此,袁世凯的爪牙、上海镇守使郑汝成曾以上海租界为"党人逋逃渊薮","转请捕房协拿手续纷繁不易就捕",于 1914 年 4 月向租界当局提出由镇守使署选派侦探进租界协同巡捕房查拿的要求,[②]以便利袁氏党羽在租界地区拘捕革命党人。1927 年后,各租界当局又与国民政府共同镇压在界内活动的共产党人。不过,在上海等地的租界,租界巡捕通常也不主动搜捕共产党人,往往是

---

① 顾玉良:《关于担任党的地下交通工作的回忆》,载《党史资料丛刊》第 2 辑,上海人民出版社 1980 年版;刘叔琴:《党中央机关在上海的活动片段及其他》,载《党史资料丛刊》第 2 辑,上海人民出版社 1980 年版,第 23、34 页。

② 汤志钧主编:《近代上海大事记》,第 779 页。

要到有人前来报案,他们才有所动作。在天津租界,四出侦查共产党活动的,主要也是国民党特务及共产党叛徒。[1] 正因为如此,从 20 年代至 30 年代初,中国共产党中央机关长期设在上海租界,当时的不少文章、书籍也以租界"庇护"共产党作为要求收回租界的重要理由之一。[2]

对于国事犯利用租界的局面,中国政府曾采取过多种对策。除了曾徒劳地企图在开辟新租界的中外约章中订立租界当局不得庇护国事犯的条款外,清政府的策略之一,是污蔑他们为刑事犯。1900 年,湖广总督张之洞就污蔑自立军为"富有票匪",从而在汉口英租界拘捕了一批志士,并随即加以杀害。1903 年《苏报》案发生后,端方等大吏又企图污称章炳麟、邹容等人是"著名痞匪","与国事犯绝不相同"。[3] 不久,在《苏报》馆馆主陈范重返上海时,清朝官员又令人以他事控告陈范,以便使租界当局同意"引渡"后处以死刑。[4] 清政府的策略之二,是将他们诱出租界。1903 年 8 月,两江总督魏光焘即令上海道等对"形迹可疑之人,即行留意姓名,并设法骗出租界后即行就地正法"。[5] 不过,除少数例外,清政府的策略并未奏效。在民国初年,北洋政府拟以同意上海法租界、公共租界的扩展来换取租界当局在"引渡"、驱逐国事犯方面的合作。1914 年春,北洋政府与法国人订立驱逐、"引渡"国事犯的四条办法,做成了这笔肮脏的政治交易。此后,反对袁世凯统治的中华革命党人在上海法租界遭到大规模搜捕,不少人在"引渡"到华界后即被枪杀。1927 年后,国民政府也曾多方设法使租界当局"引渡"共产党人。1928 年 3 月,国民党湖北省当局因汉口法租界当局拒绝"引渡"著名的共产党员向警予,曾出动警备旅,宣称要用武力收回该租界,从而迫使法方退让。国民政府取得的最大进展,是在收回上海租界的两个会审公堂后将它们改组为特区法院,根据有关特区法院的协定,由这些法院审判的一切人犯,均可由法院决定在界内还是在界外执行判决。此后,在上海租界,任何国事犯、刑事犯一旦被捕,

① 穆欣:《陈赓同志在上海》,第 14、95 页。
② 楼桐孙:《租界问题》,商务印书馆 1933 年版,第 51 页。
③ 柴德赓等编:《辛亥革命》(一),上海人民出版社 1961 年版,第 449 页。
④ 汤志钧主编:《近代上海大事记》,第 603 页。
⑤ 汤志钧主编:《近代上海大事记》,第 576 页。

不须"引渡",已完全受中国司法机关的管辖。

在研究租界庇护国事犯的问题时,应注意以下几个方面。第一,租界当局一般不保护参与暴力行动的国事犯。在欧美各国,以武力推翻现政府均属犯罪行为。因此,对这类国事犯租界当局大多同意"引渡"。例如,1915 年 9 月在上海公共租界行刺袁世凯爪牙薛大可的杨玉桥,同年 11 月在同一租界刺杀袁世凯爪牙郑汝成的王晓峰、王明山、尹神武,都显然是反对袁世凯专制复辟的国事犯,租界当局却同意将他们"引渡"到华界。结果,杨玉桥、王晓峰等四人均被杀害。第二,对于某一国事犯保护与否,租界当局多要根据其本国长久的利益来作出决定。1921 年 7 月、1924 年 10 月,上海公共租界当局两次驱逐皖系军阀徐树铮出境,在相当程度上是因为皖系军阀投靠的是此时已与英、美等国有利益冲突的日本。20 世纪 30 年代末,天津英租界当局起初坚持不把在界内刺杀大汉奸程锡庚的志士"引渡"给日军,则是因为此时的英国已实行支持中国进行抗日战争的国策。第三,某一国事犯是否被"引渡",还与租界当局者个人的好恶有直接关系。自立军的领导者唐才常是当时闻名全国的爱国志士,1900 年 8 月湖广总督张之洞决定拘捕总部设在汉口英租界内的自立军成员时,英国驻汉口代理总领事法磊斯并无异议,即"签字派巡捕协同往拿"。[1]如果此时的英国总领事是个与维新派人士关系较为密切的英国人,自立军的结局可能会有所不同。同样,1928 年汉口法租界当局拒绝"引渡"共产党领导人向警予,甚至调集军舰与国民党湖北当局形成军事对抗局面,这与法国驻汉口领事陆公德个人的倾向有很大关系。当法国公使决定让步,并将陆公德调离汉口后,向警予即被"引渡"。[2]第四,国事犯的"引渡"与否,还涉及列强在华势力的消长。1914 年第一次世界大战之前,列强在华的声势如日中天,在是否"引渡"某一国事犯时,租界当局可任意作出决定,中国政府并无置喙的余地。在此期间,"引渡"到华界的国事犯人

---

[1] 苑书义等主编:《张之洞全集》第 2 册,第 1376 页。

[2] 郑奇:《腥风血雨的一九二八年》,载中国人民政治协商会议武汉市委员会文史资料研究委员会编《武汉文史资料》第 11 辑,1983 年版,第 46 页;何鹄志:《向警予传》,上海人民出版社1990 年版,第 192 页。

数有限,除自立军及中华革命党人外,常被提及的只有辛亥革命期间被天津奥租界当局"引渡"给中国官府的同盟会会员王熙普。1914年后,列强在华势力逐渐消退,被"引渡"的国事犯不断增多。1926年11月,天津英租界当局在受到奉系军阀的压力后,也同意交出在界内被捕的十多名革命党人,首开了该租界"引渡"革命党人的纪录。到一批外国租界已被中国收回、国民政府力图收回领事裁判权的30年代初,国事犯已很难得到外国租界的保护。

大批刑事犯以上海等地的租界为逋逃渊薮,使这些租界不啻藏污纳垢之地。不过,也应该指出的是,在存在租界的年代,政治腐败、社会黑暗、冤狱丛生,被官府缉捕的刑事犯未必都是作恶多端的暴徒,有些本是受贪官污吏、恶霸地痞迫害的良善百姓。租界的存在,使他们多了一条摆脱罗网的生路。由于在相当长的时期里中国政府一直是人民大众力图变革的腐朽政府,而反政府力量的宗旨和背景又不尽相同,有些势力甚至为民族敌人所操纵,因此,租界为国事犯利用的结果,有时有利于当时中国的变革,有时则对中华民族产生严重危害。辛亥革命前后,上海等地租界在掩护革命党人、扩大革命影响等方面的作用,在当时为人所共知。过了二十来年,天津日租界在庇护行将粉墨登场的伪满洲国皇帝溥仪,以及屡次暴动的便衣队匪徒等人的恶劣作用,在当时也是尽人皆知。因此,租界作为刑事犯的逋逃薮、国事犯的活动舞台,对当时的中国社会产生了复杂的影响。

第三节　战时的中立区域

租界作为"国中之国"的另一个显著特征,是在中国国内发生革命或战乱之际,或在中国与其他国家进行战争及发生其他可能危及租界的战争之际,它们通常成为所谓的"中立"地区。

租界是中国领土,在中国发生内战或发生中外战争时,各租界当局本来无权宣布中立。在所有中外约章中,也没有租界可于这些战争期间实行中立的规定。由于租界不受中国官府行政管理,租界当局为避免战火延烧界内,从而造成损失,都尽可能使租界在战争期间保持中立,尽管在此过程中他们往往根据其利益有所偏袒,直至放弃中立。在租界开辟国之间或租界开辟国与其他国家发生战争时,租界作为中国领土,在事实上也实行中立。

第一,中国内战时租界中立。

租界在中国内战时中立,出现于太平天国、辛亥革命、二次革命、护法战争、江浙战争等时期。

1853年初,太平军于攻克江宁后继续东进,上海面临太平军进攻。因在外商租地内设防未经中外条约允许,英国领事阿礼国等起初有所顾虑。4月12日,在上海全体外国侨民的会议上,经阿礼国提议、法国领事等人赞同,会议决定,无论太平军还是清军都不得进入上海外商租地,决定在该租地设防,并决定组织侨民的武装团体义勇队。随后,外国侨民在该租地周围筑起栅栏,并在该租地西侧挖掘阔壕,障以土垒,以防突然袭击。上海外商租地首次成为武装中立区域。同年9月,小刀会占领上海县城。英、法等国在上海外商租地派驻陆、海军。阿礼国等再次宣布上海外商租地为不介入中国内战的中立地区:既不能由政府作为战争根据地,也不能由叛军据以抵抗政府,并宣称该地区必须不受侵略,即必须防止双方任何军队进入界内。[1] 此后,上海外商租地再次成为武装中立地区。大批华人因该区域安全,相继入居,使界内华人在一年间从五百来人激增至两万多人。界内外国商人既与清军贸易,也与小刀会贸易。清军围困上海县城后,外国商人通过外商租地源源不断地将军火、粮食、蔬菜等提供给小刀会,城中各种废弃物也都通过外商租地转运出去。正是依托这一中立区域,小刀会得以长期坚守孤城。次年,泥城之战爆发,驻扎外商租地附近的清军被英、美士兵和外侨义勇队驱逐。此后,清政府同意英、美、法国控制江海关,并在上海租界形成之际承认"租界不可侵犯"原则,从而换取这些国家对镇压小刀会的合作。英、法领事等便禁止各国商民将武器、粮食等运入上海县城,又同意清军在刚形成的上海法租界修筑

---

[1] [美]马士:《中华帝国对外关系史》第2卷,第13页。

界墙,切断租界与上海县城的联系。随后,法军又利用法租界为阵地,多次攻击小刀会。上海租界的中立遂名存实亡,小刀会也因得不到物资供应而弹尽粮绝,于不久后失败。至 1860 年 10 月第二次鸦片战争结束后,清政府屈服,英、法等国政府决定帮助清政府镇压太平天国,在上海的英、法等国军队已与太平军处于敌对状态。从此时起直至太平天国失败,上海租界在事实上并未中立,而是成为英、法军队活动的基地。

　　1911 年 10 月,革命党人发动旨在推翻清王朝的武昌起义,并成立湖北军政府。湖北军政府照会驻汉口各国领事,请其严守中立,并宣布民军即革命军保护外国侨民和各国租界,直至奖赏保护租界者。[①] 各国领事旋即承认民军为交战团体,宣称各国将严守中立,并宣布汉口租界中立,禁止双方军队入界,禁止在界内藏匿武器弹药。未久,革命军与清军在汉口激战,双方军队都避免炮火累及汉口租界,从而使外国军队出手帮助敌方。汉口租界面临的一半长江江面也成了中立水域。在这片水域内,双方战舰不能采取战争行动,双方陆上的大炮也不能炮击入泊的敌方战舰。在革命军炮击湖广总督瑞澂乘坐的“楚豫号”军舰后,清军军舰都升起白旗,驶入这一水域,以示退出战斗。革命军也承认它们进入中立水域,立即停止对它们的炮击。由于两军在汉口、汉阳的战斗十分激烈,曾有大量枪弹、炮弹落入英、俄租界,法租界内则发生过照亮武汉三镇夜空的熊熊大火。当然,较之被北洋军焚毁的汉口华界繁华街区,汉口租界只是擦伤点皮毛而已。至北洋军攻陷汉口、汉阳后,聚重兵于龟山上下之时,起义各省代表仍于 11 月 30 日至 12 月 7 日在汉口英租界内的顺昌洋行举行起义各省都督府代表联合会,在会上通过《临时政府组织大纲》,并作出不少重要决议。敢于火烧汉口的北洋军将领冯国璋此时却不敢越雷池一步,派兵去捉拿这批在眼皮底下开会的“乱党”首领。与此同时,租界内各医院都接收革命军伤员,在医院没有更多空间时,美国教堂、邮局办公室和其他建筑也被用来接纳伤员,当地救治的伤员远远超过 500 人。[②]

---

① 《专电》,《申报》宣统三年八月二十二日;《要闻一》,《申报》宣统三年八月二十五日。
② 英国国家档案馆:FO 228/1802, Dispatch of British Consul-General, Hankow, to British Minister, Peking, October 29, 1911。

在辛亥革命期间,上海租界也实行中立。革命党人在上海发动起义前,上海道等官员将其眷属安置在租界之中,以防不测。附近各省满、汉居民扶老携幼,进入租界避难。租界旅店等处人满为患。英国总领事又奉命发布告示,要求英国臣民严守"中立",否则最高可予以监禁两年,罚款 600 英镑,以及逐出中国等惩罚。[①] 11 月,革命党人在上海起义成功,成立上海军政府。上海公共租界、法租界都宣布中立,上海道等清朝官员都躲入租界避难。江南制造局总办张士珩于逃入公共租界前负隅顽抗,导致革命军数十人伤亡。上海军政府要求该租界当局交出张士珩,遭到工部局拒绝。在此期间,该租界内的华人纷纷悬旗庆祝起义成功,工部局也下令禁止,重申在界内张贴告示须经该局同意,并禁止革命党人在界内招兵。12 月,江浙联军攻克江宁,该租界工部局又禁止华人在界内游行庆祝。[②] 随后,该租界因是中立区域而被革命军与清政府确定为进行南北议和的场所。

1913 年 7 月,革命党人发动讨伐袁世凯的"二次革命"。上海公共租界当局又一次宣布该租界为中立区。7 月 23 日,陈其美指挥的上海讨袁军未能攻克位于上海租界以南的北洋军据点上海制造局。为了避免设在南市的总司令部被入泊黄浦江的北洋军军舰炮击,陈其美于 24 日将总司令部迁往位于上海租界以北的闸北南海会馆,形成讨袁军以闸北为大本营,北洋军以沪南制造局为要塞,两军夹租界而阵的态势。这时,列强已决意支持袁世凯政府镇压革命党人,因此,上海公共租界当局于 26 日贴出通告,声称近郊的战乱使租界的贸易受到干扰,秩序亦被破坏,宣布在该租界及租界以北毗连各乡,不准作为军事根据地及阴谋策划地;无论哪个派别的军事领袖和有关人员,都"应由本界及本界北乡立即迁出"。同时,经公共租界工部局提议,驻沪领事团也于此日通过决议,取消孙中山、黄兴、陈其美等八人在该租界的居留权。次日,该租界巡捕房负责人又会同万国商团司令以保护侨民为名,率领商团越界进入闸北。他们与同时

<hr />

① 《要闻一》,《申报》宣统三年九月十三日。
② 上海市档案馆编:《工部局董事会会议录》第 18 册,第 571、576 页;汤志钧主编:《近代上海大事记》,第 704 页。

出动的日本海军陆战队一起占领上海讨袁军司令部,解散驻司令部的讨袁军队伍,迫使陈其美将司令部迁至吴淞,从而加速了上海讨袁起义的失败。在此期间,虽然领事团也阻止北洋军通过吴淞增兵上海,但他们并不驱逐在租界内设立办事处并策动讨袁军哗变的江苏都督程德全等人,并不干涉北洋军利用终点站毗邻租界的淞沪铁路、沪宁铁路运送增援部队,以及利用设在租界内的中国电报总局搜集军事情报。这样,虽然上海租界号称在这场中国内战中实行"中立",其实租界当局明显偏袒。陈其美因而愤怒地责问领事团:你们自称"无所偏袒",但"用意专注一面","文明国讵应如是"?![1]

1924年9月,江浙战争这一军阀间的混战爆发。列强又进一步将上海租界周围的广阔地区及黄浦江都划为中立区。在战争爆发前夕,驻京公使团要求北洋政府将北起吴淞、南抵上海制造局,周围三十英里的地带都划为中立区和中立港。对于这一要求,北洋政府没有给予明确答复。战争爆发后,抵达上海地区的各国海军就擅自宣布黄浦江为中立区,禁止江、浙双方的海军在江上交战。10月,他们又封锁了吴淞口。在陆上,上海租界当局除了将成千上万退入租界的浙军败兵解除武装外,还派兵占领位于租界以西的法华乡,在那里强行修筑越界道路,并派兵"保护"闸北。此时,已经战败的卢永祥等浙军将帅都已逃入上海租界。浙军余部推徐树铮为总司令,企图继续作战。公共租界工部局便软禁徐树铮,旋又迫使他乘船出国,使江浙战争至此结束。这样,在这一军阀混战期间,在上海就形成以租界为中心、以华界为外围的更大范围的中立区。

此外,各地租界还在多场中国内战中实行中立。其中包括1918年护法战争期间汉口租界的中立,1923年依附直系军阀的海军以及陈炯明的部队在与皖系军阀臧致平争夺厦门时厦门租界的中立,北伐战争时期汉口、九江、上海等地租界的中立等。由于在八国联军侵华战争后订立的《天津督署还津条款》等中外条约规定,天津街市周围十公里的区域为中国军队不得进入的禁区,因此尽管在20世纪初期京津地区一再发生混

---

[1] 何仲箫编:《陈英士先生纪念全集》上集卷二,1930年版,第18页;汤志钧主编:《近代上海大事记》,第761—763页。

战,天津租界当局无须宣布中立,混战各方都不敢进入租界附近的区域。

中国政府首次否认租界在中国内战时为中立地区,系在北伐战争期间。当时美国驻华公使、驻汉口领事分别向北洋政府外交部部长顾维钧、国民政府外交部部长陈友仁提出将上海公共租界划出战争范围的要求。顾、陈皆以上海租界为中国领土,依土地完整原则,断无划本国领土为中立区之理,因而拒绝他们的要求。[①] 但在事实上,无论北洋军还是北伐军都默认上海租界的中立,未派兵进入上海租界。不久,北伐军在进抵京津地区时也没有进入天津租界。此后,中国虽又爆发多次内战,但这些战争多远离辟有租界的通商口岸,因此,在租界的最后年代,没有再发生过令人瞩目的租界在中国内战时中立的事件。

第二,中外战争时租界中立。

中外战争时租界实行的战时中立,有两种情况。其一是中国与租界开辟国发生战争时这些国家的租界实行中立。

1884 年 8 月 23 日,法国海军在福建马尾突袭福建水师,从而挑起中法战争。根据国际公法,随着战争的爆发,以往中、法两国之间一切条约均已失效,清政府可立即收回各地法租界。此时,天津、广州等地的法租界尚不繁荣,法国政府关注的是如何保住上海法租界。战争爆发当天,法国驻沪总领事李梅宣布,该租界在中法战争期间保持中立。法国公使巴特纳又宣称,如果中国维持上海及吴淞的现状,弦外之音即是不收回上海法租界,法军就不进攻上海、吴淞。[②] 因这种局外"中立"史无前例,并不可靠,法国政府旋请俄国领事代管该租界。清政府不谙国际法,也没有收回各地法租界的考虑,同意该租界由俄国领事代管。这场中法战争结束后,法国人卷土重来,上海等地法租界便重新升起三色旗。

1900 年,八国联军侵华战争爆发。6 月 21 日,清政府发布了向列强宣战的诏书。在这种情况下,清政府可以收回全国所有的外国租界。在天津,清军与义和团民对租界发动了猛烈进攻。位于长江沿岸与东南沿海的租界也可能遭到中国军民的攻击。两江总督刘坤一等为防止列强乘

---

① 蒯世勋编著:《上海公共租界史稿》,载上海史资料丛刊《上海公共租界史稿》,第 563 页。
② [日]植田捷雄:《支那租界研究》,第 811 页。

机进攻长江流域,以稳定东南地区,擅自与各国驻沪领事商订《东南保护约款》及《保护上海城厢内外章程》,其中规定,上海租界归各国共同保护,长江及苏、杭内地各国商民、教士产业,归各省督抚保护;上海租界内华人及其产业由各国保护,界外外国教堂、教民由中国官府保护。不久,东南各省总督、巡抚都接受这一华洋互保办法。于是,就在清军与义和团在华北与八国联军激战之际,南方各地的租界都维持中立状态。

中国与租界开辟国作战时其租界中立的状况终结于民国肇建后。从第一次世界大战期间中国与德国断交时即收回天津、汉口德租界,随后在向奥国宣战时收回天津奥租界,开了中国与租界开辟国断交、开战后中国政府就择机收回该国租界的先河,从而使收回敌国租界成为中国收回在华外国租界的重要方式之一。

中外战争时租界中立的另一种情况,是中国与某一国开战时,其他国家的租界保持中立。

最早拟作此种尝试的是中法战争期间的上海公共租界当局。1884年8月中法战争爆发后,法国宣布上海法租界中立,英国驻沪总领事许士等也准备宣布上海公共租界为中立区,并禁止中国军队通过租界。英国公使巴夏礼则认为,有效、适宜的中立措施不易采取,上海租界中立乃无益之举。[①] 上海公共租界和各地英租界因而未在此时宣布中立。

1894 年 7 月,中日甲午战争行将爆发之际,上海道黄祖络通知驻沪领事团,中国官府于必要时将堵塞吴淞口,以防止日本军舰入口。为了不影响上海租界的贸易和繁荣,英、法等国立即要求日本政府保证不在上海及前往上海的通道上采取任何战争行动,以换取中国官府不堵塞吴淞口的许诺。日本政府不拟与英、法等强国敌对,同意将上海划在中日战争的范围之外。[②] 在 8 月 1 日即清政府向日本宣战当天,上海官府也知照驻沪领事团,在中日战争期间上海为战外公地,并通告租界内各国商民,要他

---

① F. V. Dickins and S. Lane-Poole, *The Life of Sir Harry Parkes*, Vol. 2, London, 1894, p. 379; S. Lane-Poole, *Sir Harry Parkes in China*, London, 1901, p. 347.

② 上海市档案馆编:《工部局董事会会议录》第 11 册,第 644 页。

们照常营业,随后又宣布对守法的日商也予以保护。[1] 以公共租界和法租界为中心的上海地区于此时成了中立区。

在此时,这一区域虽是中立区,但并不是第三国的领土,而是交战一方的领土,因而中国虽未将该区域用作进攻敌国的军事基地,但像中立国对其本国领土那样,仍在这一区域行使一些国家主权,包括在租界外地区驻兵设防。北洋舰队败绩时,南洋舰队还入泊吴淞口,以躲避日本舰队攻袭。日本政府十分恼怒,屡次向英国政府抗议,要求英国取缔中国在上海的"战时行动"。英国没有理会日方要求,日本最终也未敢对上海"自由行动"。[2] 在此期间,上海法租界巡捕房发现两名身着中国服装的日本间谍在界内活动,便立即予以拘捕,并将他们移交给代办当地日侨事务的美国总领事。起初,该总领事企图庇护日本间谍,清政府遂向美国政府提出抗议。美国政府指示驻华公使,不得庇护在中国领土上从事间谍活动的日本人。这两名日本间谍遂被移送中国官府,并在押送江宁受审后被处决。[3] 这些事实说明,由于这一中立区域本是交战国的领土,它还不可能与典型的中立区完全相同。

三十余年后,上海公共租界在1932年的淞沪战争期间实行了一次最可耻的"中立"。20世纪30年代初,日本军阀羽翼丰满,不再仰承英、美等西方列强的鼻息。在上海公共租界,日本人在东区、北区已有很大势力。1931年九一八事变后,中日之间的大战揭开序幕。同年12月18日,参加上海公共租界防卫委员会的各国军队司令官签署《紧急时期各外国驻沪防军和当地军事力量联合行动的协定》,其中竟规定该租界的东区、北区大部分地段及毗连的越界筑路区,就由已经与中国军队敌对的日本军队设防。从1932年1月28日起,日军从其防区向闸北地区的中国驻军发动猛攻。驻守闸北的十九路军奋起抗战,给予来犯的日军沉重打击。日军抵挡不住,就向租界撤退。而中国军队尊重租界惯行的中立,没能冲入租界,去歼灭残敌。于是,在这场淞沪战争的初期,日军动则从租

---

① 汤志钧主编:《近代上海大事记》,第 496 页。
② [日]植田捷雄:《支那租界研究》,第 812 页。
③ En-sai Tai, *Treaty Ports in China*, p. 105.

界冲出,败则退回租界,援兵从租界登陆,将租界当作护符。同时,日军又在该租界为所欲为。他们在该租界的东区、北区开掘壕沟,修筑工事,占据由其他国家军队驻防的地段,禁止英、美等国军队和租界万国商团进入日军防区,解除当地租界巡捕的武装,不准消防队执行公务,并肆意搜捕、监禁、虐杀当地的中国居民,还全副武装地穿越租界的中心区域,威胁中国军队的后方。对于日军破坏租界惯行的中立、变租界为其军事根据地的行径,上海市政府、上海市总商会、公共租界华人纳税会等一再提出抗议。然而,英、美等国此时已无法驾驭日本,他们一再向日本人提出抗议,日本人在事实上都置之不理。在此期间,英、美两国驻沪总领事所取得的交涉结果,即是禁止日、中双方的飞机飞越租界上空;公共租界工部局所做的值得一提的事情,就是从虹口一带救出百十名备受日军凌虐的中国居民。除此之外,他们对日军越演越烈的暴行都未采取有效的措施来加以制止。与此同时,他们又要求中国军队"尊重租界的中立",不得进入公共租界,并规定进入该租界的中国军人"须先解除武装",随后由"战俘营"予以收容。① 在这场战争期间,上海法租界当局早就宣布该租界为禁止任何军队穿越的中立区域;对中、日军队实行不同政策,只要求中国尊重租界中立的公共租界当局则宣称该租界的中立系由有关各国共同维持,日军在该租界内的行动完全由日本政府负责,租界工部局对此不负责任。

　　1937 年 7 月卢沟桥事变后,日军长驱直入,天津、上海、广州、汉口、厦门等地相继沦陷。由于日租界等同于沦陷区,意大利与日本是同盟国,真正实行中立的只有上海、厦门两地的公共租界,天津、广州的英租界,上海、天津、汉口、广州的法租界。此时,日本对中国的侵略不仅从根本上损害英、美、法等国在远东的利益和特权,而且已使这些国家认识到日本是他们潜在的敌人,故而对日本的态度渐趋强硬。8 月 13 日,中国军民在上海抗击日本侵略时,上海公共租界当局为维护租界中立,要求双方军队退出该租界及周围地区。遭到日军拒绝后,该租界当局只在所能切实控制的区域,即苏州河以南地区实行中立。已被日军盘踞的该租界东区、北

---

① 李雪云译:《上海公共租界工部局关于〈1932 年上海中日武装冲突〉的备忘录》,邓云鹏校,《档案与历史》1985 年第 2 期。

区,即整个苏州河以北地区,便不再属于中立区范围。战斗开始后不久,中国军队就乘胜攻入该租界的东区和北区,还曾打到黄浦江边的汇山码头。对于从苏州河北退到苏州河南的数百名日军,该租界当局均未让他们任意通行,而是将他们缴械、扣押。在中国军队撤离上海时,数百名中国军人坚守位于苏州河北、背靠公共租界的四行仓库。日军在陆上猛攻不克,就派出铁驳船两艘,满载钢炮、机枪,企图经外白渡桥驶入苏州河。这一从背后包抄四行仓库的行动,也被在这一地段驻防的英军阻止。此后,由于隔河就是公共租界,四行孤军在奉命撤退时也因此能安全地退入该租界。在周围地区均被日军攻占后,租界尚未沦于敌手,如同茫茫大海上的小岛,故而被称为"孤岛"。在孤岛时期之初,在上述真正实行中立的租界内,中国的政府机构照常办公,各种爱国报刊继续宣传抗日,爱国志士继续从事救亡运动,上海特区法院、厦门鼓浪屿公共地界会审公堂继续开庭审案,当地大体维持着原来的状况。为此,日本侵略者十分恼怒,一再向英、美、法等国施加压力。在上海,当四行孤军退入公共租界,日军即威胁该租界当局,如准许孤军穿越租界,日军就将入界追击。于是,该租界当局虽未将这些中国官兵"引渡"给日本军队,但也违背原先的协议,将他们长期羁留在界内的孤军营中。[①] 在汉口、天津,日军还对这些租界进行过军事封锁,以迫使租界当局取缔界内的抗日活动。在厦门,日军则一度对鼓浪屿公共地界实行过军事占领。同时,他们对上海、厦门的公共租界还采取过安插日本官员来监视、控制工部局等措施,并组织特务队、便衣队等,绑架、暗杀界内的中、外抗日人士。未久,因希特勒德国的装甲军团已在欧洲大陆上横冲直撞,英军已陆续从中国各通商口岸撤退,法国则沦为德国的仆从国,这些租界的当局者都只得进一步与日本侵略者妥协。尽管如此,这些租界仍是中立区,与界外被日本军阀的铁蹄肆意践踏的沦陷区仍有一定的区别。界内华人的生命、财产尚有一些保障,抗日志士尚有稍大的回旋余地。因此,日军和汉奸仍将这些租界视作眼中钉、肉中刺。至1941年12月太平洋战争爆发,这些中立的孤岛才陆续沉没。

---

① 张柏亭:《淞沪会战纪要》,载中国人民政治协商会议全国委员会文史资料研究委员会《八一三淞沪抗战》编审组编《八一三淞沪抗战》,中国文史出版社1987年版,第146页。

第三,外国与外国战争时租界中立。

1868 年 7 月,由前美国驻华公使蒲安臣代表清政府与美国政府订立的中美《续增条约》规定:"嗣后如别国与美国或有失和,或至争战,该国官兵不得在中国辖境洋面及准外国人居住行走之处与国人争战,夺货劫人;美国或与别国失和,亦不在中国境内洋面及准外国人居住行走之处有争夺之事。"[1]这一规定表明,美国承诺在与别国作战时将外国在华租界列为中立地区。不过,中、美的双边条约并不能约束第三国。此后,英、法、德、俄、日等国虽未与中国订立过类似的条款,但因为形格势禁、得不偿失,所以也都未在战争期间对敌国在华租界发动过进攻。1904 年,日俄战争爆发,日军即攻击俄国在东北的旅大租借地,但各国的租界,包括在天津、汉口的日、俄租界,都成为中立区。特别在天津,俄、日两国在其专管租界或租界附近都驻有军队,两国租界又几乎隔海河相望,但双方都没有攻击、占领敌国租界的行动。1914 年第一次世界大战爆发之初,日军即攻占了德国在山东的胶州湾租借地,但各国租界仍旧是中立区域。在并存五国租界的汉口,英、法、俄、日等国的军队和义勇队都未去占领德租界。在并存八国租界的天津,英、法、俄、日、意等国军队和义勇队也未去占领德、奥租界。同时,英、法等国租界以及公共租界内的英、法等国侨民虽然敌视德、奥等国侨民,禁止德、奥等国侨民进入他们经营的俱乐部等,并排挤了上海公共租界工部局的德籍董事,但尚不能将德、奥等国侨民视为敌侨,没收他们的财产,驱逐他们出境。直到中国与德、奥断交、宣战,并收回德、奥租界,其他租界的当局者才根据中国政府的有关规定,来处理这些敌侨和敌国财产。

在爆发各种战争之际,租界通常实行中立,原因在于入居租界的各国侨民大多怀着发财致富的目的,才远涉重洋来到中国。他们不愿卷入各种战争,以免战火摧毁这些区域,并使他们的生命、财产遭受损失。由于各种中外约章中都没有租界可在中国内战或中外战争中中立的规定,从 19 世纪 50 年代首先宣布上海外商租地中立的英国领事阿礼国,到 20 世

---

[1]　王铁崖编:《中外旧约章汇编》第 1 册,第 261 页。

纪30年代的上海公共租界总裁费信惇,都只能以外侨社会的"自卫权"作为中立的依据。中立区的范围则从最初的租界所在区域逐步扩展到与租界毗连的区域、租界濒临的江河,直至租界的上空。在各种战争中实行中立后,租界自身避免了在中国战乱频仍的时代里被战火摧毁及被兵、匪洗劫的厄运,外国侨民的利益也得到充分的保障。以上海、天津、汉口三地来说,与租界毗连的上海闸北、天津城区及城东、汉口镇的城区,一度都发展成华界中极为繁盛之区。但它们都未躲过迭次战乱的浩劫。到租界早已被中国收回的20世纪80年代,这些区域仍未能恢复当年的繁华,成排的简陋房屋清楚地显示这里曾经是连片的断壁残垣。除了在抗日战争末期原来的汉口德、日租界所在地遭到盟军飞机猛烈轰炸外,这三地的租界所在地区直至抗日战争结束时仍保存完好,直至20世纪末仍是这三个大都会的市中心。同时,每当战乱发生,中立的租界也成了中国各阶层人士临时的避难所。他们入界避祸,至少在人身安全方面有所保障。此种状况也是华商纷纷到租界里去开店、设厂的原因之一。特别值得一提的是,在抗日战争期间,日军制造了一系列屠杀平民、屠杀战俘的暴行,其中包括骇人听闻的南京大屠杀。从"一·二八"到"八一三",上海军民重创日军,使日军抛下无数具尸体,但日军并未制造上海大屠杀。重要原因之一,是武装中立的上海租界成了中国军民的避难所,而南京只有个靠不住的"国际安全区"。不过,租界的中立,对于中国而言无异于独立。在中立期间,租界比平时更像个"独立王国"。租界的战时中立给中国居民直至中国政府带来的利益,系以中国的主权受到进一步损害为其代价。

租界作为"国中之国"最显著的特征,主要体现于上述三个方面。此外,外国人开办洋行、设立银行、开设教堂、兴办西式学校,以及包庇烟赌、纵容走私等,确是很多租界内的真实情况,但它们并不是租界的特征,或者并非租界带来的罪恶。外国洋行、银行、教堂等并非只存在于租界之中。早在中国的土地上出现租界之前,外国商民已在广州等通商口岸开设洋行,至中国收回所有租界后,他们仍在各通商口岸开设洋行、银行等。即便在存在租界的年代里,福州、宁波等没有租界的通商口岸同样出现很多外国洋行、银行等,而在辟有租界的杭州、苏州、重庆等地,外国洋行几乎都设在华界及公共通商场等处,而非设在租界。在租界所在通商口岸,当地最大的教堂也多不在租界界内。规模宏大的上海徐家汇天主堂、董家渡天主堂、佘山圣母大堂,天津望海楼教堂,广州圣心教堂等,都位于华界。同时,在当时的中国,包庇烟赌、纵容走私等罪恶也并非仅见于租界,而是当时中国的普遍情况。相反,天津、汉口等地英租界及厦门鼓浪屿公共地界等租界都严禁烟、赌、娼,从而受到时人的注意。因此,租界作为"国中之国"所显示的主要特征,即体现于外国人侵夺当地行政管理权后所造成的特殊后果。

第十章　中国人民的抗争

自从中国土地上出现外国租界后,中国人民在租界内外进行的各种抗争不绝于书。这些抗争包括反对开设、扩展租界的斗争,反抗苛捐、暴行的斗争,华人参政运动及收回上海租界会审公堂的交涉等方面。

第一节　反对开设和扩展租界

租界的所在地,都是中国在迭次对外战争失败后被迫开放的通商口岸。开设各地租界的权益,多数是战胜国通过侵华战争获得的又一项战利品。开设后的租界又成为不受中国政府管理的"国中之国",使得中国人民在本国土地上却要受外国人管理,从而蒙受更多的耻辱。因此,不少租界的所在地都曾爆发当地民众反对开辟或扩展租界的斗争。

在九江,当地居民"因被英国设立码头,尚须拆让房屋,心怀不甘",屡次与英国人冲突。1861 年 3 月 28 日,英国领事许士与九江地方官员履勘租界地基并竖立界石之际,一些游兵散勇"聚观喧嚷",拾石掷打许士等人,当地民众便"随声附和"。[1] 几天后,当地又发生兵勇击碎英国领事馆大门,冲入领事卧室的事件。为此,英国公使卜鲁斯一再向清政府提出抗议,清政府也只得以"弹压不力"为理由,对相关的文武官员进行惩治。一年后,英国领事佛礼赐在再次测定租界界址时声称租地短少五丈,就擅移界桩。当地居民便"开挖界沟",与英方争地。佛礼赐等人阻止中国居民开沟,并在冲突时开枪射击,打伤一名居民。[2] 接着,这一交涉又闹到北京,使清政府不得不择用让英方对这五丈土地另出租金的折中办法来平

---

[1]　齐思和等编:《第二次鸦片战争》(五),第467页。
[2]　宝鋆等纂:《筹办夷务始末》(同治朝)第1册,中华书局2008年版,第196、197页。

息此案。这样,在九江英租界开辟之际,当地就发生了两起引起朝廷关注的纷争。

在镇江,英国人于 1861 年在租界四周埋设界石后,当地居民旋即将它们一一拔除。英国领事只得要求中国官员予以查处。1862 年初,丹徒知县为该租界重立了界石,当地业主赵彦修等 350 余人又向丹徒知县联名具禀,请求官府另择租界界址。[①] 不久,英国人力图将毗邻租界的镇屏山划归租界,镇江官府即断然拒绝。[②] 此后,当地居民仍高度警惕租界当局的扩张行动,因而该租界最终也未进行过正式的扩展。

在汉口,为了预防德租界当局侵占界外区域,湖广总督瑞澂等于清末在毗连德租界后马路的地段自开一条灰石路,并在路上设置巡警。1913年,这一区域发生匪徒焚劫案件。德国驻汉口领事就照会湖北地方当局,要求中国将该路的警察权移交德租界工部局,并允许该工部局在当地征收捐税,否则中国须允准该工部局在毗连华界处建筑墙垣,以保障租界安全。北洋政府驻汉口的特派员等认为修筑此类墙垣不便于华民,贸然与德方议订四项条款,同意德国人在这条约长一英里的灰石路上设警站岗。消息传出,汉口民众群起反对。他们组织的公益会迭次举行会议,数百名与会者一致指出,筑墙乃彼自有之权,但只能筑在德租界以内,不得越雷池一步;至于警察,乃我权限,万不能让。何况与租界毗连之地,不只德租界有之,如他国效尤,将何以应付。同时,该会屡次向汉口地方官府及督军府、省政府提出呈请,还特派代表前往北京,呈文总统、外交部及参众两院。外交部遂与德国驻华公使交涉,使德方不得不放弃这一要求,同意由德国驻汉口领事与驻汉口的外交特派员"就近妥商了结"。于是,汉口民众争回了这一地段的警察权。不久,第一次世界大战爆发,德国领事下旗回国,因而也未重提在后马路筑墙之议。[③]

在天津,位于海河东北岸的天津比租界位置较为偏僻,也不繁荣。自1915 年起的七年间,比租界当局屡次企图扩展,包括将尚有一半土地没

---

① 张玉藻等修、高觐昌等纂:《续丹徒县志》卷八,1930 年版,页六。
② 《英翻译函请于租界南面开筑马路卷》(镇江市图书馆藏手稿)。
③ 侯祖畬修、吕寅东等纂:民国《夏口县志》卷十一,页十。

有划入该租界的大直沽村并入租界。由于当地民众的一再抵制,他们的图谋才没有得逞。①

在诸多反对开辟、拓展租界的抗争中,尤其值得详细记叙的有以下四次。

第一,厦门虎头山事件。

甲午战争后,割占了台湾、澎湖的日本又获得在厦门开设专管租界的侵略权益。未久,日本署理公使内田康哉便照会清政府,要求将火仔垵、沙坡头及生屿、大屿等处共22万坪的土地辟为日租界。② 总理衙门认识到日本系"肆意妄索,希冀联接台湾声势",要求福建官府详勘厦门地势,以备辩驳。闽浙总督边宝泉等派员查勘后,在给总理衙门的公文中指出,日本人指索的两处土地,前者"为商民聚集之所",后者不属于厦门地界,均不能租给日本。他们又指出,"厦门地面逼窄",人口稠密,"实无可开租界之处"。经再三考量,南岸沙坡头以东、长宽约80丈的沙坡尾,或西岸浮屿外名叫海岸的一片沙滩,尚可租给日本。③日方以不便行船、通商为理由,拒绝租借位置僻远的沙坡尾等处,转而要求租借沙坡头一带的海岸及鼓浪屿西岸沙帽山等地。总理衙门也未同意。此后,经与署任公使林权助会商,日方同意只租借其中一处,并同意由兴泉永道与日本驻厦门领事进行具体谈判。

1899年初,日本驻厦门领事上野专一与刚莅任的兴泉永道恽祖祁开始划界谈判。日方食言而肥,又力图使日租界包括厦门岛、鼓浪屿两部分,并派人进行实地测量。其中厦门岛部分为4万坪,鼓浪屿部分为13万坪。当地民众十分愤恨,纷纷呈文恽祖祁,坚决反对日本强索这些地区。恽祖祁也具有爱国热情,谈判一开始,他就指出,根据在北京达成的成议,日租界应酌定相宜的一处,不能设在两处。上野立即向日本公使矢野文雄报告他的意图,矢野又向总理衙门提出在厦门岛和鼓浪屿两处共凑给12万坪为租界的要求。总理衙门也不肯轻易让步,双方便相持不下。在这种情况下,在鼓浪屿经营已久的英国以及有意在厦门岛开辟海

① 天津市地方志编修委员会编著:《天津通志·附志·租界》,第60页。
②③ 恽祖祁:《厦门日租界交涉案公牍》,《近代史资料》1962年第3期。

军基地的美国等国就纷纷出面干涉。这些国家不愿让日本在厦门过多地扩张势力，便同时向中、日双方施加压力。恽祖祁深知英国视鼓浪屿为禁脔，为了使日方在交涉中陷入被动地位，就故意向日方表示，厦门岛"无地可拨""舆情惶遽"，但可在鼓浪屿一处凑出 12 万坪。日本人在受到列强特别是英国的压力后，只能收敛对鼓浪屿的野心，并于 1899 年 3 月与英、美等国驻华公使达成协议，表明日本仅要求在厦门岛设立租界，其界址为自虎头山脚迤北沿海的 4 万坪。然而，虎头山脚迤北并没有多少隙地，因此上野等便企图租借虎头山等处土地。①

虎头山是座小山，系当地形胜。恽祖祁认为，不能让日本人占据这一要地，就以虎头山上有诸多民居和坟墓，强租该区域会激起民愤，要求上野或是填筑虎头山下的海滩，或是从以前边宝泉开列的地基中租借一处。上野以填筑海滩过于困难，又认为沙坡尾等处都是"无用之地"，坚持要租虎头山。恽祖祁改而建议从日本公使最初索要的地块中划出沙坡头一带的 4 万坪为日租界，但上野仍以位置偏僻、填筑困难为辞，拒绝这一方案。双方相持不下时，厦门税务司、英国人辛盛表示愿去虎头山查勘，以便进行调解。5 月 12 日，辛盛与恽祖祁一起登上虎头山时，当地聚集男女老幼数千人，纷纷请求"免拨租界"。辛盛目击此情此景，深恐激起事端，影响各国在厦门的商务，即再三婉劝上野另择租界界址。上野固执己见，只是表示可以通过不迁山上的坟墓、照时价收购山上的房屋等措施来"设法安民"。于是，上野坚持要租虎头山，恽祖祁坚决拒绝，谈判陷入僵局。

厦门的谈判迟迟没有结局，日本公使就对总理衙门进一步施加压力，并声称恽祖祁阻挠日本在厦门开设租界，要求清政府予以撤换。至此总理衙门和新任闽浙总督许应骙决意满足日方要求，指令恽祖祁让步。恽祖祁不顾个人荣辱，拒绝服从上司的命令，表示"誓与厦门虎头山同去就"。②1899 年 8 月，清政府决定摒弃恽祖祁，改派福建按察使、前任兴泉永道周莲来负责厦门日租界划界事宜。

---

①② 恽祖祁:《厦门日租界交涉案公牍》,《近代史资料》1962 年第 3 期。

周莲于 8 月 12 日抵达厦门后,直接与上野秘密会商。上野同意将虎头山及坟墓剔出租界范围,周莲则同意将日方要求的山南草仔垵等处划入租界。8 月 23 日早上,周莲派出官员会同上野派出的领事馆官员前往虎头山脚插旗划界。当地居民发现日本官员后,就包围他们,大声斥骂。日本官员命令随从人员驱散民众,就更犯了众怒。民众捡起石头、砖头向他们砸去,有些妇女还投掷沾着大粪的扫帚。日本人惊慌失措,连忙向海边逃窜。民众紧追不舍,打伤了一名日本官员。另一名日本人则未能逃上停泊于海边的渡船,只得跳海逃生。日本人逃跑后,民众乘势包围周莲的行辕,周莲也向民众承诺,"决不将虎头山地割作租界"。同时,厦门全市商店罢市,船工罢海,以示当地民众反对将虎头山划入日租界的决心。

此时,开设厦门日租界的约章虽已核定,但周莲等因"民心浮动,谣言甫息",特别是划入租界的草仔垵地区的居民也群起反对将该地并入租界,只得与上野商定,暂不签约、划界。过了一个月,风潮稍平,他们才订立开辟厦门日租界的约章。该约规定,双方在"立定此约之后,即时合同派员勘丈",并竖立界石。但是,因慑于厦门民众的反对,以及租界位置颇不理想等,日本官员迟迟未去勘丈定界。1900 年夏,日方曾通知厦门官府,日本海军官兵即将前来丈量租界,但也就此没有下文。[①] 这样,经厦门民众和恽祖祁等官员的抗争,日本人未能在厦门岛、鼓浪屿两处设立租界,使厦门日租界的面积从 22 万坪减至 4 万坪,还使当地的形胜虎头山未被划入租界,并使该租界最终成了只在纸上存在的租界。

第二,上海公共租界再次扩展案。

19 世纪末,英、美等国人士于拓展上海公共租界时,力图将宝山县南部的部分土地并入界内。由于清政府坚决反对,他们决定先行取得中国方面允让的区域,日后再设法向宝山扩展。尽管在 1899 年两江总督刘坤一于允准该租界扩展两万余亩时曾切实声明,此后不准该租界再行推广,但他们已在蓄谋进行新的扩展。

20 世纪初,中国官府允准外国商人在宝山县境租赁土地。此后,该

---

① 厦门市档案局、厦门市档案馆编:《近代厦门涉外档案史料》,第 266、267 页。

租界工部局加紧在当地越界筑路,从而导致中、外双方的一再冲突。至1908年5月,工部局遂以租界北部的界线参差不齐,闸北的中国巡警与租界巡捕时有冲突,那里的卫生、消防等状况也非常令人不满,要求尽行并入该租界与沪宁铁路之间的地段。同年7月,驻沪领事团与两江总督端方交涉,立即遭到端方的拒绝。1909年1月,英国公使又照会清政府外务部,外务部也加以拒绝,并指出,宝山并非约开的通商口岸,"洋商在彼租地本属不合",他们应迁回上海租界,以符合原来的定约、章程。至于当地的警察、卫生等事项,系中国内政,"地方官逐渐整理,当可底于完全,以保公安"。①

这番交涉失败后,上海公共租界纳税人会于1909年3月通过决议,授权工部局对拓界一事着力坚持到底,扩展的范围则进一步北推至虹口公园等处。工部局便呈函领事团,转请公使团与清政府重开谈判。这一消息披露后,上海民众舆论大哗。4月11日,上海、宝山两县绅商及寓沪各省绅商齐集文庙明伦堂开会。他们指出,外国人推广租界的理由,无非是与租界毗连的华界卫生、警察等事办理不善。其言之不足信,已由上海官府进行过辩驳。即便他们所言属实,那么无论租界推广到哪一地步,必有与华界衔接之处。上海除东距大海外,在南、西、北三面均是人烟稠密之地,将来外国人"处处可以借口,推广二字,有何底止"?特别是所议的推广之地适当沪宁铁路的起点,是冲要之地,其得失与江苏全省的主权有关,也与全国的利害有关。因此,朝廷应"始终力争,以保主权,而慰众望"。②此后,虽然英、美等国继续施加压力,但两江总督端方等都不为所动。

相持到1913年二次革命期间,闸北地区成了讨袁军的大本营。当地的有些业主为了保全自己的私产,竟要求公共租界工部局予以保护。该工部局即以此为借口之一,派遣巡捕和万国商团进驻闸北。众多中国居民以"洋兵保护华界有碍中国主权",群起反对,迫使工部局旋即撤退巡捕

① 王亮辑:《清宣统朝外交史料》卷一,1933年版,页七、八。
② 蒯世勋编著:《上海公共租界史稿》,载上海史资料丛刊《上海公共租界史稿》,第484、485页。

和商团。不过,工部局趁机宣称,将这些地区并入租界是急不可缓之事。驻沪领事团则认为,在此时此际,"殊不合以此事电迫北京",没有同意工部局的要求。工部局就派代表径往北京,呈请公使团与中国政府交涉。不久,社会上出现政府拟略作让步的传闻,致使闸北公民王文典等条陈理由,要求政府勿稍迁就。于是,该租界工部局的活动又告失败。①

　　1914年初,北洋政府为了使法国当局协助镇压在上海法租界内活动的革命党人,允准该租界再次扩展。同时,北洋政府也准备以同样条件来与公共租界当局拍板成交。由于闸北市政厅厅长钱允利等人呈文反对,领事团的要求也越出袁世凯政府准备让步的范围,双方磋商多时,尚未达成协议。此后,上海法租界正式扩展,公共租界即将扩展的消息不断见诸报端,形势已更为急迫。闸北民众万分焦急,就一再集会,筹议阻止租界扩展的办法。他们还上书上海地方官府,致函闸北市政厅工巡捐局,请求他们整顿路政,并组织保卫团来弥补警力的不足,以免外国人有所借口。11月17日,他们又通过呈北京参政院文,并公推代表,赴京递呈。这一呈文要求当局者们反对将这一"国防所系、地利所在"的区域划归租界,但因"国弱邻强,万不得已",故提议将推广租界"改为修正界线,以保国土而顺舆情"。不久,外交部特派刘莞忱来沪调查。闸北民众不仅公举代表去谒见刘莞忱面陈利害,又恐"一二不知爱国之辈暗中耸听,希图自私自利",公举调查员数人,四出侦查,预备抵制之策。由于北洋政府蓄意要达成这笔肮脏的政治交易,1915年初,特派交涉员杨晟遂与领事团商定扩大租界的合同草案,规定将下列区域划入公共租界的范围:(甲)北自沪宁铁路,东自公共租界,西与南自苏州河间的区域;(乙)沪宁铁路沙泾江及现时租界界线间的区域;(丙)北自苏州河,东自公共租界,南自徐家汇路及虹桥路,西自计划中连接沪宁、沪杭两铁路叉线间的区域。此外,位于租界之内或作为租界界线的苏州河河道也全归工部局管理。作为给北洋政府的回报是,该租界当局也作出为北洋政府拘捕、驱逐或"引渡"革命

---

① 蒯世勋编著:《上海公共租界史稿》,载上海史资料丛刊《上海公共租界史稿》,第487页。

党人的承诺。① 3 月 23 日,该租界纳税人会通过这一草案,并请领事团提请驻华公使团及北洋政府批准。于是,上海公共租界的又一次大扩展似乎已成定局。

在这样的形势下,上海民众进行了更加坚决的抗争。陆文麓等人具呈特派交涉员,转呈外交部,对该合同逐条提出抗议。应季审等人连日集议抵制办法,又具呈上海官府"万勿轻弃主权",并电请外交部断然予以拒绝。闸北工巡捐局的俞国桢等也具呈该局局长,转呈上海镇守使等人,其中列出应该拒绝推广租界的 16 条理由。随后,闸北居民再次在明伦堂集会,公举代表上书大总统,要求"无论如何勿稍退让",并郑重声明,"倘或稍涉迟疑,众公民绝不承认"。② 这时,日本政府正在迫使北洋政府进行有关"二十一条"的交涉,全国人民已掀起反对"二十一条"交涉的爱国群众运动。北洋政府因而有所顾忌,未敢贸然批准这一扩展上海公共租界的合同。与此同时,因英国已深陷第一次世界大战,英国政府已把赢得这场大战作为头等大事,不拟因小失大,胁迫中国接受这一对大英帝国无关宏旨的合同,从而损害中英关系。其他国家或是没有直接的利害关系,或是认为时机尚未成熟,也都没有积极参与。因此,英国公使朱尔典在使尽浑身解数后就别无他法。这一扩展租界的合同未被中、外双方批准,上海公共租界的又一次大扩展因上海民众的激烈反对而意外搁浅。

1917 年,中国对德、奥断交、宣战,并开始了收回外国在华租界的历史进程。1919 年,参加巴黎和会的中国代表又提出收回全部外国在华租界的希望条件。接着,全国人民又发动了轰轰烈烈的五四爱国运动。历史进入这一时期后,外国人扩展在华租界的企图已更难实现。虽然在1919 年驻华公使团向北洋政府重提过上海公共租界扩展事宜,并于 1924年将拓界作为交还该租界会审公堂的条件,但北洋政府已不可能接受这样的要求。同时,上海民众一直密切地关注着有关的事态,每当有此类消息传出,他们都集会、通电,阐述他们坚定的立场。1924 年,他们还成立

---

① 蒯世勋编著:《上海公共租界史稿》,载上海史资料丛刊《上海公共租界史稿》,第 487—492 页。

② 汤志钧主编:《近代上海大事记》,第 796 页。

国土维持会来引导这场斗争。[①] 一年后,该租界巡捕在界内开枪打死、重伤抗议民众数十人,引发了席卷全国的五卅运动。在这种时势下,上海租界的再次大扩展已成妄想。经过上海民众持久、坚韧的抗争,并因国内及随后国际形势的巨大变化,上海公共租界最终未能进一步扩展。

照片 29　上海公共租界内发生的惨案引发了席卷全中国的五卅运动

第三,天津老西开事件。

1900 年八国联军入侵京津地区后,法国人趁机将天津法租界扩展到墙子河畔,使其面积激增了五倍。法国人仍未满足,随即觊觎位于墙子河西南的老西开地区。1902 年,法国驻天津领事罗图阁照会津海关道唐绍仪,要求清政府给予法国在这三四千亩土地上推广租界之权。对于这一无理要求,唐绍仪等人以不予答复的方式来加以拒绝。

1912 年,罗马教廷将天津划为独立的教区。法国领事便唆使首任主教等人在老西开地区建造主教府等建筑,作为侵吞该地区的第一步。天

---

① 蒯世勋编著:《上海公共租界史稿》,载上海史资料丛刊《上海公共租界史稿》,第 497 页。

津教会当局就在当地收购大片土地，并从 1913 年 8 月起兴建包括主教府、大教堂、修道院、修女院、教会医院以及多所学校在内的教会建筑群。这一工程破土动工后，法租界当局以保护该工程为名，立即派遣租界巡捕进驻这一地区。对于法方的侵略行径，天津民众纷纷抗议，并要求政府干预。天津地方官府却未采取有力措施，仅仅派出警察数名，驻守距教会工地不远的张庄大桥，以示对法方行动的抵制。于是老西开地区便形成中法"共管"的局面。经过近一年的对峙，法国领事宝如华于 1914 年 7 月致函直隶交涉署，要求中方撤走警察。其主要理由为中国官员在 1902 年并未答复法国领事的照会，此后中国官员对租界当局在当地办理警政及市政工程也从无异议，自应视为"默认"老西开地区"为法国推广租界"。对于这些牵强附会之词，中国官府据理进行了反驳。7 月底，第一次世界大战爆发，双方遂同意交涉从缓，并在交涉中止期间双方不得在争议区域内有所举动。然而，法国人仍想方设法收购当地的土地。[①] 到 1915 年 9 月，法租界当局就在当地散发传单，企图强迫当地居民向租界捐务处纳税。11 月，法国公使又照会北洋政府，要求北洋政府饬令天津地方官府撤退驻守张庄的警察。这些新的侵略行径激起天津民众强烈的公愤，天津商务总会发起"维持国权国土会"，以便凭借全市民众的力量来开展反抗法国人侵略的斗争。北洋政府也不敢贸然答应法方的要求，遂于 1916 年 1 月提出妥协方案，即是在老西开"开辟商场"，允许法国人和其他外国人在那里经商和租赁土地，为期 50 年。法方拒绝北洋政府的提议，并于同年 6 月教堂等建筑竣工后公然在老西开地区插立租界的界桩。维持国权国土会便一再敦促政府据理交涉，而北洋政府唯恐当地民众的抗争会触怒法国，反而一再劝谕他们"静候中央解决，勿得暴动，以滋口实"。法国人见北洋政府软弱可欺，就步步紧逼。10 月 17 日，法国领事向直隶省长提交立即从老西开撤出中国警察的通牒，限定在 48 小时内答复。10 月 20日晚，由法租界当局派出的武装士兵和巡捕将驻守张庄大桥的 9 名中国

---

① 天津市政协文史资料研究委员会编：《天津租界》，第 167 页；天津档案馆、南开大学分校档案系编：《天津租界档案选编》，第 107 页。

警察强行缴械、拘禁，悍然用武力占领了这一地区。①

法国人的暴行使天津民众忍无可忍。10 月 21 日晨，维持国权国土会召开紧急会议。会后，数千群众组成浩浩荡荡的队伍，先后赴省公署、交涉署和省议会请愿。接着，全市各界民众连日集会、游行，使抗议法国人侵占老西开的怒潮席卷了天津。10 月 23 日，天津商务总会又作出抵制法国银行纸币、抵制法货、请政府要求法国政府撤换驻华公使等三项决议。10 月 25 日，由 8 000 余名各界人士举行的公民大会又作出通电全国人民与法国断绝贸易、不使用法国银行纸币、中国货不售与法国等六项决议。当地的中法银行便很快因挤兑其纸币而倒闭。② 一些正直的天主教徒和神父也坚定地与同胞站在一起。教会所办的法汉学校全体学生毅然罢课，随后与该校断绝关系，宣布拒"受敌人教育"。③身为天津教区副主教的比利时人雷鸣远也主持公道，在他创办的《益世报》上反对法国人的侵略行径，使《益世报》成了天津民众的代言人。

北洋政府起初拟作妥协，准备让法国人占据老西开地区。天津民众掀起声势浩大的反抗怒潮后，北洋政府乱了手脚。10 月 29 日，代理外交总长夏诒霆在天津接见各界代表和民众时，竟然称民众反对法国人侵占老西开的行动是"胡闹"。交涉署委员王元恺也在旁帮腔，非难民众的爱国行动。在场的代表和民众义愤填膺，高声喊打，吓得夏诒霆等匆忙溜走。随后，经天津民众一再通电，声讨媚外卖国的外交官，北洋政府才稍稍改变对老西开事件的态度，并先后撤换夏、王等人。④

相持到 11 月 12 日，在天津法租界内法商企业做工的中国工人开始罢工，使天津民众的抗争进入新阶段，率先罢工的是仪品公司、义善实业工厂的工人。经他们倡议，在工厂、洋行、饭店、球房等各个法商企业工作的中国职工相继罢工。随后，在该租界公议局、巡捕房及法军兵营任职的中国职员、侦探、巡捕、工役等也陆续响应。最后，受雇于法国人的厨师、马夫、女仆以至清道夫、粪夫全都一致行动。罢工的总人数达到 1 400 余

---

① 天津档案馆、南开大学分校档案系编：《天津租界档案选编》，第 115—118 页。
②③④ 陈铁卿：《天津反抗法帝强占老西开资料》，《近代史资料》1958 年第 5 期。

人。在罢工工人的影响下，一些在法租界居住、开店的中国商人、居民宣布要"迁出法租界"，一时形成中国商店、住户纷纷迁往华界的局面。为了坚持斗争，罢工工人等于 11 月 20 日成立罢工团，下设文牍、调查、演说等各部，分头开展工作。天津各界民众和全国人民积极支持失去工薪收入的罢工工人等，并踊跃捐钱、捐物，以维持他们及其眷属的日常生活。其中维持国权国土会会长卞月庭更是慷慨激昂地表示，为支持罢工，"情愿倾家败产，亦绝不辞其责任"①。在全国人民支持下，天津法租界的罢工斗争坚持了四个月。在此期间，该租界内各行各业陷于瘫痪，垃圾、粪便无人清扫，入夜无灯照明，致使这个风姿绰约的东方"小巴黎"成了脏、臭、黑的"鬼市"。

陷入如此的困境后，法国商人损失惨重，法国居民怨声载道。此时，正值第一次世界大战，法国根本没有在中国挑起更大事端的力量。1916 年底，法国政府电令驻华公使尽快了结老西开事件，以免在华法商遭受更大的经济损失。已经焦头烂额的法国公使只得向北洋政府提出"暂时维持原状"的要求，并请英国公使朱尔典出面调停。朱尔典提出的调停方案是：第一，老西开恢复原状；第二，该地区由中、法两国共同管理；第三，两国共同派驻警察；第四，尊重当地两国人民的既得利益。根据这一方案，

照片 **30** 天津老西开法国教堂

① 陈铁卿：《天津反抗法帝强占老西开资料》，《近代史资料》1958 年第 5 期。

老西开地区并非恢复1913年前由中国管理的原状,而是1913年后法国侵入后的状况;该地区虽未成为法租界的一部分,但已成了两国共管之地。这一偏袒法国的调停方案,理所当然地遭到中国人民的强烈反对。即便是北洋政府也慑于民众的反对,不拟贸然接受。这样,中、法双方并未就这一问题达成任何协约。[①] 老西开问题成为中法之间的一个悬案。

法国人的计划受阻后,就暂停了对老西开地区的进一步公开侵吞。1931年,因日本侵略者屡次策动便衣队暴动,天津的华界一直处于恐怖的阴影之中,法国人才得以迅速地在这一地区内扩展其势力。即便如此,他们侵占的区域仅有近五百亩,即是他们企图吞占两三千亩土地中的一小部分,而且这一区域最终仍是个受法租界当局非法管理的界外占据区,而未正式并入该租界。

第四,厦门海后滩交涉案。

位于厦门岛西侧海滩的厦门英租界是个面积极小的租界。该租界开设未久,界前形成一个新的涨滩——海后滩。英国人力图将这个新涨滩并入英租界。1877年,英商和记洋行就擅自填筑涨滩,数日内砌路十余丈。兴泉永道司徒绪提出严重抗议,迫使英国人停工。但他们拒绝清理工地,致使碎石纵横,阻碍行船。经请示福建省大吏,司徒绪决定自行填筑这一海滩,作为公路和码头。同时,为了防止英国人再度侵占,他与英国领事柏威棣于1878年3月12日就"中国自填英商租界前面海滩"事宜商定章程六条。其要点为:第一,该海滩填筑后作为公路、码头,不得别用;第二,中国如拟出租这些滩地,只能租给已经租得滩地后土地的英国租主;第三,凡要搭盖篷寮等件,须与英国领事商酌,不得损害滩后英商利益;第四,填筑后的滩地"接拢"已经租地,由中国官员委托英租界内的各洋商"代为经理"。这些条款表明,海后滩并未被划入英租界,也未租给英商,界内的外商只是代中国官府经理这片滩地,并获得中国官府不得将滩地租与他人及保护他们既得利益的一些承诺。不过,该章程英文本中的"接拢"一词用的是 incorporated with,可以有"并入"后面租界之意,因而

① 天津市政协文史资料研究委员会编:《天津租界》,第175、176页。

　　　　　　　　　　　　　　　　　　　　中国租界通史

中、英两种文本的内容是有所差异的。① 此后,外商和中国官府又多次在当地填筑滩地、修筑堤坝和码头。②

甲午战争后,随着中国国势的更加衰落,以及上海、天津、汉口等地租界的大肆扩张,厦门英租界当局也力图公然将滩地并入租界。1907年,厦门电话公司要在海后滩架设电线杆,英国领事就横加阻挠,声称须立约纳税,才准许该公司动工。1909年秋,厦门学生携带体操用的木枪取道海后滩到演武场会操,英国领事又大加干涉,妄称学生荷枪实弹,恐扰及治安,以后遇有此等游行,领事先照会。此后,英租界当局还在海后滩派驻巡捕,并禁止武装的中国警察、士兵穿越滩地。

1918年夏,军阀混战的战火波及厦门。7月29日,英国领事窦尔慈以保护英国侨民生命财产为口实,命令英国军舰上的陆战队登陆,并下令在海后滩两端及英租界与华界接界的史巷路头、新路头、番仔街三个巷口一概修筑围墙,装置铁门,挂上"大英租界地,闲杂人等不许乱进"的"界牌"。9月16日,他们又在海后滩竖立旗杆,升起英国国旗。③ 至此,英国人终于用武力强占了海后滩。

对于英国人侵我领土、蔑我国权的行径,厦门学界、教育界、商界等各界人士都奋起抗争。他们强烈要求厦门官府及中央政府与英方严重交涉,要求英方克日将所筑砖墙、铁门及界牌等一律撤除。由于北洋政府和厦门官府软弱无能等,在起初的两年间交涉没有任何进展。

在滩案尚未解决的1921年5月,英商太古轮船公司在海后滩重建毁坏于多年前的码头栈桥。厦门商、学各界人士更加愤慨,再次要求官府就滩案和太古栈桥案与英方交涉。窦尔慈无视厦门民众和当地官府的反对,纵容太古洋行继续兴工。厦门各界人士遂联络旅居上海、福州等地的厦门商人,合力抵制太古。太古洋行唯恐蒙受经济损失,于6月21日表示自愿暂停栈桥工程。此后,厦门民众旋即组织"保全海后滩公民会",并

---

① 英国国家档案馆:FO 228/957,中国自填海滩章程,光绪四年二月初九。
② 李苏豫:《近代厦门英租界的城市发展和西方建筑传播》,《南方建筑》2015年第6期。
③ 李禧:《海后滩反帝斗争之回顾》,载中国人民政治协商会议福建省厦门市委员会文史资料研究委员会编《厦门文史资料》第1辑,第16页。

推派代表赴京请愿。英国公使却毫无解决争端的诚意,命令太古洋行继续施工。厦门民众怒不可遏,再次作出抵制太古船货的决定。于是,他们不再搭乘太古轮船,不再将货物送交太古轮船运输,不再为太古轮船装卸货物及为乘坐太古轮船的旅客搬运行李,使太古洋行遭受严重的经济损失。[①]

为了与厦门民众对抗,太古洋行从外地招来一批失业工人,准备利用他们来修建栈桥、装卸货物。厦门工人便一再进行宣传,要求外来的工人顾全大局。同时,他们凿沉载运建筑器材的汽船,使太古洋行无法继续施工。窦尔慈等人恼羞成怒,再次命令英国水兵登陆,还拘禁、殴打两名中国工人。为此,厦门民众发动声势浩大的示威游行,并发出通电,吁请海内外爱国人士、爱国团体予以声援。海后滩之争便从地方性事件演变成举国瞩目的重大国际交涉。

海内外人士纷纷声援厦门民众的形势,震惊了英国政府。英国政府决定用撤换驻厦门领事,以及同意就有关事宜进行谈判等措施,来缓和激化了的冲突。正式谈判最初在北京举行,但没有进展。北洋政府外交部为达成协议而作出让步,提出五条善后办法,遭到厦门民众的强烈反对。英国公使就对北洋政府施加压力,并以重新考虑原先已作出的归还威海卫租借地的允诺来作要挟。不过,太古洋行在中国诸多口岸遭到持续的抵制,损失势必越来越严重,因而主张暂停修筑码头栈桥。[②]此时新任英国领事伊斯蒂抵达厦门,谈判实际上改由伊斯蒂与厦门道陈培锟在厦门进行。

1922年初,在香港爆发声势浩大的中国海员大罢工后,英国人逐渐有了尽快了结厦门滩案的意向。从4月1日起,陈培锟及新任交涉员刘光谦等就滩案与伊斯蒂正式进行谈判。此时,辩论的焦点之一在于海后滩是否属于英租界范围。伊斯蒂认为,根据1878年中国自填海滩章程第六条的规定,填筑后的海后滩已经并入英租界。同时,英国政府愿意对该填地加增租银,每年交付中国政府。陈培锟等人在复文中指出,"接拢即

---

① 洪卜仁:《厦门地方史讲稿》,厦门市总工会、共青团厦门市委会1983年版,第94页。
② 贺江枫:《1921—1922年厦门海后滩案与中英交涉研究》,《暨南学报》2015年第10期。

接连之意"，只是表明"中国自填之公路与外商租地相接连"。1878年章程的任何一条，都可以证明海后滩不属于英租界。该章程第一条指明这些公路、码头是中国"自行填筑之地"；第二条声明"要租应先尽英国租赁"，如滩地已并入租界，就不必作此规定；第四、第五条皆对滩后英商的利益作出规定，倘该地为租界界内，"则英商利益何劳吾国官吏代定"。如今英方根据1878年的章程及国际惯例，要求优先租赁这一滩地，更说明目下该地仍未出租，绝不属于英租界范围。① 经过几个回合的辩论，英方被驳得无言可对，而双方的辩驳之词又大多全文见诸报端，致使英方颇为被动。这时，英方继续坚持的，只是拒绝迁移竖立在海后滩的英国国旗。又相持一段时间后，厦门民众准备重新发动抵制英国的风潮。英方最终只得同意移走这面国旗。10月，伊斯蒂与陈培锟、刘光谦订立解决滩案的合同三款，其中指明海后滩不属于英租界范围，太古公司在滩地内重建栈桥，每年须向厦门官府缴纳租费二十银圆；在滩地内竖立的英国国旗应即行移入英租界内，并应即行撤除英方在各公路上设置的三个隘门。②

该合同订立后，三个隘门、围墙旋被拆除。不过，英国领事却准备将海后滩上的英国国旗移至义和洋行前的公路上，并雇工挖出深五六尺的坎洞。厦门公民会指出，公路尚属华界，再次提出抗议。厦门码头工人则彻夜值勤，守住坎洞，声称英国人如敢深夜竖杆，誓言武力解决，即使牺牲生命也在所不惜。③ 于是，英方只得将这面米字旗移至租界内的太古巷内。③ 中国人民胜利地收回了被英国人强占了多年的海后滩。

各通商口岸的众多中国人士之所以抵制租界的开设、扩展，主要出于爱国思想的激励。如果说19世纪中期镇江等地的中国业主拒绝将划入

---

① 这一中国自填海滩章程第六条的英文原文是：When the filling in is completed the reclaimed land shall be incorporated with that already leased and entrusted by the native authorities to the care of the foreign merchants within the concession. 该章程英文本的 incorporated 一词可以有滩地"并入"英租界之意，但从该章程的全部内容来看，这一条的含义只是指明这块填地将与租界内土地一起由租界内的外国商人"关照"，或用中文本的原文即"代为经理"。

② 王铁崖：《中外旧约章汇编》第3册，生活·读书·新知三联书店1962年版，第254页；厦门市档案馆：民政局档案，第1时期，（原）第69号卷，《厦门英界外海后滩案善后办法合同》。

③ 李禧：《海后滩反帝斗争之回顾》，载中国人民政治协商会议福建省厦门市委员会文史资料研究委员会编《厦门文史资料》第1辑，第22页。

租界的土地出租给外国商人,多少受中国传统的安土重迁等观念的影响,那么到甲午战争后杭州、厦门等地中国官员和中国居民为反对开辟租界、尽量缩小租界面积及将租界设到僻远之处的种种努力,主要目的都是尽可能地维护国家的主权。特别是进入20世纪之后,上海等地居民反对租界的扩展,更是体现了他们的高风亮节。外国人扩展这些租界,只是扩展其行政管理的范围,并不强租扩展区域内的土地。而这些土地一旦并入租界,当地业主不但能坐享地价上涨的经济利益,而且可以摆脱这一时期中国绵延不断的战乱所带来的种种灾祸。此时上海闸北等区域的中国居民应当早已认识到这些事实,但他们之中的很多人十仍坚决反对将自己居住的地区并入租界,表明了他们为维护国家主权,不惜牺牲个人私利;也说明他们宁可在中国人自己管理的地区中经受更多劫难,也不愿受外国人的殖民统治。

第二节　反抗苛捐和暴行

租界当局将租界视为殖民地,将界内中国居民视为受他们统治的殖民地土著居民。因此,他们常常不顾界内华人有否承受能力,任意向他们加征捐税,以缓解自己的财政困难;常常肆意处罚违反租界章程的华人,在他们有所反抗时又经常动用武力,甚至开枪镇压,从而造成不少血案。然而,中国人民的反抗此起彼伏,一再发动反抗租界当局苛捐和暴行的斗争。

从19世纪后期起,在华人占居民绝大多数的上海租界多次发生反抗苛捐的斗争。其中较早的一次发生于1885年。与江南各地的城镇一样,上海公共租界内有诸多茶馆和仅售开水的老虎灶。在这一年初,该租界当局决定向它们征收茶馆执照捐,每户每月须缴纳一至六银圆。茶馆特别是小茶馆、老虎灶的营业收入十分有限,却要承担高额的捐税,不能不激起业主们的反抗。工部局强迫业主们纳捐,业主们坚决拒绝。工部局就派巡捕拘捕抗捐者,将他们解送会审公堂。外国陪审官坚持要追缴捐款,中国委员黄承乙则认为,工部局没有这种权限,主张不予追究。工部局就致函领袖领事,要求对中国官员施加压力。领事团便派奥国领事与黄承乙磋商。结果双方妥协,决定修改收捐办法。新办法规定,只设两张以下茶桌的小茶馆及只售开水的老虎灶免纳此捐,其他茶馆以茶桌数量为标准,每桌每月捐洋一角。[①] 这样,经过这些中国业主与相关官员的抗争,该租界当局被迫大幅削减了对茶馆业征收的捐税。

从 1870 年起,上海公共租界当局开始向独轮小车征收执照捐。这种木制的小车系从苏北传入上海,中间置一车轮,车杠在车后,两旁车架可装货、载客,一车最多能载八九人。每辆小车每月的执照捐为 200 文,1878 年增至 400 文,并加小费 35 文。1888 年 3 月,该租界当局与法租界当局以小车损坏路面、增加道路维修费用为由,决定从下月起将小车的月捐大幅提高到 1 000 文。此时,小车夫通常须赡养数口之家,除租借小车的车租外,每月收入不足 3 000 文,而月捐将超过三分之一。面对如此苛捐,众车夫"相继辍业",齐集上海县衙前,并在上海知县裴大中回家时拦舆递禀。此后,裴大中与上海道龚照瑗分别与工部局总董及英、法驻沪领事反复交涉,但迟迟未有结果。4 月 2 日,数百名小车夫聚集在公共租界会审公堂前请求免增捐税。4 月 3 日,人数增至二千余。这时,从法租界传来巡捕拘捕罢业小车夫八人的消息。众车夫即拥至法租界大自鸣钟捕房抗议。法租界的西捕、包探分头镇压,"鼓噪而前"的小车夫们则用砖瓦石块来还击。第二天,小车夫又成群结队地拥入法租界,抗议小车加捐。经过持续的抗争,这两个租界的当局者们只得宣布暂不加征小车捐项,小车夫们取得一场反抗苛捐的胜利。到 1897 年初,公共租界当局因小车往来过多,损坏路面,修理费大,又决定将小车的月捐增至 600 文。在开始按照新捐额征收的 4 月 1 日,界内的小车夫全体罢工。租界当局派巡捕弹压,双方发生严重冲突,有 7 名小车夫被捕。此后,小车夫们连日举行示威游行,租界巡捕屡次予以镇压。特别在 4 月 5 日 800 余名手持扁担的小车夫与大批声援罢工的各行业工友经外洋泾桥进入公共租界时,该租界工部局认为这是暴动,便鸣响警钟,出动万国商团。停泊于黄浦江的

---

① 蒯世勋编著:《上海公共租界史稿》,载上海史资料丛刊《上海公共租界史稿》,第 431 页。

英国军舰也鸣炮示威，并派遣陆战队登岸。经过血腥镇压，小车夫死二人，伤无数，印捕、英捕各伤一人，商团团员伤二人。随后，英、法、俄等国军队及万国商团严密防卫租界地区，上海官府也加紧惩治带头抗捐的小车夫。不过，经中、外双方交涉，领事团和工部局也同意了小车加捐推迟三个月及重新酌定小车收费标准等条件。为此，英文的《字林西报》宣称这是外国人向华人"屈服"，外国纳税人也举行特别会议，指责工部局软弱无能、处置失当，导致工部局董事全体辞职。①

自 1919 年起，上海公共租界的华商也为拒绝苛捐进行了长期抗争。这一年 4 月，公共租界当局为酬劳第一次世界大战期间回国参战的协约国雇员，决定给他们补发离职期间 50% 的薪金，上限为一人白银 8 000两。增加这一大笔额外开支后，工部局入不敷出，便决定将房捐捐率提高2%，特别房捐捐率提高 1%，将地捐捐率提高 0.05%，并另征特别房捐一次，捐率为房租的 1%。消息传出，中国商民群起反对。7 月，在当年爆发的五四运动的鼓舞下，他们决定发动反对增捐运动，并决定以马路为单位，将沿马路的大小商店联合为斗争团体。北四川路、天潼路、南京路、北京路等马路的商店都写就理由书，并加盖印章，分呈工部局、领事团、特派交涉员和上海总商会。这些理由书指出，"工部局既欲酬劳从戎西人，给予年俸，似应另行筹款，不能摊派未得丝毫利益之华人"。② 尽管上海总商会等一起据理力争，工部局只是同意将原定一次缴清的特别房捐分为三次征收。华商们就继续抗争，并将拒捐运动与要求华人入董工部局的华人参政运动结合了起来。8 月下旬，在英国总领事和工部局总董同意先组织华人顾问部作为华人参与市政的过渡机构时，华商结束了此次抗捐运动。此后，公共租界内各马路陆续成立商界联合会，并于 10 月 26 日正式成立各马路商界总联合会。同年底，当领事团迟迟不答复有关华人入董工部局的要求时，总联合会就领导了拒缴第二期特别房捐的斗争。

---

① 蒯世勋编著：《上海公共租界史稿》，载上海史资料丛刊《上海公共租界史稿》，第 432、433 页；汤志钧主编：《近代上海大事记》，第 463、464、465、509、510 页。
② 蒯世勋编著：《上海公共租界史稿》，载上海史资料丛刊《上海公共租界史稿》，第 508、509 页。

相持到 1920 年 1 月上旬,工部局将拒捐作为刑事案件向会审公堂起诉。10 日上午,福建路、河南路的 19 家商店都接到会审公堂的传票。各马路商界联合会纷纷召开紧急会议,一致决议全体出庭候审。后经上海总商会劝阻,这些商界联合会改请外籍律师为代表,要求延期审判,以俾和平解决。外国陪审官拒绝这一要求,会审公堂遂缺席判决被告照章纳税并缴纳堂费。判决后,工部局捐务处职员带同中、西武装侦探、巡捕到有关各商店去强征捐税。消息传出,浙江路、汉口路、南京路等各马路的商店都赶紧提前关门,当地形成"闭户"风潮。租界当局就如临大敌,立刻命令全体中、西探捕携带枪械,紧急出动,把守各交通要道。第二天,经各马路商界总联合会的劝告,各商店都照常开门营业,但大多仍拒绝缴纳捐款。于是,工部局又起诉江西路、四川路的 21 家商店。在这种形势下,驻沪14 国领事为了缓和激化了的矛盾,都表示同意华人入董工部局。领袖领事也致函交涉公署,内称已将选举工部局华董案转报驻京公使团。[①] 于是,这场拒捐运动虽未能达到预期的目的,但显示了华商的斗争决心,促进了当地华人参政运动的进一步发展。

除小车夫抗捐等影响较大的抗争外,上海租界内还发生过多次规模相对较小的抗捐斗争。例如在 1918 年 4 月 30 日,因公共租界工部局对小贩加征捐税,界内小贩等数百人便捣毁工部局的多处卫生机构。次日,该租界小贩全体罢市,法租界和华界的小贩也相继罢市,使工部局只得同意取消加捐。[②]

生活于其他一些租界的中国民众也发动过反抗苛捐的斗争。在镇江,自 1881 年起,英租界工部局多次拟向停靠租界码头的中国船只和码头挑夫征收捐税。经民众吁请,镇江官府多次交涉,使该工部局只得放弃这些图谋。[③] 在厦门,鼓浪屿公共地界当局为了在外国人住宅区新修道路和沟渠,于 1922 年初开征自行车牌照费等三项新捐税。当地中小华商

---

① 蒯世勋编著:《上海公共租界史稿》,载上海史资料丛刊《上海公共租界史稿》,第 522—528 页。

② 汤志钧主编:《近代上海大事记》,第 873 页。

③ 英国国家档案馆:FO 228/979,英国领事致常镇通海道函,光绪十二年九月二十三日;常镇通海道致英国领事函,光绪十二年九月二十七日。

组织起来,发起抗税运动,同时争取全体华商共同行动,停止与外商合作,终于迫使工部局减少工程费用,并放弃征收店铺牌照费。① 在这些抗争中,影响较大者当数九江民众反抗"过路捐"的斗争。1898 年,九江英租界当局与九江官府订立章程,其中规定,在该租界装卸十担以上的货物须缴纳过路捐。1905 年,该租界当局擅自将征收该捐税的起点降至六担。到 1918 年,他们又规定对所有的物件,直至手提的行李,也一概征收该捐税。这种罕见的苛捐激起九江民众的愤慨。他们在九江商会举行各界代表会议,讨论反对苛捐的办法,并推派代表向九江交涉署请愿。他们指出,"租界苛税,英领并未预先通知,不俟我官厅许可,竟贸然行之"。这种情形,"匪特欺我人民,抑且有关国体",应该立即向英国领事提出抗议。② 经过民众抗争,官府交涉,九江英租界当局只得废止向过境物件一概征税的苛政。

在诸多租界内也爆发过反抗外国人暴行的斗争。这类斗争次数尤多,有些比抗捐斗争更为激烈。例如,在 1911 年 1 月,汉口的车夫们为同伴吴一狗在英租界内猝死与租界巡捕发生激烈冲突。该租界义勇队和英国海军陆战队开枪镇压,制造了打死、打伤二十余人的惨案,汉口民众便决心以抵制英货来进行抗争,最终迫使英方赔款抚恤死者家属。③ 1925年 11 月,厦门鼓浪屿民众为抗议租界警方偏袒无理打人的电灯公司经理、英籍犹太人韦士,先是包围工部局,迫使工部局释放进行自卫的大学生叶清泉,后又发动总罢工,并拒绝向外国侨民出售商品,从而迫使英国领事同意驱逐韦士,并让华商接办鼓浪屿电灯公司。④ 在所有此类抗争中,规模最大的首推爆发于 1925 年的五卅运动。这一运动肇始于上海公共租界巡捕开枪杀戮在界内举行反帝示威游行的民众,随后五卅惨案演变成全国规模的反帝革命运动,动摇了盘根错节的上海租界,预告了在

① 何丙仲:《鼓浪屿公共租界》,第 97 页。
② 陈荣华、何友良:《九江通商口岸史略》,江西教育出版社 1985 年版,第 160 页。
③ 武汉大学历史系中国近代史教研室编:《辛亥革命在湖北史料选辑》,湖北人民出版社 1981年版,第 410 页。
④ 叶清泉:《鼓浪屿的一次反帝斗争》,载中国人民政治协商会议福建省厦门市委员会文史资料研究委员会编《厦门文史资料》第 1 辑,1963 年版,第 33 页。

德、奥、俄等国租界被中国相继收回之后其他国家的租界也末日将临。由于诸多书籍中都有关于五卅运动的详尽记载,并已有专门的著作和史料汇编出版,因此本书不拟对这一运动作详细的记叙。此外,在当地租界直至在全国有较大直至重大影响的中国民众抗暴斗争还有以下数次。

一是第一次四明公所事件。四明公所是旅沪宁波人的会馆,其中有殡馆、祠堂、墓地等。1849年法商租地始辟时,公所所在地已被划入界内。经多次交涉,法国驻华公使等人作出过不侵犯四明公所墓地的承诺。随着法租界的逐步繁荣,该租界公董局以公所内存放的灵柩是传染病之源,遂于1874年试图通过开辟穿越该公所的道路,来迫其迁移。宁波同乡会屡次请求该租界当局稍稍变更道路的路线,或停止开辟此路,并表示愿意承担改筑道路的一切费用,均遭公董局拒绝。5月3日下午,一群宁波同乡在公所门外与租界巡捕冲突。随后,他们包围租界路政管理所工程师佩斯布瓦的住宅,要求取消有关筑路计划。该工程师竟向民众开枪,打死一人。这一暴行激起广大民众的愤怒。他们痛殴其家人,焚毁当地法国人的房屋四十余间,进而包围公董局,向局内投掷石块。法国驻沪领事葛笃出动租界巡捕,并命令法国军舰上的水兵登陆,公共租界当局也调派水兵、巡捕,共同进行镇压,共打死华人六人,打伤数十人。血案发生后,葛笃唯恐事态进一步扩大,遂令公董局取消筑路计划。此时,法国政府正忙于入侵越南,不拟在中国挑起重大事端,故也未支持公董局坚持筑路的立场。事件的善后交涉延续至1878年,以清政府同意赔偿白银三万余两,法方同意放弃在四明公所筑路计划,并永免四明公所及其全部土地的捐税而告结束。①

二是镇江"火烧洋楼"事件。1888年,镇江英租界工部局开始雇用印度巡捕。这些印捕常常欺辱因不熟悉租界章程而有所违犯的华人,致使当地华人积愤已久。1889年2月5日,有个来自七濠口的小贩违章在界内设摊卖蛋。一名印捕前去干涉,但语言不通,因而发生冲突。印捕就用手执的警棍乱打,还踢中小贩的要害。围观的民众一再劝阻,印捕仍不罢

---

① 〔法〕梅朋、傅立德:《上海法租界史》,第324—340页。

手,遂激起众怒。印捕见群情激愤,急忙躲进工部局。民众便要租界当局者出来答话。他们却闭门不出,英国领事还鸣枪示威。民众更加愤恨,便动手捣毁工部局。面对这种局面,界内外国侨民惊慌失措,全部逃上停泊于长江旁的外国商船。接着,民众先是纵火焚烧位于银山下的工部局、洋行、洋房,后又烧毁位于银山上的英国领事馆等建筑。① 这一"火烧洋楼"事件发生后,英方迫使清政府赔偿全部损失。不过,为了缓解与中国民众的冲突,该租界当局调走印捕,改用华人充当巡捕,并且规定,华捕于巡逻时不得持棍在手,而是应将警棍放入裤子口袋;未久又在新订立的《华捕章程》中特别强调要善待入界的中国挑水工人与小商小贩,即便对被拘捕者,也万不能肆行殴打。②

照片 31　重建于 1890 年的原英国驻镇江领事馆

(现是全国重点文物保护单位)

---

① 王彦威辑、王亮编:《清季外交史料》卷七十九,页四;镇江市地方志办公室藏地方历史资料,第 18-15 号件;张立瀛编纂:《镇江古今谭·租界》(稿本)。

② 英国国家档案馆:FO 228/1037,英国驻镇江领事复常镇通海道函,光绪十五年十一月十五日;FO 229/1692, Rules & Regulations for the Chinese Department of the Municipal Police Force, British Concession, Chinkiang, 1907, Article 28, 29。

三是第二次四明公所事件。1898 年 4 月,上海法租界当局再次扩展租界的要求被中国官府拒绝,便食言而肥,企图以建造学校、医院、屠宰场之名,强征四明公所地产。宁波同乡会断然拒绝这一背信弃义的要求,署上海道蔡钧则拟另赠地基、补助千金,恳商法租界当局在别处建造医院等。相持到 7 月 16 日,法国总领事白藻泰派出武装水兵和巡捕,强行拆毁公所围墙。当夜,大批愤怒的民众聚集起来,他们袭击法国侨民,拆毁附近巡捕房的围墙,打碎界内路灯,使得夜间灯火通明的法租界入夜后变得漆黑一团,并使不少外国人逃离该租界。次日早晨,法国水兵先后在十六铺及四明公所一带用枪炮轰击示威群众。被杀华人达 17 人,伤 20 人,另有 10 余人被捕。[①] 血案发生当天,该租界内宁波籍的商人罢市、洋行员工辞职、外轮水手罢工。同时,维新派人士又在他们所办的《时务报》上刊登揭露四明公所事件真相的文章,并印发大量的传单,又使白藻泰只得禁止该报在法租界内发行。此后,在中法交涉过程中,中方同意法租界再次扩展,但也要求保留四明公所。最后,法方同意,在四明公所让出部分地段用于开辟道路后,不再强征公所土地。

四是大闹会审公堂案。该案源起于“黎王氏案”,又称“黎黄氏案”。1905 年 12 月 8 日,粤籍官眷黎王氏带着 15 名女孩途经上海。公共租界巡捕房以“拐卖人口”罪拘捕了黎王氏。会审公堂中国委员关炯、金绍成认为证据不足,拟按惯例将黎王氏等判押公堂女押所听候处断。陪审的英国副领事德为门则坚持要将她们改押于建成未久的工部局警务处监狱女监。在此之前,中国委员与外国陪审官就女犯的收押已多次进行交涉。关炯遂指出,会审公堂章程中并无女犯押于西牢的规定,且未经上海道允准,拒绝让西捕带回被告。德为门就蛮横地说:“本人不知道有上海道,只遵守领事的命令。”关炯也愤然答道:“既如此,本人也不知有英领事。”德为门恼羞成怒,竟喝令巡捕抢夺被告。捕头木突生即指挥西捕大打出手,打伤两名中国差役,上前拦阻的公堂委员金绍成也险遭棍击。此时,公堂差役已锁闭公堂大门,抢到被告的西捕又径向关炯索要钥匙。关炯拒交

---

① 尤乙:《四明公所与法租界的两次流血冲突》,《档案春秋》2009 年第 4 期;董枢:《上海法租界的发展时期》,《上海市通志馆期刊》第一年合订本,第 719—722 页。

钥匙,并厉声答道:"毁门可,打公堂可,即杀本官亦无不可。"在他拂袖而去后,木突生等才打开了大门。第二天,上海各界人士纷纷集会抗议,上海官府也下令该公堂停止会审,并要求立即释放黎王氏,撤换德为门,斥革、惩治行凶打人的木突生等巡捕。领事团一直未予理会,直到公使团根据清政府的抗议下令将黎王氏押回会审公堂的女押所释放时,该租界巡捕房故意在他处释放被告,以示对会审公堂的轻侮。于是,上海民众积愤难平,于12月18日开始大规模的罢市,并围攻老闸捕房和工部局等处。他们用砖石击退巡捕的多次驱赶,冲入该捕房,纵火焚烧。领事团出动商团和水兵,进行血腥镇压,共打死民众18人、打伤数十人。此后,虽然华商继续罢市,但中国官府已决意妥协,同意该会审公堂恢复开庭。后来,上海道袁树勋还以个人名义赔偿外国人的损失达5万两白银。同时,该租界工部局总董等也被迫同意该公堂审判的女犯由公堂女押所收押。德为门也在不久后被调往其他通商口岸。[1]

五是九江余发程案。1909年4月26日,初次来到九江英租界的湖口人余发程出于新奇,随意观望,充当租界巡捕的英国人马仕竟用警棍猛击他的腹部,结果正中要害。余发程被英国巡捕毒打致死的消息传出后,当地工商各界人士异常愤怒,纷纷罢工、集会,抗议英国人的暴行。中国官府也与英方反复交涉,迫使英方将已经逃到芜湖的马仕押回九江。此时,中国官府力图对该案"按律拟罪,从优抚恤"[2],并力图平息民众的抗争,以免酿成重大交涉。由于英国领事包庇凶手,将马仕无罪开释,九江绅商学工各界人士忍无可忍,便一面电请北京与英方力争,并公举代表到位于上海公共租界的英国高等法院具控,一面发动不给英国轮船装运货物的抵制英货运动。英国人多方设法,诱迫当地工人照旧装货,均未能成功。英商的怡和、太古洋行还摆下筵席,延请各界代表,结果也无一人赴宴。[3] 在各地人民的支持下,这场震惊英国的抗暴斗争坚持了两个月之久。最后,九江民众虽未达到惩凶的目标,但也给了英国人深刻的教训。

①　马长林:《1905年大闹会审公堂案始末》,《档案春秋》2007年第4期。
②　姚之鹤编:《华洋诉讼例案汇编》上册,第217页。
③　陈荣华、何友良:《九江通商口岸史略》,第159页。

六是龙头街抗暴事件。1914年2月中旬,厦门鼓浪屿公共地界的一名印捕以界内龙头街福恒发茶馆的门板阻碍交通,勒令店伙立即将门板搬入店内。店伙以门板放在店口两侧是当地习惯,未予理会。该印捕便滥发淫威,用警棍殴打店伙,捣毁店具。店伙被迫反抗,街上的民众也一起反击。印捕跑回工部局报告,工部局警务处处长立即派出二十余名荷枪实弹的巡捕前往龙头街镇压民众。他们在途中开枪示威,流弹击中一名中药店店伙的胸部。接着,他们又在龙头街拘捕五名中国居民。当地会审公堂的中国委员曹友兰路过龙头街,就上前劝阻,也遭到巡捕殴辱。在这种情况下,愤怒的民众越聚越多,并与武装巡捕发生冲突。接着,他们纷纷罢市、罢工、罢课,以示最强烈的抗议。当地的法国领事遂以领袖领事名义急电北京公使团,转告北洋政府国务院,诬称鼓浪屿民众发动第二次"革命暴动"。听说"二次革命",北洋政府神经过敏,立即通知公使团,可指示驻厦门领事团"便宜行事"。公地工部局即于2月21日标封会审公堂,来向当地民众示威。中国居民更加愤恨,使当地中外居民的关系更趋恶化。随后,厦门商会也详电北洋政府,报告事件的真相。北洋政府这才急忙命令厦门交涉员委派李瑞年为处理这一事件的专员,并暂充会审公堂的委员。由于交涉并无结果,北洋政府又改派原上海高等审判厅厅长朱兆莘来办理该案。到5月15日,领事团以必须惩办殴伤印捕的华人为条件,命令工部局启封会审公堂,恢复该公堂的职权,这才缓和了当地延续三个月的紧张局势。①

七是反抗沙面"新警律"的斗争。1924年6月19日,越南志士范鸿泰在广州英租界最豪华的维多利亚酒店行刺法国的法属印度支那总督。该总督仅受轻伤,范鸿泰则投江殉难。英、法租界当局借口维护沙面租界治安,于7月15日颁布《通行证条例》,宣布从8月1日起实行这一"新警律",其中规定,华人出入沙面,一律要出示粘贴了相片的通行证接受检

---

① 张镇世等:《"公共租界"时期的鼓浪屿》,载中国人民政治协商会议福建省厦门市委员会文史资料编辑室编《厦门文史资料》第3辑,1980年版,第80页;陈建盛:《鼓浪屿会审公堂》,载中国人民政治协商会议福建省厦门市委员会文史资料委员会编《厦门文史资料》第14辑,1988年版,第28页。

查,西方人士以及日本人、印度人则可自由出入。这一侮辱华人的"新警律",引起在沙面就业的中国职工的公愤。中国职工包括洋行职员和各种体力劳动者共 3 000 多人宣布罢工,就连巡捕房的一些华捕也一起罢岗。时值国共合作时期,国共两党都积极支持这场沙面职工的罢工,并组织"各界反对沙面苛例罢工委员会",发动各界人士捐款资助,并安置在当地无家可归的职工。上海、北京、湖南等地的民众也纷纷通电声援。罢工坚持了 30 多天,至 8 月 17 日,英、法租界当局被迫让步,同意取消"新警律",确定在使用通行证方面对华人和各国人士一视同仁;临时通行证无须粘贴相片;除华捕可自动辞职外,其他职工均可复职,并补发薪金。于是,这场沙面"洋务"职工反抗"苛例"的斗争取得了完全的胜利。[1]

八是汉口"六一一惨案"。在 1925 年 5 月上海公共租界发生五卅惨案后,武汉民众积极声援,陆续组织罢工、罢课、罢市和游行。6 月 10 日,英商太古轮船公司职员因琐事殴伤搬运工人,激起该公司码头全体工人罢工。11 日,一艘英国军舰又越界停靠至位于华界的苗家码头,使民众认为这是英国人蓄意示威。就在大批民众集结到这一地段时,英国水兵在江汉关附近驱逐民众时戳伤该公司的一名工人。民众愈加愤怒,蜂拥前往出事地点。英租界当局就出动义勇队、陆战队,关闭他们越界设置在前、后花楼的铁栅门,阻断租界南部与华界的交通,并以水龙、马队和机枪迫使民众转往西北方向,绕道至大智门一带。与此同时,来自华界的民众继续在大智门一带集结,使得集结在这一带街道上的民众达 5 000 人左右。晚上 10 时许,大批中国军警奉命到英租界维持秩序。后到的民众为了躲避军警,又朝租界方向涌去,致使前面的民众被挤入租界当局的所谓"防线"。英国水兵和义勇队就开枪射击,甚至用机枪扫射,当场打死十来人,打伤二十余人。[2] 惨案发生后,武汉民众异常悲愤,发动了持续数月的斗争,并提出了收回租界、取消领事裁判权及一切不平等条约的要求。

---

① 中国人民政治协商会议广州市委员会文史资料研究委员会编:《广州的洋行与租界》,第187、208 页。

② 有关"六一一惨案"的详细情况,参见高尔松、高尔柏编著的《汉口惨杀案》(青年政治宣传会1925 年版)。

正是在这种背景下,一年多后武汉民众于北伐战争的高潮中不是通过外交谈判而是以革命的方式,一举收回了汉口英租界。

在反抗租界当局苛捐和暴行的斗争中,中国民众最初往往采用殴打外侨、烧毁洋楼、围攻巡捕房等激烈的方式。这是因为中国民众十分愤恨有些外国人对他们的长期欺压,所以一旦有了导火的引线,就会触发爆炸性的事件。同时,也是因为参加这些抗争的多是处于社会下层的劳苦群众,他们虽然勇于反抗,但不谙斗争的策略和进退的尺度,结果在发生外国士兵、租界巡捕开枪镇压的血案后,虽然租界当局稍稍承认中国民众的要求,但中国官府常为此支付巨额赔款,中国民众还牺牲了众多的生命。从19世纪末期开始,鉴于以往斗争的经验,并因一些有识之士的加入,中国人民也开始采用罢市、罢工、罢课等合法的斗争形式。特别是于1925年爆发的五卅运动,更是发展成席卷全国的运动。此时,中国人民为了赢得这些斗争仍要付出很大的代价,而租界当局在遭受惨重的经济损失后也不得不作出比以往更多的让步。

第三节　华　人　参　政

在大多数租界中,居民大部分是华人,用作租界行政经费的市政捐税也有相当部分甚至大部分出自华人,然而在很长的时期中,在大多数租界,华人只有纳税的责任,没有参政的权利。从20世纪初期起,入居租界特别是上海租界的华人为争取对租界政务应享有的权利,包括选派代表进入租界的行政管理机构,发动持久、坚韧的华人参政运动,初步改变了租界行政管理权完全被外国人把持的局面,使上海等地租界的行政体制形成新格局。

在上海英商租地开辟之初,根据上海《土地章程》的规定,公正的华商尚有可能参与"秉公估计"界内房价、地租、迁移费用等与租地内华人利益有关的事务。上海租界成为"国中之国"后,界内的行政管理权即被外国人独揽。对于此种状况,美国驻华公使蒲安臣曾有异议。1864年,他与英国公使卜鲁斯等议定了改组上海租界的五项原则,其中包括租界的市政体系中须有华人代表,凡一切涉及华人利益的措施,须先咨询,得其同意。根据这一指令,驻沪领事团于 1866 年 7 月决定,上海公共租界内将由华人集会推选三名代表,作为该租界工部局顾问,凡是新捐税的征收、巡捕房新章程的施行,以及颁布有关华人社会的卫生条例等,概须先与他们磋商。[①] 法国人也在同一时期公布的《上海法租界公董局组织章程》中规定,"经总领事会同道台指定的中国士绅或商董一人或数人",如在公董局认为适当时,可以顾问资格出席董事会议。[②] 卜鲁斯、蒲安臣离任后,租界制度的始作俑者阿礼国继任英国公使,这些仅仅让华人充任工部局、公董局顾问之议即被摒弃。1869 年 9 月,经再次修订的上海公共租界《土地章程》得到驻华公使团批准,其中已无容纳华人为顾问的内容。

不过,在此期间并非所有租界绝对排斥华人参政。1870 年初,汉口仅有的英租界尚不繁荣,英国领事和英国租地人希望当地中国官府分担维持租界巡捕房和维修界内道路的费用,因而请江汉关道派遣一名代表作为该租界工部局五名董事之一。江汉关道等官员不愿支付这些费用,即以界内没有华商店铺等原因,表示派遣一名委员作为华董是不必要的。[③] 在天津,华人曾较早地在多个租界充当华董。在天津英租界,在1878 年,华人罗道生因任外资银行买办而出任天津英租界工部局董事,成为各地租界市政机构中的第一个华董。在该租界 1897 年第一次扩展时,这一扩充界内华人拥有大量的土地和房产,因而于两年后公布的该扩充界《土地章程》规定,该扩充界另行召集纳税人会,符合财产等资格的土地业主、租地人及租房人都可以参加纳税人会,并拥有投票权和被选举权。[④] 从 1899 年至 1900 年,津海关道蔡绍基即连续两年充任该扩充界工部局的董事。于 1901 年开辟的天津俄租界面积达数千亩,界内华人众多,于租界开辟后未久颁行的租界基本章程规定,所有符合财产资格的租

---

①　蒯世勋编著:《上海公共租界史稿》,载上海史资料丛刊《上海公共租界史稿》,第 499、500 页。
②　[法]梅朋、傅立德:《上海法租界史》,第 278 页。
③　英国国家档案馆:FO 228/917,英国驻湖北领事致江汉关监督照会,同治八年十二月十二日;江汉关监督致英国驻汉口领事照会,同治八年十二月二十一日。
④　*Land Regulations of the British Municipal Extension*,Tientsin,1898,Article 11.

地人和纳税人,都可以出席租界纳税人会议,拥有投票权,并可当选工部局董事。[①] 在 1904 年至 1907 年,即有一名华人连续四年充任董事。[②] 天津奥租界开辟之初,界内很少有奥匈帝国的臣民入居,原住的华人则人数众多。最初,该租界由一名奥国行政秘书与六名有影响的当地士绅组成临时管理机构。此后,奥国侨民有所增加,界内组建工部局等机构,华人仍能继续担任董事。[③] 中国政府主动开设的厦门鼓浪屿公共地界则在其开辟的章程中规定,厦门道可为工部局任命华董一至两名,成为在开辟伊始就有华人参政的租界。该章程英文本没有指明华董的人数,但华董一词使用了复数,表明厦门道可任命两名华董。[④]

虽然在天津的一些租界和厦门鼓浪屿公共地界较早地出现华董,除天津奥租界外,在其他租界华董最多只有一名,在外国董事占大多数的工部局是绝对的少数,仅仅是点缀而已。在厦门鼓浪屿公共地界开辟后,厦门道按照中外约章,任命正、副两名华董,驻厦领事团则只承认一名。1909 年,厦门道改派一名华董,领事团认为不合格,就拒绝承认,使厦门道只得依据领事团的意向委派华董。至民国初期,领事团更是自行"聘请"华董。直至 1918 年,当地中国官府才恢复了委派华董之权,但仍不得不继续仰承领事团的鼻息。[⑤] 特别在面积最大、华人最多、最为繁荣的上海租界,华人被长期排斥于市政机构之外,因而在上海租界首先出现了华人参政运动。

在上海租界,华人早就有参政意识。在 1873 年 8 月的《申报》上便有提议在公共租界工部局添设华董的文章,主张由华、洋董事共同商议租界

① *Regulations of the Russian Concession at Tientsin*, Conditions of Purchase and Lease of Land on the Russian Concession at Tientsin, Article 4.
② Russian Municipal Council, Tientsin, Report of the Council for the Year Ending December 31, 1915, p. 29. 这名华董的英文名字为 Ni Pao Tien。
③ 中国第二历史档案馆、中国海关总署办公厅编:《中国旧海关史料(1859—1948)》第 154 册,第 593 页;[英] 雷穆森:《天津的成长》,载[英] 雷穆森《天津租界史(插图本)》,第 325 页。
④ 厦门市档案局、厦门市档案馆编:《近代厦门涉外档案史料》,第 299 页;*Land Regulation*(of Kulangsu),Article 4。
⑤ 何其颖:《租界时期鼓浪屿华侨华人社团组织与华人参政格局的形成》,《福建文史》2005 年第 6 期。

的政务。① 1905 年 12 月,大闹会审公堂案发生后,上海的华人参政运动开始进入高潮。在此时,愤怒的华商在商务公所集会时再次发出今后工部局须有一名华董的呼声。工部局总董安徒生迫于形势,便主张组织能代表华人最妥善意见的咨询委员会,按时与工部局特设委员会聚议,以传递华人对一切重要政务的意见。华商遂于 1906 年初筹设上海租界华商公议会,并选出代表委员会。由于"大闹公堂案"掀起的风波已经平息,随即举行的公共租界纳税人年会以该租界《土地章程》中没有工部局可承认此类华人组织之权的规定,否决了工部局的承诺,使得该华商组织即告夭折。② 至 1913 年法国人力图对上海法租界进行大扩展时,上海绅商于集会后提出的要求之一,是"公董局须扩充华董名额"。上海法租界当局也同意以这一方面的让步作为扩展租界的交换条件之一。在 1914 年该租界再次扩展后,法租界当局选出两名中国绅董,专与公董局会办华人住居法租界各事。③ 在当时,华人称他们为"华董",其实他们并非公董局董事,不能出席董事会议。随后,为了软化上海民众抵制公共租界再次扩展的态度,驻沪领事团和该租界纳税人会也同意设立华人顾问委员会。此后,因上海民众坚决抵制,该租界未能再次扩展,这一华人顾问委员会也因驻京公使团反对而胎死腹中。即便如此,由于法租界华人绅董的设立,上海租界的华人参政运动终于向前迈进了一步。

1919 年,中国作为第一次世界大战战胜国参加巴黎和会,在和会上提出在外国租界归还中国之前,界内华人有选举及被选举为工部局董事之权等要求。④ 随后,在席卷全国的五四爱国运动推动下,上海租界的华人掀起参政运动新高潮。在此期间,上海公共租界当局为酬劳回国参战的协约国雇员,决定给他们补发离职期间半数薪金,因而决定加征房捐等捐税。界内华商将反对增加捐税与争取华人参政结合起来,要求工部局

① 《拟上海租界仿照香港延请华绅会议地方应办事宜议》,《申报》同治十二年七月初五。
② 蒯世勋编著:《上海公共租界史稿》,载上海史资料丛刊《上海公共租界史稿》,第 502—505 页。
③ 董枢:《上海法租界的多事时期》(上),《上海市通志馆期刊》第一年合订本,第 987、992 页。
④ 天津市历史博物馆编:《秘笈录存》(近代史资料专刊),中国社会科学出版社 1984 年版,第 176 页。

给华商平等待遇，并添设华董。相持至 8 月下旬，英国总领事和工部局总董等同意先组织华人顾问部，作为华人参与市政的过渡机构。华商于暂停抗捐之际成立各马路商界总联合会，并因领袖领事宣称只有在修改该租界《土地章程》后工部局才能添设华董，遂发动华商修订该章程，其中规定，符合财产资格的华人与外国人享有同样的选举权、议事权和当选工部局董事的权利；工部局董事 15 人，不受国籍限制，都由得票最多者担任。① 同年底，当领事团迟迟不答复华人入董工部局的要求时，总联合会就领导了新一轮抗捐斗争。英国领事重弹推举两名华人为工部局财政顾问的老调，华商代表则指出，他们要求的是董事而非顾问。1920 年 1 月，工部局将拒捐作为刑事案件向该租界会审公堂起诉一批华商商店。在会审公堂缺席判决后，巡捕房的武装侦探、巡捕到有关各商店去强征捐税，致使浙江路、汉口路、南京路等各马路的商店赶紧关门停业，形成"闭户"风潮。第二天，各商店虽开门营业，但大多仍拒缴捐款。在这种形势下，驻沪十四国领事为了缓和激化了的矛盾，都表示同意华人入董工部局。领袖领事也表示，已将选举工部局华董案转报驻京公使团。② 随后，1920 年度的租界纳税人年会在否决英国人李德立等提出的工部局添设三名华董的议案之际，通过设立华人顾问委员会的决议。10 月 14 日，上海公共租界纳税华人会成立。未久，该纳税华人会选出宋汉章等五名华人顾问。1921 年 5 月 11 日，第一届华人顾问委员会委员赴工部局就任。不过，在工部局华人顾问偶然才有表达意见的机会，这些意见也不为外国董事重视。即便如此，至 1921 年 5 月，上海的两个租界或有华人顾问，或有华人绅董，使上海租界的行政体制有了进一步变化。

1925 年 5 月，上海公共租界发生五卅惨案。6 月 6 日，因该租界工部局无意惩处向民众开枪的租界巡捕，工部局华人顾问集体辞职抗议。随后，上海各界民众提出十多项交涉条件，其中包括该工部局设立华董。面

---

① 蒯世勋编著：《上海公共租界史稿》，载上海史资料丛刊《上海公共租界史稿》，第 508—516 页。

② 蒯世勋编著：《上海公共租界史稿》，载上海史资料丛刊《上海公共租界史稿》，第 522—528 页。

对越来越汹涌的华人参政浪潮,1926 年 4 月 14 日召开的该租界纳税人会年会终于通过在工部局增设三名华董的议案。法租界当局也随即允准华人绅董出席公董局董事会议。由于原先给这些华人绅董设定的职责为"会办"华人住居法租界各事,并非法租界的各种行政事务,因此他们与作为该租界市政委员会委员的公董局董事仍有所差别。在公共租界工部局华董尚未选举产生时,北伐革命军进抵长江流域,汉口、九江两地的英租界于 1927 年 1 月被国民政府收回。在此种形势下,法国驻沪总领事那齐为了保住上海法租界,以任命的临时委员会委员取代前任的公董局董事,仟命陆伯鸿等五名华人为临时委员会委员。[1] 法租界临时委员会委员相当于公董局董事,至此上海租界首次出现真正的华董。公共租界的华人则要求增加华董人数,他们指出,华董的数量不应由外国人任意指定,而是应根据缴纳市政捐税的比例来确定。外国侨民所纳捐税占工部局税收收入的 45%,拥有董事 9 名,按照这一比例,纳捐 55%的华人应拥有董事11 名。相持到 1928 年,双方都有所让步,同意以先设华董 3 名、工部局各委员会华人委员 6 名为过渡办法。[2] 这样,经过数十年的努力,华人先后入董上海法租界公董局和公共租界工部局,结束了上海租界只有外国董事的时代。

此后,上海公共租界的华人继续为增加华董名额而斗争。1929 年,该租界纳税华人会根据原先与租界当局达成的谅解,于年初、年底两次要求将华董增至五名。工部局、驻沪领事团、驻华公使团先后同意这一要求。领袖公使、西班牙驻华公使还将他们的决定照会国民政府外交部。1930 年 4 月 16 日,在该租界纳税人会年会讨论这一议案时,英国人麦克唐纳却宣称增加华董席数,系"诌谀行为",更足以引起华人的野心。经其煽动,这一外国纳税人会否决了增设华董案。然而,此时该租界内华洋势力的对比已有进一步变化。该纳税人会的这一行径立即激起轩然大波。纳税华人会指出,外国纳税人会无权讨论纳税华人应有的市政权利,并在

---

[1] 董枢:《上海法租界的多事时期》(上),《上海市通志馆期刊》第一年合订本,第 1001 页。
[2] 蒯世勋编著:《上海公共租界史稿》,载上海史资料丛刊《上海公共租界史稿》,第 565、570 页。

报刊上发表用中、英文两种文字写成的痛斥麦克唐纳谰言的文章。① 已经由纳税华人选出的五名华董、六名华人委员也正式函告工部局,准备入局执行公务。国民政府外交部部长王正廷也发表宣言,希望"明白事理"的外国侨民"力图补救"。5 月 2 日,经 66 名外国纳税人联名请求而召开的外国纳税人特别会议通过了增设华董的议案。② 于是,该租界工部局的华董增至五名,华人委员后来增至数十名。华人在公共租界的胜利鼓舞了在法租界的同胞。于 1927 年成立的法租界纳税华人会一再要求由该会的代表大会选举产生公董局华董和华人委员。1930 年 10 月,法国驻沪总领事同意将原由公董局聘任的五名华董改由纳税华人会选举,并将公董局华人顾问增至九名。与此同时,华人也开始在公共租界工部局和法租界公董局的各行政部门担任较高级的职务。1931 年 9 月,一名华人还出任工部局帮办。至此,上海租界的华人参政运动已取得一定的成就。

在上海租界华人参政运动的带动下,厦门、天津等地租界的华人也陆续掀起参政运动。其中厦门鼓浪屿公共地界与天津英租界的华人取得了一些成果。在厦门鼓浪屿公共地界,工部局华董林尔嘉于 1922 年出国,不能履职,而在当年又发生华商反抗征收店铺牌照税的风潮,因而为了"笼络上层华人",租界纳税人会和驻厦领事团都赞成设置华人顾问委员会。次年初,经当地华人推荐产生的五名华人顾问在工部局就职。1924 年,海军进驻漳、厦,厦门道尹公署移往泉州,这一任命工部局华董的官员离去后,当地华人先后组织的华人纳税者会、华民公会、华人议事会,便作为推选华董的机构。在 1925 年上海爆发五卅运动后,当地华人积极参加这一斗争,并多次要求增加华董名额。他们指出,界内华人比外国人多数十倍,所纳捐款比外国人多六七倍,但在工部局中仅有一名华董,致使"多数主人受制于少数外侨"。次年初,华民公会要求修改《厦门鼓浪屿公共地界章程》,将工部局董事增至十一名,其中华董七名,外国籍董事即洋董

①　蒯世勋编著:《上海公共租界史稿》,载上海史资料丛刊《上海公共租界史稿》,第 576、577 页。

②　蒯世勋编著:《上海公共租界史稿》,载上海史资料丛刊《上海公共租界史稿》,第 578、587 页。

四名。面对华人的抗争,租界当局直至驻京公使团都被迫让步,同意将华董增至三名。1927年,新一届工部局董事共有七名,其中一名华董还当选为副总董。次年,外国侨民企图恢复洋董名额,在纳税人会上又选出六名洋董。华董缺席董事会议,坚持工部局的董事名额应为七名,其中洋董四名。租界当局宣称华人"曲解"公使团的电文,公使团系同意增加华董名额,并未还同意相应减少洋董名额。双方相持一年半时间,工部局遂因华董的缺席而凡事棘手,最后在各有所让步后双方于1929年8月议定,工部局增加一名洋董,由五名洋董和三名华董组成;工部局下辖的五个股各设一名华人委员。从这年起,该租界工部局形成有三名华董和五名华人委员的格局。①

在天津,自1912年起在英租界南扩充界拥有大量产业的华商陈巨熙长期充任扩充界工部局董事。1919年该租界老租界和扩充界的两个工部局合并后,他仍继续担任董事。为了进行此次合并,该租界基本章程于1918年作了较大的修订。修订后的新章程仍旧歧视华人,力图减少可参加租界纳税人会议的华人人数和华人的投票票数。根据该章程规定,外国侨民只要每年缴纳地捐20两白银,就可以取得该租界纳税人会的一票投票权,缴纳地捐80两可取得两票投票权,而华人须缴纳240两才可以取得四票投票权;外国侨民占用房屋的年租只要达480两,也可以取得一票投票权,而华人占用房屋的年租须达3000两才能取得两票投票权。于是,拥有较少地产或占用较小房屋、本可获得一票或两票投票权的华人都被剥夺了投票权。② 1925年,在上海爆发的五卅运动也冲击了天津租界。经纳税华人力争,英租界当局于1926年同意将华董由一名增至两名。次年初,在北伐革命的高潮中,汉口、九江英租界被中国政府收回,北洋政府也拟收回天津英租界。在这样的形势下,该租界当局同意将华董增至三名。1928年,该租界的基本章程再次得到修订,其中规定,界内华人与外国侨民享有同等的选举权和被选举权;工部局董事人数增至十名,

---

① 何其颖:《租界时期鼓浪屿华侨华人社团组织与华人参政格局的形成》,《福建文史》2005年第6期。厦门鼓浪屿公共地界工部局的股相当于上海公共租界工部局的委员会。
② 天津档案馆、南开大学分校档案系编:《天津租界档案选编》,第83页。

除包括总董在内的五名董事须是英国人外,其余无国籍规定。① 于是,从1929年初该章程批准生效时起,大批纳税华人参加选举,结果华人获得了其余的五个董事席位,随后又确认由华董担任副总董,形成工部局董事由英国人和华人平分秋色的格局。同时,更多的华人在工部局各部门担任重要职务,其中包括工部局的副秘书长和警务负责人。

与此同时,在天津意租界,于1923年批准、实施的《天津意租界市政组织章程》作出了由符合资格的华人选举产生华人咨议会的规定。该咨议会由三名华人委员组成,其职责为对该租界的财政支出进行预审。② 在天津法租界,华人则出任了公议局董事。于此时得到修订的该租界基本章程规定,公议局共设置十二名董事,其中八名董事由租界选举人会选举产生,另有华董和法国籍董事各两名则由法国领事任命。③ 在汉口法租界,华人也可入董工部局。于1929年修订的该租界基本章程规定,经法国公使许可,法国领事可任命一至数名华董。④

在争取参政的过程中,这些租界的华人陆续组织了相关的团体。居住于上海公共租界的华人于1920年10月成立该租界的纳税华人会。根据此时的章程草案,其会员及理事的财产资格,分别与能够出席该租界纳税人会的外国纳税人及工部局董事的资格类似,⑤即会员所执产业的地价在500两白银以上,并且每年缴纳房捐、地捐在10两以上,或每年所付房租在500两以上并缴纳市政捐税。理事须在该租界居住5年以上,并须每年缴纳房、地等各捐达50两以上,或每年所付房租在1200两以上并缴纳市政捐税。数日后,纳税华人会选出王正廷等27名理事,11月,理事部选出5名工部局的华人顾问委员。1927年,该会在选举华董之前,决定要严密组织,组织代表大会。代表大会设81名代表,由会员公选三

---

① 《驻津英国工部局所辖区域地亩章程》(1918年),1928年修订之后,第6、7、13条。

② *Statuto Municipale e Regolamento per la sua applicazione*,*Concessione Italiana di Tientsin*,1923,Article 25.

③ *Règlement Municipal Organique de la Concession Française de Tientsin*,1931,Article 6;天津市政协文史资料研究委员会编:《天津租界》,第42页。

④ 《汉口租界志》编纂委员会编:《汉口租界志》,第544页。

⑤ 此后,为了区别该租界的纳税人会与纳税华人会,也将该租界纳税人会称作"纳税外人会"。

分之一,同乡团体、商业团体各选三分之一。代表任期一年。代表大会选举产生 27 名执行委员,执行委员选举产生正、副主席及三名常委。工部局华董也由代表大会选举产生。[①] 上海法租界纳税华人会成立于 1927 年,凡是在该租界内拥有价值 500 两白银以上的地产并缴纳市政捐税,或每年缴纳房捐、地捐达 10 银圆以上的华人,均可入会;其中在该租界居住达两年以上,并缴纳房捐、地捐达 50 银圆以上的华人可当选为纳税人代表以及执行委员和监察委员。纳税人代表大会代表 45 人,他们选举产生公董局华董、华人委员,以及该会 15 名执行委员会委员、3 名监察委员会委员。执行委员选举产生主席 1 名、副主席 2 名,常务委员起初为 5 名,后为 7 名。监察委员会由 1 名常委主持。执行委员、监察委员的任期均为两年。[②] 在厦门,自 1924 年起,居住在鼓浪屿公共地界的华人先后组织了华人纳税者会、华民公会,最后组织了华人议事会。该议事会议员由当地华人选举产生,选举人不需有财产资格,除被剥夺、停止公权者,患精神病者,有鸦片烟瘾者,外国领署职员及洋行买办外,只要年满 21 岁,在当地居住一年以上,有正当职业者,皆有选举议员之权。议员共 20 名,他们须年满 25 岁,在当地居住两年以上,毕业于中等以上学校,或有相当资格,服务于社会公益事业达两年以上,而且不是现任官吏。[③] 议员选举产生由三人组成的主席团,并选举工部局华董以及后来设置的华人委员。在天津英租界,华人于 1929 年组建纳税华人会。凡是在该租界纳税人会获得选举权的华人都能出席纳税华人会。[④] 该会选举产生主席、干事。最初干事的人数为 15 名,后来增至 21 名。与上海、厦门等地租界纳税华人会不同的是,天津英租界纳税华人会并不选举华董,该租界的华董由华、洋纳税人共同参加的租界纳税人会选举产生。

上海等地租界的华人在组织纳税华人会等团体,以及出任市政机构董事和市政机构重要职务之后,便在进一步参与租界的市政管理、维护自

---

① 《上海租界志》编纂委员会编:《上海租界志》,第 177、178 页;徐公肃、丘瑾璋:《上海公共租界制度》,载上海史资料丛刊《上海公共租界史稿》,第 250、251 页。
② 《上海租界志》编纂委员会编:《上海租界志》,第 180—182 页。
③ 《鼓浪屿华人议事会组织大纲》,第 3—6 条。
④ 《本市英租界纳税华人改选董事》,《大公报》1932 年 4 月 25 日。

身权益、抵制外国侨民的歧视等方面作了持续的努力。在上海公共租界，纳税华人会在1930年界内英商上海自来水公司再次提高水价时进行抗争，从而在这场震动上海社会的"自来水风潮"中发出了自己的呼声。次年，他们要求继续按照实际房租来征收房捐，并反对工部局提高房捐捐率，使此次提高房捐的方案至数年后才得以实现。随后，他们又致电国民政府，要求制止租界当局企图侵夺界内工厂的管理和检查权。[1] 在厦门鼓浪屿公共地界，华人议事会督促工部局取缔界内流氓集团，以保障居民安全；要求工部局增设厕所、路灯，以改善环境卫生和街道照明；经与工部局交涉，使该局局务报告兼用中文，以便纳税华人了解租界市政建设及税费收支情况；通过一再据理力争，使得华人的房捐和小贩牌照税等得以降低。[2] 在天津英租界，工部局华董等人特别在华人子弟教育问题上的抗争取得了一定的成果。该租界内原来只有供侨民子女就读的学校，经华董庄乐峰等与界内华人共同筹建，并使工部局同意提供部分经费，于1927年在该租界内建成供华人子女就读的天津公学。由于办学成功，该校扩展迅速，先后落成男生、女生中学部，男生、女生小学部，以及体育馆、实验室等设施。至30年代，该校更名为耀华学校，逐步发展为天津的名校。

华人参政运动只是出现于部分租界。有一批租界，诸如德、奥、俄租界，在这一运动的高潮形成前已被中国收回。广州英租界等租界不允许华人在界内租地建屋，苏州、杭州等地的日租界内没有华商，因而也不可能掀起这一运动。特别到了九一八事变后，中国正以血肉筑成的长城来抵御日本的野蛮侵略，甘愿与日租界当局合作的华人势必会被国人吐弃，因而尽管在天津等地日租界，符合财产等资格的华人可有选举和被选举为居留民会议员、行政委员会委员的权利，但他们通常不行使这些权利。1934年天津日本居留民会的议员名额为三十名，其中半数须是日籍侨民，华人和其他外籍侨民也可占十多名。但在事实上

---

① 《上海租界志》编纂委员会编：《上海租界志》，第179页。
② 何其颖：《租界时期鼓浪屿华侨华人社团组织与华人参政格局的形成》，《福建文史》2005年第6期。

该会议员是清一色的日本人,十名行政委员也是清一色的日本人,原因即在于华人"弃权"。[1]

至 20 世纪 20 年代末,一批租界的华人参政运动已经取得一些进展。然而,这些进展是有限的。第一,在上海公共租界、厦门鼓浪屿公共地界等租界,地方立法权和行政监督权等仍由外国人组成的租界纳税人会掌控,而纳税华人会等华人组织只获得选举华董和华人委员等权利。除屈指可数的华董和华人委员外,广大华人仍未享有纳税人应有的不少权利。第二,在大多数租界,华人都占租界人口的绝大多数,缴纳的市政捐税也占租界捐税收入的大部分。但是工部局之类的市政机构中华董仍占少数,至多只占半数,半数董事通常是大多数董事仍由人口占少数的外国人充任。第三,工部局总董之类的市政机构总负责人,以及租界市政机构各职能部门的主要负责人,也都由外国人充任,再加上凌驾于租界市政机构之上的租界开辟国领事、驻华公使或领事团、公使团,直至相关的外国政府,租界的行政权在实际上仍由外国人把持。可见,通过华人参政运动,虽然提高了华人在租界中的地位,争得了一些应有的权利,但是这一运动难以从根本上改变华人在本国领土上却受外国人管治的屈辱地位,也难以从根本上改变租界作为"国中之国"的制度。正因为如此,中国的有识之士在当时就认识到华人参政运动的局限性,并曾明确指出,华人入董工部局及增加华董席数,只是收回租界内中国主权的一个循序渐进的步骤,根本的解决办法则是收回租界。不过,即便如此,仍不应忽视租界内华人的这些抗争,并不应低估这些抗争的意义。

第四节　收回上海租界会审公堂

1911 年 11 月革命党人在上海起义后,由中国设立的上海公共租界和法租界会审公堂分别被外国驻沪领事团和法租界当局侵夺。[2] 在中国

---

[1]　天津图书馆编:《天津日本租界居留民团资料》(三),第 3、14 页。

[2]　有关上海租界两个会审公堂被外国驻沪领事团和法租界当局侵夺的内容,详见本书第五章《司法》第二节《审判》。

民众的推动下,收回这两个会审公堂的交涉随即开展,并最终获得成功。

1912 年,在民国政府建立、国内秩序稍稍恢复后,中华民国外交部即照会驻华公使团,要求收回上海的会审公堂。1913 年冬,北洋政府外交部再次照会领袖公使、英国公使朱尔典,并指示上海交涉员杨晟与驻沪领事团谈判。1914 年,朱尔典将公使团的意见照复北洋政府,其中提出改良会审公堂的五条办法,其实质是使公堂的现状合法化,只是让中国政府收回些监视死刑执行之类的权力。如此苛刻的条件,使得本拟作出重大让步的北洋政府也难以接受。到 1915 年,公使团又将扩展上海公共租界作为中国收回该租界会审公堂的条件,使交涉继续陷于僵局。此后,在 1919 年、1921 年、1922 年北洋政府又进行过多次交涉,但仍没有结果。① 在此期间,北洋政府所能采取的对策之一,便是由北京的大理院宣布上海租界会审公堂的判决无法律效力,准许位于华界的中国其他法庭受理已由上海租界会审公堂判决的案件。②

1924 年 6 月,驻华公使团向北洋政府提交有关交还上海公共租界会审公堂的提案。8 月,北洋政府外交部提出了中方的方案。在这一交涉十分缓慢地进行时,1925 年 5 月上海公共租界发生五卅惨案。全国人民义愤填膺,掀起声势浩大的反帝爱国运动,无条件地收回上海公共租界会审公堂,成为民众的共同呼声。6 月中旬,北洋政府提出的解决五卅惨案的条件之一便是立即收回该公堂。1926 年 2 月,交收该公堂作为中外解决五卅惨案的局部交涉在北京正式举行。公使团要求仍以 1924 年 8 月中方的提案为谈判基础,中方则认为在五卅惨案发生后该方案已经过时,要求以新的提案为基础。双方争议的焦点,在于公使团拟将该公堂大体恢复到辛亥革命前的状况,并要求该公堂对现行的中国司法惯例作某些适合租界情况的修改;中方的意见则是在该租界重建的中国法院将依据民国正式法院的模式来组建,并依据中国现行的法律和条例来审判界内的各种案件。③ 显然,北洋政府的相关官员希望通过此次谈判,最大限度

---

① 郝立舆:《领事裁判权问题》,第 58—61 页。
② 梁敬錞:《在华领事裁判权论》,第 138 页;En-sai Tai, *Treaty Ports in China*, p. 191.
③ 张丽:《上海公共租界会审公廨收回始末》,《史林》2013 年第 5 期。

地收回在上海公共租界的司法权,但在当时形势下这远远超出了列强拟作让步的范围,而他们又无迫使列强就范的筹码,因而谈判旋即陷入僵局。在上海,总商会、律师公会等团体为了尽快结束该公堂被外国人把持的局面,于 1926 年 4 月公推代表前往南京,面请江苏省政府主持交涉,以便在北京的交涉未妥协以前,"订明暂行办法",克日收回该会审公堂。[①]江浙闽皖赣五省联军总司令孙传芳被说动,认为做成此有利于国家而北京未能解决之事,定能获得上海居民拥护,便与江苏省省长陈陶遗委任淞沪商埠督办公署总办丁文江会同江苏交涉员许沅主持这一交涉。驻沪领事团也急切地希望有关交还该会审公堂的交涉有所进展,以避免在五卅惨案发生一周年之际爆发新的风潮,并在获悉江苏地方可以 1924 年 8 月外交部提案为基础来进行谈判,就表示极愿与地方政府先行磋商。北京公使团也顺水推舟,同意由驻沪领事团主持交涉。交收上海公共租界会审公堂一案遂进入地方交涉的阶段。

对于将该案移沪办理之举,北洋政府外交部、司法部颇有异议,由于无法阻止这一变更,只得迭次电示丁文江等人,除收回公堂管辖权外,取消外国人对纯粹华人刑事案件的会审权及废除检察处是这一交涉的关键。5 月 21 日非正式谈判开始后,丁文江等人根据外交部指令,继续采取强硬立场。作为驻沪领事团代表的美、英、日等国总领事则以确保裁判"公正"为名,坚持要由外国领事等人对纯粹华人案件进行会审,使谈判很快重陷僵局。6 月初,上海人民纪念五卅惨案一周年,在上海公共租界内游行、抗议。领事团未敢用武力镇压,但迁怒于上海地方当局,指责他们没有配合防范,并以停止这一交涉来向江苏省政府施加压力。孙传芳就再次指令丁文江等"容纳地方意见",稍为迁就,"先用暂行章程将公廨即日收回"。这一"地方意见",是指上海律师公会会长等人的主张,即"权衡缓急,害去其较甚者",首先收回外国人对纯粹华人民事案件的会审权及领袖领事对传票、拘票的签字权。[②]根据这一方针,在 1926 年 6 月 21 日地方交涉正式开始后,双方经数次会商,便达

<hr />

①② 云海、黎霞:《1926 年上海公共租界会审公廨收回交涉背景及其经过》,《档案与历史》1988 年第 4 期。

成九项协议草案。

在协议签字前夕,协议内容泄露。外籍律师以其中没有允许他们在新的法庭出庭的条文,使他们的利益受到损害,便大造舆论,要求公使团否认地方交涉的合法性。外籍律师大吵大闹,使上海的不少人士认为该协议有利于中国,力主迅速签约。也有些人士认为,这疑是外国人的外交手腕,力主对协议再作修改。北洋政府的外交、司法两部则认为该协议与现行的法律抵触之处甚多,要求江苏省当局重新考虑。孙传芳对于由其他军阀控制的北洋政府早就采取半独立的立场,并未理会来自北京的训令。于是,在中方同意以换文形式承认外籍律师可以在涉外案件中出庭等要求后,《收回上海公共租界会审公廨暂行章程》于同年 8 月 31 日在上海签字。在外国方面,签字的有十六国领事。又经过一系列交涉,双方才将换文及法律细节全部妥商完毕。1927 年 1 月 1 日,在公共租界会审公堂旧址举行了收回该公堂的典礼。

根据这一有效期为三年的暂行章程,收回后的上海公共租界会审公堂改为上海临时法院。除照条约属于各国领事裁判权的案件外,由该法院审理该租界内的全部民事、刑事案件。此外,另设上诉庭。现时及将来适用于中国法院的一切法律及条例,均适用于该法院,但须顾及该章程的规定及将来协议的相关规定。该法院的院长、推事由江苏省政府任命。该法院判处十年以上徒刑及死刑的案件,须经江苏省政府核准。该法院所发的传票、拘票、命令,只需由审判官签字即能生效。不服华洋混合民事案件判决的当事人可向江苏特派交涉员上诉,由特派员与相关领事审判,或在更换中、外双方的审判官后在该院复审。对于纯粹华人案件,领事会审改为观审,非经中国审判官允许,由领事所派的观审员不得讯问证人、被告,并不得干预中国审判官的判决。观审的范围限于与租界治安直接有关的案件、违反租界章程的案件,以及“有约国人”所雇的华人为刑事被告的案件。该章程又规定,该法院设有管理属员、监督财政之权的书记官长一员,这一官员虽由江苏省政府委派,受法院院长监督、指挥及惩戒,但其任职须由驻沪领袖领事推荐,撤换也须经其同意。法院的司法警察全部由租界工部局警务处选派,除民事拘留所及女监外,附属法院的监狱也由该处派员专管。① 可见,通过这一地方谈判,中国收回了该会审公堂,结束了外国人对该租界司法权的完全控制。不过,这一暂行章程的有些规定尚未恢复到《洋泾浜设官会审章程》规定的状况。至该临时法院运作后,驻沪领事团和该租界当局还在多方面违反这一章程。例如,他们干涉中国政府对临时法院院长的任命、撤换,通过书记官长带入一批外国人来把持法院的不少部门,通过观审的领事等人在法庭上干预审判,并通过工部局警务处来拒绝执行被他们反对的判决。显然,这一临时法院仍未完全摆脱驻沪领事团和该租界当局的操控。

《收回上海公共租界会审公廨暂行章程》订立后,上海法租界当局不得不表示,法租界的会审公堂可照此办理。在上海公共租界临时法院成立后,在法租界会审公堂,法国领事也相应地不再会审华人与"无约国人"及纯粹华人之间的民事案件。于是,法租界会审公堂的面貌也有所变化。

对于 1926 年的这一交涉,正在北伐的中国国民党起初持否定态度:"在革命势力东进之时",外国人突然把会审公堂交与"人所共弃"的孙传芳,其用心无非是反对彻底解决会审公堂问题,拒绝将该公堂无条件交还中国的要求。② 国民政府建都南京后,承认了这一既成事实。1929 年 4 月,国民政府于宣布关税自主后,发布了有关废除领事裁判权的宣言。此时,关于临时法院的暂行章程即将三年期满。国民政府外交部遂于 5 月照会英、美、法、荷兰、挪威、巴西等六国驻华公使,请他们派员妥订解决上海临时法院的办法,并指出,该审判机关"虽经变更,终以性质不明,系统紊乱,与全国制度歧异",遭到人民的诟病。③ 同年 6 月,上海特派交涉员也向有关各国的领事指出,这一即将期满的暂行章程完全不适用。驻华公使团拖延多时,才指令驻沪英、美领事等人拟订谈判的方针和策略。英、美领事等人认为,继续维持以往的制度已不可能,谈判的要点应是用协定明文把未经中国政府批准的该租界《土地章程》合法化,使该法院的

---

① 徐公肃、丘瑾璋:《上海公共租界制度》,载上海史资料丛刊《上海公共租界史稿》,第 238—242 页。
② 刘惠吾主编:《上海近代史》(下),华东师范大学出版社 1987 年版,第 123 页。
③ 洪钧培编:《国民政府外交史》第 1 集,华通书局 1930 年版,第 323 页。

司法警察由工部局保举任用,使该法院适用的法律不与该《土地章程》相抵触,使其他中国法院在拘提该租界内的人犯时须提供确切的证据,并争取外籍律师在该法院有出庭的特权。12月9日,各国公使所派的代表,他们多是该国驻沪领事,与国民政府外交部代表徐谟等在南京开始谈判。中方代表提出七条具体方案,其要点为将临时法院改组成完全的中国法院,这一中国法院完全适用中国法律,取消外国人的一切特权。外方代表急忙提出反制方案,其中除了要求维持领事观审权等,还添入有关临时法院的暂行章程中所无的三项要求,包括授予中、外双方组成的二人委员会以审查外国领事的抗议书,以及决定案件的全权;领事代表可饬令工部局停止执行他认为严重违法的判决。① 于是,至12月下旬,谈判毫无进展。12月29日,国民政府依据江苏省政府在同年5月发表的在临时法院三年期满时结束对其管辖的声明,谕令该法院从1930年1月1日起归中央直辖,并听候改组,以便在未能订立中外协议时进行"自动改组"。② 由于双方都希望解决这一悬案,本来都准备有所让步,经过二十八次会议,双方终于在1930年1月20日达成协定十条,作为附件的换文一件。经过有关各国政府批准,《关于上海公共租界内中国法院之协定》于2月17日在南京签订。

根据这一协定,中国废止设在上海公共租界内的临时法院,设立地方法院及作为上诉法院的高等法院分院。这些法院审理的一切案件均依据中国法律,并可上诉于中国的最高法院。法院的土地管辖范围以上海公共租界为限,该租界以外发生的任何华洋混合案件均不归其管辖。在法院内完全取消外国领事的会审、观审权,领事及其代表不得再出庭会审或观审。废除原来由外国人担任的书记官长之职,增设检察官、承发吏,以承担原来由工部局巡捕房办理的起诉、送达传票等职务。法院作出判决之后,司法警察等应立即执行,对于不尽职守的司法警察等人,高等法院院长有权罢免。除违反租界章程者外,法院判处徒刑的罪犯均可送往内地监狱执行。外籍律师必须遵守中国法院的章程,而且仅可以代表外国

---

①② 梁敬錞:《上海租界法院改组会议小史》,《时事月报》1930年第3期。

人或工部局在审判以外国人为原告、工部局为民事原告或刑事告诉人,以及工部局巡捕房起诉的案件时出庭辩护。于是,中国不仅收回了上海公共租界会审公堂被非法侵夺后外国人所扩展的权利,而且可收回《洋泾浜设官会审章程》让与外国人的权利。《关于上海公共租界内中国法院之协定》的订立,是中国收回租界内司法权的一个胜利。[①]

不过,这两个法院与设在华界的中国法院仍有一些不同之处。第一,司法机关是国家机器的重要组成部分,应由主权国家自主设置,外国人无权干预。但是,这些法院却以国际协定为组建的依据,其创建已不同于国内的其他法院。第二,这些法院适用中国的一切法律,但又须"顾及"该租界的《土地章程》及附则。如果中国法律与该章程及附则发生冲突,这些法院就不得不违反中国法律,来"顾及"这些"国中之国"的法规。第三,法院的检察官仅能起诉适用于中华民国《刑法》第 103 至 186 条的案件,其他案件均归租界工部局巡捕房起诉或当事人自诉。即便是属于检察官起诉范围的案件,如果巡捕房或当事人已经起诉,检察官也"无庸再行起诉"。于是,检察官相当部分的职权仍被工部局巡捕房所侵夺。第四,该法院的司法警察须由工部局推荐,再由法院院长委派,即是择用司法警察的实权在工部局,工部局还有权指定一名司法警察,负责载录传票、拘票、命令、判决书等一切诉讼文件。同时,工部局对这些警察也有罢免权。第五,法院只能管理原属临时法院的民事管收所及女监,该租界内其他监狱仍归工部局管理,中国主管机关仅有"随时派员视察之权"。[②] 这些情况表明,这两个新生的法院仍带着会审公堂的胎记。

在有关上海公共租界设立中国法院的协定达成时,法国人自知无法继续维持上海法租界会审公堂的现状,于 1930 年 1 月 27 日由法国驻沪总领事甘格霖下令改组法租界会审公堂,并公布该公堂办事简章五条。改组后的主要变化是对于纯粹的华人刑事案件法国领事不再会审,但可

---

① 徐公肃、丘瑾璋:《上海公共租界制度》,载上海史资料丛刊《上海公共租界史稿》,第 243—247 页。

② 徐公肃、丘瑾璋:《上海公共租界制度》,载上海史资料丛刊《上海公共租界史稿》,第 243—245 页。

以派委员一人出席旁听,并表示意见;对于以法国人或公董局为原告的刑事案件,或巡捕房总巡为租界治安事宜而作原告的案件,领事仍可会审;凡是在公堂注册的律师,均可在审判华洋混合案件时出庭辩护。[1] 显然,经过这番改组的法租界会审公堂还不如公共租界的临时法院,有些法国人则以为作了这些变通,便足以敷衍中国人民彻底收回该公堂的强烈要求。

在有关上海公共租界内中国法院的协定订立后,国民政府外交部于同年 3 月 18 日照会法国驻华公使,要求法国派代表会商上海法租界内的中国法院事宜。法方起初企图搪塞了事,直到 1931 年 5 月 9 日,他们才终于同意会商。6 月 16 日,法国公使的代表赖歌德、甘格霖与国民政府外交部部长的代表徐谟、吴昆吾在南京开始谈判。由于在上海法租界内设立中国法院的办法将仿照上海公共租界的办法,双方仅会议三次,就达成协议十四条及换文一件。7 月 28 日,《关于上海法租界内设置中国法院之协定》在南京签字。该协议与有关上海公共租界的协定仅有枝节的差异。例如,该租界并无《土地章程》及附则,因而设在该租界内的中国法院应"顾及"的是该租界的行政章程。[2]

上述两个协定先后订立后,设立于上海公共租界的上海第一特区地方法院及江苏高等法院第二分院,设立于上海法租界的上海第二特区地方法院及江苏高等法院第三分院,分别于 1930 年 4 月 1 日及 1931 年 8 月 1 日成立。在上海第一特区地方法院成立后不久,荷兰领事仍企图来法院会审与荷兰人有关的案件。在遭到中国审判官的拒绝后,该领事甚至从窗户爬入法庭,坚持要并坐会审,致使愤怒的中国法官只能与其角力,将其推下审判台。在随后发生的外交风波中,其他国家的领事们也都认为荷兰领事违反协定,中方也坚持不作让步,从而使取消外国领事观审、会审权的新制度得到巩固。此后,因这些协定的有效期均为三年,在

---

① 邓克愚:《帝国主义在上海侵夺我国司法权的史实》,载上海市文史馆、上海市人民政府参事室文史资料工作委员会编《上海地方史资料》(二),上海社会科学院出版社 1983 年版,第 143 页。

② 王铁崖编:《中外旧约章汇编》第 3 册,第 847—849 页。

三年期满时中、外双方都同意延长其有效期限,并在它们再度期满时再次作了延期。

上海租界的会审公堂在被外国人侵夺后,中国人民通过长期的斗争才得以收回,并在此基础上以取消了领事会审和观审权的中国地方法院等法院来取而代之。这些斗争包括中国外交官员在谈判桌上的折冲,并以中国广大民众在一系列革命运动中的抗争为基础。正是这些席卷全中国的斗争彰显了中国人民的力量,动摇了租界的根基,才使外国政府在外交战场上逐步地作出了让步。

无论是反对开设、扩展租界的斗争,反抗租界当局苛捐、暴行的斗争,还是华人要求参政的运动,以及收回上海租界会审公堂的交涉,尽管斗争的起因和目标有所不同,但都反映了中国人民不屈从于外来侵略势力的民族传统。随着此类斗争发生得越来越频繁,斗争的规模越来越大,斗争的结果也越来越不利于租界当局。这种状况就向全世界作了这样的预告:外国在华租界不可能永久存在下去,它们的末日已为期不远。

第十一章　租借地等特殊区域

除开设于通商口岸的租界外,鸦片战争后的中国还出现租借地、避暑地、铁路附属地、贸易圈、使馆区、外国人居留区、通商场等许多种类的特殊区域。在当时这些区域也常常被称为"租界",但它们与租界不尽相同,甚至有很大的差别。

第一节　租　借　地

甲午战争后,德、俄、英、法等四国在中国开辟了胶州湾、旅大、威海卫、香港新界和广州湾等五个租借地。租借地并非像租界那样是位于通商口岸的外国商民居留、贸易之地,大多是作为海军基地来开设的区域。租借地的陆地面积远超过租界,有数百直至数千平方公里,并拥有天然良港和大片海域。租借地由总督或行政长官等开辟国任命的官员来统治,而不是由领事或工部局之类市政机构来进行行政管理。租借地完全由其开辟国进行司法管辖,界内华人直至在中国享有领事裁判权的外国人都受其管辖。对于租借地的土地,其开辟国不需向中国政府偿付地价,也不需每年缴纳地税。不过,租借地都有租借期限,最多99年,而不像实行土地永租的租界那样似乎可以永久存在。

第一,胶州湾租借地。

胶州湾是不冻良港,位于山东省东部莱州府胶州、即墨等州县境内。胶州湾入口东北,有青岛等村落。中法战争后,清政府开始在青岛设防,以防范垂涎胶州湾的德国。1897年11月1日,两名德国传教士在山东巨野被盗贼杀害。德皇威廉二世决定借此机会,强占胶州湾。11月14日,德军在青岛登陆。清政府电谕山东官府,敌情虽横,朝廷决不动兵。^① 中国守军遂未发一枪,于四天后撤离。此后,清政府最终屈从于德方的要挟。1898 年 3 月 6 日,中德《胶澳租界条约》订立。该条约规定,中国将胶州湾入口东北、西南两处陆地和附近岛屿租与德国,先以99 年为限;德国可在当地修筑炮台等军事设施,以保卫澳口及所租之地;租借期间,中国不得治理,全归德国管辖。^② 同年 10 月,山东地方官员与德国官员具体划定胶州湾租借地界址,还确定了胶州湾潮平时的水线和潮平时周边 100 里德军在任何时候都可以通行区域的边界。胶州湾租借地陆地面积 551.753 平方公里,海面面积 576.5 平方公里,陆海总面积1 128.253平方公里。当地人口 8.3 万余人。^③

照片 32　胶州湾的一角

① 《清实录·德宗景皇帝实录(六)》卷四一一,第 371 页。
② 王铁崖编:《中外旧约章汇编》第 1 册,第 738、739 页。
③ 袁荣叟等纂修:民国《胶澳志》,胶澳商埠局 1928 年版,《方舆志·面积》,第 6 页,《民社志·户口》,第 1 页。

《胶澳租界条约》订立后,德皇威廉二世宣称胶州湾租借地为德国皇帝的"保护领",即将其视同于德国殖民地。德国皇帝可以帝国名义来对保护领实行武力保护,行使除帝国国会等立法机构保留部分之外的全部主权。德国皇帝又是德国海军最高统帅,还可直接向驻扎该租借地的海军官兵发号施令。[①] 德国皇帝在当地最主要的代表是该租借地总督。胶澳总督由海军军官担任,是该租借地军事及民政最高长官,并拥有为该租借地订立法令之权。该租借地又是唯一受德国海军署管辖的殖民地,因而胶澳总督于作出重要决策之前,须征询海军署国务秘书意见;颁布各项命令,须由他副署。该国务秘书对该租借地驻军等有着与总督同样的司法审判和纪律惩戒等权力。[②]

胶州湾租借地的德国驻军由胶澳总督指挥。1910 年,其人数达 2 275 人。驻军在青岛严密设防,在当地建有诸多堡垒、炮台、掩体、胸墙、电网以及纵横交错的战壕和秘密地道。1899 年,德商山东铁路公司建筑胶济铁路时,与高密县居民发生冲突。胶澳总督声称当地属于德军通行区,非法派兵侵占高密县城,并杀死武装居民 20 多名。义和团运动爆发后,德军再次入侵该区域,并杀死义和团民及平民 500 人以上。此后,德军在通行区内驻扎 5 年,直到 1905 年才陆续撤离。[③]

胶州湾租借地还设有民政专员,在总督领导下该专员主管市政。1904 年,德国当局将青岛及其东北之地划分为内界、外界两部分,即城市居民区、农村居民区。此外,还有僻远的黄岛、阴岛、海西等区域。内界又被称作"青岛区",外界也被称作"李村区"。两个区的区长都由德国人充任。在有欧洲人居住的青岛区,一直严格地分隔欧洲人居住区与华人居住区,华人居住区域被限定在大鲍岛、台东镇等小区。这些小区都设有中国人事务专员,当时称作"专办中华事宜辅政司"。警察署设在青岛区,在大鲍岛、塔埠头、阴岛等处都设有警察支署或派出所。警察署长和警官均

---

① ［德］余凯思:《在"模范殖民地"胶州湾的统治与抵抗》,孙立新译,山东大学出版社 2005 年版,第 239 页。
② ［德］余凯思:《在"模范殖民地"胶州湾的统治与抵抗》,第 240 页。
③ 袁荣叟等纂修:民国《胶澳志》,《沿革志·德人租借始末》,第 13 页;［德］余凯思:《在"模范殖民地"胶州湾的统治与抵抗》,第 135、147、149 页。

由德国人出任,警察由华人充任。拟从德国移居该租借地的平民都须先向胶澳总督申请,只有身怀重要技能或拥有丰富从业经验者才能获准。1910 年,整个租借地共有华人 161 140 人,其中内界 34 180 人;除德国驻军外,当地共有外国平民 1 804 人,其中德国人 1 531 人。[①]

在该租借地,华人不受中国司法管辖,"有约国人"不享有领事裁判权,而是都受德国司法管辖。德国在当地所设法庭可分为两类。一类是皇家法庭。其中德国皇家法庭是初审法庭,审判纯粹外国人案件、华洋混合案件,以及较为重大的纯粹华人案件;德国皇家高级法庭是二审法庭。另一类是设在青岛、李村两区官署内的法庭,以区长等人为法官,审判大多数纯粹华人案件。[②] 当地华人违反租借地的法令、德国法律和中国法律,都可能受到惩罚。惩罚方式包括笞责、罚款、监禁、死刑及驱逐出境,其中幼童、妇女不受笞责,死刑须经胶澳总督核准。[③] 被判处监禁的犯人即在租借地内的监狱服刑。

在该租借地中,青岛很快成为重要的国际贸易口岸。1899 年,清政府经德国同意在青岛设立胶海关,并代征常关关税。[④] 胶海关税务司由德国人出任,胶海关所征进口正税的两成交付德国当局,作为对该租借地的补贴。[⑤] 青岛本是良港,经大规模建设,各国商民纷纷前来开设贸易公司。1904 年,以青岛为起点的胶济铁路全线通车,铁路直达港口,促进了当地进出口贸易的进一步发展。1911 年,胶海关征收关税 125 万关平两,居全国各海关第七位。[⑥] 同时,通过大规模的城市建设,青岛这一原来只有数百户居民的村庄很快发展成设施先进、具有德国风情的城区,并建起不少工厂、商店和学校。

1914 年 7 月,第一次世界大战爆发。日本加入协约国阵营,于 8 月

---

① 袁荣叟等纂修:民国《胶澳志》,《沿革志·德人租借始末》,第 13、16 页;谋乐编:《青岛全书》,青岛印书馆 1912 年版,第 11、193、194 页。
② 谋乐编:《青岛全书》,第 24 页。
③ 谋乐编:《青岛全书》,第 21 页。
④ 台湾"中研院"近代史研究所编印:《胶澳专档》,1991 年版,第 118 页。
⑤ 谋乐编:《青岛全书》,第 156、159 页。
⑥ 中国第二历史档案馆、中国海关总署办公厅:《中国旧海关史料(1859—1948)》第 60 册,(中文部分)第三十页。

对德国宣战。随后，日本海军封锁胶州湾。从 9 月初起，日军、英军在龙口、崂山等地登陆。10 月 31 日，日军发动对胶州湾租借地的总攻。11 月 7 日，德军投降。随后，日军宣布在青岛区和李村区施行军政，设立军政署，任命日军军官为委员长。日军旋又设立青岛守备军司令部，任命一名陆军中将为司令官。胶海关税务司也改由日本人充任。至 1917 年，日本进一步确定了由青岛守备军司令部管理当地军政、民政的体制。[①]

1915 年 1 月，日本政府向北洋政府提出的二十一条侵略要求第一条，即是日后德国政府将德国在山东省享有的一切权益"让与"日本，中国政府须"概行承认"。经中方坚持，最后中日"民四条约"所附的"关于交还胶澳之换文"声明，在中国同意日本在指定地区设置日本专管租界、列国可另行开设公共租界等条件后，日本将把胶州湾租借地交还中国。第一次世界大战结束后，巴黎和会召开，中国代表要求德国将胶州湾租借地及在山东的其他侵略权益直接交还中国。[②] 日本坚持其侵略要求，引发席卷全中国的五四爱国运动。此后，中日继续就山东问题进行交涉。美、英等国为了本国利益，也对日本施加压力。1922 年，通过华盛顿会议，中日订立《解决山东悬案条约》，中国收回胶州湾，辟为商埠。1929 年，中国政府在当地设置青岛特别市。

第二，旅大租借地。

旅顺口、大连湾位于辽东半岛南端，是北京海上门户。因旅顺口系不冻港湾，自 1879 年起便成为北洋水师基地。甲午战争期间，日军侵占旅大。后经俄、法、德三国干涉，清政府赎回辽东半岛。1897 年 11 月，德国强占胶州湾。沙皇尼古拉二世决定趁机强占觊觎已久的旅大，旋派俄国军舰入泊旅顺口、大连湾。经俄国胁迫，1898 年 3 月 27 日，中俄订立《会订旅顺大连湾租地条约》。随后，经进一步谈判，双方又订立《续订旅大租地条约》。

这些约章规定，清政府将旅顺口、大连湾暨附近水面及陆地周围各岛租与俄国，租期 25 年，到期可展限。租借地北界从辽东半岛西岸亚当湾

---

① 青岛市史志办公室编：《青岛市志·大事记》，五洲传播出版社 2000 年版，第 34、36、42 页。
② 王芸生编著：《六十年来中国与日本》第 6 卷，第 90、273 页；第 7 卷，第 265 页。

之北起,向东至半岛东岸貔子窝湾北尽处止。租借地及附近海面,由俄国派官治理,驻军设防。其中旅顺口为军港,只准中、俄船舶入口。大连湾内除一港照旅顺口之例,其余地方作为通商口岸。金州城仍由中国管治,但中国军队须退出金州,而由俄军入驻。租借地以北设置一片"隙地",即军事缓冲地带,其南至租借地北界,北从辽东半岛西岸盖州河口起,经岫岩城北再沿大洋河北岸至河口。隙地归中国官员治理,但非与俄国商明,中国军队不得进入;非经俄国应允,中国不能将隙地土地让与别国人使用,在当地不能与别国通商,也不能将造路、开矿等工商利益让与别国。中国允许俄国修筑以旅顺口、大连湾为终点的东省铁路支线。[①] 1899 年 2 月,租借地及隙地界线划定。此时,该租借地界址几乎覆盖金州厅全境,还包含复州部分区域,陆地面积约 3 200 平方公里,人口近 30 万。未久,俄国违反中俄条约,禁止中国船只进入旅顺口,蚕食租借地北界外土地,并于 1900 年俄军入侵中国东北之际,发兵侵占金州城。此后,金州城成为旅大租借地组成部分。[②]

俄国租借旅大后,就在旅顺设立军政部,任命俄国太平洋舰队司令为部长。同时,俄国在当地设立临时的民政管理局。1899 年,俄国擅自将该租借地更名为"关东省",并违反不得设"总督""巡抚"之类官员的中俄条约约定,任命俄国驻军的最高长官兼任"关东省"总督。"关东省"被划分为达里尼[③]、旅顺、金州和貔子窝四个市,旅顺、岛屿、金州、亮甲店和貔子窝五个行政区。各行政区又划分为乡、村、屯,由俄国当局任命当地有声望者出任乡约、村长、屯长。1903 年,俄国变更当地政治体制,在旅顺派设远东总督。该总督辖区包括"关东省"、东省铁路沿线全部俄占铁路用地,还包括俄国外贝加尔、阿穆尔、滨海、堪察加、库页岛等处土地。该总督统管这一广阔地区的内政、外交,并统帅当地俄国陆军以及在太平洋的俄国海军。此种设置表明,俄国拟将旅大租借地作为在东北亚的统治

---

① 王铁崖编:《中外旧约章汇编》第 1 册,第 741、742、754、755 页。
② 程维荣:《旅大租借地史》,上海社会科学院出版社 2012 年版,第 28、30、83 页。
③ 达里尼(Далъний)的俄语语义是"遥远"。

中心和进一步侵略扩张的基地。①

　　旅大租借地刚开辟时,俄国派设法官负责审判,上诉案件由民政长官处置。1900 年,俄国在"关东省"设立旅顺地方法院、劝解法院和中国人法院。旅顺地方法院审判"关东省"内俄国人之间的刑事案件,以及俄国人和他国人之间的案件。劝解法院审判涉及地方治安及有关财产的案件。不服这两个法院判决者,可向设在俄国境内伊尔库茨克的上诉法院上诉。华人之间的案件,由中国人法院依据当地习惯等来审判,由仲裁人一审,所属区的区长或民政长官二审,总督三审。仲裁人从熟知当地习惯的华人中任用。重大的华人刑事案件则移送中国官府审判。被判监禁者即关押于俄国建在旅顺的监狱之中。这些法院对华人的审判,违反了中俄约章中有关当地华人犯案,应就近送交中国官府按律治罪的规定。②

　　出于永久侵占旅大的谋划,俄国在达里尼、旅顺等地都进行了较大规模的建设,并将达里尼市设为自由港。1903 年,东省铁路全线通车,达里尼成为东北海陆交通枢纽,贸易发展迅速。在旅顺,俄国当局除兴建新街区外,依山傍水,全力建造碉堡、炮台、壕堑,设置电网、雷区、探照灯等,建成环形防御工程体系,使旅顺成为坚固的海军要塞、俄国太平洋舰队的重要基地。

　　1904 年 2 月,日本海军袭击停泊旅顺口外的俄国太平洋舰队,日俄战争爆发。日本陆军从旅大租借地北部登陆,连陷金州、达里尼市,随后从陆路包抄旅顺。1905 年初,日军在伤亡 6 万余人后攻占旅顺。日、俄两军火并之际,当地中国平民的生命、财产蒙受了巨大损失。俄国战败后,日、俄两国于同年 9 月订立《朴次茅斯和约》,其中规定,俄国将旅大租借地转让给日本。12 月 22 日,清政府被迫在《中日会议东三省事宜正约》中承认日、俄两国的私相授受。

　　日本占据旅大租借地后,将其作为入侵东北的桥头堡。日本称该租借地为"关东州",改称达里尼市为大连市。未久,在日本人蚕食隙地的大

---

① ②　程维荣:《旅大租借地史》,第 36、82—85 页。

批村屯后,该租借地陆地面积增至 3 400 平方公里左右。[①]

在统治旅大之初,日本在当地实行军事管制,陆续设置金州、大连、旅顺等军政署。这些军政署先后隶属于日本满洲军总司令部、辽东守备军司令部。1905 年,日本改称该司令部为满洲军总兵站监部,撤销军政署,在大连改设"关东州"民政署。民政署负责地方行政,下设旅顺、金州两个支署。半年后日本在辽阳设置关东总督府,由陆军将领任总督,未久总督府迁至旅顺。该总督负责监督"关东州"内外的政务,并守备该租借地和南满铁路。1906 年,日本在旅顺改设关东都督府。该都督由日本陆军大将或中将出任,除管辖"关东州"外,还统辖驻屯南满的日军,守护南满铁路,并一度管理南满铁路附属地。同时,设"关东州"民政部,负责当地行政,并在大连、旅顺、金州设民政署或支署。其后当地分为旅顺、大连两个行政区,分别设立民政署,其中大连民政署还下辖金州民政支署。日本经营旅大租借地的经费,主要来自当地税收。日本向当地征收所得税、盐税等国税,还征收营业税、杂种税等地方税。[②]

日本占据旅大之初,当地司法也由军政署军政委员掌管。1905 年夏,除军法审判的案件外,其他案件改由设在民政署的司法委员来审判。这些案件均实行一审制,只有发现误判的刑事案件,民政长官才可下令重审。1906 年,关东总督府在大连设置审理所。该所实行复审制,一审由一名审理官独自审判或调解,复审由三名审理官合议。未久,在关东都督取代关东总督后,"关东州"的法院直属关东都督。在地方法院,由一名法官初审。在高等法院,由三名法官组成的合议庭作出终审判决。1908 年,日本当局再次变更司法制度,当地的简易案件等重新划归民政署长、支署长处理。在这些法庭,华人可被判处惩役、罚金或拘留,还可视情节加判答刑,以致在中国政府已废除答、杖等刑后,当地华人仍可能被日本人处以此类刑罚。[③] 被判处惩役者后来全部被关押于经大规模扩建的旅顺监狱。

---

① 王彦威辑、王亮编:《清季外交史料》卷二一三,页六;程维荣:《旅大租借地史》,第 50 页。
② [日]关东局编:《关东局施政三十年史》上册,东京原书房 1974 年版,第 51—54 页;[日]外务省条约局编:《外地法制志》第 6 部第 2 卷《关东州租借地和南满洲铁道附属地》(后编),东京龙溪书舍 2004 年版,第 14、15、17、29 页。
③ [日]关东局编:《关东局施政三十年史》上册,第 233—243 页。

日本一直在旅大租借地和南满铁路附属地驻扎军队。这些部队至民国年间被称为"关东军"。1929年,关东军包括一个步兵师团和一个独立守备队,总兵力为一万余人。此时在该租借地内驻扎的有关东军司令部和一个旅团的司令部,官兵二千余名。[①] 此后,在日本侵略中国的战争中,关东军充当了罪恶的急先锋。

日本地窄人众,侵占旅大后,其移民蜂拥而来。面对人口大增的局面,日本当局鼓励发展当地的农业生产。[②] 同时,凭借该租借地漫长的海岸线,日本人又在当地大力发展盐业。日本人还在大连等地陆续兴办工厂,其中包括在20世纪30年代发展得颇具规模的造船厂及相关工厂,为南满铁路配套的制造客车、钢轨等大型工厂。[③] 出于操控贸易、掠夺资源等考虑,日本政府还将大连经营成东北地区的贸易中心。依托着东三省的广袤腹地,在设关征税后的第四年即1910年,大连就成为东北第一大港。[④]

日本夺取旅大后,便处心积虑地企图永远侵占这一区域。1915年,在向北洋政府提出的二十一条要求中,日本要求将旅大租借地的租借时间延长至99年。北洋政府被迫签订的"民四条约"承认了日本的侵略要求。1945年,在第二次世界大战行将结束之际,苏联对日宣战,并出兵中国东北,消灭关东军。随后,中、苏两国订立条约,规定大连为自由港,旅顺口海军基地由两国共同使用,大连地区由苏军实行军事管制。旅大租借地不复存在。1949年,中华人民共和国成立。次年,《中苏友好同盟互助条约》订立。1951年,苏联将大连地区的行政管理权移交中国。1955年,驻旅大地区的苏联军队撤离回国。至此,中国完全恢复了在当地的主权。

第三,威海卫租借地。

威海卫位于山东半岛东北部,濒临黄海,为渤海锁钥。1886年成为

---

① 辽宁省档案馆、辽宁社会科学院编:《"九·一八"事变前后的日本与中国东北——满铁秘档选编》,辽宁人民出版社1991年版,第308页。

② [日]满史会编著:《满洲开发四十年史》下卷,第403、414页。

③ [日]满史会编著:《满洲开发四十年史》下卷,第124页。

④ 中国第二历史档案馆、中国海关总署办公厅编:《中国旧海关史料(1859—1948)》第54册,(中文部分)第四十六页。

照片 33　日本"租借"时期的大连街景

北洋水师的基地,中日甲午战争期间被日军攻占,北洋水师在威海湾内覆灭。1898 年,在德国强租胶澳、俄国强租旅大之后,为抵制俄国在中国北部的影响,并在瓜分中国时攫取相应的份额,英国政府决定强租威海卫。清政府被迫一再让步,最后同意在确定租借区域及订立条约之前即由英国接收威海卫。5 月 24 日,威海卫升起英国米字旗。7 月 1 日,中英《订租威海卫专条》订立。该专条规定,中国将威海卫及附近海面租与英国,租期与俄国租借旅大相同。租借地包括刘公岛和威海湾内各岛,以及威海湾沿岸十英里地段。租借地由英国专管,但威海城仍归中国管理,中国兵船仍可使用英国所租海面。此外,在东经 121°40′以东沿海暨附近沿海地方,英军可以设防。这一英军设防区域仍由中国管理,除中、英军队外,他国士兵不得擅入。①

　　从 1899 年起,英国开始在威海卫行使管辖权,引发与当地居民的冲

――――――――

① 　王铁崖编:《中外旧约章汇编》第 1 册,第 782 页。

突。至 1900 年初,当地居民还组织团练,置办武器,决心武装抗英。此后,在中、英双方实地会勘租借地界址时,数以千计的武装民众两次袭击英方勘界人员,并遭受很大伤亡。[①] 6 月,山东巡抚袁世凯承认英方划分的租借地界线。这条勘定的界线与中英约章的规定有所不同,西起马山嘴附近海滩,大体上向东画一半圆,南经草庙子,东至大岚头海滩。除威海卫城外,威海卫租借地陆地面积 738.15 平方公里,界内有 315 个村落,约 12 万中国人口。[②]

照片 34　从刘公岛眺望威海市区

自 1898 年 5 月接收威海卫后,英国设置威海卫临时行政公署,起初

---

① 张建国、张军勇:*Weihaiwei Under British Rule*(《米字旗下的威海卫》),Alec Hill、马向红译,山东画报出版社 2006 年版,pp. 26,27。
② 张建国、张军勇:*Weihaiwei Under British Rule*(《米字旗下的威海卫》),p. 19;[英]帕梅拉·艾特威尔:《致英国的当权者及中国的改革者:英租威海卫及归还始末(1898—1930)》,威海市档案馆译,威海市档案馆 1998 年版,第 31 页。

隶属于驻华海军司令部;未久,转隶陆军部;划定租借地界址后,由殖民部正式接管。1901 年,英国枢密院颁布法令,确定了该租借地的基本政治制度。威海卫行政长官由英国国王任命,在当地高度集权,可行使行政、立法、司法等方面权力。他有权制定地方法规,它们一经颁布即刻生效,除非在一年内被英王否决才能作废。他有权依法处理当地政府所有政务,任免当地各级政府以及法院和监狱的官员。在英王任命当地高级法院法官以前,他掌控该法院事务,此后,他与该法官可独自或共同审理相关案件,并有权赦免当地法院判决有罪的罪犯或改判缓刑。[①]

1902 年,英王任命了威海卫租借地首任文职行政长官。在此之前,该长官由英国海、陆军军官兼任,当地只有华人称为"华务司"的政府秘书等少数行政官员。未久,租借地行政公署从威海湾中的刘公岛迁至对岸的港口区,该港口区被更名为爱德华港。1906 年,该租借地被划分为两个行政区。其中南区下辖 17 个小区,设专职的地区行政长官;北区下辖 9 个小区,外加刘公岛和爱德华港,其地区行政长官由华务司兼任。

在此期间,行政长官订立、颁布了诸多在租借地内实行的法令。它们涉及警察、武器、监狱、鸦片、博彩、建筑、卫生、人口、婚姻、妇女、遗嘱、广告、捐税、检疫、陪审团、退休金等多方多面。这些法令的不少规定不同于当时中国法律或为中国法律所无。

在威海卫租借地,英国设置一个高等法院及两个地方法院。高等法院法官由英王任命,须是英格兰或苏格兰、爱尔兰律师公会会员。高等法院可审判租借地内所有案件,唯死刑须经行政长官批准。不服该法院判决者,可上诉香港最高法院。地方法院可审判各种民事案件和罚金不超过 400 银圆、监禁不超过 1 年的刑事案件,法官由英国国务大臣委任。财政原因使英国很少在威海卫派驻法官。除少数重大疑难案件外,大多数案件都由华务司审判。这些法院适用英国法律、英国为该租借地所订法律、当地行政长官所订法律以及变通后的香港法律。当地华人之间的民

---

① 张建国、张军勇主编: *Weihaiwei Acts*,*Compilation of Historical Data Regarding the Period of Britain's Leasing of Weihaiwei*(《英租威海卫史料汇编:威海卫法令》),Vol. 1,中国国际广播出版社 2006 年版,pp. 4,5。

事诉讼,也可依据中国法律和风俗习惯来审判。①

威海卫租借地的大部分区域是农村。为了有效而又低成本地统治这广阔的区域,英国当局尽可能保留与英国统治不相冲突的原有制度,实行乡村"自治"。1902年,英国当局对各村原有的村董登记造册,颁发委任状。村董的职责是在本村维持治安,征收捐税,传达政令,登录土地交易,仲裁民间冲突及民事案件。② 1906年,英国当局又实行总董制,将该租借地划分成26个小区,每个小区起初通过行政长官委任,后通过村董选举产生一名总董。总董的职责包括传达政令、维持治安、监督税收、调解纠纷,以及就当地治理向当局者建言。在推行这些制度之后,当地农村长期维持着原有秩序。20世纪初期中国社会变化巨大,该租借地则在几十年间如同止水一潭,一直保持着清末时的社会风貌。

租借威海卫之时,英国已深陷在南非的战争,不能在威海卫派驻大批军队。1899年,英国政府雇募华人,组建"中国军团",当时也称作"华勇营"。该军团军官全部来自英国正规军,共有官兵500多名。该军团装备精良,配有重机枪、火炮等重武器。次年,该军团作为英军加入八国联军,在京津地区与清军及义和团民激战。因在战斗中十分凶悍,该军团扩编至1 300余人。此后,英国政府决策将威海卫改作不设防军港,并始终没在东经121°40′以东的区域内设防。1906年,中国军团被解散,部分士兵被雇用为当地和多地租界的警察或巡捕。③

租借威海卫之初,英国殖民部希望当地发展商务,实现财政自给自足,以免为英国政府增添负担。一些英国商人还进而期待该租借地能发展成华北商业中心。界内很快出现由英国、德国等多国商人经营的店铺、商行、货栈直至金矿开采公司等。因英国租借威海卫的租期与俄国租借旅大的租期相同,1905年日本夺取旅大后,英国失去继续租借威海卫的依据。外商忧虑威海卫政治前景,中止向威海卫投资,甚至抽回资金。不

① 张建国、张军勇主编:*Weihaiwei Acts*,*Compilation of Historical Data Regarding the Period of Britain's Leasing of Weihaiwei*(《英租威海卫史料汇编:威海卫法令》),Vol. 1, pp. 8, 9, 13。
② 张建国、张军勇:*Weihaiwei Under British Rule*(《米字旗下的威海卫》),p. 71。
③ 张建国、张军勇:*Weihaiwei Under British Rule*(《米字旗下的威海卫》),pp. 103, 114。

少工厂企业相继停业,当地商务逐步衰落。[①]

在此期间,经激烈争论,英国政府最终认为威海卫租借地是有军事价值的飞地,还可借以抵制德国扩展在华北的势力,决定拒绝归还,并拟将威海卫附属于香港,以防清政府索回该区域。1906 年,清政府依照条约提出收回威海卫的要求,英国公使即蛮横地宣称,旅大虽已易主,仍由外国控制,无论条约如何规定,英国不拟放弃威海卫。为避免横生枝节,英国政府又决定维持当地原状。[②] 民国肇建后,中国政府屡次要求英国归还威海卫。在 1921 年的华盛顿会议上,英国宣布愿意归还。此后,经过历时八年的谈判,《中英交收威海卫专约》于 1930 年 4 月订立,其中确认中国收回威海卫租借地,同时认可英国租借刘公岛房屋、设施等权利。10月 1 日中国政府接收威海卫,当地作为英国租借地的历史遂告终结。[③]

第四,广州湾租借地。

在清代后期,广州湾系指位于广东省高州府吴川县南三都、有数个村落的村坊及其附近海面。吴川县西南是雷州府遂溪县,吴川、遂溪一带海面绵亘,其中包括宽阔的麻斜海。南三都所在海岛系麻斜海屏障,东临南海,距香港约 400 公里。

1898 年初,在德、俄、英等国强租胶州湾、旅大、威海卫等地之际,法国也以武力胁迫,要求租借广州湾为停船趸煤之所。4 月 10 日,清政府被迫同意。4 月 22 日,在未勘定界址,也未告知中国官员的情况下,法军即在遂溪县海头登陆,抢占当地无人防守的炮台。此后,因法方代表姗姗来迟,勘界谈判未能举行。法军则擅自在当地兴建栈桥、营房,挖掘壕沟,并逐步扩大占据范围。当地民众为了保卫家园,进行激烈的武装抗争,遭到法军残酷镇压。次年初,在两广总督谭锺麟的支持下,遂溪知县李锺珏组织团练,抵抗法军入侵。此时,在勘界谈判中法国人要求将东西约长120 里、南北约宽 100 里的宽广区域划为租借地。因遂溪民众坚决抵抗,法国人同意放弃尚未占据的东西 80 余里、南北 30 余里地段。未久,当地

---

① 张建国、张军勇: *Weihaiwei Under British Rule*(《米字旗下的威海卫》), p. 145。

② 张建国、张军勇: *Weihaiwei Under British Rule*(《米字旗下的威海卫》), p. 283。

③ 朱世全:《威海问题》,商务印书馆 1931 年版,第 23—26 页。

练勇杀死两名深入遂溪县平石的法国军官,法军便猛攻黄略村等处,杀死、杀伤很多守村练勇。清政府唯恐进一步扩大冲突,决定继续让步。1899 年 11 月 16 日,中法《广州湾租界条约》订立。其中规定,该租借地包括硇洲、东海两岛,遂溪县内地的赤坎、志满、新墟等处,吴川县部分内地,南三都等岛屿,以及遂溪县、吴川县之间的麻斜海等处海面,租期 99 年。[1] 据后来测算,该租借地海、陆面积共约 2 100 平方公里,其中陆地面积约 850 平方公里。[2] 在法国统治的第五年,当地共有华人181 703人。[3]清政府于 1900 年初批准该约,准备互换。法国则因为庚子事变爆发,没

照片 35 原广州湾法国公使署
（现是全国重点文物保护单位）

① 王铁崖编:《中外旧约章汇编》第 1 册,第 929 页。
② 郭寿华:《湛江市志》,台湾大亚出版社 1972 年版,第 4 页;景东升、龙鸣:《广州湾简史》,载景东升、何杰主编《广州湾历史与记忆》,武汉出版社 2014 年版,第 16 页。有关广州湾租借地的面积,有多种记载。其中陆地面积还有 518 平方公里等记载。
③ 法国埃克思海外档案中心:CAOM, GGI, 64353, *Rapport politique de Kouang-Tchéou-Wan*, 1903。

有立即批准条约,后来则忽略此事,所以自始至终并未批准该约。①

　　法国租借广州湾后,就背弃其租借理由,并未将当地用作停船觅煤的军事基地,而是作为殖民地。1900 年 1 月,法国政府确定,由法属印度支那总督负责广州湾租借地的行政。② 随后,该总督发布政令,确定法国管治该租借地的制度。此后,该政令屡次被修订。根据这些政令,任命广州湾行政长官为该租借地最高行政官员,未久又设置一名副行政长官为其助手。当地华人称他们为"总公使""副总公使"。行政长官是法属印度支那总督的代表,有权在当地采取各项行政及治安措施,监管公共秩序,指挥武装部队,并与附近的中国官员保持联系。该租借地的行政首府曾设在小镇麻斜,该地后也被称作"东营"。1910 年,行政首府迁至新建的"白雅特城",该地又被称作"西营"。副行政长官起初负责管理麻斜等城镇,行政首府迁至西营后主要负责管理这一城区。③ 整个租借地被划分为麻斜、西营等城镇和分别以赤坎、坡头等处为中心的三个区。这三个区每区设置一名民政官员,当时也称作"帮办公使",负责区内行政、治安、税收等事务。因不通语言、不谙民情,法国当局难以直接治理租借地广阔的农村地区,当地农村原有行政体制得以存留。于是,在各区之下依旧设乡,乡以下各村村民聚族而居,依旧由各宗族尊长分别治理,法国人称其管理机构为"名人会议",其成员由行政长官任命。在乡里,设立公局。公局长由当地华人自行选举,再经行政长官任命。他们是本乡警察负责人,并负责征收税款。各乡也设置名人会议,成员从村级名人会议中挑选。1911年,该租借地的行政、司法得到简化,最大变化是取消区级行政机构。此后,法国当局向淡水、坡头、铺仔等处各派一名法国人为代表,对当地进行治理。在广州湾,法国还派驻军队。其中被华人俗称"红带兵"的法国国防军,隶属法属印度支那驻军,主要守卫西营等城区。俗称"蓝带兵"的地

---

①　[法]安托万·瓦尼亚尔:《广州湾租借地:法国在东亚的殖民困境》上卷,郭丽娜、王钦峰译,暨南大学出版社 2016 年版,第 109 页。

②　*Journal officiel de la République française*, Lois et décrets, Numéro du 7 janvier 1900, p. 90.

③　L. Gallois Editeur, *Le Territoire de Kouang-Tchéou-Wan*, Gouvernement général de l'Indochine, Hanoi, 1906, p. 66;法国埃克思海外档案中心:CAOM, GGI, 17946, Le Gouverneur p. i. général de l'Indochine, Arrêté, No. 2009, 4 Juillet 1911, Titre I。

方保安团,法国人为指挥官,越南人为次级军官,华人充任下级军官和士兵。此外,另有兼管社会治安和清洁卫生的武装警察,俗称"绿衣兵",只有主要负责人是法国人,其余都是华人。[1]

在广州湾租借地内,设有一所法国法院,审理的案件包括以法国人及其他欧洲人等为被告的民事案件及治安案件。该法院由副行政长官为法官,不服法院判决者,可上诉于设在越南河内的法属印度支那上诉法院。法国人及欧洲各国人等触犯刑律,也由设在河内的刑事法院审判。界内华人之间的纠纷,首先由各乡名人组成的初级法庭根据中国法律和本地习俗来审判。初级法庭可终审判决较小的民事案件,并可初审其他案件,其所能给予的惩罚限于罚金等。不服此类法庭判决者可上诉中外会审公堂。起初,每个区各设一所会审公堂,1911 年改为只在西营设立一所。会审公堂庭长是法国人,两名陪审员是华人。该公堂除审判上述上诉案件外,还可判决华人监禁直至死刑的所有案件。这些判决还须经评议委员会核准。该委员会由正、副行政长官等四人组成,作出的是终审判决。其中死刑判决,尚须经法属印度支那总督核准才能执行。[2] 在 1930 年、1935 年,当地又两次进行司法改组。此后,该租借地设有初级审判庭、中级审判庭和高等评议会,中级审判庭及高等评议会都设在西营,可判处当地的各种案件。[3]

法国租借广州湾后,当地的经济、社会发生一些变化。除了在东营、西营进行城市建设外,法国当局还建造灯塔、道路等,特别在民国初期曾较大规模地修筑港口、码头,使当地的贸易有所发展。不过,租借广州湾未久,法国国内就出现租借该地区有害无益、主张将该地区归还中国的舆论。不明朗的前景一直影响着当地建设,界内绝大部分的农村地区面貌未有多大变化。由于有关条约并无在该租借地设立海关的条款,中国政府没能设立海关,当地成了不征收关税的自由港。广州湾的出口货物,主

---

[1]　郭寿华:《湛江市志》,第 74 页。

[2]　法国埃克思海外档案中心:CAOM, GGI, 17946, Le Gouverneur p. i. général de l'Indochine, Arrêtê, No. 2009, 4 Juillet 1911, Titre II, III.

[3]　中国人民政治协商会议湛江市委员会文史资料研究委员会编:《广州湾(法国租借地史料专辑)》(《湛江文史资料》第 9 辑),1990 年版,第 51—62 页。

要有生猪、皮革、咸鱼等;进口货物主要有稻谷、火柴、机械等,特别是鸦片。将鸦片运入该租借地,然后向内地走私,此种非法贸易促成了当地的畸形繁荣,法国当局一直纵容,广州湾很快成为两广地区鸦片走私中心,在西营、赤坎等处还出现许多鸦片烟馆。赌博在当地也已合法化,界内大小圩镇都遍布赌场。此外,当地还出现不少妓院。此时的雷州半岛又是众多海盗、土匪出没之区,法国当局曾自认应付乏术,后来竟默许他们在租借地内活动,以致在民国初期当地一度成了"土匪大本营"。不过,在清末革命党人利用广州湾的特殊环境,也曾在当地开展推翻清王朝的革命活动。

抗日战争爆发后,广州等地相继沦陷。广州湾租借地成为很多难民避难之所,并成为中国抗战后方获得海外物资的重要通道之一。当地人口增长,进出口贸易激增,形成相对繁荣的格局。太平洋战争爆发后,香港沦陷,广州湾虽在日军严密的监控之下,但仍是中国政府仅剩的补给抗战物资的沿海港口。1943 年 2 月,日军进驻广州湾,法军并未抵抗。此后,日本与希特勒德国的傀儡、法国维希政府订立共同防守广州湾的协定,广州湾行政长官等法国官员继续任职,事实上日军则已控制该租借地,并在当地肆意妄为,直至屠杀无辜居民。1944 年 3 月,日军为推动所谓"华南一元化"政略,撤废广州湾租借地之军政,将这一区域移交汪伪政权的广东省政府管辖。[①] 至维希政府已覆灭的 1945 年 3 月,日本人终止法国当局在该租借地的行政权,并解除法军武装,当地遂完全等同于沦陷区。8 月 15 日,日本政府宣布无条件投降。18 日,中法订立《交收广州湾租借地专约》。中国政府收回广州湾租借地,将其更名为湛江市。

第五,香港新界。

在鸦片战争中战败后,清政府被迫于 1842 年订立中英《江宁条约》,同意将香港岛割让给英国。在第二次鸦片战争中再次战败后,清政府又被迫于 1860 年订立中英《北京条约》,同意将九龙半岛南端及昂船洲割让

---

① 《日军移交广州湾由我国接收管辖,中日当局已举行签字典礼》,《申报》1944 年 3 月 2 日。

给英国。此后,英国人认为,九龙半岛北部及周边南丫岛、大屿山等岛屿仍归中国管辖,将危及香港的安全,又图谋占据这些区域。

　　1898 年初,在德国强租胶州湾、俄国强租旅大,英国准备强租威海卫的同时,法国要求租借香港附近的广州湾,并要求将云南、广东、广西等省划为其势力范围。英国人认为,如果广东等省成为法国势力范围,香港便不可能展拓界址。4 月初,英国驻华公使窦纳乐以香港防御需要为理由,向清政府提出展拓香港界址等项要求。经多次交涉,清政府屈服,几乎全部接受英国的要求。6 月 9 日,李鸿章等与窦纳乐订立《展拓香港界址专条》。根据该专条和粘附地图的规定,英国在九龙半岛租借的范围,系从原来界址向北推进至沙头角海到深圳湾之间最短距离的直线。租借区域还包括附近诸多岛屿,大鹏、深圳两湾水域及附近海域。租借的时间为 99 年。界内九龙城仍由中国管辖,驻扎的中国官员仍可在城内各司其事。[①] 这些被租借的中国领土和领水被称作香港新界。然而,英国人的贪欲仍未满足。1899 年 3 月,中、英双方开始勘划新界北界时,英方又改而宣称应以天然界限为界,要求将界线北推。19 日,经中方再次让步,双方签订《香港英新租界合同》,其中确定香港新界的北界,为深圳河及该河河源划至沙头角以西大鹏湾一线。[②] 香港新界的陆地连同 235 个岛屿,面积达 970 多平方公里,大约为原港英当局管辖面积的 11 倍,水域面积也扩大 40 至 50 倍。

　　在划定界址后,港英当局就急于接管新界。4 月 16 日,港英当局宣称,自当天下午起新界成为香港的重要组成部分。当地民众反对英国拓界,他们在元朗成立太平公局,作为武装抗争的指挥中心。数千民众用所能找到的武器装备起来,深圳河以北的很多民众也来会合。从 4 月初起,武装民众先后在大埔、林村、上村等地与英军激战,虽然最后不敌武器精良的英军,但也使英军遭受了严重伤亡。特别在吉庆围、泰康围等处,英军曾屡攻未下。4 月下旬,当地民众的反抗被镇压。此时,英方又违反中英条约的规定,以中国驻军九龙寨城妨碍英国保卫香港之武备等理由,要

---

① 王铁崖编:《中外旧约章汇编》第 1 册,第 769、770 页。
② 王铁崖编:《中外旧约章汇编》第 1 册,第 864 页。

求中国军队撤离该寨城。在清政府一再拒绝后,英军于5月占领该寨城,封闭九龙海关,并于1900年初单方面宣布,九龙寨城归英国所有。[①] 此后,该寨城演化成中、英和港英当局"三不管"地带。

对于新界,英国人从一开始就未将其视为租借的土地,而是视为殖民地。1898年10月,英国的枢密院令规定,将新界看成从来就是香港的一部分,由香港总督会同立法局为新界制定相应的法例,并在合适时候将香港一切原有的法例全部适用于新界。在此后数十年间,港英当局一直在推进这一进程。英国人还宣称,在租借99年期间将把原住新界的居民全部视作英籍的英国子民。[②] 不过,新界是广阔的农村地区,与英国已经长期实行殖民统治的香港市区有很大差异,港英当局不能不正视此种情况,因而未久通过法案,规定部分的香港法例可不适用于新界,并制定了一些专门适用于新界的条例。此外,若干中国原来的法律在事实上仍长期在当地实行,其中包括中国传统的婚姻法、继承法等,因而香港岛等处与新界其实实行着"一港两制"。[③]

为了仅派驻少数英国官员来实施对新界的管理,港英当局决定尽可能沿用原来的社会组织和风俗,任用地方长老。1899年,港英当局首先在大埔设置警署,该警署后成为新界警察总部。此后,在屏山、凹头、沙头角、西贡、上水等处也陆续设置了警署。新界的行政事务最初由驻大埔的助理警司管理,他还兼司当地的审判职务。同时,新界被划为8个"全约"即区域,再细分为48个"分约"即分区。各分区最初由港英当局任命乡绅来佐办地方事务,后来各分区均设委员会,委员由村民推选,其职责包括维持地区治安,调解、处理较小的纷争等。不久,新界被划分为南、北两个约,北约的辖境大致为荃湾以北之地,南约的辖境为荃湾以南之地及离岛。南、北约均设立理民府,设置理民官,管理本约地区事务,并兼调解、仲裁纠纷以及处理地政事务等多种工作。

对于新界,港英当局除关注其治安外,关注的重点还有土地问题。

① 《香港政府宪报》第46卷第9号(特刊),1900年2月20日。
② 刘润和:《新界简史》,三联书店(香港)有限公司1999年版,第29、36页。
③ 刘润和:《新界简史》,第31、176页。

1900 年,港英当局为新界制定条例,规定在英国租借期间,当地的土地全部属于政府产业,凡是在此后占有界内土地的居民,除非拥有港英当局发出的官批,或经由田土法庭发给的契据,否则一概视为霸占政府公地。于是,新界土地的拥有形态从永业权变成了承租权。[1] 同年,港英当局又订立"官地收回"条例,授权政府可因需要征收土地作公用,但应从公给价来补偿村民。

英国租借新界,系以防卫香港为租借的缘由。港英当局确实在当地建筑了防线。但是在 1941 年 12 月日本发动太平洋战争后,日军在两天内就突破这条防线,不到五天就打到九龙半岛南端,致使香港地区在半个月里全部沦陷。此后,新界与香港岛等处一样,在日军的残暴统治下经历了三年八个月的血雨腥风。在此期间,当地民众并未停止抗争,特别是由新界居民组成的东江纵队港九独立大队活跃于新界,在配合盟军作战、营救被俘盟军等战斗中作出了贡献。

日本人占领香港期间,实行分区管治,在新界设立七个地区事务所。抗日战争胜利后,理民府制度被恢复。1948 年新界民政署设立,由该民政署长总管新界政务,下辖大埔、元朗、南约三个理民府。此后,经多次演变,到 1974 年,新界民政署共管辖大埔、元朗、荃湾、西贡及离岛等七个理民府。

经过几十年的发展,新界的面貌逐步发生变化。在英国租借之前,新界是农村地区,居民以农民为主,主要种植水稻。抗日战争胜利后,特别到 1948 年以后,从内地来到香港地区的居民增多,为满足香港市区蔬菜和其他副食品供应的需求,新界的稻田变成大片菜地,后又建起诸多果园、鱼塘和畜牧场所。随后,因香港市区人口激增、交通堵塞、房价高涨、工业用地短缺,港英当局加紧开发新界。大批市区居民陆续迁往新界,当地出现大量的房屋建筑,形成一批新的市镇以及工业区,而农业、畜牧业等业则越来越衰落。1996 年,在香港 630 万人口中居住新界的人口为296 万,超过 46%。[2] 经迭年的填海造地,此时新界的面积也有所扩大。

---

[1] 刘润和:《新界简史》,第 34、35 页。
[2] 刘润和:《新界简史》,第 148 页。

在中华人民共和国成立之初,中国政府根据香港和澳门地区的历史和特殊地位,作出"长期打算,充分利用"的决策。[①] 在此后数十年间,中国政府一直贯彻这一政策。在中国结束"文化大革命"之后的 20 世纪 70 年代末,新界 99 年的租期行将期满。新界和整个香港地区的前途成为中外人士关注的焦点。为了实现祖国统一,中国政府决定在 1997 年新界租约期满之际收回整个香港地区。中、英两国经长时间谈判,于 1984 年签署《关于香港问题的联合声明》,其中规定中国将于 1997 年 7 月 1 日对香港恢复行使主权。回归祖国后的香港特别行政区实行"一国两制,港人治港,高度自治",至此在五个租借地中历时最久的香港新界也结束了作为租借地的历史。

第二节　避暑地

避暑地,是来华外国人为盛夏消暑而开设的居留区域。自甲午战争前夕为开端的十来年间,他们在庐山、北戴河、莫干山、鸡公山等四处开辟了避暑地。1919 年,北洋政府在相关章程和公文中确认庐山牯岭等处为避暑地。在这些区域中,外国人力图仿照租界制度,使避暑地发展成类似租界地区,时人直至后人甚至称庐山避暑地为"庐山租界"。与租界不同的是,避暑地并非位于通商口岸,而是位于在夏季较为凉爽的深山或海滨;避暑地的主要功能仅是夏季消暑,当地并非开展中外贸易的区域;避暑地的开辟并未先经中外官员商定,而都是在事实上形成或大体形成后再得到中国官府的承认;外国人在避暑地组建的自治机构不受外国驻华公使、当地外国领事直接制约,所订章程也无须他们批准;除庐山牯岭避暑地外,他们都未擅设警察。中国政府从未允准外国人对避暑地实行专管,并在察觉主权旁落后便开始收回避暑地的主权。

第一,庐山。

庐山避暑地分为由英国人开辟的牯岭避暑地和俄国人开辟的芦林避

---

① 鲁平:《基本法——澳门新时期的蓝图》,(澳门)《华侨报》1995 年 5 月 26 日。

暑地。

从同治后期起,侨居九江等地的外国人士力图在庐山山麓及九峰寺一带筑屋避暑,但在购地时遇上重重困难。1894 年夏,英国传教士李德立发现庐山山巅长冲等处的荒地地势平坦,流水淙淙,适合建屋避暑。在他要求购买山地后,德化知县就密令当地人士不得出售土地给外国人。在李德立与地方官府交涉时,中日甲午战争爆发,清政府命令各地官府善待其他国家的来华人士,广饶九南道便通知李德立,他可自行与当地绅耆办理租地手续。举人万和赓等在收受贿赂后于 1895 年 1 月 13 日捏名订立租契,竟以 60 两银子的租价,就将牯牛岭、长冲、高冲等处官山永租给李德立。接着,李德立通过恫吓等手段诱迫中国官员办理了税契盖印手续。未久,一批当地绅耆状告万和赓等盗卖牯牛岭等地,附近山民则毁坏了李德立所建避暑房屋。九江官员以牯牛岭等处是盗卖的公山,要求李德立"退契还地",并拘捕、拷问出立租契者。经英国公使交涉,总理衙门指令江西官府妥善了结此案。11 月 29 日,中、英《商定牯牛岭案十二条》订立,其中规定,李德立退还牯牛岭、女儿城、高冲等地;中方同意李德立租赁长冲,每年地租钱 12 千文。[①] 长冲是牯牛岭的东谷,面积 1 000 余亩。[②]

在租地时李德立成立牯岭公司,办理土地分租,将三亩七分土地作为一号地基,共分为 250 号地基,每号收取地租银 200 银圆,每年缴纳户税 24 银圆。租赁期限最后确定为 999 年。[③] 因欧美人士争相上山避暑,牯岭公司于 1898 年要求再租借草地坡、下冲、猴子岭和大林寺冲等四个地区。经地方官府查勘,发现这些地区即是先前李德立退回的牯牛岭等处土地。因当地绅士呈文反对,旋因八国联军侵华战争爆发,事遂中止。《辛丑条约》订立后,英国驻汉口总领事等重提旧事。当地官员奉命勘丈,

---

① 英国国家档案馆:FO 228/1030,永租牯牛岭等处山场租约,光绪二十年十二月十八日;《商定牯牛岭案十二条》,光绪二十一年十月十三日。Edward Selby Little, *The Story of Kuling*, Shanghai, 1899, pp. 3 - 5. John Archibald and Edward Selby Little, *The Fight for Kuling*, Hankow, 1924, pp. 1 - 15.

② 据罗时叙所著《庐山别墅大观》(江西美术出版社 1995 年版)第 17 页的记载折算。

③ 吴宗慈:民国《庐山志》,江西人民出版社 1996 年版,第 404、406 页;罗时叙:《庐山别墅大观》,第 13 页。

查明这些区域的面积为 1 100 余亩,且牯岭公司已于长冲旧界外占据长40 余丈地段,并发现英国人低价租地,再以高价分租,转手间便获厚利。因此,他们拟效仿该公司章程,自行将草地坡等地分号出租,并将收入用于津贴牯岭公司修桥筑路及江西省兴办新式学校。英方反对中方自行分租,要求承租这些地区的全部土地,并称中方索价过高。后经多次交涉,中、英双方于 1904 年 10 月 5 日订立《庐山草地坡等处议订租地条款》,规定英方可先租草地坡等两区共 132 号地基,每号地基租价 200 银圆,岁租3 银圆;再在 5 年多时间里可租借其余两区。①

与此同时,因僧人盗租,美国传教士租借了位于李德立退回地区的医生洼。起初,中国官府拒绝税契,经美方施加压力才同意租给,于 1898 年5 月 24 日订立租约。这一地段约长 50 丈,宽至山腰,每年纳租 4 000 文。

图 30　庐山避暑地

未久,美国传教士对医生洼以外之地也有所越占,使该区域实际面积增至 90 来亩。1908 年 1 月,李德立转租医生洼,获得中国官府许可。同时,他又租得毗连医生洼的医生凸。该地自山下至山腰约长 60 丈,宽 30 丈余,每年纳租钱 1 000 文。② 经迭次扩租,牯岭避暑地的面积达 2 000 余亩。③

李德立租赁长冲未久,约之塔寺僧人听桃等于 1897 年将位于长冲西南的芦林盗卖给俄国教士尼娑。经当地绅士联名禀请,中国官府注销盗卖契据,拘押听桃等人,并致函驻汉口的俄国领

①　吴宗慈:民国《庐山志》,第 407 页。
②　吴宗慈:民国《庐山志》,第 404 页。
③　据罗时叙所著《庐山别墅大观》第 19 页的记载折算。

事转饬该教士另觅旷地。次年夏,尼娑觅得名为星洲的荒地,与九江同知订立《租庐山星洲地租约》。尼娑名为另租星洲,实则星洲之地包含芦林在内。该租约规定,租与俄国东正教堂建屋避暑之地,南北长 167 丈,东西宽 185 丈,面积约 825 亩,租价银 1 400 两。在建屋之初,俄国教士即越界占地,南北越占 253 丈,东西越占 145 丈,使该地区面积达 1 534 亩。[①]1922 年,经九江官府与俄方多次交涉,最终俄方归还越占之地。

在牯岭避暑地之内,起初牯岭公司下设办事机构,办理土地分号、销售,以及道路、房屋建造、维修等事宜。租得土地的业主每年召开业主会议,也称地主大会。最初华人未在该避暑地内租赁土地,不能参加会议。后来他们拥有越来越多的地产、房产,李德立曾拟通过修订该避暑地的组织章程《牯岭避暑地约法》来确保外国业主对会议的控制。自 1903 年起,业主会议选举市政委员会委员。这些委员也被称作董事,后来增至12 名。该委员会也被称作董事会,设有主席、副主席、会计员、书记等,每年其成员改选三分之一。董事会下设执行机构牯岭公事房,其雇员有薪酬。每年避暑季节业主会议定期召开,会议听取该公事房汇报上一年度所办事务及下一年度计划,并通过决议。该公事房办理当地所有有关市政建设的事务,还设立巡警,维持地方治安。中国官府已不能过问当地事务。牯岭避暑地已俨然与租界近似,因而时人称为"租界""英租界",其中医生洼还被称为"美租界"。[②]

芦林避暑地开辟后,同样被分号出租,并由该俄国东正教堂管理各种事务。由于很多地基没有租出,收入不敷支出,1919 年该教堂将芦林避暑地连同所有建筑物转租给汉口俄租界工部局,租期 99 年。该工部局从银行息借白银 1.5 万两作为承租代价。随后,该工部局组建芦林管理公会,对当地进行管理。该避暑地因而也被称为"俄租界"。

避暑地开辟之前,在庐山上居住的只有几十名僧人及道士,偶尔有游人上山来揽幽探胜。避暑地开辟之后,庐山上建成上山和山上道路以及大批避暑房屋。入居江西直至汉口、上海、广州、北京等地的外国商人、教士、

---

① 吴宗慈:民国《庐山志》,第 415、416 页。
② 吴宗慈:民国《庐山志》,第 404、405、410、414 页。

外交官纷至沓来。其中英、美人士占绝大多数,此外有法国、德国、俄国、比利时、瑞士、芬兰、丹麦、荷兰等国人士。中国商贩在夏季也纷纷上山贸易,他们在牯岭避暑地旁的牯牛岭租地建屋,建成一条云中的商业街。虽然芦林避暑地不很景气,牯岭避暑地的发展则相当迅速,在李德立租赁土地的10年后即在1905年,当地有别墅141栋,上山避暑的外国人有上千名。至1931年,当地共有房屋526栋,上山避暑的外国人达2 840名。[1]

　　1924年,中国政府收回天津、汉口俄租界。次年,汉口第二特区管理局成立,继承汉口俄租界工部局一切权利和义务,包括对芦林避暑地的行政管理权。1926年,庐山管理局成立。该局隶属于九江市,设局长一人,综理庐山行政事务,包括警务。1927年,中国政府于收回汉口英租界后收回牯岭避暑地的警察权。此后,庐山避暑地实际上发展成了国民政府的"夏都",并建成图书馆、传习学舍和大礼堂三大建筑。与此同时,经过长期谈判,中、英订立有关交还牯岭避暑地的协定。1936年1月1日,整个庐山避暑地完全由江西省庐山管理局管理。

　　第二,北戴河。

　　北戴河位于直隶临榆县燕山山麓的渤海海滨,原是偏僻乡野。1893年,勘测津榆铁路路线的英国工程师金达途经北戴河,目击当地潮平沙软、景色如画,是盛夏时理想的海水浴场,于返回天津后大力宣扬当地是消暑的胜地。津榆铁路修至山海关附近时,一些外国和中国的管理人员及技术人员就在北戴河置地建屋。未久,中日甲午战争爆发,这些避暑房屋皆毁于战火。[2]

　　甲午战争后,有更多英、美、俄等国人士前往北戴河避暑。此时,津榆铁路延伸到北京城郊,更便利了北京至北戴河的交通。东山、联峰山等处都出现外国人的避暑别墅。其中英、美监理会等差会的传教士多筑屋于金沙嘴以西的石岭一带,使石岭等处的地价迅速上涨。据1895年《总理衙门通行章程》规定,仅有外国传教士可在内地置买土地房屋,其他外国

---

① 罗时叙:《庐山别墅大观》,第20页;吴宗慈:民国《庐山志》,第462、474页。
② 徐珂:《北戴河指南》,商务印书馆1921年版,第2—4页;北宁铁路管理局:《北戴河海滨导游》,中国旅行社1935年版,第16—18页。

人因为不能向当地中国业主买地,只能借用教会名义,或用所雇买办的名字来购买,所以深感不便。英、美监理会人士遂组织石岭会,以教会名义购地,再转租会友。[1]

1898年,清政府以北戴河以东的秦皇岛为不冻港,拟自开秦皇岛为通商口岸;同时,靠近戴河二十余里海滨早有西方人士盖屋避暑,未便划作商埠,遂确定戴河以东到金沙嘴沿海向内三里,以及往东北到秦皇岛对面,作为各国人士避暑地,准许中外人士杂居。[2] 此后,外国人都可在该避暑地内永租土地,再到本国领事处注册,不需借用教会或华人名义。于是,租地的外国人络绎不绝,除传教士外,英国公使等西方外交官也纷至沓来,当地的避暑别墅很快达到近百所。

1900年,八国联军侵华战争爆发。当地义和团民占据北戴河的外国人避暑房屋,旋又纵火烧毁。八国联军侵占京津地区后,一支德军入驻北戴河海滨。他们拆除小辛庄的民房,在那里修建兵营,并修筑军用铁路通往此时名为京奉铁路的北戴河车站。1906年,德军于撤离北戴河时表面上将小辛庄营房归还中国,但又订立租借营房避暑的约章,使当地长期被德军占据。[3]

德军修筑连通北戴河海滨的军用铁路后,进一步方便了交通,前来避暑者越来越多。因庐山等避暑地距北京较远,外国驻华的外交官员大多就近到北戴河来避暑。英、美等国人士仍聚居于中部的石岭一带,后又东扩到金沙嘴、鸽子窝等处,其中英国驻华使馆将其避暑别墅建在红石槽。德国人的避暑建筑集中于联峰山麓,其中包括德国驻华使馆的别墅,连同小辛庄德军营房,那里几乎成了德国人居留区域。最西部的河东寨一带,则是海关税务司、招商局和太古轮船公司人员的聚居区。

石岭会于此时得到进一步发展,其管理范围西起石岭,东到刘庄,位于避暑地中部。该会设办事处,召集办事处大会,议决当地修筑道路、安装电灯、运送垃圾、设置冬季安保及救生船只等事务。石岭会会员须交纳

---

① 管洛声编纂:《北戴河海滨志略》,1925年版,第15页。
② 管洛声编纂:《北戴河海滨志略》,第5—7页。
③ 管洛声编纂:《北戴河海滨志略》,第12、13页。

入会费 15 银圆,建造房屋不能遮蔽邻居家眺望海景的视野。会员每年须交纳的管理费,则根据对其房屋的估值,由会员共同议决。[①] 对于石岭会管理区域内的事务,中国官府难以过问,该会已有喧宾夺主之势。

作为中外杂居之地,在北戴河仍有草厂、刘庄、河东寨等中国村落,有着原住的中国村民。此外,有一些华人慕名前来避暑。八国联军侵华战争后,中国官府设警察局于北戴河,隶属临榆县警察厅。1902 年,当地设邮局,自春末开始营业,至初秋歇业。秋后,北戴河海滨就基本恢复旧时的宁静。

1914 年,第一次世界大战爆发。此后,中、德先后断交、宣战,中国官府接收小辛庄德军营房,德国人被迫抛售的避暑别墅也多由华人接盘,联峰山一带成为华人聚集区。1919 年,朱启钤等中国知名人士创建“北戴河海滨地方自治公益会”,在中国政府的支持下办理避暑地的交通、卫生、慈善、捐助、保护风景名胜及冬令公共房屋保管等事项,逐步恢复所失主权。外国人也在此期间建立东山会等组织,以维护其所谓的“自治”。1922 年,直奉战争波及避暑地,50 名英兵自威海卫入驻避暑地。英军通告直奉双方军队“毋侵入海滨”,两军遵约。避暑地成为附近百数十里居民躲避战乱的避难所。次年,外国人力图扩张其在当地的势力,操控地方市政,遭到中国人士的抵制。未久,当地又被第二次直奉战争的战火祸及。[②] 1932 年,河北省政府划北戴河海滨为自治区,设自治区公署,对原避暑地的所在区域进行行政管理。

第三,莫干山。

莫干山位于浙江武康、吴兴等县境内,相传春秋时干将、莫邪曾在山中铸剑。经咸丰、同治年间的战乱,名山荒芜,人迹罕至。约从 1891 年起,美国传教士佛礼甲等为寻找避暑之所陆续抵达莫干山麓,后又上山考察,租屋居住,并在西文报刊上介绍山中修竹遍地、清泉竞流、凉爽幽静的情形。约在 1896 年,有些外国人士开始在莫干山上营造避暑房屋。两年

---

① 管洛声编纂:《北戴河海滨志略》,第 15、16 页。
② 秦皇岛市北戴河区地方志编纂委员会编纂:《北戴河志》,天津人民出版社 1994 年版,第 19 页。

后,他们引用 1895 年《总理衙门通行章程》中有关传教士可在内地置买土地房屋,卖业者不需先报明地方官,但须在契据内指明是教堂公产的规定,在山上购买土地,并到武康县衙以教堂公产名义税契过户。知县宋炽因莫干山不是通商口岸,具禀请示应否准予过户税契。浙江巡抚廖寿丰在批文中斥责他不谙交涉,办理颟顸,并派委员会同查办此事。于是,这些官员敷衍了事,仅查明交易双方的姓名、土地坐落、面积及价格,并未核查是否确实作为教堂公产,便税契过户,将案卷上呈了事。[①]

此后来到莫干山的外国人越来越多,购买的山地也越来越多,开始时是教会中人,后来还有商人、医生等人,但至税契时,都在地契上写成"教堂公产"。武康县迭任知县以有成案可援引,未敢指驳,一概准其税契过户。六七年间,外国人所买"教堂公产",达 1 600 余亩。向中国业主购买山地者,都办理了地方官府税契过户的手续,外国人之间互相授受,则往往不去官府税契过户,以便偷逃税款,因而有些地契已数易业主仍未更改户名。1909 年,有个英国人将所买山地转卖给德国人,知县洪子靖在税契时发现,卖主不是教士,该地块不是教堂公产,而是其自置私产,因而禀请照约诘责。浙江巡抚便札饬浙江洋务局照会英、德两国领事,转饬买卖双方当事人,此项交易违反条约,因而不予认可。不过,对于该英国人谎称私产为教堂公产的不法行径也未追究。此后,外国人于购地时稍有顾忌。[②]

上山避暑的外国人于 1898 年夏组织莫干山避暑会,制定《避暑会章程》。避暑地地主及房主可成为会员。每年避暑时节召集会员大会,选举董事会。起初董事会成员为数人,后增至十余人,设有会长、副会长、会计、书记等,成立路政、司法、卫生、房产管理等委员会,分别处理当地道路、卫生、税收、保安等项事务,甚至公断司法案件。[③] 中国地方官府已无法过问避暑地内事务。虽然在名义上维护当地秩序之权仍在中国官府之

---

① 周庆云、周延礽:《莫干山志》,大东书局 1936 年版,第 289、290 页。
② 周庆云、周延礽:《莫干山志》,第 290、291 页。
③ 周庆云、周延礽:《莫干山志》,第 326—329 页;李南:《莫干山,一个近代避暑地的兴起》,同济大学出版社 2011 年版,第 28 页。

手,但中国官府已不能向避暑地派驻中国警察。中国在当地的主权已旁落。

莫干山邻近杭州、上海,来莫干山买地的外国人大多来自江苏、浙江等地,其中美国人最多,其次是英国人,还有德国人及其他外国人,另有少数华人。入居上海租界的外国人,包括公共租界工部局董事等,夏季多往莫干山避暑,其中还有住山日多、离山日少的人士,以及购买山地并非为了避暑而是作为投资者。1902 年,上山避暑的外国人达 339 人,此后更多的外国人前来避暑,并雇用了不少为他们服务的华人。他们建造的最初是茅舍,后来皆是风格各异、多姿多态的西式别墅。山上还陆续开设各种商店,后来形成名为荫山街的商业街道。1898 年,山上与上海通邮;1906 年,落成的新邮局增添了电报、汇兑等项业务。在此期间,游泳池、教堂、公墓等也先后落成。至 1911 年,莫干山避暑地内的各种建筑已达近百座。

1911 年春夏间,浙江巡抚增韫札饬浙江交涉司王丰镐,仿照不久前湖北、河南两省收回鸡公山房屋、基地的办法,筹议收回莫干山避暑地的办法。第一,一概收回山上所造洋房和基地,警权、路权归地方官府管理;第二,由土木工程师公平估定房屋价值,由官府收购,但可由原业主租住,年租金为房屋价值的 8%;第三,官府可陆续收购房屋,付清一所洋房的房款,即收回一所。① 随后,王丰镐去上海与美国驻沪总领事磋商,起初颇有头绪,旋因教会反对而搁浅。他又与德国领事会商,获得德方允诺,约定于 11 月 7 日签约,又因响应武昌起义的革命党人于 11 月 5 日占领杭州,事遂中止。

1912 年,美国传教士费信诚与莫干山山民发生经济冲突,最后被戕杀。英国驻杭州领事和莫干山避暑会要求中国官府保护当地外国人生命、财产安全,浙江都督蒋尊簋遂令武康县知事等派兵驻扎莫干山,以便保护外国人。② 此后,在莫干山避暑地华洋势力此长彼消,登山避暑的华人逐渐增多,他们所建造的避暑房屋也越来越多。经华人抗争,网球场等原来避暑会禁止华人进入的场所也不得不向华人开放。

---

① 周庆云、周延礽:《莫干山志》,第 313 页。
② 周庆云、周延礽:《莫干山志》,第 293 页。

中国租界通史

1919 年,莫干山与庐山牯岭等地一起被北洋政府正式确认为避暑地,允准外国人租地建屋避暑。次年,武康、吴兴两地官员经实地履勘,查明外国人在吴兴县境内购置山地 200 余亩,在武康县境内购置山地 1 940 亩。1924 年,浙江官府禁止外国人再在莫干山购地过户,并照会各国驻沪领事,非教会中人须领有游历护照方可上山。次年,中国警察在上山要道设岗,按照命令查验护照。1928 年,浙江省莫干山管理局成立,该局制定、颁布相关法规,规定莫干山一切行政事务归其管理,外国人今后不得在山上置产,欲出售产业只能卖给华人,已购山地须按时纳税,否则将查封其房屋。[①] 在此种情况下,很多外国人离开莫干山,避暑地内大部分土地被中国业主收购,当地主权已被中国政府全部收回。

第四,鸡公山。

鸡公山系大别山支脉,位于河南信阳州东南,地跨河南、湖北两省,原本人烟稀少。清季兴建的卢汉铁路部分路段通车后,火车途经山麓。1903年,在信阳一带传教的美国传教士李立生登上鸡公山,感叹此山景色秀丽、气候宜人,适合夏季避暑。他买下山巅的一片随田山场,长约二里,宽约三里,并为建造四所房屋向信阳知州曹毓龄投税。次年,美国传教士施道格购得东西、南北均约三里的山岭一片,并为建造两所房屋向信阳知州徐佐尧投税。两张税契都未载明这些土地房屋是"教堂公产"。1905 年,施道格等又购得山地多处,但都未税契。同年,李立生等邀请美国驻汉口领事上山游览,又在西文报刊上发表文章,极力宣传鸡公山是避暑胜地,并将自用之地外多余的山地,分段作价,高价转卖给各国教士和商民。居住汉口租界等处苦于夏季炎热的外国人士,纷纷在山上购地建屋。在这一年,山上已建成27 所西式房屋,寓居的美、英、法等国侨民达六七十人。[②]

湖广总督张之洞获知鸡公山的情势后急忙奏报朝廷,清政府即饬令河南巡抚、湖广总督予以查办,并设法收回山上被卖土地。河南巡抚张人

---

① 周庆云、周延礽:《莫干山志》,第 303、307 页;来光和主编:《莫干山志》,上海书店 1994 年版,第 4、5 页。

② 方廷汉、谢随安修,陈善同纂:民国《重修信阳县志》,卷卅一《大事记·交涉》,1936 年版,页一。

骏以信阳知州曹毓龄、徐佐尧在美国传教士购地时并未详查,遽予税印,又不据实禀明,实属异常疏忽,奏请一并革职。他又派官员上山实地调查,交涉收回事宜。这些官员严令当地业主不得再将山地卖给外国人,要求外国人停建避暑房屋,并协商退款还地之法。在与英国驻汉口总领事法磊斯交涉时,他们指出,根据中外条约,中国仅允许外国人在通商口岸租赁土地、建造房屋,《总理衙门通行章程》虽然允准外国传教士在内地购买建造教堂的土地,但地契内须载明,只可买作教堂公产。施道格等不是本地教士,即便李立生所立地契内也无"教堂公产"字样,可知其为私产。法磊斯答称,不知非在本地传教者不能在当地买地的章程,更不能同意教士在内地买地仅能建造教堂的规定;如今解决办法,只有令教士们于地契内添加"教堂公产"字样。在此期间,已经购得土地的外国人加紧建筑避暑别墅,并出高价诱惑业主,继续出售附近山地。地方官府拘押卖主数人,迫令他们赎回土地,但因为所得地价银已经用尽,又新增了建筑费用,卖主无钱偿还,所以有些瘐死狱中,也有些畏罪潜逃。外国人因无对证,又虚报地价和建筑费,使得赎回之举更难实施。至 1907 年,交涉已在清政府与英、美、德、俄等国公使之间展开,法磊斯等也只得同意饬令建造房屋的外国人停止施工。于是,中国官员再次上山查勘,又派委员驻山稽查,拘捕违禁建造的工人。该避暑地的急速扩展终于被制止。[①]

1908 年初,江汉关监督齐耀珊等和法磊斯最终商定,并订立《鸡公山收回基地、房屋,另议租屋避暑章程十条》。其中规定,由教会购买后分售他人之地 923 亩及山上道路,中国一律收回,作为豫、鄂两省官地。官地内已建及续建之屋,中国将陆续估价赎回。已赎回之屋,由中国官府随时维修,每年仅于夏季出租给外国人避暑,租价为屋价的 8%。在避暑官地内居住的外国人,不得开矿,不许开设行栈,不准从事各种贸易。山上食品、杂货等店,只准华民开设。警察局及各种治安事务,归中国官府自办。外国人在当地不享有自治之权。有关卫生、修路、街灯、市集、家用净水等事务,可由各租户呈请中国地方官妥筹办理。各租户按房租的 10% 缴纳

---

① 方廷汉、谢随安修,陈善同纂:民国《重修信阳县志》,卷卅一《大事记·交涉》,页二、三。

公益统捐,作为办事经费。当地尚未转卖的498亩教会公产,则仍归教会执业,不得转卖外商。[①]

　　该避暑章程订立后,湖广总督赵尔巽设立鄂省森林公司,收购鸡公山位于湖北省境内所余山地,并禁止民间私相授受,以防外国人仍有私下购买鸡公山山地的可乘之机。河南省也随即援案办理。部分当地业主以官府的收购价格过低,地上又有增建房屋,拒绝接受官府所定地价,直至1917年重新估价,并给业主很多实惠,官府才全部收购成功。鸡公山避暑官地和教会区以外区域,尽为官有的湖北森林区、河南森林区,外国人私自扩展避暑区域的风险遂被杜绝。[②]

图31　鸡公山避暑地

　　1908年夏,中国官府于鸡公山设置警察局。最初由湖北省拨出12名巡丁,在夏季避暑期间临时值勤;后因当地有修山路、造房屋、建车站等

---

① 方廷汉、谢随安修,陈善同纂:民国《重修信阳县志》,卷卅一《大事记·交涉》,页四。

② 方廷汉、谢随安修,陈善同纂:民国《重修信阳县志》,卷卅一《大事记·交涉》,页二。

事务,改为常年驻守。警察人数逐年扩充,经费则由湖北、河南两省共同承担。1910年春,中国官府在鸡公山设置工程局,经费也由湖北、河南两省发给。河南交涉局还委派常驻的工程委员,负责估工、建筑等事项。外国人在避暑官地内续建房屋,须于两个月前将图纸等照会该局,由该局核准。①

1918年,经河南交涉署呈请,北洋政府同意开放河南森林官地;两年后又同意开放北岭造林地,并均允准教会中人依据原来章程租地建屋。此时,上山避暑的外国人继续增多,避暑房屋也越建越多。点缀在鸡公山群峰之间的别墅数以百计,除大量欧美风格以及若干日本风格的建筑外,中西合璧建筑也颇引人注目。外国人还在山上开办学校、旅馆、西商俱乐部,依托山泉修筑公共浴池,并在夏季设置临时医院。值得指出的是,无论是避暑官地还是教会区,外国人都拒绝华人入居避暑;在教会区,只允准华人途经上下山必经干道,禁止他们迈入其他街巷。②1921年,直系将领靳云鹗因而在避暑官地旁修建豪华别墅,为华人争气,该建筑遂被华人称作"志气楼"。靳云鹗还在当地倡办公益会,由当地华人捐资,办理建公厕、设路灯、开井泉、辟浴池、植林木、办学校等事项,取得不少成效,使得当地华人不再仰外国人鼻息。然而,由于避暑章程规定,中国赎回避暑房屋后,负责维修和出租,然而房屋租金不足以偿付维修费用,豫、鄂两省都岁赔不赀,时人因此感叹当时考虑未周,如果让外国租户自行修造房屋,中国只收地租,则可免除修屋的赔累。③

1935年6月,中国政府划鸡公山避暑地为特区,设立管理局,全部收回了当地的行政管理权。

第三节 铁路附属地

铁路附属地位于中国东北,系东省铁路和南满铁路干线及支线沿线被俄国人、日本人占据的区域,是所谓建造、经营、防护铁路的必需之

---

① ② 方廷汉、谢随安修,陈善同纂:民国《重修信阳县志》,卷卅一《大事记·交涉》,页三。
③ 齐光:《鸡公山指南》,商务印书馆1936年版,第8页。

地。俄国人称作"铁路用地""铁路租用地",日本人称作"铁路附属地"。在这些区域,俄、日两国驻扎护路军队,派设警察,征收捐税,管辖中外居民,推行中外会审制度,使这些区域近似于租界。与租界不同的是,这些区域的相当部分用于建筑铁路和相关设施,并不是居留、贸易区域;这些区域通常由铁路公司来管理,而不是由当地俄、日领事或租界工部局、居留民团行政委员会等市政机构来管理;界内土地不需向中国缴纳地税,但数十年后中国政府似可赎回铁路及其附属产业。

第一,俄占铁路用地。

俄国于1891年开始建筑西伯利亚铁路时,就图谋让该铁路东段穿越中国东北直达海参崴。这样可比绕道黑龙江和乌苏里江沿岸缩减车程1000余公里,对俄国有重大政治、经济和军事意义。中日甲午战争结束后,清政府力图联俄拒日。1896年6月,清政府专使李鸿章与俄国外交大臣等人订立中俄密约,允准俄国在中国东北接造铁路,以便利俄国运送士兵、军火和粮食。[1] 未久,驻俄使臣许景澄和俄国控制的华俄道胜银行董事长等签订《合办东省铁路公司合同》。合同规定,为建造、经营这条铁路,由该银行设立中国东省铁路公司,即中东铁路公司;东省铁路公司可拥有"建造、经营、防护铁路所必需之地""铁路附近开采沙土、石块、石灰等项所需之地";这些"所需之地",若系官地,由中国政府免费拨给,若系民地,按时价付款;所有土地一律不缴地税,由东省铁路公司经理;从通车之日起36年后中国有权赎回该铁路;通车80年后铁路及相关的一切产业,全归中国政府所有。[2] 随后,俄方公布《中东铁路公司章程》,其中称该公司经中国政府允准,在中国开采煤矿,创办各种工商矿务实业;由中俄官府按照约章,会审这些铁路用地内所有民事和刑事案件,并由公司派设警察负责界内治安。[3] 1898年,俄国强租旅大时,中国政府又允准俄国建筑通往大连湾的东省铁路南满支线。

① 〔美〕沃尔特·扬:《满洲国际关系》,蒋景德译,神州国光社1931年版,第387页。
② 徐曦:《东三省纪略》,商务印书馆1916年版,第379—384页。
③ 李荣达:《中东铁路问题的检讨》,外交月报印刷所1934年印,第14、19页。

1897 年,中东铁路公司成立于俄国首都圣彼得堡。该公司由俄国政府控制,设铁路管理局于哈尔滨。1903 年,中东铁路即东省铁路全线竣工,干线全长 1 481 公里,支线全长 945 公里,有大小 100 多个车站。同时,该公司又陆续在支线上建造连接营口、抚顺等地的支路。因《合办东省铁路公司合同》没有限定该铁路的用地面积,俄方除在铁路沿线划出宽达数十米的建造和防护铁路所需区域外,还在沿线各车站任意划出市街用地,以及农场、矿山等用地。1904 年,黑龙江铁路交涉局总办周冕同意该铁路在黑龙江占用土地 20 万垧,此后,俄方又屡次要求增加占用面积,遭黑龙江将军达桂等拒绝。经中方代表宋小濂等人力争,双方于 1907 年重新订立吉林、黑龙江铁路购地合同,限定吉林省铁路用地为 5.5 万垧,每垧民地地价为俄洋 11 至 72 圆;黑龙江省为 12.6 万垧,每垧民地地价为俄洋 10 至 60 圆;两省官地每垧一律 8 圆,并规定该铁路公司所用土地此后永不增添。[①]

随着铁路开通后中俄贸易的发展,东省铁路干线及支线各大车站的铁路用地经多年经营都颇有规模,直至发展成具有俄罗斯风情的城镇。其中最大的一处在哈尔滨。哈尔滨原为僻静的小渔村,东省铁路兴建后,哈尔滨成为该铁路干线与支线的交会处和全路枢纽。当地设有中东铁路建筑工程局,驻有俄国总监工及总工程师等技术人员。清政府遂在哈尔滨设立专办相关交涉事宜的铁路交涉总局,派设总办等官员。哈尔滨铁路用地最初划定于 1898 年,后经 3 次扩展。该区域位于松花江以南,南北长 10 多公里,东西宽 5 公里以上,面积达 60 多平方公里。当地的经济、文化都发展迅速,很快演变成东北北部的最大城市及中外贸易中心。[②]满洲里等地的铁路用地也都较为繁荣。满洲里位于东北的西部边境,原来并无定居居民。1901 年,中东铁路公司在此处设车站,又以车站为中心,划出铁路用地约 6 000 垧。次年,清政府在当地设铁路交涉分局,并于 1907 年开满洲里为商埠。因地处两国交界处,当地中俄贸易发

---

① 王铁崖编:《中外旧约章汇编》第 2 册,第 413、414、424 页。
② [日]满铁总裁室地方部残务部整理委员会:《满铁附属地经营沿革全史》下卷,满洲日日新闻社 1939 年版,第 1052—1059 页。

展较快。在其铁路以南地段,居民多为铁路员工;在其路北地段,有不少中、俄商民入居,有些街区成了商业区。[1] 海拉尔铁路用地位于车站两侧,其面积后增至4 000多晌。站北是铁路员工的宿舍区,站南是中、俄等各国商民聚居地,被称为"新海拉尔",其南即是海拉尔旧城区。"新海拉尔"有大量俄式房屋,形成不少极具俄国风情的街区。中国政府也在当地设立铁路交涉分局。[2] 昂昂溪位于齐齐哈尔以南20多公里,原本是个只有40户居民的小村屯。兴建东省铁路时,齐齐哈尔系黑龙江地区政治、经济、文化中心。因东省铁路并未绕经齐齐哈尔,昂昂溪站也被称作"齐齐哈尔站",清政府在当地设有铁路交涉分局。昂昂溪铁路用地的面积为6 000多晌。[3] 众多俄国人在界内建造俄式房屋,当地形成一批富有俄国风情的街区。绥芬河的所在地原是片茂密的原始森林,中东铁路公司在当地设置车站后划出铁路用地。未久,中国筑路工数千人入居该地区。因该站地处东北东部的国境线,清政府在当地设立铁路交涉分局。此后,该铁路用地逐渐繁荣,并发展为长、宽均为两公里、面积四平方公里的区域。[4] 此外,安达、一面坡、富拉尔基、横道河子等地的铁路用地也得到较大发展。

　　附属于东省铁路的铁路用地还有伐木区。建筑铁路后,中东铁路公司在铁路沿线和附近地区任意砍伐森林,用作铁路枕木、房屋建材及燃料等。1904年,该公司胁迫黑龙江铁路交涉局总办周冕订立伐木合同,攫取铁路沿线陆路和水路大片林区的伐木权。后经中方力争,中、俄于1907年、1908年重订伐木合同,将该公司黑龙江伐木区缩减至陆路为火燎沟、皮洛以两地各长不过30里、宽不过10里的地段,水路为权林河长50里、宽35里的地段;确定该公司吉林伐木区为石头河子、高岭子两地

① 东省铁路经济调查局:《呼伦贝尔》,东省铁路经济调查局1929年版,第75页;万福麟修、张伯英等纂:民国《黑龙江志稿》卷三十七,1933年版,页二十五。
② 东省铁路经济调查局:《呼伦贝尔》,第71页;万福麟修、张伯英等纂:民国《黑龙江志稿》卷三十七,页二十六。
③ 万福麟修、张伯英等纂:民国《黑龙江志稿》卷三十七,页二十八。
④ 孙伯言:《绥芬河市的形成与名称之由来》,载政协黑龙江省绥芬河市委员会学习文史委员会编《绥芬河文史资料》第1辑,1988年版,第68页;中国第二历史档案馆、中国海关总署办公厅编:《中国旧海关史料(1859—1948)》第155册,第24页。

各长 85 里的地段,一面坡长、宽均不超过 25 里的地段。①

附属于东省铁路的铁路用地还有采矿区。1907 年,中、俄分别订立吉林、黑龙江《铁路煤矿章程》。这些章程规定,在会同中国官员验明"实在无碍"后,中东铁路公司可在铁路沿线两旁各 30 里内的地段勘办煤矿。② 该公司先后开采了札赉诺尔、穆棱等处的煤矿。

在俄占铁路用地内,俄国攫夺了驻军、行政及司法等多方面的侵略特权。

中、俄有关合办东省铁路的约章、合同均无俄国可驻军护路的规定。1897 年,中东铁路公司借口筑路工人众多,无兵保护,不免发生危险,擅自决定派遣护路队。经沙皇批准,护路队首批官兵 750 人于当年抵达铁路工地。1900 年,护路队增至 4 500 余人。次年,该铁路护路队被改组为俄国边防军独立兵团外阿穆尔军区,公然变身为正规军。其司令部设在哈尔滨,兵力扩充至 2.5 万人。③ 日俄战争后,日俄《朴次茅斯和约》附加条款规定,铁路护路队每公里不得超过 15 人,俄国护路军遂缩编成 3 个旅,2 万余人,驻扎在东省铁路沿线各处。第一次世界大战爆发后,大批俄军西调,至 1917 年底,铁路沿线尚有俄军七八千人。④ 由于当地土匪猖獗,俄方常以追击土匪为名,派护路军进入铁路用地以外地区,同时拒绝中国军队包括追剿土匪的中国军队进入铁路用地。

中、俄有关合办东省铁路的约章、合同并无中东铁路公司在铁路沿线有行政管理权的规定。该公司成立后,就设立兼理民政的地亩处。1906年,俄国政府擅自订立了东省铁路用地内民政及自治会组织大纲。此后,中东铁路管理局设立民政处,在铁路用地内各埠组建实际由中东铁路公司控制的居民自治会,侵夺中国政府的行政管理权。在哈尔滨,凡年满25 岁并在当地居住满 1 年,同时符合拥有不动产不少于 1 500 卢布等财

---

① 万福麟修、张伯英等纂:民国《黑龙江志稿》卷三十七,页十;王铁崖编:《中外旧约章汇编》第 2 册,第 421 页。
② 王铁崖编:《中外旧约章汇编》第 2 册,第 419、431 页。
③ [俄]戈利岑:《中东铁路护路队参加一九○○年满洲事件纪略》,李述笑、田宜耕译,商务印书馆 1984 年版,第 112 页。
④ 哈尔滨满铁事务所编:《北满概观》,汤尔和译述,商务印书馆 1937 年版,第 8 页。

产资格者,可取得自治会的选举及被选举权。自治会选出 60 名全权代表组建全权代表会,然后产生由 6 人构成的行政管理机构董事会,其中董事长须是俄国人。全权代表会及董事会所有重大决议,皆须得到中东铁路公司允准方能执行。[①] 1908 年,各地自治会向当地中国商民横征暴敛,导致严重冲突。经中方多次交涉,1909 年中、俄订立《东省铁路公议会大纲》,规定铁路界内首先承认中国主权,凡中国主权应行之事,中国皆能施行于铁路用地。同时,清政府承认所有中东铁路公司现行的合同等,认可铁路用地内各埠设置公议会,办理一切地方公益事务。[②] 因握有选举权者多系俄国人,各地公议会和各铁路用地行政管理权仍被俄国控制。

中、俄有关合办东省铁路的约章、合同也没有中东铁路公司可在铁路用地内派设警察的规定,俄国人则在他们单方面订立的《中东铁路公司章程》中规定,铁路用地的秩序由公司委派警察来维护。[③] 1903 年,中东铁路管理局下设警察局,警察全部从护路军中抽调。次年,哈尔滨警察局成立,并设立道里、道外等四个分局。1908 年,东省铁路全路也设四个分局,分别管辖各路段。同时,在扎兰屯、一面坡、绥芬河等各大站设立警察署和宪兵队。[④] 为了恢复中国的主权,中方于 1907 年向满洲里、海拉尔等处铁路用地派设中国警察,但都遭到中东铁路公司反对。俄方还扬言,如果中国警察进入这些区域,即予以驱逐或拘押。[⑤] 1909 年,中、俄订立《东省铁路公议会大纲》,清政府承认俄方在铁路用地派设警察之权。然而,在很长的时期中,中国官府仍未能在俄占铁路用地内设置警察。

中、俄《合办东省铁路公司合同》规定,所有铁路用地内命盗词讼等事,由中国地方官按照条约办理。俄方则力图攫取不平等条约以外的侵略特权,在《中东铁路公司章程》中规定,对界内华人民事和刑事诉讼案件一概实行中俄会审。[⑥] 1901 年及 1902 年,中、俄先后订立有关吉林、黑龙江等地铁路交涉总局的章程,其中规定,所有与铁路事务相关的华人和入

---

① 雷殷:《中东路问题》,国际协报社 1929 年版,第 48—52 页。
② 曾鲲化:《中国铁路史》下册,燕京印书局 1924 年版,第 540—543 页。
③⑥ 李荣达:《中东铁路问题的检讨》,第 19 页。
④ 哈尔滨满铁事务所编:《北满概观》,第 10 页。
⑤ 黑龙江省档案馆编:《中东铁路》(一),黑龙江省档案馆 1986 年版,第 232 页。

居铁路用地的华人涉案,都归铁路交涉总局管辖,其中一般案件由交涉总局委派官员就近和各路段俄方监工协商办理,重大案件须上报交涉总局,和俄方铁路总监工会商后定夺。[1] 铁路用地内以俄国人为被告的案件,则都由俄国设在旅顺后改为哈尔滨的法院审判。此外,设有多个初级审判庭负责这些案件的初审。[2]

在俄占铁路用地内,只有俄国人及华人可向中东铁路公司租赁土地。其他外国人都不能租地,甚至须取得俄国签证才能进入哈尔滨等处铁路用地,其领事也须经俄国允准后才能入驻哈尔滨。准备入居这些区域并拥有产业的华人和所有外国人,都须签署服从中东铁路公司行政管理的文件,并遵守有关警务、交通、卫生等章程,缴纳铁路当局征收的市政捐税,违反者就会受到罚金、监禁等惩罚。为此,美、德等国以俄国在东省铁路用地内侵犯其在华领事裁判权而屡次与中、俄两国政府交涉。[3]

1905 年俄国在日俄战争中战败后,根据日俄《朴次茅斯和约》的规定,被迫将东省铁路支线长春以南段和相关财产、权利,一律无偿转让日本。日本政府随即迫使清政府订立《中日会议东三省事宜正约》及《附约》,确认上述转让。此后,仅东省铁路干线及其长春以北段支线及其铁路用地仍归俄国管治。

1917 年,俄国爆发十月革命。此后,东北地方当局经北洋政府支持,派兵进驻俄占铁路用地,解散并遣返俄军。至 1920 年,中国政府继续收回当地各项权利,先后在中东铁路管理局增加华人董事,在铁路用地内设置中国警察,取消中俄会审制度,并将这些区域改为东省特别区,任命特别区行政长官。1924 年,中国与苏联签订多项协定,认定东省铁路系商业性质,由中、苏共管,所有关系主权事务则由中国政府办理。1929 年,中国政府拟立即"接收"中东铁路,引发中东路事件。东北军与苏军激战,蒙受很大的损失。九一八事变后,日军迅速占领东北全境。经日本人处

---

① 王铁崖编:《中外旧约章汇编》第 1 册,第 999、1000 页;第 2 册,第 28 页。

② 万福麟修、张伯英等纂:民国《黑龙江志稿》卷三十八,页十。

③ C. Walter Young, *Japanese Jurisdiction in the South Manchuria Railway Areas*, Baltimore, 1931, pp. 40 - 53.

心积虑的破坏，苏联人已无法继续经营中东铁路。1935年，苏联同日本及伪满洲国订立出售东省铁路协定，由日本南满洲铁道株式会社接收中东铁路管理局及所属各部门全部财产。

第二，日占铁路附属地。

1905年，在日俄战争中获胜的日本无偿获得东省铁路支线长春以南段及其铁路用地。次年，南满洲铁道株式会社在日本东京成立。未久，其总社迁至大连。"满铁"经营日本政府指定的铁路运输业等公共事业，其资本的一半由日本政府投入，其总裁与理事都由政府任命，其业务受管辖旅大租借地等处的日本关东都督监督。东省铁路支线长春至大连段被日本人改称为南满铁路干线，营口等支路被改称为南满铁路支线。满铁开业时接收的南满铁路附属地共计149.7平方公里，此后又成倍扩展，其中包括俄国中东铁路公司让与的铁路用地、日军在日俄战争期间强占之地，

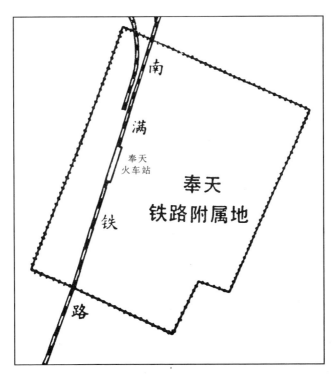

图32　奉天铁路附属地

以及满铁以购买或租借等方式扩充之地。① 除铁路沿线两侧 20 米至 400 多米宽窄不等的地段与各大车站周围建成的市街,南满铁路附属地还包括煤矿、铁矿所在地,即是所谓的"矿山附属地"。

在南满铁路附属地中,长春铁路附属地位于最北端。建筑东省铁路时,中东铁路公司将长春站设在城北的宽城子。满铁接收长春站即宽城子站以南的铁路之后,另建长春新车站,并另辟铁路附属地。长春铁路附属地东部是商业与金融区,西部是铁路员工聚居地,南接中国自开的商埠地界,其面积最后增至 6.76 平方公里以上。② 奉天铁路附属地设在沈阳城西,奉天车站周围。奉天是东北政治中心,日俄战争后又成为安奉铁路和京奉铁路的终点,成了东北的交通枢纽和军事要冲。满铁就投入巨资,重建规模宏大的奉天车站,并以车站为中心,开辟诸多道路,从四面扩张铁路附属地。该附属地内人口逐步增多,其中铁路以东发展成当地商务中心,有银行、洋行、商店、电报局等共数百家;铁路以西建有奉天铁道工场等,发展成工业区,其面积最后扩展至 11 平方公里以上。③ 在营口,铁路附属地涉及"新市街"和牛家屯铁路附属地两部分。东省铁路营口至大石桥支线是一段运输建材的临时铁路,其起点是牛家屯。日俄战争期间,日军占领营口,于旧城区以西强购大片土地,建设"新市街"。战后,这一地区被纳入铁路附属地,其间曾成立居留民团,受日本领事监督,后来面积达 1.6 平方公里。在牛家屯一带,满铁也开辟了面积达 3.9 平方公里的铁路附属地。④ 日俄战争期间,日军占领安东,并建筑通往奉天的安奉铁路。同时,日军强购民地 320 万坪为军政署用地与铁路用地。此后,满铁继续在七道沟等处购买土地,营建日本人市街。安东"新市街"的演变与营口新市街近似,当地曾设立居留民团,最终则并入铁路附属地。安东铁路附属地的面积后来增至 8.38 平方公里。⑤

① ［日］满史会编著:《满洲开发四十年史》下卷,第 419 页。
② ［日］满史会编著:《满洲开发四十年史》下卷,第 429、430 页。
③ ［日］满史会编著:《满洲开发四十年史》下卷,第 428、429 页。
④ ［日］满史会编著:《满洲开发四十年史》下卷,第 425、426 页。
⑤ 解学诗主编:《满铁附属地与"九一八"事变》(满铁档案资料汇编第十三卷),社会科学文献出版社 2011 年版,第 160、161 页;［日］满史会编著:《满洲开发四十年史》下卷,第 430、431 页。

照片 36　位于南满铁路附属地内的奉天火车站

　　南满铁路的"矿山附属地",包括本溪湖、抚顺、鞍山等附属地。1906年,日本商民擅自在本溪湖开采煤矿。1910年,名为中日合办、实由日方垄断的本溪湖煤矿公司成立。次年,该公司在当地建立冶铁厂,并改名为本溪湖煤铁公司。在本溪湖,满铁将车站、顺山街、河沿街一带约 1.2 平方公里地段划为铁路附属地,并在界内建造学校、医院、自来水厂等,界内居民中有很多是日本人。[①] 在抚顺,俄国人于日俄战争期间在当地强行开采煤矿。战后,日本人逐步占有抚顺各处矿藏,不断扩大煤矿开采范围。自 1906 年起,满铁在千金寨以西收买土地,作为煤矿附属事业和日本人市街用地。最后,满铁在抚顺所占地区,包括铁路、市街和矿区等,共达 68.4 平方公里,成为南满铁路沿线最大的附属地,至 20 世纪 20 年代末界内有中、日居民达 7 万余人。[②] 自清末民初起,日本人又加紧掠夺鞍山一带的铁矿。在 1917 年之后,满铁除了在铁矿附近建造鞍山制铁所,又在铁路两旁开辟铁路附属地,其中包括制铁所用地、供电线路用地、市街用地。制铁所位于铁路以西。铁路以东主要为日本人居住区,禁止华

[①]　［日］佐田弘治郎:《南满铁路纪略》,南满洲铁道株式会社 1927 年版,第 112 页。
[②]　程维荣:《近代东北铁路附属地》,上海社会科学院出版社 2008 年版,第 111—119 页。

人进入。1931年,该附属地的面积增至18.44平方公里,界内有日本人7 283人。九一八事变后,鞍山的制铁厂发展成钢铁联合企业,该附属地的面积进一步扩大。①

此外,铁岭、开原、四平街、辽阳、瓦房店、大连等处原由俄国开辟及满铁新辟的铁路附属地,也逐渐得到扩展。到20世纪30年代,南满铁路沿线1平方公里以上的附属地约有30个,铁路附属地总面积达524平方公里以上。②

在南满铁路附属地内,日本也攫夺了驻兵、行政及司法等方面的侵略特权。

日俄《朴次茅斯和约》规定,俄、日两国可留置守备兵来保护满洲各自的铁路路段,人数为每公里不超过15名。此项规定为中、俄合办东省铁路的约章、合同中所无,但清政府无可奈何,只能以尽快撤退为条件,允许日军护路。日本即借口守护南满铁路,在南满铁路附属地常驻军队。1907年,连同在旅大租借地的驻军包括1个步兵师团、6个守备大队,共计1万余人。这些部队于1919年起被称为"关东军",其所辖师团、旅团司令部,下辖的各联队、大队、中队、小队,以及独立守备队下辖各中队、小队分驻南满铁路的几十个附属地。其中独立守备队的司令部设在公主岭,6个大队的本部驻公主岭、奉天、连山关、大石桥、四平街和安东。③ 这些铁路附属地成为日本侵略中国的军事基地。1931年9月18日,就是驻扎在铁路附属地的日军独立守备队率先发动对沈阳北大营的攻击。

日本政府又曲解中俄《合办东省铁路公司合同》中有关建造、经理、防护铁路需用之地由中东铁路公司"一手经理"的规定,宣称对南满铁路附属地日本拥有绝对的、排他的行政权,包括警察权。起初,在满铁监督下,南满铁路的各附属地都组建居留民会,成为地方事务机关,处理界内建设、卫生、教育等公共事务,并可征收捐税。不久,满铁设立地方部,解散

---

① 程维荣:《近代东北铁路附属地》,第104—108页。
② [日]满史会编著:《满洲开发四十年史》下卷,第419页。
③ 王健:《九一八事变前关东军在中国东北侵略活动述论》,《辽宁师范大学学报》2010年第1期;辽宁省档案馆、辽宁社会科学院编:《"九·一八"事变前后的日本与中国东北——满铁秘档选编》,第308—314页。

居留民会,先后在大石桥、辽阳、公主岭、奉天、铁岭、长春、安东等地设置地方事务所,掌控各铁路附属地的行政权。[1] 日本政府又确定关东都督对铁路附属地拥有警察和军事权限。各铁路附属地内陆续设立警务署、警务支署或派出所。日本警察在各铁路附属地内任意拘捕、处罚华人,甚至闯到界外胡作非为。因日本在中国享有领事裁判权,各铁路附属地内以日本人为被告的一般案件由当地日本领事审判,重大案件由日本设在大连的"关东州"法院管辖。被判处惩役的犯人多被关押于设在旅顺的监狱。[2]

满铁经营南满铁路后,就大规模地向铁路附属地投资,并出租界内的大片土地以收取租金。各铁路附属地内陆续开设的日本企业涉及纺织、造纸、火柴、肥皂、制糖、酿酒、粮食加工等诸多行业。对于当地的市政建设,满铁多以火车站所在位置来定位,再依据产业、交通情况进行规划和建设,形成环绕火车站或中心广场的市街。界内逐步建起电力、煤气、自来水等供应系统,并设置邮政局、电报局、电话局等。同时,满铁又以"净化附属地"为名,迫使界内原住的中国居民迁离附属地。

1915年,日本强迫北洋政府签订"民四条约",其中规定,将日本经营南满铁路和安奉铁路的期限都延长至99年,即这两条铁路及其附属地要到21世纪初期才归还中国。1931年爆发九一八事变后,东三省都被日军侵占。1937年11月5日,日本与由其一手炮制、操控的伪满洲国签订《关于撤销治外法权和转让满铁附属地行政权条约》,将南满铁路附属地的行政权在形式上"转让"给伪满洲国。直到1945年抗日战争胜利结束,中国政府才真正恢复对这些区域的管辖。

第四节　其他特殊区域

除租借地、避暑地、铁路附属地外,在鸦片战争后的中国,还出现其他一些特殊区域。其中设在新疆的俄国贸易圈后来与租界十分近似,北京

---

[1]　程维荣:《近代东北铁路附属地》,第163、164页。

[2]　程维荣:《近代东北铁路附属地》,第180、181页。

的使馆区与租界也异中有同，澳门已近似割让的领土，营口、宁波等地的外国人居留区则尚未成为"国中之国"，而约开与自开通商口岸的通商场虽然常被称作"租界"，其实与租界有本质差别。

第一，贸易圈。

贸易圈，也被称为贸易亭等，在清代中期是中国和哈萨克商人在伊犁等地的贸易场所。1851 年后，贸易圈演变成俄国在新疆开辟的特殊区域，民国年间的有些著作也曾误称其为"租界"。[①] 俄国人先后在伊犁、塔尔巴哈台以及乌鲁木齐设立过贸易圈。

1851 年，经俄国官员要求，中俄《伊犁、塔尔巴哈台通商章程》规定，俄国商民至伊犁、塔城（即塔尔巴哈台）通商，由中国官员在旧有贸易亭附近指定地段，由俄商自行盖造房屋，以便居住、存货。1852 年，首任俄国驻伊犁领事到任时，伊犁将军驻惠远城，中国官员在该城西门外指拨沙土隙地一段，三里余，作为俄国贸易圈；此外，就近拨给墓地一段，一里余。同年，俄国领事抵达塔城，中国官员在塔城西北指拨地基一段，周围三里余，作为俄国贸易圈。次年，伊犁贸易圈建成，圈内有房屋 48 间，包括领事和哥萨克卫兵住房，以及俄商住所及货栈。贸易圈有围墙环绕，由领事管控大门的出入。塔城贸易圈于同年落成，圈内有房屋 51 间。未久，因俄商纷至沓来，圈内房屋增至 70 余间。[②]

1855 年，塔城民众与东侵的俄国人冲突加剧，并纵火焚烧塔城贸易圈，夺取圈内货物。俄国领事即率全体俄商逃回俄国。事后，中国官府严惩肇事者，但拒赔俄商损失，在新疆的中俄贸易一度中断。1857 年，为了向清政府施加压力，俄国领事也率伊犁俄商撤回本国，伊犁贸易圈由中国官府代为看管。次年，伊犁河泛滥，冲毁圈内部分房屋。同年，中国官府在交涉中让步，中、俄订立《塔尔巴哈台议定赔偿条约》，其中规定，中国官府按照原来式样在塔城重建贸易圈。未久，塔城贸易圈竣工，圈内共有房屋 106 间。在伊犁，中国官员也同意俄国人于惠远城外

---

① 顾器重：《租界与中国》，卿云图书公司 1928 年版，第 20 页。
② 故宫博物院明清档案部编：《清代中俄关系档案史料选编》第三编上册，中华书局 1979 年版，第 13、16、58、84、86、176 页。

旷地另选贸易圈圈址。俄国领事等人除在原贸易圈内建屋、居住外,也在新给地段内兴建房屋。[1] 1862 年,中、俄代表在塔城贸易圈举行勘分西北边界谈判,谈判未有结果。此后,俄军加紧侵吞中国领土,双方在新疆边境屡屡发生冲突。次年,中国官府禁止向伊犁贸易圈内俄国商民供应粮食,俄国领事等人仓皇逃离,圈内只留一人看守。同时,塔城贸易圈内的俄商也陆续离去。未久,新疆爆发当地贵族、民众武装起事,他们于进攻惠远城之际占据了伊犁贸易圈,并在再次攻占塔城后,将该城及其贸易圈一并焚毁。[2] 至 1871 年,俄军侵占伊犁地区,惠远城被拆毁,伊犁的贸易圈也被废弃。

此后,伊犁和塔城的中俄贸易地点都发生了变更。在俄军侵占伊犁期间,俄国统治伊犁的中心是宁远城,俄国商民遂聚集于宁远,在该城东门外居留、贸易,形成相当规模的商场。在 1872 年中国官兵返回塔城后,俄国商民在原贸易圈东侧修建二十多所房屋、店铺。数年后,塔城城北形成长半里许、以俄商为主的贸易市场。[3] 1881 年,中俄《伊犁条约》订立,其中规定,准许俄国人在伊犁等地"照旧管业",中、俄双方便未在伊犁另划贸易圈界址,俄国商民继续在宁远扩展贸易和居留范围,在城东、城北等处形成多个俄国商民居留、贸易区域。于是,伊犁不再有贸易圈。

1882 年,中、俄官员就重新划定塔城贸易圈事进行谈判。俄国领事拒绝返回原贸易圈,要求划俄商已开设的贸易市场及其周围地区为新贸易圈。次年,双方订立的条约规定,塔城新贸易圈位于旧城以北,东面194 丈,南面 123 丈,西面 241 丈,北面 288 丈,其面积超过旧贸易圈。该条约还规定,如果 10 年后抵达塔城的俄商较多,须添给自西面围墙往西至楚呼楚河之地;中、俄商民可照旧在当地杂居、贸易,只是华人不得在新

---

① 故宫博物院明清档案部编:《清代中俄关系档案史料选编》第三编上册,第 232、272 页;第三编中册,第 375、378、584、597 页;第三编下册,第 862、985 页。
② 宝鋆等纂:《筹办夷务始末》(同治朝)第 2 册,第 911、912 页;第 3 册,第 953、1306 页。宋伯鲁纂:《新疆建置志》卷一,海棠仙馆 1913 年版,页九。钟镛:《西疆交涉志要》卷五,清宣统年间铅印本,页二。
③ 厉声:《新疆俄国贸易圈研究》,载《西域史论丛》第 3 辑,新疆人民出版社 1990 年版,第431 页。

给俄国人之地上盖造房屋。[1] 1897 年,俄国领事以当地俄商众多,索要城北北梁一带形胜之地。当地官府拒绝拨给,但只得允许将楚呼楚河东岸之地并入贸易圈。[2] 至清末,当地俄国商民达三百余户,三千多人。因无围墙限制,俄国领事又纵容俄国人在圈外建房,致使他们逐年侵越,使得这一区域南抵西门外,西达楚呼楚河西岸,东到财神庙,为 1883 年划定面积三倍以上。此后,中国官府多次要求俄方在贸易圈四周建筑围墙,俄方为了便于日后扩展,一再拖延,最终也没有筑起圈墙。[3] 于是,塔城的贸易圈与并无贸易圈名目的伊犁俄商居留、贸易区域并无很大差别。

乌鲁木齐贸易圈设立较晚。1881 年,中俄《伊犁条约》规定,俄国可在伊犁、塔城、喀什噶尔及吐鲁番设立领事馆。1884 年,新疆建省,乌鲁木齐成为省城。1895 年,清政府同意俄国将吐鲁番领事馆改设在乌鲁木齐,并在乌鲁木齐通商。次年,中、俄双方将当地贸易圈的界址划定于省城南关外官大路以西、横大路两侧。因当地居民抵制,中国官府只得以官大路以东地段与横大路以北之地对换。1896 年,双方最终确定乌鲁木齐贸易圈的地基分为两段,分别位于省城南关外三道桥横大路以南的官大路两旁,面积约 240 亩。[4] 在该贸易圈内,俄国人建造了领事馆及教堂等建筑。分隔两个地段的官大道实际上也成了贸易圈组成部分,道旁建起洋行、店铺,形成贸易市场。[5] 中国官府也屡次要求俄国领事给乌鲁木齐贸易圈建筑围墙,俄国领事则一直拖延。此种状况为俄商蚕食圈外土地提供了便利。1905 年,经俄国领事要求,新疆巡抚潘效苏擅自答应给俄商续拨圈南 60 余亩土地。此时,正值拒俄运动席卷全国之时,清政府旋令新疆官府交涉收回该地段事宜,但被俄方拒绝。次年,俄国领事再次要求扩展界址,清政府以该贸易圈去年已拓展,坚持不允。俄国领事便纵容俄国商民在界外租赁房屋,从南北两个方向进行扩展,至清末,该贸易圈

---

① 王铁崖编:《中外旧约章汇编》第 1 册,第 422、423 页。
② 钟镛:《西疆交涉志要》卷五,页二。
③ 厉声:《新疆俄国贸易圈研究》,载《西域史论丛》第 3 辑,第 445、446 页。
④ 厉声:《新疆俄国贸易圈研究》,载《西域史论丛》第 3 辑,第 435、436 页。
⑤ [俄]鲍戈亚夫连斯基:《长城外的中国西部地区》,新疆大学外语系俄语教研室译,商务印书馆 1980 年版,第 254 页。

向北扩展至三道桥南民房，向南扩展至旧土地庙桥边。[1]

除伊犁、塔城、乌鲁木齐三地外，俄国依据中俄《伊犁条约》规定，也在喀什噶尔设立领事馆，并且可在当地设立贸易圈。在选址时，双方官员意见不一，最终未在喀什划定贸易圈界址。俄国商民便与华人杂居，在当地出现大片俄国人居住、贸易区域。由于喀什与伊犁的宁远没有设置贸易圈，未能限定俄国人居留范围，到清末，两地中俄居民混杂，交涉频起，宾强主弱，几成不可收拾之势。中国官府因而拟严加限制，以期将这些区域转成贸易圈，[2]但这一谋划并未奏效。

对于贸易圈内行政管理等事务，中俄《伊犁、塔尔巴哈台通商章程》和《议定俄属商人贸易地址条约》等约章都作过规定。根据这些约定，俄商入居贸易圈，由俄国领事管束；圈内建造、修理道路、桥梁、房屋，以及引水、栽树、防火、巡夜等事务，均由俄国人自行措办。维护贸易圈安全的主要力量是俄国卫队。在伊犁、塔城贸易圈初建之际，圈内就有哥萨克卫兵驻守。1858年重建塔城贸易圈时，中国官府答应俄国在这两个贸易圈内各驻卫兵50名。[3] 此后，乌鲁木齐贸易圈内也同样有俄国卫队驻守。

贸易圈内的行政体制也逐步定型。俄国领事成为当地近乎独裁的统治者，行使着俄国各政府部门的权力。圈内稍大的事务，都由领事裁决。俄国侨民之间稍大的民事纠纷及刑事案件，都由领事裁判，其判决为最终判决。圈内俄商可召开商人代表会，出席者为各洋行及独立经营的商人或其代理人，店员与普通居民不能参与。会议通常由商界领袖主持，可议决贸易圈内征收捐税的总额及分摊办法，如何维修圈内街道、桥梁、水渠等事务，并确定办事人员薪酬及领事馆附设拘留所的经费支出等。会议的所有决议，都须经领事核准才能实施。办理圈内日常事务者被称作"商约"。一个贸易圈有数名"商约"，他们有薪金，由领事任命，或由商人推选，最初多由俄国富商出任，后因其职责繁重，富商却步，多由中等商人直

---

[1] 袁大化等修纂：《新疆图志·民政四》，东方学会1923年版，页一。
[2] 厉声：《新疆俄国贸易圈研究》，载《西域史论丛》第3辑，第448页。
[3] 故宫博物院明清档案部编：《清代中俄关系档案史料选编》第三编上册，第16页；第三编中册，第583页。王铁崖编：《中外旧约章汇编》第1册，第423页。

至破产商人充任。"商约"依据领事指示来处理圈内日常行政事务,还兼任警长,率领从俄国侨民中推举的警察来维持圈内秩序,处理俄国人之间较小的民事纠纷及轻微的刑事案件,并兼管圈内拘留所。他们还负责向中国官府传达领事的意见,直至代表领事与中方交涉。[①]

清政府同意在伊犁、塔城等地设立贸易圈,与在上海等通商口岸开设租界一样,起初是为了限定俄商居留、囤货的地段。此时,贸易圈四周有圈墙围绕,圈内没有贸易市场,俄商只是在来华贸易期间才在圈内居住,并且不能任意离圈外出,因而早期的贸易圈与租界的差异显而易见。1883年后,没有圈墙的贸易圈演变成中、俄商民居留、贸易区域,圈内召集的商人代表会近似租界纳税人会,设置的"商约"近似工部局董事,并设有警察和牢房,致使贸易圈与实行领事"独裁"的租界十分相像。然而,贸易圈的土地最初由中国官府无偿拨给,并非俄国人永租或购买,他们占用这些土地后还无须每年向中国官府缴纳年租或钱粮之类的地税,因而在土地制度等方面,贸易圈与租界仍有所不同。

1917年,俄国爆发十月革命,成立苏维埃政权。次年,塔城等地贸易圈的俄国卫队纷纷回国,旧俄领事失去对各地贸易圈的控制。中国官府派警察或军队入驻这些地区,并在当地陆续恢复行政、税收等方面的国家主权。1924年5月,中、苏订立《中俄解决悬案大纲协定》,其中规定,苏联政府允予抛弃沙俄政府在中国境内根据各种条约等所得之一切租界、租借地、贸易圈等之特权及特许。至20世纪40年代,俄国侨民在原贸易圈所在地已不再享有任何特权。

第二,使馆区。

使馆区,也被称作使馆界,位于北京城内,形成于八国联军侵华战争之后。

第二次鸦片战争后,清政府被迫同意外国公使常驻北京。从1860年起,英、法、美、俄、德、意、奥、比、荷、日等国相继在北京城内开设使馆。使馆集中于原来是外国人进京时临时居住的东江米巷,附近有清政府的礼

---

① 〔俄〕鲍戈亚夫连斯基:《长城外的中国西部地区》,第255、274—276、284页。

部、户部等衙署，王公的府邸以及当地的民居。因有众多外国人入居，这条巷子被当地民众改称为"东交民巷"。

1900 年，义和团运动爆发。清军及义和团民对北京的各国使馆进行了围攻。使馆卫队等坚守到八国联军攻入北京。经近两个月的围攻，奥、比、意、荷四国使馆被焚毁，附近到处是断壁残垣。次年 3 月，各国公使通知清政府，拟将整个东交民巷地区都划为使馆区，要求将界内的中国衙署及原来的居民悉数迁出。经屡次谈判，5 月 30 日，清政府与列强订立《增改扩充各国使馆界章程》及《北京各国使馆界址四至专章》，其中规定，该区域东界至距崇文门 10 丈为止；西界至兵部街为止，将吏部、户部、礼部及宗人府等中国衙署划至界外；南至城墙根，这段城墙之上允准各使馆派人巡查；北至东长安街北 80 米为止，使馆界墙则设在东长安街南约 15 丈，自界墙外至东长安街北界线以内的房屋，均拆成空地。① 9 月 7 日，清政府与列强订立的《辛丑条约》又规定，使馆区专门作为各国使馆"住用之处"，并完全由各使馆管理；中国人一概不准在界内居住；各国可常留军队，防守该区域。于是，这一使馆区由外国使馆管理，并驻有外国军队，已与租界颇为近似，其主要差别在于对该区域进行管理者，并非外国驻当地

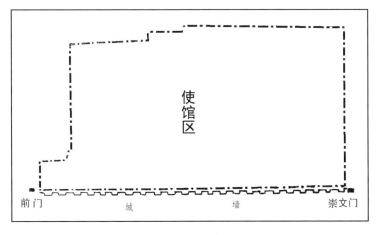

图 33　北京使馆区图

———————————

① 　王铁崖编：《中外旧约章汇编》第 1 册，第 990—992 页。

领事,或由界内外国纳税人选举产生的市政机构。使馆区成为位于清朝皇帝卧榻前的"国中之国"。

在确定使馆区界址后,相关各国的外国人便清除界内原有的中国官衙,对百姓的私宅也都于作价后加以拆除。保留于使馆区的中国官衙仅有以外国人为总税务司的中国海关总署。使馆区的东、西、北三面都建起高达六米的围墙,南有北京城墙,只是在东交民巷的东、西两端设置铁门,作为出入该区域的通道。界墙之外,他们又拆除附近地段的建筑,形成一片缓冲区。其中使馆区的西部界墙与其西侧的吏部、户部、礼部等四大衙署隔着三十余丈的空地。在使馆区内,英、法、美等十多国使馆先后重建,其中英国使馆面积最大。英、法、美、俄、德、日、意、奥等国分别在使馆附近建造了兵营,驻扎本国的卫队。为了满足各国使馆人员日常工作、生活的需要,界内陆续建起官邸、教堂、饭店、银行、医院、洋行、商店、邮局、俱乐部等。其中包括汇丰、花旗、德华等银行,以及六国饭店等当时的豪华旅店。这些银行、商店之类的外国经营者因而也纷纷入居。这批建筑大多是西式洋房,也有少数是中西合璧的房屋,使得这一中国的古都首次出现大片的欧美建筑。界内的道路都经过修整,以便于马车行走,并很快以电灯为路灯。这些道路的路名都用英文书写,多以赫德等外国人名为路名。1909 年,在北京建成自来水厂后,使馆区是北京最早有自来水供应的区域之一,并最早在室内安装了供水的卫生设备。1925 年,南北向的御河被改造成暗沟,其上种植花草,变成该区域内美丽的街心花园。

根据《辛丑条约》的规定,使馆区的警察权完全属于各公使馆。各使馆的武装警察除保护本国使馆所辖区域外,还须派出数名警察巡逻指定的地段。发现有违反该区域各种行政规章的行为,这些警察于必要时便可拘捕违章者。①

1914 年前,使馆区并未统一行政。该区域被御河分成东、西两部分。御河以东形成由法、德、奥、比、西、意、日等国使馆组成的东使馆区,御河以西形成由美、俄、荷等国使馆组成的西使馆区,以及独自为政的英国使馆区。

---

① 张宗平:《清末北京使馆区的形成及其对北京近代城市建设的影响》,《北京社会科学》1995 年第 1 期。

位于东区的各使馆、中国海关总署及当地侨民选出人员组织一个委员会，相当于当地的行政管理机构，负责土木建筑、清扫道路等项事务，所需费用，根据各使馆所辖面积等进行摊派。西区的使馆没有建立统一的行政机构，因而当地的建设、卫生等亚于东区。① 1914 年，列强订立《北京公使馆区域规则》，其中规定，当地成立由三名官选委员和两名民选委员共同组成的行政委员会，管理该区域内的各种行政事务，其中一名委员专门负责当地的警察事务。② 至此，这一使馆区已与公共租界有相似之处，不同的是该区域的行政直接受公使团的监督，行政委员会的决议均需得到公使团的批准。

　　起初，华人不得在使馆区内居住，受外国使馆雇用的华人须持证明才能留宿，中国的马车需经车夫证明有入界的理由才能进入，日落后华人在该区域内行走还必须手提灯笼，中国士兵即便徒手也不能进入该区域。由于中国军警不能进入，外国使馆又庇护政治犯，六国饭店等处后来也接纳中国住客，使馆区因此成为不少华人的避难所。1917 年，张勋在北京复辟帝制失败，便躲入使馆区内的荷兰使馆。1920 年，被通缉的一批安福系政客都逃入使馆区内的日本兵营，其中梁鸿志等七人在避难两年后才陆续逃离北京。③ 1924 年，末代皇帝溥仪在被国民军逐出紫禁城后，很快就躲进日本使馆，并于次年移居天津日租界。1926 年，北京发生镇压民众抗议的"三一八惨案"后，共产党人李大钊等被北洋政府通缉，李大钊遂携家人入居使馆区内的苏联使馆，并将国、共两党北方领导机构迁入该使馆以西的原俄国兵营。在此期间，著名报人成舍我、邵飘萍等在开罪于执政的军阀后也都赶紧住入六国饭店。邵飘萍系在被骗出使馆区后才被奉系军阀逮捕、杀害。此种情况至 1927 年才稍有变化。此时，占据北京的奉系军阀发现李大钊等在苏联使馆等处活动后，认为苏联已废除沙俄时期与中国缔结的一切不平等条约，故派出武装军警三百余人，包围苏联使馆，逮捕了李大钊等数十人，首开中国军警进入使馆区逮捕政治犯的纪录。

---

① 张宗平：《清末北京使馆区的形成及其对北京近代城市建设的影响》，《北京社会科学》1995 年第 1 期。
② ［日］植田捷雄：《支那租界论》，东京岩松堂书店 1939 年版，第 199、200 页。
③ 王芸生编著：《六十年来中国与日本》第 8 卷，第 63、65 页。

1927 年,国民政府定都南京;次年,北洋政府终结。各国使馆便陆续迁往南京,但这些国家并未放弃这一位于中国故都的"国中之国"。界内的六国饭店仍是各种政客活跃的场所,1933 年,投靠日本的原皖系军阀张敬尧便在化名住入该饭店后被军统特工刺杀。1937 年卢沟桥事变爆发后,日军占领北平。使馆区作为被列强控制的区域,日军未予占据。此后,使馆区与上海等地的租界一样,如同沦陷区里的"孤岛"。1941 年底,太平洋战争爆发,美、英等国未撤离使馆区的人员被日军拘留。至此,该区域已同沦陷区没有多大的差别。

1943 年 1 月,中国与美国、英国分别订立取消美国、英国在华治外法权及处理有关问题的条约,废止《辛丑条约》,取消该条约及其附件给予的一切权利,其中,英条约还明确规定,将使馆界的行政和管理连同使馆界的一切官有资产和义务移交给中国政府。此后,相关各国都陆续与中国订立类似的条约。在 1945 年 8 月日本无条件投降后,中国真正恢复了对东交民巷地区的行政管理。

第三,外国人居留区。

在有些通商口岸,外国侨民在其集中居留的区域内取得若干特权,但这些区域还没有发展成租界。在另一些通商口岸,中、外双方划定了租界界址,但这些区域也没有发展成"国中之国"。这些外国人居留区常被称作"租界",实际上只是一些特殊地区,主要有宁波江北岸、烟台烟台山、福州仓前山和营口英国租地。下面分别论述。

宁波江北岸

宁波是鸦片战争后开放的五个通商口岸之一,开埠于 1844 年。未久,首任英国驻宁波领事罗伯聘入居宁波城外甬江支流余姚江的北岸。[①]这一东临甬江,西、南两面紧靠余姚江的江北岸地区,发展成英、美、法等国人士在宁波的居留、贸易区域。

1861 年 12 月太平军攻占宁波府城后,英、法等国军队控制了江北岸,大约七万名华人进入这一区域避难。1862 年初,美、英、法三国领事

---

① W. F. Mayers & N. B. Dennys, *The Treaty Ports of China and Japan*, p. 339.

等人就维护该区域秩序、保护当地外国侨民生命、财产等事项达成协议，并擅自确定该区域界址，即东、西、南以甬江、余姚江为界，北以白沙河一线为界，并宣称他们保留于必要时为当地制定规章之权，只要这些规章符合中外条约。① 未久，太平军在宁波城外鸣放礼炮，流弹飞入江北岸。这一事件成了英、法军队支持清军夺回宁波府城的导火索。事后，法国驻宁波领事爱棠要求宁绍台道划江北岸部分地段为法租界。美国领事孟恩威理以这种行为损害当地英、美侨民的利益，立即反对。美国驻华公使蒲安臣也一再向清政府宣称，在江北岸划出专管租界，将侵犯中美条约给予美国人的权利。② 英、俄两国公使同样反对，连新任法国公使也不支持。宁波因而未出现法租界，也未出现其他专管租界或公共租界。③

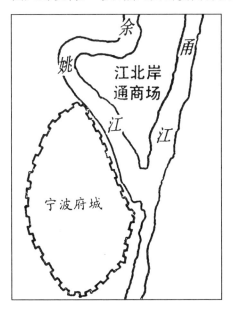

图 34　宁波江北岸通商区域图

1876 年，中英《烟台条约》订立。该条约规定，尚未划定租界的各通商口岸都应由外国领事与中国地方官议定界址。宁绍台道瑞璋奉命勘定宁波江北岸外国租界界址，但因为当地外国洋房与中国民居犬牙交错，且多坟墓，难以划分，所以没能定界。九年后，外国领事又催促定界，因中国官府已采取不贸然允准外国增开租界的政策，就托词拖延，使宁波最终没有出现外国租界。④

1863 年，中国地方官员与各国领事在江北岸筹设巡捕房，起初只雇用了三至四名巡捕，由中国厘局月支三百银圆为经费，其余由江北岸的洋

---

① En-sai Tai，*Treaty Ports in China*，p. 73.
② En-sai Tai，*Treaty Ports in China*，p. 74.
③ ［美］马士：《中华帝国对外关系史》第 2 卷，第 129 页。
④ 苑书义等主编：《张之洞全集》第 8 册，第 6560 页。

行、商铺捐助。1867年,外商拒绝再捐,中国厘局便月支五百银圆,承担了全部费用。虽然经费出自中国官府,该巡捕房却只听从外国领事指挥。1880年,宁绍台道瑞璋订立《宁波重设巡捕办事章程》。其中规定,江北岸巡捕房一切归道署自办,其经费由中国官府提供。巡捕房督捕等由外国人充任,由宁绍台道任命。巡捕由华人充任。巡捕拘捕界内华人,手续与在界外相同。十余年后,该巡捕房共有外籍督捕、巡官及华籍巡士、华捕等二十余人。① 1894年,中国官府订立的《宁波增订巡捕禁令章程》规定,中国差役虽能进入江北岸巡察地方,但要查拿界内人犯,其牌票须先送巡捕房签字,并须由巡捕协拿。② 1909年,中国官府撤销江北岸巡捕房,改设巡警分局,其负责人不再由外国人充任,而是由鄞县知县任总办,另外委派坐办一人。遇有重大交涉事件,则由宁绍台道负责办理。至此,江北岸巡捕房的历史遂告终结。③

1884年,江北岸设立清道局,由外国人与华人共同组成,他们在巡捕房的监督下负责道路保洁、照明和修补等事项。因无稳定的收入来源,入不敷出,相关工程难以开展。④ 1898年,清道局改组为公共工程局,负责当地市政建设。工程局有董事13名,华、洋各占6名,由外国人充任的浙海关税务司作为宁绍台道的代表出任董事长。经宁绍台道允准,工程局向通过当地码头起卸的每件货物征收码头捐3文,用于当地道路、码头、电气、水道、卫生等项市政建设。⑤ 民国初年,工程局华董增至10名,由会稽道尹任会长,浙海关监督和税务司同任副会长。至1927年,新成立的宁波市政府派员接管工程局,改设为宁波市公务局江北工程办事处。这一特殊的历时30年的市政机构遂退出历史舞台。⑥

---

① W. F. Mayers & N. B. Dennys, *The Treaty Ports of China and Japan*, p. 340;苑书义等主编:《张之洞全集》第8册,第6560页;中国第二历史档案馆、中国海关总署办公厅编:《中国旧海关史料(1859—1948)》第152册,第381页;姚之鹤编:《华洋诉讼例案汇编》下册,第439、440页。
② 姚之鹤编:《华洋诉讼例案汇编》下册,第443页。
③ 仇柏年:《外滩烟云》,宁波出版社2017年版,第94页。
④ 仇柏年:《外滩烟云》,第194、195页。
⑤ 中国第二历史档案馆、中国海关总署办公厅编:《中国旧海关史料(1859—1948)》第28册,(中文部分)第一八五页;第154册,第72页。
⑥ 仇柏年:《外滩烟云》,第197、198页。

经过数十年发展,江北岸成为西式建筑林立、商务十分繁荣之区。英、法、美等国设有领事馆,英、法、美、日等国商人及华商建成不少洋行、商号、工厂、船埠等。中国的浙海关、宁波邮政局以及轮船招商局等企业的分局也都设在当地。当地还出现近代新闻、出版机构,作为宁波主教座堂的江北岸天主教堂,以及一些富商大贾的豪宅。至民国年间,当地更加繁荣,出现了更多的商店,并成了诸多银行、钱庄、保险公司等金融机构的所在地。

在多个外国人居留区中,宁波江北岸与租界最为相似,因此当时及后来不少中外人士称之为"宁波租界"。然而外国人从未在江北岸召集过纳税人会议,设立租界工部局之类的市政机构,中国官府又很快自办巡捕、道路等市政,该区域仍与租界有明显区别。甲午战争后,清政府拟以宁波通商场的模式来抵制日本在苏州、杭州等增开通商口岸开辟专管租界。1909 年,中国官府又将当地的巡捕房改为由中国官员为负责人的警察局,使这一区域与租界的差异更为明显。至 1927 年,中国政府便完全收回了当地的行政管理权。

烟台烟台山

第二次鸦片战争期间,法军于 1860 年占领烟台,驻兵于当地濒海的形胜之地烟台山。次年,法国要求租赁烟台山南麓向西南丈量 120 号、东南丈量至海岸退潮处的地段。在此期间,因为中英《天津条约》增开登州为通商口岸,但英国人随即发现登州滩薄水浅,烟台芝罘湾则域宽水深、商贾云集,所以要求改烟台为通商口岸,并拟租赁烟台山一带土地,使中国官府无法允准法国要求。1862 年底或次年初,英方表示可暂不租地,中国官府即划山麓 211.75 亩土地为法国租界。法方进而要求将烟台山划入界内,中国官府因烟台山巅旧有炮台,是烟台屏障,故未允准。[①] 英、美人士也不愿让法国人独占形胜之地,就从当地中国业主处大量购买土

---

① 中国第一历史档案馆:军机处照会,法字第 123、148 号。英国国家档案馆:FO 228/317,法国驻烟台领事致直隶候补府照会,咸丰十一年七月十六日;登莱青道致英国驻烟台领事照会,同治元年十二月二十七日。英国国家档案馆:FO 228/2137, Memorandum Concerning Chefoo Foreign Settlement, 1906。

地。英、法公使遂于 1866 年与总理衙门商定,烟台口岸法国专用地段,毋庸专归法民承租,各国商民都可分租;中国也不能允准一国辟有专门地界,无论何国租借地段,永为各国公用;除山巅炮台左近一区土地外,烟台山之地全部准许各国商民租用。① 此后,烟台山及其南麓演变成各国公共居留、贸易区域。

自 1861 年烟台开埠后,英、法、美、德等 17 个国家相继在烟台山一带设立领事馆。各国侨民在当地陆续开设了一批洋行、银行,以及多所教堂、医院、学校。当地华人仍拥有不少土地,并开设各种商店、货栈。1877年,根据上年中英《烟台条约》有关在尚无租界各口划定租界的规定,中国官府拟划当地 308 亩土地为租界,但因英方拟确认租界当局可向华商征收码头捐等捐税,并以要求扩大租界范围相要挟,致使交涉搁浅。② 在此期间,当地市政建设推进缓慢,很少有新道路开辟,已建道路也长期未设路灯。为维持社会秩序,经中国官府提供经费,当地曾雇募三名华捕,但他们听从英国领馆警察的指令。③ 1890 年,外国侨民在当地设立道路委员会;1893 年,又设立邮政委员会。同年,这两个委员会合并为公共事务委员会,承办当地的市政工作。该委员会还召集各领事馆所雇警察,共同负责站岗、燃灯、巡夜、清秽等事务。遇有外国人酗酒、斗殴等事件,他们可以缉拿,分别送交本国领事查办。设置这些机构时,外国人从未与中国官府协商。1897 年,清政府在当地设立邮政局,该委员会失却邮政收入,便开征房产捐及人丁捐。因该委员会本来就无权征税,这些捐税实际上属于外国侨民自愿捐助。对于不愿缴纳捐税者,该委员会不能强迫。④

从 1899 年起,英、美等国力图使烟台山外国人居留区域成为公共租界。至厦门鼓浪屿成了名为公共地界的公共租界后,在烟台的外国人不

---

① 中国第一历史档案馆:军机处照会,法字第 148 号;刘锦藻撰:《清朝续文献通考》第 4 册,考10908 页。
② 英国国家档案馆:FO 228/956,登莱青道致英国领事照会,光绪三年二月十七日、三月十六日;英国领事致登莱青道照会,光绪三年三月十四日。
③ 中国第二历史档案馆、中国海关总署办公厅编:《中国旧海关史料(1859—1948)》第 152 册,第 68 页。
④ 中国第二历史档案馆、中国海关总署办公厅编:《中国旧海关史料(1859—1948)》第 51 册,(中文部分)第二四一、二四二页。

仅企图将烟台山一带同样变为公共租界,还企图扩展其范围。山东官府断然拒绝,并指出,扩展通商口岸的公共旅居之地,应归中国官员自办。在此期间,当地一部分巡警由公共事务委员会雇用,另一部分由登莱青道提供经费,听从海关税务司指挥。1906 年,英、法、美、德等国公使将当地各国侨民所拟烟台山地区《土地章程》及附则等送交清政府外务部,其中内容大致沿用鼓浪屿公共地界以及上海租界各章程。因登莱青胶道何彦昇等官员和当地华商坚决抵制,清政府拒绝在烟台设立租界,坚持要依照宁波等处成案,自办巡捕、工程等事。[①] 1909 年,双方妥协,决定组织名为"国际委员会"的中外联合管理机构。该机构被华人称为华洋合办工程董事处,管理范围包括烟台山一带华洋杂居区域及附近华人街区,当时又称烟台第六区。董事处有董事 12 名,由当地华人和外国人士各选举 6 名。其权限为管理区内道路、沟渠、桥梁及卫生等事宜,向当地中外居民及往来人力车征收捐税,为改善当地治安向中国官府及领袖领事提出建议,并在他们核准后施行。向华人征税的税务官由董事处推荐,再经登莱青道任命。董事处无权干预区内巡警事务。中国官府设立警察局,下辖司法、卫生、消防等九个部门,负责当地的治安。在此后数年中,该董事处先后在各国侨民居住区修建了一些平坦的柏油道路,架设了照明电灯,安装了必要的卫生设施。[②]

在民国年间,有些著作称烟台有中外共管租界或公共租界,但当地中国官府和居民从不认为烟台山一带是外国租界。[③] 在抗日战争爆发后的1938 年,日本军队侵占烟台。三年后,太平洋战争爆发,日军占据烟台山外国人居留区。抗日战争胜利之际,美、英、法等国同意将各地专管租界及公

---

① 丁抒明主编:《烟台港史(古、近代部分)》,人民交通出版社 1988 年版,第 106 页。英国国家档案馆:FO 228/2137, Proposed Land Regulations and Bye-laws for the Settlement of Chefoo, 1905; Note of Prince of Ch'ing to Mr. Rockhill, July 1, 1906。
② 中国第二历史档案馆、中国海关总署办公厅编:《中国旧海关史料(1859—1948)》第 51 册,(中文部分)第二四二页;第 155 册,第 236 页。英国国家档案馆:FO 228/2137,《华洋合办烟台第六区工程董事章程》,宣统元年十一月十九日拟稿;[英] 阿美德:《图说烟台(1935—1936)》,陈海涛、刘惠琴译注,齐鲁书社 2007 年版,第 1—24 页。
③ 张河清:《烟台租界小考》,载烟台市政协文史资料研究委员会编《烟台市文史资料》第 1 辑,1982 年版,第 59 页。

共租界行政管理权归还中国。外国人在烟台山地区的特权也未恢复。

福州仓前山

福州仓前山，位于闽江南岸，南台岛北部。作为鸦片战争后开放的五个通商口岸之一，福州开埠于 1844 年。英国驻福州领事馆最初设在城内。1855 年，福建官府允准英国领事租赁城外仓前山上天安寺双江台后围墙内空旷山园两段，作为建造领事馆的地基；允准英国商民租赁附近观音井、下衕等处屋地，为储货、居住之地。[①] 此后，法国、美国、德国、俄国、荷兰、丹麦、比利时、西班牙、葡萄牙、奥匈帝国等国纷纷在仓前山租赁土地，建造领事馆。各国商民也陆续在此地租赁地基，建造住宅、洋行、银行、商店、教堂、医院、学校等。后来，轮船招商局等多个中国企业也在当地设立分局或总行。

1861 年，清政府决定在闽江南岸、仓前山北麓的泛船浦设立闽海关。此后，泛船浦一带也出现诸多西式建筑，其中包括福州邮务总局以及作为天主教福州教区主教座堂的泛船浦教堂等。1881 年，外国商民又将活动范围伸展到仓前山南麓，在那里租赁大片土地建造跑马场。故而当时有"走马仓前观走马，泛船浦内看番船"之说。

1862 年，外国侨民组建福州公路信托部，负责在仓前山等处修路、植树、动迁路边旧墓、营造外国人墓园、维护环境卫生等事项。所需经费，由道路使用者分担。起初，在当地道路上步行者每年须支付 3 银圆，骑马者 6 银圆，后增至步行者 5 银圆，骑马者 10 银圆，每家洋行 25 银圆。[②] 外国侨民还曾擅设巡捕，在当地值勤。因被中国居民抵制，当地治安改由若干中国差役负责。外国人士抱怨他们平时不见踪影，仅在逢年过节索要节敬时才露面。至 1894 年前后，中国官员妥协，他们组织一队华捕，让华捕受各国驻福州领事节制。这些华捕认真执勤，拘捕违法分子，使当地秩序有所改善。[③]

---

① 李厚基等修、沈瑜庆等纂：民国《福建通志·外交志》，1938 年版，第 4 页。
② H. Shelley Brand, *Memories of Old Foochow*, *Fukien*, *Arts and Industry*, Foochow, 1933, pp. 20, 21.
③ 中国第二历史档案馆、中国海关总署办公厅编：《中国旧海关史料（1859—1948）》第 152 册，第 429 页；第 154 册，第 118 页。

直到 20 世纪 30 年代初期,外国人在仓前山地区仍然拥有很多特权,时人有福州仓前山一带宛如租界之说。[①] 不过,外国人并未在当地组建工部局之类的市政机构,不能管理当地华人,也不能向华人征收捐款,故该地区与租界尚有较大差异。

抗日战争初期,日军一度侵占福州。太平洋战争爆发后,中国与英、美等国成为盟国,福建省政府收回仓前山以南的外国人跑马场。未久,日军第二次占领福州,英、美等国人士纷纷逃离仓前山等处。抗日战争胜利后,外国人未再恢复在当地的特权。

营口英国租地

牛庄是第二次鸦片战争后增开的通商口岸。1861 年初夏,英国领事密迪乐至辽河口实地考察,发现牛庄距辽河入海口甚远,不是理想的中外贸易地点,便要求改海口附近的盖平县没沟营为通商口岸。没沟营又名营子、营口。经多次商议,密迪乐与牛庄防守尉毓昌等于 8 月订立租约,确认在没沟营迤东的辽河沿岸设置英租界,其东西沿大道丈量 282 丈,其南自大道北壕起,北至辽河边,面积 197.67 亩。双方仿照此时开辟镇江、汉口、九江等地英租界的约章订立了租约,其中规定,界内一切事宜,统归英国领事专管,随时定章办理。同时,双方在辽河东岸确定基地一区,作为英国人墓地。接着,中国官员传集当地业主,与密迪乐一起,商定土地及房屋等共作价 993 两白银,并当场将价银交收完毕。[②] 此后,英国人曾称这一由英国政府租赁的区域为"牛庄英租界",有些华人因该区域其实位于营口,曾称之为"营口英租界"。

租赁这片土地后,密迪乐随即为"营口英租界"订立章程 13 款,其中规定,将召集界内租地人会议,征收建设经费,并雇用巡捕,兴建码头、道路、下水道等。[③] 随后,分租土地的英商就由英国政府颁给租赁期为 99 年的皇家租契。然而这一区域地势低下,在不久后逐步塌入辽河。尽管租地人极力加固河堤,但事与愿违。直至民国肇建后多年,在所剩的少数地块之

---

① 蔡廷锴:《回忆十九路军在闽反蒋失败经过》,载中国人民政治协商会议全国委员会文史资料研究委员会编《文史资料选辑》第 59 辑,中华书局 1979 年版,第 71 页。
② 英国国家档案馆:FO 228/317,中英永租牛庄地基租约,咸丰十一年七月。
③ 英国国家档案馆:FO 228/314, *Rules and Conditions under which Allotments of the British Land at Yingtsze in the Consular District of Newchwang*, August 12, 1861。

上没有一条像样的道路,只有数家洋行,连英国领事馆也建在界外。

甲午战争时,日军侵占营口,中外居民纷纷逃离,当地贸易停顿、市面萧索,事过多年尚未恢复。1898 年,俄国强租旅大后,清政府允准英国、日本分别在营口划出一块土地作为租界。1900 年上半年,当地中国官员与英国官员再次划定"英租界"界址,该区域与原有"英租界"隔辽河相望,东西长 300 丈,南北宽 140 丈。双方还约定,将请总理衙门立案,该租界以北余地永远不得让与他人,如拟出让,也必须尽先并入该租界。[①] 未久,庚子事变爆发,俄国军队侵占营口。此时,在营口的外国人中,俄国人占了 90%以上。在四年后日俄战争期间,日军侵占营口。日军撤离后,营口出现日本"新市街"和铁路附属地,当地外国人中 95%以上是日本人。[②] 在这种形势下,英国人一直未去经营这一新获得的租界。

由于原来的"营口英租界"所剩面积极其狭小,仅有数家洋行,界内外国侨民屈指可数,他们一直没有在当地组织工部局之类的市政机构,也没有设置巡捕房。[③] 在这一区域以外,中外居民杂居,同受中国官府保护。从 1890 年起,入居营口的人们每年选举产生一个委员会,负责当地的道路照明等事宜。[④] 后来,当地还设置由中国官员主持的华洋裁判所,在中外居民发生财产纠葛时,就由该所裁判,外国领事等官员仅能列席旁听,从来没有会审之事。[⑤] 1906 年,英国驻华外交人员在调查各地英租界的情况时,对在中国有六个还是有七个英租界,即营口究竟有没有英租界心存疑问,他们确认的是,"营口英租界"完全处于无人管理状态。[⑥] 1930年,一个美国学者在营口作了实地调查后也指出,要是说营口存在"英租

① 中国第一历史档案馆:电报档,2-04-12-026-0063,光绪二十六年二月十二日增祺电;中国第二历史档案馆、中国海关总署办公厅编:《中国旧海关史料(1859—1948)》第 153 册,插图 153-3。
② 中国第二历史档案馆、中国海关总署办公厅编:《中国旧海关史料(1859—1948)》第 42 册,(中文部分)第一八九页。
③ C. Walter Young, *Japanese Jurisdiction in the South Manchuria Railway Areas*, p. 215.
④ 中国第二历史档案馆、中国海关总署办公厅编:《中国旧海关史料(1859—1948)》第 152 册,第 27 页。
⑤ 杨晋源修、王庆云纂:民国《营口县志》上部,1933 年版,第 24 页。
⑥ 英国国家档案馆:FO 228/2128, Report of Chinese Offenders in British Concessions, June 25, 1906。

界",这将使很多人惊讶。在这一狭小区域内,英国人并无建立市政机构的意图。未久出版的《营口县志》也指明,"营口自通商开埠以来,并无租界之名"。[①] 这一英国人作为租界来开辟的区域,没有发展成英租界。这一英国租地连同界外地区,在营口实际上形成了一片华洋杂居区域。

1931 年,九一八事变爆发。此后,日本扶植的伪满洲国建立,英国未予承认,并关闭驻营口领事馆。英国侨民也陆续撤离。太平洋战争爆发后,仍留在营口的英国和其他国家的侨民遭到日军残酷迫害。抗日战争胜利后,营口一度被苏联军队占领,旋又成为解放战争的战场,英国未能恢复这一特殊居留区域。

第四,通商场。

通商场,是甲午战争后清政府在 30 多个通商口岸开设的外国商民居留、贸易区域,也被称为商埠地界、华洋公共通商场等。其中部分通商口岸由清政府被迫订立的中外条约约定开放,另一些则由清政府自主开放。清政府在通商口岸划出通商场的目的之一,是以通商场来抵制租界。总的来说,通商场仍由中国官府管辖,因而与租界有本质的差异,但在当时不少人仍称之为"租界""通商租界"或"公共租界"。

位于约开通商口岸及自开通商口岸的通商场大体相同,但也有一些不同。约开口岸通商场的界址和有关章程通常经中外官员共同商定,其面积与重庆日租界等中等规模的租界近似,其土地制度也与这些日租界相仿。自开口岸通商场的界址多由中国官府自行划定,其章程多由中国官府自行订立,土地制度也与租界有所不同。因为通商场几乎完全由中国自主管理,其面积大小几乎不牵涉主权得失,所以有些自开通商场的面积甚大,达数千亩之多。

在约开通商口岸中,最先开设通商场的是苏州和杭州。中日《马关条约》订立后,日本拟在苏州、杭州等四个增辟通商口岸开辟日租界。署理两江总督张之洞等认识到外国租界对中国的危害,力主仿照宁波江北岸

---

① C. Walter Young, *Japanese Jurisdiction in the South Manchuria Railway Areas*, p. 215;杨晋源修、王庆云纂:民国《营口县志》上部,第 24 页。

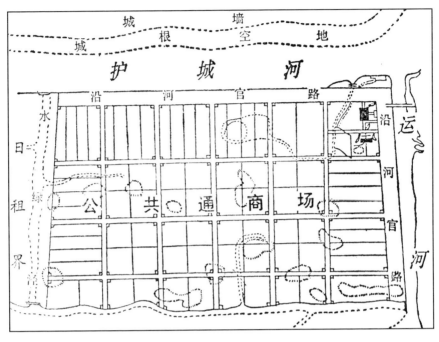

图 35 苏州公共通商场图

模式,在苏州等地设立由中国自行管理的通商场,以抵制日本开辟专管租界。① 江苏、浙江、四川等地官员即计划在苏州、杭州、重庆等地开辟日本通商场、各国公共通商场。后经日方要挟,清政府只得让步。1897 年,在苏、杭两地,中、日双方于划定日租界界址的同时,划定公共通商场界址。这两个公共通商场都与日租界毗邻。苏州公共通商场面积432.8亩,位于苏州城外日租界以东,东、北两面接连沿河官路,南到采莲泾。② 杭州公共通商场面积约 1 095 亩,北连日租界,西起大运河东岸,东到陆家务河西岸,南到拱宸桥一线。③ 芜湖等约开通商口岸也陆续设置通商场。1877 年,中、英双方划芜湖县城西门外约 719 亩长江江滩为租界。因居

① 王彦威辑、王亮编:《清季外交史料》卷一一七,页七。
② 江苏省长公署统计处编纂:《江苏省政治年鉴·外交》,第 52 页。
③ 中国第二历史档案馆、中国海关总署办公厅编:《中国旧海关史料(1859—1948)》第 154 册,第 21 页。

民、商人抵制，英商未能租得土地，租界没有开设成功。1904年，中、英订立约章，其中确认，将这一南起陶家沟，北至弋矶山脚，东起普潼山脚新安普潼塔，西至长江的区域改为由中国地方官府自设巡捕，自行建设、管理的"各国公共通商租界"即公共通商场。[①]

中国自开通商口岸，同样开始于甲午战争之后。此时，为支付巨额战争赔款，清政府财政极其困难。为了增加收入，清政府认为，可实施的一条重要对策是自主开放通商口岸，因为增开通商口岸，可以振兴商务，扩充利源。[②] 1898年，清政府宣布在吴淞自开商埠，但多重原因使其未在此时开埠成功。次年，清政

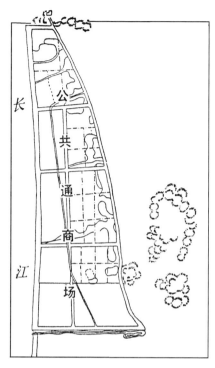

图36　芜湖公共通商场图

府又同意将岳州、三都澳、秦皇岛等地作为自开通商口岸，并在此后十余年间持续这一行动。这些自开通商口岸中，武昌、南宁、济南、潍县、周村、湘潭、常德、昆明等地系各地中国官员奏请开放，长沙等地则是根据中外条约的规定由中国自行开放。特别是1905年《中日会议东三省事宜条约》规定，中国应将东三省的凤凰城、辽阳、新民屯、铁岭、通江子、法库门、长春、吉林省城、哈尔滨、宁古塔、珲春、三姓、齐齐哈尔、海拉尔、瑷珲、满洲里等16个地方作为自开通商口岸。

对于自开通商口岸，中国官府先后划定了通商场的界址。其中岳州通商场设在府城以北城陵矶一带，分为三段，北段从红山头到刘公庙，中

① 王彦威辑、王亮编：《清季外交史料》卷一五九，页三十四；余谊密等修、鲍寔等纂：民国《芜湖县志》卷五，页一、二。

② 朱寿朋编：《光绪朝东华录》第4册，中华书局1958年版，总4062页。

段从刘公庙到华民保障,南段为月蟾洲。① 南宁通商场设在邕州南门外一里处,南自古邕州城旧南门,北到桃园路,东到旧古城基,西到邕江江岸。② 长沙通商场设在省城北门外,南以城、北以浏渭河、西以湘江、东以铁路到新码头为界。③ 济南通商场设在城外西关胶济铁路迤南,东起十王殿,西到北大槐树,南沿长清大道,北至胶济铁路,其南北约两里,东西近五里。常德通商场设在府城外沿河一带,自仁智桥棚栏门起,到皇经阁止,前抵大河,后面上段至城墙,下段至各街巷口所立界碑。④ 昆明通商场设在该城南关外,从鸡鸣桥到奏功桥为西段,从奏功桥到明通河太平桥为中段,从太平桥到金汁河桂林桥聚奎楼为东段。⑤

约开或自开通商口岸的通商场都未实行在多数租界内流行的土地永租制。在约开的苏州、杭州公共通商场,与当地日租界实行的特殊制度一样,外国租地人每过 30 年须办理换契续租手续。在自开的岳州等地通商场,也实行近似制度,其中南宁通商场的换契期限为 33 年,昆明商埠则为5 年。如果期满没有换契,或者拖欠租银或地税超过一年,租契即被注销,产业由中国官府没收。在南宁等通商场,还有租赁 66 年后中国官府可收回租出土地或另订租价后再出租等规定。⑥ 在有些通商场,租地人须一次付清全部租价。在苏州、杭州两地通商场,下、中、上等土地每亩租价分别为 100、160、250 银圆,150、200、250 银圆。⑦ 在另一些通商场,租地人须每年付租金。在自开的长沙通商场,一至三等土地每年每亩租银分别为 25、15、10 银圆。此外,租赁通商场土地还须每年向中国官府缴纳地税,通常为每亩二至三银圆。租赁奉天各通商场的土地每年须纳地丁正税银二两。⑧ 这一税收标准高于大多数租界,更高于当地原来的地税。

---

① 王铁崖编:《中外旧约章汇编》第 1 册,第 927 页。
② 莫炳奎等纂修:民国《邕宁县志》,台北成文出版社 1975 年影印本,第 456 页。
③ 王铁崖编:《中外旧约章汇编》第 2 册,第 270 页。
④ 云南省档案馆编:《云南档案史料》第 11 期,1986 年版,第 50、61 页。
⑤ 云南省档案馆编:《云南档案史料》第 13 期,第 33 页。
⑥ 王铁崖编:《中外旧约章汇编》第 2 册,第 14 页。
⑦ 王铁崖编:《中外旧约章汇编》第 1 册,第 675、694 页。
⑧ 王铁崖编:《中外旧约章汇编》第 1 册,第 927 页;第 2 册,第 270、489 页。

通商场的立法权并非由外国人掌控。约开口岸通商场的章程由中国官员与外国官员共同订立，自开口岸通商场的章程多由中国官员自主订立，只有约束界内外国商民的章程须与各国领事酌定。中国官府在通商场内自设巡捕衙门之类的警务机构，自行选派巡捕，并设督捕或总巡等为其负责人。在界内开设酒肆、旅馆、戏馆及烟茶等店铺，须请警务机构发给执照。[1] 华商犯法，由督捕或总巡等出票查办。未持有拘捕证时，巡捕也可当场拘捕不法之人。罪犯从界外逃入，地方官衙的差役可直接入界拘捕。查办界内外商以及外商雇用及在洋行内居住的华人，督捕等应先向相关领事申领印票。各国领事如要拘捕界内本国人士，也须请求督捕等派巡捕等协助。有些通商场内还设有审判机构。在济南等地的通商场，设立审判公所，由海关监督派出委员专司其事。"有约国人"违反通商场章程，由该委员邀商相关领事照章罚办。华人及"无约国人"违反该章程及犯零星杂案，由该委员罚办；民事案件及重大刑事案件，则移送界外地方官府审办。在岳州等地的通商场，还准备设立会审公堂，由督捕等人与相关领事会审界内外国商民所雇华人涉及的案件。[2]

通商场的行政管理权也并非由外国人掌控，而是由中国地方官员执掌。管辖各地通商场的中国官员主要是当地的海关监督和海关税务司。同时，中国官府设立商埠总局或工程局等，下设工程处等机构，综理通商场内一切事务，其中包括建造道路、沟渠、桥梁、堤岸、码头等基础设施，创办电灯、电报、电话、自来水等公用事业，并在界内商民的房屋有侵损公共利益或工料不符要求等流弊时进行干预。开设通商场的市政工程经费，由中国官府投入。通商场开设后，中国官方便向界内居民征收类似租界的市政捐税，用于日常开支。不少通商场都征收码头捐，济南等地的通商场还计划征收房捐、铺捐、车捐、执照捐、巡警捐等捐税。在常德等地的通商场，遇有特殊工程，还可按户派捐。[3]

---

① 云南省档案馆编：《云南档案史料》第 11 期，第 57 页。
② 云南省档案馆编：《云南档案史料》第 11 期，第 39、59 页。
③ 云南省档案馆编：《云南档案史料》第 11 期，第 50、51、57 页；第 13 期，第 33 页。

通商场由中国官府自主管理,因而与如同"国中之国"的租界有本质差异。然而较之中国内地,外国领事除能参与订立部分章程外,还在一些通商场享有若干特殊权利。在岳州、长沙等地,外商租赁及转租通商场土地,须禀明本国领事,由领事参与办理相关手续。在南宁等地,要在通商场加征捐税以兴建市政工程,中国官员须事先与领事及租户代表妥商。[①]在岳州、济南等地,拘捕通商场内的外国人犯,以及被外商雇用及住入洋行的华人,都须先经相关领事允准。[②]特别在岳州等地的通商场内,还拟设立会审公堂,外国领事可参加会审。虽然该公堂只会审外商所雇华人,不同于上海等地租界的会审公堂,但仍将有损中国主权。[③]

各地通商场的发展参差不齐,外国领事等人也多未能在当地攫取更多权益。在苏州,中国官府起初在公共通商场内特设巡捕房,特聘外国人为总巡,后因沪宁铁路通车,位于城南的该通商场与毗邻的日租界一样,十分萧条,中国官府不久即辞退外国总巡,使该通商场完全由苏州警察厅管辖。[④]有两个通商场则发展得十分畸形。一是秦皇岛。秦皇岛是最早的自开通商口岸之一,开埠前为防止外国人占据港口的重要地段,清政府指令官督商办的开平矿务局购买当地土地,又允许该局代管官荒等地,并可优先建筑专用码头。于是该口岸的港口地区为开平矿务局拥有。八国联军侵华期间,英国财团诱迫开平矿务局总办出售该局全部产业,从而霸占了秦皇岛口岸地区。1912年中国的滦州官矿公司与开平公司联合成立开滦矿务总局后,中国似乎收回了当地的主权,实际上该总局仍由英国人控制,当地在平时甚至不得悬挂中国国旗,只有在节庆日才可并悬中、英国旗。因此,时人称该地区"几与各国租界相埒"。[⑤] 二是杭州公共通商场。该通商场位于日租界以南,距杭州城区甚远,商务不振。最初入居的西方国家商民先后离去,众多华人便来开店设铺。此后,日本商民因当地建有较好的市政设施,较之日租界又距市区稍近,也宁愿入居该通商

① 王铁崖编:《中外旧约章汇编》第1册,第927页;第2册,第15、271、272页。
② 云南省档案馆编:《云南档案史料》第11期,第39、59页。
③ 云南省档案馆编:《云南档案史料》第11期,第42页。
④ 江苏省长公署统计处编纂:《江苏省政治年鉴·外交》,第52页。
⑤ 黄景海主编:《秦皇岛港史(古、近代部分)》,人民交通出版社1985年版,第292页。

场。当地陆续建成一批戏馆、茶馆、菜馆、烟馆、妓馆，呈现出一派畸形繁荣的景象，以吸引杭州城中的游客。时人视该通商场为污秽的销金窟，并因当地毗连日租界等而误认这一区域为杭州日租界。

第五，澳门。

也有人曾称澳门为"租界"，但实际上澳门与租界有较大差异。清政府于 1889 年允准葡萄牙"永居管理"澳门，澳门已近似于被割让的领土。

航海东来的葡萄牙人于 1512 年首次抵达中国后，旋与中国军民发生持续多年的武装冲突。1553 年，经谈判，明政府允准葡人在澳门等广州附近的洋澳就船贸易。澳门半岛隶属于香山县，此时的面积不足三平方公里，由一条名为莲花茎的沙堤与内地相连。此后，葡人便在澳门半岛南部定居。至 16 世纪 70 年代，葡人开始向明政府每年缴纳 500 两地租银；明政府在附近驻扎守军，并在莲花茎上修建关闸。1582 年，明政府正式允准葡人在服从中国官员管辖的前提下留居澳门。[①] 为了防范葡人，中国官员在平时控制对他们的粮食供应，在他们不服从管辖时就封闭关闸，停止粮食供应，以迫使他们就范。17 世纪初期，东来的荷兰人力图夺取澳门。葡人便派驻军队，建造炮台，并在半岛的中部修筑城墙。后来，城墙以南的区域被称作"澳门"。在清初，清军进入澳门，他们便"归顺"了新兴的清王朝。除了在澳门设置粤海关的正税总口外，为了加强对葡人的管理和控制，清政府设置的香山县丞起初入驻澳门半岛北部的望厦，至 1800 年进驻葡人居留区域。清政府又特设广州府海防同知，驻扎于关闸以北的前山寨，"职司防海，兼理番民"，管理澳门事务。[②] 中国官员还先后订立过多种约束在澳葡人的规章，其中包括葡人不得贩卖人口，不得私自出澳等，并只能修理坏烂房屋，而不得"添建一椽一石"。违反规定的葡人将会受到中国官府的惩办。[③]

在葡人入居澳门的最初三十来年间，当地葡人受中国、日本贸易船队司令的管辖。这一船队司令由设在印度果阿的葡印总督任命，每年任命

---

① ［意］利玛窦、［比］金尼阁：《利玛窦中国札记》，何高济等译，中华书局 1983 年版，第 149 页。
② 印光任、张汝霖：《澳门记略》上卷，页二十八。
③ 印光任、张汝霖：《澳门记略》上卷，页四十。

一人。当他率领的该年度贸易船队抵达澳门时,他就是当地葡人的最高长官。自1580年起的六十余年间,葡萄牙被西班牙兼并。为预防西班牙势力的渗透,在澳葡人旋即仿照本国的城市自治制度,组织议事局,使他们的居留区域在葡萄牙升格为具有较大自治权的城市。葡印总督与西班牙国王先后予以允准。在澳葡人便通过选举产生任期为一年的议事局议员,包括三名长老、两名初级法官和一名理事官。其中理事官负责市政建设、财政收支以及与中国官员交涉事宜,并担任中国政府任命的官职。同时,澳门还驻有葡萄牙王家法官,并在1622年荷兰人进攻澳门后由葡印总督任命了澳门总督。不过,此时的澳门总督主要统帅当地葡萄牙驻军,其他职权十分有限。葡人还设立葡萄牙海关,向来澳贸易的葡、西等国商船征收关税,用作他们经营澳门的经费。

入居澳门后的近三百年间,先后有不少葡人多次企图将澳门变为葡萄牙的殖民地,并导致中葡冲突。经中国官府制裁,他们仍只能服从中国官府管辖。不过,他们逐步在澳门取得一些特权。葡方可任意任免澳门总督及后来主持当地司法和葡萄牙海关的特使等官员,而香山县丞入驻澳门的行动则遭到他们长期抵制。葡萄牙官兵已常驻澳门,中国军队要进入澳门则经常被葡人婉拒。葡人在澳门犯法,不再出澳接受中国官府审判,后来连杀害华人的葡人也不再出澳受审,到最后杀害华人的葡人及其他外国人都不再受中国官员审判,并不再由中国的刽子手行刑。

鸦片战争后,英国割占香港,澳门丧失数百年来在中外贸易中的特殊地位。与此同时,葡人又认为摆脱中国政府控制的机会终于出现。但在随后的中葡交涉中,清政府所作的让步十分有限。1845年,葡萄牙女王便擅自宣布澳门为自由港。然而,葡萄牙海关的撤销只是使澳葡当局失去了最重要的财政收入来源,陷入更严重的困境。次年,新任澳门总督亚马留抵澳。此时的澳门总督作为葡萄牙王室最高代表,已全面执掌当地军政大权。亚马留旋即侵夺对在澳华人的管辖权,向他们征收房税、地税、人头税等捐税,甚至强令他们在澳门建造砖屋或草棚均须事先向澳葡当局申请。他又力图扩展葡人占据的区域,开始侵占澳门半岛北部以及澳门以南的氹仔岛。他还摧毁中国设在澳门的海关机构,先是撤销设在南湾等处的海关稽查口,后又封闭中国设在澳门的海关。他还竭力摆脱中国政府的管辖,拆除刻有约束在澳葡人、显示中国在澳门主权的石碑,禁止中国官员入澳时鸣锣开道、鸣放号炮即以葡人上司的身份进入澳门,并宣称将驻在澳门的香山县丞视同外国领事。亚马留的侵略行径激化了中葡之间和他与土生葡人之间的冲突。由于他在半岛北部开辟道路时毁坏了很多华人的坟墓,有六座祖墓被平毁的沈志亮联络其他六名青年于1849 年 8 月 22 日刺杀了亚马留。澳葡当局遂在英、美、法等国的支持下,于 25 日发兵攻占关闸等处,香山县丞也于同日撤离澳门半岛。此后,澳葡当局拒绝向中国缴纳地租银,清政府也已不再能在澳门行使国家主权。不过,澳门半岛北部望厦等村的中国居民仍拒绝服从澳葡当局管辖,继续向香山官府纳税。

对于葡萄牙侵夺中国在澳门主权的行径,中国官府起初置若罔闻。1862 年,葡萄牙曾企图通过订立中葡之间的国际条约来确认中国对葡萄牙占据澳门的承认,但至 1864 年被负责换约事宜的薛焕等人察觉,因而未能换约。1868 年,经海关总税务司、英国人赫德的建议,清政府拟用一百万两白银"买回"澳门,但也没有成功。在此期间,澳葡当局继续扩张,加紧对澳门半岛北部和氹仔、路环两岛的占领,并力图管辖澳门半岛和这两个离岛周围的海面,特别是澳门半岛以西的内港。在 1884 年中法战争爆发后,传言法国拟购买或租借澳门来作为进犯广东内地的基地,随后,葡萄牙议会讨论过法国提出的以法属刚果交换澳门和葡属几内亚的建议。至战后法国又与英国争夺西江的出海口,而澳门正位于西江主流入海口的附近。为了防止在香港附近出现法国的军事基地,英国人决定帮助葡萄牙订立占据澳门的条约。经赫德操控和蛊惑,清政府主要为了使葡萄牙作出不将澳门"让与他国"的承诺,决定承认葡方要求。[1] 1887 年12 月 1 日,中葡在北京订立《和好通商条约》,中国确认葡萄牙"永居管理澳门",葡萄牙则确认未经中国"允准",葡萄牙"永不得将澳门让与他国"。

---

① 中国近代经济史资料丛刊编辑委员会主编:《中国海关与中葡里斯本草约》,中华书局 1983 年版,第 95 页。

于是,清政府在国际条约中承认了葡萄牙对澳门的管治。不过,尽管中国在澳门的主权几乎丧失殆尽,但澳门与割让的香港岛、九龙司等领土仍有一些差别。第一,澳门并未割让给葡萄牙,只是让葡萄牙人永远居住和管理,因而仍是中国领土。第二,中国保留了葡萄牙如将澳门让与他国,必须经过中国同意的权利,因而葡萄牙尚不能根据其意愿交换、出卖、割让或以其他方式来处置这块土地。第三,澳门仍像以往那样,享有中国国内港口的待遇。[1]

中葡《和好通商条约》还规定,在双方会订澳门地区的界址前,当地的"一切事宜俱依现时情形勿动"。澳葡当局即利用这界址未定的机会,继续扩展其占领的区域。至20世纪初,澳葡当局实现了"近占七村,远夺三岛"的计划,并控制了内港等处海面。这样,除了原来的澳门半岛南部外,葡萄牙人占据的范围又增加了包括望厦等村庄在内的澳门半岛北部,氹仔、路环、青洲等三岛,其中青洲岛经填海筑堤,已与澳门半岛连为一体。此时,澳门地区的面积约十平方公里。后经持续的填海造地,其面积至20世纪末增至二十多平方公里。

1909年,中葡进行过澳门勘界谈判,但因为双方的主张相距过大,所以没有达成协议。此后,广东等各地人士曾一再要求废除旧约,收回澳门。在抗日战争期间,澳门虽未被日军占领,但已被日军控制。抗战胜利时,广东地方当局曾拟武力收回澳门。1949年中华人民共和国成立后,中国政府在向全世界宣布香港、澳门是中国领土的同时,根据这两个地区的历史和特殊地位,作出了"长期打算,充分利用"的决策。[2] 在此后数十年间,中国政府一直贯彻这一政策。1984年12月,中、英两国政府签订联合声明,宣布中国将于1997年7月1日对香港恢复行使主权。接着,从1986年6月30日起,中、葡两国开始就澳门前途进行外交谈判,并于次年4月13日由两国总理正式签订《中葡联合声明》。根据该声明的规定,中国政府于1999年12月20日恢复对澳门行使主权。回归祖国的澳

---

[1] 费成康:《关于1887年中葡〈和好通商条约〉的订立》,《上海社会科学院学术季刊》1988年第2期。

[2] 鲁平:《基本法——澳门新时期的蓝图》,(澳门)《华侨报》1995年5月26日。

门地区成立特别行政区,实行"一国两制",直辖于中央人民政府。

除租界外,鸦片战争后的中国各地陆续出现诸多类似租界,或是常被称为"租界"的特殊区域,使当时的中国更加满目疮痍。在这些区域中,中国在澳门和租借地丧失更多国家主权,在使馆区、贸易圈、铁路附属地丧失主权的情形与租界相仿,在避暑地、约开通商场和其他一些外国人居留区则保留了稍多主权,特别是借以抵制租界的自开通商场与租界尚有较大差异。由于数量颇多,又分布在从沿海至腹地、从华南至华北的多个通商口岸,其中还形成上海租界这样的大都会,租界遂成为当时中国最受关注的特殊区域。

第十二章　有关租界研究的一些问题

列强在华租界的情况错综复杂，又存在着诸多被称为"租界"的特殊区域与未建成的租界，因而在研究租界史时常会遭遇令人困惑的问题。其中有些是在单独研究上海、天津等一地租界时不会遇上的。归纳起来，在深入研究租界史时经常须思考的有以下一些问题。

第一节　定　义　问　题

租界的定义，即什么是租界，在租界出现之后众说纷纭。究竟应给租界怎样的定义，既可反映租界的主要特性，又显示它们与当时外国在中国开辟的其他特殊区域的差异，是个值得深思的问题。

在 19 世纪 60 年代，当"租界"一词越来越多地被使用后，这一中文中的新词汇并未被赋予特殊含义，它只是从原先的"永租地界""外国租地界"等名称发展、简化而来。此时，开辟了这些"国中之国"的外国人也不知应对这种史无前例的居留区域下什么定义。1863 年 4 月，上海法租界租地人大会曾对这一问题展开了一场热烈、混乱的讨论，最后得出的结论为"法租界"是法国"一直给予特殊的保护"的土地。[①] 1895 年中日订立《马关条约》后，中国政府和一些中国官员已经认识到租界与宁波江北岸等处外国人居留、贸易区域的差异，即在租界内外国人有管辖地方、居民之权，其中包括办理巡捕、缉匪、修路等一切事宜。[②] 他们还认识到租界虽是外国人在中国的"寄寓之地"，"实无殊外国"；在租界里"华民亦归他人管辖"，犯人入界"不能任我拘拿"，"厘捐不能由我抽收"，界内"一切政

---

① ［法］梅朋、傅立德：《上海法租界史》，第 231 页。
② 王彦威辑、王亮编：《清季外交史料》卷一一七，页七。

令出自他人"。① 至 1919 年,出席巴黎和会的中国代表团已对租界下了较为精确的定义。这一由著名外交家顾维钧等人组成的代表团向大会指出,租界是通商各口"划定专界备外人居住、贸易者","租界之地,仍为中国领土","惟治理之权则或属于承受该租界之国所派领事官,或属于纳税外国人民所选举之工部局"。②

此后,很多著述中都有租界的定义,它们多不相同,无法一一引述,这里只列举其中的两种。

一种是较早出现、曾经产生过较大影响的定义,系出自《毛泽东选集》出版委员会对《中国革命和中国共产党》一文所作的一个注释:

> 帝国主义国家在强制清朝政府承认沿江沿海的某些地方为通商口岸后,并在他们所认为合宜的地方强占一定的地区做为他们的"租界"。在这种所谓"租界"内实行了完全独立于中国行政系统和法律制度以外的另一套统治制度,即帝国主义的殖民制度。③

另一种定义出自中国重要的工具书《辞海》的 2010 年版:

> 租界 帝国主义国家强迫半殖民地国家(如旧中国)在其口岸或城市划出的作为外侨"居留和经商"的一定区域。是帝国主义国家对半殖民地国家进行各种侵略和罪恶活动的据点。英国于 1842 年迫使清政府订立《南京条约》,在中国各大口岸划界租地,筑路建屋,在界内僭取了"管理权"。其他帝国主义国家亦争相仿效。在旧中国的租界有两种形式:一种由一国单独管理(如汉口的"英租界"、上海的"法租界"),一种由几国共同管理(如上海的"公共租界")。④

---

① 苑书义等主编:《张之洞全集》第 8 册,第 6775 页。
② 天津市历史博物馆编:《秘笈录存》(近代史资料专刊),第 173、174 页。
③ 《毛泽东选集》出版委员会编:《毛泽东选集》,人民出版社 1967 年版,第 617 页。
④ 辞海编辑委员会编纂:《辞海》第六版缩印本,上海辞书出版社 2010 年版,第 2564 页。

这两种有代表性的定义反映了多年来不少著作对租界所下定义的得失。这些定义都指出了租界最主要的特征,即是租界开辟国取得了租界的行政管理权,使租界成为不受本国政府管理的"国中之国"。同时,这些定义也反映出涉及该定义的有代表性的问题。

第一,租界是否仅出现于半殖民地的中国。不少著作都称租界是帝国主义国家在旧中国开设的居留、贸易区域。这样的论述,就表示租界仅出现于当时的中国。然而,可以断言的是,继中国之后,朝鲜也出现了日本、中国等国开辟的专管租界以及公共租界。1877 年,实行明治维新后的日本加紧对朝鲜的侵略,于这一年的 1 月 30 日迫使朝鲜政府订立《釜山港居留地借入约书》,确定在釜山设立"日本专管居留地",即日本专管租界,日本人攫取了界内的行政管理权,并设置了巡捕,因而这一区域确是租界,而不是通商场之类的类似租界地区。此后,日本又陆续在元山、仁川、马山等地开辟了专管租界。① 清政府于 1884 年 4 月 2 日与朝鲜政府订立《仁川口华商地界章程》,随后即在当地设立华商租界,界内行政权由中方掌控,并在当地设置了与英国人合办的租界巡捕。因此,这是个中国设在仁川的专管租界。随后,清政府又在釜山、元山开设专管租界。此外,还有多个通商口岸辟有各国公共租界,其中仁川的公共租界设有英、中合办的租界巡捕,足以显示其"国中之国"的特性。② 这些史实表明,租界并不仅仅出现于中国,因而把租界定义为帝国主义在中国开辟的特殊居留、贸易区域是不够确切的。

第二,租界开辟国是否都是帝国主义国家。按照传统的定义,帝国主义形成于 19 世纪末 20 世纪初,是资本主义的垄断阶段,即垄断资本主义,并是资本主义的最高与最后的阶段。将租界开辟国确认为帝国主义国家,便会遇上以下三个问题。一是英、法、美等国在中国开辟租界始于 19 世纪中期,距帝国主义的形成还有约半个世纪的时间。二是至 19 世纪末 20 世纪初,更多的国家在中国开辟专管租界及厦门鼓浪屿公共地界

---

① [韩] 高秉云:《近代朝鲜租界史研究》,东京雄山阁 1987 年版,第 15、16、53、54 页。
② 贺江枫:《朝鲜半岛的中国租界——以 1884 至 1894 年仁川华商租界为个案研究》,《史林》2012 年第 1 期;[韩] 高秉云:《近代朝鲜租界史研究》,第 15、16 页。

时，其中有些国家仍未发展成垄断资本主义国家，如比利时、荷兰等国，都是老牌的殖民主义国家，但尚不是帝国主义国家。三是在别国开辟租界的国家中还有中国。当时的中国积贫积弱，资本主义尚未发展，更不用说已进入资本主义的垄断阶段。断言租界系由帝国主义国家开辟，是与史实有出入的。

第三，租界的司法制度是否完全独立于中国的法律制度之外。从总体来看，租界司法制度与当时的华界大体近似，系根据被告国籍来决定受理案件的法庭和适用法律。以华人、不享有领事裁判权的外国人即"无约国人"和无国籍外国人为被告的案件，由中国法庭受理，并按照中国法律判决。以享有领事裁判权的外国人即"有约国人"为被告的案件，由该国在华领事法庭或其他法庭受理，并按照该国法律审判。因租界受外国人行政管理，在拘捕、交犯、审判及刑罚等方面，租界存在着一些与华界不同的制度。特别在上海租界、汉口租界和厦门鼓浪屿公共地界，还设有仍作为中国法庭的中外会审公堂，在这些租界内华人、"无约国人"和无国籍外国人违反租界章程及成为刑事、民事案件的被告，就可能由中外官员会审。可见，尽管租界开辟国已对界内的司法权有所侵夺，租界内华人基本上仍受中国的司法管辖，租界的司法制度尚未独立于中国的法律制度之外。

此外，有些著作认为，租界系实行领事裁判权的地方，即租界以外的华界不实行领事裁判权。查阅当时中国与各国所订条约，享有领事裁判权的"有约国人"并不仅仅在租界，而是在中国境内的任何地方成为刑事、民事案件的被告，都应由其本国的领事法庭审判。认为领事裁判权仅实施于租界地区，也是与史实不相符合的。

综合上述的论述，似应给租界这一概念下这样的定义：

租界作为外国侨民特殊的居留、贸易区域，于 19 世纪中期至 20 世纪中期存在于中国等国的通商口岸。租界开辟国政府及外国侨民通过永租等方式获取租界的部分直至全部土地，并侵夺界内的立法权、司法权，特别是夺取了行政管理权，这一权力主要由其领事或外国侨民掌控的行政管理机构来行使，致使这些区域成为不受本国政府管理的"国中之国"。

这一定义除了指明租界存在的时间为 19 世纪中期至 20 世纪中期外，还指明了租界五个方面的基本情况，其中包括与当时其他特殊区域的差异。第一，指明租界的基本功能，系外国侨民的居留、贸易之地。这表明租界有别于作为军事基地的租借地、作为经营铁路所用之地的铁路附属地、作为夏日消暑的避暑地等。第二，指明租界的地理位置，系位于通商口岸。这显示租界有别于位于海滨、包含港湾的租借地，位于深山、滨海的避暑地，位于铁路沿线的铁路附属地等。第三，指明租界的行政管理，系由租界开辟国的领事或外国侨民掌控的行政管理机构来实行。这表明租界有别于由开辟国任命的总督或行政长官来进行统治的租借地，由俄国或日本铁路公司直接管理的铁路附属地，以及仍由中国官府管理的通商场等。第四，指明存在租界的国家，不止中国一个国家。这是为了纠正租界仅存在于中国的误解。第五，指明租界的部分直至全部土地系由租界开辟国政府及外国侨民通过"永租"等方式来获取。这不仅为了显现租界的土地制度，也为了显现租界与贸易圈的差异，除了土地不是永租之外，后期的贸易圈与租界十分近似。

这一定义也指出了租界与订有开辟约章但尚未建成租界的差异，即当地是否成为被外国人行政管理的"国中之国"。界定当地是否被外国人行政管理，则可以是否设置了租界巡捕为基准之一。外国人要在当地进行行政管理，须设置警务人员。《马关条约》订立后，中国官员认识到仍由中国管理的宁波通商场与租界的一个重要差别，是在宁波中国自设巡捕；他们力阻日本在杭州等地开辟专管租界的主要措施之一，便是坚持中国在当地自办巡捕之权。而日方也认为警察权是权利事项中最重要者。1914 年，上海法租界的大扩展则以划分上海法租界外马路警权为名。在相关协定中，扩展区域即被称作"归入法国警察"管理范围的区域。[①] 可

---

① 董枢：《上海法租界的多事时期》(上)，《上海市通志馆期刊》第一年合订本，第 991 页。

见，订立开辟租界的中外约章后该区域是否演变成"国中之国"，可以当地是否已由领事专管，特别是由租界巡捕管理，也即是不再受中国官府管理为准。而从实际情况来看，无论是不发达的苏州、杭州、重庆日租界，还是昙花一现的天津美租界、地仅弹丸的厦门英租界，都曾设有租界巡捕。而营口英租界、厦门日租界等未建成的租界，则都未见设置租界巡捕的记载。

最后，还应研究的是可否扩展租界的外延，将过去曾被称作租界的区域，如租借地、避暑地、自开通商场等继续视同租界，归纳到租界这一概念中去。这种尝试看来是不可行的。在以往很长的时期中，凡是被外国政府或外国侨民租用的区域都曾被称作租界，如旅大租借地被称作"旅大租界"，庐山避暑地被称作"庐山租界"，芜湖公共通商场被称作"芜湖租界"，等等。还有些区域也会偶然被称作租界。如中外人士一直未称鸡公山避暑地为租界，当地却曾竖立过一块刻有"租界"二字的街石。在中外人士也都不称为"租界"的福州仓前山地区，作为英国领事馆所在地的两段空旷山园却曾被中国翻译者称作"租界"。[①] 如果仅依据清政府及某些人士一时的措辞，就扩大租界的外延，不仅会将一些无论是中外政府还是当地居民都不认为是租界的区域误作租界，而且会造成这样的难题：为什么同一类型的外国人居留区域，诸如避暑地，有些被称作租界，有些则不算租界？为什么稍有差异的外国人居留区域这一类被称为租界，另一类却不算租界？结果，租界一词的外延模糊，不仅无法正确统计中国曾有过多少租界，也无法给租界确定精确的定义。

第二节　数　量　问　题

在中国，究竟在多少个通商口岸存在过多少个外国租界，是个众说纷纭、令人困惑的问题。

在清代，官场中人和民间人士往往将所有外国政府租借的区域，或允

---

① 河南省《鸡公山志》编纂委员会编著：《鸡公山志》，河南人民出版社 1987 年版，第 232 页；郑贞文、林家臻：《清末福州人民反帝斗争史话》，载中国人民政治协商会议福建省福州市委员会文史资料工作委员会编《福州文史资料选辑》第 2 辑，1983 年版，第 11 页。

准外国商民租赁界内土地的区域,一概称为"租界"。民国初期,租借地、通商场等区域与租界的差异逐渐被世人认识。但是,当时的学者不可能对存在租界与被称为"租界"的特殊区域一一进行实地调查,当时政府所作的调查也有出入,如在 20 世纪 30 年代初期,福州省政府确认厦门、福州的日租界没有开辟成功,但在同一时期国民政府外交部在统计尚存的租界时则将它们计算在内。[①] 因而此时对中国究竟出现过多少租界的问题,一直莫衷一是。在 20 世纪二三十年代,研究租界的著作都列出了租界的名录。其中顾器重的《租界与中国》列入 2 个公共租界、36 个专管租界,楼桐孙的《租界问题》列入 3 个公共租界、29 个专管租界,葛鸣一的《租界问题之研究》列入 2 个公共租界、28 个专管租界,国民政府外交部编制的 1930年后各国在华租界的统计表则采用 3 个公共租界、29 个专管租界之说。[②] 在最近的几十年间,相关的著述对租界的数量也有多种不同记述。

这些著作通常列入的公共租界有上海、厦门鼓浪屿和烟台等 3 个。通常列入的专管租界,有天津、汉口、镇江、九江、广州、厦门、营口等 7 个英租界,上海、天津、广州、汉口等 4 个法租界,天津、汉口等 2 个德租界,汉口、天津等 2 个俄租界,天津、汉口、苏州、杭州、重庆、沙市、厦门、福州、营口、安东、奉天等 11 个日租界,以及天津比、意、奥租界,共 29 个。

那些认为只有 2 个公共租界的著述,系从上述 3 个公共租界中删除了烟台公共租界。认为只有 28 个专管租界的著作,系从上述 29 个专管租界中删除了营口英租界。不过,即便是中国共有过 2 个公共租界、28个专管租界的统计,仍超过中国实际存在过的租界数量。这种错误计算租界数量的情况,主要由以下两个原因所造成。

第一,将多个近似租界但尚不是租界的区域当作租界。以顾器重的《租界与中国》而言,该书之所以称中国曾有 36 个专管租界,是因为该书不仅将塔尔巴哈台等处的贸易圈以及尚未成为贸易圈的喀什贸易区域当

---

① 厦门市档案馆:民政局档案,第 1 时期,(原)第 69 号卷,第 39 页;孔庆泰:《1930 年以后各国在华租界》,《历史档案》1984 年第 1 期。

② 顾器重:《租界与中国》,第 17—22 页;楼桐孙:《租界问题》,第 10—14 页;葛鸣一:《租界问题之研究》,(汪伪)亚洲司研究室丛书,1940 年版;孔庆泰:《1930 年以后各国在华租界》,《历史档案》1984 年第 1 期。

作俄租界,还将苏州、杭州、芜湖等三地的公共通商场当作英租界,因而该书统计的专管租界数量要比其他书籍多上七八个。[①] 另一些著述之所以认为有 3 个公共租界,都是将并未发展成租界的烟台烟台山地区当作租界。尽管作者们会在烟台公共租界之后打个问号,有时还在表后添加附注,指出,对于各国在烟台设立租界的迭次要求,我国均从未承认,只因"通常皆称烟台为公共租界",故而"姑行列入"。[②]

第二,计入了多个中日约章约定要开辟而实际并未建成的日租界。中外订立了开辟租界的约章但出于各种原因而未开辟的租界有多个。其中江宁法租界、宜昌英租界等未建成的租界,因有关约章鲜为人知,故而在统计租界数量时从未被计算进去。经常被错误地列为已辟租界的是营口、安东、奉天等 6 个日租界,特别是其中沙市、厦门、福州 3 个日租界。

根据租界的定义,包括有否设置租界巡捕来进行行政管理这一具体的标尺,见存的中外史料能够表明,"烟台公共租界""营口英租界"以及沙市、福州、厦门等 3 个日租界并未建成。

1862 年,清政府曾同意将烟台的烟台山麓划作法租界。1866 年,英、法公使与总理衙门商定,烟台口岸法国专用地段,永为各国商民公用。[③] 此后,在烟台山及其南麓形成各国公用地界,华人也在界内保留了不少土地。根据中英《烟台条约》有关在尚未开辟租界的通商口岸都应划定租界的规定,中国官府于 1877 年拟在当地划定租界界址,但英方提出更多要求,致使谈判没有结果。从 1890 年起,外国侨民在当地先后设立道路委员会、公共事务委员会等机构,负责这一区域内多种市政工作。1897 年,清政府在当地设立邮政局,公共事务委员会失去邮政收入,便以自愿捐助方式,开征房产捐和人丁捐。[④] 从 1899 年起,特别在厦门鼓浪屿被辟为公共地界后,外国领事和外国侨民不仅力图将该区域变为类似的公共租

---

① 顾器重:《租界与中国》,第 18—20 页。
② 楼桐孙:《租界问题》,第 11 页。
③ 中国第一历史档案馆:军机处照会,法字第 148 号;刘锦藻撰:《清朝续文献通考》第 4 册,考 10908 页。
④ 中国第二历史档案馆、中国海关总署办公厅编:《中国旧海关史料(1859—1948)》第 51 册,(中文部分)第二四一、二四二页。

界,还企图扩展其范围,但被山东官府断然拒绝。1906 年,法、英、德、美等国公使将烟台外国商民所拟烟台山地区《土地章程》及附则等转送外务部,其中所列大致参用厦门鼓浪屿公共地界和上海租界各章程,包括设立会审公堂。因当地中国官员和华商坚决反对,清政府便再次拒绝。① 1909 年,双方妥协,决定组织中外联合管理机构——国际委员会。该委员会被华人称为华洋合办工程董事处,管理范围包括原来华洋杂居区域及附近中国街区,当时又被称为烟台第六区。向当地华人征税的税务官由董事处推荐,再由登莱青道任命。董事处不得干预区内巡警事务。中国官府成立警察局,既负责中国街区也负责华洋杂居区域的治安。② 这些情况充分说明,在烟台没有形成由工部局管理的公共租界,只形成一个外国侨民享有一些自治权的华洋杂居区域。正因为如此,烟台的中国官府和居民从不认为烟台有外国租界。③

所谓的"营口英租界",是订有开辟租界约章、最后未建成租界的区域中最近似租界的一个。1861 年夏,中、英官员订立开辟营口英租界的约章,其内容与此时开辟镇江等地英租界的约章一样,其中有界内一切事宜,统归英国领事专管,随时定章办理等规定。随后,英国领事租赁了界内全部土地,并订立有关"营口英租界"的章程,其中规定,将召开租地人会议,收取建设费用,并设置巡捕等。④ 如果该章程得到落实,该区域就将成为营口英租界。然而,这一区域地势低下,多数地块陆续塌入辽河。在所剩地块之上,后来只有英商怡和洋行等两家洋行,并且没有一条像样

① 英国国家档案馆:FO 228/2137, Proposed Land Regulations and Bye-laws for the Settlement of Chefoo, 1905; Note of Prince of Ch'ing to Mr. Rockhill, July 1, 1906。

② 中国第二历史档案馆、中国海关总署办公厅编:《中国旧海关史料(1859—1948)》第 51 册,(中文部分)第二四二页;第 155 册,第 236 页。英国国家档案馆:FO 228/2137,《华洋合办烟台第六区工程董事章程》,宣统元年十一月十九日拟稿。

③ 张河清:《烟台租界小考》,载烟台市政协文史资料研究委员会编《烟台市文史资料》第 1 辑,第 59 页;张河清:《烟台形成外国人居住区之经过》,载《列强在中国的租界》编辑委员会编《列强在中国的租界》,中国文史出版社 1992 年版,第 398 页。有关烟台烟台山的情况,详见本书第十一章《租借地等特殊区域》第四节《其他特殊区域》。

④ 英国国家档案馆:FO 228/317,中英永租牛庄地基租约,咸丰十一年七月;FO 228/314,*Rules and Conditions under which Allotments of the British Land at Yingtsze in the Consular District of Newchwang*, August 12, 1861。

的道路。① 由于面积窄小，外国侨民寥寥无几，他们一直没有在该区域内组织市政机构，也没有设置巡捕。在该区域以外，中外居民杂居，仍由中国官府管理。从 1890 年起，当地居民每年选举一个委员会，负责道路、照明等事宜。② 至光绪末年，英国驻华外交人员对营口究竟有没有英租界心存疑惑，他们确认的是，"营口英租界"完全处于无人管理状态。最后，在九江、汉口、镇江、厦门等地英租界终结时，中、英两国都订有交收这些租界行政管理权的中英约章。因英国并未对当地进行行政管理，中、英两国也未订立交收"营口英租界"的约章，于是，这一英国人作为租界来开辟的区域，最终没有发展成英租界。在 20 世纪 30 年代，日、美等国学者都认为营口没有英租界。③ 同时期刻印的《营口县志》也写道："营口自通商开埠以来，并无租界之名。其领事、洋商皆购地自筑馆舍，与吾华民交错，同受官司之保护。"④ 近些年来，因营口当地人士都认为该租界并未形成，所以有关研究租界的著作多不再提及营口有英租界之事。⑤

在实际上未建成的六个日租界中，因营口、安东、奉天三地只有铁路附属地，除在 20 世纪前期有些书籍误称营口等三地有日租界外，在最近几十年间基本上没有出现此种观点。由于中、日两国订立的开辟沙市、福州、厦门三地日租界的约章广为人知，因此一直有研究者认为沙市等三地有日租界，抗日战争期间日本政府还在"归还"给汪伪政府的日租界名录中列上了这些租界。在事实上，日本人未对这三个租界的所在地进行专管。

在厦门，日本官员去虎头山勘定日租界界址时，即被当地居民逐走，

---

① *British Parliamentary Papers*，China Vol. 23，Irish University Press，1971，p. 463. 英国国家档案馆：FO 228/3197，Sketch Plan of British Concession，Newchwang；Letter of Fulford Bush to British Consul，Newchwang，November 19，1920。

② 中国第二历史档案馆、中国海关总署办公厅编：《中国旧海关史料(1859—1948)》第 152 册，第 27 页；杨晋源修、王庆云纂：民国《营口县志》上部，第 24 页。

③ C. Walter Young，*Japanese Jurisdiction in the South Manchuria Railway Areas*，p. 215；[日] 植田捷雄：《支那租界研究》，第 526 页。

④ 杨晋源修、王庆云纂：民国《营口县志》上部，第 24 页。

⑤ 许铁舰：《牛庄(营口)英租界并未形成》，载《列强在中国的租界》编辑委员会编《列强在中国的租界》，中国文史出版社 1992 年版，第 407 页。有关营口英租界的情况，详见本书第十一章《租界地等特殊区域》第四节《其他特殊区域》。

因而在议定界址后他们甚至从未进行过实地勘丈,也没有在当地租赁土地、建造房屋,更没有设置巡捕,进行行政管理。在此种情况下,不仅福建省政府早在 20 世纪 30 年代就确认厦门没有日租界,厦门的居民和地方史专家也从不认为当地有日租界。[①]

在福州,日租界的所在地位于闽江旁,地势低下,距各国商民聚居、贸易的仓前山不远。日本商民早就在仓前山一带活动,因而多不愿意入居该租界。日本人在 1906 年曾称日商在福州日租界内设有玻璃制造所等,在 1928 年又称日本在福州的居留民将包括在日租界内的侨民。[②] 不过,即便这些情况属实,尚不能确认当地已是由日本人设置巡捕、进行行政管辖的"国中之国"。20 世纪 30 年代,所在地就在福州的福建省政府通过调查,认定位于福州港头的日租界与位于厦门虎头山的日租界都"未实行开辟"。在 1930 年 8 月根据外交部为收回各地租界而进行调查的要求,该省政府在发给思明县政府的训令中写道:"查福州港头及厦门虎头山,曾于前清光绪二十五年间划作日本租界,虽未实行开辟,但表内所列各项,应由该县逐项查明填载。"未久,日本研究在华外国租界的两个专家都认为日本人对这一区域的经营"一指未染",当地尽是中国人的村落,日本人都不在界内居住,他们对该租界仍只有"纸上的权利"。[③] 直至今日,福州居民和地方史专家也都质疑福州有过日租界。1992 年,当地人士在介绍各地租界的文集中指出,开辟福州日租界的条款"虽经订立却未付诸实行"。出版于 1998 年的《福州市志》也只是提及在 1898 年中、日订立开辟福州日租界的条约,该约于抗日战争胜利后废除,此外未再提及该租界的任何情况。[④] 直到 21 世纪 20 年代,在中文互联网著名的问答社区"知乎"

① 厦门市档案馆:民政局档案,第 1 时期,(原)第 69 号卷,第 39 页;洪卜仁:《厦门租界概述》,载《列强在中国的租界》编辑委员会编《列强在中国的租界》,中国文史出版社 1992 年版,第 314 页。
② 张洪祥:《近代中国通商口岸与租界》,天津人民出版社 1993 年版,第 209 页。
③ 厦门市档案馆:民政局档案,第 1 时期,(原)第 69 号卷,第 39 页;[日]植田捷雄:《支那租界研究》,第 385 页;[日]英修道:《中华民国时期各国条约权益》,第 704 页。
④ 黄平:《福州人民反对划定界址的斗争》,载《列强在中国的租界》编辑委员会编《列强在中国的租界》,中国文史出版社 1992 年版,第 377 页。福州市地方志编纂委员会编:《福州市志》第一册,方志出版社 1998 年版,第 43—62 页;第二册,第 2 页。

之上，在回答福州有哪些"冷知识"的提问时，即有这样的答复："福州有个日租界，最冷的是，日租界范围内的村民从不知道自己的地盘属于日租界。"这一答复很快得到 7 人赞同，并获得"在哪？本土著从来没听说过"等评论。① 如果福州存在过由日本领事和租界巡捕专管的租界，当地中国官府和居民等不可能在几十年间浑然不知，从不认同。

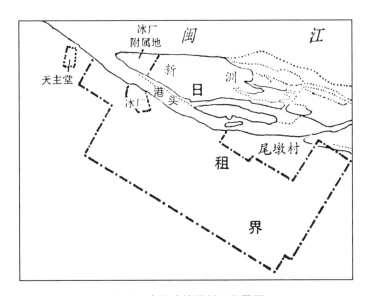

图 37　未建成的福州日租界图

在沙市，最近几十年间有些人士认为本地存在日租界。查阅他们所著书籍、文章，发现有关该租界的记叙通常只有三方面的内容。其一，1897 年初，日本在沙市设立领事馆，该领事馆建在日租界内。② 其二，1898 年 8 月 18 日，中、日两国订立开辟该租界的约章。其三，1898 年 5 月 8 日，一个面馆工人在日租界被日本人借故殴打致死，沙市人民群情激愤，一把火烧了日本领事馆。其中第三条记叙与第二条记叙相矛盾。既然开辟沙市日租界的中日约章订立于 1898 年 8 月 18 日，1898 年 5 月 8

---

① 《有什么关于福州的冷知识》，喻璟成 2018 年 3 月 4 日的答复以及评论等，https://www.zhihu.com/question/52843491/answers/updated。
② 据沙市市地方志编纂委员会编纂的《沙市市志》(中国经济出版社 1992 年版)第一卷第 3 页记载，日本于 1896 年在沙市设立领事馆。

日,即在订立这一约章的三个多月之前,沙市尚无日租界,何来中国工人在"日租界"被日本人殴打致死之事?按照当时中国官方的记载,这一被称作"火烧洋码头"的事件,是湖南籍客民纵火焚烧招商局并延烧华洋房屋包括日本领事馆的事件,并非日本人打死了中国工人,日本政府因而提出多项要求。于是,表明沙市存在日租界的依据,是日本领事馆建在该租界内。然而,沙市日本领事馆最初设在当地海关附近中国官府租与的民房之中,即位于后来日租界所在地以西、当地居民称为"洋码头"的区域。"火烧洋码头"时烧毁了日本领事馆,中国官员便在原处重造新屋,量加扩充,以优惠价租与日本领事。① 这表明日本领事馆于此后的一段时间里仍位于"洋码头"。因此,日本领事馆于日租界开辟前就建在该租界所在地之说也不成立。一张日本人绘制于 1918 年的沙市地图又显示,此时日本领事馆位于海关以西的区域,"日本居留地"则位于海关以东。可见直至此时该领事馆仍未位于该租界之内。②

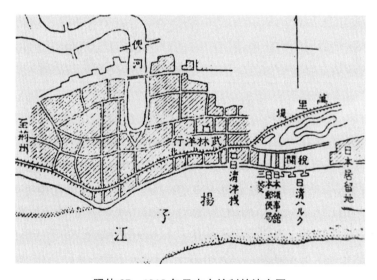

照片 37　1918 年日本人绘制的沙市图

① 王彦威辑、王亮编:《清季外交史料》卷一三四,页五、六;苑书义等主编:《张之洞全集》第 2 册,第 1318、1320 页。
② 张俊、大风、保龄:《特约记者行:解读荆州老照片(5)》,荆州新闻网,2016 年 9 月 29 日。

见存的史料则显示沙市日租界并未建成。因选址不当，该区域位于万城大堤外新淤之地，地势低下，必须加筑大堤、横堤，才能筑室、立埠。①后来，因为江堤并未修筑，这片土地常被夏季洪水淹没，所以时人称该租界只有在没有洪水的年份才存在。在此种状况下，前来租地的日本商民寥寥可数。从1905年起，中国官府继续经营沙市海关所在的洋码头，在那里修筑长达400多米的水泥岸壁式轮船码头，并设置大小五座栈桥，致使更多的中外轮船来此处停靠。英、日等国洋行还在洋码头及附近地段设立办事机构，使得这些区域越来越繁荣。②上述日本人绘制于1918年的沙市地图显示，除日本领事馆外，日本邮局，以及日清、三菱、武林等日本企业都位于海关以西的区域，海关以东的"日本居留地"中并无任何日本机构和企业的标示。③此后，日租界所在地仍乏人问津。直到20世纪30年代，日本人仍未经营这一依旧受洪水威胁的区域，当地的全部土地都作为中国农民耕种的农田，并无日本人建造的房屋，日本人因而称该区域处于"永年荒野"的状态。④

此外，有条史料也支持沙市、福州并无日租界的论点。1937年7月7日卢沟桥事变爆发后，除驻有日军的天津等地外，日本政府撤退入居中国各地的领事和侨民。日租界本来由日本领事等人进行行政管理，因而从有日租界的通商口岸撤退领事、侨民之际，他们都商请中国地方政府设法保护当地的日租界。如果当地没有日租界，他们就无须作这一安排。1937年8月的《申报》刊登了驻沪日本官员的声明，其中指出，日本驻汉口领事正与当地中国官员协商汉口日租界的保护事宜，"重庆、苏州、杭州等处有日本租界者曾于日侨撤退之际，亦曾申请中国官宪，充分设法保全租界"⑤。可见，除并未撤侨的天津日租界外，其他日租界均于此时请中

---

① 苑书义等主编：《张之洞全集》第9册，第7159、7397页。
② 中国第二历史档案馆、中国海关总署办公厅编：《中国旧海关史料（1859—1948）》第153册，第235、236页；第155册，第298、304页。黄建勋、丁昌金主编：《沙市港史》，武汉出版社1991年版，第45—47页。
③ 张俊、大风、保龄：《特约记者行：解读荆州老照片(5)》，荆州新闻网，2016年9月29日。
④ ［日］植田捷雄：《支那租界研究》，第385页；［日］英修道：《中华民国时期各国条约权益》，第701页。
⑤ 《沪日官方声明》，《申报》1937年8月8日。

国官员保护。在此期间,日本政府已从沙市、福州撤离领事和侨民,其中驻沙市的日本领署人员即与重庆、汉口等地的领署人员等一起撤离,[1]因而他们如请中国官员保护沙市日租界,日本官员不可能不提及。在日本官员宣布的要求中国政府保护的日租界中并未提及沙市、福州日租界,为这两个区域原本未被日方管理、"保护"提供了又一佐证。最后,在1943年3月日本侵略者上演"归还"在华日租界的闹剧时,沙市仍被日军占领,但"交收"沙市日租界的仪式并未在当地举行,而是在日本驻汉口总领事馆举行,这表明在当地并非像汉口日租界那样,有租界巡捕及清道夫等人及相关事务需要移交。[2]

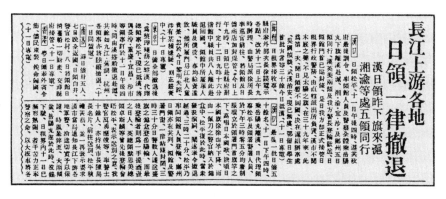

照片38　抗日战争爆发后,日本人从重庆、汉口等地日租界撤退的报道

将中外约章约定要开辟的租界,等同于实际存在的租界,是不妥当的。就像建造一座房屋,虽然确定地基,画出图纸,但未建成,就不能说这座房屋已经存在。确定租界是否存在、是否建成的标准,不仅在于是否订有开辟该租界的约章,而且在于外国侨民是否在当地进行过建设,最根本的是当地是否被外国领事或外国侨民组织的市政机构行政管理,其标志性的行动为是否在当地设置了可用武力进行行政管理的租界巡捕,从而使该区域成为摆脱中国政府管理的"国中之国"。那些在事实上尚未成为

① 《双方商定办法》,《申报》1937年8月8日;福州市地方志编纂委员会编:《福州市志》第一册,第61页。
② 王汗吾、吴明堂:《汉口五国租界》,第223页。

"国中之国"的区域,不应被列为已开辟的租界。

对于厦门日租界之类的区域,如将它们计入实际存在的或建成的租界,就要变更已被广泛认同的租界是被外国人行政管理的"国中之国"的共识,同时将牵涉其他问题。如果认为厦门日租界等是实际存在的租界,那么,我们还应承认订有约章、划定过界址的江宁法租界、宜昌英租界等租界的存在,特别是承认英国领事已租赁全部土地、界内还建成数个洋行的营口英租界的存在。其中有些"租界"不仅在事实上不存在,当地人士甚至闻所未闻。如果将它们一概列为曾经存在过的"租界",势必会对有关租界的定义、数量等方面的研究造成混乱,特别是引发当地学者和居民的质疑。

20世纪二三十年代的一些研究者会将一些近似租界地区以及实际上未能建成的租界都算作存在的租界,重要原因之一是未能清楚地了解当地真实情况。当时交通不便,社会秩序混乱,研究者们又缺乏经费和时间,无法到有关各地去作实地调查,更不可能去租界开辟国的档案馆查阅原始案卷,主要只能依靠既有的文字记载。一旦某种著述出了差错,诸如误认烟台有公共租界,后来的研究者即便有所疑惑,也不敢贸然订正,致使这些错讹似乎成了确凿不移的定论。

在将多个区域误作租界的同时,不少著述都脱漏了一个租界,即天津美租界。这是因为天津美租界于1880年就被"交还"给清政府,其所在地又于1902年被并入天津英租界。此后,人们一度只知道天津有八国租界,未知当地先后出现的租界达九个之多。虽然天津美租界存在的时间十分短暂,但美国驻天津领事曾对该租界进行行政管理,所采取的措施包括在界内设立"公所",即管理机构,并仿照上海公共租界格局,联合天津英租界当局,在界内设置巡捕,负责当地治安。① 可见,美国人确实对当地进行过行政管理,天津美租界确实存在过,应将它列入中国租界的名录。

最后,还值得提及的是厦门英租界。所有有关租界的著作都指出厦

---

① 中国第一历史档案馆:《天津租界档案史料选》,《历史档案》1984年第1期;英国国家档案馆:FO 228/1390,British Consul General,Tientsin,to British Minister,Peking,February 5,1901。

门有英租界,但是厦门有些人士认为当地只有英商"租地",没有英租界。究其原因,主要有两个。其一,当年英国租赁该地时只订有"租地之条件",并未订有当地归英国专管的明文。其二,厦门民众为收回被英国人强占的海后滩进行过长期斗争,最后迫使英方承认海后滩不属于英租界范围。有些当地人士进而认为滩后的英国人居留、贸易区域也不是租界。厦门英租界确与大多数租界不同,开辟时"并未订有租界之明文"。它雷同于上海租界,属于少数由租地演变成租界的类型。在其界址初定时,英国驻厦门领事就擅自订立由领事对当地进行专管的章程,1877 年该租界的《土地章程》订立,工部局、巡捕房也于同年设立,这一区域在事实上成为由外国人行政管理的"国中之国"。同时,中、英两国政府都承认其为租界。1878 年,中、英订立的中国自填海后滩商定章程便称该区域为"英商租界"。1922 年,在影响全国的激烈冲突之后,中、英在解决海后滩争端时所订的三款合同,也承认该区域为"英商租界"。1930 年,国民政府外交部部长王正廷与英国公使蓝普森又就正式收回厦门英租界的事宜互换照会,其中也明确地称之为"厦门英租界"。[①] 厦门英租界虽是中国最小的租界,但毕竟是租界而不是块外商"租地"。此外,在厦门还有这一区域只是英国"租借地"之说。殊不知上百年来"租借地"系特指胶州湾、旅大、威海卫、广州湾和香港新界等处,而在这五个租借地中国丧失主权的情形比租界更为严重。[②]

上述事实表明,中国租界的正确数量,是曾有 25 个专管租界和 2 个公共租界。这些租界分布在 10 个通商口岸。其中专管租界有上海的英、美、法租界,天津的英、法、美、德、日、俄、比、意、奥租界,汉口的英、德、法、俄、日租界,广州的英、法租界,厦门、镇江、九江的英租界,苏州、杭州、重庆的日租界。公共租界有上海公共租界、厦门鼓浪屿公共地界。上海英、美租界于 1863 年合并成上海公共租界,天津美租界先是于 1880 年被归

---

① 厦门市档案局、厦门市档案馆编:《近代厦门涉外档案史料》,第 203、215 页;王铁崖编:《中外旧约章汇编》第 3 册,第 254、831、832 页。
② 有关近年来仍有厦门人士否认厦门英租界存在的论争,参见萧春雷:《厦门英租界争议》,《厦门晚报》2015 年 3 月 15 日。

还给清政府,其所在地后又被并入天津英租界。这样,在 1902 年至 1917 年这一外国在华租界的全盛时期,也即是外国在华租界数量最多的时期,在中国土地上共有 22 个外国专管租界和 2 个公共租界。

第三节 分 类 问 题

在 20 世纪初期,租界的分类也是个颇多异议的问题。约一个世纪过去,有关租界分类的观点多已被后人淡忘,但其中有些观点仍一直影响到现今。

对租界的某些分类方式,如日本学者今井嘉幸的分为七类之说,在当年就影响不大,迄今已鲜为人知。[①] 目前,人们注意到的租界分类有两种。一种根据租界由一国还是多国开辟、管理,将它们分为专管租界、公共租界两类。另一种根据租界土地的获取方式,即实行"国租"还是"民租",先将它们分为租界(Concession)、居留地(Settlement)两类,然而再将它们分成更多类别。

以土地的获取方式来给租界分类的方法肇始于 20 世纪早期西方研究中国问题的专家。美国学者马士于当时将外国人在华居留区域分为四类。划分其中第一、第二类租界的标准即是土地获取方式。实行"国租"的天津、汉口、九江、牛庄、广州等地租界被划为第一类,称作 Concession。实行"民租"的上海公共租界、上海法租界等被划为第二类,称作 Settlement。烟台等不涉及外国人进行市政管理的"租界"被划为第三类,也被称作 Concession。岳州等地仍由中国官府进行行政管理的"租界"被划为第四类,依然被称作 Concession。[②] 在事实上,后两类地区,即烟台的烟台山外国人居留区、岳州通商场等,根本不是租界,而是仍由中国政府

---

① 今井嘉幸认为,中国的租界可分为以下七类:(1) 天津式的外国正式专管租界;(2) 安东式的自然专管租界;(3) 上海式的正式外国共管租界;(4) 济南式的自管租界;(5) 烟台式的正式中外共管租界;(6) 福建式的自然共管租界;(7) 北戴河式的自然自管租界。在事实上,其中第(2)(4)(5)(7)类都不是租界,而是被称为"租界"的特殊区域。

② Westel Woodbury Willoughby, *Foreign Rights and Interests in China*, The Johns Hopkins Press, 1927, pp. 504 – 505.

管理的区域。美国学者威罗贝的著作引用了马士对租界的分类,并阐述了第一、第二类租界的差别。他认为实行"国租"的汉口租界是典型的租界,是 Concession,即界内全部土地分别租给相关各国,这些国家每年向中国政府缴纳地税,外国商民等再向租界开辟国分租界内土地。上海公共租界等租界是 Settlement,即在划定其界址后,界内土地仍在中国的土地部门登记,华人在该区域内对任何财产的所有和占有都不受影响,外国人不能获得界内土地绝对的所有权,但能取得永租权。[1] 显然,他也将"国租"与"民租"作为划分两类租界的标准。

马士、威罗贝等人的观点对当时直至后来的中国学者产生了影响。从 20 世纪 20 年代起,受他们影响的中国学者也开始将租界分为这样的两类。其中徐公肃等人便将 Concession 译作租界,将 Settlement 译作居留地,并在分租界为租界、居留地两大类的基础上,进而将租界分为专管租界、专管居留地、公共租界、公共居留地、默许公共居留地、自辟居留地等六类:

> 1. 专管租界(Concession)——订立永远租约将整个地段租与一租赁国。再由该国转分租与外侨民住,该国向中国政府纳总税,而外侨又向领事署纳税。地契由该国领事发给并登记。界内由该国管理,常以该国领事为该地方行政长官。惟英国所管租界则常于领事外,并设立工部局为执行机关。工部局董事由合格之纳税人选举之。此种租界为数甚多。如九江、沙面、牛庄、汉口、镇江等处均有之。若天津则竟多至十三处。

> 2. 专管居留地(Settlement)——双方订约,规定在通商口岸划定界限,在该界限内容许订约国人民租地居住。外侨租地系直接向华原业主商议,议成,请求中国地方官发给契据。外侨直接向中国政府纳税,而非向领事纳税,如上海之法租界是。

> 3. 公共租界(International Concession,有时滥称为 International

---

① Westel Woodbury Willoughby, *Foreign Rights and Interests in China*, p. 496.

Settlement）——租地性质与专管租界同,惟契约的当事人,不属一国,而为各国政府,签字人为各国驻该地领袖领事。如芜湖及前厦门鼓浪屿之公共租界是。

4. 公共居留地（International Settlement）——租地情形与专管居留地同。土地租契的当事人为各租户,地契发给不在各国领事署,而在中国地方官署。称为公共者,各国人均得参加管理也（就事实言）,如上海公共居留地（俗称上海公共租界）是。

5. 默许公共居留地（International Settlement by Sufferance）——乃未经领土主权国（中国）明白允许,而西人自行择地居住组织之行政机关,而中国政府不加干涉者,如芝罘是。"西人在该处购买土地,建筑道路,保持清洁与秩序,依公众之意行之。并有'无首领之委员会'征收捐税,并支用公款。但无自治的行政机关之法律的地位。"

6. 自辟居留地（Voluntary Settlement）——系中国自行开放之口岸,划一地段为外人通商居住之用。其警察及管理权,仍归中国地方官,如岳州、长沙等处是。"岳州所施行之市政办法为他处商埠所采用。中国政府划出若干地段为公共居留地,建筑马路,拍卖地段,征收相当的码头税等。至市政工程与警务则由岳州地方官与海关监督共同管理。一切费用由中国政府负担,外侨不必负担捐税,亦不必负担行政职责。倘须征收其他捐税,则须得代表机关同意。"[①]

然而,这些依据美国学者的观点而进行的租界分类与事实颇有出入。除了称牛庄有设立了工部局的英租界及天津有 13 个租界、唯有英租界设立工部局等错误外,其错失主要体现在以下 3 个方面。

第一,以"国租""民租"两种土地获取方式,无法将租界分为两大类。这是因为从租赁关系当事人的角度来看,外国人取得租界土地的方式不限于"国租""民租"两种,而是有更多的方式。在苏州、杭州、重庆等地日租界,实行的是中国官府向界内中国业主收购全部地基,然后日本商民再

---

① 徐公肃、丘瑾璋:《上海公共租界制度》,载上海史资料丛刊《上海公共租界史稿》,第 185、186 页。

向中国官府永租土地的"民向国租"的方式。在天津、汉口俄租界及天津比租界等租界中,实行的是租界开辟国政府只是"国租"界内部分土地、其余土地被外国侨民租赁的"部分国租"方式。而在天津英租界等最初实行"国租"的租界,其扩展区域则未实行"国租",从而使这些租界与"部分国租"的租界一样,成为"国租"与"民租"的混合体。以天津英租界而言,除最初的四百多亩土地系由英国政府"国租"外,扩充界、南扩充界及推广界的五千多亩土地都实行"民租"。因此,如果要以实行"国租"还是"民租"的标准来确定该租界是租界还是"居留地",最后由同一个工部局管理的天津英租界只有一小部分是租界,大部分是"居留地"。可见,以此种标准无法对实行"民向国租""部分国租"和老租界实行"国租"、扩展界实行"民租"的租界作出科学的分类。

第二,所谓租界(Concession)实行的是"国租"制度,"居留地"(Settlement)实行的是"民租"制度的论断,也与事实不符。外国人称某些租界为 Settlement,称另一些租界为 Concession,并非因为它们实行了不同的土地制度。最早开辟的上海英租界实行"民租",英国人称之为 Settlement,意为"居留区域",是因为 Settlement 是个英语单词。法国人称同样实行"民租"的上海法租界为 Concession,原意为让与的区域,是因为法文中并无 Settlement 一词。这样,法国人自然要另择相应的法文单词,而绝不会使用本国文字中不存在的外国文字。英国人、法国人分别使用 Settlement 和 Concession 这两个单词,只是使用了本国的语言文字,并未考虑它们与土地取得方式有什么关系。此后开辟的天津法租界仍采取"民租"方式,法国人仍称之为 Concession。在同一时期,英国人开辟的天津英租界则采用了"国租"方式,但他们制定于 1866 年的天津英租界《土地章程》仍称该租界为 Settlement。^① 因为英文在其发展过程中吸收了大量其他语言的词汇,Concession 也早已成了个英文词汇。未久,英国人也称天津、镇江、九江、广州等地的英租界为 Concession,它与 Settlement 被当作同义词来使用。如 1871 年广州英租界《土地章程》的第一款以

① *Local Land Regulations of the British Concession at Tientsin and General Regulations for the Tientsin Consular District*,1866,Preamble.

Concession来指该租界,第二款则用了Settlement。[①] 直到1902年,意大利人在开辟天津意租界的意文本约章中,仍将这两个单词视为同义词。[②] 此后,因为Settlement可泛指各种居留区域,所以在华外国人不仅以它来指租界,还用于其他各种居留区域,而Concession一词在用于外国人的居留区域时则特指作为"国中之国"的租界。最后,除上海和厦门两个公共租界外,所有专管租界不论实行"国租""民租""部分国租"还是"民向国租"等租地方式,在英文等西方文字中通常都被称作Concession。因此,Concession是实行"国租"的租界,Settlement是实行"民租"的"居留地"之说,是种不符合租界实际情况的臆说。

第三,在将租界分为六类时,其中有些种类或是并不存在,或者并不是真正的租界。按照这一分类办法,公共租界是土地"国租"的租界,"惟契约的当事人,不属一国,而为各国政府,签字人为各国驻该地领袖领事"。芜湖及厦门鼓浪屿被称作曾有此种公共租界的地方。但是,在芜湖、鼓浪屿直至中国任何地方,都不存在这种由各国政府共同向中国政府租借整块土地的公共租界。芜湖的公共通商场和厦门鼓浪屿公共地界实行的也明明是"民租"方式。《厦门鼓浪屿公共地界章程》规定,华、洋商民都可买卖界内产业包括土地,可见界内土地未被相关各国政府全部租借。在事实上,在清末这个小岛上还有三个中国村落,四千至五千名华人。[③] 直到该租界被收回时,华人仍在当地拥有大量地产。《芜湖各国公共租界章程》则指出,界内地基,准各国正经、殷实商民,选择合宜之地租赁。[④] 这些情况表明,芜湖公共通商场和厦门鼓浪屿公共地界实行的都是"民租"制度,实行"国租"的公共租界在中国土地上从未出现过。有些研究者希望像区分专管租界那样将公共租界分为租界、居留地两类,才假想出这种类型的公共租界,包括假想出由领袖领事来签订开辟这些公共租界的

---

① *Land Regulations and Bye-Laws for the British Concession at Canton*,1871,Article 1,2.

② 中国第一历史档案馆:外务部档案,中义关系类,第1541号卷,《天津义租界章程》(意大利文本)。

③ 厦门市档案局、厦门市档案馆编:《近代厦门涉外档案史料》,第302页;R. P. W. Pitcher, *In and about Amoy*, p. 121.

④ 余谊密等修、鲍寔等纂:民国《芜湖县志》卷五,页一。

约章。而在事实上，因为开辟芜湖租界的约章原系中、英官员订立，所以将这一区域改成芜湖公共通商场的约章仍由中、英双方订立；开辟厦门鼓浪屿公共地界的约章也不是中国官员与当地领袖领事订立，而是与九个国家驻厦门的领事共同订立。至于芝罘即烟台之类的"默许公共居留地"，以及长沙、岳州等地的"自辟居留地"即自开通商场，都不是作为"国中之国"的租界。对于这一问题，本书已反复作过论述，在此就不再赘述。

上述分析说明，基于土地取得方式而将租界分为六类的结论是不妥当的。其中的三类或者不存在，或者并不是租界。

对租界进行分类，可根据一国专管还是多国共管的标准，将它们分为专管租界、公共租界两类。在此基础上，可根据开辟国的国别，将专管租界分为英租界、法租界、美租界、德租界、俄租界、日租界、比租界、意租界及奥租界。这是因为公共租界与专管租界在行政、立法、司法等方面确有一定的差异。公共租界的日常行政主要由工部局负责，各国领事较少干预。在专管租界中，租界开辟国领事的权力则大得多，甚至有所谓领事"独裁"的租界。公共租界的基本章程最初都由中、外双方共同制定，中国政府和地方官员还有权参与对这些章程的修订和增订。在厦门，中国官员还参与了鼓浪屿公共地界附则的制定。专管租界的基本章程完全由租界开辟国当局或其驻华公使等人制定，包括附则在内的各种行政规章也由诸如租界纳税人会、工部局以及租界开辟国的领事直至驻华公使来制定、修订和增订。公共租界都设有会审公堂，华人在界内违反租界章程及犯法，或者只是涉及民事案件，就会在会审公堂受审，在被判处监禁后即在租界内服刑。公共租界还都设有领事公堂，专门受理控告工部局的行政案件。除汉口租界外，其他专管租界都未设会审公堂，也未设领事公堂。汉口租界所设的领事公堂即领事裁判所只审判由多国人士管理并系为公众服务场所的案件。至于不同国家专管租界的差异，如英租界与日租界的差异、德租界与日租界的差异等，也是多方面的。例如，英租界的侨民自治程度较高，法租界被称作领事"独裁"的租界；很多租界选举产生市政委员会，日租界则有居留民团、居留民会。可见，由一国专管还是多国共管，以及由哪一国专管，确实会使该租界的面貌有不少差别。因此，这样的租界分类对于认识、研究不同类型的租界是有意义的。

第四节　其 他 问 题

除定义、数量、分类等问题外,在进行租界史研究时还会遇上以下三个值得关注的问题。

第一,"租界"一词始见于何时。

鸦片战争以前,在中国没有出现过外国租界,中文中也没有"租界"一词。这一新词汇大约形成于何时呢? 查阅《中外旧约章汇编》等书籍,由英、美、法三国领事颁行于 1854 年的上海《土地章程》多被称为《上海英法美租界租地章程》。不过,该章程不仅与美租界无关,而且本无中文名称,其全文中也未出现"租界"一词。该章程的中文名称显然是后来添加的,它不能说明在该章程颁行时"租界"一词已经形成。[①]

出版于 1915 年的《汉口小志》录有 1861 年《英国汉口租地原约》,即中、英两国开辟汉口英租界的约章,其中有"自定约之后,即不准民人在租界内再造房屋、棚寮等"之句。[②] 这样,该约章似乎在中外约章中最先使用了"租界"一词;同时,似乎不迟于 1861 年"租界"一词已在中国流行。然而,英国国家档案馆收藏的开辟汉口英租界约章的原件表明,该约章中相关的句子中没有"租界"二字,其原文为:"自定此约之后,即不准民人在于界内再造房屋、棚寮等间。"[③] 可见,《汉口小志》所载的约章有错误,其中"租界"一词中的"租"字是后人添加进去的。

在上海、厦门英商租地开辟之时,当地官府分别称之为英商"租赁基地""海滩基地"。未久,上海地方官府就称当地的这一区域为"在上海港口所定英人租地造屋居住界"。[④] 在上海租界成型前后,上海民众往往称之为"夷场"。[⑤] 1861 年,开辟镇江、汉口、九江、广州等英租界的中、英约

---

① 　王铁崖编:《中外旧约章汇编》第 1 册,第 80—83 页。
② 　徐焕斗编:《汉口小志》,附外国人居留地第 2 页。
③ 　英国国家档案馆:FO 93/23/19b,中英汉口永租地基约,咸丰十一年二月十一日。
④ 　蔡育天主编:《上海道契》第 1 卷,第 1 页。
⑤ 　黄本铨等撰:《枭林小史》等四书,上海古籍出版社 1989 年版,第 10、20、52 页。

章也都未称它们为"租界"。于同年订立的开辟天津法租界的中、法约章则称之为法国人"可租地界"。在上海,上海官员于1862年仍常称英租界、法租界为"英界""法界""英国租地界""法国租地界""外国租地界"等。直至1865年前后,"租界"一词才开始在上海等地流行,但当地的人们仍同时使用"通商租地"等名称。①在汉口、天津等地,"租界"一词流行得更晚。1865年,仍有湖北官员称汉口英租界为"永租地界""永租十八段地界",五年后仍有官员称之为"汉口永租地界"。在天津,直到1872年仍有当地官员称天津法租界为"法国应租地界"。②

上述史实表明,"租界"一词是由"外国租地界""永租地界""通商租地"等名称发展、简化而来。这一名词在19世纪60年代初期尚未流行,直至1865年前后才逐渐取代"永租地界"等,成为此类"国中之国"的确定名称。

第二,上海租界形成于何时。

长期以来,对于这一问题一直有两个答案。答案之一,上海英租界开辟于1845年,即上海官府与英国领事大致划定上海英商租赁基地之际。基于同样的认识,上海美租界、上海法租界的开辟时间被认定为1848年和1849年。答案之二,1845年、1848年、1849年只是上海英商租地、上海美国人租地、上海法商租地的开辟时间,上海英、法租界形成于1854年,即是形成于外国人设立工部局、巡捕房,在当地进行行政管理,使这些区域成为"国中之国"之际。

如果在全中国仅上海一地有租界,那么认为上海英、美、法租界分别开辟于1845年、1848年和1849年似也无妨。然而,在全中国的不少地方还出现过近似租界区域,以及订有中外约章但最终没有建成的租界,情况非常复杂,如果采用第一种解答便很难自圆其说。

一是在1845年初步划定界址时,中国官府仍能对上海英商租地有所

---

① 英国国家档案馆:FO 228/917,苏松太道吴煦致英国驻沪领事照会,同治元年六月初五、初九。英国国家档案馆:FO 228/920,《英国在江宁开口通商中外合议章程》,同治四年四月;上海道丁日昌致英国领事照会,同治四年五月十七日。
② 英国国家档案馆:FO 228/917,照抄致江汉关郑监督照会,同治四年四月十九日;英国驻湖北领事致江汉关监督照会,同治八年十二月十二日。英国国家档案馆:FO 228/932,天津知府告示,同治十一年六月二十四日。

管辖,而不像十多年后镇江、汉口、九江等地的租界那样,一开始就通过中外约章确认这些区域系由外国领事专管。上海美国人租地和上海法商租地也是如此。直到 1854 年的数年间,这些外国人租地在事实上尚不是摆脱中国管辖的"国中之国",如果将它们称为"租界",就使租界的定义模糊不清,即是一个位于通商口岸的外国人居留、贸易区域在被外国领事或外国侨民组建的工部局之类市政机构行政管理时被称作"租界",在尚未被其行政管理时也可被称作"租界",那么,什么是"租界"? 什么是它与华界的本质区别? 结论是只有对这些区域在变成"国中之国"的前后给予不同的名称,即在此前称为"外商租地"之类,在此后称为"租界",才能从名称至实质来显示两者之间的本质区别。

二是如果将 1854 年前的上海英商租地等称为"租界",那么,在此前后不少通商口岸划定的外商租赁区域与上海的英商租地等情况近似,为什么没有也不能将它们称为"租界"? 1845 年大体划定上海英商租地界址之前,在广州十三行一带便已划定了英商租地界址,英商和其他外商租赁了界内土地,还在租地与华人居住区毗邻之处筑起围墙,至驻守当地的英兵撤离后,界内外国洋行还纷纷组建武装卫队。[①] 可见,在当地外国人的势力远远超出当时上海的外商租地。同时,外国人还先后在福州、宁波等地划定过外商租地,这些租地后来也都存在了半个多世纪。如果认为 1845 年、1848 年、1849 年是上海英、美、法租界开辟的年代,就将面对一个难以回答的问题:为什么同样是尚未被外国人专管的区域,上海的外商租地可称为"租界",而广州、福州、宁波等地的外商租地就不能称为"租界"? 解决这一矛盾的办法,或是将这些区域一概称为"租界",但这种办法决不会被人们接受,而且势必使什么是"租界"的问题变得更为混乱;或是将尚未成为"国中之国"的区域一概不称为"租界",上海的英商租地等到发展成"国中之国"后再改称它们为"租界"。后一种办法应是解决这一矛盾的可行办法。

三是在第二次鸦片战争后直至甲午战争后,中国还同意英、法、日等国分别在营口、江宁、宜昌、沙市、福州等一批通商口岸开辟专管租界,并

---

① 文庆等纂:《筹办夷务始末》(道光朝)第 6 册,第 3098 页;中国人民政治协商会议广州市委员会文史资料研究委员会编:《广州的洋行与租界》,第 8、20 页。

订立了开辟租界的约章，划定了这些租界的界址。这些区域的发展情况不尽相同，但最后都未成为由外国人专管的"国中之国"，因而其所在区域未被称作租界。其中"营口英租界"在划定界址时，英国领事即拥有专管之权，他还代表英国政府租赁了界内全部土地，较之划定界址时的上海英商租地等，更加可以称之为"租界"。因此，如果将1845年、1848年、1849年界定为上海英、美、法租界开辟的年代，又会形成一个类似的问题，即同样未被外国人专管的上海英商租地等可被称作租界，而营口英租界等所在区域则不能被称作租界，何况根据中外约章一开始就约定这些区域将由外国领事等人专管。解决办法同样只有一个，即是应将上海英商租地等发展成租界时再改称为租界。

可见，从全国范围来看，将划定上海英、美、法三国租地的界址等同于这三国租界的开辟，势必牵涉租界的定义等多个问题，难以自圆其说。在1854年设立工部局、巡捕房后再称其为租界，较为妥当。

在此，还拟提及的是为什么不用"居留地"，而是用"租地"来特指上海等地尚未发展成租界的外国人居留、贸易区域。"居留地"一词出自日文，日本人曾将在日本长崎、横滨等地设立的欧美人士的居留、贸易区域称作"居留地"，后来也称在朝鲜和中国开辟的租界为"居留地""专管居留地"。民国年间有些学者在对租界分类时则将专管居留地、公共居留地、默许公共居留地、自辟居留地等作为租界的一些类别。① 因此，以这一词义中包含了"租界"的日语名词来特指尚未发展为租界的区域，显然是不够理想的。"租地"一词虽然会被误解成"租赁土地"之意，但这一中文词汇，诸如"通商租地"②，在鸦片战争后的中外交涉中时常被使用。到了甲午战争后中国以开辟通商场来抵制日本开辟租界时，"租地"就用来指称一些并非租界的外国人租赁区域。例如，抵制租界最为积极的湖广总督张之洞就指出在沙市有尚不是租界的"英商租地"。③ 在厦门，因英租界在开辟

---

① 徐公肃、丘瑾璋：《上海公共租界制度》，载上海史资料丛刊《上海公共租界史稿》，第185、186页。

② 英国国家档案馆：FO 228/920，上海道丁日昌致英国领事照会，同治四年五月十九日。

③ 苑书义等主编：《张之洞全集》第9册，第7088页。

时并未订有由英国专管的约章,当地一直有人认为这是块不同于租界的"租地"。1909 年,兴泉永道便在给当地英国领事的照会中称之为"洋商租地""厦门租地"。^① 直到最近几十年间,称此类外国人租赁区域为"租地"的著述仍为数甚众。由原租界所在地的地方史专家们所撰的《列强在中国的租界》一书便将一些不同于租界的区域称作"租地",指称"庐山(牯岭)英租界""芜湖公共租界,苏州英、美租界",属于"租地性质"。^② 正因为如此,本书沿用自清季以来一直有特定含义的"租地"一词,来特指上海等地由外国人租赁,但尚未发展成租界的居留、贸易区域。

第三,工部局之类的市政机构是否设有董事会。

现今研究、介绍租界的部分著述认为工部局之类的租界市政机构设有董事会,并称工部局董事会是工部局决策、领导机构。这是一种误解。

除日租界的行政机构较为特殊外,西方国家所辟专管租界与公共租界的行政机构在英文中大多被称作 Municipal Council 或 Council 之类,在法文中被称作 Conseil Municipal,意即"市政委员会"。该委员会在 19 世纪及 20 世纪初期大多被华人称作"工部局"之类,经租界租地人会或纳税人会选举产生的市政委员会委员通常被称作"工部局董事"。^③ 以上海公共租界而言,该租界 1869 年《土地章程》的英文原文将该委员会称作 Executive Committee 或 Council,中译本译作"公局",该委员会委员则被译作"董事"。^④ 后来,"公局"多被改译作"工部局"。1902 年,在开辟厦门鼓浪屿公共地界时仿照了上海公共租界的制度,由中、外官员会订的《厦门鼓浪屿公共地界章程》英文本中的 Council、Municipal Council,在中文本中写作"公局"或"工部总局",该委员会委员也被译作"董事"。^⑤ 在上

---

① 厦门市档案局、厦门市档案馆编:《近代厦门涉外档案史料》,第 232 页。
② 《列强在中国的租界》编辑委员会编:《列强在中国的租界》,中国文史出版社 1992 年版,第 591 页。
③ 在上海法租界,这一市政委员会在中文中被称作"公董局",在天津法租界被称作"公议局",在镇江英租界曾被称作"公务局"。
④ *Land Regulations and Bye-Laws for the Foreign Settlement of Shanghai*,1869,Article 10,11;王铁崖编:《中外旧约章汇编》第 1 册,第 294、295 页。
⑤ *Land Regulation* (of Kulangsu),Article 2 - 5;厦门市档案局、厦门市档案馆编:《近代厦门涉外档案史料》,第 299、300 页。

海公共租界,直到 20 世纪 20 年代末期,在印行的《土地章程》中译本之中,Council 一词仍全部被译作"工部局"。^① 可见,至此时与 Council 等相对应的中文名称是工部局,而不是工部局董事会。

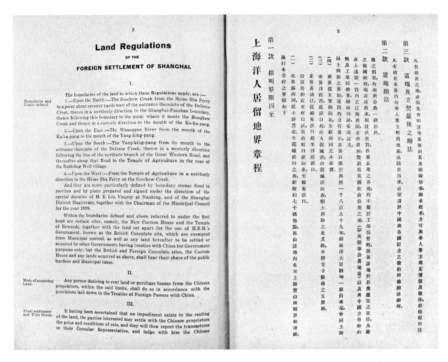

照片 39　1929 年印行的有中、英两种文字的上海公共租界土地章程

同时,遍查这些租界基本章程的原始文本,即其外文文本,都没有在市政委员会之上再设立一个委员会或常设委员会作为决策、领导机构的规定。市政委员会的委员会议,也就是华人所说的工部局董事举行的会议,可对租界内的重大行政事务进行决策,并可为租界制定行政规章。上海公共租界 1869 年《土地章程》英文原文的第十款、第十一款规定,租界纳税人选举产生市政委员会委员,该市政委员会有权决定租界各种日常行政事务,包括制定《土地章程》的附则。^② 厦门鼓浪屿公共地界和西方

---

① 《上海洋人居留地界章程》,上海 Kelly & Walsh 公司 1929 年印。
② *Land Regulations and Bye-Laws for the Foreign Settlement of Shanghai*,*1869*,Article 10,11.

国家专管租界基本章程的规定都是类似的。再从实际情况来看,各租界少则只有两三名、多则只有十来名委员的市政委员会即"工部局"也没有架屋叠床,再设立一个委员会来作为领导机构的需要。

在天津,1911年印行的天津英租界《土地章程》中译本尚无"工部局董事会"的提法,并将董事译作"行政委员"。[①] 此后,在天津英租界等租界陆续出现工部局董事会的提法。至30年代,在上海租界内"董事会"的提法也开始流行。在1937年印刷的上海公共租界《土地章程》第十一款、第十八至二十一款的英文原文并无修改,中文译文则将"工部局"改译成"董事会"。然而,在同一中文版本中,在很多条款中,Council仍被译成"工部局",其中包括该章程第一款、第五款、第六款等十余款。这样,同一个英文单词Council时而被译为"工部局",时而被译为"董事会",其中第十八款之中,还将该董事时而译为"董事会董事",时而译为"工部局董事"。不过,直到此时,在该《土地章程》中仍无"工部局董事会"的提法。这应该是中译者并不认为工部局又设立了董事会,因而只是有选择地将"工部局"改译成"董事会"。[②]

此后,越来越多的中国人士都认为,工部局设有董事会,就像一个商业公司的领导机构是董事会那样,工部局董事会是工部局的领导机构。由于租界工部局设董事会似乎成了常识,现今租界史料的翻译者也不得不迎合此种"常识"。以一些译成中文的相关英文史料而言,对照其英文原文与中文译文,可知这些史料系将Council一词时而译为"工部局",时而译为"工部局董事会"或"董事会"。以译成中文的《上海法租界史》而言,对照法文原文与中译本,可知原文Conseil一词时而被译为"公董局",时而被译为"公董局董事会""董事会"。该书法文原版自第315页起载录了1866年《上海法租界公董局组织章程》,中译本始自第277页,法文原文的Conseil一词在中译本的章程名称和第十三条、第十四条、第十八条被译成"公董局",第一条、第三条、第五条、第六条、第七条、第八条、第十

---

① 天津档案馆、南开大学分校档案系编:《天津租界档案选编》,第61页。
② *Land Regulations and Bye-Laws for the Foreign Settlement of Shanghai*(《上海公共租界地产章程》),上海A. B. C. 出版社1937年版。

条、第十一条、第十七条被译成"公董局董事会"或"董事会"。第九条、第十二条部分被译成"公董局",部分被译成"公董局董事会"。[①]

上述情况表明,租界的行政机构并未发生变化,只是华人对这一机构的称呼发生了变化,起初称为"工部局",后来则在有些场合称为"工部局",在另一些场合称为"董事会""工部局董事会"。不过,一种著述如果同时使用"工部局"与"工部局董事会"等提法,就应指明"工部局董事会"是"工部局"的另一译名。即便如此,工部局董事会的提法仍容易引起误解,特别是认为工部局设有董事会、董事会是工部局领导机构的说法,更与事实有出入。

经常涉及的有关租界的问题,还有租界的作用等问题。这一问题在二十多年前曾引发过争论,但现在认同租界有多方面复杂作用的观点在实际上已经成了共识。随着近年来对上海、天津、汉口等地租界史料的进一步发掘和研究,势必会有新的问题凸显,届时也应该会有新的研究来作出解答。

---

① Ch. B. Maybon et Jean Fredet，*Histoire de la Concession française de Changhai*，Paris，1929，pp. 315 - 318；[法] 梅朋、傅立德：《上海法租界史》，第 277—282 页。

第十三章　租界的收回

20世纪初期,在八国联军侵华战争发生后不久,在华外国租界进入全盛时期。此时,连同2个公共租界与22个专管租界,租界的总数达到24个。上海、天津、汉口等地租界十分繁荣,已多次得到扩展,并正在积聚进一步扩展的能量。就在租界处于极盛的巅峰之际,出现了由盛变衰的转折。从1917年起,前后历经28年,所有租界被中国政府逐一收回。由于此时的法律允许外国商民和外国企业租赁中国土地,收回租界主要就是收回当地包括警察权在内的行政管理权,使得这些区域不再是被外国人行政管理的特殊地区。

第一节　第一次世界大战带来的机会

中国收回外国租界的行动肇始于1917年。此时,中国在北洋军阀统治之下,积贫积弱的国势无异于畴昔。收回租界的意外机会来自第一次世界大战爆发后国际关系的巨大变化,而北洋政府也较好地把握了这一时机。

1914年7月,第一次世界大战爆发。英、法、俄等协约国与德、奥等同盟国展开了空前规模的血腥厮杀。在战争初期,中国并未参战。1917年2月1日,在战场上陷入困境的德国违反国际法,恢复"无限制潜艇战",攻击一切驶往协约国口岸的中立国商船。作为中立国的美国于2月3日与德国断绝外交关系,并吁请各中立国采取一致的行动。于是,战争虽未结束,胜负已可逆料。3月初,一艘有500多名华工搭乘的法国邮轮也被德国潜艇击沉。由段祺瑞任国务总理的北洋政府遂于3月14日宣布与德国断绝外交关系,并收回德国在华的一切特权。3月15日,江汉关监督兼交涉员吴仲贤及汉口警察厅官员根据北洋政府内务部命令，率领 200 多名警察等人进入汉口德租界，接收该租界巡捕权等行政管理权，并宣布自即日起收回该租界。起初，德国领事拒绝移交，声称中国政府须对此种行为承担责任。中国官员并不退让，还表示将保障当地德国人民的生命财产，最后迫使德国领事等人就范。[①] 3 月 16 日，天津警察厅厅长杨以德、天津交涉员黄荣良等也奉命率领 300 名军警进入天津德租界，接收该租界的行政管理权，先后接收了工部局、巡捕房等，并前往位于该租界内的德军兵营，解除德军武装。因荷兰在这场大战中仍持中立立场，在中德绝交时德国政府委托荷兰驻华公使代为保护德国在华利益，荷兰政

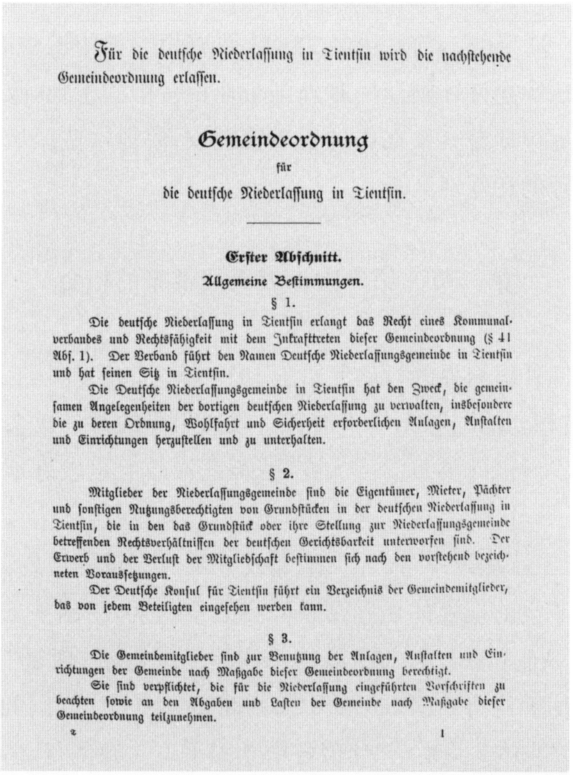

Für die deutsche Niederlassung in Tientsin wird die nachstehende Gemeindeordnung erlassen.

Gemeindeordnung
für
die deutsche Niederlassung in Tientsin.

Erster Abschnitt.
Allgemeine Bestimmungen.

§ 1.

Die deutsche Niederlassung in Tientsin erlangt das Recht eines Kommunalverbandes und Rechtsfähigkeit mit dem Inkrafttreten dieser Gemeindeordnung (§ 41 Abs. 1). Der Verband führt den Namen Deutsche Niederlassungsgemeinde in Tientsin und hat seinen Sitz in Tientsin.

Die Deutsche Niederlassungsgemeinde in Tientsin hat den Zweck, die gemeinsamen Angelegenheiten der dortigen deutschen Niederlassung zu verwalten, insbesondere die zu deren Ordnung, Wohlfahrt und Sicherheit erforderlichen Anlagen, Anstalten und Einrichtungen herzustellen und zu unterhalten.

§ 2.

Mitglieder der Niederlassungsgemeinde sind die Eigentümer, Mieter, Pächter und sonstigen Nutzungsberechtigten von Grundstücken in der deutschen Niederlassung in Tientsin, die in den das Grundstück oder ihre Stellung zur Niederlassungsgemeinde betreffenden Rechtsverhältnissen der deutschen Gerichtsbarkeit unterworfen sind. Der Erwerb und der Verlust der Mitgliedschaft bestimmen sich nach den vorstehend bezeichneten Voraussetzungen.

Der Deutsche Konsul für Tientsin führt ein Verzeichnis der Gemeindemitglieder, das von jedem Beteiligten eingesehen werden kann.

§ 3.

Die Gemeindemitglieder sind zur Benutzung der Anlagen, Anstalten und Einrichtungen der Gemeinde nach Maßgabe dieser Gemeindeordnung berechtigt.

Sie sind verpflichtet, die für die Niederlassung eingeführten Vorschriften zu beachten sowie an den Abgaben und Lasten der Gemeinde nach Maßgabe dieser Gemeindeordnung teilzunehmen.

z　　1

照片 40　天津德租界市政章程颁行于 1906 年，11 年后该租界被中国收回

① ［美］波赖：《最近中国外交关系》，曹明道译述，正中书局 1935 年版，第 16 页。

府便向北洋政府提出由荷兰代管天津、汉口德租界的要求。这一无理要求被北洋政府拒绝。3 月 28 日,北洋政府内务部颁布《管理津、汉德国租界暂行章程》,其中规定,接收后的天津、汉口德租界都改为特别区,各自设立临时管理局,管理区内的警察及一切行政事宜。[①] 这样,中国推倒了收回外国在华租界的第一张多米诺骨牌。

在与德国断交后,又历经一系列事变,北洋政府终于在同年 8 月 14 日向德、奥两国宣战,并宣布"所有以前吾国与德、奥两国所订立之条约、合同、协约,及其他之国际条款、国际协约,属于中德、中奥间之关系者,悉依国际公法与惯例,一律废止"。同时,北洋政府将设在原天津、汉口德租界内的特别区临时管理局改为特别区管理局,并指令天津地方官府收回天津奥租界。天津警察厅厅长杨以德等即当日率中国军警进驻天津奥租界,接收该租界行政管理权。该租界被改为天津特别第二区。

1918 年 11 月,第一次世界大战以协约国的胜利而告终。1919 年 1 月,中国作为战胜国,派遣由陆徵祥、顾维钧、王正廷等五人组成的代表团参加巴黎和会。在会上,中国代表提出了对德、奥"初步和约中应列入之条件",其中包括收回天津、汉口的德、奥租界。意大利代表以天津意租界面积最小、不敷居住,意大利接租奥租界后可整顿界内卫生等为理由,向大会提出接租奥租界的要求。中国代表立即致函美国代表等,务请组成专门委员会的美、法、日等五国代表否决意大利的提案。经中国代表的积极活动,五国代表多数反对意大利兼并天津奥租界,意大利只得改而要求将奥租界的一部分划归意租界,后又要求重勘奥、意租界交界处的东面一段,其实仍是企图有所拓展。中国代表继续进行外交努力,迫使意大利最后只能以中国政府应注意原奥租界的卫生,并在该地区内实施改良海河堤坝等公益工程等希望条件来作为下台的台阶。[②] 6 月 28 日,由英、美、法等国与德国签订的《凡尔赛和约》第 130 条规定,德国把天津、汉口德租界内所有属于德国政府的房屋、码头、军需品、各种船只等各种公产让与

---

① 天津市地方志编修委员会编著:《天津通志·附志·租界》,第 62 页。
② 天津市历史博物馆编:《秘笈录存》(近代史资料专刊),第 232—234 页。

中国;第132条规定,德国承允取消得自中国政府现有汉口及天津租界之契约。① 这些条款确认了中国对德租界的收回。由于《凡尔赛和约》规定由日本继承德国在山东的一切权利,从而在中国引发了轰轰烈烈的五四爱国运动,中国代表也因此拒签这一和约。9月10日,中国代表签署了协约国与奥国订立的《圣日耳曼和约》,其中第115条和第116条对中国收回天津奥租界的事宜作了与《凡尔赛和约》有关中国收回德租界完全相同的规定。1921年5月,德国为了恢复对华贸易,与中国另订新的双边条约,并在该约后附的换文中声明,德国政府承担《凡尔赛和约》中有关在华德租界等条款所发生的义务。② 至此,中国全部完成了收回德、奥租界的法律程序。

第一次世界大战期间,协约国阵营中的俄国于1917年爆发十月革命,建立苏维埃政权。第一次世界大战结束后,列强建立反对苏维埃俄国的联合阵线。为了打破这种局面,苏俄政府在中国拒签《凡尔赛和约》后采取新的对华政策。1919年7月25日,苏俄政府外交人民委员发布宣言,表示将废除沙皇政府与中国订立的一切不平等条约,放弃沙皇政府以侵略手段从中国夺取的所有土地以及在华俄租界。北洋政府于1920年初才获得这一文件。因为北洋政府此时仍承认沙俄政府,所以仍未采取收回在华俄租界的行动。1920年9月23日,北洋政府发布大总统令,宣布停止沙俄驻华公使、领事等人的外交待遇,并宣布俄国在华租界的一切事宜应由主管各部暨各省区长官妥筹办理。③ 根据这些指令,天津警察厅厅长杨以德、天津交涉员黄荣良等于9月25日接收天津俄租界。同日,湖北交涉员吴仲贤也要求沙俄驻湖北领事于9月29日办理移交汉口俄租界手续。沙俄领事于9月27日召开俄国侨民会议,商议对策,并议决于次日在界内一律下半旗以志哀悼。两天后,吴仲贤等前往俄租界工部局,沙俄领事便借口俄国侨民的"公意",拒绝中国官员接管该租界。次日,北洋政府外交总长颜惠庆则拒绝了英、美公使提出的两个俄租界由各

---

① 世界知识出版社编:《国际条约集(1917—1923)》,世界知识出版社1961年版,第131页。
② 王铁崖编:《中外旧约章汇编》第3册,第169页。
③ 命令,1920年9月24日,北洋政府《政府公报》第1期。

国共同管理的要求。① 随后,法国驻汉口领事因汉口俄租界的所在地原本是汉口法租界的一部分,宣称该租界的任何变动,须经法国领事同意。经英、法等国屡次交涉,北洋政府屈服于列强的压力,遂于 10 月 22 日宣布,目前办法,确系临时办法,俄租界系由中国政府"代为保管",并向湖北等省的交涉署发出"此次接收俄租界,系属代管性质,并非收回",俄租界"工部局用人、行政,暂时照旧"的电令。② 10 月 26 日,吴仲贤等接收了俄国驻汉口领事馆的部分文件,成立暂行代管俄租界的办事处,并于 11 月 1 日将该办事处改为特别区办事处,将巡捕房改为警察所。这样,在汉口,中国官员未能接收俄租界的全部行政管理权。在天津,中国的交涉员只是代行沙俄领事的职务,对俄租界的政务行使"监督主权";中国警方则接管"关系地方治安"的警察权,租界工部局仍照旧行使部分权力。即便如此,驻华公使团仍有异议。他们以该租界巡捕历来归工部局管理,天津地方官府接管该租界警察权违背了中国政府拟议的俄租界内"一切行政暂无变更"的承诺,先后两次照会北洋政府,要求仍由该租界工部局管理租界巡捕。北洋政府在复照中指出,"中国官吏既负维持治安之责",自不能没有监督巡捕之权,拒绝将警察权交还租界工部局。不过,北洋政府仍有所让步,即是由天津地方当局委任天津前俄租界巡捕官若克拉布为俄租界的警务帮办,并宣称这些处置均已得到该租界当局的承认。③ 于是,北洋政府在这些"代管"的俄租界中所接管的权力有限,当地的面貌并未发生根本的变化。

在此期间,苏维埃俄国与中国之间的关系又经历诸多波折,最后因恢复两国正常邦交符合双方利益,中、苏两国于 1924 年 5 月 31 日订立《中俄解决悬案大纲协定》。其中第十条规定:"苏联政府允予抛弃前俄政府在中国境内根据各种条约、协定、章程所得之一切租界、租借地、贸易圈及兵营等之特权及特许。"④这一协定订立后,汉口、天津地方官府分别于 7

---

① 《汉口租界志》编纂委员会编:《汉口租界志》,第 428 页。
② 政务,北洋政府《外交公报》第 1 期,第 1 页;汉口市政府编纂:《汉口市政建设概况》第 1 编,武汉印书馆 1930 年版,第 11 页。
③ 政务,北洋政府《外交公报》第 1 期,第 10 页。
④ 张云伏编著:《中苏问题》,商务印书馆 1937 年版,第 95 页。

月 1 日、8 月 6 日正式收回汉口、天津俄租界。收回后的天津俄租界于当天被改为天津特别第三区,收回后的汉口俄租界也于 1925 年 3 月 2 日被改为汉口第二特别区。

就这样,从 1917 年至 1924 年的七年间,第一次世界大战带来的国际形势的变化,使中国得以先后收回德、奥、俄三国在天津、汉口两地的五个租界,开启了中国收回外国租界的先河。此后,在中国拥有专管租界的国家,仅剩英、法、日、意、比等五国。

第二节　从五卅运动到北伐革命时期

1924 年 1 月,实行"国共合作"政策的中国国民党在广州召开第一次全国代表大会。大会发表的宣言将收回外国租界、清除这些"国中之国"作为国民党对外、对内政策之一。收回租界,成为全中国人民更强烈的呼声。一年多后,上海公共租界内发生震惊中外的五卅惨案。由于该租界系由英国人控制,随后在汉口英租界特别在广州沙面租界一带又发生英国及其他一些国家的军队、巡捕等杀害中国民众五十多人的沙基惨案,于是,在席卷全国的五卅运动和广州国民政府发动的北伐战争期间,中国大地上出现集中反对实行帝国主义政策的英国及收回广州英租界和各地英租界的浪潮。

1925 年 6 月,在上海公共租界发生五卅惨案后,镇江、九江等地的民众义愤填膺,都对当地的英租界进行冲击。在厦门,民众为抵制英国人强占英租界前的涨滩——海后滩进行过长期的抗争。至此时,当地反英斗争的风潮再次激荡起来。6 月 13 日,驻厦英国领事许立德获悉厦门民众即将冲击英租界,对租界当局图占海后滩时起过恶劣作用的太古洋行采取激烈的行动。厦门英租界系弹丸之地,界内巡捕屈指可数,许立德深恐当地英国居民遭遇危险,黄夜要求厦门官府切实予以保护。厦门交涉员刘光谦与漳厦海军警备司令林国赓密商后,决定因势利导,要求英方即日撤销该租界工部局,嗣后不再设立,并且允许中方遴派得力军警,在界内各处认真保护洋商,担保绝无意外发生。许立德迫于形势,被迫同意,立

照片 41　沙基惨案现场

即命令该租界巡捕停止执勤,而由中国军警"入界保护"。于是,厦门英租界工部局从此撤销,界内治安、交通、卫生等各种事务完全归中国警察管理。① 由于租界的基本特征是外国人拥有行政管理权特别是设置巡捕之权,因此,在中国政府收回行政管理权并派驻中国警察后,厦门英租界已名存实亡。

　　1926 年 9 月初,北伐革命军兵临武汉时,汉口英租界当局就在该租界周围安设电网,堆放沙袋,并由从英国军舰上登陆的英军和租界义勇队加强界内戒备。北伐军攻克武汉后,国民政府屡次要求该租界当局撤去电网、沙袋等,均遭英方拒绝。英方还屡次与国民政府外交部等机构交涉,要求北伐军须由官长领带、监督,指定到达地点,并事先通知英国领事,才可以通过该租界,特别是不得再有武装卫兵站立汽车两旁往来租界之事。英方的这些要求更激发了当地军民收回该租界的呼声。1927 年 1 月 1 日至 3 日,武汉各界人民为北伐胜利和国民政府迁都武汉举行庆祝

---

① 厦门市档案馆:民政局档案,第 1 时期,(原)第 69 号卷,第 25 页。

活动,并进行废除不平等条约、收回外国租界的宣传。1月3日下午2时,武汉中央军事政治学校宣传队在长江边华界与英租界交界处的空地上作革命演讲。当时听众甚多,但秩序井然。未久,英租界的印度巡捕前来干预,企图驱散群众和宣传队员,但未能达到目的。在租界濒临的长江江面上有英国军舰驻泊,舰上的大批英国水兵便在租界登陆。他们架起机枪,鸣枪恐吓,随后用武力驱逐徒手民众。很多民众受伤,其中重伤二人。民众被迫自卫,打伤英兵数名,夺下马枪一支。①

　　惨案发生后,国民政府代表和中国军警迅速赶往出事地点,与英方交涉,并希望冲入英租界的民众离开租界,以避免危险。但是,事态并未平息,在江汉关等处已形成中国民众与英兵及各租界义勇队对峙的局面。到了晚上,民众越聚越多,形势一度更加紧张。此时,国民政府外交部部长陈友仁已向英国驻汉口总领事葛福提出抗议,要求英方立即撤退水兵和义勇队,由中国军警接防该租界,否则中方不负责任。4日晨,根据英国驻华公使的指令,葛福尽数撤退水兵和义勇队,完全撤除沙袋、电网,仅让工部局的巡捕继续值勤。然而工部局已无法维持秩序,葛福遂请求国民政府速派军警保护租界。当天中午,武汉农、工、商、学各界代表召开紧急会议,当即决定了惩凶、赔偿、收回英租界等八条对英办法。这些办法当即被国民政府采纳。下午,英租界巡捕又与中国民众冲突,使葛福不得不将巡捕全部撤回。于是,湖北全省总工会纠察队的一部奉国民政府命令,进入英租界维持秩序;武汉卫戍司令部也派兵三个连进驻该租界,使该租界实际上已由中国的军队和纠察队管理。②

　　1月5日上午,武汉全市民众罢市、罢工、罢课。下午,二三十万民众参加在英租界附近举行的对英示威大会。会后,民众大游行,大有冲击该租界的可能。在这种形势下,英国居民连同租界巡捕和其他公务人员已于前一天起纷纷登上停泊江边的英国军舰和商船,至此时英商汇丰银行

①　湖北省社会科学院历史研究所编:《汉口九江收回英租界资料选编》,湖北人民出版社1982年版,第6—8页;程道德等编:《中华民国外交史资料选编(1919—1931)》,北京大学出版社1985年版,第389页。
②　顾器重:《租界与中国》,第65—68页;湖北省社会科学院历史研究所编:《汉口九江收回英租界资料选编》,第16页;《汉口租界志》编纂委员会编:《汉口租界志》,第434页。

及其他洋行完全停业,行内的现金、货物等也全部运上军舰、商船。整个英租界已极为混乱。当天晚上,国民政府鉴于该租界现状,决定组织"汉口英租界临时管理委员会",由陈友仁任主席,主持界内一切公安、市政事宜,并宣布由国民政府保护界内中外居民全部生命、财产。次日,该租界的秩序开始恢复。①

在汉口英租界开始恢复秩序的 1927 年 1 月 6 日,距汉口不远的九江英租界受到中国民众的冲击。上一年 11 月北伐军攻克九江后,留守九江的北伐军独立第二师师长贺耀祖以军情紧急,"诚恐发生意外外交,致使军事受其影响",派遣宪兵在九江英租界周围日夜巡逻,"以资防范"。②九江英租界当局与汉口英租界当局一样,也如临大敌,在界内设置沙包、铁丝网,并将驻泊九江的英国军舰上的武装水兵调入界内。北伐军便与英国领事鄂克登交涉,要求他撤去沙包、铁丝网,撤退水兵。鄂克登则以多种借口来加以拒绝。12 月 27 日,当地受雇于英商太古、怡和航运公司及日商日清航运公司的中国工人集体罢工。经调解,日清公司于数日后接受工人的条件。1 月 4 日,英国水兵撤离汉口英租界及中国军警接管该租界的消息传到九江后,北伐军两次与鄂克登函商,先是要求英方援照汉口之例,速令英国水兵撤离九江英租界,以免"激成事端",后又提议援照汉口办法,一律撤去水兵、巡捕,由北伐军维持界内秩序。鄂克登仍以九江英租界内"巡捕过少,不能不以水兵为补助",以及界内"现尚安谧"等为理由,拒绝北伐军的建议。③

北伐军与英国领事往返磋商之际,入居九江、庐山等处的外国人特别是英国人因时局紧张,纷纷自九江英租界搭乘轮船前往上海。1 月 6 日下午 3 时,一名撤离的外国人雇一名中国工人将行李挑上轮船。因这名工人破坏了罢工纪律,在码头维持秩序的工人纠察队员就上前阻挡。这名外国人用手杖乱打纠察队员,并叫来英国水兵等,用枪托、警棍继续殴打。一名纠察队员"当即昏去,受伤甚重"。租界内发生惨案的消息迅速

---

① 程道德等编:《中华民国外交史资料选编(1919—1931)》,第 389 页。
② 顾器重:《租界与中国》,第 75 页。
③ 顾器重:《租界与中国》,第 76 页。

传遍九江城乡。九江民众本来就有仿效汉口民众、一举收回九江英租界的意向。有了这一导火线，他们当即聚集起来，向该租界冲去。停泊江边的英国军舰急忙鸣炮两响，其目的既是向民众示威，也是向租界当局报警。该租界当局立即调派全部水兵、巡捕，紧闭租界各入口处的铁门，并架起机枪。民众更加愤怒，他们高呼"收回九江英租界"的口号，将该租界严严实实地包围起来。与此同时，贺耀祖也派出部队，进抵英租界附近的长江边，声援九江民众，并亲自与英国领事交涉，要求英方将水兵、巡捕一律撤去，由北伐军入界维持秩序。鄂克登仍以种种理由，拒绝这些建议。在这种形势下，九江民众冲击九江英租界。他们搬开租界路口的沙袋，拔除木桩和铁丝网，撞开铁门，涌入租界。在入界人群中，鱼龙混杂，有些社会渣滓甚至是北伐军士兵，趁机劫掠界内民居，造成恶劣的影响和后果。因无法控制界内治安，鄂克登于1月7日上午11时正式请求北伐军进驻该租界，以维持秩序。他和当地英国侨民则全部登上停泊江边的英国军舰。当天下午4时半，北伐军独立第二师正式接收九江英租界。①

次日，北伐军总政治部主任邓演达等在九江举行各界联席会议，一致决定组织九江市民对英行动委员会，处理九江英租界的一切事务。1月10日，根据国民政府外交部的命令，当地成立九江英租界临时管理委员会。此后，该租界的秩序完全恢复。②

汉口、九江的英租界由国民政府接收后，英国驻华公使蓝普森特派参赞欧玛利为代表，从北京赶往汉口，要求国民政府退回这两个租界，恢复它们的原来状态。1月12日谈判开始后，外交部部长陈友仁指出，如此办理，"必致引起较现在更险恶之局势，现在双方之交涉，只可以现在之新状况为根据"③。英方迫于时势，只得同意。在谈判过程中，中国人民发动声势浩大的群众运动来支持国民政府的革命外交，英国、苏联和很多国家的人民都抨击英国政府的侵略政策，法、美、日等国政府出于各自不同的利益也未与英国采取一致行动。经过半个多月的交涉，英方被迫让步。

---

① 湖北省社会科学院历史研究所编：《汉口九江收回英租界资料选编》，第30—32页。
② 湖北省社会科学院历史研究所编：《汉口九江收回英租界资料选编》，第29页。
③ 程道德等编：《中华民国外交史资料选编(1919—1931)》，第390页。

1月27日，英国政府向国民政府送交备忘录等，其中表示，如国民政府以谈判的方式来解决在华英租界问题，英国政府将承认国民政府的大部分要求，其中包括交还各地的英租界。此后又经过一些周折，陈友仁与欧玛利于2月19日、20日分别订立《收回汉口英租界之协定》《收回九江英租界之协定》，并互换了一批文件。这些协定、换文规定，汉口英租界的工部局于3月1日解散后，国民政府根据现有"特别区"行政办法，组织特别市政机关，于3月15日接收该租界的行政事务。对于九江英租界，双方将实行相同的交收办法，但国民政府需赔偿"出自国民政府官吏之行动或由于其重大疏忽"而使英国侨民所受的直接损失。由于中国人民正要求彻底铲除租界制度，包括收回汉口全部租界后废除当地现行的外国人仍享有一定特权的市政制度，因此反对在已收回的九江英租界内实行此种制度。于是，陈友仁继续与英方交涉，迫使英方作出进一步让步。3月2日，中、英双方就变更有关九江英租界的协定互换了公函，其中规定，中方向英方预付4万银圆作为清偿英国人损失的费用，英方则同意将该租界无条件地交还中国。[①]

　　3月15日中国正式收回汉口、九江英租界后，汉口英租界成为由国民政府外交部直辖的汉口第三特别区，成立了第三特别区市政局。九江英租界也被改为特别区，由九江特别区管理局管理。与汉口等地特别区不同的是，在九江特别区内英国人未能保有较多的特权。

　　收回汉口、九江英租界之际，北伐军已逼近长江下游另一个辟有英租界的城市——镇江。在五卅惨案发生后，3万多名镇江人士参加了声讨帝国主义罪行大会，他们要与英国人抗争的意志十分坚决。此时，受到汉口、九江人民收回英租界斗争的鼓舞，镇江人民也发出要求英国立即移交镇江英租界的强烈呼声。3月22日深夜，北伐军的尖兵进入镇江。23日凌晨，北洋军仓皇撤退，镇江城成为"真空"地带。为庆祝北伐革命的胜利，镇江人民预定于24日举行庆祝游行。英国驻镇江领事怀稚特等深恐像汉口、九江那样发生中国民众冲击英租界的事件，即于24日上午11时

---

① 王铁崖编：《中外旧约章汇编》第3册，第607—611页。

致函当地交涉署及商会,声明拟于当天中午 12 时撤退界内全部巡捕,请镇江警方遴派警弁暨商团团丁入界接岗,以维持界内秩序。[1] 由于北洋政府委任的不少官员已经逃离,留下的官员、警佐等也顾虑重重,故而接收该租界的重任主要由在当地颇有威望的镇江商会来承担。3 月 24 日中午,镇江的一些地方官员会同勇于任事的镇江商会会长陆小波,率领商团团丁及商团团员 100 人进入租界,接收工部局、巡捕房等各种设施,接管租界的一切行政管理权。与此同时,怀稚特宣布撤销租界的巡捕房,并率领全体英国侨民登上英国轮船。[2] 随后,镇江市公安局添设第五区署,以取代租界工部局。过了两个月,因区内情况特殊,市公安局又将该署改为特别区署。这样,从 3 月 24 日起,镇江英租界在事实上也已被中国收回。

在此期间,中国政府和中国人民还力图收回更多的外国租界。设在武汉的国民党中央政治会议决定由外交部迅速交涉有关收回汉口法、日租界及广州英、法租界事宜,北洋政府也派遣接收租界委员与英方进行交收天津英租界的谈判,中国共产党领导下的上海工人在 3 月下旬占领上海华界后也作过以武力收回上海租界的准备。由于英、美等国集结大批军队全力保护上海租界,共产国际反对"用武力冲入租界",上海工人旋即放弃收回上海租界的尝试。[3] 到 4 月 3 日,日军在汉口日租界制造残杀中国民众的血案后,力图进一步侵略中国的日本政府迅速地将大批陆海军调往武汉;而此时的武汉国民政府正实行"英、日分离政策",把英国当作中国革命的头号公敌,全力对付英国,不拟对日本采取强硬态度;不久又发生四一二反革命政变及"宁汉分流",全国形势发生急剧变化,因而武汉国民政府旋与日本人妥协,并终止收回外国租界的努力。同时,北洋政府发起的收回天津英租界的谈判也未顺利进行。起初,控制了北京的奉系军阀擅派代表,干涉谈判。到中、英双方订立共同建议案即《紫竹林市政

---

① 洪钧培编:《国民政府外交史》第 1 集,第 120 页。

② 张立瀛编纂:《镇江古今谭·租界》(稿本);许国南:《陆小波先生事迹纪要》,载中国人民政治协商会议镇江市委员会文史资料研究委员会《镇江文史资料》第 10 辑,1985 年版,第 119 页;镇江市地方志办公室藏地方史资料,第 18 - 12 号件。

③ 许玉芳、卞杏英编著:《上海工人三次武装起义研究》,知识出版社 1987 年版,第 134 页。

管理章程草案》后,奉系军阀及北洋政府各部的官员认为,英国人在收回后的天津英租界中将比收回后的汉口英租界中拥有更多特权,因而应对该草案加以修订。然而,他们又未派人负责这些事宜,致使该案无形搁浅。[1] 至1927年夏,乘着北伐战争的洪流而形成的收回外国租界的高潮已告终结。

从1925年夏到1927年春,中国能收回一批英租界,而且只是收回一批英租界,这有复杂的原因。第一,当时的革命力量视英国为中国革命的头号公敌,集中力量反对英帝国主义者,包括收回英租界。第二,北伐革命军相继占领长江沿岸辟有英租界的三个通商口岸,使当地民众收回英租界的行动获得国民政府和革命军的有力支持。第三,英国在华势力开始消退,已无法凭借武力来维护这些在华的"国中之国"。在此之后,英租界名义上还有四处,实际上只剩天津、广州两处,其数量不再在专管租界中占首位,而是已少于日租界和法租界。

第三节　外交谈判取得的新成果

1927年国民政府建都南京后,将收回外国租界和租借地作为对外交涉的重要任务。经过数年努力,又有一些租界被中国收回或正式收回。

在此期间,最早进行交收谈判的是天津比租界。天津比租界位置较为偏僻,自开辟以来一直较为冷落。到20世纪20年代中期,该租界工部局虽能勉强应付日常开支,但无力偿还为建筑道路、河岸等向银行所借的8万余两银子,以及越滚越多的借款利息。这一租界并不能给比利时带来实际利益,反而成了它的包袱。1927年1月17日,比利时政府与北洋政府举行修订双边条约的谈判时,比利时公使洛恩便宣布,比国愿将天津比租界交还中国,以示友好。北洋政府遂组织接收天津比租界委员会,准备予以接收。此时,北伐军已挺进到长江流域,比国使馆参赞于1月20日前往武汉,将上述情况通知国民政府外交部部长陈友仁。陈友仁指出,

---

[1]　吴蔼宸:《华北国际五大问题》第2篇,第15页。

北洋政府为"非法机关"，坚决反对比利时政府与北洋政府改订任何条约。[1] 同时，比方又有要求中国政府买回界内土地的条件，而财力极为拮据的北洋政府无力支付这笔款项。这一交涉遂被搁置。1929 年 1 月，国民政府外交部重提这一旧案。此时，比租界工部局的处境并未改善，比利时政府因而表示，愿"自动"将该租界"无抵偿"地交还中国。随后，国民政府特派外交部条约委员会顾问凌冰等五人与比国使馆参议纪佑穆进行具体交涉。比方提出的要求有两项。其一，租界交还后，界内私产照旧维持。其二，租界工部局为修筑公共建筑而欠下的 9 万多两银子由中国偿还。[2] 1929 年 8 月 31 日，双方订立《比利时交还天津比国租界协定》及四项附件。这些文件规定，比利时政府将该租界的行政管理权移交中国政府，并将河岸、码头、道路、铁路及其所属地段等租界公产，工部局所有的机器、工具、家具、警装及银行存款，全部交与中国政府。比租界工部局所负的 9.3 万多两银子的债务，则由中国政府偿还给比利时政府。[3] 该约签字后，国民政府指派凌冰等为接收委员，与比利时公使葛来姆继续会商有关交收事宜。此后，迟至 1931 年 1 月 15 日，双方才正式举行交接典礼。收回后的比租界被改为天津市特别第四区。

在此期间，中国政府还正式收回在事实上早被收回的镇江英租界。1927 年 3 月下旬镇江英租界被中国接收后，中、英两国政府均未认为这是正式接收。5 月 20 日，英国公使给英国驻镇江领事怀稚特下达的是"暂时撤退"的命令，怀稚特则向江苏交涉员表示，对这一租界英国政府"极愿交还，仅时间迟早问题"。[4] 此后，英方曾多次就中国军队占用界内外国人房屋之事与镇江地方官府交涉，国民政府也以"租界驻兵，实为外交大障碍"，要求驻军悉数撤离。1929 年 3 月，国民政府外交部命令镇江交涉员与当地英国领事试行正式收回镇江英租界的谈判。英国领事根卓之表示愿意归还这一租界，同时提出四项要求，即清理工部局所负债务，

---

① 程道德等编：《中华民国外交史资料选编(1919—1931)》，第 395 页。
② 洪钧培编：《国民政府外交史》第 1 集，第 126 页。
③ 王铁崖编：《中外旧约章汇编》第 3 册，第 711—714 页。
④ 洪钧培编：《国民政府外交史》第 1 集，第 121 页。

赔偿北伐军抵达镇江时英国人所受损失,给予界内英国人产业以永租权,英国公司继续享有码头停泊船只及运货经过江岸之权等。[1] 因镇江商会出面承买租界工部局经营的电灯、自来水工厂,使工部局的债务得以清理,外交部又同意保留英方的两项既得权利,双方谈判的重点便是赔款的数额。经反复磋商,在将赔款从英方要求的 7.6 万元减为 6.8 万元后,交涉便告结束。由于镇江英租界在事实上已经收回,双方决定不用订立协定的办法,而是在 10 月 31 日由英国公使蓝普森与国民政府外交部部长王正廷互换关于接收镇江英租界的照会。11 月 15 日,国民政府正式举行交收该租界的典礼。[2]

半年后,为了保证英国人在事实上已被中国收回的厦门英租界的既得权益,即界内由英国人租赁的土地仍归他们永租,英方于 1930 年 5 月初向国民政府表示自愿交还该租界。经过几个月的谈判,双方决定仿照收回镇江英租界的成例,由蓝普森与王正廷于 9 月 17 日互换有关解决厦门英租界土地产权问题的照会。这些照会规定,在中国政府把取代原来租地契据的中国永租地契交给英国驻厦门领事以便转发当地外国商民之日起,厦门英租界"即行取消"。[3] 同年 12 月 30 日,思明县政府办妥相关手续,厦门英租界遂被正式"取消"。

在收回租界的交涉取得上述进展,特别在 1930 年 10 月 1 日收回英国租借的威海卫租借地后,国民政府外交部于同年底照会日、法两国,提出了收回汉口日、法租界的要求,并准备逐步进行收回其他租界的谈判。然而,在 1931 年爆发了九一八事变,步步紧逼的日军铁蹄震撼了中国大地,致使收回西方国家在华租界已不是当时的急务。此后,中国民众强烈地要求收回各地的日租界,而有关收回英、法等西方国家在华租界的交涉实际上已经中止。

于是,从 1929 年初至 1931 年上半年,国民政府通过外交谈判的途径,收回了天津比租界,并正式收回了镇江、厦门两个英租界。对于这些

---

[1] 中国第二历史档案馆:全宗号二(2),第 687 号卷。
[2] 洪钧培编:《国民政府外交史》第 1 集,第 122—125 页。
[3] 王铁崖编:《中外旧约章汇编》第 3 册,第 831 页。

租界,比、英两国本来已无意继续维持下去,而在交涉时中方又同意它们保留一些原有的权益,使得这些交涉进行得较为顺利。此后,在华拥有专管租界的国家只剩英、法、日、意等四国,辟有租界的通商口岸还有上海、天津、汉口等8个。连同2个公共租界,外国在华租界还剩下14个。

第四节　反法西斯战争的彻底荡涤

1937年7月7日侵华日军挑起卢沟桥事变,开始了对中国更疯狂的侵略。两年后,第二次世界大战爆发。中国的抗日战争成为世界反法西斯战争的重要组成部分。在这场最终由正义战胜邪恶的战争中,外国在华租界终于被全部清除。

在1937年7月卢沟桥事变爆发后,中国军民对日本侵略者进行了坚决的抗击。在北平、天津沦陷前,中国军队发动了对天津日租界的攻击,但仓促之间未能得手。在日军不断扩大对中国的侵略之际,日本政府作出了撤退长江流域和苏、杭一带全部侨民的决定。从7月下旬、8月初起,日本侨民及领事馆人员陆续从重庆、汉口、杭州、苏州等地撤退,当地的日租界均交中国政府"代管"。中国警察遂先后接管重庆、杭州、苏州、汉口这四个日租界的警察权,并对这些已无日本人居留的日租界进行行政管理。1938年8月13日,即八一三淞沪抗战爆发一周年之际,湖北省政府又决定正式收回汉口日租界,将它改为汉口第四特别区,并将界内道路全部以中国人民反抗日本侵略或日本侵略者制造惨案的纪念日,以及抗日英烈的名字来命名。[①] 不过,在此时苏州、杭州已经沦陷,不久,汉口也陷于敌手,这三地的日租界又被恢复。在这一时期中,真正被中国收回的仅有重庆日租界。

在当地时间1941年12月7日、中国时间12月8日清晨,日军偷袭珍珠港,太平洋战争爆发。同日,日军占领天津、广州英租界,上海、厦门鼓浪屿公共租界。12月9日,国民政府正式向日、德、意三国宣战,并废

---

① 《汉口租界志》编纂委员会编:《汉口租界志》,第443页。

除中日、中德、中意之间的一切条约、协定、合同。于是,中国即可收回日本、意大利在华的所有租界。此时,除重庆外,这些租界的所在地均已沦陷,中国政府尚无法在事实上收回其他城市的日、意租界。

在此期间,由日本政府扶持的汪精卫傀儡政权也劲头十足地开展着"收回"外国租界的运动。"归还"租界、"撤废"治外法权,一直是日本招降汪伪集团的诱饵,而汪伪集团也一直将"收回"租界当作掩盖其卖国嘴脸的遮羞布。1940年3月汪伪政府成立后,伪行政院外交部又秘密地确定"以收回上海公共租界及法国租界为中心,以次推及其他各租界"的实施方案。然而,主子与奴才之间的利益不尽一致。日本政府就连名义上"交还"日租界这块骨头也不肯轻易地扔给自己的走狗。直到太平洋战争爆发后的1942年2月18日,日本政府才宣布要将已被日军占领的广州、天津两个英租界"移交"给汪伪政府,并于3月25日、29日先后进行"移交"。但是,日军不仅尽量霸占界内的仓库、房屋、贵重物资等,还规定,这两个"特别行政区""行政上之机构及行政之实施,应与当地日军最高指挥官密切联络","一切事项应经由特务机关长",区内的治安警备应受日军"警备司令之处理,由中、日两国军警互相协力担任之"。[①] 可见,日本政府的所谓"移交租界",实在是场可笑的闹剧,连某些日本官员都认为,如此"移交"的结果,只会激起中国人民更大的愤慨。

1942年1月,国际反法西斯阵营正式建立。中国成为这一阵营中地位仅次于美国、英国、苏联的重要盟国。1942年下半年,美、英盟军与日军在太平洋战场上的激战进入关键阶段。由于中国军民坚持抗战,在中国战场上牵制了上百万日军精锐,并在缅甸等地配合盟军迎击日军,因此,在整个太平洋战争中中国的进退对胜负天平的摆动已产生越来越重大的影响。然而在此时,中国仍是个被重重不平等条约束缚的国家。虽然英、美两国已表示在战后将与中国谈判废除治外法权,直至交还租界等事宜,但这些许诺不知何时才能兑现。日本侵略者也利用此种状况,大肆鼓吹日本进行的是驱逐英、美在亚洲侵略势力的"民族解放"战争,嘲讽中

---

① 石源华:《汪伪国民政府"接收"上海两租界始末》,载上海市地方志办公室编《上海研究论丛》第1辑,上海社会科学院出版社1988年版,第84页。

国政府并未被英、美"当做一个盟国,而是当做一个工具"。① 1942 年 10 月,出自加强盟国团结的需要,美、英两国正式向中国政府提议,从速签署中美和中英有关废除治外法权、交还在华租界的新条约。在谈判之际,中英对是否交还香港新界这一租借地等问题尚有分歧,影响了谈判进程。到风闻日伪方面也准备"交还"租界时,为了争取政治方面的主动,双方就求大同,存小异。1943 年 1 月 11 日,中国政府与美、英政府分别订立《关于取消美国在华治外法权及处理有关问题之条约》和《关于取消英国在华治外法权及其有关特权条约》。在这两个条约中,美、英两国政府认为应将上海、厦门两地公共租界的行政管理权归还中国,英国政府还同意将天津、广州英租界的行政管理权归还中国,并终止上述租界给予它们的各种权利。接着,参加反法西斯阵营的比利时等国政府也相继与中国政府订立相同性质的条约,其中指出,应将上海、厦门两地公共租界的行政管理权归还中国政府,并同意终止上述租界给予它们的权利。此时,上海、厦门、天津、广州均被日军占领,美、英等国尚无法在事实上交还这些租界。不过,这些条约已庄严地向全世界宣告,上述外国在华租界的终结势在必行。

与此同时,在太平洋战场上屡次铩羽的日本为了尽力动员本国和占领区的全部力量来与盟国决战,于 1942 年 12 月 21 日的御前会议上决定了对华的新政策,其内容包括归还租界,撤废治外法权,以强化汪伪政府,"拂拭"中国人民的抗日意识,②并促令汪伪政府对美、英宣战。1943 年 1 月初,日本政府获悉美国国会将于 1 月 8 日审议有关取消美国在华治外法权及其他特权的中美条约,便临时改变于 1 月 15 日与汪伪政府订立所谓《日华关于交还租界及撤废治外法权之协定》的安排,将订约的日期提前到 1 月 9 日,以便抢在美、英之前订立交还租界的条约,以利于进行"日中亲善"的欺诈宣传。根据这一协定,日本将把在华日租界的行政管理权"交还"给汪伪政府,并允准汪伪政府尽快"收回"上海、厦门两地公共租界

---

① [美]舍伍德:《罗斯福与霍普金斯》上册,福建师范大学外语系编译室译,商务印书馆 1980 年版,第 543 页。

② [日]植田捷雄:《支那租界归还及治外法权撤废》,日本龙文书局 1944 年版,第 4 页。

的行政管理权。随后,日、汪分别于 3 月 9 日和 3 月 27 日签署日本"交还"在华专管租界及厦门鼓浪屿公共地界的《实施细目条款》及《附属谅解事项》。根据其中的规定,汪伪政府于 3 月 30 日"接收"了杭州、苏州、汉口、天津等地的日租界。

由于"移交"上海、厦门鼓浪屿公共租界的行政管理权,除开美、英等国外,还牵涉尚与日本和汪伪政府建立"外交关系"的意大利、西班牙、丹麦等国。同时,在上海、天津、广州、汉口还有法租界,在天津还有意租界。为了演完这场"交还"租界的闹剧,日本又求助于其法西斯盟友。1943 年 2 月 14 日、23 日,意大利政府和由德国控制的法国维希政府分别宣布放弃在华专管租界及上海、厦门鼓浪屿公共租界的行政管理权。随后,被德国占领的丹麦等国政府也发表愿将鼓浪屿公共地界的行政权交还中国的声明。然而在事实上,法国维希政府无意交还任何专管租界,也不拟放弃在公共租界中的既得权益。汪伪政府于 3 月 30 日"收回"鼓浪屿公共地界、于 4 月 1 日"收回"各地法租界的计划因而均告落空。迟至 4 月 8 日,法国大使馆代表才与汪伪政府代表互换了有关法国放弃鼓浪屿公共地界行政权的照会。法国维希政府不过是希特勒德国的傀儡,却胆敢对日本"皇军"阳奉阴违,这就惹恼了日本军阀和汪伪群奸。4 月 28 日,上海法租界发生巡捕房巡捕打死衫袜店学徒张金海一案后,日、汪方面就乘机发难,大造收回法租界的舆论,并派汪伪司法部部长罗君强专程到上海来处理该案。法国人懂得这是日本人对他们发出的警告,并懂得要是不交出一些专管租界无法过关,便决定丢车保帅,同意交出天津、汉口、广州的法租界来敷衍搪塞,以便保住上海法租界。5 月 18 日,汪伪"接收法国专管租界委员会"委员夏奇峰等与法国代表团全权代表柏颂斯等订立《天津、汉口、沙面法国专管租界交还实施细目条款》及《附属了解事项》,其中规定,这三个法租界的行政权将于 6 月 5 日"一律移交"汪伪政府。[①] 于是,继 5 月 28 日"收回"厦门鼓浪屿公共地界后,汪伪政府又于 6 月 5 日"收回"了这三个法租界。

---

① 中国第二历史档案馆:全宗号 18,第 2900 号卷。

陆续"收回"上述租界后,有关"交收"远东经济中心上海租界的交涉提上了议事日程。最初日本政府对于是否将已由其控制的上海公共租界转交给汪伪汉奸去直接管理,尚有些举棋不定。到 1943 年 6 月下旬,日暮途穷的日本侵略者决定继续以所谓的"对华新政策"来作为起死回生的强心针,因而决定"交还"上海租界。6 月 30 日,汪伪外交部部长褚民谊与"日本大使"谷正之订立《关于实施收回上海公共租界之条款》及《了解事项》,并就有关事宜互换了照会。在这些文件中,日、汪双方并不提及该租界开辟国英、美等国的立场,宣布该租界将于 8 月 1 日由汪伪政府"收回"。同时,日、汪双方又商定,上海法租界"当与公共租界同时收回"。①在这些文件的签字仪式上,汪伪立法院院长兼上海市市长陈公博宣称,我们于 8 月 1 日接收公共租界,"必须于同日接收法租界"。否则,上海市政不能统一,治安不能确立。他还声称,期望上海市民自觉努力,促使法国当局交还上海法租界。法国人仍企图继续拖延,以等待时局的变化,便一再乞求汪伪汉奸的主子日本侵略者高抬贵手,允准他们展缓六个月再交出该租界。汪伪汉奸便在报刊上大造收回上海法租界的舆论,日军则在公共租界实行特别警戒,来向法国人示威。法国人认识到,在兽性十足的日军面前敬酒不吃吃罚酒,上海法租界有被武力接收的可能,法国侨民也有被圈禁的危险。② 7 月 9 日,法国大使与日、汪方面商定,法方不久后就"交还"上海法租界。不过,他们仍提出了在交收该租界后"暂不变更"界内原来的一切人事及制度等附加条件。对于同为傀儡的法国维希政府,汪伪汉奸也不屑多作让步。除了满足法籍人员在人事上的几个要求外,他们声称对该租界"将来组织及管理"等,"均非法国所能预问"。③ 7 月 22 日,双方终于订立《交还上海法国专管租界实施细目条款》及《附属了解事项》,其中规定,汪伪政府将在"收回"公共租界的前两天"收回"上海法租界。7 月 30 日、8 月 1 日,上海法租界、上海公共租界分别被汪伪政府"收回"。

---

① 上海市档案馆编:《日伪上海市政府》,档案出版社 1986 年版,第 94 页。
② 陶菊隐:《孤岛见闻——抗战时期的上海》,第 247 页。
③ 上海市档案馆编:《日伪上海市政府》,第 103 页。

这时,在全中国尚未被"收回"的仅有一个天津意租界。在法西斯阵营中,意大利和日本是平起平坐的伙伴。为了照顾日本的面子,意大利政府发表了"归还"天津意租界的声明,并在上海公共租界的"交还"已是大势所趋时于7月下旬与汪伪政府订立《关于意大利交还上海公共租界条款》及《附属了解事项》。不过,意大利仍无意放弃天津意租界这一在华的侵略据点。汪伪政府"屡次催促",意方都以"准备尚未完竣"为说辞,一再进行拖延。① 日本虽颇为不满,但也不拟为此等小事与墨索里尼反目成仇。1943年8月,意大利反法西斯力量乘着盟军在意大利迅速推进的形势,发动军事政变,推翻墨索里尼政权,并于9月8日向盟军投降。片刻之间,风云突变,意大利从日本的盟国变成敌国。驻扎天津的日军立即封锁天津意租界,并于9月10日"协助"汪伪天津市政府强行将天津意租界"接收管理"。不久,希特勒德国派兵入侵意大利北部,将墨索里尼重新扶上台。汪伪政府遂又承认这一德国卵翼下的傀儡政权,并经日本外务省的斡旋,先是于1944年2月由汪伪政府驻日本大使蔡培与意大利傀儡政府驻日代办数度磋商,后由汪伪政府的外交部部长褚民谊与所谓意大利驻华代办苏比尼继续协商。同年6月,两个傀儡政府拟就有关交还天津意租界等事项的协定,其内容与交收法租界的协定基本相同。②

至此,在抗日战争爆发时中国土地上残存的外国租界,除重庆日租界由中国政府收回外,其余11个专管租界和两个公共租界均被汪伪政府"收回"。由于汪伪政府是日本侵略者豢养的走狗,汪伪政府的统治区就是日军的占领区,被汪伪政府"收回"的外国租界实质上是从"国中之国"变成了沦陷区。不过,经日、汪上演这出双簧剧后,在中国的土地上终于不再存在外国租界。

当然,汪伪政府是个伪政权,它对租界的"接收"不为国际社会承认。1945年8月,日本政府向反法西斯同盟无条件投降,第二次世界大战结束。11月24日,国民政府行政院公布《接收租界及北平使馆界办法》。这一办法共有十条,其中规定,上海、厦门公共租界的收回,根据中国与英

---

① 中国第二历史档案馆:全宗号2002,第114号卷。
② 天津档案馆、南开大学分校档案系编:《天津租界档案选编》,第420—425页。

国、美国、比利时、挪威、加拿大、瑞典、荷兰等国分别订立的平等新约来办理;天津、广州英租界的收回,根据 1943 年 1 月 11 日的中英新约来办理;天津、上海、汉口、广州法租界的收回,根据法国维希政府 1943 年 2 月 23 日放弃其在中国的不平等特权的声明,以及中国于 1943 年 5 月 19 日取消法国通过不平等条约取得的一切特权的声明来办理;天津意租界的收回,根据 1941 年 12 月 8 日中国对意大利宣战后废止两国间一切条约的声明来办理。日本在华各租界的收回,不在该办法规定的范围以内,但盟邦及中立国在这些租界内的公私产业,应参照该办法的有关规定来办理。[①] 这一办法公布后,有关各地的市政当局分别正式接收了这些租界,而且不再在当地设置外国人仍享有一定特权的特别管理区,而是将原租界所在地区直接并入当地政府的辖区。1946 年 2 月 28 日,中国政府又与以戴高乐将军为首的法国临时政府订立《关于法国放弃在华治外法权及其有关特权条约》,其中追认了中国对上海、厦门两地公共租界及各地法租界的收回。[②] 此后,丹麦、葡萄牙等国政府在与中国政府订立的双边条约中也宣布"概行放弃"在上海、厦门鼓浪屿公共租界中享有的或如有的任何特权。至此,中国完成了收回在华全部外国租界的法律程序。

从 1917 年到 1945 年,前后经过 28 年的努力,中国终于收回了外国在华的全部租界。其中部分租界的收回得益于国际风云的变幻,如北洋政府借第一次世界大战的机会才得以收回德、奥租界。另一些租界的收回,则是中国民众坚决抗争的结果,如汉口、九江等地英租界的收回。特别是在第二次世界大战期间,中国人民通过长期艰苦卓绝的斗争,为世界反法西斯战争的胜利作出了重大贡献,大大提高了中国的国际地位,从而为最终铲净外国在华租界扫清了障碍。而以 1843 年英国人开始勘划上海英商租地的界址,或以 1854 年上海英、法等国租界正式形成时作为起点,长达近百年的中国租界历史至此翻完了最后一页。

---

① 《接收租界及北平使馆界办法》,《大公报》1945 年 12 月 13 日。
② 王铁崖编:《中外旧约章汇编》第 3 册,第 1363 页。

附录一　各地租界一览表

上海英租界	前身是 1843 年底初步划出界址的上海英商租地,经 1848 年的扩展后面积增至 2 820 亩。1854 年设立工部局、巡捕房,发展成英租界。1863 年与上海美租界合并为上海英美租界,即上海公共租界。
上海美租界	前身是 1848 年开辟的上海美国人租地,位于虹口。1854 年上海英、法租界形成之后发展成美租界。1863 年底与上海英租界合并为上海英美租界,即上海公共租界。
上海法租界	前身是 1849 年 4 月 6 日确定界址的上海法商租地。1854 年后发展成法租界。1862 年正式独自为政。经 1861 年、1900 年、1914 年 3 次扩展,面积增至 15 150 亩,成为全国最大的专管租界。1943 年 7 月被"交还"给汪伪政府。1945 年抗日战争胜利后被中国政府正式收回。
上海公共租界	1863 年由上海英、美租界合并而成。经 1893 年、1899 年两次扩展,面积增至 33 503 亩,成为全国最大的租界。1941 年被日军占领。1943 年 8 月被"交还"给汪伪政府。1945 年抗日战争胜利后被中国政府正式收回。
厦门英租界	1852 年 2 月 9 日划定英商租地界址,后发展成英租界,面积增至 24.6 亩左右。1925 年五卅惨案发生后,被厦门官府收回行政管理权。1930 年 12 月,被中国政府正式收回。
厦门鼓浪屿公共地界	1902 年 1 月 10 日,中国官员与日、英、美、德、法、西班牙、丹麦、荷兰及瑞挪联盟等国领事订立开辟鼓浪屿为公共地界的约章,全岛面积约 2 400 亩。1941 年被日军占领。1943 年 5 月被"交还"给汪伪政府。1945 年抗日战争胜利后被中国政府正式收回。
天津英租界	1860 年 12 月 8 日,总理衙门同意英国公使开设天津英租界的要求。经 1897 年、1902 年、1903 年 3 次扩展,面积增至约 6 178 亩。1941 年被日军占领。1942 年 3 月被"交还"给汪伪政府。1945 年抗日战争胜利后被中国政府正式收回。

天津法租界	1861 年 6 月 2 日订立开辟约章,1900 年扩展后面积增至约 2 360 亩。1943 年 6 月被"交还"给汪伪政府。1945 年抗日战争胜利后被中国政府正式收回。
天津美租界	开辟于 1862 年之后,面积约 131 亩。1880 年被退回中国后长期处于无人管理状态。1902 年其所在地并入天津英租界,成为其南扩充界。
天津德租界	1895 年 10 月 30 日订立开辟约章,1901 年扩展后面积增至 4 200 亩左右。第一次世界大战后期,中、德断交,于 1917 年 3 月被中国政府收回。
天津日租界	1898 年 8 月 29 日订立开辟约章,经 1900 年、1903 年的扩展,面积增至 2 150 亩左右。1943 年 3 月被"交还"给汪伪政府。1945 年抗日战争胜利后被中国政府正式收回。
天津俄租界	1901 年 6 月划定界址,分为东、西两部分,面积约 5 474 亩。俄国十月革命后,中国政府于 1920 年"代管",又于 1924 年 7 月正式收回。
天津比租界	1902 年 2 月 6 日订立开辟约章,面积 747.5 亩。1929 年订立交还该租界的约章。1931 年 1 月被中国政府收回。
天津意租界	1902 年 6 月 7 日订立开辟约章,面积 780 余亩。1943 年意大利政府向同盟国投降后,被日伪军警强行"接管"。1945 年抗日战争胜利后被中国政府正式收回。
天津奥租界	1902 年 12 月 27 日订立开辟约章,面积约 1 030 亩。第一次世界大战后期,在中国政府向德、奥等国宣战后,于 1917 年 8 月被中国政府收回。
汉口英租界	1861 年 3 月 21 日订立开辟约章,1898 年扩展,面积增至 795 亩以上。北伐军占领武汉后,于 1927 年 1 月被中国军民接管,3 月被中国政府收回。
汉口德租界	1895 年 10 月 3 日订立开辟约章,1898 年小规模扩展后面积增至 636 亩左右。第一次世界大战后期,中、德断交,于 1917 年 3 月被中国政府收回。
汉口俄租界	1896 年 6 月 2 日订立开辟约章,面积 414.65 亩。俄国十月革命后,中国政府于 1920 年"代管",又于 1924 年 7 月正式收回。

汉口法租界	1896 年 6 月 2 日订立开辟约章,1902 年扩展后面积增至 380 亩以上。1943 年 6 月被"交还"给汪伪政府。1945 年抗日战争胜利后被中国政府正式收回。
汉口日租界	1898 年 7 月 16 日订立开辟约章,1907 年扩展后面积约增至 623 亩。抗日战争初期,先由中国政府"代管",旋被湖北省政府收回。武汉沦陷后被恢复。1943 年 3 月被"交还"给汪伪政府。1945 年抗日战争胜利后被中国政府正式收回。
广州英租界	1861 年 9 月 3 日订立开辟约章,面积 264 亩。1941 年太平洋战争爆发后被日军占领。1942 年 3 月被"交还"给汪伪政府。1945 年抗日战争胜利后被中国政府正式收回。
广州法租界	1861 年 9 月 3 日订立开辟广州英租界的约章时,其界址同时被确定,面积 66 亩。1943 年 6 月被"交还"给汪伪政府。1945 年抗日战争胜利后被中国政府正式收回。
镇江英租界	1861 年 2 月 23 日订立开辟约章,面积约 156 亩。1927 年 3 月北伐军进抵镇江,由当地政府收回行政管理权。1929 年 11 月被中国政府正式收回。
九江英租界	1861 年 3 月 25 日订立开辟约章,面积 150 亩。1927 年 1 月北伐军进抵九江,被中国军民接管,3 月被中国政府正式收回。
苏州日租界	1897 年 3 月 5 日订立开辟约章,面积 483.876 亩。抗日战争初期,由中国政府"代管"。苏州沦陷后被恢复。1943 年 3 月被"交还"给汪伪政府。1945 年抗日战争胜利后被中国政府正式收回。
杭州日租界	1897 年 5 月 13 日订立开辟约章,面积约 800 亩。抗日战争初期,由中国政府"代管"。杭州沦陷后被恢复。1943 年 3 月被"交还"给汪伪政府。1945 年抗日战争胜利后被中国政府正式收回。
重庆日租界	1901 年 9 月 24 日订立开辟约章,面积 701.3 亩。1931 年九一八事变后一度关闭。1937 年 8 月因抗日战争爆发,日本领事、侨民撤离,在事实上已被中国政府收回。

附录二　未形成租界一览表

营口英租界	1861 年 8 月订立开辟约章,位于盖平县没沟营迤东辽河南岸,面积 197.67 亩。因地势低下,大部分地块陆续塌入辽河。界内未建立工部局之类的管理机构。1900 年,又在辽河北岸划东西长 300 丈、南北宽 140 丈的地段为其界址。英国商民也未去经营。
烟台公共租界	1862 年底或次年初,中国官府划烟台山南麓 211.75 亩土地为法租界。1866 年,英、法公使与清政府商定,该区域永为各国商民公用。此后,中国政府又拒绝将烟台山地区辟为公共租界,当地只是形成一个外国侨民享有一些自治权的华洋杂居区域,因而中国居民从不认为烟台有外国租界。
江宁法租界	1865 年 5 月大致划定其界址,面积约 239.6 亩。因江宁在太平天国失败后残破不堪,迟迟没有开埠通商,该租界未能形成。
江宁英租界	1865 年 6 月初步划出其所在区域,面积约 253.5 亩。因江宁在太平天国失败后残破不堪,迟迟没有开埠通商,该租界未能形成。
宜昌英租界	1877 年 3 月订立开辟约章,面积共 90 亩。因中国业主等索价较高,双方交涉半年多仍未成交,该租界未能形成。
芜湖各国公共租界	中英官员于 1877 年 3 月 21 日商定,以芜湖县城西门外长江边停泊、堆置木排的滩地为租界,面积约 719 亩。因当地民众抵制,英国商民未能租赁土地。1904 年,这一区域改成仍由中国官府管理的公共通商场。
温州美租界	1877 年 3 月订立开辟约章,位于瓯江南岸,南北宽 90 丈,东西长 250 丈。因当地中外贸易并不繁盛,该租界未能形成。
温州英租界	1877 年 5 月中英订立约章,确定在温州设立各国通商租界。位于瓯江南岸,面积与温州美租界相仿。英国人旋称该租界为英租界。因当地中外贸易并不繁盛,该租界未能形成。

沙市日租界	1898 年 8 月 18 日订立开辟约章,面积约 700 亩。因系长江大堤外新淤之地,地势低下,常被夏季洪水淹没。至 20 世纪 30 年代,日本人仍未经营,仍处于"永年荒野"的状态。
福州日租界	1899 年 4 月 28 日订立开辟约章,面积约 1 041 亩。至 20 世纪 30 年代,日本人仍未进行行政管理,对当地仍只有"纸上的权利"。在此期间,福建省政府也确认该租界实未开辟。
厦门日租界	1899 年 10 月 25 日订立开辟约章,面积约 140 亩。立约前,中、日官员至虎头山勘界,被居民驱逐,并引发厦门民众激烈抗争。此后,日本官员始终未去实地勘丈定界,因而厦门官府和民众都认定当地没有日租界。
营口日租界	1900 年上半年,清政府允准日本在营口开辟专管租界。界址位于辽河北岸、此时重新划出的英租界以西,东西约长 300 丈,南北约宽 140 丈。随后,东北被俄军侵占,日本人未去经营。1904 年,日俄战争期间,日军占领营口,在青堆子一带开辟日本人居留区域,当时称作"新市街"。次年,中日条约确认日本在营口等地有开辟租界的权利。此后,日本未将营口等地的"新市街"改作租界,最终则将其并入南满铁路附属地。

附录三　大事年表

1842 年

8 月 29 日，中、英《江宁条约》订立。其中规定，英国人可携带眷属在广州、上海等五个通商口岸居留、贸易。

1843 年

10 月 8 日，中、英《五口通商附粘善后条款》订立。其中规定，英国人在五口租赁土地、建造房屋的地点须经中国地方官与英国领事会同商定。

12 月 13 日，清政府下达在五口切实议定英国人居留区域界址，日后不得在界外别有租赁、盖造的谕令。

12 月下旬，上海道宫慕久与英国领事巴富尔大体议定上海英商租地的界址。

1844 年

9 月 9 日，兴泉永道恒昌与英国领事记里布划较场及水操台一带为厦门英商租地。

10 月 24 日，中、法《黄埔条约》订立，其中规定，对法国人在五口的房屋间数、租地范围不必议立限制。

1845 年

11 月 29 日，上海道宫慕久将陆续会订的 23 条法规汇总成《上海租地章程》，又称作《土地章程》。根据这一章程，英国人已在上海英商租地内获得不少侵略特权。

1846 年

9 月 24 日，上海英商租地的西界被确定。

12 月 22 日，英国人在上海英商租地内成立"道路码头委员会"。

1847 年

12 月 31 日,上海道开始对外国租地人发放确定格式的出租地契,即"道契"。

1848 年

11 月 27 日,上海英商租地向北扩展到苏州河,向西扩展到不久后开掘成的泥城浜。

同年,上海地方官府允准以文惠廉为首的美国圣公会传教士在虹口置地建屋。此后,当地发展成美国人租地。

1849 年

4 月 6 日,上海道麟桂发布告示,其中公布上海法商租地的四至。

1852 年

2 月 9 日,兴泉永道赵霖与英国领事苏理文互换照会,确定将岛美路头至新路头等处官有狭窄海滩调换较场等处地基,作为厦门英商租地的一部分。

1853 年

4 月 8 日,英国领事阿礼国等决定建立由外国侨民组成的义勇队。该义勇队后来被称作"万国商团"。

4 月 12 日,阿礼国等宣布,在太平军与清军战争期间,上海外国人租地"中立"。

9 月 7 日,小刀会夺取上海县城。此后上海地方官府失却对当地外国人租地的控制。

1854 年

4 月 4 日,上海英商租地西界外发生英、美军队及义勇队驱逐附近中国驻军的"泥城之战"。

7 月 11 日,旅沪的外国租地人大会通过英、法、美三国领事修订、三国驻华公使批准的《土地章程》,决定组织市政机构并设置巡捕。上海外国人租地转化为作为"国中之国"的租界。英、法租界在名义上统一行政,该市政机构未久被称作工部局。

1855 年

2 月 24 日,代理上海道蓝蔚雯与英、法、美三国领事议定华人在上海租界内租地、建屋的章程,确认了上海租界内华洋杂居的格局。

1858 年

6 月 26 日,中、英《天津条约》订立。其中规定,增开牛庄、汉口、九江、镇江等处为通商口岸,在新开各口外国人租地建屋,以及"取益防损诸节,悉照已通商五口无异",使租界制度得以向新开各口推广。

1859 年

5 月,英国政府决定填筑珠江边的江滩沙面,作为广州租界的所在地。

1860 年

8 月 19 日、20 日,太平军兵临上海县城和上海租界,遭到英、法等国军队的攻击。

10 月 24 日,中、英《北京条约》订立,其中规定,增开天津为通商口岸。

12 月 8 日,总理衙门同意英国公使卜鲁斯在天津开辟英租界的要求。

1861 年

2 月 23 日,镇江知府师荣光等与英国参赞巴夏礼订立开辟镇江英租界的批约。该约开了在此类约章中明确规定租界的行政事宜由租界开辟国领事专管的恶例。

3 月 21 日,湖北布政使唐训方与巴夏礼订立开辟汉口英租界的约章。

3 月 25 日,署江西布政使张集馨与巴夏礼订立开辟九江英租界的约章。

6 月 2 日,三口通商大臣崇厚与法国参赞哥士耆订立开辟天津法租界的约章。

8 月,牛庄防守尉毓昌等与英国领事密迪乐订立开辟营口英租界的约章。划作该租界的区域后来没有发展成租界。

9月3日,两广总督劳崇光与英国领事罗伯逊订立开辟广州英租界的约章。广州法租界的界址同时被确定。

10月底,上海法租界第一次扩展。

1862 年

3月27日,英国人在重新测定九江英租界界址时与当地居民发生激烈冲突。

4月29日,法国人以1854年的《土地章程》没有得到法国皇帝批准为由,宣布在上海法租界特设市政机构,独自为政,该机构后被称作公董局。

8月17日,法国兼任宁波领事爱棠要求划宁波江北岸外国人居留区域的一部分为法租界。这一要求遭到多国领事、公使特别是美国公使蒲安臣的反对,并被清政府拒绝。

下半年或稍后,直隶地方官府允准美国人开设天津美租界。

1863 年

6月1日,清政府允准法国在烟台开辟租界。

6月19日,清政府允准法国在汉口开辟租界。双方未能商定租界界址等原因使汉口法租界未能在此时开辟。

6月25日,中、美双方初步议定上海美租界界址。

年底,上海美租界并入上海英租界,从而形成上海英美租界,即上海公共租界。

1864 年

5月1日,实行中外会审制度的洋泾浜北首理事衙门在上海公共租界内成立。

1865 年

3月9日,英王敕令在上海设立英国高等法院。该法院设在上海公共租界内。

10月19日,法国总领事白来尼与上海法租界市政委员会即公董局的矛盾激化。白来尼解散市政委员会,任命临时委员会。此后,法租界演变成由领事独揽大权的租界。

1866 年

4 月 5 日,法国与英国公使联衔照会清政府,法国不在烟台开辟专管租界。

1869 年

4 月 20 日,经清政府和英、美公使批准的《洋泾浜设官会审章程》公布生效。上海公共租界、法租界均设立中外会审公堂。

1870 年

6 月 21 日,天津教案发生。此后,原来在华界中杂居的外国侨民纷纷迁入天津租界特别是英租界。天津租界开始兴盛。

1872 年

4 月 30 日,《申报》在上海公共租界内创刊。该报在近代中国有重大影响。

1874 年

5 月 3 日,上海法租界发生第一次四明公所事件。

1876 年

9 月 13 日,中、英《烟台条约》订立。其中规定,尚未划定租界的通商口岸均应划定租界,租界为免征洋货厘金的特殊免税区。此后,英国拟在宜昌、温州、芜湖等口岸开辟租界,美国也拟在温州开辟租界,多种原因使这些租界都未开辟成功。

1878 年

3 月 12 日,为防止英国人再次擅自填筑厦门英租界前的海滩,兴泉永道司徒绪与英国领事柏威棣订立有关中国自行填筑海后滩的章程。

4 月,罗道生当选天津英租界工部局董事,成为中国租界史上第一位华董。

1880 年

10 月 12 日,美国领事孟艮依据美国政府指令,以日后有权恢复对当地的行政管理权为条件,将天津美租界"交还"中国。

1882 年

1 月,驻沪领事团设立领事公堂,每年由领事团选举三名领事为法官。

1883 年

9 月 10 日,因广州接连发生外国人伤害华人的事件,愤怒的民众冲入广州英租界,焚毁多所房屋。

1884 年

8 月,中法战争爆发。法国总领事李梅宣称上海法租界在战争中"中立"。此后,清政府并未采取收回各地法租界的行动,法国人则将上海法租界交俄国领事代管。

1889 年

2 月 5 日,因印捕毒打入界的华人,镇江英租界发生华人纵火烧毁租界工部局及英国领事馆等建筑的事件。

1891 年

在这一年,九江英租界当局填筑溢浦江在界外的部分,使这一区域成为界外占据区。

1893 年

7 月 22 日,《新定虹口租界章程》订立,上海公共租界的虹口部分得到扩展。

1894 年

8 月,中日甲午战争爆发,以租界为中心的上海地区在战争中"中立"。

1895 年

4 月 17 日,中、日《马关条约》订立。其中规定,增开沙市、重庆、苏州、杭州为通商口岸,新开各口均照已开各口的章程一体办理。为避免日本依据该约在新开各口开辟租界,清政府随即采纳署两江总督张之洞的建议,在相关各口以开辟宁波式的通商场来抵制日本开辟专管租界。

10 月 3 日,汉黄德道恽祖翼与德国驻沪总领事施妥博订立开辟汉口德租界的约章。

10 月 30 日,津海关道盛宣怀等与德国领事司艮德订立开辟天津德租界的约章。

1896 年

6月2日,汉黄德道瞿廷韶与俄国驻天津领事施密特等订立开辟汉口俄租界的约章。

同日,瞿廷韶与法国领事德托美订立开辟汉口法租界的约章。

10月19日,《中日通商条约公立文凭》订立。其中规定,中国可酌量向在华日商用机器制造的货物抽税,日本可在沙市、重庆、苏州、杭州等四口,以及上海、天津、厦门、汉口等四口开辟专管租界。

从这一年起,一批宣传变法维新的报刊、学会陆续在上海租界内创办,上海租界发展成维新派的活动基地。

1897 年

3月5日,苏州布政使聂缉椝等与日本驻沪总领事珍田舍己订立开辟苏州日租界的约章。

3月31日,天津英租界第一次扩展。

4月,小车夫反对上海公共租界、法租界当局增加小车月捐,与租界警方发生激烈冲突。

5月13日,杭嘉湖道王祖光与日本领事小田切万寿之助订立开辟杭州日租界的约章。

1898 年

7月16日,湖北按察使瞿廷韶与日本特派办理汉口租界事宜的小田切万寿之助订立开辟汉口日租界的约章。

同日,上海法租界发生第二次四明公所事件。

8月18日,荆宜施道俞锺颖与日本领事永泷久吉订立开辟沙市日租界的约章。多种原因使该租界未开设成功。

8月27日,汉口德租界得到小规模的扩展。

8月29日,署理天津道任之骅等与日本领事郑永昌订立开辟天津日租界的约章。

8月31日,汉口英租界扩展。

1899 年

4月28日,宁福道杨正仪等与日本领事丰岛舍松订立开辟福州日租界的约章。多种原因使该租界未开设成功。

5月8日,上海公共租界大扩展,成为外国人在中国最大的租界。

8月23日,厦门民众为反对将虎头山划入日租界,赶走划界的日本官员,并掀起罢市风潮。

10月25日,署福建布政使周莲等与日本领事上野专一订立开辟厦门日租界的约章。后来,日本人未去实地丈量,该租界并未开辟成功。

1900 年

1月27日,上海法租界第二次扩展。

6月中旬至7月中旬,清兵与义和团民围攻天津租界。

6月26日,根据两江总督刘坤一、湖广总督张之洞等人的指令,上海道余联沅等与各国驻沪领事议定有关"东南互保"的约章。其中规定,上海租界归各国共同保护。

8月12日,在英国领事法磊斯签字后,张之洞派兵进入汉口英租界,拘捕自立军的领导人唐才常等人。唐才常等人随即在华界遇害。

11月5日,俄国公使格尔思非法宣布,俄国对俄军占领的海河东岸天津火车站一带长约二英里的区域保留绝对的主权,从而开启了列强在天津开辟和扩展租界的狂潮。

11月7日,比利时领事梅禄德非法宣布,比利时人已占据俄国占领区东南约长一公里的区域。

11月20日,法国总领事杜士兰非法宣布,扩展天津法租界。

11月28日,奥匈帝国公使齐干非法宣布,该国将在天津开辟专管租界。

12月1日,意大利公使萨尔瓦葛非法宣布,意大利将在天津开辟专管租界。

12月28日,在日军占领天津日租界界外的大片土地后,日本领事郑永昌非法宣布该租界新的界址。

1901 年

5月,天津道张莲芬等与俄国领事珀佩划定天津俄租界界址。

7月20日,天津德租界扩展。

9 月 24 日,川东道宝棻与日本领事山崎桂订立开辟重庆日租界的约章。

1902 年

1 月 10 日,兴泉永道延年等与日、英、美、德等九国领事订立开辟厦门鼓浪屿公共地界的约章。

2 月 6 日,天津道张莲芬等与比利时代领事嘎德斯订立开辟天津比租界的约章。

6 月 7 日,津海关道唐绍仪与意大利公使嘎厘纳订立开辟天津意租界的约章。

6 月 10 日、11 日,驻沪领事团与上海道批准《上海租界权限章程》。其中规定,对"洋原华被"案件将依据外国人国籍,来决定案件的管辖权应归上海公共租界还是法租界会审公堂。

10 月 23 日,清政府承认原天津美租界所在地并入天津英租界的既成事实。

11 月 12 日,汉口法租界扩展。

12 月 27 日,津海关道唐绍仪与奥匈帝国副领事贝瑙尔订立开辟天津奥租界的约章。

从这一年起,旨在推翻清王朝的革命党人在上海租界创建中国教育会等团体,在《苏报》等报刊发表革命文章,出版《革命军》等书刊,使上海租界发展成革命党人重要的活动基地。

1903 年

1 月 13 日,天津英租界第三次扩展。

4 月 24 日,天津日租界扩展。

6 月 30 日,清政府力图镇压租界内的革命力量,上海公共租界发生《苏报》案。

1905 年

12 月 8 日,上海公共租界发生大闹会审公堂案。

12 月 22 日,中、日订立会议东三省事宜的正约及附约,其中规定,日本可在营口、安东、奉天开辟专管租界。

1907 年

2 月 9 日,汉口日租界扩展。

同年,中国官府以高价买回比利时人借修筑京汉铁路在汉口购买的土地。比利时人放弃在汉口开辟比租界的图谋。

1909 年

4 月 26 日,九江英租界内发生英国巡捕打死中国商贩的事件。九江各界人士发动了持续数月的抵制英货运动。

1911 年

1 月 22 日,英军在汉口英租界开枪镇压为一人力车夫猝死事进行抗议的中国民众。

10 月 17 日,武昌起义后,经革命党人的活动,驻汉领事团宣布,汉口租界在清军与革命军的战争期间实行中立。

10 月 31 日,清军开始火烧汉口华界,华界的大片繁华之区化为焦土。此后,汉口租界及毗邻租界的华界进一步繁荣。

11 月 12 日,在革命军占领上海后,驻沪领事团宣布接管上海公共租界会审公堂。随后,法国总领事接管法租界会审公堂。

1912 年

2 月 29 日,天津发生北洋军阀策动的兵变,华界的繁盛区域被变兵劫掠、焚烧。此后,中国商铺纷纷迁入天津租界,当地华界商务衰落,租界进一步繁荣。

1913 年

7 月 27 日,上海公共租界当局以维护租界的贸易和秩序为名,派出万国商团等越界进入闸北,解散、驱逐以陈其美为首的讨袁军。

8 月,天津法租界当局借口保护正在兴建的教会建筑群,擅自派遣巡捕进驻老西开地区,开始了对老西开地区的侵占。

在这一年间,为抵制汉口德租界当局侵占界外的马路,汉口民众进行坚决斗争,并取得胜利。

1914 年

4 月 8 日,上海法租界第三次扩展。该租界成为中国最大的专管租界。

8月,第一次世界大战爆发,因同盟国封锁,中、德贸易中断,天津、汉口德租界由盛转衰。

1915 年

2月中旬,厦门鼓浪屿公共地界发生龙头街抗暴事件,随后,驻厦领事团标封当地会审公堂达数月之久。

1916 年

10月20日,天津法租界当局派出武装军警拘禁中国军警,强占老西开地区,引发了天津民众反对法国人强占老西开的长期斗争。

1917 年

3月14日,中国政府与德国断绝外交关系。在随后的两天中,汉口和天津地方当局先后收回汉口德租界、天津德租界。

8月14日,中国向德、奥两国宣战。当日,天津地方当局奉命收回天津奥租界。

1918 年

7月29日,英国领事窦尔慈下令强占位于厦门英租界前的海后滩。

1919 年

4月,九江民众奋起抗议九江英租界当局实行对过境的行李、货物等一概抽捐的苛捐,最终迫使租界当局作出让步。

5月15日,汉口俄租界工部局向俄国旅华东正教堂承租庐山芦林避暑地99年。

7月,上海公共租界内的华商首次发动拒缴增捐的运动。

9月10日,中国代表签署对奥和约,其中确认取消奥国在华租界。

1920 年

1月,上海公共租界内的华商再次发动拒缴增捐的运动。

9月23日,中国政府宣布停止沙俄公使、领事的外交待遇。25日,天津地方当局采取收回天津俄租界的行动,汉口地方当局也拟于29日收回汉口俄租界,但被沙俄领事拒绝。

10月14日,随着华人参政运动的发展,上海公共租界内成立纳税华人会。

10 月 22 日,迫于列强的压力,中国政府宣布,对于天津、汉口两地的俄租界系"代管",并非收回。

1921 年

5 月 20 日,中、德订立新的通商条约,其中确认《凡尔赛和约》中有关取消在华德租界等条款。

7 月 23 日,中国共产党在上海法租界内召开第一次全国代表大会。

1922 年

10 月 21 日,经过厦门民众持续数年的斗争,厦门道陈培锟与英国领事伊斯蒂订立解决海后滩案的合同,使中国终于收回了海后滩。

1923 年

7 月,依附直系军阀的海军与皖系军阀臧致平开始了长达九个月的争夺厦门的战争,厦门租界在战争中"中立"。

1924 年

5 月 31 日,中、苏订立《中俄解决悬案大纲协定》等约章,其中规定,苏联放弃在华俄租界。

7 月 1 日,中国收回汉口俄租界。

8 月 6 日,中国收回天津俄租界。

9 月,江浙战争爆发,以租界为中心的上海地区在此次战争及随后爆发的第二次江浙战争中"中立"。

1925 年

5 月 30 日,上海公共租界内发生残酷镇压中国民众的惨案,从而引发席卷全国的五卅运动。

6 月 5 日,镇江发生中国民众冲击英租界的事件。

6 月 11 日,汉口英租界发生英军残杀中国民众的惨案。

6 月 13 日,九江发生中国民众冲击英租界的事件。

同日,厦门地方当局收回厦门英租界的行政管理权。

6 月 23 日,入驻广州租界的英、法军队等隔河枪击游行示威队伍,制造了沙基惨案。

1926 年

8 月 31 日,淞沪商埠督办公署总办丁文江等与驻沪十六国领事订立《收回上海公共租界会审公廨暂行章程》。

1927 年

1 月 1 日,中国举行收回上海公共租界会审公堂典礼,并将该公堂改为上海临时法院。

1 月 3 日,英兵在汉口英租界界外残杀中国民众,致使中国民众发动对英租界的冲击。4 日,湖北全省总工会纠察队及北伐军先后进驻该租界。5 日,该租界在事实上已由中国管理。

1 月 6 日,英兵在九江英租界内殴伤工人纠察队员,导致中国民众冲击该租界的态势。7 日,该租界由北伐军接管。

1 月 15 日,法国驻沪总领事那齐任命五名华人为相当于公董局董事的临时市政委员会委员。上海租界首次出现华董。

3 月 15 日,根据中、英《收回汉口英租界之协定》,中国正式收回汉口英租界。

同日,根据中、英协定,中国正式收回九江英租界。

3 月 24 日,中国民众和中国官员接管了镇江英租界。

4 月 3 日,汉口日租界内发生日兵残杀中国民众的惨案。

4 月,北洋政府代表与英国总领事订立旨在交收天津英租界的《紫竹林市政管理章程草案》。未久,北洋政府及奉系军阀玩忽收回该租界的交涉,使这一交涉不了了之。

10 月,中国共产党临时中央政治局从武汉迁入上海租界。

1928 年

3 月至 4 月,国民党湖北当局为"引渡"共产党人向警予一案与汉口法租界当局发生激烈的冲突。

4 月,三名华人入董上海公共租界工部局,使该租界终于有了华董。

同年,经中外协商,决定由各租界当局代中国政府向界内华人征收印花税及卷烟税。

1929 年

年初,在修订后的租界土地章程生效后,天津英租界工部局十名董事中华人占五名,并出任副总董。

8 月 31 日,中、比订立《比利时交还天津比国租界协定》。

10 月 31 日,中、英互换有关交收镇江英租界的照会。

11 月 15 日,中国正式收回镇江英租界。

1930 年

1 月 20 日,中国与英、美、法等六国订立《关于上海公共租界内中国法院之协定》。

4 月 1 日,中国在上海公共租界内废止临时法院,设立上海第一特区地方法院及江苏高等法院第二分院。

9 月 17 日,中、英互换有关交收厦门英租界的照会。

12 月 30 日,思明县政府办妥相关手续,厦门英租界被正式"取消"。

1931 年

1 月 15 日,中国收回天津比租界。

7 月 28 日,中、法订立《关于上海法租界内设置中国法院之协定》。

8 月 1 日,中国在上海法租界内设立上海第二特区地方法院及江苏高等法院第三分院。

10 月,经重庆民众长期抗争,日本领事率领全体日本侨民撤离重庆,重庆日租界由重庆市政府代管。

11 月 8 日,从这天起至月底,日本军阀为占领天津及将末代皇帝溥仪挟持到东北,以天津日租界为基地,策动了当地规模最大的一次便衣队暴动,即天津事变。

1932 年

1 月 28 日,从这天起,日军以上海公共租界东区、北区及其越界筑路区为军事基地,进攻中国驻军,动则从租界冲出,败则退回租界,制造了"一·二八"事变。

同年,《淞沪停战协定》订立后,日本领事等人返回重庆,重庆日租界被恢复。

1933 年

1 月，中国共产党临时中央政治局从上海租界迁往江西中央苏区。

1936 年

经中外协商，中国政府得以在租界内试行中国的所得税法。

1937 年

7 月 29 日，在天津被日军攻占前，驻天津的中国军警对海光寺日军兵营等处发动猛攻。

7 月下旬、8 月初，驻重庆、汉口、苏州、杭州的日本领事和日本侨民先后撤退，当地日租界均由中国政府"代管"。

8 月 13 日，上海军民奋起抗击日军侵犯。上海公共租界当局宣布只在能切实控制的苏州河以南地区实行中立。数日后，中国军队攻入日军盘踞的该租界苏州河以北地区。

10 月 31 日，坚守四行仓库的中国孤军退入上海公共租界。

11 月 12 日，中国军队后撤，上海租界成为"孤岛"。在此前后，约有80 万中国居民入界避难。

1938 年

5 月 13 日，日军攻陷厦门，大批厦门民众进入鼓浪屿公共地界避难。

8 月 13 日，汉口市政府收回汉口日租界。

10 月 25 日，日军攻入汉口。随后，日本恢复汉口日租界，并一度封锁汉口法租界。

1939 年

年初，日伪汉奸组建的特工机构迁入位于上海公共租界沪西越界筑路区的极司菲尔路 76 号。此后，"七十六号"特务在上海租界及越界筑路区疯狂进行暗杀、绑架、贩毒等罪恶活动。

5 月 11 日，日军借汉奸洪立勋在鼓浪屿遇刺的事件在厦门鼓浪屿公共地界登陆。随后，英、美、法国军舰和陆战队在海面和岛上与日军对峙，日军还对鼓浪屿进行军事封锁。

6 月 14 日，日军借汉奸程锡庚在天津英租界遇刺的事件，武装封锁天津英、法租界。

9 月,第二次世界大战爆发。此后,英、美、法等国对在华租界等问题迅速向日本让步。

10 月 17 日,厦门鼓浪屿公共地界工部局总董费地可克与日本总领事订立《鼓浪屿租界协定》。此后,日本侵略者已能在鼓浪屿肆意镇压抗日活动,逮捕爱国志士。

1940 年

6 月 19 日、20 日,英、法政府分别与日本订立有关天津英、法租界的协定。英、法两国在镇压界内抗日活动、允许伪币流通等方面都向日本作出重大让步。日本解除对这两个租界的武装封锁。

1941 年

2 月 16 日,伪上海市市长傅筱庵与上海公共租界工部局总董樊克令订立《沪西越界筑路设警之临时协定》。沪西越界筑路区的警权遂为日伪方面控制。

12 月 8 日,太平洋战争爆发。中国正式向日、德、意三国宣战。中国已有权收回日、意在华的全部租界。

1942 年

3 月 25 日,日本将广州英租界"交还"给汪伪政府。

3 月 29 日,日本将天津英租界"交还"给汪伪政府。

10 月 9 日,美、英两国政府正式向中国政府提议,从速订立中、美和中、英有关废除治外法权、交还在华租界的新条约。

12 月 21 日,日本的御前会议决定实行对华的"新政策",其中包括归还租界等,以便支撑汪伪政权,"拂拭"中国人民的抗日意识。

1943 年

1 月 9 日,获悉中国与英国、美国即将订立平等新约后,日本与汪伪政府提前订立所谓的《日华关于交还租界及撤废治外法权之协定》。

1 月 11 日,中、美订立《关于取消美国在华治外法权及处理有关问题之条约》。在该约中,美国政府认为,应将上海及厦门公共租界的行政管理权归还中国。

同日,中、英订立《关于取消英国在华治外法权及其有关特权条约》。

在该约中,英国政府认为,应将上海及厦门公共租界的行政管理权归还中国,并同意归还天津、广州英租界。

1月13日,意大利政府宣布,同意交还天津意租界。

2月23日,法国维希政府宣布,同意放弃上海、厦门公共租界及上海、汉口、天津、广州法租界的行政管理权。

3月30日,日本将杭州、苏州、汉口、天津等地的日租界"交还"给汪伪政府。

5月19日,中国政府宣布,取消法国通过不平等条约在中国取得的包括租界在内的一切特权。

5月28日,日本将厦门鼓浪屿公共地界"交还"给汪伪政府。

6月5日,法国维希政府与汪伪政府交收天津、汉口、广州的法租界。

7月30日,法国维希政府在日军威逼下,被迫与汪伪政府交收上海法租界。

8月1日,日本将上海公共租界"交还"给汪伪政府。

9月10日,在意大利政府于9月8日向盟军投降后,日军与汪伪警察强行"接管"天津意租界。

1944 年

6月,汪伪政府与希特勒德国扶持的意大利傀儡政府驻汪伪政府的代办拟就交收天津意租界的协定。

12月18日,为报复日军在汉口残杀三名美国飞行员的暴行,美国飞机猛烈轰炸汉口原德租界及日租界的所在地。

1945 年

8月14日,日本无条件投降,第二次世界大战结束。

11月24日,中国政府公布《接收租界及北平使馆界办法》。

1946 年

2月28日,中、法订立《关于法国放弃在华治外法权及其有关特权条约》,其中追认中国对在华法租界的收回。

主要的引用书籍和文章

中文书籍（以书名汉语拼音排序）

印光任、张汝霖：《澳门记略》，嘉庆庚申重刊本。

〔俄〕德米特里·扬契维茨基：《八国联军目击记》，许崇信等译，福建人民出版社 1983 年版。

天津社会科学院历史研究所编：《八国联军在天津》，齐鲁书社 1980 年版。

朱之洪等修、向楚等纂：民国《巴县志》，1939 年版。

北宁铁路管理局：《北戴河海滨导游》，中国旅行社 1935 年版。

管洛生编纂：《北戴河海滨志略》，1925 年版。

徐珂：《北戴河指南》，商务印书馆 1921 年版。

秦皇岛市北戴河区地方志编纂委员会编纂：《北戴河志》，天津人民出版社 1994 年版。

哈尔滨满铁事务所编：《北满概观》，汤尔和译述，商务印书馆 1937 年版。

高平叔编：《蔡元培全集》，中华书局 1984 年版。

〔俄〕鲍戈亚夫连斯基：《长城外的中国西部地区》，新疆大学外语系俄语教研室译，商务印书馆 1980 年版。

穆欣：《陈赓同志在上海》，文史资料出版社 1980 年版。

何仲箫编：《陈英士先生纪念全集》，1930 年版。

沈家本等修、徐宗亮等纂：《重修天津府志》，光绪二十五年版。

方廷汉、谢随安修，陈善同纂：民国《重修信阳县志》，1936 年版。

文庆等纂：《筹办夷务始末》（道光朝），中华书局 1964 年版。

贾祯等纂：《筹办夷务始末》（咸丰朝），中华书局 1979 年版。

宝鋆等纂：《筹办夷务始末》（同治朝），中华书局 2008 年版。

志刚：《初使泰西记》，湖南人民出版社 1981 年版。

辞海编辑委员会编纂：《辞海》第六版缩印本，上海辞书出版社 2010 年版。

齐思和等编：《第二次鸦片战争》，上海人民出版社 1978 年版。

徐曦：《东三省纪略》，商务印书馆 1916 年版。

［英］费唐：《费唐法官研究上海公共租界情形报告书》第 1 卷，上海公共租界工部局华文处译，上海公共租界工部局 1931 年版。

李厚基等修、沈瑜庆等纂：民国《福建通志》，1938 年版。

福州市地方志编纂委员会编：《福州市志》，方志出版社 1998 年版。

上海市档案馆编：《工部局董事会会议录》，上海古籍出版社 2001 年版。

陶菊隐：《孤岛见闻——抗战时期的上海》，上海人民出版社 1979 年版。

厦门鼓浪屿公共地界工部局：《鼓浪屿工部局 1935 年度报告书》（译本），1935 年版。

厦门鼓浪屿公共地界工部局：《鼓浪屿工部局 1940 年度报告书》（译本），1940 年版。

何丙仲：《鼓浪屿公共租界》，厦门大学出版社 2010 年版。

朱寿朋编：《光绪朝东华录》，中华书局 1958 年版。

中国人民政治协商会议广州市委员会文史资料研究委员会编：《广州的洋行与租界》（《广州文史资料》第 44 辑），广东人民出版社 1992 年版。

程浩编著：《广州港史（近代部分）》，海洋出版社 1985 年版。

中国人民政治协商会议湛江市委员会文史资料研究委员会编：《广州湾（法国租借地史料专辑）》（《湛江文史资料》第 9 辑），1990 年版。

景东升、何杰主编：《广州湾历史与记忆》，武汉出版社 2014 年版。

［法］安托万·瓦尼亚尔：《广州湾租借地：法国在东亚的殖民困境》，郭丽娜、王钦峰译，暨南大学出版社 2016 年版。

世界知识出版社编：《国际条约集（1917—1923）》，世界知识出版社 1961 年版。

洪钧培编：《国民政府外交史》第 1 集，华通书局 1930 年版。

高尔松、高尔柏编著：《汉口惨杀案》，青年政治宣传会 1925 年版。

湖北省社会科学院历史研究所编：《汉口九江收回英租界资料选编》，湖北人民出版社 1982 年版。

张鹏飞：《汉口贸易志》，北京华国印书局 1918 年版。

汉口市政府编纂：《汉口市政建设概况》第 1 编，武汉印书馆 1930 年版。

《汉口特区民国十四年度市政报告》，1926 年版。

王汗吾、吴明堂：《汉口五国租界》，武汉出版社 2017 年版。

徐焕斗编：《汉口小志》，盘铭印务馆 1915 年版。

［美］罗威廉：《汉口：一个中国城市的商业和社会（1796—1889）》，江溶、鲁西奇译，中国人民大学出版社 2005 年版。

［日］水野幸吉：《汉口——中央支那事情》，刘鸿枢等译，上海昌明公司 1908 年版。

武汉市政协文史资料委员会编：《汉口租界》（《武汉文史资料》1991 年第 4 辑），武汉市政协文史资料委员会 1991 年版。

《汉口租界志》编纂委员会编：《汉口租界志》，武汉出版社 2003 年版。

班固：《汉书》，中华书局 1962 年版。

齐耀珊修、吴庆坻等纂：民国《杭州府志》，1926 年版。

建设委员会调查浙江经济所编：《杭州市经济调查》，正则印书馆 1932 年版。

万福麟修、张伯英等纂：民国《黑龙江志稿》，1933 年版。

张蓉初译：《红档杂志有关中国交涉史料选译》，生活·读书·新知三联书店 1957 年版。

范晔：《后汉书》，中华书局 1965 年版。

东省铁路经济调查局：《呼伦贝尔》，东省铁路经济调查局 1929

年版。

吴蔼宸:《华北国际五大问题》,商务印书馆1929年版。

姚之鹤编:《华洋诉讼例案汇编》,商务印书馆1915年版。

齐光:《鸡公山指南》,商务印书馆1936年版。

河南省《鸡公山志》编纂委员会编著:《鸡公山志》,河南人民出版社1987年版。

江苏省长公署统计处编纂:《江苏省政治年鉴》,无锡锡成公司1924年版。

曾国藩等编纂:《江西全省舆图》,同治七年版。

袁荣叟等纂修:民国《胶澳志》,胶澳商埠局1928年版。

台湾"中研院"近代史研究所编印:《胶澳专档》,1991年版。

吴弘明编译:《津海关贸易年报(1865—1946)》,天津社会科学院出版社2006年版。

张焘:《津门杂记》,天津古籍出版社1986年版。

程维荣:《近代东北铁路附属地》,上海社会科学院出版社2008年版。

汤志钧主编:《近代上海大事记》,上海辞书出版社1989年版。

陈同:《近代社会变迁中的上海律师》,上海辞书出版社2009年版。

厦门市档案局、厦门市档案馆编:《近代厦门涉外档案史料》,厦门大学出版社1997年版。

张洪祥:《近代中国通商口岸与租界》,天津人民出版社1993年版。

尚克强:《九国租界与近代天津》,天津教育出版社2008年版。

陈荣华、何友良:《九江通商口岸史略》,江西教育出版社1985年版。

辽宁省档案馆、辽宁社会科学院编:《"九·一八"事变前后的日本与中国东北——满铁秘档选编》,辽宁人民出版社1991年版。

邹依仁:《旧上海人口变迁的研究》,上海人民出版社1980年版。

刘昫等:《旧唐书》,中华书局1975年版。

[意]利玛窦、[比]金尼阁:《利玛窦中国札记》,何高济等译,中华书局1983年版。

《列强在中国的租界》编辑委员会编：《列强在中国的租界》，中国文史出版社 1992 年版。

郝立舆：《领事裁判权问题》，商务印书馆 1934 年版。

王芸生编著：《六十年来中国与日本》，生活·读书·新知三联书店 1979—1982 年版。

罗时叙：《庐山别墅大观》，江西美术出版社 1995 年版。

吴宗慈：民国《庐山志》，江西人民出版社 1996 年版。

［美］舍伍德：《罗斯福与霍普金斯》，福建师范大学外语系编译室译，商务印书馆 1980 年版。

范祥雍校注：《〈洛阳伽蓝记〉校注》，上海古籍出版社 1978 年版。

程维荣：《旅大租借地史》，上海社会科学院出版社 2012 年版。

解学诗主编：《满铁附属地与"九一八"事变》（满铁档案资料汇编第十三卷），社会科学文献出版社 2011 年版。

［美］沃尔特·扬：《满洲国际关系》，蒋景德译，神州国光社 1931 年版。

［日］满史会编著：《满洲开发四十年史》下卷，东北沦陷十四年史辽宁编写组译，辽宁省营口县商标印刷厂 1988 年印。

《毛泽东选集》出版委员会编：《毛泽东选集》，人民出版社 1967 年版。

［美］泰勒·丹涅特：《美国人在东亚》，姚曾廙译，商务印书馆 1959 年版。

天津市历史博物馆编：《秘笈录存》（近代史资料专刊），中国社会科学出版社 1984 年版。

李南：《莫干山，一个近代避暑地的兴起》，同济大学出版社 2011 年版。

周庆云、周延礽：《莫干山志》，大东书局 1936 年版。

来光和主编：《莫干山志》，上海书店 1994 年版。

［日］佐田弘治郎：《南满铁路纪略》，南满洲铁道株式会社 1927 年版。

〔日〕桑原骘藏：《蒲寿庚考》，陈裕菁译，中华书局1954年版。

黄景海主编：《秦皇岛港史（古、近代部分）》，人民交通出版社1985年版。

谋乐编：《青岛全书》，青岛印书馆1912年版。

青岛市史志办公室编：《青岛市志·大事记》，五洲传播出版社2000年版。

刘锦藻撰：《清朝续文献通考》，商务印书馆1936年版。

故宫博物院明清档案部编：《清代中俄关系档案史料选编》，中华书局1979年版。

王彦威辑、王亮编：《清季外交史料》，外交史料编纂处1932—1935年版。

《清实录·德宗景皇帝实录》，中华书局1987年版。

王亮辑：《清宣统朝外交史料》，1933年版。

中国社会科学院近代史研究所中华民国史研究室主编：《日本外交文书选译——关于辛亥革命》，中国社会科学出版社1980年版。

上海市档案馆编：《日伪上海市政府》，档案出版社1986年版。

钟俊鸣主编：《沙面》，广东人民出版社1999年版。

黄建勋、丁昌金主编：《沙市港史》，武汉出版社1991年版。

沙市市地方志编纂委员会编：《沙市市志》，中国经济出版社1992年版。

蔡育天主编：《上海道契》，上海古籍出版社2005年版。

马长林：《上海的租界》，天津教育出版社2009年版。

陈炎林编著：《上海地产大全》，上海地产研究所1933年版。

〔法〕梅朋、傅立德：《上海法租界史》，倪静兰译，上海社会科学院出版社2007年版。

蒯世勋编著：《上海公共租界史稿》，载上海史资料丛刊《上海公共租界史稿》，上海人民出版社1980年版。

徐公肃、丘瑾璋：《上海公共租界制度》，载上海史资料丛刊《上海公共租界史稿》，上海人民出版社1980年版。

许玉芳、卞杏英编著:《上海工人三次武装起义研究》,知识出版社1987年版。

刘惠吾主编:《上海近代史》(下),华东师范大学出版社1987年版。

中国人民银行上海市分行编:《上海钱庄史料》,上海人民出版社1960年版。

唐振常主编、沈恒春副主编:《上海史》,上海人民出版社1989年版。

上海市通志馆编:《上海市年鉴》,上海中华书局1935年版。

上海特别市土地局编:《上海特别市土地局年刊》,1930年版。

[美]罗兹·墨菲:《上海——现代中国的钥匙》,上海社会科学院历史研究所编译,上海人民出版社1986年版。

吴馨等修、姚文枬等纂:民国《上海县志》,1936年版。

张彬:《上海英租界巡捕房制度及其运作研究(1854—1863)》,上海人民出版社2013年版。

《上海租界志》编纂委员会编:《上海租界志》,上海社会科学院出版社2001年版。

四川大学历史系编:《四川人民收回重庆王家沱日租界斗争档案资料选辑》,载四川大学历史系编《四川人民反帝斗争档案资料》,四川人民出版社1962年版。

李铭皖等修、冯桂芬等纂:《苏州府志》,光绪八年版。

[英]雷穆森:《天津插图本史纲》,许逸凡、赵地译,刘海岩校订,载[英]雷穆森《天津租界史(插图本)》,天津人民出版社2009年版。

[英]雷穆森:《天津的成长》,许逸凡、赵地译,刘海岩校订,载[英]雷穆森《天津租界史(插图本)》,天津人民出版社2009年版。

李华彬主编:《天津港史(古、近代部分)》,人民交通出版社1986年版。

来新夏主编:《天津近代史》,南开大学出版社1987年版。

周祖爽等撰:《天津老银行》,天津大学出版社2008年版。

李竞能主编:《天津人口史》,南开大学出版社1990年版。

天津图书馆编:《天津日本租界居留民团资料》,广西师范大学出版社 2005 年版。

张拓编:《天津事变》,1932 年版。

天津市地方志编修委员会编著:《天津通志·附志·租界》,天津社会科学院出版社 1996 年版。

天津市档案馆编:《天津英租界工部局史料选编》,天津古籍出版社 2012 年版。

宋蕴璞编辑:《天津志略》,天津协成印刷局 1931 年版。

天津市政协文史资料研究委员会编:《天津租界》,天津人民出版社 1986 年版。

天津档案馆、南开大学分校档案系编:《天津租界档案选编》,天津人民出版社 1992 年版。

南开大学政治学会:《天津租界及特区》,商务印书馆 1926 年版。

尚克强、刘海岩主编:《天津租界社会研究》,天津人民出版社 1996 年版。

［英］阿美德:《图说烟台(1935—1936)》,陈海涛、刘惠琴译注,齐鲁书社 2007 年版。

仇柏年:《外滩烟云》,宁波出版社 2017 年版。

朱世全:《威海问题》,商务印书馆 1931 年版。

余谊密等修、鲍寔等纂:民国《芜湖县志》,1919 年版。

皮明庥:《武汉近百年史》,华中工学院出版社 1985 年版。

钟镛:《西疆交涉志要》,清宣统年间铅印本。

侯祖畬修、吕寅东等纂:民国《夏口县志》,1920 年版。

中国人民政治协商会议厦门市委员会文史资料研究委员会编:《厦门的租界》(《厦门文史资料》第 16 辑),鹭江出版社 1990 年版。

洪卜仁:《厦门地方史讲稿》,厦门市总工会、共青团厦门市委会 1983 年版。

厦门市地方志办公室、厦门市档案馆合编:《厦门抗日战争时期资料选编》,1986 年版。

何鸹志:《向警予传》,上海人民出版社 1990 年版。

黄本铨等撰：《枭林小史》等四书，上海古籍出版社 1989 年版。

柴德赓等编：《辛亥革命》，上海人民出版社 1961 年版。

章开沅、罗福惠、严昌洪主编：《辛亥革命史资料新编》，湖北人民出版社 2006 年版。

武汉大学历史系中国近代史教研室编：《辛亥革命在湖北史料选辑》，湖北人民出版社 1981 年版。

宋伯鲁纂：《新疆建置志》，海棠仙馆 1913 年版。

袁大化等修纂：《新疆图志》，东方学会 1923 年版。

刘润和：《新界简史》，三联书店（香港）有限公司 1999 年版。

许景澄：《许文肃公遗稿》，1918 年版。

张玉藻等修、高觐昌等纂：《续丹徒县志》，1930 年版。

丁抒明主编：《烟台港史（古、近代部分）》，人民交通出版社 1988 年版。

天津市档案馆编：《英租界档案》，南开大学出版社 2015 年版。

杨晋源修、王庆云纂：民国《营口县志》，1933 年版。

莫炳奎等纂修：民国《邕宁县志》，台北成文出版社 1975 年影印本。

云南省档案馆编：《云南档案史料》第 11、13 期，1986 年版。

梁敬𬭊：《在华领事裁判权论》，商务印书馆 1930 年版。

［德］余凯思：《在"模范殖民地"胶州湾的统治与抵抗》，孙立新译，山东大学出版社 2005 年版。

郭寿华：《湛江市志》，台湾大亚出版社 1972 年版。

苑书义等主编：《张之洞全集》，河北人民出版社 1998 年版。

陈敦平：《镇江港史》，人民交通出版社 1989 年版。

张立瀛编纂：《镇江古今谭》（稿本），镇江市地方志办公室藏。

［英］帕梅拉·艾特威尔：《致英国的当权者及中国的改革者：英租威海卫及归还始末（1898—1930）》，威海市档案馆译，威海市档案馆 1998 年版。

雷殷：《中东路问题》，国际协报社 1929 年版。

黑龙江省档案馆编：《中东铁路》，黑龙江省档案馆 1986 年版。

［俄］戈利岑：《中东铁路护路队参加一九〇〇年满洲事件纪略》，李述笑、田宜耕译，商务印书馆 1984 年版。

李荣达：《中东铁路问题的检讨》，外交月报印刷所 1934 年印。

［日］今井嘉幸：《中国国际法论》，李大钊、张润之译，健行社 1915 年版。

中国近代经济史资料丛刊编辑委员会主编：《中国海关与中葡里斯本草约》，中华书局 1983 年版。

孙毓棠编：《中国近代工业史资料》第一辑，科学出版社 1957 年版。

中国第二历史档案馆、中国海关总署办公厅编：《中国旧海关史料（1859—1948）》，京华出版社 2001 年版。

曾鲲化：《中国铁路史》，燕京印书局 1924 年版。

辽宁省邮电管理局、辽宁省集邮协会编：《中国邮票大图典·清代卷》，人民邮电出版社 1999 年版。

［美］马士：《中华帝国对外关系史》，张汇文等译，商务印书馆 1963 年版。

郭廷以编著：《中华民国史事日志》，台湾"中研院"近代史研究所 1955 年版。

程道德等编：《中华民国外交史资料选编（1919—1931）》，北京大学出版社 1985 年版。

台湾"中研院"近代史研究所编：《中美关系史料》，1968 年版。

张云伏编著：《中苏问题》，商务印书馆 1937 年版。

王铁崖编：《中外旧约章汇编》第 1 册，生活·读书·新知三联书店 1982 年重印本。

王铁崖编：《中外旧约章汇编》第 2 册，生活·读书·新知三联书店 1959 年版。

王铁崖编：《中外旧约章汇编》第 3 册，生活·读书·新知三联书店 1962 年版。

张星烺编注：《中西交通史料汇编》第 2 册，中华书局 1977 年版。

楼桐孙：《租界问题》，商务印书馆 1933 年版。

葛鸣一：《租界问题之研究》,（汪伪）亚洲司研究室丛书,1940 年版。

［日］大里浩秋、孙安石编著：《租界研究新动态（历史·建筑）》,上海人民出版社 2011 年版。

顾器重：《租界与中国》,卿云图书公司 1928 年版。

张寿波：《最近汉口工商业一斑》,上海商务印书馆 1911 年版。

［美］波赖：《最近中国外交关系》,曹明道译述,正中书局 1935 年版。

外文书籍（以书名英文字母和汉语拼音排序）

Frank E. Hinckley, *American Consular Jurisdiction in the Orient*, Washington, D. C., 1906.

British Parliamentary Papers, Irish University Press, 1971.

Concession Française de Hankou, *Code des Règlements et Ordonnances*, Hankou, 1909.

H. S. Smith, *Diary of Events and the Progress on Shameen*, *1859 - 1938*, Hong Kong, 1938.

Westel Woodbury Willoughby, *Foreign Rights and Interests in China*, The Johns Hopkins Press, 1927.

Ch. B. Maybon et Jean Fredet, *Histoire de la Concession française de Changhai*, Paris, 1929.

R. P. W. Pitcher, *In and about Amoy*, Shanghai and Foochow, 1909.

C. Walter Young, *Japanese Jurisdiction in the South Manchuria Railway Areas*, Baltimore, 1931.

Dorothée Rihal, *La Concession française de Hankou（1896 - 1943）: de la condamnation à l'appropriation d'un héritage*, Thèse de doctorat, Université Paris VII, 2007.

L. Gallois Editeur, *Le Territoire de Kouang-Tchéou-Wan*, *Gouvernement général de l'Indochine*, Hanoi, 1906.

H. Shelley Brand, *Memories of Old Foochow*, *Fukien*, *Arts and Industry*, Foochow, 1933.

W. Feldwick, editor-in-chief, *Present Day Impressions of the Far East and Prominent and Progressive Chinese at Home and Abroad*, London, 1917.

F. C. Jones, *Shanghai and Tientsin: With Special Reference to Foreign Interests*, Oxford, 1940.

Anatol Michaelivrtch Kotenev, *Shanghai: Its Mixed Court and Council*, North-China Daily News & Herald, Ltd., Shanghai, 1925.

S. Lane-Poole, *Sir Harry Parkes in China*, London, 1901.

J. B. Eames, *The English in China*, London, 1909.

John Archibald and Edward Selby Little, *The Fight for Kuling*, Hankow, 1924.

G. Lanning, S. Couling, *The History of Shanghai*, Shanghai, 1921.

F. V. Dickins and S. Lane-Poole, *The Life of Sir Harry Parkes*, London, 1894.

Edward Selby Little, *The Story of Kuling*, Shanghai, 1899.

W. F. Mayers & N. B. Dennys, *The Treaty Ports of China and Japan*, London, 1867.

En-sai Tai, *Treaty Ports in China*, New York, 1918.

Arnold Wright, *Twentieth Century Impressions of Hong Kong, Shanghai, and Other Treaty Ports of China*, London, 1908.

张建国、张军勇主编：*Weihaiwei Acts*, *Compilation of Historical Data Regarding the Period of Britain's Leasing of Weihaiwei*（《英租威海卫史料汇编：威海卫法令》），Vol. 1，中国国际广播出版社 2006 年版。

张建国、张军勇：*Weihaiwei Under British Rule*（《米字旗下的威海卫》），Alec Hill、马向红译，山东画报出版社 2006 年版。

〔日〕关东局编：《关东局施政三十年史》上册，东京原书房 1974 年版。

〔韩〕高秉云：《近代朝鲜租界史研究》，东京雄山阁 1987 年版。

〔日〕满铁总裁室地方部残务部整理委员会：《满铁附属地经营沿革全史》，满洲日日新闻社 1939 年版。

〔日〕外务省条约局编：《外地法制志》第 6 部第 2 卷《关东州租借地

和南满洲铁道附属地》（后编），东京龙溪书舍 2004 年版。

［日］植田捷雄：《支那租界归还及治外法权撤废》，日本龙文书局
1944 年版。

［日］植田捷雄：《支那租界论》，东京岩松堂书店 1939 年版。

［日］植田捷雄：《支那租界研究》，东京岩松堂书店 1941 年版。

［日］大里浩秋、孙安石编著：《中国的日本租界——重庆、汉口、杭
州、上海》，日本御茶之水书房 2006 年版。

［日］英修道：《中华民国时期各国条约权益》，东京丸善株式会社
1939 年版。

中文文章（以文章数字和汉语拼音排序）

马长林：《1864—1870 年间上海公共租界苦役制考察》，载上海市档
案馆编《上海档案史料研究》第十四辑，上海三联书店 2013 年版。

许洪新：《19 世纪末浦东避免沦为租界之始末》，载上海市档案馆编
《上海档案史料研究》第六辑，上海三联书店 2009 年版。

马长林：《1905 年大闹会审公堂案始末》，《档案春秋》2007 年第
4 期。

贺江枫：《1921—1922 年厦门海后滩案与中英交涉研究》，《暨南学
报》2015 年第 10 期。

云海、黎霞：《1926 年上海公共租界会审公廨收回交涉背景及其经
过》，《档案与历史》1988 年第 4 期。

孔庆泰：《1930 年以后各国在华租界》，《历史档案》1984 年第 1 期。

刘海岩：《并非仅仅是"道契"——租界土地制度的再探讨》，《历史教
学》（津）2006 年第 8 期。

贺江枫：《朝鲜半岛的中国租界——以 1884 至 1894 年仁川华商租
界为个案研究》，《史林》2012 年第 1 期。

邓沛：《重庆日租界的收回》，《民国春秋》1998 年第 5 期。

黄淑君、王世祥：《重庆王家沱日本租界始末》，《西南师范大学学报》
1989 年第 3 期。

刘叔琴：《党中央机关在上海的活动片段及其他》，载《党史资料丛刊》第 2 辑，上海人民出版社 1980 年版。

郭建：《道契研究》，载上海通社编《上海研究资料》，上海书店 1984 年重印本。

邓克愚：《帝国主义在上海侵夺我国司法权的史实》，载上海市文史馆、上海市人民政府参事室文史资料工作委员会编《上海地方史资料》（二），上海社会科学院出版社 1983 年版。

董枢：《法公董局内各机关的沿革》，《上海市通志馆期刊》第二年合订本（1934 年 6 月至 1935 年 3 月）。

黄平：《福州人民反对划定租界的斗争》，载《列强在中国的租界》编辑委员会编《列强在中国的租界》，中国文史出版社 1992 年版。

张镇世等：《"公共租界"时期的鼓浪屿》，载中国人民政治协商会议福建省厦门市委员会文史资料编辑室编《厦门文史资料》第 3 辑，1980 年版。

章达庵：《拱宸桥旧事二则》，载政协杭州市委员会文史资料研究委员会编《杭州文史资料》第 5 辑，1985 年版。

叶清泉：《鼓浪屿的一次反帝斗争》，载中国人民政治协商会议福建省厦门市委员会文史资料研究委员会编《厦门文史资料》第 1 辑，1963 年版。

陈建盛：《鼓浪屿会审公堂》，载中国人民政治协商会议福建省厦门市委员会文史资料委员会编《厦门文史资料》第 14 辑，1988 年版。

费成康：《关于 1887 年中葡〈和好通商条约〉的订立》，《上海社会科学院学术季刊》1988 年第 2 期。

顾玉良：《关于担任党的地下交通工作的回忆》，载《党史资料丛刊》第 2 辑，上海人民出版社 1980 年版。

景东升、龙鸣：《广州湾简史》，载景东升、何杰主编《广州湾历史与记忆》，武汉出版社 2014 年版。

李禧：《海后滩反帝斗争之回顾》，载中国人民政治协商会议福建省厦门市委员会文史资料研究委员会编《厦门文史资料》第 1 辑，1963

年版。

汪应云：《汉口法租界内的种种》，载中国人民政治协商会议武汉市委员会文史资料研究委员会编《武汉文史资料》第 2 辑，1981 年版。

扬铎、龙从启：《汉口外国租界的产生和收回简述》，载中国人民政治协商会议湖北省武汉市委员会文史资料研究委员会编《武汉文史资料》第 1 辑，1980 年版。

陈善颐：《杭州拱宸桥日本租界划界交涉经过》，载中国人民政治协商会议浙江省委员会文史资料研究委员会编《浙江文史资料选辑》第 8 辑，1964 年版。

张利民：《划定天津日租界的中日交涉》，《历史档案》2004 年第 1 期。

蔡廷锴：《回忆十九路军在闽反蒋失败经过》，载中国人民政治协商会议全国委员会文史资料研究委员会编《文史资料选辑》第 59 辑，中华书局 1979 年版。

李少军：《甲午战争后六年间长江流域通商口岸日租界设立问题述论》，《近代史研究》2016 年第 1 期。

傅春官：《江西商务说略》，《江西官报》光绪三十二年第二十七期。

宋昆、孙艳晨、冯琳：《近代天津九国租界边界考》，《中国历史地理论丛》2019 年第 34 卷第 2 辑。

李苏豫：《近代厦门英租界的城市发展和西方建筑传播》，《南方建筑》2015 年第 6 期。

王健：《九一八事变前关东军在中国东北侵略活动述论》，《辽宁师范大学学报》2010 年第 1 期。

印永清：《老上海的地价》，《上海房地》2005 年第 5 期。

廖一中整理：《黎元洪部份房屋土地契约》，载中国社会科学院近代史研究所近代史资料编辑组编《近代史资料》总 62 号，中国社会科学出版社 1986 年版。

许图南：《陆小波先生事迹纪要》，载中国人民政治协商会议镇江市委员会文史资料研究委员会编《镇江文史资料》第 10 辑，1985 年版。

许铁舰：《牛庄（营口）英租界并未形成》，载《列强在中国的租界》编辑委员会编《列强在中国的租界》,中国文史出版社 1992 年版。

[日]峰源藏:《清国上海见闻录》,葛正慧译注,载上海史资料丛刊《上海公共租界史稿》,上海人民出版社 1980 年版。

张宗平:《清末北京使馆区的形成及其对北京近代城市建设的影响》,《北京社会科学》1995 年第 1 期。

郑贞文、林家臻:《清末福州人民反帝斗争史话》,载中国人民政治协商会议福建省福州市委员会文史资料工作委员会编《福州文史资料选辑》第 2 辑,1983 年版。

熊月之:《日本谋求在上海设立日租界的档案》,《档案与史学》2001年第 3 期。

李开进:《沙市日本租界》,载《列强在中国的租界》编辑委员会编《列强在中国的租界》,中国文史出版社 1992 年版。

董枢:《上海法租界的多事时期》(上),《上海市通志馆期刊》第一年合订本(1933 年 6 月至 1934 年 1 月)。

董枢:《上海法租界的发展时期》,《上海市通志馆期刊》第一年合订本(1933 年 6 月至 1934 年 1 月)。

董枢:《上海法租界的长成时期》,《上海市通志馆期刊》第一年合订本(1933 年 6 月至 1934 年 1 月)。

李雪云译:《上海公共租界工部局关于〈1932 年上海中日武装冲突〉的备忘录》,邓云鹏校,《档案与历史》1985 年第 2 期。

张丽:《上海公共租界会审公廨收回始末》,《史林》2013 年第 5 期。

杨秉德、于莉:《上海公共租界英文名称考证》,《华中建筑》2009 年第12 期。

费成康、许洪新:《上海英、美租界正式合并日期考》,载上海市档案馆编《上海档案史料研究》第十九辑,上海三联书店 2015 年版。

梁敬錞:《上海租界法院改组会议小史》,《时事月报》1930 年第 3 期。

周子亚:《上海租界内工厂检查权问题》,《外交评论》1933 年第 8 期。

王大伟:《试论清末杭州日租界的开辟和日本在杭势力的扩展(1896—1911 年)》,《杭州研究》2008 年第 1 期。

尤乙:《四明公所与法租界的两次流血冲突》,《档案春秋》2009年第4期。

张柏亭:《淞沪会战纪要》,载中国人民政治协商会议全国委员会文史资料研究委员会《八一三淞沪抗战》编审组编《八一三淞沪抗战》,中国文史出版社1987年版。

徐云:《苏州日租界述略》,《苏州大学学报》1995年第3期。

孙伯言:《绥芬河市的形成与名称之由来》,载政协黑龙江省绥芬河市委员会学习文史委员会编《绥芬河文史资料》第1辑,1988年版。

陈铁卿:《天津反抗法帝强占老西开资料》,《近代史资料》1958年第5期。

中国第一历史档案馆:《天津租界档案史料选》,《历史档案》1984年第1期。

杜恂诚:《晚清上海租界的地价表现》,《史林》2012年第2期。

马长林:《晚清涉外法权的一个怪物——上海公共租界会审公廨剖析》,《档案与历史》1988年第4期。

石源华:《汪伪国民政府"接收"上海两租界始末》,载上海市地方志办公室编《上海研究论丛》第1辑,上海社会科学院出版社1988年版。

秦特征:《武汉沦陷时期汉奸政权的演变》,载中国人民政治协商会议武汉市委员会文史资料研究委员会编《武汉文史资料》第5辑,1981年版。

恽祖祁:《厦门日租界交涉案公牍》,《近代史资料》1962年第3期。

萧春雷:《厦门英租界争议》,《厦门晚报》2015年3月15日。

洪卜仁:《厦门租界概述》,载《列强在中国的租界》编辑委员会编《列强在中国的租界》,中国文史出版社1992年版。

饶展雄、黄艳嫦摘编:《辛亥"3·29"广州起义资料〔日本外务省档案〕选编》,《羊城今古》1990年第5期。

厉声:《新疆俄国贸易圈研究》,载《西域史论丛》第3辑,新疆人民出版社1990年版。

郑奇:《腥风血雨的一九二八年》,载中国人民政治协商会议武汉市委员会文史资料研究委员会编《武汉文史资料》第 11 辑，1983 年版。

《刑部议覆左给谏奏驳上海会审刑章折》，《东方杂志》1906 年第 9 期。

《刑部奏重定上海会审公堂刑章折》，《东方杂志》1906 年第 5 期。

张河清：《烟台形成外国人居住区之经过》，载《列强在中国的租界》编辑委员会编《列强在中国的租界》，中国文史出版社 1992 年版。

张河清：《烟台租界小考》，载烟台市政协文史资料研究委员会编《烟台市文史资料》第 1 辑，1982 年版。

严中平辑译：《英国鸦片贩子策划鸦片战争的幕后活动》，《近代史资料》1958 年第 4 期。

［美］马士：《中国境内之租界与居留地》，《东方杂志》1928 年第 25 卷第 21 号。

何其颖：《租界时期鼓浪屿华侨华人社团组织与华人参政格局的形成》，《福建文史》2005 年第 6 期。

外文文章

Chen Yu, "The Making of a Bund in China: The British Concession in Xiamen（1852 – 1930）", *Journal of Asian Architecture and Building Engineering*, Vol. 7, No. 1, May 2008.

附注：本书引用的各租界年报、章程，大多以小册子形式收藏于北京、上海、武汉、天津、厦门等地的档案馆、图书馆，以及英国国家档案馆、法国巴黎国家图书馆、法国外交部南特外交档案中心。

后　记

这部《中国租界通史》，以本人撰写、出版于 30 多年前的《中国租界史》为基础。

我对中国租界的研究，约始于 1986 年。在此之前，长期居住的地点先后位于旧时上海公共租界、法租界的所在地，中学时代就读学校的前身曾经是上海公共租界工部局的局办学校，因而耳濡目染，对租界有不少感性的认识。在开始研究租界之时，有关各地租界的史料十分匮乏，对于中国究竟存在过多少个租界的问题也众说纷纭。为了在昔日租界或被称为"租界"的所在区域搜集史料、实地调查研究，此后的数年间搭乘火车、汽车及轮船，先后抵达 10 多个省市的 30 多个城市，以及庐山、莫干山、鸡公山、北戴河等山区、滨海，行程达 4 万余里。除了查阅中国第一、第二历史档案馆的档案，北京、上海、武汉、厦门、天津等地档案馆、图书馆的档案和书籍外，也通过一些外国的学者获得了一些海外的史料，使用了英文、法文、日文的原始资料，俄文、德文的译文，并对意文资料也有所利用。数年后，此项研究获得了国家社会科学基金的支持。1991 年，《中国租界史》出版，出版后加印两次，印数逾万，先后获得中国图书奖二等奖、上海哲学社会科学优秀著作二等奖。

在《中国租界史》出版后，我仍继续关注有关租界研究新的成果，继续发掘相关的史料，再次到了多个城市的档案馆、图书馆。特别值得一提的是，曾经再次前往厦门市档案馆。数十年过去，该馆不仅迁移了馆址，而且已经给卷宗重新编号。很高兴的是，按照原来的卷宗号仍找到并核实了福州日租界实际并未开设成功等重要史料。在此期间，还曾有机会到法国巴黎国家图书馆、外交部南特外交档案中心、埃克思海外档案中心，英国国家档案馆和国家图书馆搜集资料，以及美国密歇根大学图书馆查阅史料。同时,海外的亲友通过馆际借书等途径查找了多种在国内无法获得的史料和书籍。方小芬、许洪新、程维荣等数位同行也从日本等国以及国内多个城市代为搜集了很多中外文史料。

对《中国租界史》的修订也即是对《中国租界通史》的撰写工作,始自20世纪90年代的后期。较之《中国租界史》,本书参考、补充了30多年来新发现的史料和新发表的研究成果,修正了以往的一些错失,并增补、调整了多个章节。例如,原来的第三章《土地制度》由三节增添为四节,原来的第四章《法律制度》被分解为《立法》《司法》两章,原来的第十章《中国人民的抗争》也由两节增添为四节。在租界图方面,本书收录的各地租界图等部分沿用了《中国租界史》中的示意图,但也对很多示意图作了修订。例如,对汉口英租界的示意图标明了其中越界筑路区的界线,参考宋昆等位先生的《近代天津九国租界边界考》一文修订了天津日、德租界的界线。特别是依据新加坡国立大学陈煜先生的研究,草绘了厦门英租界开辟时及扩展后的两张示意图,消除了原先没有该租界正确示意图的缺憾。

从总体来说,问世30多年来,《中国租界史》获得了读者较高的评价,并在诸多研究租界的文章和著作中被引用。此书的差错也在所难免。不过,所见的有些批评,应是误解。其中值得一提的是认为《中国租界史》中所载录的租界数量与此前本人发表的《有关旧中国租界数量等问题的一些研究》一文中载录的数量不一致,前者为"在中国共出现过25个专管租界,2个公共租界",后者为"到本世纪初,在旧中国共有22个专管租界,上海、鼓浪屿2个公共租界"。其实,这两种著述中都包括了这两组数据,前者为中国曾经出现过的租界数量,共计25个专管租界、2个公共租界;由于上海英租界与上海美租界早就合并成上海公共租界,天津美租界后来则并入天津英租界,因此在20世纪初期即租界的全盛时期,共有22个专管租界、2个公共租界。①

将本书定名为《中国租界通史》,系依据上海社会科学院出版社陈如江先生的提议。他和包纯睿女士还为解决本书出版的一些问题作了不少工

---

① 费成康:《有关旧中国租界数量等问题的一些研究》,《社会科学》1988年第9期;费成康:《中国租界史》,上海社会科学院出版社1991年版,第53、54、391页。

作。该出版社的李慧女士则帮助绘制及修订了一批租界及特殊区域的示意图。对本书的撰写有过帮助的还有王力勤、费珥璿等至亲，美国狄金森学院的杨瑞先生，英国学者廖乐柏先生，新加坡国立大学的陈煜先生，以及上海社会科学院法学研究所的胡译之博士等。对于他们以及国内外相关档案馆、图书馆的工作人员，本人在此一并表示由衷的感谢。最后，还要特别感谢陈旭麓、姜义华、方诗铭、汤志钧等四位德高望重的老师，他们对我研究中国租界历史的指导和支持是永不会淡忘的。

费成康

2023 年 5 月 1 日

图书在版编目(CIP)数据

中国租界通史 / 费成康著 .— 上海 ：上海社会科
学院出版社，2024
ISBN 978－7－5520－4320－4

Ⅰ.①中… Ⅱ.①费… Ⅲ.①租界—历史—研究—中
国 Ⅳ.①D829.12

中国国家版本馆 CIP 数据核字(2024)第 041720 号

中国租界通史

著　　者：费成康
责任编辑：陈如江　包纯睿
封面设计：周清华
技术编辑：裘幼华
出版发行：上海社会科学院出版社
　　　　　上海顺昌路 622 号　邮编 200025
　　　　　电话总机 021－63315947　销售热线 021－53063735
　　　　　https://cbs.sass.org.cn　E-mail：sassp@sassp.cn
排　　版：南京展望文化发展有限公司
印　　刷：苏州市越洋印刷有限公司
开　　本：710 毫米×960 毫米　1/16
印　　张：37
字　　数：550 千
版　　次：2024 年 4 月第 1 版　　2024 年 4 月第 1 次印刷

ISBN 978－7－5520－4320－4/D·718　　　　定价：168.00 元